Le Cameroun

Jardin sacré de la débrouillardise

Collection « Études africaines »

dirigée par Denis Pryen et son équipe

Forte de plus de mille titres publiés à ce jour, la collection « Études africaines » fait peau neuve. Elle présentera toujours les essais généraux qui ont fait son succès, mais se déclinera désormais également par séries thématiques : droit, économie, politique, sociologie, etc.

Dernières parutions

TINOU (Robert), *1700 proverbes vili*, 2015.
TINOU (Robert), *Abécédaire du Kouilou*, 2015.
N'GUETTIA KOUASSI (René), *La Côte d'Ivoire de notre rêve*, 2015.
TABEZI PENE-MAGU (Bernard-Gustave), *Évaluer l'élève en Afrique Noire, De la pédagogie traditionnelle aux estimations contemporaines*, 2015.
NZENGUI (Aaron Septime), *De Kant à l'Afrique. Réflexion sur la constitution républicaine en Afrique noire*, 2015.
HOUEDANOU (Sessinou Emile), *La gestion transfrontalière des forêts en Afrique de l'Ouest*, 2015.
EKANZA (Simon-Pierre), *Le Moronou, notre patrimoine, Géographie, Agriculture, et Sociétés*, 2015.
KAYOMBO (Chrysostome Cijika), *La planification de l'éducation en Afrique, Mode d'emploi*, 2015.
NGALIEU (Désiré), *La secondarisation de l'agriculture en Afrique subsaharienne : une clé pour l'émergence*, 2015.
KIYINDOU (Alain), ANATE (Kouméalo), CAPO-CHICHI (Alain) (Dir.), *Quand l'Afrique réinvente la téléphonie mobile*, 2015.

Ces dix derniers titres de la collection sont classés
par ordre chronologique en commençant par le plus récent.
La liste complète des parutions, avec une courte présentation
du contenu des ouvrages, peut être consultée
sur le site www.harmattan.fr

Sous la direction de
Kengne Fodouop

Le Cameroun

Jardin sacré de la débrouillardise

Préface de Guy Mainet,
Professeur émérite honoraire des Universités, Bordeaux

Postface de René-Paul Desse,
Professeur des Universités à l'Université de Bretagne occidentale, Brest

L'Harmattan

Du même auteur

Le Cameroun face au défi du développement. Atouts, obstacles et voie à suivre, L'Harmattan, Paris, coll. « Racines du présent », 2013.

Le Cameroun. Autopsie d'une exception plurielle en Afrique, L'Harmattan, Paris, coll. « Études Africaines », 2010.

Maîtrise de l'espace et développement en Afrique (sous la direction de John O. Igué, Kengne Fodouop et Jérôme Aloko-N'Guessan), Karthala, Paris, coll. « Maitrise de l'espace et développement », 2010.

Ressources naturelles et environnement en Afrique (sous la direction de John O. Igué, Kengne Fodouop et Jérôme Aloko-N'Guessan), Karthala, Paris, coll. « Maitrise de l'espace et développement », 2010.

Population et mobilités géographiques en Afrique (sous la direction de John O. Igué, Kengne Fodouop et Jérôme Aloko-N'Guessan), Karthala, Paris, coll. « Maitrise de l'espace et développement », 2010.

Villes et organisation de l'espace en Afrique (sous la direction de John O. Igué, Kengne Fodouop et Jérôme Aloko-N'Guessan), Karthala, Paris, coll. « Maitrise de l'espace et développement », 2010.

Logiques paysannes et espaces agraires en Afrique (sous la direction de John O. Igué, Kengne Fodouop et Jérôme Aloko-N'guessan), Karthala, paris, coll. « Maitrise de l'espace et développement », 2010.

L'armature du développement en Afrique : industries, transports et communication (sous la direction de John O. Igué, Kengne Fodouop et Jérôme Aloko-N'Guessan), Karthala, Paris, coll. « Maitrise de l'espace et développement », 2010.

Échanges et réseaux marchands en Afrique (sous la direction de John O. Igué, Kengne Fodouop et Jérôme Aloko-N'Guessan), Karthala, Paris, coll. « Maitrise de l'espace et développement », 2010.

Frontières, espaces de développement partagé (sous la direction de : avec John O. Igué, Kengne Fodouop et Jérôme Aloko-N'Guessan), Karthala, Paris, coll. « Maitrise de l'espace et développement », 2010.

Systèmes spatiaux et structures régionales en Afrique (sous la direction de John O. Igué, Kengne Fodouop et Jérôme Aloko-N'Guessan), Karthala, Paris, Coll. Maitrise de l'espace et développement, 2010.

Le marché de la friperie vestimentaire au Cameroun, L'Harmattan, Paris, coll. « Études Africaines », 2005.

Citadins et développement des campagnes au Cameroun, L'Harmattan, Paris, coll. « Études Africaines », 2002.

Producteurs ruraux dans la crise au Cameroun (Kengne Fodouop et Ali De Jong), L'Harmattan, Paris, coll. « Études Africaines », 2002.

Économie informelle et développement dans les pays du sud à l'ère de la mondialisation (Kengne Fodouop et Alain Metton), PUY-Yaoundé, UGI-Paris, coll. « Connaissances », 2000.

Sociétés et environnements au Cameroun (sous la direction de Kengne Fodouop et Georges Courade), Éditions Saint Paul, Yaoundé, 2000.

5-7, rue de l'Ecole-Polytechnique, 75005 Paris

http://www.harmattan.fr
diffusion.harmattan@wanadoo.fr

ISBN : 978-2-343-06994-4
EAN : 9782343069944

A tous les défenseurs des bonnes causes d'ici et d'ailleurs, disparus ou vivants.

Les problèmes du monde ne peuvent pas être résolus par des sceptiques ou des cyniques dont les horizons se limitent aux réalités évidentes. Nous avons besoin d'hommes capables d'imaginer ce qui n'a jamais existé **(John Fitzgerald Kennedy)**.

Fais en sorte que chacun soit plus heureux après t'avoir rencontré **(Mère Theresa)**.

Nous aurions souvent honte de nos plus belles actions, si le monde voyait tous les motifs qui les produisent **(La Rochefoucauld)**.

Le spectacle du monde ressemble à celui des Jeux olympiques : les uns y tiennent boutique ; d'autres paient de leur personne ; d'autres encore se contentent de regarder **(Pythagore)**.

Gardez toujours à l'esprit que votre propre décision de réussir est plus importante que n'importe quoi d'autre **(Abraham Lincoln)**.

Il y a des moments dans la vie où une sorte de beauté vient de la multiplicité des ennuis qui nous accablent **(Marcel Proust)**.

PREFACE

Dans ce gros ouvrage, on va voir, que la « débrouillardise à la camerounaise » est en plein essor. Les auteurs sont capables de distinguer 350 types différents. « Se débrouiller » est devenu une nécessité. On parle de survie en permanence. Une multitude d'individus s'agitent et s'activent dans tous les sens. Ils sont contraints par la force des choses à se débattre pour leur vie quotidienne, avec comme principale solution la « débrouillardise », la quête d'opportunités bonnes ou mauvaises. Dos au mur, les chefs de famille, les femmes, les jeunes, parfois chacun pour soi, doivent se forger une source de revenu, trouver de l'argent. Et cette exacerbation, cette crise paroxystique de l'informel suscitent bien évidemment des effets pervers sur l'évolution de l'économie et sur la société elle-même du Cameroun.

Plus d'une vingtaine de contributions ont été rassemblées. Les auteurs appartiennent à sept disciplines, ce qui nous paraît de bon augure : géographes, sociologues, anthropologues, démographes, historiens, urbanistes et scientifiques de l'information-communication ; les uns et les autres appartiennent à des organismes de recherche ou sont des enseignants.

Nous pouvons être content de cette floraison, car, pendant de longues années, l'approche de cet « esprit de débrouillardise » ne paraissait pas intéresser grand monde. En réalité, ce n'est pas toujours facile d'observer les faits du quotidien et la vie des gens, tout simplement. Le rôle du chercheur est d'essayer de rendre intelligible ce qui apparaît confus au premier abord, ou presque trop banal.

En ce qui nous concerne, dans les années 1970, nous avions amené nombre de nos étudiants à appréhender concrètement les métiers du bois et des métaux, l'approvisionnement des marchés de Douala ou de Yaoundé, et la montée en puissance de l'urbanisation, à travers les petites et moyennes villes du Cameroun, etc. Peu à peu, les réalités vécues par les gens, au ras du sol, ont été prises en compte : les petits métiers de rue, la multiplicité des activités dans les quartiers populaires et tout spécialement comment se construisait la grande ville sous nos yeux. Vaste sujet, en effet, que ce chantier constitué par le processus même de la création des zones d'habitat auto-construit de la périphérie des métropoles en pleine croissance. Il y a là tout un contexte complexe, le monde et l'ambiance de l'informel à décrire et à essayer de comprendre. En quelques décennies sont apparues des villes en gestation, en dehors de tout urbanisme programmé, pour une large part redevables à des pionniers dynamiques et collectivement organisés à la base.

Dans la plupart des quartiers, le rôle des femmes est considéré comme essentiel pour le simple fonctionnement de la ville. Beaucoup d'entre elles, chargées de famille, doivent s'occuper de la « pitance » de leurs enfants, mais aussi de l'écolage et souvent davantage. Elles cultivent un lopin de terre quand la maison n'est pas encore invasive sur toute la concession. Elles ouvrent des boutiques, ou des « ventes-à-emporter » ; elles vendent des nourritures variées ; elles pratiquent le micro-commerce en petites quantités (quelques morceaux de sucre, l'huile au verre, les cigarettes à l'unité). Il y a aussi les « bayam sellam » tellement essentielles, comme grossistes ou semi-grossistes pour l'approvisionnement des marchés centraux ou des quartiers et capables de susciter toutes sortes d'activités, par ailleurs.

La construction des cases, sans discontinuer, a participé de la « conquête »...et de l'étalement urbains. Dans certains quartiers, souvent homogènes ethniquement, des phénomènes d'entraide ont fait apparaître des cases érigées en quelques jours ou semaines. Sur place, on fabriquait des parpaings de ciment ; on achetait et on vendait des tôles, du sable, des planches et puis des meubles, etc. Quand un quartier avait pris consistance, des associations ou des groupements de chefs de famille unissaient leurs forces pour entreprendre des travaux d'assainissement, de drainage, de voirie, etc. On a parlé de « développement autocentré » dans les discours du moment, ou d'« animation » avec un minimum d'encadrement. On parvenait à créer des emplois, on ouvrait des écoles, des centres de PMI et même des ateliers pour occuper des jeunes du quartier (exemple de la zone Nylon à Douala dans les années 1970-1980). Pour gagner des terrains à bâtir, avec l'accord ou non des chefs de terre ou des autorités, des chefs de famille volontaires ont colmaté des bas-fonds avec des gravats et des déchets ; on a construit aussi sur des pentes raides, au risque d'éboulements. On édifiait son « chez-soi », même dans des secteurs systématiquement inondés, quitte à trouver la parade en dressant des murets devant le seuil de la case, en surélevant les meubles sur des parpaings... et il suffisait d'attendre jusqu'à la décrue (par exemple à Nkololoun ou à Nkolmintag à Douala).

A chacun de mes passages à Douala et séjours au Cameroun, quelles évolutions et que de changements observables le long des rues principales ou au plus profond des quartiers ! Bien sûr, la plupart des auteurs de cet ouvrage évoquent comme un fait marquant et déclencheur le temps des opérations « villes mortes ». Quand on a pris la décision de l'application des « plans d'ajustement structurel », il y a eu des conséquences énormes sur toute la société camerounaise dont les effets se font toujours sentir : développement de la précarité, pauvreté dominante et un triomphe de l'informel à-tout-va.

Pour garder la tête hors de l'eau, même certaines catégories qu'on aurait crues préservées, comme les enseignants et autres fonctionnaires, doivent pratiquer une seconde activité au quartier. La corruption et le racket deviennent ordinaires et systématiques. On a parlé de ménages défaits, de suicides en série quand un chef de famille endetté et déconsidéré, ne peut plus procurer la ration quotidienne et donc entretenir au jour le jour, son épouse et sa progéniture ; d'enfants qu'il faut retirer des écoles faute de moyens financiers ; et souvent l'épouse repart rejoindre sa propre parenté. Cette dégradation a touché la plupart des strates de la population. En même temps, tous les coups semblent permis. Beaucoup en profitent, mais la plupart sont grugés. Les uns sont des parasites, d'autres sont des profiteurs. Qu'est-ce qui est légal ou illicite, permis ou pas, recommandable ou pas, moral ou immoral? Les gens semblent déboussolés et tout se dérègle.

Beaucoup d'individus continuent à espérer l'intervention de l'Etat-Providence, lequel est devenu lui-même si désargenté. Des aides, pourtant sollicitées auprès des bailleurs de fonds extérieurs, permettent bien certains grands travaux, mais les retombées au niveau des « gens d'en bas » sont carrément invisibles. Des opérations d'urbanisme importantes sont lancées avec création de grands lotissements (des milliers de logements), mais des « parcelles assainies » tardent à se couvrir de cases, alors qu'à côté des cases auto-construites se multiplient sans limites.

Au fil des décennies, les composantes de la société camerounaise ont subi des évolutions inéluctables. L'exode rural se perpétue, pourtant, il reste sur place quand même une population rurale nombreuse. Un exode urbain, à partir des métropoles, a redistribué une part importante de la population au niveau des petites, moyennes et grandes villes régionales. Chaque ethnie ou région est obligée de s'approprier son propre management. Dans les grandes métropoles, les allogènes d'autrefois se sont largement sédentarisés. Naguère les Bamiléké installés à Douala conservaient des rapports étroits avec leur chefferie d'origine. Maintenant, il y a la génération des Bamiléké de Douala, devenus doualais à part entière. Ainsi les néo-citadins d'hier ont « créé » des quartiers et conquis des « zones » d'habitat en autoconstruction, sans permission, pour la plupart. Ils ont modelé leur habitat en permanence au gré de leurs besoins et réussi peu à peu à les faire intégrer dans l'ensemble de l'agglomération, à force de « durcification » des cases et de « densi-fication » des personnes sur les concessions.

Ces individus de la base parviennent à imaginer et à concevoir des stratégies populaires pour avoir un « chez soi », se loger, se nourrir, se déplacer, s'équiper et même se distraire, pour améliorer leur quotidien. Avec le rétrécissement sévère des activités du secteur moderne de l'économie et les pertes d'emplois et salaires qui en ont résulté, la démultiplication des pratiques de débrouillardise aboutit à un effet « fourmilière » caractéristique, où le très grand nombre tente de vivre ou de survivre. Tout cela concourt à l'expression d'un dynamisme multiforme, et qui ne renonce pas. Derrière l'apparence d'une paupérisation généralisée, de nombreuses recherches de terrain incitent à relativiser le poids de cette pauvreté ambiante. Telles qu'on peut les suivre in situ, toutes ces accumulations d'interventions ponctuelles et toutes ces « fabrications » ou productions multiples permettent de dégager, quoiqu'il arrive, des formes de « plus-value » (au sens des économistes) et par ce fait même, un minimum d'argent circule entre les uns et les autres.

On peut rassembler des exemples comme autant de preuves d'adaptabilité, de créativité à tous les niveaux de la société. Globalement la « débrouillardise à la camerounaise » a eu tout loisir d'exprimer ses forces. Avant, il y avait comme principaux entrepreneurs les expatriés, les Grecs et les Libanais, puis se sont ajoutés les Indiens et les Nigérians. Maintenant, on voit agir les Chinois, qui eux se risquent à concurrencer la femme camerounaise y compris, allant jusqu'à vendre des beignets ou exercer un petit commerce. Qui sortira vainqueur? Des groupes ici ou là sont plus habiles que d'autres à tirer leur épingle du jeu. On a cité bien des cas où des usines dites modernes ont dû fermer face à la concurrence avérée du secteur informel (on peut citer le cas souvent évoqué de l'usine Bata à Douala).

Dans la dernière décennie, le monde de l'informel a continué à s'adapter et à s'amplifier. En tout cas, il propose des solutions, il invente à sa façon ; il recycle. Devant le manque criard des transports en commun, il intègre l'avènement des motos-taxis d'origine chinoise; il a fait le choix aussi de l'ouverture au monde avec la multiplication des call-boxes. Tout n'est pas forcément le signe d'un progrès quand le « pousse-pousse » de naguère (et ses deux roues porteuses) s'est vu remplacer par la brouette chinoise (une seule roue, ce qui doit être plus fatiguant !). On invente de nouveaux «métiers » remplis d'à-propos et de pertinence. Toutes sortes d'« intermédiaires » sont apparus (des rabatteurs, des relayeurs, des réparateurs, etc.). La meilleure des preuves ? La manière dont la population s'empare de la révolution du numérique et des NTIC, jusque y compris les quartiers les plus lointains de la périphérie de la ville. Là où on vit dans le noir quand la nuit est tombée, on téléphone et on est branché sur le vaste monde. Peut-on parler de modernisation? C'est une autre histoire.

Au total, que d'imagination, que de courage au quotidien pour ces hommes, ces femmes et ces jeunes : le monde de l'informel, ça grouille, ça vit. On ne peut réduire la débrouillardise à une quête perpétuelle d'expédients et n'y voir qu'un corps traversé par la corruption ou la violence. C'est la manifestation d'une vitalité sans relâche d'individus très courageux s'essayant à satisfaire les besoins de tous les jours, trouver de l'eau, construire un « chez soi », boire, manger, faire la cuisine, faire le marché, acheter, trouver de l'argent, prendre le taxi, jouer et se distraire, se reposer, téléphoner… Un vaste va-et-vient perpétuellement renouvelé.

Face à cet état de fait, ce bouillonnement général, quelle attitude pour le chercheur aux prises avec la débrouillardise, aux multiples faciès ? Nous pensons qu'on ne peut pas se contenter de distribuer bons et mauvais points. Certains auteurs (mais peut-on après tout les blâmer?) semblent espérer, qu'un jour peut-être, l'Etat-Providence sera à même d'engager une grande politique de création d'emplois généralisée ou de garantir une politique sociale qui fournira un logement décent à toutes les familles. N'est-ce pas parfaitement utopique? On peut bien sûr toujours aspirer à une « cité idéale », où régnerait un bonheur largement dispensé et réparti de belle manière judicieusement entre tous...

Dans les années qui viennent - et il est d'ores et déjà notoire que des quartiers populaires ont commencé à le faire - on verra que des chefs de famille, des femmes et des jeunes s'organisent pour « résister », soutenus en cela par des associations, des organisations non gouvernementales ou aussi des collectivités locales intelligentes et motivées. Tout un mouvement qui va dans le sens d'une vie qui en vaudrait la peine, à force de prise de conscience et de solidarité, en direction d'un grand nombre de citadins, soucieux de s'assumer sans attendre. Malgré toutes les prédictions pessimistes, bien des habitants s'en sortent. Pourquoi et comment?

Guy Mainet
Professeur émérite honoraire des Universités
197, rue de Saint-Genès, 33 000 Bordeaux

AVANT-PROPOS

Au Cameroun, la population dans sa majeure partie fait preuve d'un remarquable esprit de débrouillardise. Dans ce pays où la puissance publique a abdiqué ses responsabilités dans bon nombre de domaines, où trouver un emploi dans les secteurs d'économie moderne public et privé relève de l'exploit, et où la pauvreté gagne chaque jour du terrain, des millions de citadins et de ruraux se démènent comme de beaux diables pour pouvoir satisfaire leurs besoins fondamentaux. La solution que les uns et les autres ont trouvée, est de se saisir de toutes les opportunités bonnes ou mauvaises qui s'offrent à eux pour survivre ou améliorer leur quotidien. Oui, au Cameroun, règne pour ne pas dire triomphe depuis longtemps, l'esprit de débrouillardise. Celui-ci permet, tant bien que mal, à des millions d'individus de « se forger un emploi », d'acquérir de quoi construire leur logement, acheter leur nourriture ou leurs vêtements, financer leurs déplacements ou la scolarité de leurs enfants ; il leur permet aussi de s'alimenter en eau et en électricité, de se soigner et même d'auto-organiser leur sécurité.

A vrai dire, les pratiques de débrouillardise auxquelles d'innombrables citadins et ruraux du Cameroun se livrent pour sortir des passes difficiles ou améliorer leur quotidien, sont extrêmement variées. Elles vont de la *feymania*[1] au chapardage dans les magasins de commerce, en passant par l'implication des intéressés dans le transport par mototaxi, la photographie négociée, le lavage des voitures, la restauration de rue, la récupération dans les décharges publiques, la vente des livres d'occasion, la prostitution, la répétition des cours, sans oublier le recours à l'automédication, aux jeux

---

[1] La *feymania* est une pratique socio-économique d'origine camerounaise, à travers laquelle des hommes et des femmes à la recherche du gain facile, extorquent de l'argent et autres biens de leurs victimes. Agissant tant à l'extérieur qu'à l'intérieur du Cameroun, les protagonistes de la *feymania* généralement appelés « *feymen* », montent des histoires ou des arnaques pour rouler ou escroquer leurs victimes. Au Cameroun, les richesses des « *feymen* » sont considérées comme des richesses magiques, autrement dit, acquises avec des moyens occultes.

d'argent, à l'eau des sources et des puits, à la contrefaçon voire au piratage du courant électrique.

Quoi de mieux qu'un livre pour rendre compte de ces multiples pratiques de débrouillardise, tant elles suscitent étonnement et admiration. L'autre objectif d'un tel livre est de mettre à la disposition des pouvoirs publics du Cameroun, une solide base d'analyse scientifique qui leur permet de comprendre de quoi les pratiques de débrouillardise considérées retournent, et d'œuvrer à leur remplacement, car même si elles expriment un réel dynamisme de la part de couches entières de la population, elles ne conduiront pas le Cameroun au développement auquel ce pays aspire tant.

Ce livre collectif rassemble 22 contributions élaborées par des scientifiques chevronnés, relevant de sept disciplines : l'histoire, la géographie, la sociologie, l'urbanisme, l'anthropologie, la démographie, et les sciences de l'information et de la communication et d'organismes de recherche et d'enseignement ou des deux à la fois. Faisant abstraction de leurs convictions politique, religieuse ou idéologique, ces scientifiques se sont livrés à une analyse froide, objective et sans complaisance des artisans de la débrouillardise, de leur profil social, de leur combat quotidien pour la survie, de leurs angoisses, de leurs récriminations, de leurs espoirs et de leur vision de leur avenir professionnel. A partir des revues de littératures et des minutieuses et précises observations et enquêtes directes et de la pratique de terrain, ils ont contribué avec un rare détachement, à la rédaction de ce livre, leur principale motivation étant de participer à une initiative de sensibilisation des pouvoirs publics sur les tenants et les aboutissants des pratiques de débrouillardise incriminées, et sur leurs effets pervers sur l'économie et la société du Cameroun.

Outre une introduction et une conclusion générales, le livre est structuré en deux parties. La première partie mobilise 9 contributions qui traitent des pratiques de débrouillardise à l'échelle locale, celle d'une ville ou d'un village ; la deuxième partie rassemble 13 contributions qui abordent des pratiques de débrouillardise à l'échelle nationale, celle de tout le Cameroun.

Qu'il me soit permis d'adresser ici mes plus vifs remerciements à toutes les personnes qui ont étroitement contribué à la réalisation de ce livre.

Je pense en premier lieu, aux 25 contributeurs issus de sept disciplines scientifiques et de plusieurs horizons géographiques et professionnels, qui en ont rédigé les textes. Par leurs contributions fouillées et bien agencées, ils ont largement contribué à la parturition de ce livre.

Je pense ensuite à MM. Guy Mainet, Professeur émérite honoraire des Universités à l'Université de Bretagne occidentale à Brest, Jean-Louis Chaleard, Professeur des Universités à l'Université de Paris I Panthéon-Sorbonne, Benjamin Steck, Professeur des Universités à l'Université du Havre et René-Paul Desse, Professeur des Universités à l'Université de Bretagne Occidentale à Brest, qui au travers de leurs suggestions et conseils, en ont amélioré la forme et le contenu. A la faveur de longs séjours en Afrique, tous les quatre se sont imprégnés en profondeur, des réalités socio-économiques et politiques des pays de ce continent y compris le Cameroun. Un merci particulier à MM. les professeurs Guy Mainet et René-Paul Desse qui m'ont fait l'insigne honneur de rédiger, le premier la préface et le second, la postface de cette publication scientifique. Je pense encore à mes amis Zéphirin Tzukam, Roger Fokam, Thomas Tekou, Désiré Chago, Joseph Wabo, Norbert Tamdjo, Pierre Wabo, Romain Fossi Fotso et Frédéric Nono, qui m'ont constamment soutenu dans mes projets professionnels et dans ma vie personnelle. Je pense toujours à mon épouse Kengne Fodouop, née Madeleine Kapko et à nos trois enfants Carine Guilène Kengne Cheno, Jocelyne Pamela Kengne Kaptum et Joël William Kengne Fotso, et à mes frères et sœurs Siméon Djidjou, Marcelline Foaka Fotso, Jean-Pierre Kamdem, Jules Tékam Foaka, Pierre Talla, Joséphine Foaka Nouedjom, Michel Waffo Ngoka, Christine Takam Fokam et Bertrand Fodouop Foaka, qui m'ont, jusqu'à ce jour, couvert de leurs bienveillants conseils et de leurs précieux soutiens moral et matériel. Enfin, j'ai une dette de reconnaissance envers mes collègues Joseph Youta Happi et Louis Defo, Chargés de cours à l'Université de Yaoundé I et David Toguem, Professeur au Lycée Classique de Bafoussam, qui m'ont étroitement assisté dans la délicate et ingrate tâche de relecture complète des contributions de cette production scientifique.

Yaoundé, Ngoa-Ekelle, Cameroun, le 15 juin 2015

Kengne Fodouop
Professeur des Universités de classe exceptionnelle
Université de Yaoundé I

A PROPOS DES CONTRIBUTEURS

Alawadi Zelao est titulaire d'un doctorat/Ph.D. en sociologie politique et maître de recherche au Centre National de l'Education du Cameroun. Chef du Département d'Etudes Politiques et Juridiques de cette institution et coordinateur du Groupe de Recherches et d'Etudes des Dynamiques Sociales et Politiques (GREDYSOP), il assure des tâches d'enseignement et d'encadrement académiques dans plusieurs universités nationales et internationales. Il s'intéresse aux thématiques des identités contemporaines, de la gouvernance en post-colonie et du développement international. Il est auteur de plusieurs articles publiés dans des revues nationales et internationales, et co-directeur de l'ouvrage intitulé « *Le Cameroun septentrional en transition* », publié aux éditions Harmattan Cameroun, en 2012.

Albert Nna Ntimban est titulaire d'un DEA en sociologie politique obtenu à l'Université de Yaoundé I en 2005. Sa thèse de doctorat/Ph.D soutenue à l'Université de Yaoundé I, a pour thème : « *La presse au Cameroun et la pratique du braquage : essai de compréhension du phénomène chez les journalistes du Hilton dans la ville de Yaoundé* ». Assistant au Département de Sociologie de l'Université de Yaoundé I depuis 2012, Albert Nna Ntimban est par ailleurs chercheur au Département d'Etude, Recherche et Action pour le Développement (DERAD), partenaire de l'Agence Panafricaine des Bâtisseurs (APB). Il est également consultant en communication sociale.

Christophe Sados Touonsi, titulaire d'un DEA en géographie obtenu à l'Université de Yaoundé, enseigne à l'Institut Panafricain pour le Développement à Douala. Ses recherches scientifiques actuelles portent sur la gouvernance et la sécurité urbaines. Depuis trois ans, il prépare à l'Université de Douala, une thèse de doctorat/Ph.D. sur les stratégies endogènes de prévention de l'insécurité à Douala.

Cyrile Bienvenu Djiomo, titulaire d'un DEA et d'un DIPES II, est professeur d'histoire-géographie et éducation à la citoyenneté au Lycée de Mbouda rural. Dans ses activités de recherche, il aborde des thématiques variées telles que les actions anthropiques et la dégradation du cadre de vie en milieu urbain, les stratégies des acteurs dans la gestion durable de l'environnement et le développement urbain participatif. Depuis la rentrée académique 2011-2012, il prépare à l'Université de Yaoundé 1, une thèse de doctorat/Ph.D. en géographie sur le sujet « *La contribution des acteurs non étatiques dans la gestion de l'environnement urbain à Yaoundé* »

David Toguem est titulaire d'un doctorat/Ph.D obtenu à l'Université de Yaoundé I à la suite de la soutenance d'une excellente thèse sur le sujet « *Télécommunications et développement dans le Grand Ouest Cameroun* ». Professeur des lycées d'enseignement général actuellement en poste au Lycée classique de Bafoussam, il mène des recherches sur les questions de développement. Il est co-auteur d'un livre collectif intitulé « L'armature du développement en Afrique : industries, transports et communcation », publié en 2010 aux éditions Karthala.

Dieudonné Lekane Tsobgou est titulaire d'un DIPES II et d'un doctorat/Ph.D en géographie de l'Université de Yaoundé I. De 2012 à 2014, il a effectué un séjour postdoctoral à l'Université de Liège, où il a approfondi ses réflexions dans les domaines de la microfinance, du tourisme et du développement communautaire. Il est membre actif du REUADEC et collaborateur scientifique du Laplec de l'Université de Liège. Dieudonné Lekane Tsobgou a publié des articles dans des revues scientifiques internationales telles que Les Cahiers d'Outre-mer, *Bulletin de la société géographique de Liège* et *Australian Geographic Review*.

Dominique Meva'a Abomo est titulaire d'un doctorat/Ph.D. en géographie option, aménagement et développement durable, obtenu à l'Université de Douala et d'un Ph.D en sciences politiques, diplomatie et relations internationales obtenu à Madison International Institute (USA), où il a été lauréat de l'*Obama Nobel Prize Scholarship*. Chargé de cours en géographie à l'Université de Douala, il y assure les fonctions de Coordonnateur adjoint du Master professionnel en environnement et développement durable. Il est spécialiste de géographie de la santé, et travaille sur la thématique urbanisation-santé-environnement. Il est auteur et co-auteur de plusieurs articles et communications scientifiques. Il est fondateur de la Société Savante Cheikh Anta Diop et membre de plusieurs réseaux de chercheurs.

Erol Ngassa, titulaire d'un Master en géographie est enseignant au Lycée de Bamendjou. Il a conduit des travaux sur les aspects sanitaires liés à l'alimentation de rue en milieu urbain camerounais, et s'intéresse actuellement aux questions d'accès aux soins de santé des populations pauvres de Douala, la métropole économique du Cameroun.

Gabriel Enchaw Bachange holds a Doctor of Philosophy in Environmental Geography from the University of Yaounde I-Cameroon, where he currently lectures in the Department of Geography. Cumulatively, he is the research co-ordinator of Lelewal Foundation, a member of Réseau d'Expertises en Urbanisme, Aménagement et Développement au Cameroun (REUADEC), the Class Master for Level I Geography and an examiner of Advanced Level Geography for the Cameroon General Certificate of Education Board. Gabriel Enchaw Bachange attaches particular scientific attention to issues of forest resource policy and tenure, and climate change and indigenous peoples and has co-published three articles in American, Philippines and Cameroonian scientific Journals as well as a textbook for forms 1 & 2.

Geoffroy Faha Kamdem est titulaire d'un doctorat/Ph.D. obtenu à l'Université de Yaoundé I en 2013 à la suite de la soutenance d'une excellente thèse sur le sujet « *Territoires et paysages du Grand Mifi sur les Hautes terres de l'Ouest-Cameroun : constructions, déconstructions et reconstructions* ». Professeur des Lycées d'enseignement général depuis 2001, il exerce actuellement les fonctions d'Inspecteur pédagogique régional de géographie du Sud-Ouest du Cameroun. Parallèlement, il mène des recherches sur les reconstructions spatiales urbaines et rurales d'une part et le développement communautaire d'autre part. A ce jour, il a contribué à la rédaction d'un livre sur l'Education civique et morale (citizenship) à l'usage des classes de Form 3, 4 & 5 des élèves des établissements secondaires anglophones. Il est co-auteur d'un chapitre de l'ouvrage intitulé « *Les mutations socio-spatiales au Cameroun* », publié aux éditions IRESMA en 2012.

Henock Blaise Nguendo Yongsi est titulaire d'un doctorat en géographie de la santé obtenu à l'Université de Paris X Nanterre en France. Actuellement, il exerce les fonctions de Chargé de cours à l'Institut de Formation et de Recherches Démographiques (IFORD), de l'Université de Yaoundé II. Il s'intéresse aux thématiques d'épidémiologie spatiale et de santé des populations vulnérables. Il est auteur de 36 articles publiés dans des revues européennes, asiatiques, nord-américaines, sud-américaines, africaines et camerounaises et de 3 ouvrages dont 2 publiés par les Editions Universitaires Européennes et 1 par les Presses de l'Université de Montréal.

Henri Tedongmo Teko, docteur en sociologie économique de l'Université de Douala, est également poète et essayiste. Membre de l'Association internationale des sociologues de langue française (AISLF) depuis 2011, il est actuellement enseignant au Département de sociologie de l'Université de Yaoundé 1. L'entrepreneuriat, les pratiques culturelles et les dynamiques théologiques en contexte africain constituent ses principaux centres d'intérêt. Parmi ses publications, on peut citer : « *Mes premiers pas dans la communication et l'animation chrétiennes* », Éd. Amour et Service, Douala, 2010, « *Les silences lumineux* » (Recueil de poèmes), Edilivre, Paris, 2010, « *La piraterie musicale au Cameroun* », Éditions Universitaires Européennes, Sarrebruck, 2011 et « *Les couleurs de la peur* », Edilivre, Paris, 2014.

Hervé Gondie, titulaire d'un DEA en géographie obtenu à l'Université de Ngaoundéré, est assistant à l'Ecole Normale Supérieure de l'Université de Maroua. Il s'intéresse aux questions de population et de développement avec un accent sur l'analyse statistique et cartographique des données démographiques. D'autre part, il prépare à l'Université de Ngaoundéré une thèse de doctorat/Ph.D. en géographie. Il a à son actif, 3 contributions scientifiques publiées l'une dans la Revue de géographie de l'Université Alexandru Ioan Cuza de Iasi en Roumanie et les deux autres dans un ouvrage collectif édité par Karthala sous le titre « *L'Université africaine et sa contribution au développement de l'Afrique. Le Cas du Cameroun* ».

Honoré Mimche est titulaire d'un doctorat/Ph.D. en sociologie obtenu à l'Université de Yaoundé I. Il est actuellement Maître de Conférence à l'Institut de Formation et de Recherches Démographiques (IFORD) de l'Université de Yaoundé II. Spécialiste des questions de migration et de sociologie de la population, il s'intéresse aux liens entre migrations et développement en Afrique auxquels il a, à ce jour, consacré une vingtaine d'articles scientifiques publiés dans des revues nationales et internationales et plusieurs ouvrages. En 2014, il a publié un livre intitulé « *Le Temps de la sédentarisation* » aux Presses Académiques Francophones, et la même année, il a codirigé un autre sous le titre « *Santé, environnement et santé publique en Afrique* ».

Innocent Fogué, titulaire d'un DEA en géographie économique est en service à l'Institut National de Cartographie (INC) à Yaoundé. Avant d'intégrer cette institution en 2002, il a enseigné comme moniteur à l'Université de Yaoundé I de 1995 à 1996, puis comme vacataire à l'Université de Douala de 1997 à 2001. Actuellement, il exerce les fonctions de Chargé de recherche et de Chef de l'Unité de recherche sur les campagnes à l'INC. Il est co-auteur d'un article et de deux monographies de régions réalisées dans le cadre des travaux scientifiques de l'INC. Depuis 1995, il prépare à l'Université de Yaoundé I, une thèse de Doctorat/Ph.D. en géographie.

Jean-Célestin Edjangue est diplômé en histoire de l'Université d'Angers et en sociologie de l'Université de Nantes en France. Journaliste de profession, il a travaillé au sein de la rédaction de Ouest-France et de la Nouvelle République du Centre-Ouest, à Angers, et a servi comme Grand reporter au quotidien camerounais indépendant « Le Messager », dont il a été ensuite le correspondant en Europe. Spécialiste des questions de développement de l'Afrique, il est actuellement chef de l'information à la télévision panafricaine Africa 24. Il est auteur de plusieurs ouvrages dont « *Cameroun un volcan en sommeil* », « *Afrique, que fais-tu de ta jeunesse ? Les paradoxes d'un enjeu moteur de développement* », « L*'éducation à l'environnement en Afrique : le rôle des médias* » et « *La République des sans souci* », tous publiés aux éditions L'Harmattan à Paris, respectivement en 2010, 2012 et 2014.

Joseph Youta Happi, docteur en géographie de l'Université de Paris-Sorbonne depuis 1998, est actuellement enseignant-chercheur à l'Université de Yaoundé I. Spécialiste de biogéographie, il s'intéresse particulièrement à la dynamique des écotones et au binôme environnement urbain et risques ; depuis 2006, il fait des interventions en qualité de professeur invité à l'Université de Strasbourg en France. Il a, à son actif, 21 articles publiés dans des revues de renommée internationale telles que *Journal of Tropical Ecology, Medical and VeterinaryEntomology, Revue de Géographie du Cameroun, Espaces tropicaux ; Scientific Annals of Alexandru Laon Cuza University of IASI, Present Environment and Sustainable Development* et *IRD-UNESCO-MAB-CNRS.*

Kengne Fodouop, le directeur scientifique de cette publication, est titulaire d'un doctorat d'Etat en géographie obtenu à l'Université de Bordeaux III en France. Professeur des Universités de classe exceptionnelle, il est actuellement en poste à l'Université de Yaoundé I au Cameroun. Ancien doyen de la Faculté des Lettres et Sciences Humaines de l'Université de Dschang, il est depuis 1993, président du Comité National de Géographie du Cameroun et depuis 2013, coordonnateur général du Réseau d'Expertises en Urbanisme, Aménagement et Développement au Cameroun (REUADEC). Membre du comité d'expertise de plusieurs revues scientifiques nationales et internationales, il est auteur d'une soixantaine d'articles et de vingt-trois livres publiés au Cameroun, en France, aux Pays-Bas, en Afrique du Sud, au Togo, au Maroc, en Allemagne et au Canada, sur l'aménagement et le développement durables des territoires, les dynamiques urbaines et rurales, l'économie interstitielle, la géopolitique africaine et la mondialisation.

Louis Defo est titulaire d'un doctorat/Ph.D. en environnement et développement obtenu à l'Université de Leyden aux Pays-Bas en 2005. Enseignant-chercheur à l'Université de Yaoundé I, il intervient en tant qu'expert dans plusieurs institutions de conservation des ressources naturelles et de formation. Il est auteur ou co-auteur de neuf articles publiés dans des revues scientifiques de renom telles que *Development, Biodiversity Conservation, Journal of Bamboo and Rattan, Conservation and Society, Tropical Conservation Science, African Study Monographs et Revue de Géographie du Cameroun.* Il est aussi auteur de deux chapitres d'ouvrages collectifs dont un publié par le CIFOR et l'autre par l'Université du Québec à Chicoutimi et l'Institut de l'Energie et de l'Environnement de la Francophonie. Ses principaux champs de recherche sont la conservation des ressources naturelles et le développement rural.

Martin Luther Djatcheu Kamgain, titulaire d'un Master en géographie urbaine obtenu à l'Université de Yaoundé I, enseigne au collège « La Gaieté » à Yaoundé. Ses recherches de thèse de doctorat/Ph.D. en géographie qu'il poursuit à l'Université de Yaoundé I, portent sur le phénomène de l'habitat précaire à Yaoundé. Membre du Réseau d'Expertises en Urbanisme, Aménagement et Développement au Cameroun (REUADEC), il s'intéresse aux problématiques de l'habitat urbain précaire et des opérations de résorption des installations anarchiques dans les villes africaines en général, et camerounaises en particulier.

Norbert Youmbi, titulaire d'un DEA en géographie humaine et de développement, enseigne au Collège « Les Lauréats » à Douala. Il mène des recherches et des consultations sur les questions relatives au développement urbain au Cameroun. Depuis 6 ans, il prépare à l'Université de Yaoundé I, une thèse de doctorat Ph./D. en géographie sur le sujet « *La ville de Douala à l'épreuve des jeux d'argent* ».

Ondoua Owoutou, géographe et enseignant-chercheur à l'Institut de Formation et de Recherches Démographiques (IFORD) de l'Université de Yaoundé II, est titulaire d'un doctorat nouveau régime de l'Université de Bordeaux III. Il a publié dans plusieurs revues nationales et internationales. Son dernier article publié dans les Annales de l'IFORD a pour titre « *Scolarisation des jeunes en situation de conflit : le cas de l'Est du Tchad* ». A son actif, il a assisté à plusieurs colloques internationaux et a effectué des consultations auprès de la Banque Mondiale, de l'UNFPA et du PNUD.

Paul Basile Eloundou Messi est titulaire d'un doctorat/Ph.D. en géographie obtenu à l'Université de Yaoundé I. Actuellement, il exerce les fonctions de Chargé de cours à l'Ecole Normale Supérieure de l'Université de Maroua. Spécialiste de géographie de la santé, il s'intéresse aux thématiques de systèmes de soins de santé, et d'environnement de la santé. A ce jour, il a publié deux articles, le premier dans la revue *KALIO* de l'Université de Maroua et le second dans la revue *GEOTROPE,* du Département de Géographie tropicale et de l'Environnement de l'Université Houphouët-Boigny de Cocody à Abidjan en Côte-d'Ivoire.

Pierre François Edongo Ntede est titulaire d'un doctorat/Ph.D. en anthropologie de l'éducation obtenu à l'Université de Yaoundé I. Après avoir enseigné dans les cycles primaire et secondaire, il assume actuellement les fonctions de Chargé de cours à la Faculté des Arts, Lettres et Sciences Humaines de l'Université de Yaoundé I I. Parallèlement, il assure des vacations en Master de Sciences de l'Education parrainé par l'Université de Laval au Canada et les Ecoles Normales Supérieures de Libreville au Gabon et de Yaoundé I au Cameroun. Auteur de plusieurs articles scientifiques, il travaille dans les champs de l'anthropologie culturelle et éducationnelle depuis 2001. En 2010, il a publié aux éditions Harmattan Cameroun, un ouvrage intitulé « *Ethno anthropologie des punitions en Afrique* ».

Valérie Stéphanie Chemgne est titulaire d'un Master professionnel en démographie obtenu à l'IFORD de l'Université de Yaoundé II en 2010. Parallèlement à l'exercice des fonctions de Chef de service de l'Aménagement du Territoire à la Délégation régionale du Ministère de l'Economie, de la Planification et de l'Aménagement du territoire pour le Littoral, elle mène des recherches sur les questions de santé maternelle et infantile et les migrations internationales. A ce jour, elle a participé à plusieurs conférences nationales et internationales, où elle a présenté des communications sur les thèmes de ses recherches en cours.

INTRODUCTION GENERALE

Kengne Fodouop

Selon Sylvaine Pascual, « *La débrouillardise c'est se dépatouiller autrement lorsque les ressources nécessaires pour faire face à une situation viennent à manquer ; c'est développer la faculté de se secouer les méninges lorsque les conditions deviennent, en apparence, insuffisantes pour réaliser un objectif ; c'est l'alternative à la baguette magique, au Père Noël ou à la chance pour réussir un projet professionnel* » (Sylvaine Pascual - dans L'actualité d'Ithaque, 2008). La débrouillardise renvoie à la capacité des individus ou des groupes d'individus à faire ce qui est en leur pouvoir, pour résoudre les problèmes de la vie auxquels ils sont confrontés. C'est l'aptitude ingénieuse des individus ou des groupes d'individus à improviser une solution efficace dans des conditions difficiles. Le débrouillard, c'est quelqu'un qui use d'intelligence, d'ingéniosité, de courage et d'imagination pour survivre ou pour réaliser les objectifs qu'il s'est fixés. C'est quelqu'un qui est doué d'un esprit d'initiative et de créativité, grâce auquel il parvient à se sortir d'épineux problèmes.

En règle générale, la débrouillardise, aptitude très valorisée chez les hommes comme chez les femmes, renvoie à des façons de faire ou d'opérer positives. Mais au Cameroun, elle renvoie aussi à la ruse, aux basses manœuvres, voire à la tricherie. En effet, dans ce pays, les débrouillards ne se restreignent pas aux individus et groupes d'individus qui utilisent leurs saines aptitudes pour résoudre les problèmes qui se posent à eux. Y sont aussi catalogués comme débrouillards, des individus ou groupes d'individus qui ne reculent devant aucune manœuvre pour régler les problèmes auxquels ils sont confrontés ou retourner une situation qui leur est défavorable, quitte à violer les lois en vigueur.

Ainsi, au Cameroun, font partie de la classe des débrouillards, aussi bien les garçons qui vendent les journaux le long des rues pour acquérir de quoi satisfaire leurs besoins vitaux, les diplômés de l'Enseignement supérieur qui tentent de migrer à l'Etranger pour faire leur vie, les ménages urbains qui s'efforcent de pallier les coupures récurrentes de l'eau du robinet en s'alimentant comme ils peuvent, auprès des forages, des puits et des sources, que les prostituées qui font la manche dans les rues ou à l'entrée des hôtels tous les soirs pour se faire de l'argent, les familles urbaines et rurales qui, dans l'incapacité de s'offrir un branchement électrique « piquent » l'électricité qu'elles consomment, les étudiantes qui réussissent leurs examens sans avoir révisé leurs cours, en jouant les maîtresses de leurs professeurs, les petits entrepreneurs indépendants qui versent des gratifications aux fonctionnaires en charge de l'établissement des autorisations nécessaires à la conduite de leurs activités économiques, les arnaqueurs qui fabriquent des faux billets de banque ou délivrent de faux passeports et autres documents officiels aux usagers, les importateurs frauduleux des marchandises ou encore les hommes et femmes qui tentent de gagner leur vie en se livrant aux jeux d'argent.

Au Cameroun, la débrouillardise fait partie de l'arsenal des puissants comme des faibles, pour reprendre une métaphore chère à Scott (1985). Les débrouillards « *à la camerounaise* » font preuve de comportements audacieux et ingénieux ou de ceux qui s'apparentent à ce que cet auteur appelle, des « *formes quotidiennes de résistance* ». Dans ce pays, l'endurance, la malice et la raison du plus fort, qui ont toujours été le propre de la société africaine, s'affirment avec plus de force et de vigueur et de plus en plus ouvertement comme le levain de ce qu'il est convenu d'appeler la vie de la débrouillardise. En résumé, au pays du « *Char des Dieux* », la débrouillardise rime avec des pratiques à la fois morales et immorales et, pour tout dire, avec des comportements à la fois licites et illicites.

Telle que définie, la débrouillardise est une modalité de vie très répandue dans les villes et les campagnes du Cameroun aujourd'hui. Des millions de citadins et de ruraux, des deux sexes, d'appartenances ethniques variées et de toutes les classes d'âge s'y livrent à plein temps ou de manière épisodique, aux fins de résoudre les problèmes auxquels ils sont confrontés. Ils le disent d'ailleurs haut et fort à ceux qui veulent les entendre. Au Cameroun, la débrouillardise est même érigée en principe cardinal.

I. LA GAMME DES PRATIQUES DE DEBROUILLARDISE EXERCEES

Mais à quelles pratiques de débrouillardise des millions de citadins et de ruraux du Cameroun se livrent-ils pour sortir des passes difficiles ou améliorer leur quotidien ? D'après les contributions rassemblées dans ce livre d'une part, et la pratique de terrain du directeur scientifique de cette publication d'autre part, ces pratiques sont extrêmement variées. Ainsi, certains artisans de la débrouillardise étudiée s'emploient à fuir le Cameroun pour l'Etranger à la recherche d'une vie meilleure, quand ils ne se livrent pas à la prostitution, à la *feymania* ou aux jeux d'argent pour se procurer de quoi satisfaire leurs besoins essentiels ; d'autres s'adonnent à la restauration de rue, à la vente des livres d'occasion ou à la réparation automobile de trottoir, pour acquérir le pécule qui leur est nécessaire ; d'autres encore s'attèlent à des activités de survie telles que le transport par mototaxi, la photographie négociée, le lavage des voitures, la récupération dans les décharges publiques, et la répétition des cours, sans oublier l'organisation de leur sécurité ou le recours à l'automédication, à l'eau des sources et des puits, à la contrefaçon, au piratage du courant électrique, au chapardage dans les magasins de commerce ou les usines, etc.

Des millions de citadins et de ruraux du Cameroun, de souche et/ou originaires d'autres pays d'Afrique, se battent becs et ongles pour acquérir de quoi satisfaire leurs besoins fondamentaux. Oui, au Cameroun règne, pour ne pas dire triomphe aujourd'hui, l'esprit de débrouillardise. Ce « *système D* » poussé jusqu'à la perversion y permet à des millions d'individus de se sortir des passes difficiles ou d'améliorer leur quotidien.

En fait, les pratiques de débrouillardise auxquelles des millions de citadins et de ruraux du Cameroun se livrent de nos jours, relèvent de deux grandes catégories : les pratiques de débrouillardise lucratives d'une part et les pratiques d'accès direct aux commodités de première nécessité et de réduction des dépenses d'autre part. Les premières sont comme leur nom le suggère, des pratiques dont l'exercice procure du numéraire à leurs artisans ; les secondes ont pour finalité de fournir des commodités de première nécessité et des avantages économiques à leurs artisans.

Les pratiques de débrouillardise lucratives se répartissent en trois branches : celle de l'agriculture et de l'élevage, celle de l'artisanat de production et celle du commerce et des services.

La première branche rassemble les pratiques telles que la production à petite échelle des denrées vivrières et maraîchères et l'élevage artisanal de la volaille, des porcs, des caprins et des ovins.

Les pratiques de débrouillardise de l'artisanat de production sont de deux sortes : les pratiques relevant de l'artisanat utilitaire d'une part et celles se rapportant à l'artisanat d'art d'autre part.

Les pratiques de débrouillardise de l'artisanat utilitaire sont les plus nombreuses et les plus sollicitées par les individus, tant dans les villes que dans les campagnes. Elles sont représentées par la vannerie, la tannerie, la maroquinerie, la vitrerie, la bijouterie, la couture, la fabrication des produits alimentaires et les multiples activités liées au travail du bois et à celui du fer.

Le travail du bois est représenté par les menuisiers et les sculpteurs qui sont bien implantés à la fois dans les villes et les campagnes. Le travail du fer est entre les mains des fondeurs, des ferblantiers et des soudeurs qui fabriquent pour une clientèle nombreuse et disparate une foule d'articles précieux à partir d'objets usagés : tôles, bidons, fûts, pneus et carcasses de voitures. Toutes ces pratiques n'ont évidemment pas la même importance.

Les pratiques de débrouillardise en rapport avec les services sont plus variées que les précédentes. Elles recouvrent une cinquantaine d'activités très différentes les unes des autres. Nombre d'entre elles sont très précaires et souvent à la limite de la mendicité. Telles sont les activités de cireurs de chaussures, de coupeurs d'ongles, de limeurs de machettes, de peseurs de personnes, d'indicateurs de parkings ou de tireurs de brouettes. Les autres activités en rapport avec les services sont relativement stables. Ce sont les activités de coiffeuses, de barbiers, d'écrivains publics, de plastificateurs de pièces d'identité et de diplômes, de photographes, etc.

Les pratiques de débrouillardise en rapport avec le commerce sont les plus répandues et les plus sollicitées. Elles vont du commerce ambulant de gare routière à celui qui se pratique dans les comptoirs des marchés, en passant par le colportage, le commerce des abords des marchés, celui des trottoirs et des bords de routes, celui des carrefours, celui des kiosks et des auvents.

Les pratiques de débrouillardise d'accès direct aux commodités de première nécessité et de réduction des dépenses comprennent par exemple l'automédication, la modification des régimes alimentaires, ainsi que les diverses stratégies d'accès à l'eau, à l'électricité, aux moyens de transports modernes, aux diplômes, voire aux postes de responsabilité.

II. LES FONDEMENTS DES PRATIQUES DE DEBROUILLARDISE

Pourquoi tant de personnes, se livrent-elles à des pratiques de débrouillardise ? Pourquoi la débrouillardise est-elle érigée en principe aujourd'hui au Cameroun ?

L'implication ou l'engagement des millions de citadins et de ruraux du Cameroun dans des pratiques de débrouillardise procède de plusieurs raisons.

II.1. La difficulté de trouver un emploi dans le secteur d'économie moderne

La raison qui revient de façon récurrente dans les déclarations des artisans de la débrouillardise, est la difficulté de trouver un emploi dans le secteur d'économie moderne. Les statistiques sont à cet égard très révélatrices. Depuis le milieu des années 1980, sur 100 jeunes qui arrivent sur le marché du travail moderne du Cameroun chaque année, à peine deux trouvent un emploi. Les 98 autres en sont automatiquement exclus (Kengne Fodouop, 2012). Selon le BIT (Bureau Afrique centrale basé à Yaoundé), à la fin de 2012, seuls 45 % de la population active du Cameroun disposaient d'un emploi dans le secteur d'économie moderne hors agriculture. L'exclusion du marché du travail moderne y touche toutes les catégories de la population. Toutefois, ce sont les jeunes diplômés qui y sont les plus affectés. En effet, à la fin de 2012, le taux d'exclusion des jeunes diplômés de moins de 30 ans du marché du travail moderne s'y élevait à près de 75 % du total (BIT, Bureau Afrique centrale, 2013).

Le moins que l'on puisse dire est qu'au Cameroun, les chances ou possibilités de trouver un emploi dans la Fonction publique, l'industrie ou les services modernes privés aujourd'hui, sont extrêmement minces. Et pour cause. La Fonction publique tout comme le secteur moderne privé ne font guère preuve de dynamisme nécessaire, pour pouvoir résorber la vaste main-d'œuvre qui arrive chaque année sur le marché du travail. De là, la montée du chômage qui affecte tout particulièrement les jeunes diplômés. Les jeunes diplômés au chômage n'y sont pas seulement de plus en plus nombreux, mais leur niveau d'instruction a également beaucoup progressé. Oui, au Cameroun, le chômage augmente avec le niveau de formation tout comme la durée du chômage, comme en témoigne la montée du chômage des diplômés de l'Enseignement supérieur dont le taux était de 47 % en 2012, ce qui dénote la faiblesse de l'utilisation des ressources humaines qualifiées (INS, 2013).

Engagé dans une phase de croissance économique soutenue de son accession à l'indépendance le 1er janvier 1960 jusqu'à la fin des années 1970, le Cameroun est entré à partir du milieu des années 1980 dans une crise économique sans précédent dont il peine à en sortir. A l'initiative des institutions de Bretton Woods, ce pays a adopté une série de réformes économiques connues sous le nom de Programme d'Ajustement Structurel, comme remède à la grave crise qu'il traversait. La crise économique considérée y était attribuée en partie à la détérioration des termes de l'échange et au second choc pétrolier de 1979 qui a entraîné une élévation du taux d'intérêt de la dette publique. Des facteurs internes tels que la mal gouvernance, la mauvaise gestion du budget et la faiblesse des structures administratives, ont contribué à y exacerber la crise économique. Depuis une trentaine d'années, la mal gouvernance se traduit au Cameroun par une inefficacité des décisions publiques qui n'arrivent pas à produire des résultats positifs sur les systèmes politique, économique et social. Les difficultés de la vie y résultent le plus souvent, des imperfections du corps des lois et des pratiques de corruption, qui constituent des obstacles à la poursuite et/ou réalisation des objectifs du développement économique et social du pays. Au Cameroun, la mal gouvernance politique et économique est à la base des difficultés quotidiennes actuelles telles que la massification de la pauvreté, la montée de l'insécurité et les ravages des maladies.

En dépit de quelques améliorations sporadiques de l'activité économique qui sont observées au Cameroun depuis 2000, le chômage et notamment celui des jeunes y est demeuré élevé surtout en milieu urbain. La crise économique des années 1980 et 1990 et les politiques d'ajustement structurel mises en œuvre à la demande des institutions de Bretton Woods y ont eu des conséquences désastreuses sur le marché du travail moderne. D'une part, elles y ont conduit à la perte d'innombrables emplois liée à la faillite de nombreuses entreprises publiques, parapubliques et privées, aux compressions d'effectifs à la suite des privatisations et des restructurations des organismes publics et parapublics ; d'autre part, elles y ont contribué à fermer les portes du marché de travail moderne aux jeunes diplômés avec notamment, le gel et/ou la réduction du recrutement de personnels qualifiés.

Depuis 2008, l'Etat camerounais s'emploie à corriger la situation mais sans grand succès. Ainsi en 2011, il a procédé au recrutement de 25 000 jeunes diplômés dans la Fonction publique. Dans son message radio télévisé aux jeunes la veille du jour de la Fête de la Jeunesse 2013, le Président Paul Biya a annoncé la création de 200 000 emplois à la faveur du lancement des grands travaux structurants. Dans celui de la veille du jour de la Fête de la Jeunesse 2014, il a promis la création de 250 000 autres emplois. Dans celui de la veille du jour de la Fête de la Jeunesse 2015, il a aussi promis la création de 350 000 nouveaux emplois. Ajoutons que chaque année, l'Etat camerounais lance des concours d'entrée dans un certain nombre de grandes écoles professionnelles publiques. Toutefois, les initiatives qu'il a menées jusqu'ici en faveur de la promotion des emplois des jeunes restent insuffisantes. Au fond, il ne fait pas assez pour développer le secteur d'économie moderne privé et pour l'inciter à recruter des travailleurs. En conséquence, à l'heure actuelle, le Cameroun compte près de 5 millions d'inactifs (dont 1,7 millions de chômeurs et 3,3 millions de sous-employés (Institut National de la Statistique, 2013). Dans ces conditions, nombre de demandeurs d'emplois doivent se résoudre à embrasser des pratiques de débrouillardise dont certaines sont proches de la mendicité ou cachent un chômage déguisé (Dieudonné Lekane Tsobgou & Kengne Fodouop).

II.2. Le manque de qualification professionnelle

Le manque de qualification professionnelle est une autre explication de la présence massive des personnes en âge de travailler, dans des pratiques de débrouillardise. En effet, dans la réalité, les qualifications requises par la Fonction publique et les entreprises modernes privées n'y sont pas disponibles auprès d'une multitude de demandeurs d'emploi ; quantité d'individus répertoriés dans la débrouillardise n'ont pas de diplômes et/ou parchemins à caractère professionnel. De nombreux autres individus n'ont jamais été à l'école ou en ont été exclus précocement pour mauvaise conduite ou pour résultats insuffisants ou encore par le manque de moyens financiers des parents.

Ces deux catégories d'individus en âge de travailler ne peuvent donc pas bénéficier des emplois dans le secteur d'économie moderne en raison de leur manque de formation et surtout de qualification professionnelle. Pour échapper au chômage et faire quelque chose pour se nourrir et satisfaire leurs besoins fondamentaux, certains d'entre eux s'engagent dans des pratiques économiques n'exigeant pas de connaissances particulières comme le portage, le lavage des voitures, la distribution des annonces publicitaires ou qui peuvent s'apprendre progressivement sur le tas comme la réparation des cycles, la coiffure ambulante, la plastification des pièces d'identité et des diplômes ou le transport par brouette (Paul Basile Eloundou Messi & Hervé Gondié). En revanche, d'autres optent pour des pratiques perverses comme la *feymania* (Alawadji Zelao, Kengne Fodouop & Honoré Mimche), les jeux d'argent, la prostitution (Kengne Fodouop, Louis Defo & Innocent Fogué), la mendicité et le chapardage dans les magasins de commerce et les usines. Petits commerçants installés sur les trottoirs, vendeurs à la sauvette, artisans, cordonniers, tailleurs dans des ateliers de confection de fortune, mécaniciens réparant autos et motos sur les parkings, prostituées de rue, ces images font partie du décor quotidien, surtout dans les villes du Cameroun.

II.3. Le bas niveau des rémunérations salariales du secteur d'économie moderne

Le troisième facteur à la base de l'implication des millions d'individus dans les pratiques de débrouillardise se trouve dans le bas niveau des rémunérations salariales des travailleurs du secteur d'économie moderne. En effet, les rémunérations salariales versées à l'écrasante majorité des employés au Cameroun, sont trop basses pour permettre à leurs bénéficiaires de vivre décemment. Dans une étude publiée en 2010, l'Institut National de Statistique (INS) note que près de 70 % des travailleurs du secteur d'économie moderne du Cameroun, gagnent moins que le Salaire Minimum

Interprofessionnel Garanti (SMIG) soit 36 270 francs (environ 55, 2 Euros)[2]. Dans ce domaine, le Cameroun applique, l'une des grilles salariales nationales les plus faibles d'Afrique sud-saharienne. A titre de comparaison, le SMIG est de 37 000 F CFA (secteur agricole non compris) au Sénégal, de 60 000 F CFA en Côte d'Ivoire, de 61 500 F CFA au Tchad, de 55 000 F CFA au Ghana et de 150 000 F CFA au Gabon !

Au Cameroun, les salaires sont encore plus bas dans la Fonction publique. Le décalage de salaire des agents publics par rapport à celui des travailleurs du secteur privé et/ou des organisations internationales y est énorme. Ainsi, bien souvent, un chauffeur qui a la chance de conduire une voiture de la Banque mondiale ou de l'Ambassade américaine à Yaoundé, gagne nettement plus qu'un fonctionnaire de la catégorie A en fin de carrière.

Avec des rémunérations salariales aussi basses, les travailleurs du secteur d'économie moderne du Cameroun ont d'autant plus de mal à assurer leur subsistance, qu'ils doivent en outre, faire vivre plusieurs personnes avec le revenu financier de leur activité. « *Avec le maigre salaire que je perçois à la fin du mois* - déclare sur un ton teinté d'amertume Boniface Kolo, huissier au ministère des Transports à Yaoundé -, *j'ai du mal à m'acquitter de toutes mes charges de chef de famille. Pendant le week-end, je me convertis en peintre pour accroître mes revenus. J'ai un neveu qui est peintre professionnel et supervise plusieurs chantiers de construction. Je profite de mon temps de repos du week-end pour lui donner un coup de main, moyennant une contrepartie en numéraire* ». Monsieur Robert Kouam, agent de commerce à l'Entreprise d'Import-export VADEL à Douala souligne « *Dans l'entreprise où je travaille à plein temps, aucune augmentation de salaire ne nous est consentie. Sans la vente des vêtements de seconde main que j'exerce les samedis et les dimanches ici au marché New-Deido, je ne saurais jamais comment nourrir ma petite famille* ». Pour des milliers de travailleurs du secteur d'économie moderne mal rémunérés, l'exercice d'une pratique de débrouillardise qui rapporte de l'argent est la voie indiquée pour ne pas dire obligée, pour acquérir le complément monétaire indispensable. Ainsi, telle secrétaire à l'Agence Centrale de la Société Générale des Banques au Cameroun de Yaoundé, vend du pain de manioc et de la banane douce au bord d'une rue proche de son domicile le soir entre 18h et 22h30; tel planton au ministère des Sports et de l'Education physique va porter les charges à la gare de voyageurs de Yaoundé les samedis et les dimanches ; tel mécanicien chez le concessionnaire d'automobiles de marque japonaise Toyota de Douala, répare les voitures sur un trottoir proche de chez lui pendant le week-end. Ils sont très nombreux les travailleurs du secteur

[2] 1 Euro = 655,9 F CFA

moderne privé, travailleurs formels en quelque sorte, qui se lancent ainsi dans des pratiques de débrouillardise, dans l'optique d'acquérir de quoi arrondir leur fin de mois ou bien de joindre les deux bouts comme on a l'habitude de le dire ici. Telle maîtresse de l'Ecole publique du Centre de Bertoua va faire la prostitution les samedis et dimanches soir au quarier Ndemnam.

II.4. La faiblesse des moyens financiers

La faiblesse des moyens financiers est un autre fondement de l'implication des millions de citadins et de ruraux du Cameroun dans des pratiques de débrouillardise ayant pour finalité de limiter ou de réduire leurs dépenses. Ainsi, avec des moyens financiers faibles, quantité de ménages urbains et ruraux de ce pays s'efforcent de limiter leurs charges et /ou dépenses et de s'offrir des commodités compatibles avec leur niveau de revenu. Avec des moyens financiers faibles, ils s'efforcent par exemple de réduire le nombre de repas journaliers ou s'abstiennent de consommer des aliments qui coûtent ou se vendent cher. Avec des moyens financiers faibles, ils ont recours à l'automédication pour se soigner en cas de maladie. En ville, la solidarité des ménages avec la famille élargie en prend souvent un sacré coup, même si elle devrait pouvoir s'organiser autrement. Il faut bien en convenir, le réalisme ne résout pas tous les problèmes. La majorité des ménages urbains et ruraux du Cameroun ont en effet beau s'ajuster à leurs faibles moyens financiers, serrer leur ceinture, chercher à mieux orienter leurs dépenses et gérer leurs charges, ils auront toujours du mal à joindre les deux bouts. Comment pourrait-il en être autrement avec un revenu moyen *per capita* qui ne dépasse pas un dollar et demi par jour ? Comme souligné plus haut, les charges incompressibles de l'écrasante majorité des travailleurs du secteur d'économie moderne du Cameroun sont largement supérieures à leurs gains, ce qui réduit très fortement leurs possibilités d'épargne.

II.5. Les difficultés d'accès aux commodités de première nécessité

Les difficultés d'accès aux commodités de première nécessité comme l'eau potable, l'électricité, le logement décent et les moyens de transports modernes, résultantes des mal gouvernances politique et économique, constituent un autre fondement de l'implication d'un grand nombre de citadins et de ruraux du Cameroun dans les pratiques de débrouillardise, que celles-ci soient bonnes ou mauvaises. En effet, face aux difficultés incriminées, les ménages et autres individus concernés ont recours à des pratiques de débrouillardise pour ne pas dire à des parades dont certaines sont hardies, originales voire même surprenantes. A titre d'exemple, les difficultés d'accès à un logement décent poussent de nombreux ménages urbains camerounais à construire tant bien que mal, une maison, parfois au prix d'épuisants travaux de drainage et de remblai des marécages ; par le biais de l'auto-construction près de 70 % des ménages de Douala sont aujourd'hui propriétaires de leur maison ; il en est de même de 95 % des ménages de Kumba, de 97 % de ceux de Nkongsamba ou encore de 98 % de ceux de Bertoua (Kengne Fodouop & Martin Luther Djatcheu Kamgain ; MINHDU, 2014). Un autre exemple, face aux coupures récurrentes de l'eau du robinet, de nombreux ménages de Yaoundé, de Douala, d'Ebolowa ou de Bamenda ont recours à l'eau de pluie, des puits et des sources (Jean Célestin Edjangue). Un troisième exemple, dans les villes dépourvues de stations de traitement d'eau et les zones rurales privées de pompes, de forages et de puits protégés, les populations s'approvisionnent auprès des puits artisanaux qu'ils ont creusés dans leurs concessions ou parcourent des kilomètres pour aller chercher l'eau auprès de la rivière ou de la source au pied de la colline ou dans le ravin (Kengne Fodouop, 1997 & 1991 ; Jean Célestin Edjangué). Et puis quand, il pleut, les enfants s'empressent de placer sous les gouttières des toitures un maximum de récipients pour recueillir l'eau dont on se servira ensuite pour faire la vaisselle ou cuire les aliments. Un quatrième exemple, face aux dysfonctionnements des transports collectifs, de nombreux travailleurs de Douala, de Yaoundé ou de Bafoussam se rendent au travail à pied. Un dernier exemple, pour pallier les coupures intempestives et parfois interminables de courant électrique et les dangereuses surtensions, nombre de familles urbaines et rurales se sont procuré des générateurs, des lampes à pétrole ou des néons rechargeables ; d'autre part, les familles financièrement incapables d'acquérir un branchement électrique procèdent aux dérivations sauvages et dangereuses de courant électrique dans le voisinage.

II.6. La volonté de s'en sortir par des moyens détournés

La volonté de s'en sortir par des moyens détournés est un autre fondement de l'implication d'une frange non négligeable de citadins et de ruraux du Cameroun dans les pratiques de débrouillardise. En effet, il y a bien des citadins et des ruraux de ce pays qui croient, à quelque bien voire à quelque vertu qu'il y aurait à emprunter les chemins les plus courts, estimés aussi les plus faciles, pour réussir ou pour arriver à leurs fins. Pour justifier leur position, ils affirment que c'est normal, plus précisément naturel, de chercher à éviter la peine ; qu'il faut chercher à vite trouver ou à vite arriver. Pour cela, les raccourcis sont bien indiqués. Ainsi, pour réaliser les objectifs qu'ils se sont fixés, résoudre les difficultés auxquelles ils sont confrontés ou tout simplement tourner les situations à leur avantage, ces individus-là, partisans de la formule réussir « par tous les moyens » ou « par toutes les pratiques », n'hésitent pas à louvoyer ou à user des ficelles et des basses manœuvres comme le vol, la *feymania*, la corruption, l'intrigue ou la tricherie (Zelao Alawadji, Kengne Fodouop & Honoré Mimche). Parmi ces individus, figurent les petits entrepreneurs indépendants qui versent des gratifications aux fonctionnaires pour bénéficier de leurs prestations de services ou pour obtenir un traitement de faveur (Geofrey Faha Kamdem), les étudiantes qui offrent leur sexe aux enseignants pour réussir leurs examens ou les artisans qui « piquent » le courant électrique qu'ils consomment. Il s'y ajoute de nombreux autres citadins et ruraux qui, pour faire face à la pression ou aux difficultés de la vie, trichent ou volent pour subvenir à leurs besoins ou à ceux de leurs familles (Kengne Fodouop, 1991, Alawadji Zelao, Kengne Fodouop & Honoré Mimche).

D'ailleurs au Cameroun, l'honnêteté a perdu beaucoup de terrain. On pourrait même dire qu'elle a depuis longtemps foutu le camp. Dans ce pays, les incitations à la malhonnêteté sont nombreuses et très puissantes. En effet, 97, 4 % des chefs d'entreprises interrogés lors d'un sondage que nous avons réalisé dans trois grandes villes du Cameroun à savoir Douala, Yaoundé et Bafoussam en 2012, ont jugé que la corruption était « condamnable mais inévitable ». Les sondés se sont dits prêts à oublier leur moralité pour décrocher un contrat ou enrichir leur société (Kengne Fodouop, 2013). Au Cameroun aujourd'hui, beaucoup de gens se conduisent assez malhonnêtement pour en tirer un profit, mais honnêtement pour se flatter d'être intègres. Pour beaucoup de Camerounais, la notion d'honnêteté tient davantage à leur capacité d'échapper à la loi qu'à leur souci d'atteindre la vérité. Beaucoup de Camerounais prétendent qu'il faut être malhonnête pour réussir. S'il faut enfreindre les lois et les règles de la vie en communauté pour réussir, ils n'hésitent pas, ils y foncent. Pour s'en sortir, ils s'en donnent les moyens en recourant à toutes sortes d'artifices, de ruses, de combines et de malversations, quitte à fouler les lois du pied, ou à se mettre hors la loi.

Pour s'en sortir, nombre de Camerounais essaient ainsi de se surpasser, de se salir, au sens propre comme au figuré et même de faire certaines choses pour le moins condamnables. Lorsque l'essentiel vient à leur manquer, ils apprennent vite à voler, mais également à apprendre à gérer les voleurs. Oui, il y a bien des Camerounais qui tiennent à survivre à tout prix, quitte pour cela, à accepter de commettre les pires abominations et, ce faisant, de se perdre eux-mêmes en tant qu'être humains (Kengne Fodouop, Louis Defo & Innocent Fogué ; Alawadji Zelao, Kengne Fodouop & Honoré Mimche).

II.7. L'insuffisance de la lutte de la puissance publique contre la criminalité

Le dernier fondement de l'implication des millions de citadins et de ruraux camerounais dans les pratiques de débrouillardise procède de l'insuffisance de la lutte de la puissance publique contre la criminalité. En effet, face à l'insuffisance de lutte de la puissance publique contre la criminalité qui progresse tant dans les villes que dans les villages du

Cameroun, quantité de ménages prennent des initiatives individuelles ou collectives originales pour se prémunir des risques d'actes délictuels tels que les agressions physiques violentes voire sanglantes, les cambriolages ou les vols à la tire. Certains ménages entourent leurs domiciles avec de hauts et imposants murs de protection en béton, parfois surmontés de fils barbelés ou surélèvent de plusieurs rangées de parpaings, les murets d'enceintes existants de leurs domiciles, quand ils ne recourent pas simplement aux portes blindées. D'autres procèdent à l'engagement d'un service de sécurité individuel pour surveiller, de jour comme de nuit, leurs domiciles et réduire les risques de cambriolage ; d'autres encore trouvant cette formule trop chère, s'en remettent aux comités de vigilance. Les comités de vigilance sont des groupes d'autodéfense créés et financés par les bénéficiaires eux-mêmes, pour assurer la sécurité dans leur zone de résidence. Ils sont constitués de vigiles jeunes recrutés dans les zones de résidence et entraînés aux tâches de surveillance et de neutralisation des bandits. Le comité de vigilance installe des points où tous les visiteurs du quartier, piétons et automobilistes, doivent préciser leur identité et le logement où ils désirent se rendre. Les gardiens parfois vêtus de tenues semblables à celles des forces de l'ordre, exigent le dépôt d'une pièce d'identité quand ils doutent du visiteur. La veille de nuit demande une autre organisation : un bouclage complet du quartier, ses rues d'accès étant barrées par des pneus usagés, des briques avec un seul passage obligatoire (Christophe Sados Touonsi ; Meutchehe Ngomsi Claude, 2009).

III. L'INTERET OU LE BIEN-FONDE DES PRATIQUES DE DEBROUILLARDISE

A tout bien considérer, la débrouillardise examinée dans ce livre n'est pas dénuée d'intérêt ; en d'autres mots, cette faculté ou qualité n'est pas sans points positifs. En effet, étymologiquement, la débrouillardise est la capacité d'inventer des solutions et de se tirer d'affaire sans tambour ni trompette, de prendre des décisions rapidement et d'accomplir des tâches sans toujours avoir besoin de demander des directives ; c'est se tirer d'affaire sans problème, décider rapidement, inventer des solutions et faire preuve d'ingéniosité, rallier les ressources nécessaires, agir de façon autonome, etc. Etre débrouillard c'est être capable de trouver une solution ou de donner une suite aux problèmes auxquels on est confronté. Etre débrouillard, c'est avoir une certaine autonomie pour résoudre ses défis quotidiens. Être débrouillard rehausse la confiance en soi et renforce la capacité d'affronter toutes sortes de situations. Etre débrouillard, c'est être en mesure d'affronter et surtout de surmonter les obstacles qui se dressent sur sa route. Le débrouillard est toujours quelqu'un d'entreprenant et de persévérant. La démission et la résignation face aux épreuves ne sont pas le propre de l'homme débrouillard. D'esprit souple et ouvert, il est prêt à s'adapter aux situations nouvelles, même les plus imprévues. A ses yeux, rien de ce qui est mauvais ou négatif n'est définitif et peut évoluer dans le bon sens. A ses yeux, le changement constitue une donnée fondamentale dans le monde actuel, et chaque être doit être assez débrouillard pour renoncer à la voie qui conduit à l'échec et emprunter celle qui mène au succès. Le principe de la débrouillardise responsabilise ses artisans et les incite à l'imagination, à la créativité et au dépassement de soi. Il leur inculque, de manière obligeante, le goût de l'effort, de la sueur au front et des journées longues et laborieuses.

La débrouillardise offre à ses artisans, l'occasion ou les moyens de faire preuve de créativité pour trouver des solutions y compris étranges, aux problèmes auxquels ils sont confrontés. Elle leur permet de dépasser la peur de l'échec, et de tenter des solutions jusqu'à trouver celle qui fonctionne, d'affronter les situations nouvelles sans excès d'anxiété, de faire face courageusement aux difficultés de la vie, de ne pas céder à la passivité, d'être maître de soi et d'éviter la victimisation. La débrouillardise appelle la débrouillardise, c'est-à-dire qu'elle permet à ses artisans, de transposer des solutions efficaces trouvées auparavant dans des situations nouvelles. Grâce à la débrouillardise, des millions de citadins et de ruraux du Cameroun s'emploient à donner un sens à leur existence. Il en est ainsi des réparateurs de voitures, des plastificateurs des pièces d'identité et des diplômes, des coiffeurs et des frigoristes. Il en est aussi des membres des tontines qui obtiennent de ces associations collectives d'épargne informelle à un coût modéré voire faible, le capital nécessaire à la création d'une entreprise ou à la prise en charge des dépenses vitales de santé ou de scolarisation des enfants. Il en est encore des membres des associations civiles volontaires qui financent à l'aide des cotisations l'aménagement des sources, des puits d'eau et des ponceaux dans les quartiers populaires des villes de Douala, Yaoundé, Bafoussam, Kumba et Bamenda, ou qui y procèdent en groupe, au curage des caniveaux voire au désherbage des bas-côtés des rues.

Au Cameroun, la débrouillardise est sans conteste la première source de revenus des millions de citadins et de ruraux. Selon l'Institut National de la Statistique du Cameroun, deux citadins camerounais sur trois vivent aujourd'hui de la débrouillardise (INS, 2012). Dans une société camerounaise où la misère et les inégalités dictent leurs lois, la débrouillardise est devenue pour la majorité des habitants, le seul moyen de survie.

Les exemples abordés dans les contributions mobilisées dans ce livre démontrent à suffisance que la débrouillardise a quelque vertu positive. D'après eux, grâce à cette débrouillardise, des millions de citadins et de ruraux du Cameroun échappent à l'oisiveté, et donc à l'ennui, et se procurent un tant soi peu, de quoi vivre ou plutôt survivre. Grâce à la débrouillardise, ils ont l'illusion de travailler ou d'être utiles à eux-mêmes, aux membres de leurs familles et au reste de la société. D'après les constatations des contributions rassemblées dans ce livre et l'observation quotidienne de la réalité, des millions de citadins et de ruraux du Cameroun font appel à la débrouillardise pour échapper à la maladie et à la mort, autrement dit pour survivre. Pour des millions d'individus en situation d'illettrisme et donc dépourvus de toute formation intellectuelle et/ou qualification professionnelle, la débrouillardise est l'unique moyen de glaner de quoi se nourrir, se loger, se vêtir et se soigner en cas de maladie (Kengne Fodouop & Martin Luther Djatcheu Kamgain). Pour d'autres millions d'individus, elle constitue une soupape de sécurité contre le chômage et la vie chère (Kengne Fodouop, Ondoua Owoutou & Valérie Stéphanie Chemgne). Grâce à la débrouillardise considérée, de nombreuses ménagères parviennent à faire bouillir la marmite, au moins une fois par jour, pour apaiser l'angoisse des ventres affamés qui gravitent autour d'elles, de nombreux adultes arrivent à se procurer un toit fut-il sommaire ou de l'eau à boire, voire à scolariser leurs enfants ou à se soigner. Pour les travailleurs formels mal rémunérés, elle représente une source de revenus supplémentaires aussi modestes soient-ils. On n'appréciera jamais assez, pour ne pas dire à leur juste valeur, les services de dépannage que rendent dans les centres urbains, les petits laveurs de voitures, les plastificateurs des pièces d'identité et des diplômes, les vendeurs d'eau, les colleurs des pneus, les pédicures et les manucures, pour ne citer que ces exemples.

IV. LES INCONVENIENTS DES PRATIQUES DE DEBROUILLARDISE

Tout n'est cependant pas rose dans le monde de la « débrouillardise à la camerounaise ». En effet, cette débrouillardise comporte, pour ses millions d'artisans, plusieurs inconvénients d'une extrême gravité et sévérité. Six d'entre eux méritent une attention particulière.

Le premier inconvénient de la « débrouillardise à la camerounaise » à relever ici, a trait aux mauvaises conditions de travail de ceux qui s'y adonnent. En effet, d'après les contributions rassemblées dans cette publication scientifique, les travaux de recherche antérieurs et la pratique de terrain, les artisans de la « débrouillardise à la camerounaise », dans leur écrasante majorité, opèrent dans des conditions matérielles, organisationnelles et sécuritaires déplorables. A cet égard, les infrastructures de travail des pratiquants des métiers de débrouillardise de rue, sont dans l'ensemble, rudimentaires. En fait, la majorité des pratiquants de ces métiers n'ont pas d'atelier ; en réalité, ils travaillent en plein air, sur les trottoirs ou encore sous les arcades des immeubles de commerce et/ou de services du centre des villes. Pour les autres pratiquants des métiers de débrouillardise de rue, l'atelier est très sommaire et de très petites dimensions physiques et construit en matériaux précaires. Le matériel mis en œuvre est dans la majorité des cas mal conditionné et réduit à l'extrême. Dans le même ordre d'idées, de nombreux pratiquants des métiers de débrouillardise de rue parcourent de longues distances à pied, leur plateau boutique sur la tête, monté sur un pousse-pousse ou dans un sac accroché à l'épaule à la recherche d'éventuels clients. D'autres encore plus nombreux, restent accroupis pendant de longues heures devant leurs éventaires disposés à même le sol sur les trottoirs ou le parvis des édifices publics ou sous les arcades des bâtiments de commerce et de services des centres-villes. Nombre de débrouillards camerounais commencent leur journée de travail tôt le matin et l'achèvent tard le soir, complètement fatigués et éreintés (Kengne Fodouop ; Joseph Youta Happi ; Paul Basile Eloundou Messi & Hervé Gondié).

Le quotidien des laveurs de voitures urbains est très révélateur des conditions de travail abominables, de l'écrasante majorité des débrouillards camerounais. En effet « *le lavage des voitures est une épreuve difficile. En effet, c'est au prix de multiples acrobaties que le laveur de voitures s'acquitte de sa tâche. Il doit se tenir debout pour laver la carrosserie des voitures et se courber pour laver leurs jantes et leur intérieur. Quand la laverie est situé à côte d'un ruisseau ou d'un étang, il doit y aller de temps en temps pour puiser l'eau à utiliser pour laver les voitures ; les laveries de voitures étant en majorité installées en plein air, il doit travailler sous la chaleur et sous la pluie ; une fois arrivé à la laverie, il doit attendre les clients debout, dans l'espoir d'être le premier à proposer ses services ; et puis, pendant qu'il lave les voitures, l'eau le mouille si abondamment qu'il est souvent contraint de travailler torse et pieds nus* » (Kengne Fodouop, 1990).

Tout aussi révélateur des conditions de travail abominables de l'écrasante majorité des débrouillards à la camerounaise, est le quotidien des chargeurs de cars des gares routières urbaines. Effet, ces chargeurs se lèvent généralement à 4 heures du matin afin d'arriver à leur poste de travail vers 5 heures ou 5 heures 30. Tout dépend de la distance qui sépare leurs domiciles de la gare routière où ils travaillent, et du type de moyen de transport dont ils se servent pour s'y rendre. A leur arrivée à la gare routière de service, ils enfilent leur tenue de travail et se mettent aussitôt au travail. Celui-ci consiste pour les chargeurs à rabattre les passagers vers les cars qui assurent les liaisons routières avec des localités rurales ou urbaines plus ou moins éloignées. A la descente des premiers passagers des taxis ou des mototaxis, ils se précipitent vers eux et leur demandent leur destination afin de les conduire avec leurs colis accompagnés auprès des cars de voyage appropriés. Certains d'entre eux arrachent littéralement les colis des mains des passagers et vont les déposer directement sur la galerie ou dans le coffre à bagages des cars sans même attendre que leurs propriétaires leur indiquent leur destination.

Aux mauvaises conditions matérielles de travail s'ajoutent pour les pratiquants des métiers de débrouillardise de rue et ceux de colportage, le risque ou le danger permanent d'être réprimés par les forces de l'ordre ou celui d'être agressés par des tiers. En effet, les vendeurs à la sauvette, les plastificateurs des pièces d'identité et des diplômes par exemple, vivent en permanence dans la hantise ou la crainte d'une irruption des forces de l'ordre dans les rues et de la confiscation de leurs marchandises voire de leur matériel de travail. Il leur arrive souvent d'être chassés par les forces de l'ordre ou le public comme des vauriens et même d'être traités de voleurs. Les intempéries constituent une autre source de difficultés de ces débrouillards (Kengne Fodouop, Ondoua Owoutou & Valérie Stéphanie Chemgne).

D'autre part, les prostituées de rue courent chaque nuit le risque d'être attaquées, de se faire agresser, défigurer ou même tuer par des agresseurs, par d'autres prostituées pour des raisons de concurrence, par des proxénètes qui veulent les faire plier ou par des désaxés de toutes sortes (Kengne Fodouop, Louis Defo & Innocent Fogué) . Au Cameroun, s'il y a des gens qui mangent à la sueur de leur front, ce sont bien ces débrouillards.

Le troisième inconvénient de la « débrouillardise à la camerounaise » digne d'attention est la faiblesse générale des revenus financiers des artisans de cette modalité de vie. En effet, d'après les contributions mobilisées dans ce livre, les travaux de recherche antérieurs et la pratique du terrain, les artisans de la « débrouillardise à la camerounaise », du moins l'écrasante majorité d'entre eux, cravachent dur pour des rémunérations très faibles voire parfois aléatoires. Ils sont des gagne-petit. Les revenus que l'écrasante majorité des artisans de la débrouillardise étudiée tirent de leurs efforts quotidiens sont trop faibles pour leur permettre de satisfaire la totalité de leurs besoins fondamentaux. Nombre d'artisans de la débrouillardise considérée gagnent si peu qu'ils n'ont même pas d'épargne. En raison des difficultés matérielles de travail et de la faiblesse générale de leurs revenus, les artisans de la débrouillardise à la camerounaise, du moins l'écrasante majorité d'entre eux, aspirent à un emploi dans la Fonction publique ou le secteur moderne privé (Paul Basile Eloundou Messi & Hervé Gondié, Ondoua owoutou ; Kengne Fodouop & Valérie Stéphanie Chemgne).

Le quatrième inconvénient de la « débrouillardise à la camerounaise » tient à ce que certaines pratiques de cette modalité de vie telles que la prostitution, le trafic des stupéfiants, la *feymania*, les vols, les détournements de fonds publics, les faits de corruption, sont des pratiques indécentes voire illégales. Ce sont des pratiques dont les artisans sont souvent montrés du doigt, parce qu'elles portent atteinte aux bonnes mœurs ou à la morale publique. Les pratiques considérées constituent des gênes dans la vie quotidienne ; certaines représentent même une menace à l'ordre public. A titre d'exemple, les vols de portefeuille, de téléphones portables ou de sacs à main dans les rues, donnent lieu à des agressions physiques contre les victimes en cas de résistance ; il en est de même de la prostitution, des jeux d'argent ou de la *feymania* ; ces pratiques ne sont pas à encourager, mais à condamner et à bannir. Le moins qu'on puisse dire est qu'elles ne font pas du tout honneur à leurs artisans ; au contraire, elles les déconsidèrent.

Le cinquième inconvénient majeur de la débrouillardise considérée est lié aux impacts négatifs de certaines pratiques de cette modalité de vie, sur la santé de leurs artisans. Ainsi les prostituées endurent les maladies sexuellement transmissibles comme le sida et la gonorrhée ; les mototaxistes, les réparateurs de voitures et les menuisiers métalliques contractent régulièrement des blessures qui les contraignent à aller à l'hôpital ou chez les guérisseurs ; les chargeurs de cars des gares routières et les vendeurs à la sauvette ont régulièrement mal à la tête ; enfin les horticulteurs, les fabricants de parpaings, les maçons et les tireurs de pousse-pousse, souffrent régulièrement de courbatures (Blaise Nguendo Yongsi, Honoré Mimche & Erol Ngassa ; Kengne Fodouop ; Joseph Youta Happi).

Le dernier inconvénient majeur tient à ce que les artisans de la « débrouillardise à la camerounaise » fonctionnent ou opèrent depuis toujours en dehors du cadre des accords de branche, du Code du travail, du droit d'auteur, des normes de sécurité, des normes antipollution, et d'autres législations sociales ou environnementales. En effet, les artisans de la « débrouillardise à la camerounaise », du moins ceux qui exercent des activités lucratives ne sont pas enregistrés et n'ont pas d'assurance. Enfin, les pratiques de débrouillardise considérées privent leurs artisans de la sécurité sociale et de l'assurance maladie, et la trésorerie publique camerounaise des taxes.

Ainsi, des inconvénients, c'est-à-dire des points négatifs, la « débrouillardise à la camerounaise » en a, en très grand nombre. Du fait de ces inconvénients, cette débrouillardise est loin d'être une voie susceptible d'améliorer substantiellement le sort de ses artisans et de placer le Cameroun sur la voie d'un véritable développement économique et social. Elle est loin de constituer une parade efficace contre la misère et la dégradation des conditions de vie des individus qui s'y livrent, ou d'être une alternative au développement économique et social du Cameroun.

Première partie

APPROCHES DES PRATIQUES DE DEBROUILLARDISE A L'ECHELLE LOCALE

Cette partie mobilise 9 contributions qui traitent des pratiques de débrouillardise à l'échelle locale, celle d'une ville ou d'un village. Les 9 contibutions ont pour titres respectifs :

1) La restauration de rue à Yaoundé : acteurs, pratiques, et aspects sanitaires (*Blaise Nguendo Yongsi, Honoré Mimche & Erol Ngassa*
2) L'esprit de débrouillardise au secours de l'accès des populations à l'eau potable au Cameroun : le cas de la ville de Douala (*Jean Célestin Edjangue*)
3) La mototaxi entre pauvreté, chômage et insécurité à Yaoundé (*Joseph Youta Happi*)
4) Living through home teaching in Cameroon cities: the case of Yaounde (*Gabriel Enchaw Bachange*)
5) Organiser sa sécurité à Douala (*Christophe Sados Touonsi*).
6) La clique des *awacheurs* de la ville de Yaoundé (*François Edongo Ntede*)
7) A l'épreuve du transport par brouette à titre onéreux dans la ville de Yaoundé (*Basile Paul Eloundou Messi & Hervé Gondie*)
8) Les « agents immobliers informels » à Yaoundé : ethnosociologie d'une débrouillardise urbaine (*Honoré Mimche*)
9) Vivre de l'« *Akap Zut* » à Yaoundé (*Kengne Fodouop, Louis Defo & Innocent Fogué*).

1▪ LA RESTAURATION DE RUE A YAOUNDE : ACTEURS, PRATIQUES, ET ASPECTS SANITAIRES

Blaise Nguendo Yongsi,
Honoré Mimche &
Erol Ngassa

RESUME

Depuis bientôt trois décennies, le Cameroun connaît une situation socio-économique défavorable. Cette situation est beaucoup plus visible en milieu urbain qui se présente comme le lieu d'expression des changements sociaux et culturels. Avec l'urbanisation galopante, le Cameroun se trouve confronté à de profonds bouleversements des modes de vie, des activités professionnelles, des relations familiales et sociales, qui cristallisent le problème de la sécurité alimentaire dans les ménages (Bendech et al., 1996). De fait, l'urbanisation accélérée a entraîné, entre autres conséquences, un changement des modes de consommation alimentaire avec l'émergence en dehors de la sphère domestique, des activités de transformation et de commercialisation des produits alimentaires. Ainsi en est-il des aliments de rue qu'on peut définir comme étant des aliments prêts à être consommés et vendus par les vendeurs ambulants, semi-fixes ou fixes dans les rues ou dans les lieux publics non aménagés à cette fin (FAO, 1995).

Cette activité vise à répondre aux besoins de la sécurité alimentaire, mais aussi à ceux de la disponibilité de l'aliment pour le consommateur et à sa capacité à générer des revenus pour les prestataires, c'est-à-dire toutes les personnes impliquées dans la préparation et/ou la vente des aliments de rue. L'activité est certes ancienne dans les grandes villes africaines, mais elle a connu un essor considérable à Yaoundé depuis l'instauration de la journée continue en 1993 et la dévaluation du franc CFA en 1994. Actuellement, c'est un secteur en pleine expansion, pris d'assaut par des hommes et des femmes de tous âges et qui nourrit les citadins de toutes classes sociales confondues. Ainsi, le secteur de la restauration de rue joue un rôle important dans la résolution des problèmes de chômage et d'insécurité alimentaire en milieu urbain. Il se révèle même très dynamique face aux difficultés contextuelles liées à la crise. Les acteurs impliqués tentent ainsi de répondre à la diversification de la demande urbaine liée à l'abaissement du pouvoir d'achat. Toutefois, au regard de la diversité des produits proposés, de leur attrait et des espaces dans lesquels ils sont exposés, l'alimentation de rue pose des problèmes de salubrité des produits proposés et par voie de conséquence, de santé humaine. (Mensah et al., 2002) du fait de l'absence de contrôle de la qualité des aliments vendus et de l'inobservation des règles élémentaires d'hygiène dans la préparation, la vente et la consommation de ces aliments.

La présente étude vise à examiner les motivations et les pratiques des protagonistes de la restauration de rue, ainsi que les problèmes de santé associés à l'exercice de cette activité dans l'espace urbain de Yaoundé.

Mots-clés: *Secteur informel, restauration de rue, risques de santé, Yaoundé, Cameroun.*

INTRODUCTION

La sécurité alimentaire des populations urbaines et rurales demeure une préoccupation mondiale. En 1966 déjà, dans le Pacte international relatif aux droits économiques et socioculturels[3], les Etats reconnaissaient « *Le droit de toute personne à un niveau de vie suffisant, y compris une nourriture suffisante* » (Mougeot, 1993). Lors du Sommet mondial pour l'alimentation de Rome de 1996, il a même été déclaré que tout être humain à droit à une nourriture saine et nutritive et a droit d'être à l'abri de la faim. De même, le premier alinéa de l'article 25 de la Déclaration universelle des droits de l'homme précise bien que « *Toute personne a droit à un niveau de vie suffisant pour assurer sa santé, son bien-être et celui de sa famille, notamment pour l'alimentation* » (ONU, 1948). Nonobstant le désir manifesté en 2000 de réduire de moitié le nombre de personnes sous-alimentées à l'échéance de 2015, l'insécurité alimentaire persiste et les hommes continuent à avoir des difficultés à se nourrir. Cette difficulté s'est aggravée avec les hausses spectaculaires des prix des denrées alimentaires sur le marché international en 2007/2008, qui se sont répercutées de manière brutale sur les marchés alimentaires africains avec une flambée des prix des denrées de grande consommation importées et/ou produites localement (RESAKSS, 2011).

Avec l'urbanisation galopante, l'Afrique se trouve confrontée au bouleversement des modes de vie, des activités professionnelles, des relations familiales et sociales, qui cristallisent le problème de la sécurité alimentaire. Cette urbanisation accélérée a en effet entraîné, entre autres

---

[3] Le Pacte international relatif aux droits économiques, sociaux et culturels a été adopté à New York le 16 décembre 1966 par l'Assemblée générale des Nations unies dans sa résolution 2 200 A (XXI). Entré en vigueur après sa ratification par trente-cinq États le 3 janvier 1976, il comprend 5 parties et 31 articles dont l'article 11 qui stipule le droit de chaque être humain d'être à l'abri de la faim.

conséquences, un changement des modes de consommation alimentaire avec l'émergence en dehors de la sphère domestique, des activités de transformation et de commercialisation des produits alimentaires. De nos jours, cette restauration de rue se vit un peu partout dans le monde, notamment dans les pays en développement. Au Sénégal par exemple, on dénombrait déjà en 1979, près de 50 000 restaurateurs de rue contre seulement 7 000 employés dans l'industrie agro-alimentaire moderne. Au Burkina Faso, plus du tiers de la consommation de riz et de petit mil a lieu dans les restaurants de rue (Gerbouin-Rerolle, 1996). Aux Philippines, on estime que 20 % des dépenses des ménages sont destinés à la nourriture de rue (FAO, 1988). Non épargné par les problèmes alimentaires qui touchent une bonne partie de sa population, le Cameroun nourrit le souci de sécurité alimentaire, ce d'autant que la pauvreté qui s'accentue, a remis en question la capacité des Camerounais à s'alimenter correctement et dans le même temps, a contribué à l'émergence de la restauration de rue. Ce vaste secteur du commerce des aliments sur la voie publique à Yaoundé est une source de préoccupation pour les autorités locales et d'enjeux pour les vendeurs et les consommateurs. Aussi avons-nous voulu nous en intéresser, afin de saisir l'activité dans ses principaux aspects, ce d'autant que la restauration de rue entre dans la problématique de la reconnaissance des activités de débrouillardise en milieu urbain, et que sa place dans le processus d'urbanisation et dans le fonctionnement de l'économie urbaine, reflète le mode de vie et de survie dans les villes africaines.

I. METHODOLOGIE

Cette étude sur la restauration de rue à Yaoundé, c'est-à-dire sur l'organisation spatiale de l'activité, les prestataires, et sur les pratiques de vente, a associé deux outils d'investigation à savoir les enquêtes et l'observation directe. Elle s'est construite en trois étapes : définition des zones d'enquête et de l'échantillon, élaboration du questionnaire, et étude sur le terrain.

Cadre de l'étude : L'enquête porte sur la ville de Yaoundé qui compte sept arrondissements pour une population d'environ 1,7 million d'habitants (CIA, 2013). Mais nos observations ont prioritairement porté sur sa zone urbanisée où l'activité est dense. Cette zone est comprise (i) entre la rue Albert Ateba Ebe et l'avenue de l'indépendance en passant par l'avenue Konrad Adenauer au nord où nous retrouvons quatre ministères, le ministère de la Jeunesse et de l'Education physique, celui de la Fonction publique et de la Réforme administrative, celui des Relations extérieures, et celui des Arts et de la Culture, (ii) le centre commercial de la cité, (iii) et l'espace compris entre le boulevard du 20 Mai et le boulevard de la Réunification. Bref, il s'est agi des lieux de grande affluence (Figure 1).

Données et méthodes : Les données de base de cette étude proviennent d'une enquête à passage répété menée de décembre 2011 à mai 2012, et de février à avril 2014. Notre population cible était constituée de tous les restaurateurs de l'informel qui exercent autour des ministères et de tous les fonctionnaires et usagers de ces ministères ainsi que des passants fréquentant les restaurants de rue concernés. L'enquête s'est effectuée auprès d'un échantillon de 183 restaurateurs aléatoirement choisis sur les 245 recensés, et auprès de 74 consommateurs habituels choisis sur la base d'avoir fréquenté un des restaurants de rue au moins 3 fois par semaine avant et pendant la période de l'étude. L'enquête a consisté en l'administration directe des questionnaires standardisés, en des entretiens semi-directifs et en des observations. Les questionnaires individuels comportaient des questions sur les données sociodémographiques, les types d'aliments proposés ou consommés, les perceptions des conditions de vente et de consommation des aliments, et les motivations conduisant à la vente et à la consommation des aliments. Le traitement des données s'est fait à l'aide des logiciels SPSS et Excel. Quant aux cartes, elles ont été réalisées sous MapInfo et Adobe Illustrator. Enfin, la méthode d'analyse a été descripto-analytique.

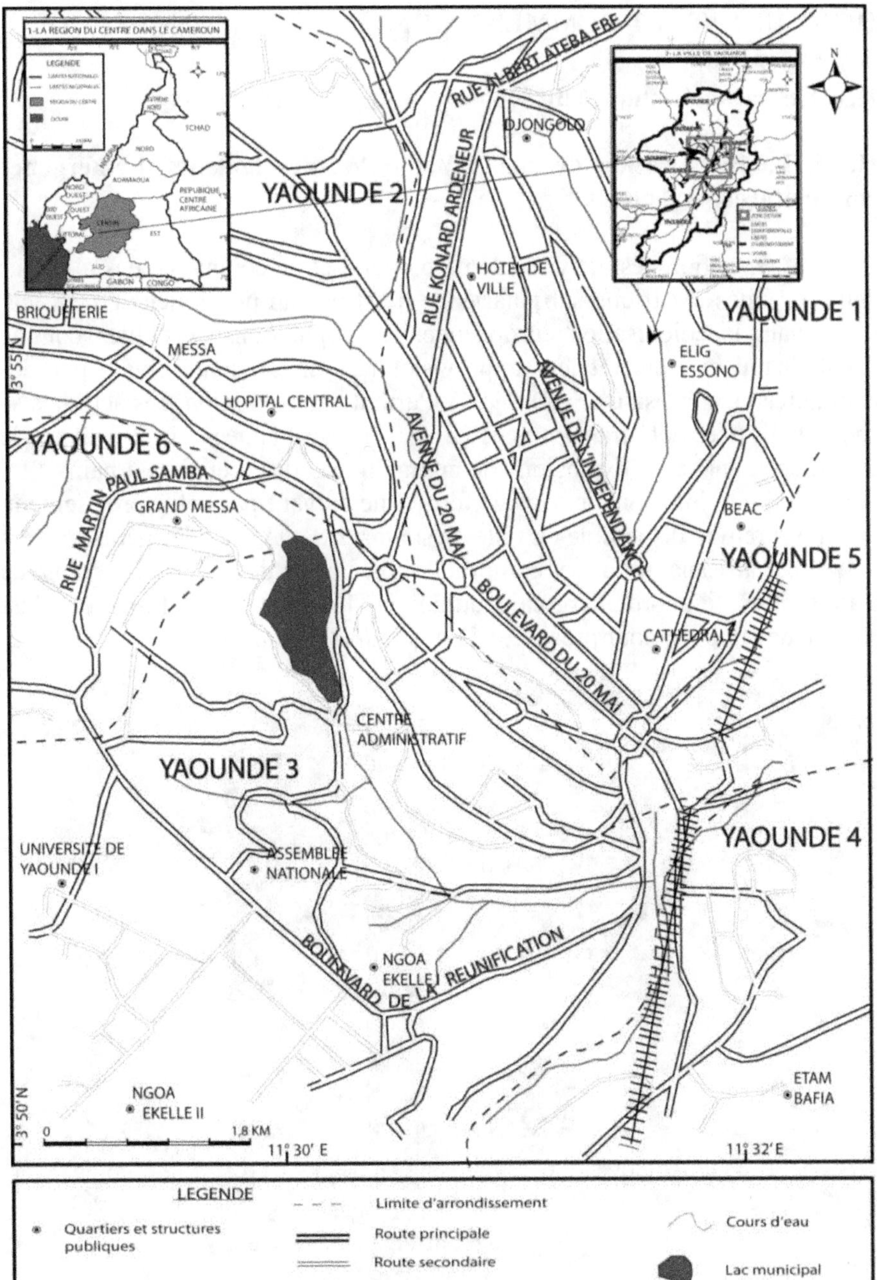

Figure 1 : Localisation de la zone d'étude

II. RESULTATS ET COMMENTAIRES

II.1. Les caractéristiques du secteur

II.1.a. La restauration de rue à Yaoundé : des facteurs d'émergence conjoncturels et factuels

L'apparition des activités de préparation et de commerce des aliments dans les villes d'Afrique subsaharienne n'est pas un phénomène récent, car bien avant la colonisation européenne, les populations des villes comme Tombouctou et Kano étaient approvisionnées en aliments divers par des commerçants et artisans (FAO, 1994). Partout dans la région, ces activités se sont amplifiées et transformées à partir des années 1960, avec le développement et l'explosion démographique des centres urbains. La création d'emplois dans le secteur formel ne suivant pas cet accroissement, la main-d'œuvre disponible en ville s'est alors orientée vers les petits métiers du secteur artisanal urbain, y compris l'alimentation de rue. Il en est ainsi de Yaoundé où, d'abord marginale durant la décennie 1970, l'activité s'est ensuite développée pour prospérer de nos jours (Figure 2).

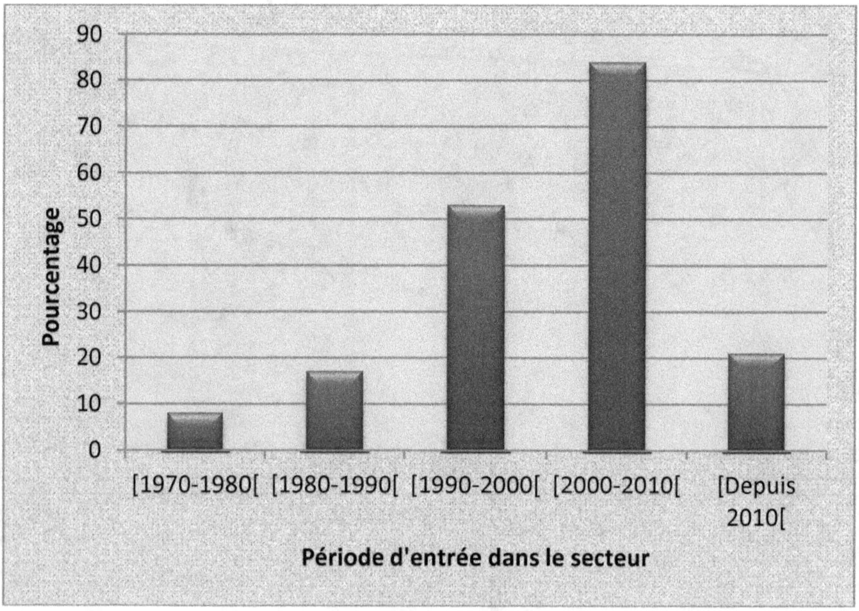

Figure 2 : Période d'entrée dans le secteur de la restauration de rue à Yaoundé

Source : Enquêtes de terrain, septembre 2013

Ce développement de la restauration informelle peut s'expliquer par deux facteurs : la crise économique et la modification du régime de travail au Cameroun.

De la crise économique, facteur déclencheur…

Cinq ans seulement après l'Indépendance et ce jusqu'en 1977, le Cameroun connaît une croissance économique soutenue de 4 % par an ; une croissance économique saine puisque d'une part, elle résultait de l'évolution équilibrée de tous les secteurs qui augmentaient de près de 3 % par an, avec un maximum de 5,1 % pour le secteur manufacturier (Roubeaud, 1994), et d'autre part parce que le taux d'endettement extérieur du pays était faible (moins de 15 % du PIB). A la fin de la décennie 1970, la découverte et l'exploitation des gisements de pétrole consolident le processus de développement économique du pays. Les recettes pétrolières font croître le PIB à un taux de l'ordre de 10 % par an entre 1977 et 1985 (DSCN/MINEPAT, 1999). Cette croissance économique avait entraîné l'amélioration des conditions de vie des populations, puisque sur le plan de la santé, les taux de morbidité et de mortalité étaient les plus bas en Afrique au Sud du Sahara (Keuzeta et Merlin, 1998). Ces moments de prospérité vont hélas brutalement s'estomper, car dès 1986, la dépréciation du dollar américain et la chute du prix du pétrole, font basculer l'économie camerounaise dans une crise qui est loin d'être résorbée[4]. Sur le plan macro-économique, cette crise s'est manifestée par une chute de 38 % du PIB par habitant entre 1987 et 1992, par un alourdissement de la dette extérieure du pays qui est passée de 33 % en 1987 à 72 % en 1992, (Banque mondiale, 1995). Poussé par les bailleurs de fonds (Banque mondiale et FMI), le pays a adopté un plan d'ajustement structurel qui sur le plan social s'est traduit par le gel des recrutements dans la Fonction publique, et par la réduction de plus de 40 % des salaires des agents du secteur public. Ces mesures vont rendre aigus les effets de la crise en milieu urbain. Et Yaoundé, deuxième ville du pays, va être particulièrement affectée. Avec un taux de chômage urbain de 36,6 % en 1996 tous âges confondus (dont 34,16 % chez les hommes, et 39% chez les femmes), le niveau de vie des citadins va considérablement baisser avec des conséquences dans le domaine de l'emploi. C'est ainsi qu'à Yaoundé comme à Douala, le taux de chômage était estimé à 13,5 %, et celui du sous-emploi à 70 % (DSCE, 2000). Ce qui est frappant, c'est que 90 % de

[4]En dépit de l'annonce des taux de croissance économique positifs dès la fin de 1995 par les pouvoirs publics et autres institutions internationales, sur le plan social, le taux de chômage reste élevé [ECAM, 2000]. Pire encore, aucune politique de redistribution plus juste et équitable des revenus n'a été jusqu'ici prise pour combler la baisse drastique du pouvoir d'achat (due à cette crise économique et à la dévaluation du Franc CFA).

ces actifs sans emploi étaient concentrés dans le secteur informel. Avec un taux de chômage actuel légèrement en hausse (14,2 % en 2013), plus de la moitié des personnes en âge de travailler mettent plus d'un an dans la recherche d'un emploi généralement salarié, ce qui les plonge durablement dans l'informel qui constitue pour elles un pis-aller.

… à l'adoption du régime de journée continue, facteur d'amplification de la restauration de rue

En 1993, le gouvernement fixe de nouveaux horaires de travail, en instaurant la journée continue. Désormais, les fonctionnaires et contractuels d'administration doivent travailler de 7h30 à 15h30 avec une pause d'une heure entre 13h et 14h. Habitués qu'ils étaient à rentrer chez eux à midi pour déjeuner et se relaxer avant de reprendre du service à 14h30, les employés sont désormais tenus de prendre leur déjeuner sur place. Or, aucune disposition n'avait été prise pour créer des restaurants classiques formels[5], c'est-à-dire des restaurants de grande et petite enseignes dont l'ouverture et le droit d'exercer respectent la réglementation et les procédures mises en place par les pouvoirs publics à savoir : déclaration des revenus, respect des normes et de la déontologie de l'activité et contrôle des services d'hygiène et de salubrité. Le caractère onéreux lié à l'obtention des documents officiels dissuade de nombreux promoteurs. A cette absence de restaurants classiques, s'ajoute le manque d'un cadre propice à la restauration et à la récréation des travailleurs dans les ministères. En dehors du ministère de la Fonction publique, tous les autres ministères ne disposent pas de restaurants ou de cantines propres à leurs employés. Ces situations ont contribué au renforcement des mutations qui s'observaient déjà lentement dans le secteur informel de l'alimentation depuis le début de la décennie 1980. Ces mutations ont concerné l'offre informelle des aliments et principalement les aliments préparés et prêts à la consommation. Ainsi, en abandonnant le régime de travail alternatif pour celui de journée continue dans les services publics, le Gouvernement a ouvert des horizons lucratifs à des « petits entrepreneurs » dont le dynamisme se lit dans la variété des appellations de leur activité : « alimentation de rue », « tourne-dos», « restauration informelle ».

[5] Il faut dire que quand bien même certains réussissent à avoir le droit d'exercer, les prix des plats (moyenne de 5 000 F CFA/plat) les rendent hors de portée de la majorité des consommateurs.

II.1.b. Données sociodémographiques des acteurs : une activité dominée par les femmes pour des consommateurs de toutes catégories

A Yaoundé comme dans beaucoup de villes de pays en développement, la majorité des vendeurs d'aliments de rue sont des femmes (78 %). Celles-ci choisissent cette activité parce qu'elles y sont traditionnellement compétentes et parce que la préparation des aliments présente certains avantages non négligeables, comme ceux de nécessiter peu d'investissement (elles utilisent les équipements déjà disponibles dans leur « cuisine »), de leur permettre de concilier leurs travaux domestiques avec cet artisanat de service et de nourrir à coût réduit leur famille. On observe une spécialisation sexuelle marquée selon les produits vendus : le grillage des viandes et des sandwichs revient aux hommes, alors que la préparation des repas incombe aux femmes. Toutefois, d'autres activités comme la préparation du lait caillé, celle des sucettes glacées et celle des beignets sont exercées indifféremment par des hommes ou des femmes. Une spécialisation ethnique est parfois observée : les ressortissants du grand Nord sont largement majoritaires dans le grillage des viandes et la préparation des petits déjeuners (pain, café, lait, omelette) par exemple, alors que les ressortissants du grand Sud proposent généralement des plats pour le déjeuner. 78,6 % des restaurateurs interrogés ont un âge compris entre 20 et 39 ans inclus. Mais ils emploient souvent des aides qui sont généralement beaucoup plus jeunes et nombre d'enfants assurent le service à la clientèle. Le niveau d'éducation formelle de ces restaurateurs est moyen dans l'ensemble, car près de 88 % d'entre eux sont ou ont été scolarisés. Le consommateur quant à lui est un homme, jeune adulte, plus souvent scolarisé, employé du privé ou fonctionnaire, et vivant seul (Tableau 1).

Tableau 1 : Répartition des enquêtés (en %) en fonction des caractéristiques sociodémographiques

Variables	Restaurateurs (n=183)	Consommateurs (n=74)
Sexe		
Masculin	21.8	79.4
Féminin	78.2	20.6
Age		
< 20 ans	15.7	12.8
20-39 ans	62.9	67.5
40 ans et +	21.4	19.7
Niveau scolaire		
Aucun	11.9	16.7
Primaire	38.4	35.9
Secondaire&Supérieur	49.7	47.4
Statut marital		
Marié*	71.4	40.2
Célibataire**	28.6	59.8
Catégories socioprofessionnelles		
Débrouillards		09.1
Elèves/Etudiants		21.7
Employés de l'Etat		42.6
Employés du Privé		26.6

* y compris les concubins

** y compris veufs/veuves et divorcés

Source : Enquêtes de terrain, septembre 2013

L'importance économique et sociale du secteur informel de l'alimentation est illustrée par quelques chiffres (Tableau 2). C'est dire que les aliments vendus dans l'espace public s'avèrent être une source de revenu sûre et importante. Les revenus obtenus servent principalement à renouveler les stocks de matières premières et le petit équipement, et à assurer certaines dépenses au niveau du ménage (logement, habillement, frais de santé et de scolarité). Les bénéfices sont mobilisés dans le système traditionnel de tontines[6] ou dans celui de l'épargne modulé. Cependant, les fonds ainsi

[6] Système d'épargne souple et performant, la tontine est une association d'épargnants se regroupant pour investir en commun et bénéficier, au terme échu, de l'intégralité

épargnés sont utilisés dans des dépenses sociales (fêtes communautaires, mariage, décès, etc.) et dans des investissements productifs (achat de terrain ou construction d'un logement). Au regard de son importance économique et sociale, la restauration informelle qui au départ n'est qu'une alternative, un pis-aller, se présente pour ses protagonistes, comme une voie de salut. Même si dans la pratique, le secteur relève de la débrouillardise, il permet à ceux qui l'exercent, de survivre, face à un système économique qui ne leur permet guère d'envisager à court ou moyen terme, l'accession à un emploi formel salarié.

Tableau 2 : Revenus journaliers provenant de la restauration de rue et principaux postes de dépenses

Variables	% Restaurateurs (n=183)
Revenus journaliers	
< 5000 FCFA	06.5
[5000 - 10 000 F CFA[	31.8
[10 000 - 15 000 F CFA [	29.6
[15 000 -20 000 F CFA[	21.7
[20 000 F CFA et +[	10.4
Postes de dépenses*	
Renouvellement des stocks	94.7
Dépenses du ménage	78.3
Epargne	47.2

* Les enquêtés ont chacun répondu à toutes les 3 modalités.
1 Euro = 655, 59 F CFA

Source : Enquêtes de terrain, septembre 2013

Dans l'ensemble, la dynamique actuelle de la restauration de rue à Yaoundé est fortement influencée par la récession économique que traverse le Cameroun depuis 1986. Initialement stratégie d'insertion dans la vie économique urbaine, la restauration informelle s'est progressivement muée en initiative populaire de résistance aux mesures d'ajustement consécutives à la baisse des recettes d'exportation. Si le manque d'emploi formel et le désir d'autonomie apparaissent comme les deux raisons majeures de la décision d'intégration dans le circuit de la vente d'aliments dans les rues, l'environnement économique, de plus en plus difficile, est incontestablement

des fruits de la gestion. Formule originale, rentable et avantageuse, elle offre au terme choisi, un capital disponible pour la réalisation des projets.

à la base de la croissance de ce secteur. D'après les données de l'enquête camerounaise auprès des ménages (ECAM III), l'emploi dans le secteur moderne a baissé, et ceux qui y perdent le leur, se tournent vers le secteur informel. C'est ainsi que l'investissement dans la restauration est devenu, pour bon nombre de déflattés[7] de la Fonction publique, une alternative au chômage. Cette raison intervient pour 37 % dans l'initiative d'investissement. Par ailleurs, les effets des politiques d'ajustement (réduction des salaires) se sont fait sentir sur le pouvoir d'achat des ménages. La nécessité de rapprocher le revenu du coût croissant de la vie par une activité secondaire, a pesé pour près de 28 % dans la motivation des personnes interrogées. Enfin, même les réseaux sociaux (familial, ethnique et régional) qui ont pendant longtemps constitué les plus importantes structures d'intégration des nouveaux migrants en milieu urbain, subissent aussi fortement les effets de la récession économique. Les parents se voient ainsi contraints de renier une partie de leurs obligations communautaires. Ce déséquilibre entre l'offre et la demande de solidarité devient alors une source de conflits sociaux conduisant parfois à l'élaboration de stratégies d'indépendance économique parmi lesquelles, l'investissement dans la restauration populaire. Bien qu'en proportion très faible (10.4 %), cette raison n'est pas négligeable. Le développement de la restauration informelle présente alors un double intérêt pour la politique alimentaire nationale. Non seulement il crée des revenus pour la subsistance des ménages, mais il prend également en charge et à bon prix la demande alimentaire des citadins.

[7] Au Cameroun, le mot "déflaté" définit l'agent de la fonction publique et du secteur parapublic qui est "compressé" selon une politique officielle de dégraissage des effectifs de l'Etat et de restrictions budgétaires drastiques qui ont suivi la crise économique et financière de 1986-1987. Cet agent dont on s'était séparé sur les recommandations du FMI et de la BM et à qui on donnait une certaine somme d'argent qualifiée de "prime d'encouragement à l'auto-emploi", perdait son emploi dans la Fonction publique pour devenir lui-même créateur d'emplois.

Tableau 3 : Raisons ou motivations à s'investir dans la restauration informelle à Yaoundé

Raisons	% Restaurateurs (n=183)
Faible investissement	11.5
Pas de formation particulière	13.1
Alternative au chômage	36.9
Compléter les revenus	28.1
Emiettement de la solidarité familiale et désir d'autonomie	10.4

* Les enquêtés ont chacun répondu à toutes les 3 modalités

Source : Enquêtes de terrain, septembre 2013

III. ORGANISATION SPATIALE

III.1. Une concentration dans et autour des zones de grande affluence

Spatialement, le secteur de la restauration de rue à Yaoundé s'épanouit avec souplesse dans les zones de forte activité économique et de forte concentration humaine : quartiers d'affaires, centres administratifs, marchés ponctuels, gares routières, collèges et universités, etc. Il est également perceptible le soir dans les zones d'habitat, en relation avec les activités de détente (bars, cabarets et night-clubs). La structure du tissu urbain des pays africains, conçue sur des trames d'urbanisme occidentales, se révèle inadaptée à l'accueil du secteur informel de rue, qui prolifère dans tous les interstices et les espaces de respiration de la ville. L'espace collectif dédié à la vente des aliments n'existant pas, la restauration informelle a colonisé les espaces publics de grande affluence : marchés ponctuels, hôpitaux, gares routières, lycées, universités et ministères (Figure 2). Les vendeurs vont même jusqu'à s'inviter dans les bureaux en faisant du porte à porte, usant de tous les moyens et stratégies pour écouler leur marchandise.

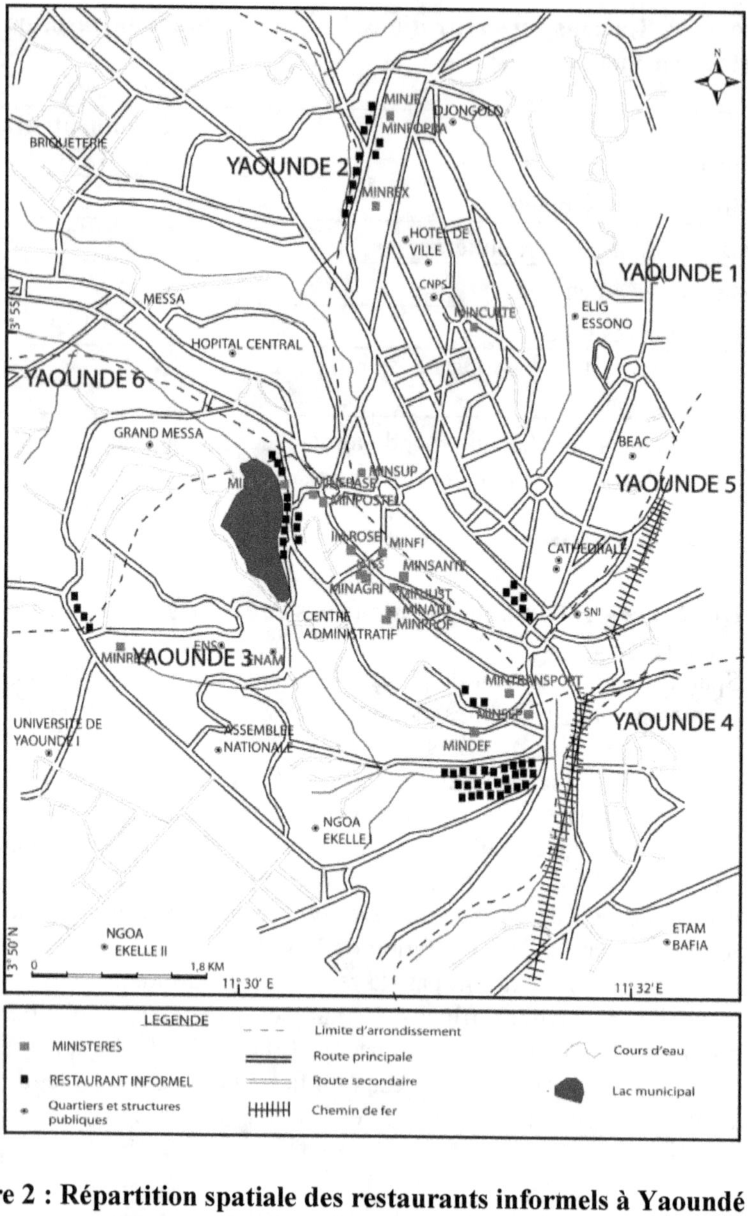

Figure 2 : Répartition spatiale des restaurants informels à Yaoundé
Source : Enquêtes de terrain, septembre 2013

Des pôles de restauration informelle se donnent même à voir. Considérés comme des espaces où se regroupent plusieurs restaurants informels, ces pôles sont de taille différente (Figure 3). Par exemple, alors que le pôle du ministère de la Défense renferme 19,3 % de restaurants, celui de la Cour d'Appel ne rassemble que 11,7 %, le ministère de la Recherche scientifique et de l'Innovation (10,3 %), l'Immeuble rose (10,3 %), les ministères des Sports et de l'Education physique, de l'Emploi et de la Formation professionnelle (7,6 %).

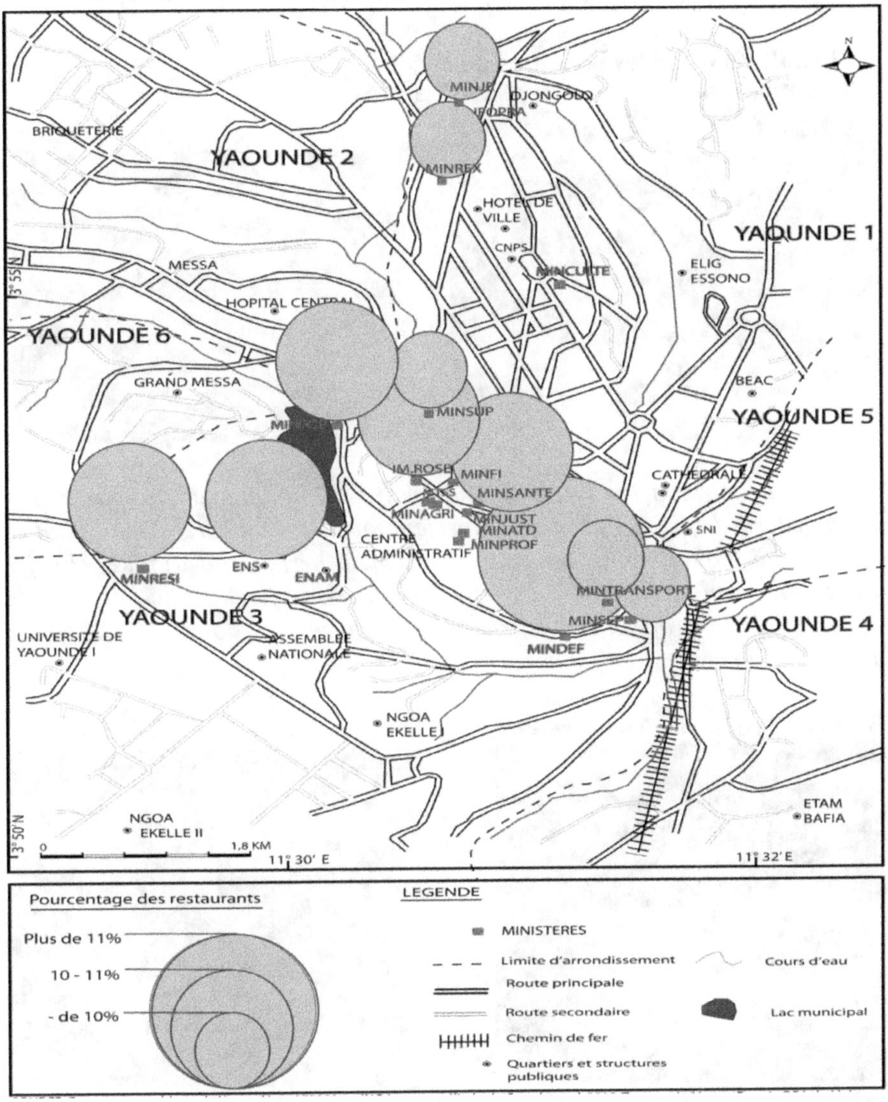

Figure 3 : Les pôles de restauration informelle

Source : Enquêtes de terrain, septembre 2013

Autour des ministères où ils sont majoritairement installés, l'occupation de l'espace par les restaurants informels ne répond à aucune logique. Le moindre espace vacant est pris d'assaut, le seul souci étant de se rapprocher davantage de la clientèle des ministères (Planche photographique 1).

Planche photographique 1 : des espaces d'installation variés

A - Installation sur les bordures de rue

1

2

En avant-plan sur la photo 1, on voit une rue bitumée qui passe près du ministère de l'Enseignement supérieur où des vendeurs sont installés sous un arbre qui domine une épaisse couche d'herbes. Sur la photo 2 prise au niveau du ministère de l'Administration territoriale et de la Décentralsiation, on voit une rue non bitumée qui donne sur la porte d'entrée d'un restaurant informel.

B - Installation sur les carrefours

3

4

Sur la photo 3 prise au niveau du carrefour de l'Immeuble rose qui abrite les ministères des Finances, de la Justice, de l'Agriculture, du Tourisme et de l'Industrie, on aperçoit des clients sous des parasols. La photo 4 prise au rond point central en face de l'immeuble du ministère de l'Enseignement supérieur, montre des restaurants informels quasiment en plein air.

C – D'autres espaces d'installation

5

6

7

Des restaurants informels dans les parkings des ministères du Tourisme et du Commerce.

III.2. Des restaurants informels sommairement équipés

Dans la plupart des cas, les restaurants informels construits autour des ministères le sont en matériaux de récupération. Les planchers ne sont pas couverts (87,7 % sont en terre) ou le sont d'une légère couche de ciment ou de plastique appelé gerflex (12,5 %). Quant aux murs, ils sont dans certains cas inexistants (62,5 %), et dans d'autres, ils sont faits d'un assemblage de matériaux de récupération hétérogènes notamment de vieilles bâches en plastique et des tôles de seconde main (37,5 %). La toiture est constituée de parasols et de parapluies, (18,5 %) ou d'un assemblage de tôles usées (81,5%). Non raccordés au système d'eau courante, ces restaurants utilisent soit l'eau ramenée directement de chez eux par les protagonistes, soit l'eau puisée dans des robinets installés dans les toilettes incommodes et très mal entretenues des ministères. Les restaurants en eux-mêmes, ne disposent pas de toilettes fonctionnant à eau. La plupart des toilettes existantes sont des toilettes traditionnelles, sorte de fosses perdues (61,8 %) mal positionnées car trop proches des tables et/ou des étals. Toutefois, il existe des latrines aménagées (20,6 %) par la communauté urbaine, qui sont payantes.

IV. DES PRATIQUES COURANTES : ALIMENTS VENDUS ET MOTIVATIONS CONDUISANT A LEUR CONSOMMATION

IV.1. Les aliments proposés

Trois catégories principales d'aliments de rue ont été identifiées : les plats cuisinés, les sandwishes/casse-croûte et les boissons. La plupart de ces aliments sont préparés à partir de produits locaux (céréales, tubercules, légumineuses, fruits et légumes et produits carnés) au moyen de technologies traditionnelles rarement améliorées. Quelques aliments importés sont parfois utilisés, comme les pâtes alimentaires, les frites de pomme de terre surgelée et les sandwiches. Les plats cuisinés comprennent : (a) ceux du « petit-déjeuner » à base de pain (y compris parfois des brochettes et des omelettes), du beurre, du café ou du thé au lait, des bouillies de maïs, du haricot) et (b) ceux du « déjeuner » ou « dîner » qui sont souvent les aliments traditionnels que l'on retrouve aux menus familiaux tels que le riz-sauce tomate ou sauce d'arachide, le *ndolè / folon / okok* aux tubercules et/ou plantains, le *koki-plantain* mûr ou macabo, le bouillon ou rôti de viande, etc. Les casse-croûte pour leur part, peuvent être les mêmes produits que ceux proposés pour le «petit-déjeuner », mais s'y ajoutent des beignets, des arachides, du pain, des pâtisseries plus ou moins à l'occidentale, et des produits laitiers (" kossam "). Les viandes et poissons grillés sont aussi couramment proposés et consommés. Dans la catégorie des boissons, l'eau en sachets plastiques, réfrigérée ou non, est une des principales boissons vendues. Dans l'ensemble, les boissons traditionnelles (foléré, jus de gingembre et de kassimango, etc.) sont plus vendues que les boissons alcoolisées.

Principaux aliments de rue consommés au Cameroun

* ***Ndolè*** *: nom camerounais de variétés alimentaires de Vernonia. Il s'agit d'une plante légumière dont les feuilles sont consommées vertes, et dans une moindre mesure séchées. Le ndolè est parfois comparé aux épinards à cause de sa couleur et de sa texture, mais sa préparation est tout à fait différente. Le ndolè est préparé avec des feuilles vertes cuites plusieurs fois à l'eau pour leur faire perdre leur amertume, puis mélangées avec une pâte d'arachides fraîches et des épices écrasées. On y ajoute de la viande cuite en lamelles, du poisson frais ou fumé, ou des crevettes fraîches ou fumées.*

*** Okok** : *Gnetum spp de par son nom scientifique, représente des lianes dioïques avec des feuilles simples et opposées. Ces feuilles sont mélangées dans un jus de noix de palme avec beaucoup d'arachide et du sucre*

*** Koki ou Gâteau de Cornille,** *est un plat fait à base de haricot frais écrasé mélangé à de l'huile rouge que l'on cuit et sert sous forme de gâteau.*

*** Jus de foléré** : *Acide mais sans alcool, d'une couleur rouge proche de celle du vin, le jus de foléré est une boisson naturelle tonifiante faite à base de feuilles d'oseille bouillies.*

*** Jus de kassimango** : *Jus du pommier cythère considéré comme une bonne source de vitamine C. La pomme est pressée, mélangée à de l'eau plus du sucre, ensuite pasteurisée, et conservée au frais.*

Les principales raisons pour lesquelles les consommateurs recourent à la restauration de rue à Yaoundé sont diverses. Cependant l'analyse en fonction des variables sociodémographiques révèle quelques disparités (Tableau 3). Si le secteur de l'alimentation de rue non seulement se maintient mais continue à se développer dans les villes, c'est parce qu'il répond à une forte demande des populations urbaines. Il propose des aliments à la fois traditionnels à base de produits locaux et aussi des plats nouveaux adaptés aux conditions de vie urbaine et aux revenus faibles de nombreux résidents urbains. Ce secteur offre aux populations des villes, des aliments prêts à être consommés, au goût populaire et à des coûts acceptables. En effet, par manque de temps, de nombreux travailleurs, employés, étudiants, etc., ne peuvent pas rentrer chez eux pour les repas. Par manque de système efficace de restauration collective, comme les cantines sur les lieux de travail, ils achètent dans la rue de quoi se nourrir à peu de frais, par rapport à ce que leur coûterait un repas au restaurant ou à la maison. Les conditions d'hébergement précaire dans certaines zones urbaines, en particulier celles des familles les plus défavorisées, ne leur permettent pas toujours la préparation des repas à la maison et les conduisent à dépendre de la restauration de rue. Certaines opérations de préparation d'aliments traditionnels ne sont plus compatibles avec le travail des femmes à l'extérieur ou avec les conditions d'habitat (pas de possibilité de pilage dans les appartements ou pas de cour intérieure par exemple). La demande croissante d'aliments préparés et vendus dans les espaces publics s'explique aussi par les phénomènes de migration qui entraînent l'augmentation du nombre de personnes vivant seules, souvent en situation difficile et avec de bas revenus. Consommer ses repas dans les cafeterias et autres « tournedos »[8], le matin ou à midi devient un lieu commun à Yaoundé. Les hommes célibataires de moins de 30 ans sont les consommateurs les plus nombreux et assidus, y compris les étudiants (voir tableau 3).

Tableau 4. Répartition (en %) des principales raisons invoquées pour consommer les aliments de rue à Yaoundé

Variables	Raisons			
	Coût abordable	Eloignement du domicile	Pas de lieu de préparation à domicile	Adaptation des plats proposés au goût local
Sexe				
Masculin	78.3	53.7	60.2	58.2
Féminin	21.7	47.3	39.8	41.8
Age				
< 20 ans	17.4	31.9	10.7	29.1
20-39 ans	62.7	38.8	71.4	43.7
40 ans et +	19.9	29.3	17.9	27.2
Statut marital				
Marié/En couple	27.3	41.6	29.3	31.6
Célibataire	72.7	58.4	71.7	68.4
Catégories socioprofessionnelles				
Débrouillards/Actifs de l'informel	41.8	37.3	83.4	41.8
Elèves/Etudiants	31.8	30.8	07.2	28.7
Employés de l'Etat/Privé	26.4	31.9	09.4	29.5

Source : Enquêtes de terrain, septembre 2013

[8] Sortes de restaurants proches des « maquis » togolais ou béninois, mais dans lesquels on mange, le dos tourné à la rue.

IV. 2. Aspects sanitaires liés à la restauration de rue à Yaoundé

L'évaluation des risques de santé s'est faite sur la base des indicateurs d'exposition aux risques de contamination des aliments de rue. Comme indicateurs, nous pouvons citer :

IV.2.a. Des conditions d'hygiène insatisfaisantes

Une des contraintes associées au secteur informel de l'alimentation à Yaoundé réside dans l'hygiène à apporter aux aliments tout au long des différentes étapes de la chaîne, depuis l'approvisionnement en matières premières au lavage des plats et autres ustensiles, en passant par le transport, la préparation et la conservation des aliments.

L'hygiène en aval lors de l'approvisionnement en produits de base. L'approvisionnement en produits de base et autres ingrédients est un facteur qui détermine la qualité des plats proposés à la clientèle. L'approvisionnement en produits de base de qualité est une étape importante de la gestion du commerce des aliments de rue, car d'elle va dépendre la qualité nutritive des plats proposés aux consommateurs. Or, il s'avère que les restaurateurs ont tendance à rechercher des réseaux amicaux ou ethniques afin d'obtenir du ravitaillement à crédit auprès de leurs fournisseurs ou des prix intéressants au détriment très souvent de la qualité et de la fraîcheur des produits. Cette formule n'est pas toujours une garantie de la bonne qualité des produits proposés aux consomateurs.

L'hygiène en amont dans le transport des produits de base et des aliments déjà préparés. Du fait de l'éloignement des centres de production des produits de base nécessaires à la préparation des aliments, les fournisseurs utilisent des moyens de fortune (motos, taxis et picks up cabossés) pour les acheminer vers les lieux de préparation des repas. Dans ces conditions, il se trouve que ces produits sont le plus souvent exposés à toutes sortes d'intempéries et à la poussière, facteurs responsables de la dégradation de la qualité nutritionnelle desdits produits. Il se trouve aussi que les lieux de préparation des repas sont quelquefois distants des points de vente, et dans ce cas, le transport des repas vers les points de vente pose un sérieux problème d'hygiène et, à long terme, de santé publique car les précautions sont rarement prises pour que les aliments soient bien conditionnés et protégés de toute forme de contamination pendant le trajet.

L'hygiène dans la conservation des aliments (un mauvais conditionnement des aliments). Le faible capital nécessaire au démarrage de l'activité ne permet pas aux acteurs de se procurer du matériel de conservation adéquat. Il y a donc des risques que des repas préparés la veille à de très fortes températures et pendant des périodes prolongées, se décomposent très rapidement avec des possibilités d'explosion à des bactéries très dangereuses pour la clientèle. Une fois cuisinés, les aliments ne sont pas toujours bien conservés. Très peu de restaurateurs disposent d'un réfrigérateur pour le faire. Et même ceux qui en disposent l'utilisent mal, par ignorance ou à dessein. Ils alternent maladroitement froid et chaleur, ce qui a pour fâcheux incident d'augmenter la charge microbienne des aliments. Nous n'avons dénombré que trois frigidaires au niveau du ministère de la Défense et deux dans les environs d'Interpol. Précisons que ceux-ci servent plus à la réfrigération des boissons qu'à la conservation des repas. Quand toute la marchandise n'est pas écoulée, elle est purement et simplement mélangée avec celle qu'on prépare pour le lendemain. Dans le souci toujours accru des restaurateurs de minimiser les pertes, les matières premières et les produits finis ne sont pas conditionnés et conservés de façon adéquate. Déglacés à la maison et transportés sur le lieu de restauration, les poissons et les viandes qui ne sont pas braisés, ou ceux qui le sont, mais qui ne sont pas vendus, sont remis au réfrigérateur ou au congélateur une fois de retour à la maison. Or, cette pratique de gel-dégel et regel est extrêmement dangereuse et proscrite, car elle permet un développement rapide et une mutation des micro-organismes qui deviennent plus résistants et virulents, donc nocifs pour la santé (Toyi, 2001). Par ailleurs, certains restaurateurs ne respectent pas toujours la chaine de fabrication (Nguegang, 2005). Par conséquent, leurs aliments et boissons peuvent contenir des microorganismes susceptibles d'occasionner des gastro-entérites chez les consommateurs. Nombre d'études ont d'ailleurs révélé la présence de *Escherichia coli*, de *Staphylococus aureus*, et de *Salmonella entredis* dans les jus de légumes faits dans la rue. (Poloni, 1990 ; Mosupye & Holy, 2000; Ilboudo et al, 2010).

L'hygiène des points de vente. La législation sur la salubrité des produits de consommation demande que les produits soient présentés sur des étals propres et dans des caisses vitrées pour éviter la contamination des microorganismes. Il se trouve qu'à Yaoundé, les restaurateurs ne respectent pas ces principes de sécurité. En effet, on voit des marmites disposées à même le sol, dans l'herbe, bref en plein air (Planche photographique 2). Cette négligence fait de ces points de restauration, des gîtes de développement des mouches et autres insectes ailés, qui sont des vecteurs de transmission de maladies de toutes sortes. Cette absence de propreté des lieux de vente affecte la qualité des produits. A ces mauvaises conditions d'hygiène, s'ajoutent celles de travail et l'hygiène personnelle même des restaurateurs qui donnent une image affligeante du secteur de la restauration de rue.

Planche photographique 2 : Conditions de travail et d'hygiène des aliments de rue : des aliments dangereusement exposés

A

B

En avant-plan sur la photo A, on voit un laveur de voitures en plein travail. En arrière-plan, on voit un client en face de deux vendeuses sous des parasols. En face d'elles, des plantains grillés et des safous disposés en petits tas sur des grills. En avant-plan sur la photo B, deux vendeuses sous un parasol ; en face d'elles sur des grills sont disposés des morceaux de poulets et des poissons déjà cuits ou en pleine cuisson. Ces deux photos laissent voir comment les aliments sont exposés sans aucune protection. Laissés en plein air à la discrétion des organismes, ils ne sont nullement conservés dans des récipients hermétiques et peuvent ainsi menacer la santé des consommateurs.

Source : Enquêtes de terrain, septembre 2013

Le manque d'eau de bonne qualité. L'eau est incontournable dans la restauration, car elle intervient à toutes les étapes : de la préparation de la matière première au nettoyage des plats, en passant par la cuisson. Il se trouve qu'à Yaoundé, les restaurateurs de rue éprouvent d'énormes difficultés d'approvisionnement en eau courante. Hormis les restaurants situés autour du ministère de la Défense, qui ont accès à l'eau courante grâce à un robinet de la Camerounaise des Eaux, les autres restaurants informels ne disposent pas d'eau courante et encore moins d'autres solutions alternatives comme les puits. Pour pallier cette situation, certains restaurateurs viennent de chez eux avec de l'eau des puits et des sources contenue dans des bidons ou des bouteilles. D'autres recourent à l'eau recueillie dans les toilettes des ministères et établissements publics attenants. Cette eau hélas n'est pas toujours de bonne qualité, car on y suspecte la présence des coliformes et des entérobactéries, indicateurs de la contamination d'origine fécale (Foé, 2010).

L'absence de toilettes. Les restaurants informels étudiés ne disposent généralement pas de toilettes décentes, c'est-à-dire avec eau (Figure 4). Les latrines aménagées qu'on trouve dans leur voisinage ont été aménagées par la Communauté urbaine de Yaoundé et sont d'ailleurs payantes (100 F CFA par passage). Lorsqu'elles existent, ces toilettes sont rarement nettoyées et leur proximité avec les tables et étals de vente de nourriure, fait qu'elles essaiment les mouches, vectrices de maladies. L'absence de toilettes ou leur incommodité entraînent des situations à risques. En effet, il n'est pas rare de voir un consommateur dépité par l'absence ou l'inconfort des toilettes, traverser la rue pour aller se soulager dans la végétation environnante.

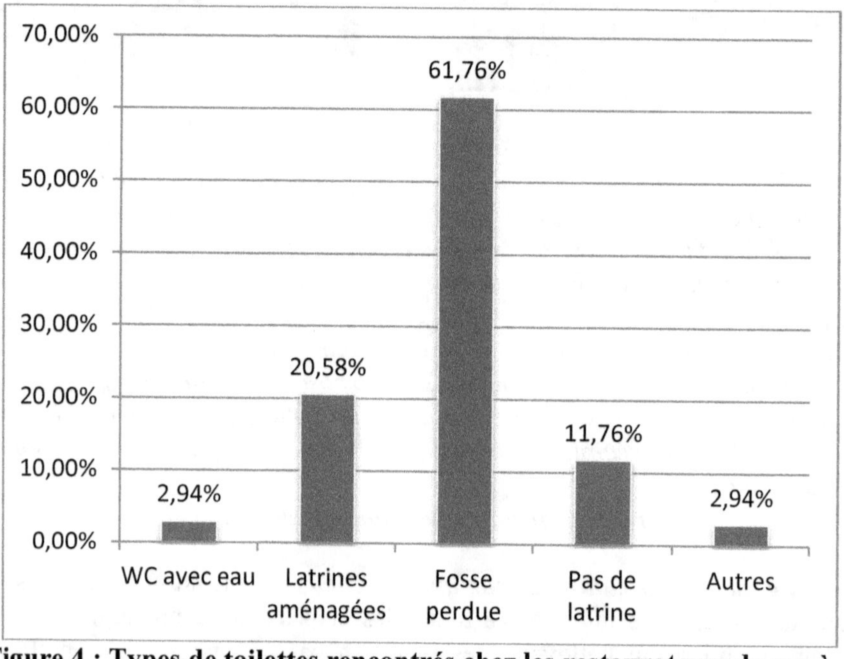

Figure 4 : Types de toilettes rencontrés chez les restaurateurs de rue à Yaoundé

Source : Enquêtes de terrain, septembre 2013

Sur le plan spatial, les risques de contamination ne sont pas les mêmes partout. Ils varient d'une zone de concentration des restaurants informels à une autre. Il existe des zones de concentration où les risques de contamination sont très élevés, et d'autres où des efforts sont faits dans le sens du respect des règles d'hygiène (Figure 5). Les restaurants situés aux alentours du ministère de la défense et, au niveau de l'immeuble rose, de l'Assemblée nationale et de l'école du centre, sont relativement propres. Les restaurants de l'immeuble du ministère de l'Enseignement supérieur, ceux qui occupent l'arrière de la Campost et du ministère des Transports, sont les plus insalubres tant les règles d'hygiène et de salubrité y sont bafouées. Nous sommes arrivés à constater que les restaurants qui présentent une relative salubrité sont également ceux où l'eau courante est disponible, où les toilettes sont éloignées des tables à manger, et où les repas se font sur place avec l'utilisation du gaz comme source d'énergie. Ce sont également des lieux de restauration où tous les restaurateurs ont le certificat médical (ministère de la Défense), où les restaurants sont relativement mieux construits, les cuisines davantage équipées (réfrigérateurs par exemple…) et la sécurité assurée par un service de gardiennage. Dans ces points de restauration informelle relativement propres, il s'est avéré que les prestataires sont des femmes au foyer dans la quarantaine, qui ont suivi une formation en hôtellerie et en restauration.

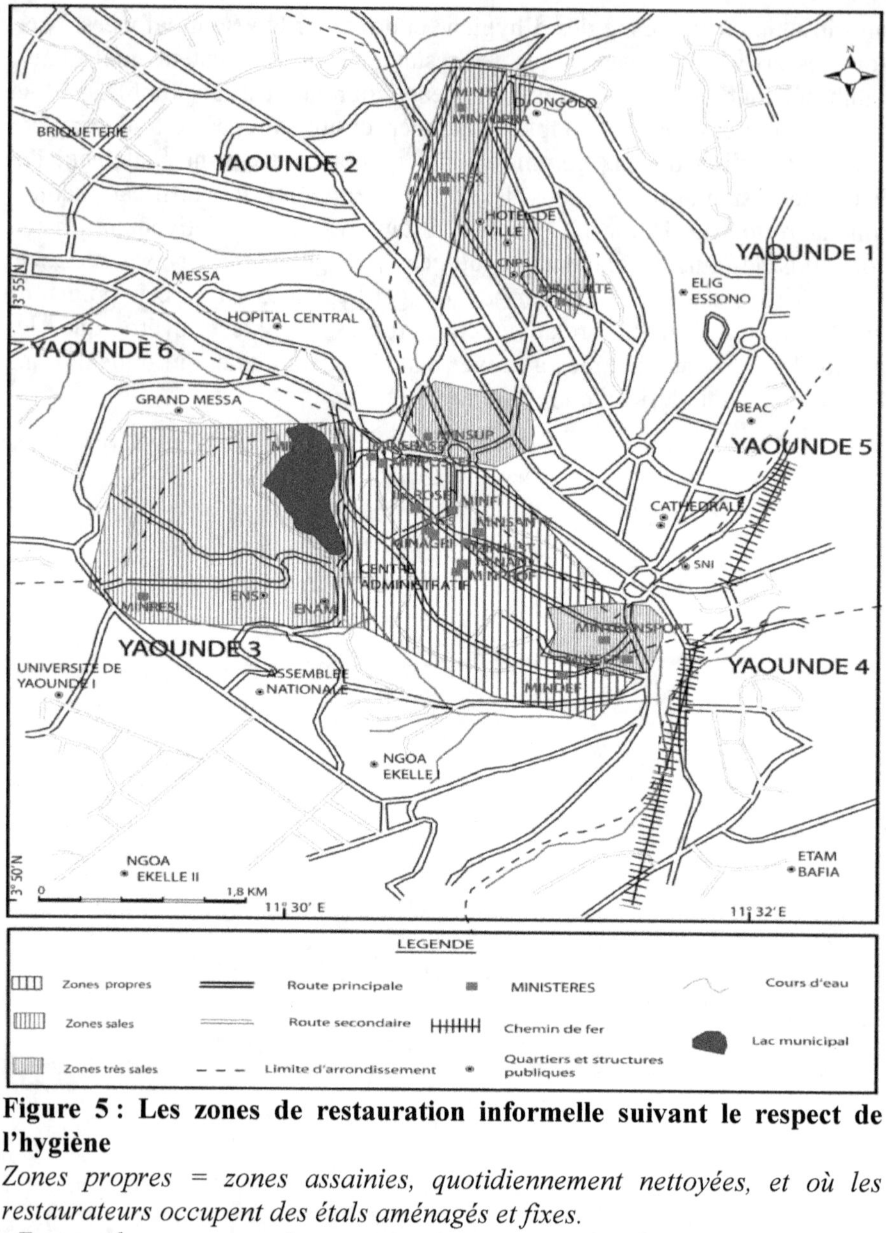

Figure 5 : Les zones de restauration informelle suivant le respect de l'hygiène

Zones propres = zones assainies, quotidiennement nettoyées, et où les restaurateurs occupent des étals aménagés et fixes.

Zones sales = zones mal ou peu assainies, parsemées de nombreux rebuts.

Source : Enquêtes de terrain, septembre 2013

IV. LA RESTAURATION INFORMELLE, SOURCE DE MALADIES ?

L'utilisation de matières premières et ingrédients en état de décomposition, d'eau non potable sous forme de boissons diverses, de vaisselles et d'emballages impropres, peut se présenter comme un facteur de risque de contamination des aliments vendus.

De plus, les mauvaises techniques de préparation, de conservation et de vente des aliments dans un environnement précaire (manque d'eau potable, proximité des tas d'ordures, chaleur excessive) risquent aussi d'être à l'origine de la contamination microbiologique. Même s'il peut paraître péremptoire et incorrect d'établir une relation directe entre la consommation des aliments vendus dans les restaurants informels et le développement des maladies chez les consommateurs, on peut toutefois penser que des cas d'intoxication alimentaire, de maux de ventre et de gastro-entérites rapportés par les consommateurs, peuvent être en lien avec les aliments de rue, ce d'autant que beaucoup affirment les consommer presque quotidiennement.

CONCLUSION

La restauration de rue s'observe partout dans l'espace yaoundéen du lever du jour jusqu'à le tombée de la nuit. La vente des aliments de rue s'inscrit dans une stratégie de lutte contre la pauvreté. Le secteur joue un rôle important dans la résolution des problèmes de chômage mais aussi d'insécurité alimentaire, car face à la paupérisation en milieu urbain, le secteur propose des aliments accessibles à tous et adaptés au goût des consommateurs. Ses restaurants expriment la débrouillardise par leur bâti qui néanmoins varie d'un espace à l'autre. La contribution du secteur à la production nationale est appréciable mais aucune statistique n'est encore disponible pour en appréhender le poids réel. Plutôt que d'être appréhendé comme un résiduel, le secteur de la restauration de rue en raison de son poids social et économique, doit retenir toute l'attention. Le marché existant, compte tenu du phénomène d'urbanisation qui prend de l'ampleur sur le plan national, les prestataires du secteur devraient progressivement parvenir à des revenus plus réguliers et plus importants.

A cette étape d'évolution, les préoccupations de survie céderont le pas à celles d'amélioration des conditions de vie et de travail. Cependant, le secteur est marqué par la précarité et l'informel. Les activités se déroulent bien souvent en plein air et dans des conditions d'hygiène douteuses. Ce qui soulève le problème de la sécurité alimentaire pour les consommateurs, ce qui relève d'un problème de santé publique. Face aux dangers encourus par les populations dans le recours à l'alimentation de rue, les consommateurs et les vendeurs doivent prendre conscience afin d'éviter le pire car chacun doit se sentir concerné d'abord pour sa propre santé. Il est donc question d'œuvrer à la formation et au recyclage des vendeurs en vue de les aider à améliorer leurs pratiques et attitudes en matière d'hygiène alimentaire, au renforcement du contrôle de la salubrité et de la qualité des aliments, à la promotion de l'éducation à travers des campagnes de sensibilisation de longue durée sur les notions d'hygiène à l'endroit des vendeurs et consommateurs aussi bien dans les écoles, les formations sanitaires et les lieux publics. Il est également question de promouvoir les bonnes pratiques de fabrication en informant les restaurateurs sur la bonne manière de manipuler les aliments, de mener des actions de contrôle et de répression contre ceux qui vendraient des aliments impropres à la consommation à travers des visites inopinées des services d'hygiène sur les lieux de vente d'aliments et de militer pour une meilleure organisation du secteur, compte tenu de son importance (source d'emploi et de revenu, gain de temps et alimentation à frais modéré).

BIBLIOGRAPHIE

Bendech A. G. ; Gerbouin-Rerolle P, Chauliac M & Malvy D., 1996, An approach to food consumption in an urban environment. The case of West Africa, *Santé*, pp. 173-179.

Banque Mondiale, 1995, *Cameroun diversité, croissance et réduction de la pauvreté*, Division de la population et des ressources humaines, Département de l'Afrique centrale et de l'Océan indien, Région Afrique, Report n° 13, 167 p.

Barro N. ; Ouattara C. A. ; Nikiema P. A. ; Ouattara A. & Traore A?, 2002, Microbial quality assessment of some street food widely consumed in Ouagadougou, Burkina Faso, *Santé*, pp. 369-374.

Drabo M. ; Pare Toe L.; Savadogo L. G. B. ; Tarnagda Z. ; Zeba A.N. ; Zongo I. Rouamba J. ; Toe A. ; Ouédraogo D. ; Ouédraogo J. B., 2009, Caractéristiques de l'alimentation de rue dans la ville de Bobo-Dioulasso, Burkina Faso, *Bull. Soc. Pathol. Exot.*, 102 (1), pp. 36-40.

FAO, 1995, Alimentation de rue, Etude FAO, *Alimentation* et *Nutrition,* 46, 24 *p.*

FAO, 1988, Les aliments vendus sur la voie publique. Rapport d'une consultation FAO, 5-9 décembre 1988, Jogyakarta, *Étude FAO.Alimentation et nutrition, n° 46.*

Gerbouin-Rerolle ; Bendech M. et al, 1996, Approche de la consommation alimentaire en milieu urbain. Le cas de l'Afrique de l'ouest, *Cahier de Santé*, vol 6, pp. 173-179.

Ilboudo et al, 2010, Qualité microbiologique de la viande utilisée en restauration collective : cas des restaurants universitaires d'Ouagadougou (Burkina Faso), *Santé et environnement*, vol., n° 1, pp. 109-113.

Keuzeta J. J., Merlin M., 1998, Mortalité et morbidité par maladies diarrhéiques en Afrique centrale, *Les Annales de l'IFORD*, vol. 12.

Mensah P. ; Yeboah-Manu D. ; Owusu-Darko K.; Ablordey A., 2002, Street foods in Accra: How safe are they?, *Bull. of World Health Organ*, no 80, pp. 546-554.

MINEPAT, 1989, *Enquête Nationale Budget-Consommation auprès des ménages : Vol. 1 : Principaux résultats sur les caractéristiques sociodémographiques, l'habitat et les biens durables, la structure des dépenses, l'autoconsommation alimentaire, la distribution des revenus*, DSCN, Yaoundé, Octobre 1989.

Mougeot L. J., 1993, Urban food self-reliance : significance and prospects, *IDRC Rep.*, n° 21, pp. 2-5.

Mosupye F. M.; Holy A., 2000, Microbiological hazard identification and exposure assessment of street food vending in Johannesburg, SA, *International Journal of Food Microbiology*, 61, 137-145.

ONU., 1948, Déclaration universelle des droits de l'homme. Document consulté le 10 mai 2014 http://www.un.org/fr/documents/ udhr/.

Poloni A., 1990, Sociologie et hygiène. Des pratiques de propreté dans les secteurs périphériques de Ouagadougou, in Fassin D. ; Jaffré Y. (éds), *Sociétés, développement et santé,* Marketing/ Ellipses, Paris, pp. 273-287.

Resakss, 2011, *Etude sur la consommation alimentaire en Afrique de l'Ouest,* Michigan State University, Rapport de synthèse, 82 p.

Roubeau F., 1884, *Le « modèle » de développement camerounais 1965-1990: de la croissance équilibrée à la crise structurelle*, in Courade G., (ed), 1994, Le village camerounais à l'heure de l'ajustement structurel, Karthala, Paris,1994, 410 p.

Toyi Assih, 2001, *L'alimentation de rue, une source de nos maladies* ?, Université de Yaoundé I, ENS, mémoire de DIPES II, 109 p.

2- L'ESPRIT DE DEBROUILLARDISE AU SECOURS DE L'ACCES DES POPULATIONS A L'EAU POTABLE AU CAMEROUN : LE CAS DE LA VILLE DE DOUALA

Jean-Célestin Edjangue

RESUME

A Douala ville d'eau par excellence, les populations de Kotto village, un quartier situé dans l'ouest de la cité rebelle se souviennent particulièrement des années 2006 et 2007 où elles ont été souvent privées d'eau, pratiquement un mois sur deux, alors qu'elles s'acquittent régulièrement des factures de leur consommation de cette ressource. Face à cette injustice caractérisée, ces populations décident de constituer un collectif pour se faire entendre des autorités compétentes. Rien n'y fait. D'autres quartiers populaires, comme Ndog-Bong, Cité des Palmiers et Nganguè, résidentiels comme Bali et Bonapriso et commerciaux à l'instar d'Akwa, ne sont pas mieux lotis. Leurs populations doivent rivaliser d'imagination pour accéder à l'eau potable via des activités relevant du secteur informel. Et dire que le Cameroun, de par sa situation géographique, en pleine zone équatoriale, jouit d'une pluviométrie exceptionnelle à longueur d'année et que son poumon économique, Douala, est une véritable ville d'eau !

Mots-clés : *Douala, potentiel hydrographique, pénurie d'eau potable, solutions des populations face à la pénurie d'eau potable.*

INTRODUCTION

Le Cameroun est l'un des pays les plus arrosés du continent africain. Et pourtant, il connaît une pénurie d'eau potable quasi chronique, tant en zone rurale qu'en milieu urbain. Les populations y tentent de faire face à ce défi à l'aide de leur esprit de débrouillardise. C'est notamment le cas à Douala, poumon économique du pays et ville pourtant très arrosée. Dans cette contribution, nous examinons successivement le potentiel hydrographique du Cameroun, les solutions envisagées par les populations de la ville de Douala face à la pénurie d'eau potable, et la place de l'accès à l'eau potable dans l'économie informelle nationale.

I. LE POTENTIEL HYDROGRAPHIQUE DU CAMEROUN

Le Cameroun, pays de 475 442 km² reçoit une moyenne annuelle de précipitations de 1.604 mm, soit un volume d'eau d'environ 762 km^3 par an selon les données avancées par J. C. Olivry dans « *Monographies hydrologiques. Fleuves et Rivières du Cameroun* », ouvrage publié en 1986. A titre de comparaison, la France métropolitaine, qui couvre 552 000 km² de superficie d'après les indications de l'Institut national de la statistique et des études économiques (INSEE) en 2014, enregistre un volume de 477, 99 km^3 de précipitations annuelles, comme le souligne le bilan climatique de l'hiver 2013-2011 de Météo-France. Il ne fait donc pas de doute, le Cameroun, qui est situé en plein cœur de l'Afrique centrale et qui bénéficie d'une diversité à la fois de relief, de climat, de végétation et de peuplement, ne peut pas être considéré comme un territoire aride. D'autant plus qu'il dispose d'un réseau hydrographique dense comprenant aussi bien des fleuves que des lacs.

Le bassin de l'Atlantique dont les fleuves les plus connus sont le Wouri, le Nkam, le Noun, la Sanaga considérée comme le plus long fleuve du Cameroun avec ses 918 km ou encore le Nyong. Le bassin du Congo comprend le Bok, le Lobo, la Sangha et le Dja. Le bassin du Niger englobe le Mayo Kébbi, la Bénoué, le Faro et le bassin du Tchad, le Logone, la Vina et le Chari.

Ce réseau de fleuves est complété par celui des lacs dont la plupart sont des étendues d'eau naturelle. Ainsi en est-il des lacs de cratère comme le Lac Oku, le Lac Tizong, le Lac Bini, le Lac Barombi et surtout le Lac Nyos tristement célèbre ; le Cameroun dispose aussi de lacs de subsistance à l'image du Lac Ossa, du Lac Dissoni ou du Lac Ejagal. Il ne faut pas oublier de mentionner les lacs de cuvette dont le Lac Tchad est probablement le plus connu, mais également le Lac Fianga. Enfin, une série de lacs artificiels complète le tableau : Lac Bamendjing sur le Noun, Lac Mbakaou sur le Djerem et Lac Maga issu d'une dérivation du Logone.

Ces fleuves et lacs sont alimentés par des précipitations assez abondantes dont l'évaporation puis la transpiration et les infiltrations représentent un volume de consommation de près de 495 km^3. Par ailleurs, un volume de 273 km^3 d'eau est produit par le Cameroun en interne, soit 268 km^3 de ressources d'eau superficielle et 5 km^3 d'eau souterraine supplémentaires annuelles. En y ajoutant les 12,5 km^3 d'eau qui proviennent des pays voisins et en particulier du Nigeria et du Tchad à travers les affluents de la Bénoué (4 Km^3 de Mayo) et le Logone (8,5 km^3), les ressources en eau du Cameroun peuvent être au total de 285, 5 km^3 (285,5 milliards de m^3), pour une population d'à peine 22 millions d'habitants en 2014. La quantité annuelle d'eau disponible par habitant avoisine donc les 15 mille m^3. Ce qui est largement suffisant, même si une partie de cette eau (près de 40 Km^3) quitte chaque année le territoire pour alimenter les pays comme le Nigeria via la Bénoué et ses tributaires (29 km^3), le Tchad (4,7 km^3 par le Logone) ou encore la République du Congo (6,3 km^3) via la Sangha et ses affluents, souligne encore l'étude de J. C. Olivry sur fleuves et rivières du Cameroun.

Et pourtant, en dépit de son grand potentiel hydrographique, le Cameroun ne parvient pas à satisfaire toute la demande de ses populations urbaine et rurale en eau potable. Le problème est lié non seulement à la qualité douteuse de l'eau mise à disposition, mais aussi aux carences de distribution de ce précieux liquide.

C'est d'ailleurs pour tenter de corriger les carences de la distribution de l'eau dans le pays, que les pouvoirs publics camerounais ont privatisé la Société nationale des Eaux du Cameroun (SNEC) en cédant celle-ci à l'ONEPM (Office National de l'Eau Potable du Maroc). Réunis le lundi le 23 juillet 2006 à Rabat, les membres du conseil d'administration de l'ONEPM ont présenté le plan d'action 2007 de cette entreprise. Parmi les résolutions de ce conseil d'administration, il y a surtout selon la presse camerounaise, la mise en place d'une « *société de droit privé pour la mise en affermage de l'alimentation en eau potable en milieu urbain et périurbain dans le périmètre d'activité de la Société nationale des Eaux du Cameroun (SNEC)* »[9]. Il est vrai que les Marocains de l'ONEPM disposent d'une certaine expérience en la matière, puisqu'en octobre 2006, ils ont décroché leur premier contrat à l'international à Nouakchott en Mauritanie, avec l'appui de l'entreprise publique française la Société Canal de Provence (SCP). Les Marocains assurent ainsi l'assistance technique au projet d'alimentation en eau potable de la capitale mauritanienne.

II. LES SOLUTIONS DES POPULATIONS DE DOUALA FACE A LA PENURIE D'EAU POTABLE.

A Douala, poumon économique du Cameroun et ville caractérisée par une moyenne de précipitation annuelle de près de 3 800 mm, les populations de Kotto village, un quartier situé dans l'ouest de la cité, se souviennent particulièrement des années 2006 et 2007 où elles ont été souvent privées d'eau, pratiquement un mois sur deux alors qu'elles s'acquittent régulièrement des factures de leur consommation de cette ressource. Face à cette injustice caractérisée, les populations de ce quartier décident de créer un collectif pour formuler et conduire leurs plaintes à propos de la distribution irrégulière et de la mauvaise qualité de l'eau quand par bonheur,

[9] Cf. Le Messager quotidien du 25 juillet 2007

elle coulait enfin dans les robinets : « *Ces mois-là ont été très difficiles pour nous. Quand bien même l'eau arrivait dans les robinets tard dans la nuit, elle était de très mauvaise qualité et la pression très faible. Pour se ravitailler en eau potable, nous étions obligés de parcourir plusieurs kilomètres avec des bidons et autres bonbonnes. Le reste des travaux nécessitant de l'eau était effectué avec l'eau des puits; pas toujours de bonne qualité* »[10], témoigne un habitant du quartier dans un dossier consacré par le quotidien « Le Messager » en juillet 2007 à l'état de lieux de la distribution et de la qualité de l'eau au Cameroun. Les populations de la ville de Douala avaient de nombreux autres griefs à formuler contre l'eau de la SNEC, notamment le fait qu'elle ait une couleur sombre et parfois un goût de rouille. « *On nous a toujours appris à l'école que l'eau potable doit être incolore, inodore et sans saveur. L'eau de la SNEC ne répond à aucune de ces caractéristiques. A la maison, nous nous en servons seulement pour la cuisson, le ménage ou encore la lessive. Nous avons la chance d'habiter près d'une entreprise brassicole qui a mis à disposition de l'eau des forages. C'est donc cette eau que nous buvons* », expliquent des habitants du quartier Nkongmondo, dont les témoignages rejoignent ceux des habitants de la Cité SIC.

Si cet aspect de la débrouillardise peut paraître abordable, un autre pan de cette ingéniosité des populations considérées a un coût. En effet, il arrive souvent que la pénurie d'eau débouche sur des résultats plus pittoresques. A cet égard, des familles entières ont consenti à modifier leur vie quotidienne pour mieux s'adapter au tempo imposé par la réalité d'une vie à compte gouttes. En 2007, Liliane Ojong, étudiante à l'Université de Douala et domiciliée à Ndog-Bong nous confiait son traumatisme dans ces termes: « *On nous coupe l'eau chaque jour, à partir de 7 heures le matin jusqu'à 17 heures. L'eau revient à 20 heures jusqu'au lendemain matin. Le plus embêtant, c'est que la SNEC ne donne aucune information relative à ces coupures intempestives* ». Conséquence de cette réalité, c'est l'ensemble de la vie domestique qui doit être réorganisée: « *On ne peut pas se laver avant d'aller à l'université, laver ses vêtements, si on n'a pas pu constituer des réserves. Le problème c'est que de ce côté de Ndog-Bong, il n'y a ni puits, ni forage. On est obligé d'acheter de l'eau minérale embouteillée ou en sachet* », racontait l'étudiante avant de s'interroger: « *Mais jusqu'à quand pourrions-nous le faire?* ». Liliane doit se résoudre à acheter des récipients et à les remplir par précaution et par anticipation: « *Les gens ne s'imaginent pas combien c'est encombrant, de disposer des fûts, des bassines et autres bidons dans une salle de bain. Il faut vraiment de l'espace* », soulignait-elle au moment où sa sœur aînée qui s'acquittait des charges de la maison,

[10] Ibid.

constatait que de « *temps en temps, nous avons des factures d'eau anormalement élevées, surtout avec les coupures incessantes* ».

Autre quartier et autre situation, mais le même désagrément. A Bonabéri, la proximité du fleuve Wouri ne tempère en rien les choses. Toujours en 2007, la petite Sophie Békono, alors élève au Collège Alfred Saker, nous expliquait comment toute sa famille était mobilisée pour contrer les coupures d'eau fréquentes: « *Mon oncle est chargé spécialement de veiller à ce que nous ne manquions jamais d'eau. Le jour où il est défaillant, c'est la catastrophe. C'est toute la maisonnée qui lui tombe dessus* ».

L'insuffisance chronique de l'offre en eau de qualité, pousse des Camerounais à rechercher puis à trouver des solutions imaginatives, qui confinent généralement à de la survie. Il faut descendre dans certains quartiers de la ville de Douala pour palper cette réalité sur le terrain et comprendre combien les populations doivent se battre pour avoir de l'eau. Mais, comme dans la jungle ou dans tout environnement de survie, il y a ceux qui disposent des moyens pour s'en sortir et, d'autres qui en ont un peu moins.

Dans le quartier de la Cité des Palmiers, plusieurs habitants devaient et doivent encore parcourir des kilomètres à pied pour se rendre jusqu'au puits de PK 9 et espérer ainsi étancher leur soif. Dans le quartier Kotto comme dans celui de Ndogpassi 1, c'est encore l'eau des forages qui fait le bonheur des populations ; il en est de même dans les quartiers Bassa, Bonapriso et Bali, où de nombreux promoteurs ont construit des forages pour fournir gratuitement de l'eau potable aux habitants. Mais on peut aussi trouver de l'eau de forage mise en bouteille et vendue entre 50 F CFA et 100 F CFA, le bidon de 20 litres, comme le long de l'Avenue dite « Paul Soppo Priso », entre Total Bali et la polyclinique Soppo Priso.

Pour les consommateurs disposant de moyens financiers plus conséquents, il faut débourser entre 100 F CFA pour un verre d'eau et jusqu'à 600 F CFA pour une bouteille d'eau minérale. Et encore, il ne s'agit là que des prix pratiqués dans les grandes surfaces. Dans les restaurants, la bouteille d'eau minérale coûte facilement 1.000 F CFA. Et à voir le rythme et la fréquence avec lesquels de nouvelles eaux embouteillées ou en sachets sont mises chaque jour sur le marché, il y a lieu de croire que l'eau est à jamais une source de vie.

Sinon, comment expliquer que des quartiers entiers attendent comme une manne tombée du ciel, la saison des pluies ? A la moindre goutte, ce sont des ustensiles qui sortent pour se remplir du précieux liquide gratuitement et sans vraiment avoir à parcourir le moindre kilomètre. L'eau de pluie, même si elle ruisselle sur les toits, est recueillie pour être ensuite bouillie afin de la rendre potable. Mais elle est également utilisée sans être bouillie pour tout ce qui concerne le ménage, la cuisson ou la lessive. Comme dans le deuxième bloc de la Cité des Palmiers: « *J'habite le bâtiment D05. Mais nous avons tous les mêmes problèmes liés à la pénurie d'eau. Trois à quatre jours par semaine, il faut faire une véritable gymnastique pour aller puiser de l'eau au PK 9* », confie Christ. Pourquoi en plein 21ème siècle, une ville comme Douala connaît encore des problèmes de pénurie d'eau. Dans l'ensemble du deuxième bloc dont fait partie le bâtiment D05, avoir de l'eau courante relève quasiment du miracle. « *Quand nous sommes venus habiter dans le coin, nous savions qu'il y avait des difficultés à accéder à l'eau courante. Mais nous étions loin d'en imaginer l'ampleur* », déclare une jeune mère. Et sa voisine, Aline Ndombi de reconnaître sans sourciller que la chasse à l'eau de pluie est devenue un sport saisonnier qui permet d'oublier, l'espace de quelques mois, les désagréments causés par la pénurie d'eau courante « *Nous vivons toute l'année en pensant à la saison des pluies.* ».

Une autre manière de se débrouiller qui peut aussi comporter des risques. C'est en tout cas ce que m'avait confié la responsable du service de médecine générale de l'Hôpital Laquintinie de Douala, en 2007. « *Nous recevons par mois, en moyenne, 90 à 100 patients pour des maladies infectieuses d'origine hydrique. Certes, l'essentiel concerne le Vih/Sida. Mais il y a aussi des infections liées à l'eau : maladies diarrhéiques et fièvre typhoïde qui représentent un tiers des consultations ambulatoires des maladies infectieuses et un peu moins en hospitalisations... Pour la prévention, il y a d'abord le respect des règles élémentaires d'hygiène : se laver les mains avant et après les repas ou encore quand on sort des toilettes. Consommer de l'eau potable, laver des fruits et légumes crus avec de l'eau potable. C'est-à-dire de l'eau qui vient des robinets. Et si on n'a pas accès à l'eau potable, il faut la bouillir, soit la javelliser avant consommation...En période d'inondations, il faut éviter de boire l'eau de pluie, si elle n'est pas recueillie directement du ciel. Car, dès qu'elle tombe sur les toits, sur les murs ou sur d'autres éléments étrangers, elle ne peut plus être considérée comme étant potable* »[11]. Les propos de cette professionnelle de la santé sont d'autant plus saisissants que l'abondance des eaux de pluie à Douala y est souvent source d'inondations dévastatrices dans certains quartiers. On en arrive ainsi à cette situation pour le moins paradoxale que des familles, des maisons et des secteurs entiers de la ville manquent d'eau, alors que d'autres en disposent à profusion. Et que l'on ne s'y méprenne pas. Ces inondations ne se produisent pas seulement dans des quartiers considérés comme « pauvres » ou des bidonvilles. Par temps de pluies ininterrompues, les populations des quartiers anarchiques de Bépanda,

---

[11] Cf. Dr. Caroline Ngounfack, in Le Messager quotidien du 04 juillet 2007.

New-Bell et Bessenguè et celles des quartiers urbanisés de Bali, Bonanjo, Bonapriso, Ngangué, ou encore Akwa, pour ne citer que ceux-là, sont logées à la même enseigne. Une réalité qui s'explique par plusieurs facteurs: « *La première des choses, c'est qu'il y a eu un manque d'entretien du réseau d'assainissement. Je veux dire, que les caniveaux sont restés très longtemps sans être entretenus ou qu'ils étaient très mal entretenus. Par ailleurs, quand on prend le plan de la ville de Douala, élaboré en 1959 par J. Dorian, le programme d'aménagement de la ville prévoit des endroits complètement fermés afin de faciliter l'écoulement des eaux. C'est le cas par exemple des drains de Bonapriso-Ngangué ou encore de ceux d'Akwa-Bonanjo, derrière la cathédrale. Or, ces drains sont bouchés aujourd'hui par des constructions anarchiques, probablement après des accords passés de gré à gré entre les structures qui délivrent le permis et les promoteurs. Enfin, le plan Dorian n'avait pas suffisamment intégré la rapidité de l'accroissement démographique de Douala. On se retrouve avec une population urbaine qui croît de 100.000 habitants par an. C'est énorme. Voilà autant de choses qui expliquent les inondations de plus en plus fréquentes dans la ville de Douala.* »[12], remarque un ingénieur en Génie Civil. Pour lui, le phénomène des inondations dans la ville de Douala, s'il ne peut pas être complètement maîtrisé, peut néanmoins être atténué: « *D'abord, il faut absolument un plan de dénivellement général de la ville qui tienne compte de ce que le point le plus haut de la ville de Douala, c'est du côté de Logbessu. La Communauté Urbaine de Douala (CUD) est en train de mouiller le maillot, elle casse pour libérer les endroits occupés par les populations souvent sans autorisation. J'ai comme l'impression que, à un moment donné, la CUD a, elle-même été dépassée par ce désordre. Alors, elle a laissé faire. Qu'elle se réveille aujourd'hui, c'est une excellente chose. Mais il faut aller jusqu'au bout et ne pas hésiter à revoir les choses de fond en comble* », précise-t-il avant de conclure : « *Il est évident que, pendant au moins une décennie, le laxisme des pouvoirs publics a favorisé l'installation anarchique sur les drains. Ils sont donc autant responsables que les gens qui ont construit sur ces endroits. Une fois le constat fait, il faut à la fois une action coercitive des pouvoirs publics et une volonté participative des habitants pour que Douala, ville d'eau, ne soit plus synonyme de ville d'inondations* ».

En cette même période du milieu des années 2000, Antoine Loudom, conducteur de moto taxi et habitant le quartier Village du côté de Ndog-Passi 2 dressait un triste constat : « *Je suis obligé de donner de l'argent aux jeunes du quartier pour qu'ils me ravitaillent chaque jour en eau. Ils vont la puiser à plusieurs centaines de mètres de la concession. A la fin du mois, c'est entre 1.500 F CFA et 3.000 F CFA que je dépense, en plus de la facture de la*

[12] Cf. Masoso Omer, ingénieur en Génie Civil, Minduh, in Le Messager quotidien du 4 juillet 2007.

SNEC. C'est comme si je payais deux factures par mois ». Antoine est loin d'être un cas isolé. L'eau est devenue une affaire économique bien au-delà du circuit formel.

Le malheur des uns faisant le bonheur des autres, de nombreux autres riverains ont eu l'idée de creuser des forages pour contourner les problèmes d'eau dans leurs quartiers. Et ils n'hésitent pas à vendre le précieux liquide à 5 F CFA les cinq litres, 25 F CFA les vingt-cinq litres, 100 F CFA les cent litres...En somme, le litre revient à 1 F CFA.

Au quartier Kotto comme au quartier de la Cité des Palmiers, la pénurie d'eau provient essentiellement d'une faiblesse de la pression. Mais même lorsque la pression est suffisante comme à Ndog-Bong ou à Ndog-Passi, la qualité de l'eau distribuée est très mauvaise. Du coup, dans un cas comme dans l'autre, les populations les moins nanties financièrement n'ont plus que la prière pour que, comme une manne du ciel, la saison des pluies se prolonge, pour recueillir le précieux liquide d'autant plus que les plaintes formulées n'ont jamais trouvé écho auprès des autorités compétentes. Une situation qui a fini par favoriser la mise en place d'une véritable économie parallèle qui participe de l'éclosion du secteur informel au Cameroun. Un secteur qui plus est, permet la création des emplois.

III. L'ACCES DES POPULATIONS A L'EAU POTABLE, UNE BRANCHE PREPONDERANTE DE L'ECONOMIE INFORMELLE CAMEROUNAISE

D'après l'observation de la réalité quotidienne, à Douala comme dans le reste du Cameroun, l'accès à l'eau potable, relève en grande partie de l'économie informelle. Un rapport de l'Agence Française de Développement indiquait à ce propos en 2006 que : « *Le Cameroun est, selon toute vraisemblance, le pays d'Afrique subsaharienne qui a un des taux les plus élevés d'emplois en secteur informel, sans que les raisons de cette situation soient clairement élucidées* »[13].

L'enquête de terrain, qui s'est déroulée du 16 au 24 avril 2006, indique par ailleurs que la forte « *informalisation* » de l'économie camerounaise va de pair avec un taux de scolarité plutôt élevé des actifs, par rapport aux autres pays de la sous-région Afrique Centrale. Conclusion logique du document : « *Il existe donc un paradoxe camerounais qui écarte de prime abord toute interaction directe entre types d'emploi occupés et niveaux de formation* ». Et s'il est difficile de définir ce que signifie une activité

---

[13] Cf. Rapport de l'AFD sur La formation professionnelle en secteur informel au Cameroun- 17 Mai 2006, 43 pages.

informelle, on peut néanmoins en tracer les contours. Une étude du Bureau International du Travail (BIT) portant sur les caractéristiques du secteur informel au Kenya, en 1972, mentionne « *la facilité d'accès aux métiers, le recours aux ressources locales, la propriété familiale de l'entreprise, l'échelle restreinte des opérations, l'utilisation des techniques à forte intensité de main-d'œuvre et d'adaptation au milieu, l'acquisition des qualifications en dehors du système scolaire officiel, la facilité d'opérer sur les marchés non réglementés mais ouverts et compétitifs* »[14].

Quoiqu'il en soit, l'activité des vendeurs d'eau est bien considérée comme une activité du secteur informel. Comme le souligne une étude menée par le Comité Diocésain de Développement (CDD) du Diocèse de Maroua-Mokolo en 2002, dans ce chef-lieu de la région de l'Extrême Nord du Cameroun, la vente de l'eau bien que faisant partie du secteur informel semble déjà bien organisée à l'époque. La vente de l'eau est une activité économique qui se déroule essentiellement dans les quartiers populaires de la ville où chaque famille ne dispose pas d'installation d'eau courante. Le vendeur se ravitaille en eau chez le propriétaire et fait le porte à porte pour la livrer. A l'aide d'un pousse-pousse, il porte huit bidons vendus à 160 F CFA. Pour un voyage d'eau vendu, il reverse 100 F CFA au propriétaire au titre de prix d'achat de l'eau de ravitaillement. En plus, il loue le pousse-pousse à 250 F CFA la journée[15]. L'étude de terrain précise par ailleurs que les vendeurs font en moyenne 10 voyages avec le pousse-pousse par jour, ce qui fait une recette journalière de 1.600 F CFA. Le revenu journalier du revendeur s'élève à 350 F CFA[16]. Dans le cadre de la recherche de l'autopromotion, le CDD (Comité Diocésain de Développement), à travers son projet urbain, a initié un encadrement de cette catégorie de débrouillards pour la sensibilisation à la solidarité qui a abouti à la création d'une association dénommée AVEM (Association des Vendeurs de l'Eau de Maroua). Une organisation qui a permis une meilleure gestion de la problématique de l'eau dans cette ville de l'Extrême Nord du Cameroun. Des points d'eau ont été créés dans la ville par l'association avec la mise à disposition de chaque vendeur, d'un pousse-pousse. Le membre qui bénéficie d'un pousse-pousse, paie une location journalière au titre de remboursement. Au bout de 20 mois d'activité, le pousse-pousse sera la propriété du vendeur. Son remboursement peut alors donner un autre pousse-

---

[14] Cf. Dynamiques socio-économiques dans les sites à risque de Douala et ses implications sur l'environnement social, Valentin Ngouyamsa, Université de Douala, Cameroun- Diplôme d'Etudes Approfondies, 2006.

[15] Cf. Edouard Kaldapa in dph (dialogues, propositions, histoires pour une citoyenneté mondiale), Comité Diocésain de Développement de Maroua, Le secteur informel à Maroua, au Cameroun, septembre 2002.

[16] Ibidem.

pousse, poursuit l'étude. Néanmoins, si l'encadrement du secteur a permis d'améliorer la gestion de l'eau et de créer des emplois, d'autres problèmes sont apparus au sein de l'AVEM : détournement collectif des propres biens des membres, chacun s'arrangeant à ne pas déclarer à l'association le nombre exact des voyages d'eau effectués dans la journée, détournement des fonds collectés par le responsable et surtout des factures d'eau de la Camerounaise des Eaux non payées. D'où la fermeture décidée des points d'eau par les autorités, la liquidation des pousse-pousse par certains membres et finalement, le retour à la case de départ.

Conclusion de cet épisode de l'étude : « *l'accompagnement des débrouillards est périlleux et très complexe, lorsqu'on favorise l'émergence d'une structure autonome et auto-gérée. L'auto promotion collective des débrouillards du secteur informel est difficile à réaliser, les membres de l'association se livrent à une concurrence acharnée, pour chercher la promotion individuelle et le changement de mentalité chez les débrouillards analphabètes est difficile à réaliser. Ils refusent de se prendre en charge. Le bien commun est difficile à gérer dans le secteur de la débrouillardise.* ». Certes, Maroua n'est pas Douala. Mais, force est de constater qu'au Cameroun, les problèmes d'accès à l'eau potable et à l'assainissement sont globalement identiques d'une ville à l'autre, et cela dans un contexte national d'abondance des ressources en eau. C'est ce que révèle le rapport conjoint de la Banque Africaine de Développement (BAD) et de l'Organisation de la Communauté de Développement des Etats de l'Europe (OCDE) en 2007: « *Le Cameroun bénéficie de ressources hydrologiques abondantes, mais les chutes de pluie sont très inégales d'une région à l'autre. Le pays est fier de posséder de considérables ressources en eaux souterraines, réparties entre les principales zones aquifères. Au total, le Cameroun dispose d'au moins 120 milliards de mètres cubes d'eaux souterraines utilisables, inégalement réparties sur le territoire. En zone rurale, ces eaux souterraines constituent la principale source d'eau potable* »[17], note le rapport, qui souligne également que « *la part de la population ayant accès à une eau salubre était estimée à 57,8 % en 2005. En zone urbaine, les estimations s'élèvent à 77 %, tandis qu'en zone rurale, la réalisation de divers projets hydrauliques a permis d'atteindre 42 %* ».

Plus important, le document met en exergue les nombreuses difficultés que rencontre le secteur de l'eau et de l'assainissement au plan technique, institutionnel et financier. « *Au plan institutionnel, le principal problème est le nombre élevé d'intervenants, qui entraîne parfois une fragmentation des responsabilités, des doubles emplois et une mauvaise coordination…Au plan technique, la gestion des infrastructures et des services d'assainissement*

[17] Cf. Perspectives économiques en Afrique, BAD/OCDE, 2007.

présente des faiblesses. Il est fréquent que les services techniques municipaux, les sous-traitants locaux et les cabinets de conseil ne possèdent pas les compétences requises pour diriger correctement les études et les chantiers...Le manque de financements constitue une autre contrainte majeure. Suite à la décentralisation, les collectivités locales se sont vu attribuer de plus grandes compétences, mais pas les dotations nécessaires pour assurer leurs nouvelles missions ». Du coup, même si la politique des autorités camerounaises intègre, en matière d'accès à l'eau et à l'assainissement, les Objectifs du millénaire pour le développement, on voit mal comment la promotion de l'accès à l'eau potable pour tous d'ici 2025, pourrait être une réalité au Cameroun.

Mais il est vrai que les pouvoirs publics camerounais, dans leur redéfinition des orientations en matière d'eau et d'assainissement, ont à cœur de repréciser le rôle et les responsabilités de l'Etat dans la chaîne de gestion des infrastructures et services prioritaires, notamment en milieu rural. Ce qui impose un changement complet de paradigme et d'approche, privilégiant davantage la demande au détriment de l'offre. C'est à ce prix que le Cameroun pourra espérer répondre efficacement aux besoins en eau potable, en particulier des zones urbaines, à un moment où une ville comme Douala voit sa population augmenter de 100.000 nouveaux habitants par an.

CONCLUSION

C'est un drôle de paradoxe que celui du Cameroun en matière d'accès de sa population à l'eau potable. Ce pays jouit d'une pluviométrie annuelle exceptionnelle, d'une abondance des eaux souterraines et d'un potentiel hydrographique hors du commun. Pourtant, les habitants du triangle national doivent encore composer avec la pénurie du précieux liquide. Une situation qui pousse les populations à trouver les moyens alternatifs, pour contourner cette pénurie d'eau. Le cas de la ville de Douala est à ce point significatif. Cette cité, bien que traversée par le fleuve Wouri, doit composer avec des quartiers entiers privés d'eau potable parfois pendant plus de la moitié de l'année. L'imagination des populations, a fini par les pousser à faire de cette anomalie une aubaine. En créant les petits métiers dans le secteur de l'eau, pour que ce liquide soit à la portée de tous, les populations de Douala comme celles de Maroua et bien d'autres villes, participent à l'économie nationale.

Mieux, la pénurie d'eau et l'insuffisance de l'accès des habitants à l'eau potable y ont encouragé le boom du marché des eaux de table : « *Comment nager dans des eaux dominées par deux mastodontes qui se partagent plus de 90% des parts d'un marché national des eaux minérales au Cameroun estimé à 12 milliards de francs CFA par an* », s'interrogeait le journal Africa24 Magazine, dans sa livraison de mai-juillet en 2014, qui consacrait un dossier à la « la bataille des eaux minérales ». Signe que le précieux liquide est aussi devenu un véritable enjeu économique autant qu'il est un enjeu de santé publique. Les autorités camerounaises semblent d'ailleurs en avoir conscience. Reste qu'il leur faut passer des paroles mieux, des bonnes intentions à l'affirmation par des actes, de leur engagement à permettre à chaque Camerounais d'accéder à l'eau potable dans les dix ans à venir.

BIBLIOGRAPHIE

AFD, 2006, *Rapport de l'AFD sur La formation professionnelle en secteur informel*, AFD, Yaoundé, 243 p.

BAD/OCDE, 2007, *Perspectives économiques en Afrique*, Africa24 Magazine, mai-juillet 2014.

Bilan climatique de l'hiver 2013-2014, Météo-France.

Kaldapa E., 2002, Le secteur informel à Maroua, au Cameroun, Comité Diocésain de Développement de Maroua, Maroua (Dialogues, propositions, histoires pour une citoyenneté mondiale) www.marouapromo.org.

Le Messager quotidien du 04 juillet 2007.

Le Messager quotidien du 25 juillet 2007.

Ngouyamsa V., 2006, *Dynamiques socio-économiques dans les sites à risque de Douala et ses implications sur l'environnement social*, Université de Douala, Diplôme d'Etudes Approfondies, 148 p.

Olivry J. C., 1986, *Fleuves et Rivières du Cameroun*, Mesres-Orstom, Presses de la Société des Imprimeurs Maury, Yaoundé, Paris, 781 p.

3▪ LA MOTOTAXI ENTRE PAUVRETE, CHOMAGE ET INSECURITE A YAOUNDE

Joseph Youta Happi

RESUME

Les enquêtes auprès de 806 passagers et 311 conducteurs montrent qu'au centre ville de Yaoundé, la place de la mototaxi prend une importance croissante dans le transport collectif. Ce mode de déplacement populaire, presque inconnu avant le début des années 1990, est de nos jours exclusif dans certains secteurs de la capitale. Les raisons sont nombreuses : la faible densité des voies carrossables et leur vétusté, la pénurie des taxis automobiles et des bus, le contexte de pauvreté. S'ajoutent aussi le chômage, car la majorité des conducteurs exercent ce métier faute de mieux, et la disponibilité de motos à bas coûts importées de Chine et de Corée. Cette activité procure de l'emploi et des revenus aux conducteurs et facilite les déplacements dans les secteurs enclavés, mais présente des risques très élevés de maladies et d'accidents compte tenu, d'une part, des déplacements sous la pluie et dans la poussière, et d'autre part, de la jeunesse des conducteurs, de leur incivisme, de leur faible niveau de qualification et du non port de casques de protection. Des aménagements sont possibles et passent par la formation des conducteurs au code de la route, l'équipement approprié des engins et des rues et l'application de la réglementation.

Mots-clés : *Accidents de la circulation, chômage, code de la route, enclavement, mototaxi, risques.*

INTRODUCTION

En 1991, lors des opérations « villes mortes » visant à l'instauration du multipartisme politique au Cameroun, les conducteurs de taxi autos avaient fortement soutenu le mouvement en boycottant le transport public dans les villes camerounaises (Sambou Kanyou, 2009 ; Amougou Mbarga, 2010 ; Sahabana, 2012). Bénéficiant à l'époque d'un contexte de chômage élevé, du faible coût d'achat des motos et de la dégradation prononcée des rues, les mototaxis avaient alors pris le relais spontanément pour assurer le déplacement des personnes et des biens (Djiepmo Ndjoukya, 2008 ; Kaffo et *al.*, 2012). Toutefois, bien que la pratique était déjà courante dans le grand Nord du pays dès le début des années 1980 (Paba Sale, 1982), elle est restée marginale à Yaoundé jusqu'en 1999. Les mototaxis ne se sont imposées dans la ville qu'au début des années 2000 (Ngandeu, 2006 ; Ngantchou, 2008).

Les analyses montrent que la mototaxi est un moyen de gagner de l'argent pour de jeunes chômeurs ou des travailleurs à temps partiel et constitue en même temps une nécessité face à la forte demande de déplacements que seuls les taxis autos et les rares bus ne peuvent pas satisfaire (Ponka, 2007 ; Diouf, 2002). L'objectif de l'étude est de déterminer les causes du succès et de la méfiance que l'activité suscite aux plans socio-économique, écologique et institutionnel.

I. LE SITE D'ETUDE

La ville de Yaoundé dont la population est estimée en 2008 à 1 817 524 habitants (INS, 2012) est partagée entre deux plateaux étagés : au nord-ouest, un haut plateau très accidenté situé à 850 m d'altitude moyenne, est caractérisé par des vallées encaissées de 100 à 150 m. Les principaux sommets y culminent à plus de 1 000 m comme c'est le cas des monts Mbankolo (1 096 m) et Fébé (1 061 m). A l'est, un bas plateau dont le centre-ville fait partie, est à 750 m d'altitude et est caractérisé par un encaissement moyen des vallées de 50 m. Il s'étale sur plus des trois-quarts du périmètre urbain. Le site est drainé principalement par les rivières Foulou au nord-ouest et Mfoundi au centre et au sud. La fragilité de la région est liée en grande partie à la prédominance des pentes élevées. A ces aspects s'ajoutent de fortes pluies (1 600 mm/an) qui fragilisent continuellement les rues durant 9 mois successifs entre mars et novembre.

En outre, la ville présente un réseau de voies de communication peu diversifiées et très inégalement réparties. La faible densité du réseau viaire, concerne surtout les quartiers populaires comme Obili, Etoug-Ebé, Mendong ou Oyomabang. En plus, ces voies souffrent d'un défaut chronique d'entretien. Les rues les moins vétustes se trouvent au centre-ville et concernent aussi les voies de pénétration menant respectivement à l'ouest à Douala et au nord à Bafoussam. La dégradation des rues s'accentue en saison pluvieuse, lorsque les eaux d'écoulement les traversent en les érodant sur les pentes ou en y stagnant dans les zones de bas-fonds plats.

II. OUTILS ET METHODES

L'étude est basée sur deux séries de questionnaires d'enquêtes, qui s'adressent la première aux passagers et la seconde aux conducteurs des engins. Les traitements cartographiques se sont appuyés sur des cartes topographiques au 1/50 000, des cartes routières, des plans de Yaoundé et des images satellitales GeoEyes de 2013. Le sondage porte sur 806 passagers réguliers et 311 conducteurs de mototaxis. La population des passagers comporte des étudiants (79 %), des petits commerçants (11 %), des ménagères (8 %) et des enseignants (2 %). Les mototaxis examinées et leurs conducteurs interrogés ont été choisis au hasard dans six quartiers : Etoa-Meki au centre-ville, Ngoa-Ekellé qui inclut la cité universitaire, les secteurs périphériques comme Biyem-Assi, Ekounou, Anguissa et Manguiers. Par ailleurs, les relevés du trafic au cours d'un jour ouvrable ont été réalisés au carrefour Château. Il s'agit de décomptes des passages des motos et de l'enregistrement du nombre de personnes transportées entre 6h et 20h, au cours d'une journée ouvrable. De plus, les relevés des accessoires ont été effectués : casques, rétroviseurs, couleur, phares, clignotants, feux stop et pare-chocs.

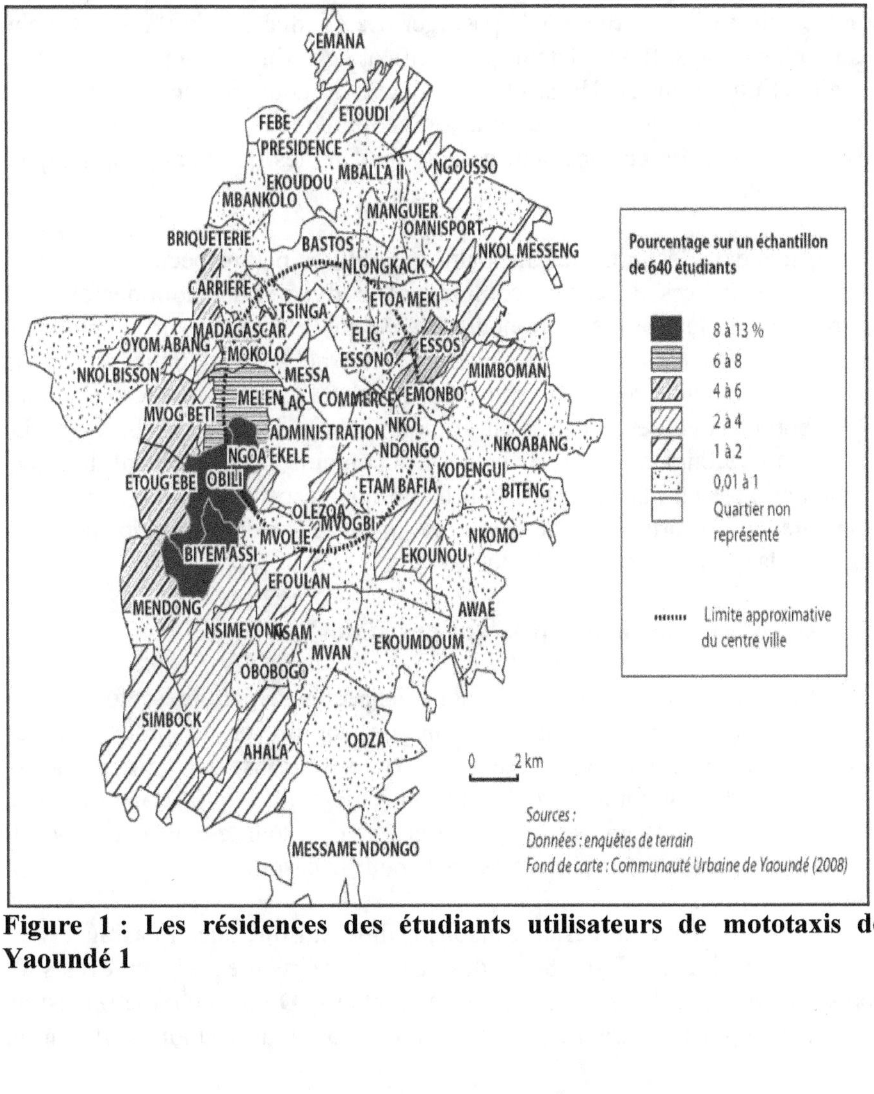

Figure 1 : Les résidences des étudiants utilisateurs de mototaxis de Yaoundé 1

III. RESULTATS :

III.1. La mototaxi, un secteur très peu réglementé

Un décret rappelant et complétant les conditions de circulation des mototaxis a été signé par le premier Ministre le 30 juillet 2013. Dans ses articles 2, 4, 12, 13, 14 et 15, le texte énumère les conditions à respecter sous peine de lourdes sanctions : être titulaire d'un certificat de capacité, détenir une police d'assurance, s'acquitter d'une vignette, immatriculer la moto, posséder un numéro d'identification, disposer d'un réservoir de carburant peint en jaune, d'un siège à deux places, y compris celui du conducteur, disposer de deux paires de repose pieds, de deux rétroviseurs, d'un dispositif complet d'éclairage et de signalisation, s'équiper d'un casque pour le conducteur et d'un autre pour le passager. Le conducteur doit aussi être âgé d'au moins 18 ans. Il doit détenir un certificat de visite technique en cours de validité et un permis A. Un arrêté du délégué du gouvernement auprès de la Communauté Urbaine de Yaoundé qui complète ce décret, a décidé en novembre 2012, du confinement des motos dans les quartiers périphériques de la capitale.

Mais dans les faits, ces dispositions sont très peu respectées (Tableaux 1 et 2). En dehors du centre commercial et du quartier administratif, les mototaxis circulent partout aux heures de pointe, y compris sur le boulevard de l'Assemblée nationale. La violation concerne aussi l'application de la couleur jaune sur le réservoir. Par rapport à 1 048 motos inspectées, seules 373 arborent la couleur jaune, soit un pourcentage de 36 % (Tableau 1). Le reste, soit 675 engins (64 %) affichent des couleurs diverses allant du rouge au bleu en passant par le noir et le gris. Le non-respect de la réglementation et le caractère informel du secteur se traduisent aussi dans l'équipement des engins et la mentalité des conducteurs.

III.2. Le sous équipement chronique des motos

Selon un échantillon de 281 engins inspectés, le parc présente un lourd déficit en accessoires de signalisation, de confort et de protection des passagers et des conducteurs. Par rapport aux rétroviseurs, on constate un déficit de 74 %, soit un total de 142 installés alors qu'il en faut 562 (Tableau 2). Le déficit de clignotants est de 62 % et de 81 % pour le tableau de bord. Il est de 49 % pour le feu arrière et de 85 % pour le casque.

Pour le casque, le déficit est sous-estimé puisque aucun passager n'en porte (Photos 1 et 2). Dans 80 % des cas, les accessoires sont enlevés sitôt après l'acquisition des engins par les conducteurs. D'après eux, le but est de préserver ces pièces « fragiles » qu'ils remonteront plus tard lorsqu'ils auront décidé de revendre la moto. Ils espèrent ainsi tirer un plus gros bénéfice en remontant les pièces neuves. Pour la plupart, le métier de conducteur de mototaxi est un travail temporaire en attendant de trouver mieux (Figure 8), d'où une sorte de négligence et de désinvolture très partagées. Malgré tout, l'activité rapporte de l'argent aux conducteurs (Figure 12) et permet en même temps de désengorger la circulation (Tableau 3).

Tableau 1 : Répartition des couleurs des mototaxis

Jaune		Autres couleurs		Total
Nombre	%	Nombre	%	100
373	35,6	675	64,4	1048

Source : Relevés de terrain aux carrefours Acacia et Château, novembre 2013

Tableau 2 : Etat des accessoires des mototaxis pour 281 engins inspectés.

	Clignotants	Feux stop	Rétroviseurs	Casques	Tableaux de bord
Total sur les motos	418	143	142	43	51
Nombre normal	1124	281	562	281	281
Déficit	-706	-138	-420	-238	-230
% du déficit	62,8	50,8	74,7	84,7	81,8

Source : Enquêtes de terrain, novembre 2013

III.3. La mototaxi : un mal nécessaire

Il ressort des relevés de la circulation durant un jour ouvrable qu'en tout 4 332 mototaxis ont transporté 5 410 personnes entre 6h et 20h. Le flux varie énormément dans la journée (Tableau 3). La plus forte intensité se matérialise entre 7h et 8h avec un pic entre 7h15 et 7h45. Cette fourchette d'une heure, qui représente 23 % du trafic journalier, correspond à l'entrée des bureaux et des écoles. Le deuxième pic, moins marqué et plus étalé dans le temps, se situe entre 15h et 19h (soit 32,7 % du trafic d'une journée). Il correspond à la sortie des écoles, des bureaux, des chantiers et des magasins. Le troisième, le moins significatif se situe entre 11h30 et 13h, période au cours de laquelle les gens se déplacent pour le déjeuner.

Pour déterminer le territoire des mototaxis dans la ville, l'étude s'est appuyée sur le sondage de 640 étudiants utilisateurs réguliers de mototaxis de l'Université de Yaoundé 1 (Figure 1). L'enquête montre que 13 % des étudiants résident au quartier Biyem-Assi, 7 % à Obili, 4 % respectivement au Cradat et dans le secteur de Mokolo et Messa, 3 % respectivement pour Melen, Mendong, Essos et Ekounou.

Tous les autres quartiers sont représentés par moins de 16 étudiants. Au regard de ces parcours, force est de constater que les mototaxis circulent dans les quatre coins de la ville, exception faite des quartiers résidentiels aisés comme le Lac et Bastos, où leurs passages sont sans doute occasionnels (Figure 1).

Tableau 3 : Relevé du flux de déplacements par mototaxi entre 6h et 20h au Château

Tranche Horaire	Passages	Passagers	Passagers surchargés
6h-7h	141	166	25
7h-8h	882	1306	424
8h-9h	333	384	51
9h-10h	244	271	27
10h-11h	212	255	43
11h-12h	233	253	20
12h-13h	254	293	36
13h-14h	233	280	47
14h-15h	258	304	46
15h-16h	338	426	88
16h-17h	382	457	75
17h-18h	326	396	70
18h-19h	304	377	73
19h-20h	192	242	50
Total	4 332	5 410	1 075

Source : Relevés de terrain au carrefour Château, novembre 2013

III.4. Une activité pourvoyeuse d'emplois mais marquée par l'insécurité

Les avantages selon les passagers. La rapidité est de loin la principale raison du choix de la mototaxi, soit 67 % des 806 personnes transportées. Pour les passagers, le deuxième motif est le contournement des embouteillages (22 %). Viennent ensuite le bas coût (14 %), l'accès aux quartiers enclavés (14 %), la facilité à emprunter les rues vétustes ou étroites (9 %), la possibilité de dépôt à domicile (8 %) et la flexibilité (4 %) (Figure

3). Ces différents motifs sont autant d'atouts que les taxis autos proposent difficilement ou n'offrent pas du tout.

Les raisons du choix du métier. La majorité écrasante des conducteurs évoquent le besoin d'argent soit 84 % de l'échantillon (Figure 5). Cette population connaît une situation de chômage et le choix du métier est une solution temporaire. En revanche, 5 % des sondés expliquent le choix par le besoin d'une liberté de circulation. Les autres justifications sont la facilité d'accéder au métier et la possibilité d'être son propre patron (2 %). Les autres raisons peu représentées sont respectivement : un deuxième emploi, un métier à la portée de tous, le coût raisonnable de l'achat ou de la location d'une moto.

Les inconvénients de l'activité. Les accidents de circulation constituent le risque le plus redouté. Le sentiment est partagé à la fois par les passagers (63 %) et les conducteurs (43 %). Si on ajoute l'excès de vitesse (21 %) et les brûlures du pot d'échappement (6 %), la crainte d'être victime d'accidents concerne 81 % des passagers (Figure 4). Les autres inconvénients évoqués sont l'exposition à la pluie, au froid, au soleil, à la poussière, à la boue et aux insectes volants, soit 18 % des conducteurs et 14% des passagers. Pour ces derniers, l'insécurité est renforcée par le non-respect du code de la route par les conducteurs (9 %), les agressions et les vols (9 %), l'excès de vitesse, la violation des feux de signalisation, les mauvais dépassements (6 %) et l'absence de casques de protection (6 %). Pour les conducteurs, les autres inconvénients sont respectivement les tracasseries policières (6 %) et l'excès de concurrence dans le métier (3 %) mais aussi, le mauvais état des rues, le prix élevé du carburant et la surtaxe (Figure 6).

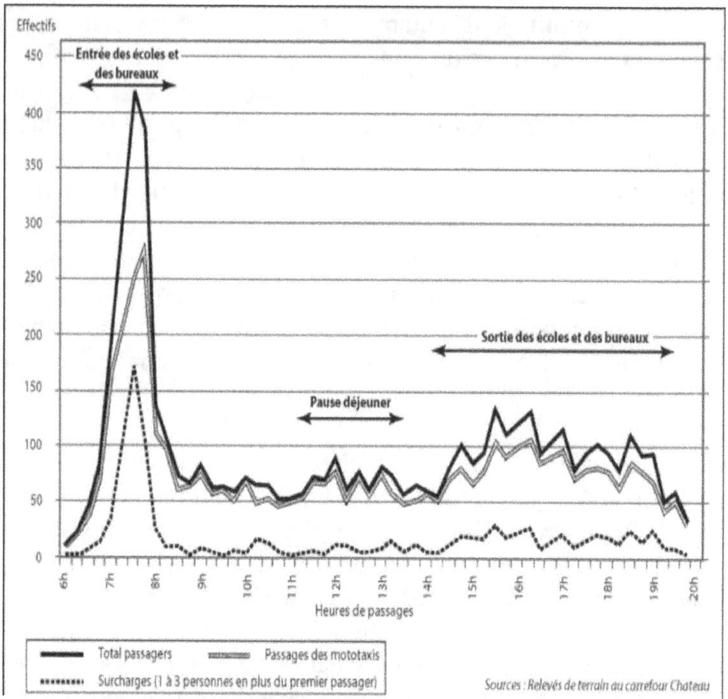

Figure 2 : Le flux du trafic des mototaxis au carrefour Château entre 6h et 20h.

Source : Relevés de terrain, novembre 2013

Une insécurité aggravée par la faible qualification des conducteurs. Compte tenu du comportement désinvolte des conducteurs et du sous-équipement des engins, il apparaît que la majorité des usagers voyagent dans des conditions hasardeuses de sécurité comme l'atteste le résultat du sondage (Figure 4). Seulement 14 % des passagers se sentent en sécurité sur une moto alors que 70 % se sentent en danger. C'est aussi le hasard qui a conduit la majorité des conducteurs dans le métier. C'est pour cela que la quasi-totalité des passagers empruntent régulièrement d'autres moyens de déplacement quand les moyens financiers et la disponibilité le permettent (taxi automobile, véhicule personnel, bus, mini bus, taxi clandestin). D'ailleurs, pour la grande majorité des conducteurs, l'activité est un second choix en attendant de trouver mieux. Tous rêvent d'un métier plus « stable » et/ou plus confortable comme par exemple celui d'homme d'affaires (21 %), de chauffeur de taxi (12 %), de policier ou de militaire (12 %). Chez les rares détenteurs d'un baccalauréat ou plus, le rêve est celui d'une carrière de professeur de lycée (11 %) ou d'ingénieur (3 %). Au total, seulement 10 % des conducteurs sont satisfaits de leur profession et comptent la conserver (Figure 8).

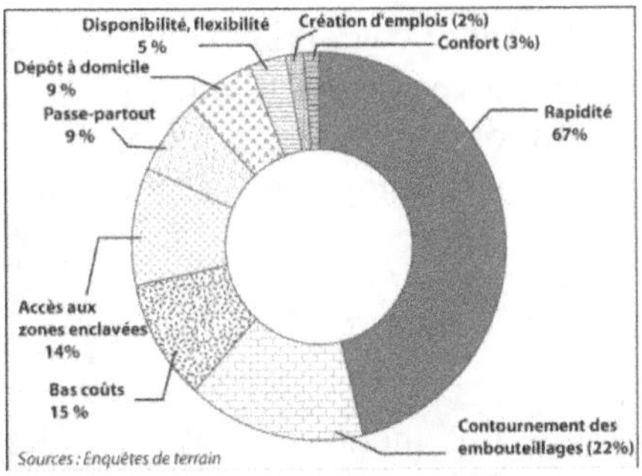

Figure 3 : Les avantages selon les passagers.

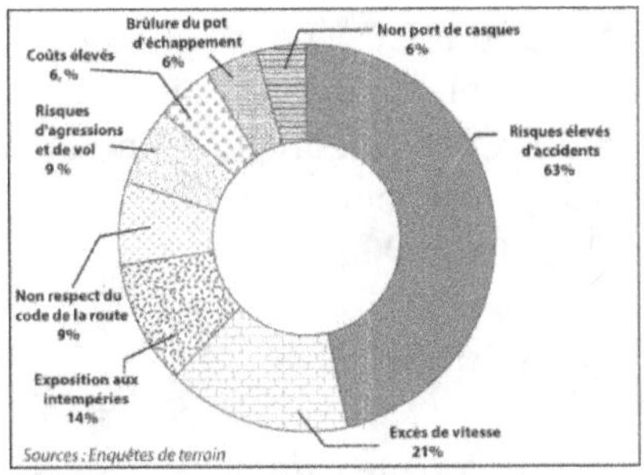

Figure 4 : Les inconvénients selon les passagers

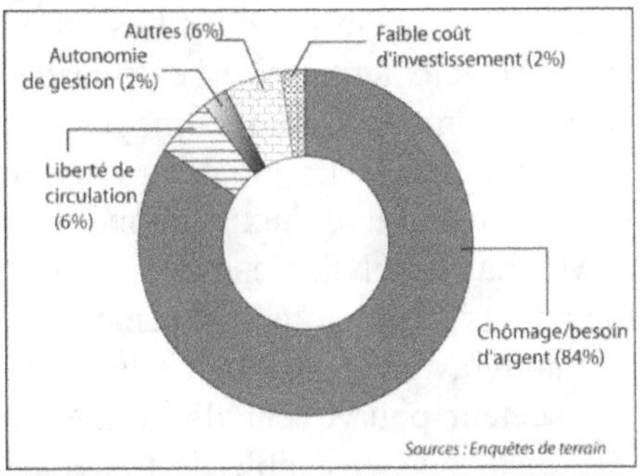

Figure 5 : Les raisons du choix du métier

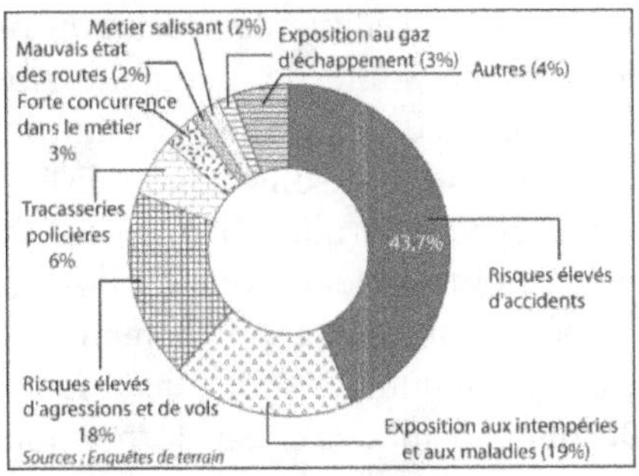

Figure 6 : Les inconvénients selon les conducteurs

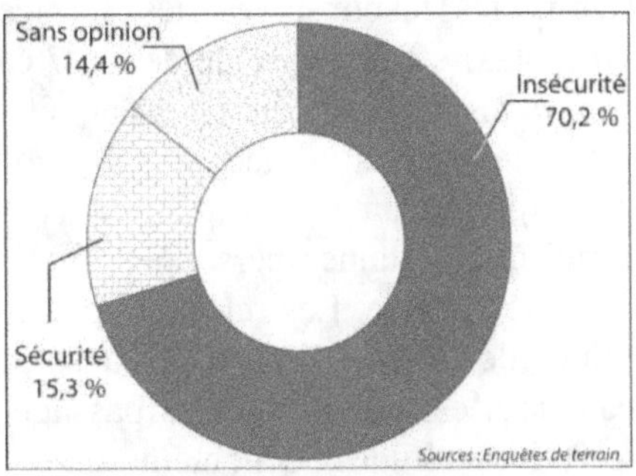

Figure 7 : Les sensations des passagers

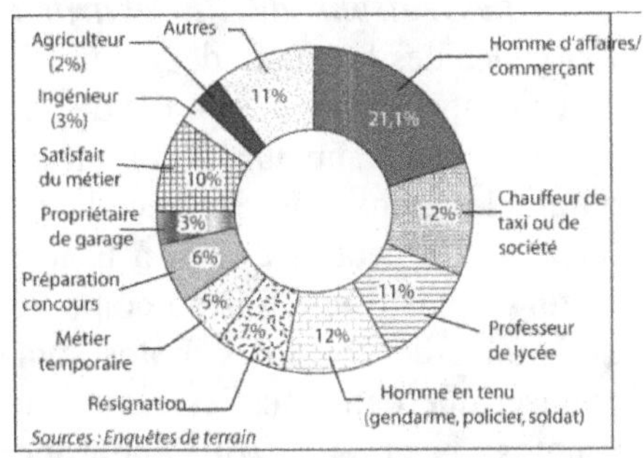

Figure 8 : Les ambitions des conducteurs

Le rôle de la pauvreté et du chômage. L'étude montre qu'il y a un lien entre la sollicitation de la moto et le pouvoir d'achat. Il s'avère que l'une des raisons qui poussent à utiliser la moto est le besoin d'économiser de l'argent (Figure 8). Il semble bien que la moto soit un palliatif pour contourner la pauvreté tout comme c'est le cas de la marche à pied pratiquée de manière régulière sur de longues distances. Le coût moyen de la course en taxi automobile est le double de celui de la moto, soit 100 F CFA en moyenne contre 250 F CFA pour les courts trajets. De l'autre côté, les conducteurs de motos tirent de l'activité un revenu journalier moyen qui varie entre 3 000 et 5 000 F CFA (Figure 12). En considérant les jours de repos (4 à 6 jours en moyenne par mois), cela donne un revenu mensuel moyen qui oscille entre 80 000 et 120 000 F CFA.

IV. DISCUSSION

Les raisons du succès de la mototaxi. Les motos sont plus rapides dans les conditions d'embouteillage que connaissent certains carrefours et axes viaires. Elles sont efficaces en particulier aux heures d'entrée et de sortie des bureaux et des écoles. Par ailleurs, les taxis autos empruntent très rarement l'ensemble des rues non bitumées qui forment pourtant l'essentiel de la trame viaire de Yaoundé. Autour de la gare ferroviaire centrale des voyageurs, certaines rues, du fait de leur abandon par les autres moyens de transport publics, sont monopolisées par les mototaxis. La moto est ainsi le seul moyen pour aller directement du marché du Mfoundi aux bas fonds des quartiers Etoa-Meki, Fouda, Elig-Edzoa, Mballa III et Nfandena (Figure 13). La possibilité de rapprochement des logements situés loin des principaux axes de communication, constitue ainsi un autre avantage exclusif à la moto. De plus, la mototaxi est de nos jours un secteur pourvoyeur d'emplois de masse aux jeunes chômeurs comme c'est le cas de l'ensemble de l'Afrique de l'Ouest (Diouf, 2002 : Amougou Mbarga, 2010).

Les raisons de l'insécurité : Selon les responsables des services d'urgence des hôpitaux de Yaoundé, la mototaxi est responsable de 6 à 7 cas d'accidents mortels sur 10 depuis les 5 dernières années. Selon nos enquêtes, 176 personnes sur 806 déclarent avoir été victimes d'un accident de moto durant les deux années précédentes. Cela donne un taux de 22 % et ce pourcentage peut être revu à la hausse puisque certaines personnes ont été victimes plus d'une fois au cours de la même période. Les relevés montrent que moins de 28 % des motos sont munies de casque. Il convient aussi de préciser que dans tous les cas, aucun casque n'est prévu pour les passagers (Photos 1 et 2). Voilà pourquoi certaines études concluent que la responsabilité des forces de l'ordre est engagée dans cette sorte d'anarchie (Sindjoun et Owona Nguini, 1997). Les accidents ont généralement des conséquences tragiques en raison notamment des surcharges chroniques. Lors des entrées et des sorties d'école, il est très fréquent qu'une moto transporte 2 et même 3 passagers en même temps. Parfois on en compte 4 (Figure 2, Photos 1 et 2 et Tableau 3).

Une insécurité renforcée par la faible qualification des conducteurs. Les enquêtes révèlent que le facteur âge ne constitue pas un problème puisque seulement 15 % des conducteurs sont mineurs et les plus de 40 ans représentent moins de 5 % de l'effectif (Figure 10). En revanche, sur 311 conducteurs interrogés, seulement 14 ont un permis B, soit un taux de 4,5 %. Les accidents fréquents semblent aussi liés à l'inexpérience et au bas niveau d'instruction de la majorité des conducteurs. Les discussions engagées avec quelques-uns montrent que la majorité sont peu instruits. 30 % ont le niveau du premier cycle du primaire. Dans cette catégorie, plus de la moitié ne savent ni lire ni écrire (Figure 9). Seulement 35 % des conducteurs ont le niveau du secondaire, même s'il faut préciser que seulement un quart de cette catégorie détient le BEPC ou le CAP. 26 % des sondés affirments avoir le niveau du second cycle du secondaire. Le reste des sondés, soit près de 9 %, affirment avoir le niveau de la 2e année de l'enseignement supérieur. 4 % d'entre-eux, sont détenteurs d'une Licence et 1 % d'un Master. Le bas niveau d'instruction semble plus important à Douala où des études montrent que la majorité des conducteurs sont sous-scolarisés (Amougou Mbarga, 2010). En ce qui concerne la formation professionnelle, il s'avère que la majorité des conducteurs (68 %) n'ont aucune qualification (Figure 11). Le reste est composé de maçons, d'électriciens et de mécaniciens. Ce constat constitue un autre facteur d'insécurité, quand on sait que certains aspects du code de la route sont assez techniques et nécessitent un minimum d'expérience.

L'absence des clignotants qui affecte 63 % des engins (Tableau 2) rend aussi la circulation dangereuse, puisqu'il devient difficile au conducteur d'indiquer clairement sa direction aux autres usagers. Le défaut de rétroviseurs (75 % des motos) et de feu arrière (50 %) réduit la lisibilité de la circulation des conducteurs et augmente aussi les risques d'accidents. Certains mototaxistes circulent à contresens sur les ronds-points et sur les bretelles, dépassent à droite et opèrent des zigzags au milieu de la circulation.

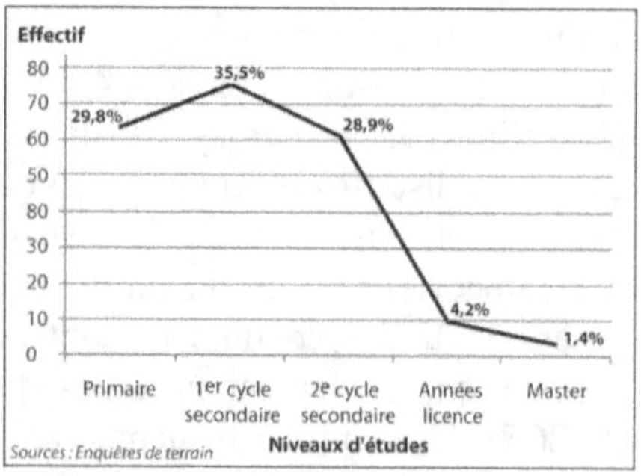

Figure 9 : Niveaux d'études des conducteurs

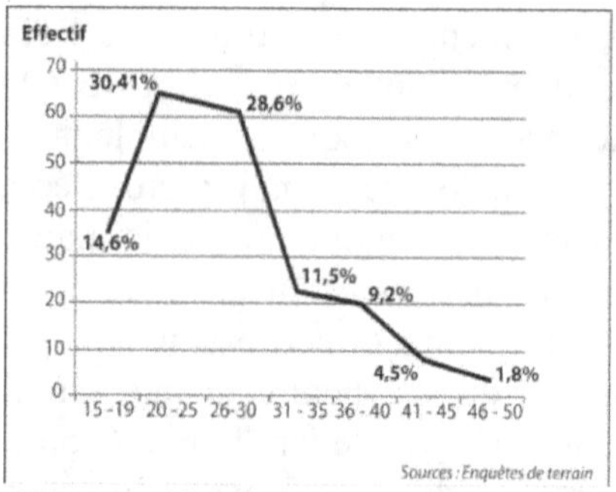

Figure 10 : Ages moyens des conducteurs

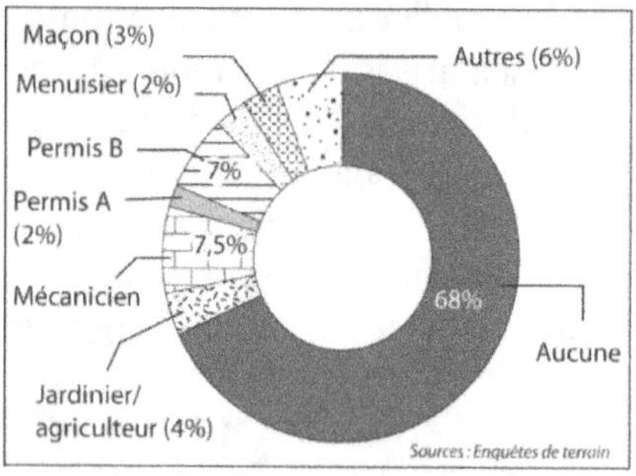

Figure 11 : Les qualifications des conducteurs

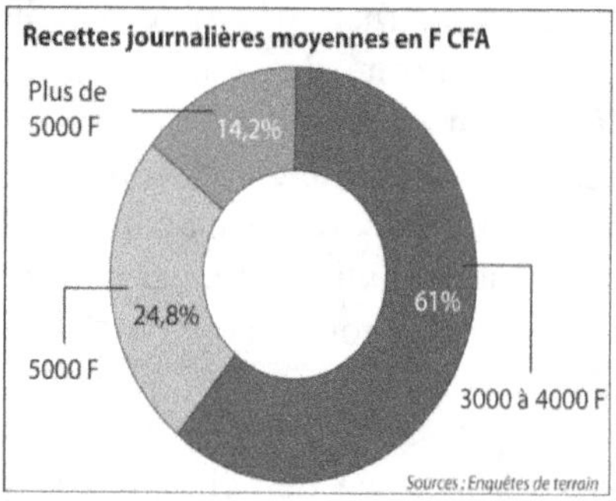

Figure 12 : Les revenus journaliers des conducteurs

Notes : De gauche à droite, un passager sur la 1re moto, 4 sur la 2e (2 enfants devant sur le réservoir, un autre enfant et une jeune fille derrière. Les 3 engins qui suivent transportent chacun 2 passagers. Une seule personne parmi les 16 en déplacement porte 1 casque de protection. Seule la 2e moto est équipée de clignotants, de rétroviseurs et de pare-chocs. Aux extrémités, les 2 motos n'ont même pas de tableaux de bords.

Photo 1 : Scène de circulation au carrefour Château à 7h30 (Photo J. Youta Happi, le 14/11/2013)

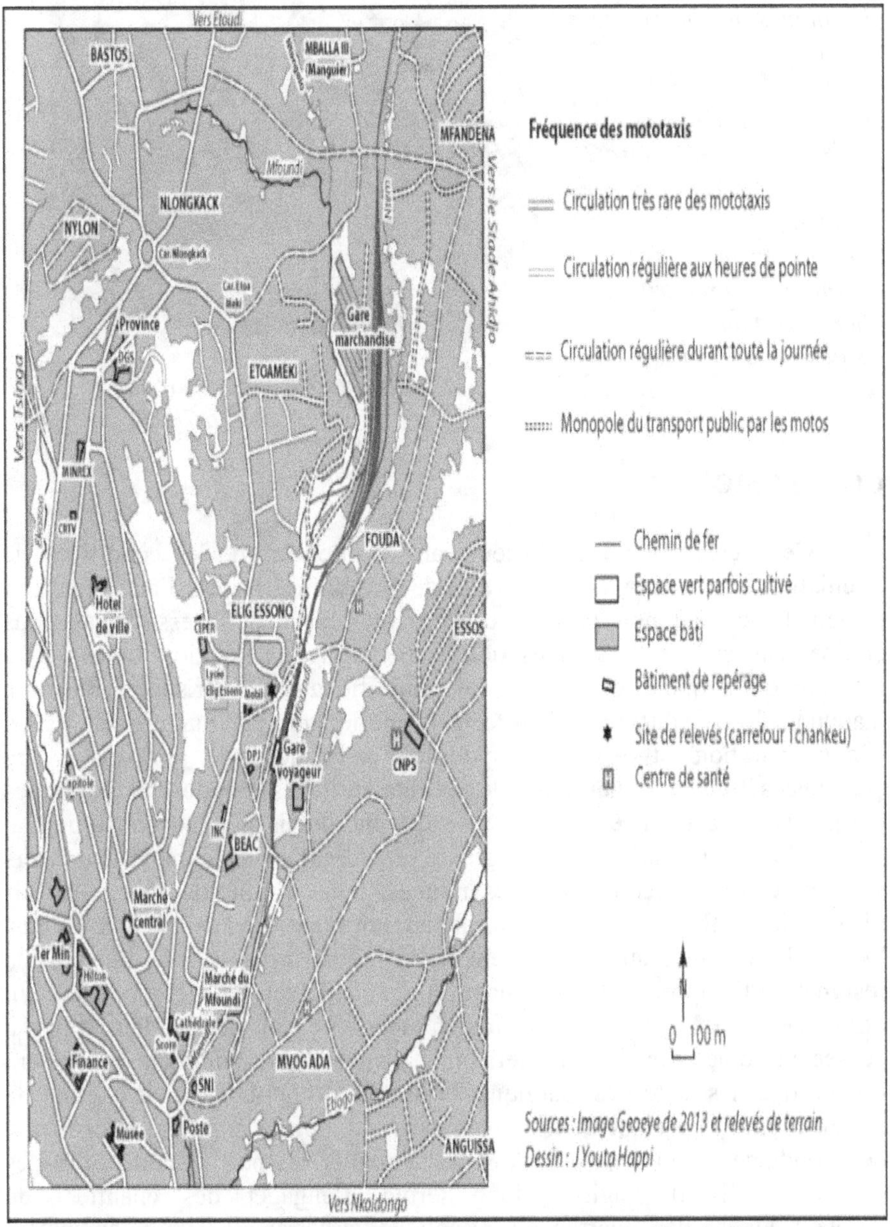

Figure 13 : Les circuits des mototaxis dans le centre ville de Yaoundé

Photo 2 : Les surcharges chroniques aux heures de pointe

Notes : L'une des motos porte 3 élèves, et l'autre 2 étudiants. Dans la journée, un passager sur 5 en moyenne se déplace en situation de surcharge. Le phénomène amplifie les risques d'accidents graves.

(Photo J. Youta Happi, le 14/11/2013 à 7h25)

CONCLUSION

Cette étude, comme plusieurs autres, montre que les conditions de circulation des mototaxis comportent de nombreux risques d'accidents dus principalement au non port de casques, à l'excès de vitesse et au sous équipement en feux de signalisation et d'éclairage des engins. Le caractère précaire ou temporaire de l'emploi, amplifie aussi les risques, puisqu'à Yaoundé, les conducteurs n'exercent le métier que par pur opportunisme. L'administration est en partie responsable de ce désordre, puisqu'au cours des années 1990, les chauffeurs de taxi étaient taxés d'opposants politiques par l'Etat et la montée en puissance des mototaxis pouvait constituer un moyen de destabilisation de leurs grèves répétées. De nos jours, les passagers sont effectivement conscients des risques, mais les motos sont à la fois disponibles et flexibles sur les axes abandonnés par les taxis autos et les bus. Devant la nécessité du déplacement, et même parfois face à la pauvreté, la résignation l'emporte sur l'insécurité. Au stade actuel, les mototaxis rendent des services qu'aucun autre moyen de transport ne peut assurer. Par rapport à ce secteur d'activité dans lequel règne une anarchie complète, il devient urgent que les autorités publiques veillent à l'application stricte de la réglementation en vigueur. Il convient par exemple d'imposer la formation des conducteurs au « permis A » et de veiller au port systématique des casques. Mais il s'agit à long terme d'engager des chantiers de désenclavement des quartiers de Yaoundé, d'entretenir régulièrement les rues et, enfin, de diversifier les moyens de transports.

BIBLIOGRAPHIE

Amougou Mbarga A. B., 2010, Le phénomène des motos-taxis dans la ville de Douala : crise de l'État, identité et régulation sociale : une approche par les « Cultural Studies », *Anthropologie et Sociétés*, vol. 34, n° 1, pp. 55-73.

CUY., 2012, Arrêté municipal n° 005/Cuy/Dts/12 du délégué du gouvernement auprès de la Communauté urbaine de Yaoundé (CUY) du 12 janvier 2012.

Diouf M., 2002. *L'endettement puis l'ajustement. L'Afrique des institutions de Bretton Woods,* L'Harmattan, Paris, 230 p, Coll. *Forum du Tiers-monde.*

Djiepmo Ndjoukya G. R., 2008, *Les défis de la sécurité routière en milieux urbains au Cameroun : le cas des motos taxi à Yaoundé,* Mémoire de Master II, Université de Yaoundé 1, 132 p.

INS, 2012, *Annuaire statistique du Cameroun 2010,* MINECO, Yaoundé, 243 p.

Kaffo C., Kamdem P., Tatsabong B., 2012, Le transport par moto entre satisfaction des besoins des « cadets sociaux » et insécurité urbaine au Cameroun : quelles conjugaisons ? in Kamdem P. et Kuété M. (eds) : *L'insécurité au Cameroun : mythes ou réalités ?*, IRESMA, Yaoundé, 202 p.

Kassi-Djodjo I., 2010, Rôle des transports populaires dans le processus d'urbanisation à Abidjan, *Les Cahiers d'Outre-Mer,* n°251, pp.391-402.

MINDUH, 2008, *Yaoundé horizon 2020, Plan directeur d'urbanisme,* Communauté urbaine de Yaoundé, AUGEA-IRIS, 120 p.

Muhlrad N., *2006, Système de gestion de la sécurité routière : une méthode de diagnostique, adaptable aux pays à faibles ou moyens revenus*. SITRASS-ISH-MINREST, 207 p.

Ngandeu J., 2006, *La réalité actuelle des transports entre la commune d'arrondissement de Yaoundé 6 et le centre ville*, Université de Yaoundé I, Mémoire de Maîtrise, 108 p.

Ngantchou S. B., 2008, *Le transport par motos-taxis dans les quartiers périphériques de Yaoundé. Le cas de Mimboman*, Université de Yaoundé I, Mémoire de maîtrise, 106 p.

Paba Sale M., 1982, Petits métiers du transport à Maroua, *Les Cahiers d'Outre-Mer,* 137 : 78-85.

Ponka E. P., 2007, *Transport et amélioration des conditions de vie dans le quartier Messa-Carrière à Yaoundé*, Université de Yaoundé I, Mémoire de Maîtrise, 75 p.

Sahabana M., 2012, *Les motos-taxis à Douala et leur perception par les pouvoirs publics : entre tolérance d'un secteur pourvoyeur d'emplois et de transport et volonté d'éradiquer une activité incontrôlable*, Banque Mondiale, Rapport sur les indicateurs de performance du secteur des transports urbains, 14 p.

Sambou Kanyou F., 2009, *Transport par moto taxi et risques dans la ville de Bangangté.*, ENS de Yaoundé, Mémoire de DIPESS II, 95 p.

Sindjoun L., Owona Nguini M. E., 1997, Politisation du droit et juridicisation de la politique : l'esprit sociopolitique du droit de la transition démocratique au Cameroun. In : Darbon D. et du Bois de Gaudusson J. (eds.), *La création du droit en Afrique,* Karthala, Paris, pp. 217-245.

Remerciements : Je tiens à exprimer ma reconnaissance aux conducteurs et passagers des mototaxis qui ont répondu à mes questions. Ma gratitude va aussi aux enquêteurs qui ont distribué les questionnaires aux quatre coins de la ville de Yaoundé. Il s'agit de : Evina Lydie, Toundji Kouogue Leila, Kimoun Nkandi Mariama, Mewassi Abui, Etienne Salvador, Chumbou Yonang Josiane et Lounang Tchatchouang Frédéric. Merci aussi aux responsables des urgences de l'Hôpital central de Yaoundé, de la CNPS et des hôpitaux de Biyem-Assi, Nsam-Efoulan et Mvog-Ada.

4▪ LIVING THROUGH HOME TEACHING IN CAMEROON CITIES: THE CASE OF YAOUNDE

Gabriel Enchaw Bachange

ABSTRACT

In Cameroon today many young people with general educational certificates and some school dropouts of both sexes resort to home teaching. For both groups of individuals, the teaching has become a common practice despite the absence of formal training in the subjects or fields undertaken by the trainers. Quite often, such teaching process is at levels for which the trainers are not formally trained.

The study is predicated on the premise that difficulties in gaining civil service employment by those with general educational certificates and school dropouts cause them to resort to home teaching as a temporary means of survival. Data for the study was gotten from home teachers and parents soliciting them. Sampled elementary and secondary schools in the city of Yaounde were identified to get to homes of students assisted by home teachers for primary data collection. Secondary data sources included web sites, published and unpublished works on home teaching, out-of-field teaching and employment. Findings indicate that the contemporary unprecedented upsurge in home teaching in Cameroon cities show a weakness on the part of the government at the level of employment, policies and their implementation. If enforcement of the regulation on class size could precede application of the rule concerning 'sequences', effective teaching and learning in regular schools will be possible thereby curbing massive failures and home teaching. Transparency and equity in the employment process into the public service have the potentials to check home teaching in Cameroon. Conversely, if home teaching could be regulated by law, it will be beneficial to the teachers, parents and the pupils/students.

Key-words : *Home teaching, out-of-field teaching, in-field teaching, survival/coping strategy, underemployment teaching and under qualified teaching*

INTRODUCTION

Surviving through private teaching of pupils and students in their parents' homes either on verandas or improvised halls for secular educational purpose has become a wide spread income generating activity for some young people in many cities of Cameroon, particularly the national capital, Yaounde. The concept of home teaching, initially called ward teaching, was attuned to religious teaching in the home[18] with its equivalent for secular education in the home being 'home schooling' (http://en.wikipedia.org/wiki/Hometeaching). In this study, home teaching refers to a form of home schooling where pupils and students are taught not by their parents, as in the case of home schooling in the developed world, but by youths in the form of private classes. These youths are either professional or non-professional teachers of the subjects taught. The home teaching process in this context is mainly a repetition of what pupils and students in secondary and high schools have studied in their regular schools as well as a translation of notes from French to English and vice versa for students in higher institutions of learning. Whether it is repetition or translation of notes, some home teachers provide additional explanations and examples for better understanding of what the pupils and students go through within the formal setting even though they hardly prepare lesson notes. The translation of notes and preparation of students for public entrance examinations (*concours*), characterized by out-of-field teaching[19] is not examined in detail but may be used for reference purposes.

In a purely academic perspective, parents are increasingly feeling that schools alone are not effective enough to provide adequate training for their children given the large class sizes of formal institutions in Cameroon cities. They encourage home teaching as a better avenue to equip their children in the public and/or private schools in which they are duly enrolled. The educational system of the country runs on the French and English sub-systems. Given that the English sub-system is considered to be globally more solicited, makes it more attractive to children whose language background is French. Children involved in home teaching seem to be more competitive in their regular schools (Murphy, 1975).

---

[18] Home teaching (formerly called ward teaching) is a church program designed to allow families to be taught in their own homes, in addition to weekly church services.

[19] Teaching done by those who are not specialists in the discipline or subject(s) taught.

I. THE ADVENT OF HOME TEACHING IN CAMEROON CITIES

Home teaching in Cameroon is not very recent. It started gaining ground in the country's main cities following the economic crisis of the late 1980s that led to the suspension of many Public Entrance Examinations into professional schools that offered direct civil service employment. Since then, jobs became scarce and unemployment rife. In response, many young educated Cameroonians exploited existing opportunities to adopt coping strategies within the informal sector. Cameroon is one of the Black African countries where unemployment is high and underemployment is substantial (World Bank, 2010). Under such a precarious situation, many young people with academic and professional certificates such as the Teacher's Grade I Certificate (CAPIEMP[20]), students in higher institutions of learning and some school dropouts, resort to home teaching for survival. This practice puts the youths onto the ladder of financial empowerment, where they gain a foothold on the bottom rung from which they can then proceed to climb in the course of time (Sachs, 2005). The chances of these youths leaving the bottom rung of the financial empowerment ladder depend largely on a good employment policy.

II. METHODOLOGY OF STUDY

Data for this study was provided mainly by home teachers working with pupils and students from lay private and public nursery, primary and secondary schools in Yaounde. These were either day schools or co-day and boarding schools. For the purpose of spatial representation, the town was segmented into five clusters, which consisted of Yaounde I, II, III, IV, V, VI and VII. Within each cluster, the investigating team visited 3 nurseries, 3 primary and 3 secondary schools. Informed consent was obtained from the authorities of these schools, and working with the various class teachers and the school bus drivers in some cases, it was possible to identify some pupils and students whose parents solicited the services of home teachers. Those whose parents did not solicit the services of home teachers constituted another useful group for performance comparability. In each of these schools, pupils and students who collaborated were selected for the homes of their parents to be visited and questionnaires administered to their home teachers and parents.

The team worked closely with pupils of nursery two, Grades four and six and students of forms three and five. Thirty parents who solicited the services of home teachers for their children were contacted in the schools of

---

[20] Certificat d'Aptitude Professionnel des Instituteurs d'Enseignement Maternel et Primaire

their children during Parent Teacher Association (PTA) meetings, facilitated by the school authorities. Eighty two questionnaires were administered to 82 home teachers, while 66 parents responded to the questionnaire. Besides the questionnaires, 15 home teachers, 10 parents, 4 educational authorities, 6 head teachers and 3 principals were interviewed. The class teachers who cooperated provided progress reports for each sequence (semester) of pupils and students for individual performance analysis as from when they were not home-schooled and when their studies were enhanced by home teachers. This comparative performance was confirmed by the parents who solicited the services of home teachers for their children.

III. FINDINGS AND DISCUSSION

Home teaching is a common practice in all the neighbourhoods of Yaounde and many youths of different categories get involved due to unemployment, scarcity of jobs and the difficulties in furthering their educational levels.

III. 1. Categories of home teachers

Home teachers are classified in terms of academic and professional qualification (Table 1). As such, they are identified as trained, untrained, trained and employed by the State, trained and employed by the private sector, trained and not employed and those who were regular employees elsewhere.

Table 1: Academic and professional qualifications of sampled home teachers

Cluster	HT	Academic qualification					Professional qualification		
	N	F5↓	FD	SD	UGD	PGD	G1	DI	None
I	14	3	3	5	3	0	3	1	10
II	16	1	5	6	4	0	2	0	14
III	17	2	3	7	5	0	4	2	11
IV	19	0	5	7	5	2	3	1	15
V	16	0	3	8	4	1	1	2	13
Total	**82**	**6**	**19**	**33**	**21**	**3**	**13**	**6**	**63**
%		**7.3**	**23.2**	**40.2**	**25.6**	**3.6**	**15.9**	**7.3**	**76.8**

Source: Field work, 2013

HT = Home teachers F5↓ = Form 5 and below FD = GCE O/L
SD = GCE A/L UDG = Under graduate Degree PGD = Post-graduate Degree GI = CAPIEM P (grade I) DI = DIPES I

In table 1, it is observed that 76.8 % of the home teachers in the different neighbourhoods of Yaounde acknowledged to have had no professional training prior to their teaching activities, and therefore, were practising out-of-field home teaching. Some of the 63 home teachers who were teaching nursery and primary pupils as well as students in their parents' homes acknowledged not being holders of the GCE Ordinary Level (FD). This implies that they were not even qualified to write CAPIEMP (G1) and be trained for three years to take up teaching as a profession. Out-of-field teaching is not limited to Cameroon. High levels of out-of-field teaching in the US and Australian schools were found to be a leading source of under qualified teaching in the countries (Ingersoll, 2003:5).

Among the home teachers contacted, some were victims of visible underemployment and others victims of invisible underemployment. The National Institute of Statistics (NIS) in Yaounde carried out a study on employment and the informal sector (Eesi 2) between 2005 and 2010, which revealed that underemployment in Cameroon, has become increasingly preoccupying. According to Eesi 2, about 6 million Cameroonians are underemployed and this figure represents 70.6 % of the active population of the country (Le Messager N° 3967 du Jeudi, Novembre, 2013:9).

In the domain of visible underemployment[21], some home teachers indicated that although they were holders of CAPIEMP certificates and duly employed, their educational levels were far beyond the level of their professional training, and therefore, were victims of visible institutional underemployment. Following the findings of Eesi 2, visible institutional underemployment (suffered by those employed by the State) in Cameroon stood at 20.8% in 2010. Thus, these regular teachers who indulged in home teaching to supplement their household incomes were simply victims of visible institutional underemployment. A cross section of home teachers who were holders of higher academic qualifications claimed that they were bound to do home teaching because their responsibilities were in relation to their educational levels and not their levels of professional training, which conditioned their recruitment.

During two separate interviews with one of the National Pedagogic Inspectors in the Ministry of Secondary Education and the Director of a Teacher Training School, it was gathered that it has become common practice in Cameroon that when a public examination into a professional school is advertised for candidates with a particular level or qualification, those who effectively register and write have higher qualifications than required. As the informants pointed out, many of those who go in for the Teacher Grade I (CAPIEMP) entrance examination for a three year period of

[21] Underemployment suffered by active persons who are employed by the State at levels, which were lower than their highest qualifications.

training are holders of the General Certificate of Education (GCE) Ordinary Level in at least 5 papers, *Probatoire*[22], and one Advanced Level Paper, whereas the required entry qualification is the GCE Ordinary Level in 4 papers or the BEPC[23]. Similarly, those who go in for a two-year period of training, present GCE Ordinary Level in at least 5 papers, *Probatoire* or one Advanced Level Paper, although, they are actually holders of either the GCE Advanced Level or *Baccalauréat*[24]. In the same manner, those who go in for nine months training are mainly those who must have successfully completed two years of university studies (DEUG[25]) or arc Bachelor Degree holders, whereas the required entry qualification is the GCE Advanced Level or *Baccalauréat*. Many of the interviewees who were holders of CAPIEMP were of the view that candidates present lower qualifications in order to increase their chances of being admitted. This assertion corroborates further the view that the recruitment procedure into the civil service in Cameroon is riddled with corruption. Many Cameroonians adopted this approach because of an existing government policy to reclassify workers who present higher qualifications once in service.

The peculiarities of these two categories of respondents are that most of them were victims of institutional invisible underemployment[26] and were practising both out-of-field and in-field teaching for job and not economic satisfaction, if home teaching has to be considered as a job. This group of home teachers who were duly trained but unable to gain public service employment held the view that they became involved in home teaching out of frustration. Some explained further that, they decided to abandon public schools in which they were doing probation teaching for home teaching when all employment hopes into the public service were lost. As they opined, after having exceeded the 5-year probation period, and fulfilled all other conditions required for recruitment, it was still impossible for them to find employment due to fraudulent practices that clouded the recruitment process. Such circumstances obliged them to undertake home teaching for survival, particularly as the stipend paid by the PTA was insignificant.

---

[22] French equivalent for a good pass in the GCE Ordinary level examination or one Advanced level paper.

[23] Brevet d'Études du Premier Cycle (the French equivalent for a simple pass in the GCE Ordinary level examination)

[24] French equivalent for a pass in the GCE Advanced level examination

[25] Diplôme d'Étude Universitaire Générale (An attestation showing that a candidate has successfully done two years of university studies).

[26] Underemployment suffered by active persons who are privately employed such as home teachers, and whose employment does not reflect their real qualification and level.

Another group of home teachers suffering institutional invisible underemployment came entirely from the 38 who acknowledged doing home teaching for a survival. Many of these respondents (home teachers) were students of higher institutes of learning, some of whom were in the doctorate level. In their opinion, despite the fact that they were not professionally trained teachers, it was an aberration for them to home-school pupils from nursery and primary schools considering their educational levels. They claim they could not abandon home teaching for it was a coping strategy. These untrained teachers, who constitute the bulk of private home teachers in Yaounde were practising what is generally known as out-of-field teaching and it is inextricably linked to the deteriorating unemployment situation in the country. For the CAPIEMP holders and privately trained holders of DIPES I Certificates who were not employed but were surviving through home teaching, they constituted part of the institutional invisible underemployed victims of the country which Eesi 2 (2005, 2010) puts at 63.7 %.

Issues of gender were also peculiar in home teaching. It was observed that all trained teachers who taught nursery school pupils were female. All those teaching nursery school pupils at home were untrained and were predominantly undergraduate students of the university and school dropouts. For the primary school pupils, majority of home teachers for the junior classes were females while home teachers for pupils in the senior classes were predominantly males. In terms of subject taught, only male home teachers were teaching mathematics and physics, while females were dominant in the languages. As noted in the field, it was common for a single home teacher to teach all the subjects, while the services of more than one home teacher were solicited for a single student or a group of students in the same form.

III.2. Factors favouring home teaching in Yaounde

There are push and demand pull factors that urge young educated Cameroonians in Yaounde in particular and Cameroon in general to take on home teaching. The push factors are associated with survival strategies while the demand pull factors are related to the demand for the services of home teachers. Findings indicate that unemployment is the fundamental reason instigating young educated Cameroonians in Yaounde to take on home teaching (Table 2). All the respondents were unanimous that unemployment in general and difficulties in gaining professional training in State-run professional schools in Cameroon have instigated them to resort to home teaching.

As depicted in table 2, 43.9 % of the home teachers were of the view that home teaching was their only source of income for a livelihood, while 36.6 % resorted to home teaching because all attempts to gain public service employment or have any other job failed. The responses of these 66 respondents throw more light on the assumption that "difficulties in gaining civil service employment by those with general educational certificates and some school dropouts instigate them to resort to home teaching as a temporary means to making a living".

Table 2: Main reasons of sampled population for doing home teaching

Cluster	HT	Reasons				
	N	UN	FS	S./J	I E	KSS
I	14	14	7	5	2	0
II	16	16	6	6	4	0
III	17	17	7	7	1	2
IV	19	19	8	7	4	0
V	16	16	8	5	2	1
Total	**82**	**82**	**36**	**30**	**13**	**3**
%		**100**	**43.9**	**36.6**	**15.9**	**3.6**

Source: Field work, 2013

HT = Home etachers UN = Unemployment FS = For survival
S./J = Scarcity of jobs IE = Improve earnings KSS = Assist kids and self support

Similarly, 15 home teachers who were interviewed pointed out that home teaching which requires no initial capital, no examination, no preparation of lesson notes and professional training, was the only activity they could do for a survival in the absence of any other income generating activity (FS). They pointed out that jobs are becoming scarcer in the country and the situation is worsened by corrupt practices in the employment procedure. They opined that gaining admission into a state-run professional school in Cameroon has become synonymous to gaining employment, an issue, which has riddled employment with corruption, nepotism, clientelism, tribalism and favouritism.

As concerns scarcity of jobs in general, the World Bank observed that the rate of unemployment in Cameroon is fluctuating. In 2007, over 30 percent of the labour force of the country was without jobs (World Bank, 2010). Fig. 1 depicts that unemployment in Cameroon has been fluctuating, dropping from 8 to below 3 % between 1996 and 2007 and rising again from 2007 to 2010 when it attained 3.8 %. This finding of the World Bank is largely reflected in the increasing practice of out-of-field teaching in the form of home teaching in the main towns of the country. An indicator of this steady increase in the unemployment rate in Cameroon is the cosmetic shift in fiscal policy where money circulates more in the hands of politicians rather than in the economic sector. Quite often, our politicians save their money in foreign banks, thereby demonetizing the local economy and stifling its take-off. The country may, however, experience growth and not development as distinguished by Kindleberger (1958) and Todaro (www.diffen.com). Todaro stressed that economic growth is a narrower concept than economic development and that economic growth is a necessary but not sufficient condition for economic development as it does not focus on the per capita income of every citizen.

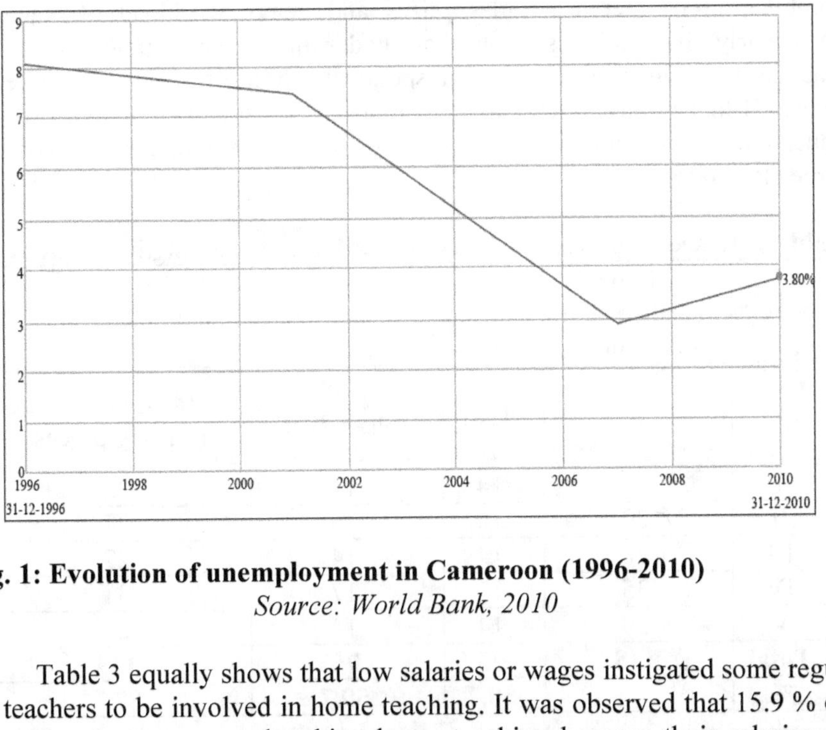

Fig. 1: Evolution of unemployment in Cameroon (1996-2010)

Source: World Bank, 2010

Table 3 equally shows that low salaries or wages instigated some regular teachers to be involved in home teaching. It was observed that 15.9 % of the respondents were undertaking home teaching because their salaries as trained and recruited teachers; untrained but recruited in private schools or untrained but recruited in the private sector, were low. Holders of CAPIEMP certificate undertaking home teaching besides teaching in their regular schools complained that it was difficult to depend on their salaries for a survival, and therefore, home teaching was one way of supplementing their household income. Informants who were parents indicated that the dissatisfaction of some teachers with their salaries was leading to another dimension of home teaching, which is known as follow-up of pupils in class by their regular teachers for payment. The follow-up of pupils was common in nursery and the lower classes of primary schools. The follow-up approach was in terms of assigning extra work for the pupils during break periods and making sure that they occupy an advantaged position in class.

According to table 3, 3.6 % of the respondents, were engaged in home teaching for the love of it and for self-sustenance. These were mainly university graduates who could abandon the practice at anytime. Beside the factors pushing young educated Cameroonians to take on home teaching for a living, were a plethora of demand-related factors that favour the upsurge of the practice in Cameroon in general and Yaounde in particular. Information on table 3 shows that 87.2 % of the respondents were of the opinion that a combination of increasing class sizes and heavy workload of teachers, particularly in public schools has undermined the efficiency of the teaching/learning process. These respondents (home teachers and parents) indicated that in any given class, there are pupils and students with special educational needs, which by all standards, are not provided because of the large class sizes.

Table 3: Reasons in favour of wide spread home teaching in Yaounde

Cluster	Home teachers and parents	Reasons for increasing home teaching		
	N	large classe sizes	Heavy workload of Teachers	Ineffective teaching-learning process
I	26	14	14	22
II	29	16	16	27
III	28	14	14	22
IV	35	17	17	31
V	30	14	14	27
Total	**148**	**75**	**75**	**129**
%		**50.7**	**50.7**	**87.2**

Source: Field work, 2013

Although some teachers in public schools testified that they were overloaded, they were hesitant to acknowledge the fact that the teaching/learning process was becoming more and more ineffective. That notwithstanding, 50.7 % of the respondents confirmed this assertion and expounded that one of the consequences of growing ineffectiveness of the teaching/learning process is the current massive failures in primary and secondary schools in the country. This situation has been so preoccupying to the <u>Ministries of Basic Education</u> (MINEDUB), <u>Secondary Education</u>

(MINESEC) and the Cameroon Teacher's Trade Union (CATTU). These stakeholders felt that instituting six evaluation periods (sequences) will mitigate the failure. Unfortunately this system overloaded regular teachers in nursery, primary and secondary schools, thereby jeopardizing effective teaching.

Although other factors such as under age of the pupils in the lower classes of primary schools and distraction contribute to the massive failure (Education Policy and Data Center, 2009, www.epdc.org/), at end of course examinations and secondary schools, these reasons alone may not be tenable. One will seldom be indifferent that the contemporary phenomenon of large classes, increasing workload of the teachers and the fact that many teachers are still to come to terms with the current dispensation where the academic year is concentrated in the first term are rendering the teaching/learning process ineffective with massive failure in schools as one of its fallouts (Fig. 2).

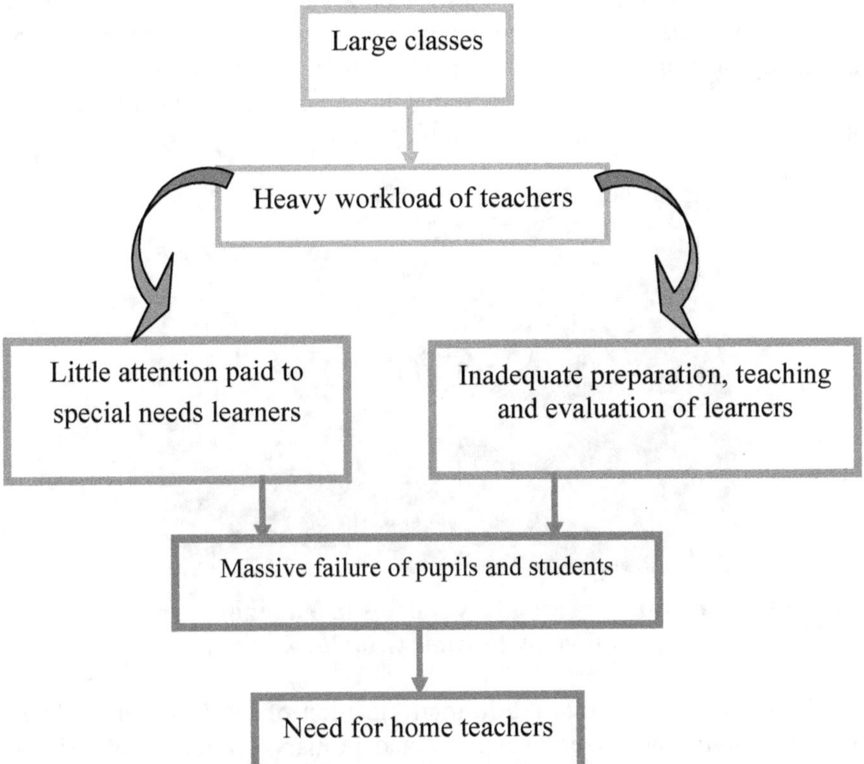

Fig. 2: The link between large class sizes and massive failure in schools
Source: Enchaw G.B. (2014).

The Ministries of Basic and Secondary Education felt that an increase in the number of evaluation periods could increase the chances of success of pupils and students in nursery, primary and secondary schools in their class and end of course examinations. This has not been the case as testified by the GCE Ordinary Level results which dropped from 45 % in 2013 to 34 % in 2014. It was observed that, in all the 45 schools visited, only six public and two private school campuses (one in Bastos and the other in Nkol-Bisson) respected the stipulated number of pupils and students (40 and 60 respectively) in the classes of their nursery, primary and secondary sections. The proprietors of these schools intimated that their schools were of standards set by UNESCO with class sizes of 30. For how long will these institutions respect the set standards considering the monetization of education in the towns of Cameroon and the pressure from parents following inadequate school and teaching resources in Sub-Saharan Africa as observed by UNESCO (UNESCOPRESS, 2012, www.uis.unesco.org/education,)?

Severe cases of large class sizes are observed in public schools and in private schools where low fees are demanded. Some classes in their nursery and primary sections are above 90 pupils while in the secondary section, classes of 150 students were common with some students unable to have seats and obliged to stand during lectures (plate 1).

Plate 1: Overcrowding in secondary schools in Yaounde
Photo by Enchaw G.B, 2014.

These large class sizes are in total violation of the Ministerial Order fixing maximum class sizes in nursery and primary schools at 50 with 4 teachers, and 60 per class in secondary schools. In schools where there was gross disrespect of the class sizes, the head teachers and principals explained that they are usually under pressure during admission from parents and collaborators, and in some cases are compelled to overlook the regulation. Private schools where class sizes were still low according to informants, were those of recent creation, poorly located or do not have attractive infrastructures and staff. Another reason advanced was the high enrolment fee which is unaffordable by many Cameroonian parents.

Cameroon runs a dual educational system made up of the English and the French sub-system. Many children in the country pursue studies in sub-systems whose language of instruction is different from that of their parents' background. Such children need special attention in order to adapt and cope with language difficulties. Unfortunately this attention is not given any consideration in regular schools due to the workload of the teachers. Many of the teachers interviewed, were unanimous that large class sizes and several evaluation periods were affecting their teaching as they could not adapt it to the pace of slow learners and those with special needs (language difficulties). According to them, home teaching complements regular teaching. Some teachers in regular schools acknowledged to have recommended home teachers to some of their pupils. A number of parents attested to this when asked how they got home teachers for their children although they also indicated that there was no particular approach to getting home teachers. Parents could have been better placed to assist their off springs at home academically. Unfortunately, many parents acknowledged being either handicapped at the level of the language or too busy and lacked the patience to assist their children at home. Under such circumstances they have no other option than to solicit the services of private teachers.

In another dimension, insecurity in schools has militated in favour of home teaching. Some parents interviewed in the various neighbourhoods of Yaounde expressed the fear of enrolling their kids in nursery school due to insecurity. A number of these parents explained that their tender kids could easily be lured into occultism by already initiated peers, a situation worsened by recent widespread spells experienced by children in many primary and secondary schools across the country. Some of these parents even preferred that their kids be taught at home by private teachers until they attain the age of primary education. Insecurity on campuses and fear expressed by parents were among the main reasons that compelled the governments of the US and many other developed countries to legalise home schooling (Murphy, 1975).

4.3 Remuneration of home teachers

Private and denominational institutions offer lower salaries to their teachers compared to those in state-run institutions even if they have the same professional qualifications. The former earn monthly wages of between 80-120 USD compared to over 200 USD for the latter. Due to these low wages, many trained but unemployed teachers have resorted to home teaching, which according to them is more lucrative than what they earn in private schools. This group of home teachers acknowledged receiving monthly amounts of between 40USD to 80USD per child for home teaching, with a monthly global sum of between 160-240USD, which is tax free. Depending on the social status of parents soliciting the services of home teachers, their financial strength and the bargaining power of the latter, the lowest rate per child as declared by the 82 home teachers contacted was 10USD. They, however, expressed the fact that payment is sometimes irregular even though their services were acknowledged by many parents to be satisfactory. It was observed that in each home, the teacher has a very restricted number of pupils or students taught (plate 2). In addition, home teaching is not based on the number of hours put in but on how far pupils and students have understood what was done in their regular schools.

Plate 2: Home teachers with their pupils studying in make-shift conditions

Photos by Enchaw G.B, 2014 in Yaounde.

To ensure effective learning at home, the teachers avoid distraction from television by organising their classes in makeshift conditions (in verandas, car parks and yards). They endure such conditions to make a living and ensure the satisfaction of the parents. Many of the parents interviewed were satisfied with the services rendered by home teachers to their children although they decried the fact that some home teachers abandon children within the academic year or become irregular when they have to write their own examinations. Cases of abandonment arise when home teachers get more lucrative jobs. To please and maintain the home teachers, they are motivated by some parents with material gifts besides the stipend negotiated.

5. VIEWS AND PERSPECTIVES ON HOME TEACHING

Home teaching in Yaounde, has become a source of livelihood to many young educated people although at the same time it is a form of underemployment and unqualified teaching. Home teaching puts young people in Cameroon cities onto the ladder of financial empowerment, at least where they gain a foothold at the bottom rung from which they can then proceed to better levels. Many owners of 'evening' and some private schools started as home teachers.

The activity fosters the socio-economic integration of people with different language and cultural backgrounds. It renders the dual educational system of Cameroon effective and enhances bilingualism because pupils and students could easily adapt and cope in a sub-educational system whose language of instruction is different from that of their cultural background. It attenuates the effect of large class sizes and ineffective teaching/learning process in regular schools. The periodic evaluations are incompatible with large classes as it overloads teachers and makes coverage of syllabuses and/or schemes of work difficult.

Home teaching is an informal activity where negotiations are not legally binding and there is a lot of discrepancy in what home teachers are paid. Some of the pupils and students are often victims of abandonment by their home teachers when parents fail to honour engagements or when the home teachers find better employment opportunities. The unprecedented upsurge in home teaching in the country illustrates weakness on the part of the government both at the level of policy making and implementation. The non-respect of educational regulations through home teaching epitomises the disorderliness that reigns within the informal sector in Cameroon. Government condones corruption even when it riddles employment governance to the extent that trained teachers are constrained to operate within the domain of home teaching, an activity detested by state educational officials. If the government could monitor the effective implementation of its regulation in defining number of pupils and students in a class before applying the periodic (sequence) evaluations, regular schools could single-handedly carry out effective teaching and learning thereby curbing massive failure and home teaching. If the home teaching activity must remain a permanent feature of our educational life, it should be regulated by law for negotiations to become binding. This will militate in favour of home teachers, and as such, pupils and students will rarely be victims of abandonment. It will also be beneficial to parents in that their aspirations of rendering their children more competitive in school must have been met. To the government and civil society organisations such as CATTU, the policy of checking massive failure in schools and making Cameroonians, particularly the younger generation bilingual for effective national integration, must have been achieved. Quite often, home teachers establish a relationship of trust with the families whose children they teach so that the families can rely on them in times of need.

If Cameroon were to experience economic emergence in 2035, which in reality is still a political rhetoric, the phenomenon of large class sizes in the country and poor employment governance would still not be checked, and many young educated people in the country will keep striving to survive through informal activities like home teaching. Upholding an educational system made up of two sub-systems without effective guardrails to curb inherent challenges presupposes that home teaching will become a permanent feature of our educational life.

BIBLIOGRAPHY

Alyssa M., 2010, First Person Dispatch: Why we should bring the "Teach English" phenomenon home. (Retrieved on October 2013, from http://matadornetwork.com/change/first-person-dispatch-why-we-should-bring-the-teach-english-phenomenon-home/).

Cameroon, 2014, History & Background, Constitutional & Legal Foundations, Educational System-overview, Preprimary & Primary Education, Secondary Education. (Retrieved, on May 2014 from http://education.stateuniversity.com/pages/235/Cameroon.html).

Echu G., 2004, De l'enseignement bilingue dans les établissements scolaires du Cameroun: bilan et perspectives, *Revue Internationales des Arts, Lettres et Sciences Sociales* (RIALSS), I/1, 69-92.

EPDC, 2009, Pupil Performance and Age: A Study of Promotion, Repetition and Dropout Rates Among Pupils in Four Age Groups in 35 Countries. (Retrieved on May 2014, from www.epdc.org/).

Ingersoll R. M., 2003, *Out-of-Field Teaching and the Limits of Teacher Policy.* Centre for the Study of Teaching and Policy and the Consortium for Policy Research in Education, University of Washington. Retrieved on April 2014 from http://depts. washington.edu/ctpmail/PDFs/ LimitsPolicy-RI-09-2003.pdf.

Ingersoll R. M. and Curran, B. K., 2004, *Out-of-Field Teaching: The Great Obstacle to Meeting the "Highly Qualified" Teacher Challenge,* NGA Centre for Best Practices. Issue Brief. (Retrieved on April 2014 from http://www.nga.org/Files/pdf/0408hqteacher. pdf).

Kindleberger C. P., 1958, Economic Development. Columbia University Press, New York.

Kouega J. P., 2003, Bilingualism at tertiary level education in Cameroon: the case of the University of Yaounde II (Soa). (Retrieved, May 2014 from http://www.google.cm/).

Le Messager n° 3967 du Jeudi 21 Novembre, 2013, Près de 6 millions de personnes sous-employées.": 9, Yaounde, SOPECAM-Cameroun.

McConney, A. ; Price, A., 2009, An assessment of the phenomenon of "teaching Out-of-field, in WA Schools, Murdoch University. Centre for Learning, Change and Development, Murdoch University, Murdoch, W.A. (Retrieved on October 2013 from http://www.wacot.wa.edu.au/index.php?section=173)

Murphy J., 1975, Home Schooling in America, by, a professor at Vanderbilt University,

Sachs J., 2005, The end of poverty : How we can make it happen in our lifetime. Penguin Group, Inc., New York.

Taylor T., 2000, The Future of the Past: Final Report of the National Inquiry into School History. Faculty of Education, Monash University, Victoria, Australia. (Retrieved on October 2013, From http://www.dest.gov.au/sectors/school_education/publications_

resources/national_inquiry_into_school_history/chapter_5.htm).

Todaro M., 2004, Differences between Economic Growth and Economic Development. (Retrieved on May 2014 from http://www.diffen.com/difference/Economic_Development_vs_Economic_Growth).

Wayne J., 1965, The Growing Phenomenon of Home Education. (Retrieved on October 2013 from https://www.christiancourier.com/ articles/460).

Wikipedia, The free encyclopedia, (Retrieved on September 2013 from http://en.wikipedia.org/wiki/Home_teaching).
World Bank, 2010, Cameroon unemployment rate. (Retrieved on November 2013 from
http://www.multpl.com/cameroon-unemployment).

5. ORGANISER SA SECURITE A DOUALA

Christophe Sados Touonsi

RESUME

Depuis 1990, Douala a acquis la réputation d'être une ville insécure. Par exemple, en seulement deux ans, de 2009 à 2011, les vols et les recels y ont connu une hausse de 156 %. Dans la période allant de 2008 à 2011, la ville de Douala a enregistré 60 % des homicides de la région du Littoral et 86 % des agressions impliquant des lésions corporelles.

Cette étude se focalise sur les stratégies de prévention de la violence et de la criminalité par les communautés de six quartiers de Douala : Bilongué II, Dibom II et Dibom III (quartiers de bas standing), Bonangang et Mobil Guinness (quartiers de moyen standing) et Denver-Bonamoussadi (quartier de haut standing). Face à la montée de la violence et de la criminalité et à l'incapacité du Gouvernement et de la Municipalité à y faire face, les habitants se sont résolus à organiser eux-mêmes leur sécurité.

Les habitants des six quartiers de l'étude luttent contre la violence et la criminalité à travers deux stratégies : la stratégie de lutte collective, qui s'appuie sur les comités de vigilance et les aménagements sécuritaires et la stratégie de lutte individuelle, qui conduit chaque chef de ménage à développer des mesures additionnelles pour sécuriser son domicile et éviter les agressions physiques. Dans tous les quartiers où ces stratégies ont été mises en œuvre, il y a eu une baisse considérable de la violence, de la criminalité et de la peur du crime.

Mots-clés: *Violence, criminalité, privatisation de la sécurité, stratégies de prévention collective, stratégies de prévention individuelle, comité de vigilance, aménagements sécuritaires.*

INTRODUCTION

Face à la montée de la violence et de la criminalité, les habitants de la ville de Douala au Cameroun tentent d'assurer eux-mêmes leur sécurité. En effet, aux actes délictueux et condamnables des bandits, gangs et autres cambrioleurs de plus en plus nombreux, ils opposent quotidiennement une foule de stratégies de prévention et de lutte.

Si les habitants de la capitale économique du Cameroun agissent ainsi, c'est bien parce que la police et la justice ont abdiqué leur rôle de sécurisation des hommes et des biens. A vrai dire, ces deux instances ont perdu toute crédibilité. La sécurité y est de plus en plus fournie par des services non étatiques. Les acteurs informels de sécurité y sont nombreux et jouissent de l'approbation locale et d'une efficacité véritable. L'incapacité de l'Etat et de la justice à produire la sécurité a, en effet, conduit les habitants tant des nombreux quartiers populaires que des quartiers de moyen et de haut standing de la ville de Douala, à user des stratégies de prévention propres à eux pour surveiller les espaces publics, sécuriser les domiciles et réguler les conflits entre les habitants.

L'implication des habitants dans l'organisation de leur sécurité est incontestablement due au rétrécissement de l'action publique du champ sécuritaire et à la demande accrue pour une sécurité individualisée de protection des personnes et des biens. Elle ouvre ainsi la voie à la privatisation de la sécurité dans la ville de Douala.

Mais les habitants de cette ville parviennent-ils vraiment à réduire de manière significative l'insécurité et la criminalité dans leurs quartiers de résidence ? Pour répondre à cette question, nous allons décrire la situation de la criminalité à Douala, décrypter les stratégies à la fois collectives et individuelles que les habitants des quartiers de l'étude utilisent pour dissuader les délinquants et démasquer les contrevenants et au-delà, assurer leur sécurité et celle de leurs biens.

I. APPROCHE METHODOLOGIQUE DE L'ETUDE

En janvier 2010 dans la ville de Douala, tous les quartiers qui avaient un comité de vigilance en fonctionnement ont été recensés. Six des dix- huit quartiers recensés ont été retenus pour cette étude : Dibom II, Dibom III et Bilongué II, trois quartiers de bas standing, Mobil Guinness et Bonangang, deux de moyen standing et Denver-Bonamoussadi, un quartier de haut standing. En juillet 2011, une enquête de victimisation y a été menée auprès de 231 ménages. De septembre à décembre 2009, et en avril 2010, des entretiens y ont été menés auprès de 49 personnes-ressources : 29 chefs et/ou chefs de blocs de quartiers et responsables de sécurité de quartiers pour comprendre l'organisation et le fonctionnement des comités de vigilance,10 vigiles pour comprendre la stratégie de prévention de l'insécurité mise en place ; six éléments des Forces de Maintien de l'Ordre[27] ont été interviewés pour connaitre leur stratégie de lutte contre l'insécurité et la criminalité et les relations qu'elles entretiennent avec les populations et les responsables des quartiers étudiés, 4 responsables de la municipalité pour comprendre les stratégies développées par la ville de Douala et les mairies d'arrondissement

[27] Les forces de maintien de l'ordre sont les policiers et les gendarmes.

de Douala 3ème et Douala 5ème pour prévenir la criminalité et soutenir les actions des comités de vigilance.

Nous avons mené des observations dans les quartiers d'enquête pour comprendre l'organisation mise en place par les vigiles et les problèmes qu'ils rencontrent dans la lutte contre l'insécurité et la criminalité. En outre, nous y avons effectué une marche exploratoire en compagnie des vigiles pour recenser les points chauds (*hot spot*) en juillet 2010. Des données secondaires ont été collectées auprès des services des Forces de Maintien de l'Ordre (FMO : police et gendarmerie). La collecte des données de terrain a été précédée et complétée par le traitement d'une série de publications scientifiques antérieures sur l'insécurité urbaine au Cameroun et dans d'autres pays d'Afrique du Sud du Sahara.

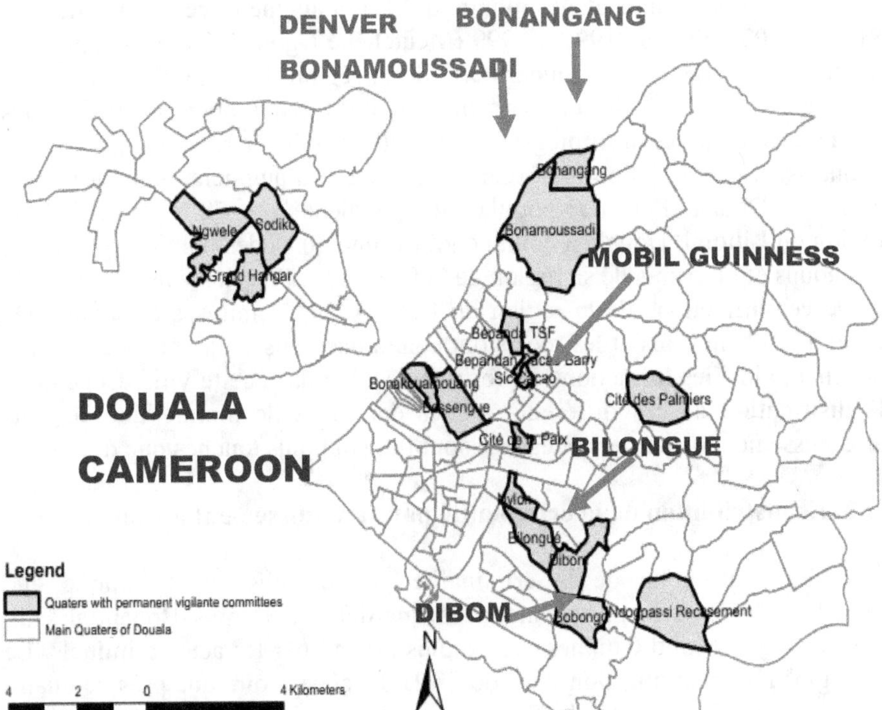

Figure 1 : Quartiers de Douala avec un comité de vigilance et quartiers d'étude

LA SITUATION DE LA CRIMINALITE A DOUALA

Il est difficile de recueillir des données statistiques globales sur la criminalité au Cameroun en général et dans la ville de Douala en particulier. Néanmoins, les publications scientifiques[28], la presse quotidienne, les résultats des enquêtes de victimisation réalisées à Yaoundé (2001) et à Douala (2003) dans le cadre du projet « villes plus sûres » d'ONU-Habitat, indiquent que depuis 1990, les villes du Cameroun font face à une augmentation de la criminalité.

II.1. Aperçu général sur la criminalité dans la ville de Douala

D'après les chiffres de la police judiciaire de la région du Littoral, la grande criminalité est en nette augmentation à Douala. Un inventaire des braquages et des cambriolages montre qu'ils ont augmenté respectivement de 81 et de 102 points de 1998 à 1999 (Meutchéhe Ngomsi, 2009). D'après les données de la Légion de gendarmerie de la région du Littoral, les atteintes aux biens sont en forte augmentation en 2011 par rapport à 2008 et les infractions relatives à l'intégrité corporelle (viols, agressions physiques) connaissent une variation importante de baisse et d'augmentation entre 2008 et 2011 à Douala. Pour une population équivalente à 72 % de celle de la région du Littoral, Douala a connu en moyenne 60 % des homicides et 86 % des coups et blessures de sa région de 2008 à 2011. Pour les vols et recels, 77 % de ces infractions de la région du Littoral sont commises à Douala. De 2009 à 2011, les vols et les recels ont connu une hausse de 156 % à Douala, devenant ainsi les infractions en forte croissance dans cette ville. Cependant la distribution de ces différents crimes dans la ville montre que certains arrondissements, quartiers et espaces publics sont plus touchés que d'autres.

II.2. La distribution de la criminalité par arrondissement à Douala

La distribution de la criminalité par arrondissement indique que Douala Vème auquel appartiennent les quartiers de Denver-Bonamoussadi, Bonangang et Mobil Guinness est le plus affecté par les actes criminels. Le taux global de victimisation y est de 77,21 %, c'est-à-dire que près de quatre enquêtés sur cinq y ont subi l'un des neuf crimes retenus par l'enquête de victimisation de 2003. Dans cet arrondissement, les quartiers Denver, Bonangang et Mobil Guinness, ont connu une victimisation moyenne située entre 31 et 50 %.

---

[28] Il s'agit des publications de M'packo, 2000 ; Meutchéhe, Sados et Tchoko. 2003 ; Issa, 2004 ; Loé, Meutchéhe Ngomsi et Nken, 2006 ; Meutchéhe Ngomsi, 2010 et Nga Ndongo, 2008.

L'arrondissement de Douala IIIème où se trouvent les quartiers Bilongué II, Dibom II et Dibom III occupe le troisième rang derrière l'arrondissement de Douala IVème avec un taux de victimisation de 71,44 %. On y a enregistré le pourcentage de viols le plus élevé dans la ville de Douala, tandis que le cambriolage du domicile est le deuxième délit subi par les populations.

II.3. La distribution de la criminalité dans les espaces publics à Douala

La distribution de la criminalité dans les espaces publics montre que les marchés et les carrefours sont les espaces les plus redoutés par les populations. D'après l'enquête de victimisation de 2003[29], le Marché central de Douala est l'espace public le moins sécurisant de la ville. C'est le point de vue de près de 28 % des répondants. Il est suivi par les lieux-dits Ndokoti-Tunnel et Carrefour Ndokoti. Ces deux sites ont des taux d'insécurité respectifs de 14 % et de 13 %. Les délinquants y profitent de la forte affluence des passants pour commettre des actes délictuels notamment le *pick pocketting* et le vol à l'étalage.

Certains endroits de la ville sont réputés parce qu'ils sont régulièrement investis par les consommateurs de chanvre indien. Il s'agit essentiellement des terrains vagues et des alentours des stades : le stade « Mbappé Leppé » au quartier Akwa, celui du « Camp TSF » à New Bell, celui de la « Cité CICAM » à Bassa, et celui du stade de la Réunification à Bépanda. On rencontre également des consommateurs de chanvre indien le long de la clôture de l'aéroport International de Douala, au carrefour de la Cité des Palmiers et au marché Congo. Ce sont des lieux de consommation mais aussi ceux de vente de chanvre indien et de rencontre des agresseurs.

---

[29] L'enquête de victimisation a été réalisée à Douala en 2003 par ONU-Habitat dans le cadre du projet « *Douala plus sûre* ».

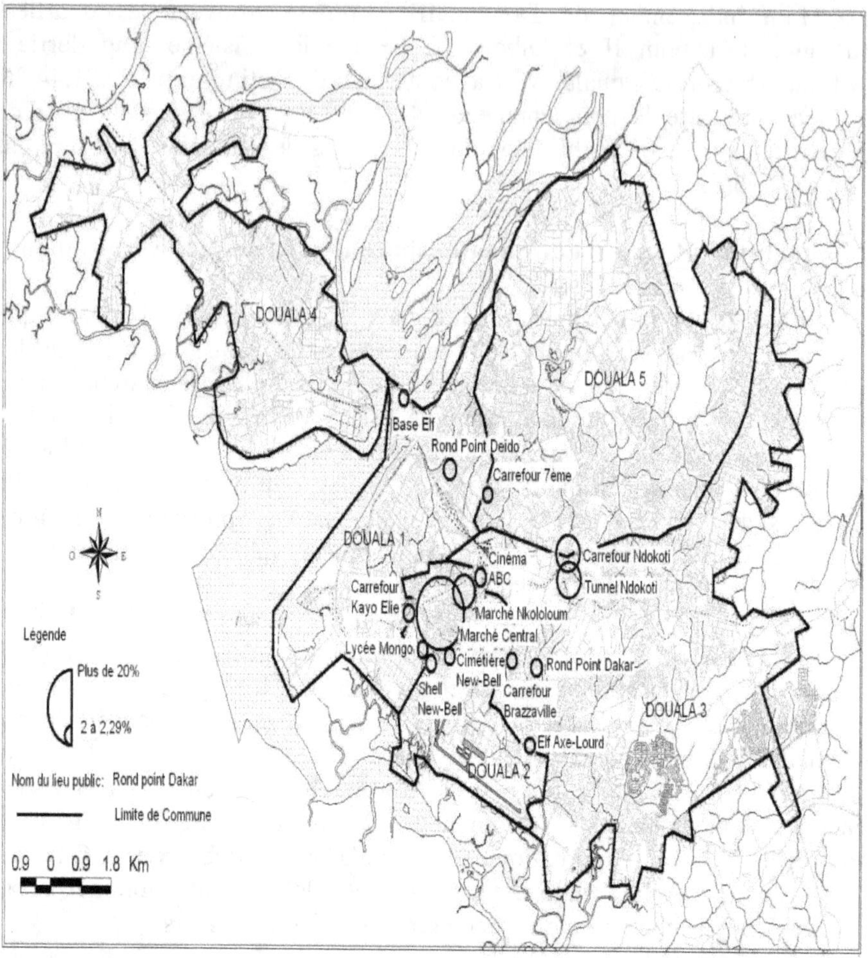

Figure 2 : Les 15 espaces publics les moins sécurisants de Douala

Source : Meutchéhe Ngomsi, 2010

III.4. Les manifestations de la criminalité dans les quartiers d'étude

Nous avons recueilli auprès des ménages les délits dont ils ont pu être victimes deux ans avant la création du comité de vigilance de leur quartier. D'après les résultats des enquêtes de terrain, les ménages ont été surtout victimes de vols, d'agressions physiques et de cambriolages de domicile.

Tableau 1 : Les délits subis par les répondants avant la création du comité de vigilance de leur quartier

QE	AP	CD	V	AS/V	II	M	T
Dibom III	23	26	32	1	14	14	110
Bilongué 2	19	4	22	1	8	11	65
Dibom II	13	8	30	0	2	2	55
Mobil Guinness	8	3	10	0	6	1	28
Bonangang	9	8	18	0	13	12	60
Denver-Bonamoussadi	5	3	4	0	0	0	12
Total	77	52	116	2	43	40	330

Source : Enquêtes de terrain, juillet 2011

QE = Quartier de l'enquêté AP = Agression physique
CD = Cambriolage de domicile V = Vols AS/V = Agression sexuelle ou viol II = Insultes et injures M = Menaces T = Total

D'après les résultats de l'enquête de victimisation, les vols constituent 35 % des délits et se placent en tête des actes délictueux dans l'ensemble des six quartiers d'étude. Les quartiers de bas standing enregistrent le plus grand nombre de vols (28 % à Dibom III et 26 % à Dibom II), tandis que le quartier de moyen standing de Mobil Guinness et de haut standing de Denver-Bonamoussadi connaissent moins de vols (6 %). Les objets les plus volés sont les appareils électroniques (32,2 %), l'argent et les bijoux (25,8 %), les téléphones portables (16,1 %), les bouteilles à gaz et les motocyclettes (6,5 % chacun). Si l'argent, les bijoux et les portables sont volés à la fois à la maison et dans la rue, les appareils électroniques (téléviseurs, DVD, chaine musicale), les bouteilles à gaz, les motos et les habits le sont à domicile, mais sans effraction.

Les agressions physiques sont la deuxième manifestation de la délinquance dans les quartiers d'étude. 23 % des répondants ont été victimes d'agressions physiques au moins une fois et 2 % au moins deux fois. Parmi les personnes agressées, 39 % ont été blessées, 8 % ont eu des contusions, 8 % ont perdu connaissance et 42 % n'ont eu aucune séquelle. 18 % des personnes agressées pensent qu'elles ont été victimes d'un criminel isolé alors que 73 % ont été victimes de criminels en bande. En général, les agresseurs agissent en bande et les tâches sont bien réparties : certains surveillent les lieux et les autres passent à l'acte délictuel. Dans les six quartiers de l'étude, la majorité des agressions se déroule la nuit : 71 %, alors que 29 % se passent dans la journée.

La présence de nombreux terrains vacants mal entretenus, notamment à Dibom III et des coins de cachette dans les différents quartiers d'étude expliqueraient le plus grand nombre des agressions nocturnes. Par ailleurs, certains kiosques, laissés non fermés la nuit par leur propriétaire sont utilisés par les délinquants comme lieu de consommation de drogue et de guet-apens. Cependant, les quartiers d'étude ne connaissent pas le même niveau d'agression physique. Dibom III est le quartier qui a connu le plus grand nombre d'agressions physiques (30 %), il est suivi par le quartier Bilongué II avec 25 % des agressions. En troisième position, on trouve le quartier Dibom II avec 17 %, en quatrième position, le quartier Bonangang avec 12 %. Mobil Guinness et Denver-Bonamoussadi sont les quartiers qui enregistrent peu d'agressions avec respectivement 10 et 6 %. 41,2 % des répondants victimes d'agressions physiques l'ont été à domicile, 33,3 % aux alentours du domicile, 11,8 % dans le quartier de résidence, mais loin du domicile et 13,8 % hors du quartier de résidence. En ce qui concerne l'âge des délinquants, 2 % ont moins de 15 ans, 68 % sont âgés entre 15 et 30 ans et 30 % ont plus de 30 ans. A vrai dire, deux actes délictuels sur trois sont commis ici par des jeunes dont l'âge varie entre 15 et 30 ans. Cette délinquance des jeunes est en très nette progression à Douala. Les jeunes y sont aussi souvent utilisés par le crime organisé pour braquer les véhicules ou vendre les drogues. Enfin, les gangs y sont surtout constitués de jeunes, à l'exemple des gangs des quartiers Bilongué I et Makia, qui ont sévi dans la ville de Douala en juillet 2011.

Les cambriolages de domicile arrivent au troisième rang dans la hiérarchie des délits commis dans les quartiers de l'étude. Par rapport à l'ensemble de ces quartiers, Dibom III arrive en tête avec 50 % des cambriolages, suivi des quartiers Dibom II et Bonangang avec 15 % chacun, et du quartier Bilongué II avec 8 %. Mobil Guinness et Denver-Bonamoussadi enregistrent moins de cambriolages avec 6 % chacun. Les cambriolages ont surtout lieu la nuit, au moment du sommeil des populations : 19 % des cambriolages ont lieu entre 6h et 18h, 20 % entre 18h et 24h et 61 % entre 24h et 6h du matin.

En général, les différentes maisons des quartiers périphériques de Douala se vident tous les matins de leurs habitants qui vont soit au travail, soit au marché ou à l'école. Dans ces quartiers, la plupart des femmes exercent une activité et quittent également leurs maisons chaque matin pour leur lieu de service. Dans le même temps, les enfants vont à l'école et les hommes au travail. Les quartiers se vident ainsi tous les jours pour laisser libre champ aux personnes sans emploi parmi lesquelles de nombreux jeunes qui sont généralement indexés comme les potentiels délinquants du quartier. Selon Cohen et Felson (1979), « *au fur et à mesure que les femmes intègrent le marché du travail, le nombre de maisons laissées sans surveillance en plein jour augmente. Ainsi, on observe une hausse dans le nombre de cambriolages* ».

Le niveau de cambriolage pourrait également s'expliquer par les caractéristiques de l'habitat dans les quartiers d'étude. Dans les quartiers de bas standing de Bilongué II et Dibom II, une maison sur trois environ est construite en matériaux provisoires et sans garantie. Les portes de maisons sont généralement fabriquées avec des matériaux peu résistants et sont souvent faciles à défoncer par les délinquants. Cette facilité de pénétrer dans les domiciles par effraction augmente les opportunités criminelles dans les quartiers de bas standing où les cadres des portes sont peu solides et généralement dotés de gâches inadéquates ; à Denver-Bonamoussadi et à Mobil Guinness en revanche, les objets posés à la maison sont difficilement accessibles aux criminels grâce à la capacité de résistance des ouvertures et des autres matériaux de construction.

III.5. La comparaison de la victimisation des ménages des quartiers de l'étude

La victimisation des ménages dans les quartiers de l'étude varie considérablement selon le standing du quartier.

Tableau 2 : Comparaison de la victimisation des ménages des quartiers de l'étude

Quartier	Nombre de ménages enquêtés	Nombre de victimisation par personne	Nombre moyen de personnes victimisées par ménage
Dibom III	60	110	1,8
Dibom II	36	55	1,5
Bilongué II	31	65	2
Mobil Guinness	31	28	1,2
Bonangang	50	60	1,2
Denver-Bonamoussadi	23	12	0,52

Source : Enquêtes de terrain, juillet 2011

Le tableau ci-dessus montre que le niveau de victimisation des ménages dans les différents quartiers avant la création du comité de vigilance est important, mais varié. On peut classer la victimisation de ces quartiers en trois groupes. Le quartier avec un niveau de victimisation faible. Denver-Bonamoussadi se situe dans cette catégorie avec 0,52 personne victimisée par ménage. Ensuite les quartiers avec un niveau de victimisation considérable. Ce groupe comprend Mobil Guinness et Bonangang avec 1,2 personne par ménage victimisé. Enfin, les quartiers avec un niveau de victimisation très élevé (de 1,5 à 2 personnes par ménage) formés par Bilongué II, Dibom III et Dibom II.

Le niveau de victimisation des ménages ci-dessus montre que le standing du quartier influence généralement son niveau de sécurité. Il apparait assez clairement que les ménages des quartiers de bas standing sont trois à quatre fois plus victimisés que les ménages des quartiers de haut standing, et que les quartiers de moyen standing sont deux fois plus victimisés que les ménages des quartiers de haut standing. La comparaison de victimisation des ménages entre les quartiers de moyen et de bas standing montre que ces derniers sont 1,5 fois plus victimisés que les quartiers de moyen standing.

IV. LES STRATEGIES PRIVEES DE LUTTE CONTRE LA CRIMINALITE DANS LES QUARTIERS DE DOUALA

En fonction des acteurs, deux stratégies sont mises en place dans ces quartiers pour lutter contre la criminalité à savoir, la stratégie de lutte collective et la stratégie de lutte individuelle.

IV.1. La stratégie de lutte collective contre la criminalité

La stratégie de lutte collective est portée par les comités de vigilance[30] et /ou les comités de développement[31], mais également par les commerçants. C'est surtout l'organisation du travail de ces comités sur le terrain qui marque la particularité de chaque quartier dans la lutte contre la violence et la criminalité.

---

[30] Un comité de vigilance est une organisation de sécurité à but non lucratif créée par un quartier et consacrée à la prévention de la violence et de la criminalité dans ce quartier.

[31] Un comité de développement est une association mise en place par les habitants d'un quartier pour améliorer ses infrastructures (éclairage public) et son environnement physique (curage de drains, désherbage des espaces publics).

IV.1.a. La mise en place du comité de vigilance

Les répondants de nos quartiers d'étude affirment à 76 % que c'est le niveau élevé de l'insécurité dans leur quartier qui justifie la mise en place du comité de vigilance. Cependant, les stratégies pour mettre en place ces comités ne sont pas uniformes. A Dibom III et Dibom II, les chefs du quartier ont confié le recrutement des vigiles du comité de vigilance à un agent de la société privée de gardiennage « Africa Security ». Cet agent a choisi avec l'aide de quelques chefs de blocs, 21 vigiles qu'il a formés aux techniques d'auto-défense et mis à la disposition du quartier. A Bonangang, les responsables du quartier ont choisi les vigiles parmi les enfants du quartier ayant une bonne moralité et un « physique de sportif ». A Denver-Bonamoussadi, les parents n'acceptent pas que leurs enfants soient vigiles et ont confié cette tâche aux personnes venant d'ailleurs notamment les Toupouri originaires de l'Extrême-Nord. Leur recrutement est précédé d'une enquête de moralité à la gendarmerie ou au commissariat de police le plus proche. Puis une liste de noms de vigiles retenus est déposée à la Sous-préfecture de la localité. Le Sous-préfet envoie une copie de cette liste au chef du quartier concerné. Cependant, cette procédure n'est pas suivie dans tous les quartiers, notamment dans ceux de Bilongué II et de Mobil Guinness, où les jeunes du quartier se sont organisés, avec l'approbation du chef du quartier pour lutter contre la criminalité.

A Denver, les responsables du quartier ont signé en 2008 un contrat avec la société ERG[32] afin que celle-ci encadre les vigiles du quartier. Chaque soir, cette société vient faire une patrouille en voiture dans le quartier.

IV.1.b. Les stratégies de lutte contre la criminalité déployées par les comités de vigilance

Plusieurs stratégies sont développées sur le terrain par les vigiles : le contrôle, la sensibilisation et la collaboration avec les forces de maintien de l'ordre.

- Les stratégies de contrôle du quartier par les vigiles

Tous les soirs, à partir de 20 heures ou 21 heures, les différentes voies donnant accès au quartier sont généralement sous le contrôle des vigiles. Ces derniers filtrent toutes les personnes qui entrent ou sortent du quartier, mais

[32] Le responsable de la sécurité du quartier Denver verse à la société ERG 90 000F chaque mois en contre-partie de la patrouille motorisée que cette société effectue dans le quartier.

surtout fouillent toutes les voitures étrangères au quartier à leur sortie. Entre temps, d'autres vigiles patrouillent à pied, à moto (cas de Dibom III) et même en voiture (cas de Denver) dans tout le quartier ; d'autres se positionnent sur les lieux jugés dangereux. Afin de pouvoir intervenir rapidement en cas de problème, le numéro de téléphone portable du chef des vigiles ou du responsable de la sécurité est communiqué aux chefs de ménage. A Bonangang, il y a une équipe d'intervention rapide composée de quatre vigiles disponibles à toute heure. Ainsi, les habitants peuvent appeler de jour comme de nuit et les vigiles interviendront rapidement. Ils peuvent également siffler pour alerter le voisinage car, de nombreux foyers possèdent un sifflet à cet effet.

En effet, les moyens utilisés pour contrôler ou sécuriser les entrées du quartier sont différents en fonction de leur standing. Dans le quartier riche de Denver-Bonamoussadi et de moyen standing de Mobil Guinness ou de Bonangang par exemple, le « *road closure* » ou « barrière de sécurité » est fixé à l'entrée de chaque rue qui dessert ces quartiers alors que dans les quartiers pauvres de Bilongué II et de Dibom II, les vigiles viennent attacher des cordes tous les soirs entre 20 heures et 21 heures à l'entrée du quartier. Dans les quartiers riches, une grosse barre en fer ou une chaîne en fer empêche l'accès des personnes indésirables au quartier la nuit. La barrière en fer a ceci de particulier qu'une voiture ou une moto ne peut pas facilement la franchir. Elle oblige les conducteurs de véhicules à s'arrêter, ce qui n'est pas le cas de la corde tendue dans les quartiers pauvres, qui, même si elle indique que le passage est contrôlé, ne peut bloquer ou arrêter un automobiliste ou un motocycliste qui voudrait la franchir. A Bonangang, les vigiles enregistrent les noms de tous ceux qui entrent ou sortent du quartier après minuit dans un registre réservé à cet effet. En plus du contrôle, les vigiles collaborent avec les FMO pour lutter contre le crime.

- La collaboration entre les vigiles et les FMO dans la lutte contre la criminalité

Un autre élément de la stratégie que l'on rencontre dans les quartiers de Douala est la collaboration entre les vigiles et les FMO. On peut distinguer plusieurs types de collaboration développés dans les lignes qui suivent.

Le secours : lorsque les vigiles sont devant un cas de grand banditisme, ils demandent du secours aux FMO. Parfois, ils appellent les FMO pour demander la conduite à adopter en face des difficultés. En cas de besoin, ils sollicitent souvent les forces de l'ordre qui habitent le quartier. Ils font également intervenir les FMO lorsque les populations veulent lyncher un bandit appréhendé. Ce fut le cas en janvier 2010 lorsqu'un bandit, arrêté après avoir volé un sac de pain fut bastonné et ne put avoir la vie sauve que grâce à l'intervention de la brigade de gendarmerie du quartier Nylon appelée par le chef de Dibom II. En général, lorsqu'un voleur est appréhendé par les vigiles, il est livré aux FMO.

Le renseignement des FMO par les vigiles : les vigiles indiquent aux FMO en cas de demande, les domiciles des bandits et des receleurs ou livrent des informations sur leur lieu de fréquentation ou leurs amis. Des informations sur des préparations des crimes dans le quartier sont également livrées aux FMO. Ce fut le cas en mai 2010 à Bilongué II, où un groupe de trois bandits - dont le chef de gang, un natif du quartier - s'apprêtait à attaquer les vigiles, parce que ces derniers disaient-ils, « *les empêchent d'opérer* » ; deux des trois bandits furent abattus par les FMO.

Enfin, les objets saisis aux voleurs sont déposés dans les commissariats de police, à la gendarmerie ou à la chefferie du quartier où les propriétaires passent les récupérer. A titre d'exemple « *en janvier 2010, un voleur a été appréhendé, il avait volé une moto. Il a pu s'échapper ; le chef du bloc a amené la moto au commissariat du 14ème arrondissement où le propriétaire est allé la récupérer* », nous raconte le chef de Dibom II. En 2012, un porte-tout avec quatre bouteilles à gaz est saisi aux mains des voleurs et déposé à la chefferie de Dibom III. Un communiqué a été diffusé sur les tableaux d'affichages du quartier afin que le propriétaire vienne retirer ses biens.

IV.2. Les actions de prévention initiées par les responsables du quartier et/ou les comités de développement

Deux stratégies de prévention se distinguent chez les responsables du quartier, notamment la communication et la réalisation des aménagements à but sécuritaire.

IV.2. a. La communication pour la prévention de la criminalité

Dans les quartiers de bas standing, certains responsables du quartier sensibilisent la population à travers des banderoles qui sont affichées dans les artères principales du quartier pour avertir les bandits et leur rappeler la sanction qu'ils encourent en cas de crime. Par ailleurs, avant le début de la sécurisation des quartiers pauvres par le comité de vigilance, le chef du quartier réunit généralement tous les parents pour les informer des dangers encourus par leurs enfants s'ils sont arrêtés pour délit, car très souvent les bandits sont des enfants du quartier. Ces enfants bandits quittent généralement le quartier dès que l'opération de sécurisation est lancée.

Cependant, la stratégie majeure des responsables du quartier est la réalisation des aménagements sécuritaires.

IV.2. b. Les aménagements physiques visant à prévenir la criminalité

Une autre stratégie de prévention des responsables du quartier consiste en la réalisation des aménagements à but sécuritaire dans leur milieu de vie, notamment l'amélioration de la visibilité par la pose des lampadaires sur des lieux jugés insécurisés, l'organisation des travaux de nettoyage et de désherbage du quartier et l'amélioration des rues du quartier.

En 2009, 58 lampadaires ont été installés à Bonangang par le Comité d'Autodéfense et de Développement de ce quartier. Dans les cinq autres quartiers, 6 lampadaires ont été posés ou remplacés en moyenne chaque année par les dirigeants du quartier avec les contributions financières des ménages. Il faut ajouter à cela les lampadaires installés par certains résidents pour éclairer les alentours de leur maison ou les lampadaires en panne réhabilités. Très régulièrement, les terrains inoccupés sont défrichés et les caniveaux curés. Les kiosques qui encombrent les rues et servent de cachette aux délinquants sont enlevés, s'ils ne sont pas régulièrement fermés par leurs propriétaires.

Afin de permettre la circulation des populations et l'intervention des FMO dans le quartier, plusieurs rues principales en mauvais état sont refaites par les responsables du quartier avec des fonds collectés auprès des habitants. C'est le cas à Dibom III où la rue « Entrée Bille » - « Marché Dibom III », sur une distance de 1,5 km environ a été reprofilée en 2009. D'après le chef de ce quartier, les fonds collectés d'un montant de 700 000 F CFA ont permis de louer un tracteur, de payer le carburant et le technicien qui a réalisé les travaux.

IV.3. La prévention des vols par les commerçants du marché de Dibom III

Face à l'insécurité, les commerçants du Marché de Dibom III se sont organisés pour assurer la sécurité de leurs boutiques en recrutant trois gardiens de nuit. Dès 18 heures, ces gardiens prennent service. Ils sont équipés de lances, d'arcs, de sifflets et de couteaux. La nuit, dans un premier temps, ils font la ronde des boutiques en groupe et après, chaque gardien se positionne sur un point du marché. Chaque boutique paye entre 1 000 F et 2 000 F pour le gardiennage par mois. Le critère pour fixer le montant du gardiennage tient compte de la taille de la boutique et des investissements en fonds de commerce. Les gardiens collectent l'argent ensemble et se le partagent par la suite. En cas d'attaque d'un gardien, il alerte ses collègues par un sifflet et le bandit généralement s'enfuit ou est neutralisé. Leur surveillance est efficace dans la mesure où l'on signale rarement des boutiques cambriolées. Par ailleurs, les commerçants ont renforcé la sécurité de leurs boutiques en fabriquant des portes ou de grilles métalliques. Certaines boutiques ont des doubles portes métalliques qui sont verrouillées le soir par quatre à huit clés.

IV.4. Les mesures préventives individuelles de la criminalité

IV.4. a. La protection du domicile, principale mesure de prévention du cambriolage

En plus des mesures collectives mises en place par le quartier pour réduire les opportunités criminelles, chaque chef de ménage développe des mesures additionnelles pour sécuriser son domicile.

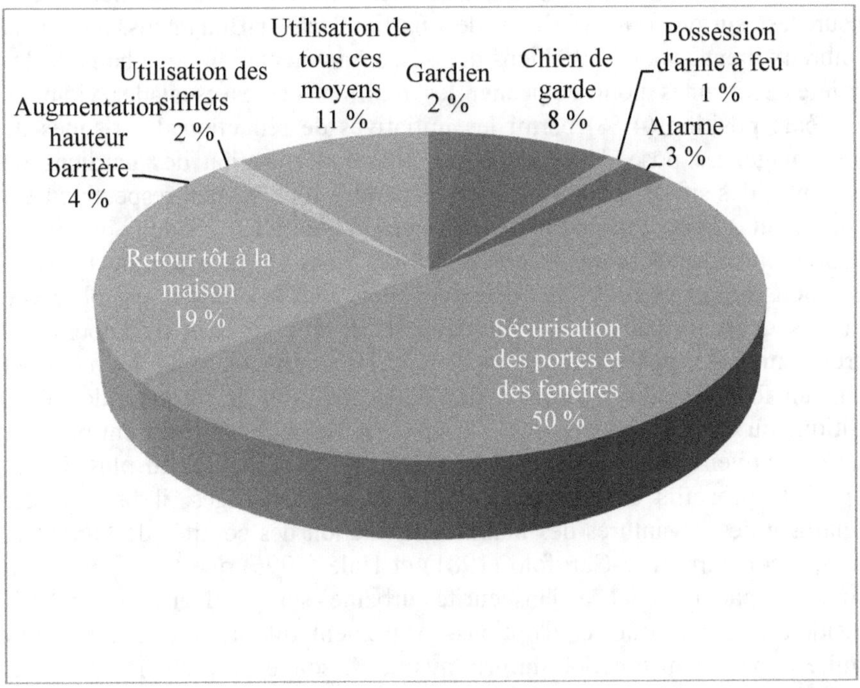

Fig. 3. Mesures de prévention contre le cambriolage par les ménages de Douala entre janvier 2010 et juillet 2011

Source : Enquêtes de terrain, juillet 2011

Pour éviter, empêcher ou réduire ces délits, diverses mesures sont prises par les ménages. La figure 1 montre que la principale pratique de prévention de cette infraction est la *sécurisation des portes et des fenêtres par la pose des antivols* (50 %). Cette technique vise à prévenir le crime en le rendant plus difficile à commettre par le renforcement de la cible. Ce dispositif de prévention est le plus utilisé par les ménages des différents quartiers de l'étude. Cependant, dans le quartier riche de Denver-Bonamoussadi, plusieurs portes sécurisées à l'entrée des immeubles et des villas ont été mises en place, avec un dispositif d'interphonie, le système de verrouillage électronique par aimantation étant actionné par les clés « vigik». Ce dispositif se remarque également sur quelques entrées de villas de Mobil Guinness, mais est totalement absent dans les quartiers de bas standing de Bilongué II et de Dibom II. L'installation d'un système d'interphone pour vérifier les personnes qui entrent dans un bâtiment, relève de la technique de contrôle d'accès.

Certaines familles rentrent tôt à la maison (19 %) pour sécuriser leur domicile et réduire les risques de cambriolage. L'utilisation des chiens de garde pour dissuader les délinquants vient en troisième position. Cette mesure est surtout observée dans le quartier Denver-Bonamoussadi où de nombreux ménages ont des chiens dressés. L'augmentation de la hauteur des barrières existantes pour empêcher les malfrats de les escalader vient en quatrième position (4 %) parmi les initiatives de réduction des risques de cambriolage. La pose des alarmes antivol et l'utilisation des gardiens de maisons et des sifflets pour dissuader les bandits représentent respectivement 3 %, 2 % et 2 % de l'ensemble des tactiques préventives ; les deux premières mesures précédentes, sont observées surtout dans les quartiers de Denver-Bonamoussadi et et de Mobil Guinness alors que la dernière est observée dans les quartiers pauvres de Bilongué II, de Dibom II et de Dibom III. Certains ménages possèdent des armes à feu. Il s'agit ici surtout des ménages ayant un fonctionnaire de police, de gendarmerie ou de l'armée, de l'élite politique ou de celle des affaires. Enfin, 11 % des ménages utilisent presque tous ces moyens pour prévenir le cambriolage de domicile. En plus de ces dispositifs proactifs de protection contre les cambriolages, il faut ajouter l'éclairage des devantures des maisons et l'action des comités de vigilance. On peut conclure avec Garofolo (1981) et Hale (1996) que les réponses au crime, et par ricochet à l'insécurité urbaine sont influencées par des considérations de coûts et d'options. Autrement dit, les précautions pour réduire la peur sont fonction du prix qu'une personne est prête à payer pour accéder à la sécurité.

Cependant, toutes les mesures prises pour prévenir les cambriolages de domicile sont un peu différentes des initiatives utilisées pour éviter les agressions physiques.

IV.4.b. Les mesures de prévention contre les agressions physiques

La peur incite les habitants de Douala à modifier leurs habitudes de vie, notamment à adopter des mesures d'évitement des agressions physiques. Les répondants utilisent quatre principales mesures personnelles pour éviter les agressions physiques. Ainsi, 35 % des habitants choisissent de rentrer tôt à domicile ; 22 % évitent des coins dangereux ; 16 % se déplacent peu la nuit et 9 % usent de prudence et de vigilance pour se prémunir des agressions. Cependant 18 % des habitants ne font rien pour esquiver les agressions et s'en remettent à la protection de Dieu.

Dans l'ensemble des six quartiers de l'étude, les différentes mesures pour se prémunir contre les agressions physiques se résument à l'évitement. Ainsi, les habitants lorsqu'ils le peuvent, esquivent tous les lieux ayant une mauvaise réputation. Il s'agit notamment des lieux dangereux (*hot spots*), et des endroits ayant des caractéristiques physiques pouvant faciliter la commission du crime comme les rues non éclairées et les espaces vacants ou peu fréquentés par les habitants. Malgré sa nature contraignante, l'évitement spatial est relativement populaire auprès de la population de Douala. Ce comportement est observé dans de nombreuses villes du monde notamment chez les Canadiens (Martel, 1999, cité par Echeverria 2011), à Dallas et à Seattle aux Etats Unis (Warr, 1994, cité par Echaverria).

Les lieux ne sont pas les seuls éléments insécurisants. Certains types de personnes du fait de leur habillement, de leur démarche ou de leur expression peuvent l'être aussi. En effet, les répondants de notre enquête disent qu'ils se tiennent à bonne distance des inconnus dans la rue, notamment la nuit. D'autres personnes, notamment à Denver-Bonamoussadi et à Mobil Guinness, réduisent certaines de leurs activités routinières en évitant les transports en commun, certains centres commerciaux, ou les promenades solitaires, dans l'espoir de réduire leur risque de victimisation.

Nous pouvons dire que l'insécurité perçue ou réelle, influence les modes de vie et les dynamiques urbaines à Douala. La préoccupation pour la sécurité pèse sur le choix de la mobilité urbaine des ménages, sur l'attractivité des secteurs économiques, sur le choix des modes de transport. Elle favorise le retranchement des habitants à leur domicile et la fermeture de certains espaces au public.

IV.4.c. Les mesures de prévention contre les vols à la tire

Les approches de prévention des vols à la tire varient d'une personne à l'autre ou selon le type d'objet visé par les délinquants. Les femmes et les filles averties portent des pantalons « jeans » voire des pantalons serrés où elles insèrent leur porte-monnaie. Nombreuses sont celles qui portent des « cyclistes » (culotte collante) ou des culottes avec une poche « secrète » à l'intérieur, ou des grandes robes encore appelées « *kaba ngondo* ». Elles y mettent l'argent et leur téléphone portable en toute sécurité. Pour éviter le vol à l'arraché du téléphone portable, plusieurs femmes le dissimulent dans leur soutien gorge ou dans un sac à main qu'elles serrent contre leur poitrine. De plus en plus, peu de femmes vont au marché avec les bijoux de valeur pour diminuer le risque d'être victimes des voleurs (Meutchehe Ngomsi, 2010). Certaines femmes se font accompagner au marché par leur personnel de maison, un enfant ou leur époux afin d'augmenter leur protection et celle de leurs biens. Quant aux hommes, ils mettent leur porte feuille dans la poche de leur pantalon et maintiennent une main dans la poche, quant ils sont dans des lieux jugés insécures.

V. LES MOYENS DE FINANCEMENT DES STRATEGIES PRIVEES DE LUTTE CONTRE LA CRIMINALITE

Tous les comités de vigilance de Douala se financent par les contributions volontaires des habitants du quartier.

Tableau 3 : Contributions des ménages destinées aux comités de vigilance et aux activités de développement du quartier en janvier 2010

Quartiers,	Estima-tion du nombre de ménages	Montant de la contribution par ménage	Cotisa-tion en janvier 2010	% des ména-ges ayant cotisé	Nombr e de vigiles dans le quartier
Dibom III	1 623	1 000	800 000	49 %	21
Dibom II	1 065	1000	375 000	35 %	14
Bilongué II	809	1 000	357 000	44 %	18
Mobil Guinness	-	2 000 à 5 000	216 000		9
Bonangang	2 500	1 000	600 000	24 %	22
Denver-Bonamouss adi	-	2 000 à 5 000	300 000		6

Source : Enquêtes de terrain, janvier–mai 2010

Dans les six quartiers de l'étude, 36 % des ménages en moyenne ont jusqu'ici payé leur contribution pour le fonctionnement des comités de développement et/ou de vigilance. Dibom III enregistre le taux de contribution le plus élevé avec 49 % des ménages. Vient ensuite Bilongué II avec 44 %. A Dibom II, un ménage sur 3 environ paye sa contribution alors qu'à Bonangang c'est seulement 1 ménage sur 4 qui s'acquitte de sa cotisation. Dans l'ensemble, 2 ménages sur 3 ne payent pas leur contribution pour le soutien des activités de développement et de sécurité du quartier. Le montant de la contribution varie entre 500 F CFA pour les locataires à 1000 F CFA par mois pour les propriétaires à Dibom II. Il est de 1 000 F CFA par mois par ménage à Dibom III, Bilongué II et Bonangang. Dans les quartiers de moyen et haut standing de Mobil Guinness et Denver-Bonamoussadi, il varie entre 2000 F CFA et 5 000 F CFA par ménage selon que celui-ci est locataire ou propriétaire.

Ces contributions sont collectées par les chefs de bloc à Dibom II et Dibom III, à la fin du mois. A Bilongué II, Mobil Guinness et Bonangang, ce sont les vigiles qui passent d'une maison à l'autre pour collecter les contributions des ménages à la sécurité. A Denver-Bonamoussadi, elles sont payées au responsable de la sécurité par chaque chef de ménage.

A Dibom II et à Dibom III, pour éviter le détournement des contributions, des carnets ont été imprimés par bloc et signés par le chef du quartier et de bloc. Le chef de bloc reçoit la contribution du ménage contre un reçu. Par ailleurs, au cours de leur passage, les chefs de bloc informent les résidents sur l'utilisation des fonds précédemment collectés et les sensibilisent sur la nécessité de soutenir le comité de vigilance et celui de développement. A Mobil Guinness et Bilongué II, les vigiles adressent régulièrement au chef du quartier une correspondance portant sur le bilan financier et sécuritaire de leur activité dans le quartier.

En général, le recouvrement des contributions est difficile. La difficulté première provient de son caractère volontaire. L'absence de coercition ouvre la porte à toutes les manœuvres pour éviter de payer. Certains habitants n'honorent pas plusieurs rendez-vous de payement, ce qui finit par décourager les collecteurs. D'autres habitants agressent verbalement les collecteurs. A cause des difficultés de recouvrement, le salaire des vigiles est bas et irrégulier. Il varie entre 25 000 F CFA et 35 000 F CFA[33] par mois dans les quartiers de bas standing, et il est en moyenne de 35 000 F CFA dans les quartiers de moyen et de haut standing. Ce bas salaire ne permet pas toujours aux vigiles de bien vivre, vu le coût de la vie à Douala ; il est à l'origine de la démission d'un certain nombre d'entre eux.

[33] En 2009 à Dibom III, le quartier versait chaque mois un million de francs au chef des vigiles pour la paye des 20 vigiles. Mais six mois plus tard, ce montant a été revu à la baisse suite à la diminution des contributions des ménages. Depuis juin 2012, ce sont 350 000 F CFA qui sont versés pour le payement des 20 vigiles. Cette baisse drastique a obligé le chef des vigilex à réduire ses effectifs de 20 à 10 vigiles.

Quelquefois, des moyens de contraintes sont utilisés pour pousser le plus grand nombre de ménages à payer leur contribution. Comme mesure, nous avons notamment la fermeture de la « barrière de sécurité » à Denver à ceux qui n'ont pas payé leur contribution. Il faut dire que dans ce quartier, nombreux sont les chefs de ménages qui disposent d'une voiture et lorsque la barrière leur est fermée, ils ne peuvent pas quitter le quartier ni y renter. A Dibom III et à Dibom II, les chefs[34] de quartiers ainsi que ceux des blocs de quartiers, refusent d'intervenir en faveur des chefs de ménages qui ne se sont pas acquittés de leur contribution. Ainsi, si les moyens de financement sont identiques, les stratégies de recouvrement sont différentes selon le standing du quartier.

V. BILAN DES COMITES DE VIGILANCES

Dans tous les quartiers où le comité de vigilance existe, les vols, les cambriolages et les agressions physiques ont considérablement diminué.

D'après 99 % des répondants des six quartiers de l'étude, la criminalité a baissé avec la mise en place des comités de vigilance alors que 1 % estime qu'il n'y a eu aucun changement. Pour 46 % des répondants, les vols et les agressions ont diminué ; pour 24 %, les plaintes pour agressions et vols ont baissé ; pour 21 %, la circulation possible à toute heure de la nuit dans le quartier qui constitue le baromètre de la baisse des actes délictuels alors que 9 % s'appuient sur l'absence de cris de détresse la nuit pour justifier cette baisse.

Les déclarations suivantes, recueillies lors des interviews auprès des populations accréditent la thèse de diminution de la criminalité :

« *Avant, chaque fois qu'une fête était organisée dans le quartier, les vandales venaient toujours « gâter », ce n'est plus le cas* » déclare un habitant de Bilongué II. « *Avant, nous étions agressés de jour comme de nuit. Nous trouvions des cadavres en nous réveillant, les gens étaient mutilés avec des machettes. Ce n'est plus le cas actuellement depuis le mois de juin 2009 ; nous n'entendons plus des cris de secours par-ci et par-là* » déclare le chef de bloc de Dibom III pour indiquer le retour de la sécurité au quartier. Le secrétaire de la chefferie de Dibom II renchérit dans ces termes, *« notre quartier est plus en sécurité maintenant. Il y a des larcins, vol de poules par-ci ou par là. Ce sont les faits isolés qui viennent parfois de l'intérieur même des familles victimes. Autrefois, c'était des attaques à main armée, à arme*

[34] A Dibom III, le chef du quartier ainsi que les chefs de blocs refusent de « gérer » toute plainte provenant d'un résident qui n'a pas payé sa contribution mensuelle de 1 000 F CFA pour le comité de vigilance et/ou de développement.

blanche, de jour comme de nuit ». Le retour de la sécurité se traduit également dans les quartiers étudiés par la circulation des habitants la nuit et la fermeture tardive des lieux de commerce, par la présence des enfants qui jouent dans la rue, mais également par la baisse de la justice populaire qui consistait à mettre à mort tous les bandits ou présumés bandits arrêtés dans ces quartiers. « *Aujourd'hui grâce à la sensibilisation et la baisse de l'insécurité, la population accepte que les bandits soient livrés aux FMO* » nous explique le chef des vigiles de Dibom II.

Cependant, les améliorations sur le plan sécuritaire ne doivent pas être mises seulement à l'actif des comités de vigilance ; elle sont aussi le fruit du travail des autres associations implantées dans le quartier (association de jeunes ou de femmes et associations à caractères ethniques) et des activités des comités d'hygiène et de salubrité, des comités de développement de quartier et des autorités traditionnelles de quartiers (notamment l'amélioration de l'éclairage public et l'entretien des rues), de la collaboration entre les habitants des quartiers et les Forces de Maintien de l'ordre et de la construction d'un esprit communautaire par l'organisation régulière des rencontres entre les habitants des quartiers.

CONCLUSION

Dans la ville de Douala, les quartiers de bas standing sont ceux qui produisent le plus de délinquance. Les quartiers de haut standing connaissent moins de victimisation. Cette différence est due au fait que les quartiers de faible standing offrent plus d'opportunités criminelles, un plus grand nombre de zones à hauts risques et de forte inégalités sociales que les quartiers riches, mieux tracés, mieux construits et mieux surveillés grâce à la présence des gardiens, des chiens et des caméras de vidéosurveillance.

Pour réduire l'occurrence des crimes dans les différents quartiers, des mesures collectives, dont les comités de vigilance et de développement ont été créés. Ces comités ont mis en place une action dissuasive, préventive et curative à l'égard de l'insécurité et de la criminalité dans les quartiers de la ville de Douala. Les contrôles aux entrées des quartiers, les patrouilles à pied à l'intérieur des quartiers, les alertes par les sifflets, les cris et les téléphones portables ont une réelle capacité dissuasive, parce qu'ils mettent en valeur la ferme volonté des populations de faire face à l'insécurité. Les méthodes de travail des comités de vigilance sont aussi dissuasives parce qu'elles poussent les délinquants résidant dans les quartiers à les quitter ou à ne plus y commettre des actes délictueux. Les actions de surveillance des quartiers par les comités de vigilance ont également des vertus préventives, facilitant la collaboration entre les forces de l'ordre et les habitants des quartiers pour y combattre l'insécurité. Les méthodes de travail des comités de vigilance sont aussi curatives parce qu'elles permettent de traquer et d'arrêter les bandits.

Les initiatives privées de prévention de la criminalité à Douala qui viennent d'être analysées traduisent à n'en point douter la ferme volonté des habitants de cette ville de prendre le relais de l'État défaillant dans leurs quartiers en matière d'offre de sécurité des personnes et des biens. Les quartiers de haut standing se distinguent par le « road closure » et les quartiers de bas standing par la stratégie de sensibilisation contre la criminalité et l'organisation régulière des travaux d'intérêt communautaire. Partout où les comités de vigilance ont été mis en place, il y a eu baisse considérable de l'insécurité, car les jeunes vigiles évoluent en terrain connu et bénéficient de la collaboration de la population.

L'intervention des acteurs civils dans la sécurisation de leur milieu de vie est devenue très courante dans les quartiers de Douala. Ces acteurs y assurent mieux que les FMO, la sécurité des personnes et des biens. Ils méritent que les pouvoirs publics camerounais les intègrent dans les stratégies nationales de lutte contre la criminalité et l'insécurité.

BIBLIOGRAPHIE

Baker B., 2010, Forces non étatiques de maintien de l'ordre : élargir les paramètres pour faire face à la violence urbaine en Afrique, *Bulletin de la sécurité africaine,* n°7, pp. 1-8

Benit C., 2004, Nous avons dû prendre la loi entre nos mains : pouvoirs publics, politiques sécuritaires et mythes de la communauté à Johannesburg, *Raisons politiques*, n° 15, pp. 53-68.

Bénit-Gbaffou, C., 2006, Police-Community partnerships in responses to crime: Lessons from Yeoville and Observatory, Johannesburg, *Urban Forum*, 17 (4), pp. 7-32.

Cohen E., Felson, M., 1979, Social Change and Crime Rate Trends: A Routine Activity Approach, *American Sociological Review*, vol. 44, n° 4, pp. 588-608.

Echeverria P. L., 2009, *L'impact de l'insécurité urbaine sur les entreprises manufacturières d'Amérique latine* : *une étude de cas, Puebla au Mexique.* Thèse de Ph D., Université du Québec à Montréal.

Fabiyi O., 2006, Analysis of inter-community levels of urban street networks and social interaction in enclusureneighourhoud in Johannesburg, *Humanity & Social Science Journal* 1(1), pp. 79-95.

Garofalo, J., 1981, The F ear of Crime: Causes and Consequences, *The Journal of Criminal Law & Criminology*, Vol.72, n° 2, pp. 839-857.

Harnischfeger, J., 2003, Bakassiboy: fighting for crime in Nigeria, *Journal of Modern African Studies*, Vol. 41, n° 1, pp. 23-49.

Hale C., 1996, Fear of Crime: A Review of The Literature, *International Review of Victimology*, n° 4, pp. 79-150.

Heald S., 2007, Controlling crime and corruption from below: Sungusungu in Kenya, *International Relations* 21, n°2, pp. 183-199.

Issa Saibou, 2004, La répression du grand banditisme au Cameroun, entre pragmatisme et éthique. In *Annales de la Facultés des lettres, langues, arts et sciences humaines de Bamako* n° 3, http://www.recherches-africaines.net/document.php?id=242.

Loé M. ; Meutchehe Ngomsi C.; Nken, M., 2006, *Stratégie de prévention de la délinquance à Douala*, Rapport d'étude, PNUD-PNUEH-MINDUH-CUD, Douala.

M'packo, M., 2000, Violence, délinquance et insécurité à Douala, Document Internet.

Meutchehe Ngomsi C. A., 2010, *Contexte urbain et criminalité à Douala*, Université de Yaoundé I, FALSH, Département de Géographie, 352 p., Thèse de Ph D de géographie.

Meutchehe Ngomsi C. A., 2009, Sécurité et bonne gouvernance, binôme d'un management inclusif et productif de la ville de demain. Cas de Douala, *Ville-Management, n°7.*

Mutations, journal du mercredi 2 septembre 2009.

Meutchehe Ngomsi C. A. ; Sados T. C. ; Tchoko I., 2003, *Pour des aménagements urbains sécuritaires à Douala*, PNUD-PNUEH-MINVIL, Rapport d'étude, CUD, Douala.

Nga Ndongo V., 2008, Violence, délinquance et insécurité à Yaoundé. Informations générales.

Nkou M., 2002, Justice parallèle au Cameroun : la réponse des populations camerounaises à la crise de la justice de l'Etat, *Droit et société*, n°s. 51/52, pp. 369-381.

Peyroux E. ; Benit-Gbaffou, C., 2010, Quartiers résidentiels fermés, privatisation de la sécurité et gouvernance urbaine : lecture croisée des phénomènes observés dans les villes d'Afrique sub-saharienne. In Peyroux,

E., Benit-Gbaffou, C. *Sécurisation des quartiers et gouvernance locale : Enjeux et défis pour les villes africaines* (Afrique du Sud, Kenya, Mozambique, Namibie, Nigeria), Karthala, pp. 5-37.

Skogan W.; Maxfield M., 1981, *Coping with Crime,* SAGE publications, London.

6▪ LA CLIQUE DES *AWACHEURS* DE LA VILLE DE YAOUNDE

Pierre François Edongo Ntede

RESUME

Il y a à Yaoundé aujourd'hui, une catégorie de jeunes délinquants qui opèrent prioritairement dans les collèges et lycées de la ville. Ces jeunes délinquants connus ici sous le sobriquet d'*awacheurs* y intimident, rackettent, volent ou violent les élèves. Produits d'une société qui semble avoir abandonné ses jeunes à eux-mêmes, ils y tiennent leur pratique du chômage et de la pauvreté dont ils veulent en sortir.

Ces *awacheurs,* disent-ils, agissent ainsi parce qu'ils ne peuvent pas faire autrement. En effet, ils « tentent des coups » comme ils le font dans les collèges et lycées pour s'assumer matériellement et moralement. S'ils n'opèrent pas en gangs organisés, ils n'en constituent pas moins l'expression avérée d'une violence connue de tous. Leur pratique pour le moins abjecte, est une forme de réprobation voire de condamnation d'une société qui se désintéresse d'eux.

Mots-clés : *« Awacheurs », délinquance juvénile, intimidation, racket, harcèlement, violence, éducation, ordre social.*

INTRODUCTION

Le terme *awacheur* est un substantif utilisé dans l'argot camerounais. Il s'agit d'un sociolecte dont l'usage est récurrent chez les jeunes. C'est un registre de langue qui a pour fonction de crypter le message, avec pour visée qu'un non initié ne le décode. En le décomposant, on peut supposer qu'il dérive du verbe anglais « *to wash* » qui signifie laver au *sens dénoté* et dépouiller au *sens connoté.* Le terme a évolué avec le préfixe « a » pour devenir « *awash* » qui signifie dans les milieux scolaires, arracher ou s'approprier les biens d'autrui au moyen de la force ou de l'intimidation. Les « *awacheurs »* sont des jeunes gens en marge des normes sociétales qui arnaquent les élèves des collèges et lycées des grandes villes. Ce sont des racketteurs et des voleurs qui harcellent et intimident. Pour ceux des élèves qui s'engagent dans ces bandes de déviants à la norme, il s'agit du non-respect des obligations morales, autrement dit, des transgressions conscientes des règles. Les *awacheurs s*élaborent de nouvelles formes sibyllines de déviances pour survivre et améliorer leur quotidien. Ils sont à la base d'une pratique de débrouillardise, mais aussi d'une forme de délinquance visible, moins bruyante et peu dénoncée.

Souhaitant dépasser ces considérations générales, nous nous sommes mis en quête de mieux comprendre la pratique des *awacheurs,* depuis ses fondements jusqu'à ses implications, en passant par ses modes opératoires et sa transcription spatiale. Avant nous, certains auteurs ont conduit des recherches d'un grand intérêt scientifique et pratique sur la violence des jeunes dans les sociétés. Cest le cas du français E. Debarbieux (2006) qui plaide pour des enquêtes de victimation et pour une approche raisonnée permettant de distinguer à la fois les différents types de violence et les différents contextes qui les produisent. J. Pain (2006) pense que c'est *« la libération des mœurs de la société civile »* qui entraine une *« érosion en règle des racines normatives... »*. Pour B. Charlot et J. C. Emin (1997), la violence n'est pas une soudaine malédiction qui s'abattrait sur les établissements scolaires : elle est corrélée à l'état de la société et de son école. Plus près de nous, D. Mvogo (2009), dénonce le déploiement des égoïsmes au Cameroun et prévoit que la fracture entre les riches et les pauvres fera que ces derniers se muent en *« trouble-fête qui menacent en tout temps de changer l'abondance en disette et la tranquille sécurité des possédants en insécurité permanente ! »*

L'objectif de la présente contribution est de faire la lumière sur une pratique de débrouillardise que les jeunes citadins de la ville de Yaoundé utilisent pour sortir des passes difficiles et améliorer leur quotidien. A travers elle, nous voulons mettre à la disposition des dirigeants politiques du Cameroun, une base d'analyse scientifique qui leur permet de comprendre les tenants et les aboutissants du phénomène des *awacheurs*, forme de débrouillardise immorale et de prendre des mesures pour limiter sa portée, à défaut d'y mettre fin.

S'agissant de la construction de la méthodologie de cette contribution, l'auteur a conduit au cours des années scolaires 2008-2009 et 2009-2010, des enquêtes dans 6 établissements secondaires de la ville de Yaoundé. Il y a interrogé 400 élèves, 20 enseignants, 5 proviseurs et 1 directeur. Pour la collecte des données, il a utilisé un guide d'entretien et a conduit une observation directe. Des entretiens semi-directifs ont été réalisés et ont débouché sur des récits de vie.

Deux options ont été offertes aux administrateurs scolaires et aux élèves pour l'obtention des données : les processus de consentement actif et de consentement passif[35]. Afin de vérifier nos hypothèses de départ, nous avons interviewé quatre cents jeunes dont certains étaient incarcérés dans des commissariats de police jouxtant les établissements scolaires. Ils avaient entre 13 et 18 ans. En effet, ce choix s'est opéré durant notre recherche pour des raisons pratiques, car les jeunes rencontrés dans la rue s'avouent rarement « *awacheurs* ». Nous avons échangé avec ces jeunes sous forme d'entretiens semi-directifs dont certains ont donné lieu à des récits de vie. Les entretiens se sont déroulés sur 14 mois dans des établissements particulièrement stigmatisés par le problème des *awacheurs* : le lycée de Nkol-Eton, le lycée d'Efoulan, le lycée de Mbala II, le lycée Général Leclerc, le lycée bilingue d'Essos et le collège Jean Tabi d'Etoudi. Cette phase d'observation nous a été utile pour comprendre le phénomène de l'intérieur (Mbonji Edjenguèlè, 2005) et dans leur cadre de vie.

Avant de circonscrire le portrait des « *awacheurs* », leur pratique quotidienne et les implications de celle-ci, il est important de situer le contexte socio-économique dans lequel ils ont émergé. En effet, comme le souligne Mbonji Edjenguèlè (2005), « *l'anthropologue se doit, de domicilier les éléments à étudier... C'est dire que tout fait social ne peut et ne doit s'analyser, s'expliquer que s'il est restitué, « resitué » dans les contextes spatio-temporel et socioculturel qui l'ont produit, contextes où le chercheur l'a collecté et qui seuls lui donnent sens.*»

I. LE CONTEXTE SOCIO-ECONOMIQUE D'EMERGENCE DES *AWACHEURS*

Le rapport 2011 de l'Institut National de la Statistique du Cameroun est formel : le contexte économique et social camerounais est « *marqué par un marché du travail fortement caractérisé par la prédominance des emplois précaires majoritairement créés dans le secteur informel* ». Cette situation touche principalement les jeunes diplômés. En fait, le taux de chômage croît avec le niveau d'instruction. Les jeunes chômeurs sont aussi majoritairement issus des familles les moins favorisées. Ils sont incapables de satisfaire leurs besoins les plus élémentaires et se placent ainsi sur une trajectoire d'exclusion.

Jusqu'ici, très peu d'études se sont penchées sur la question de la précarité des jeunes avec comme corollaire, la fracture sociale qui entraîne

---

[35] Le consentement actif requiert la signature d'un parent/tuteur sur un formulaire scolaire pour permettre la participation de son enfant. Dans le consentement passif, le proviseur et les conseillers d'orientation nous aidaient à administrer le questionnaire dans le cadre de la sécurité à l'école.

elle-même une recrudescence de phénomènes d'inadaptation, de marginalité et de violence au sein de la population[36]. Notre société se voile-t-elle les yeux, lorsque les politiques ne cessent d'affirmer que le pays se porte bien alors qu'ils sont en passe de perdre le contrôle de la situation en se montrant incapables de protéger la gent juvénile du chômage ? Les fruits de telles déclarations axées sur l'emploi des jeunes ne sont pas encore très visibles. Le gouvernement privilégie les grands travaux pour réduire le taux de chômage des jeunes. Cependant, les emplois issus des politiques de grands travaux ne sont pas en général durables. Même le recrutement massif du 10 février 2011 de 25.000 jeunes ne semble pas avoir résolu l'épineux problème du chômage auquel le Cameroun est confronté. Comme on le voit, ce pays traverse une crise économique et sociale qui ne promeut plus la socialisation positive des jeunes, en les préparant dans le cadre du respect des normes et des valeurs, à une intégration réussie. Les constats faits sur le terrain nous démontrent que la société camerounaise favorise plutôt la mise en place des stratégies de survie par les classes pauvres. Les jeunes sont en immersion dans des milieux favorisant la multiplication d'actes en marge de toute valeur saine.

Le rapport 2011 de l'Institut National de la Statistique présente par ailleurs un taux de chômage (au sens du BIT) [37], qui se situe à 13,8 %. Si ce taux reste apparemment bas, il est masqué par un chômage déguisé et un sous-emploi qui touche plus de 70 % des personnes en activité. Le même rapport affirme enfin que le chômage est accentué en milieu urbain. Les villes de Yaoundé et de Douala affichent les niveaux de chômage et de sous-emploi des jeunes les plus élevés. Ces chiffres voilent l'ampleur du problème, car en calculant le taux de chômage, on ne prend pas en compte les personnes inactives ou celles qui travaillent dans le secteur informel ou sont en situation de sous-emploi. La précarité est ainsi observable sur toute l'étendue du territoire. Trouver un emploi productif n'est pas facile au Cameroun.

---

[36] Le rapport de la BAD en 2012 à Arusha, qui vise à promouvoir l'emploi des jeunes, dresse un tableau poignant sur les difficultés auxquelles se heurte le continent en matière d'emploi et de perspectives d'avenir pour sa jeunesse. L'économiste français Jan Rielaender de l'OCDE parle de « temps durs pour les jeunes Africains ». Il dénonce la difficulté particulière des jeunes Africains à pouvoir s'intégrer dans le monde par manque de perspectives et d'opportunités professionnelles.

[37] *Les définitions du BIT ne permettent pas une caractérisation optimale et exhaustive des situations nationales. En effet, un actif est considéré comme chômeur au sens du BIT, s'il n'a pas d'emploi ou n'a pas travaillé au cours des 7 jours précédent l'enquête, ne serait-ce qu'une heure ? et recherche un emploi, et est disponible pour l'exercer immédiatement* » (INS, Jeunes et marché du travail au Cameroun, Juin 2011).

C'est la raison pour laquelle, à Yaoundé, les jeunes en situation de précarité ont inventé une pratique de débrouillardise immorale pour tenter d'échapper au chômage dont ils sont victimes. Ainsi, autour des enceintes de plusieurs lycées et collèges de la ville, règnent en maîtres, de véritables gangs d'adolescents qui dépouillent les élèves de leurs biens. A Yaoundé comme dans le du Cameroun, ces délinquants sont connus sous le vocable d'*awacheurs*.

II. LE PORTRAIT DES *AWACHEURS*

Les *awacheurs* sont violents et n'hésitent pas à marquer leur territoire par tous les moyens. Ils ne se soumettent à aucune règle sociale et cherchent à s'imposer ou à s'affirmer à travers les incivilités. Les *awacheurs* se distinguent par des traits communs et des symboles. Physiquement, ils ont pour la plupart, la même morphologie (musculature développée) et arborent des coiffures telles que la *boule zéro* (la tête rasée), les *locks* ou les *rastas*. Leur tenue vestimentaire se démarque très souvent de la norme et leur habillement (*destroy, slim, tailles basses...*) met leur musculature en exergue. Leur démarche est caractéristique : c'est le *zig zag*, le dos rond, ou la démarche cassée… Ils partagent les courants de musique urbaine comme le *hip hop,* le *rap, le slam* ou le *reggae*, et leurs hobbies sont les jeux de hasard comme le *bali-bali*, la *map*, le *mbé*, le *tia*, le *dé* ou le *njambo.* Certains consomment régulièrement des stupéfiants (chanvre et colle) et boivent de l'alcool. Par ailleurs, leur activité sexuelle est précoce. Les *awacheurs* ont un langage crypté qui exclut tout tiers de la communication. Ils utilisent des termes codés tels que : *mougou* (faible), *gibier* (élève à déplumer), *muna for tété* (enfant de riche), *capo* (grand), on *doit rincer* (voler), l'*awash* (le racket)… Ils utilisent aussi des signes linguistiques propres à eux (façon particulière de se saluer ou d'injurier). Enfin, les *awacheurs* ont des pseudonymes reconnus dans le milieu comme *Zuma* et *Le Marocain* au lycée bilingue d'Essos, *Chapuza* et *Ossong* au collège adventiste, *Zeus* au lycée d'Efoulan, *Yabassi* et *Ficham* au lycée Général Leclerc.

III. LA PRATIQUE DES *AWACHEURS* PROPREMENT DITE

III.1. Les modes opératoires des *awacheurs*

Il est important de signaler que les *awacheurs* n'ont pas un fonctionnement normalisé. Ils agissent individuellement ou en groupe. Ils intimident ainsi les jeunes élèves par leur carrure et usent de la force. Pendant que nous enquêtions sur le phénomène, un élève de la classe de sixième, B. Jean du lycée d'Efoulan, s'est vu déposséder de ses tennis de marque *Adidas* et de sa montre *Calvin Klein* à la sortie des classes par le dénommé *Zeus*. Il existe aussi des groupes d'*awacheurs* dans lesquels le plus fort s'impose en leader incontesté. Le *Wu Tang Klan* du lycée Général Leclerc est un gang organisé ayant comme leader *Yabassi*. Généralement, les groupes ou les individus isolés agissent avec la complicité des élèves régulièrement inscrits dans les établissements. Leurs complices mettent à leur disposition, une véritable source d'information concernant les individus qui seront par la suite agressés. Ainsi, le 11 mars 2010, B. Marcelline, fille d'une haute personnalité de la place, s'est vue dépouiller d'une somme d'argent consistante destinée à l'achat de ses livres scolaires, par un groupe de trois individus du *Wu Tang Klan* du lycée Général Leclerc de Yaoundé. L'enquête du surveillant de secteur de ce lycée, a établi qu'il y avait des complicités dans sa salle de classe. En effet, des *pisteurs* auraient prévenu la bande qui en retour, a décidé de les protéger à jamais.

Les *awacheurs* procèdent également par le chantage. C'est le cas de Nadège D., qui a été dépouillée de son cartable au lycée Général Leclerc. Au moment où elle passe le communiqué dans sa salle de classe, un de ses camarades l'approche et dit connaître les responsables de l'acte. Il se propose de l'accompagner pour récupérer son cartable. Une fois devant *Yabassi*, le chef du groupe, ce dernier lui tient les propos suivants : *« Je sais que tu es la fille de M. K. qui est un grand homme d'affaires dans cette ville. Tu dois nous apporter la somme de 50 000 frs pour qu'on te rende ton sac et pour que tu sois en paix au lycée. Si tu ne le fais pas, on finit avec tes petits frères et toi-même. Et ne dis rien à personne ! »*. La jeune Nadège ayant peur de demander un tel montant à ses parents, a été obligée de vider le coffre à bijoux de sa maman et d'en remettre le contenu à *Yabassi*. Ce dernier, en lui remettant son sac de classe a précisé dans un français approximatif, *« A partir de désormais, jusqu'à dorénavant, si quelqu'un te touche, fais-moi signe ! »*. Nadège, se sentant en sécurité, a laissé développer en elle, un certain zèle. Sa collaboration avec le *Wu Tang Klan* fut l'une des causes de son échec au Baccalauréat de l'Enseignement général 2010. Elle s'était finalement transformée en un *objet sexuel*. Notons enfin que certains élèves ont souvent recours aux groupes d'*awacheurs* pour régler des comptes aux enseignants et aux personnels administratifs. M. Essiane du lycée d'Efoulan, a avoué avoir été passé à tabac le 3 mai 2010 par un groupe d'*awacheurs* à la sortie des classes. Le commanditaire de cet acte répréhensible lui reprochait d'avoir confisqué son lecteur baladeur CD.

Les *awacheurs* investissent les alentours des collèges et lycées et en contrôlent les entrées et les sorties (Adidigue Atengoyo V. C., 2011). Ils peuvent infiltrer des retardataires et même permettre des sorties clandestines grâce au passage contrôlé de *la porte des étoiles*. Par ailleurs, tous les tenanciers des bars et échoppes jouxtant les collèges et lycées, sont à leur solde. Ils se muent souvent en *pisteurs et en indics*. Il est à noter que le rôle des filles est de séduire les potentielles victimes pour les entraîner dans des traquenards. Mais, elles peuvent aussi devenir des *objets sexuels* dont on abuse souvent en groupe. Manuella K., une adolescente de quinze ans de la classe de seconde du lycée bilingue d'Essos à Yaoundé a été violée plusieurs fois. Pendant toute l'année scolaire 2009-2010, *Le Marocain* la contrainte de force. Pour les membres du groupe d'*awacheurs*, c'était d'abord un jeu, chacun voulant tester sa virilité lors des viols collectifs. A la fin du deuxième trimestre, Manuella s'est faite une réputation de prostituée et n'osait plus se montrer au lycée. Elle était enceinte et ne pouvait pas dire avec certitude qui était le géniteur de l'enfant qu'elle portait.

Au lycée Général Leclerc, nous avons déniché non sans difficulté, le repère du *Wu Tang Klan*. Ce groupe avait un territoire à l'intérieur de l'établissement, à proximité des espaces de restauration. L'âge des membres du groupe oscille entre 13 et 19 ans (au moment de l'enquête). A la tête du groupe, trône le redoutable et redouté *Yabassi* secondé par *Ficham*. Les multiples cicatrices que ce dernier exhibe, montrent qu'il a livré plusieurs bagarres. Le *Wu Tang Klan* est composé de sept personnes qui évoluent à l'extérieur et à l'intérieur du lycée. S'ils surprennent des élèves en train de jouer aux cartes, ceux-ci sont encerclés et dépouillés de tous leurs objets de valeur.

III.2. L'écologie sociale des *awacheurs*

On ne peut nier que la société de consommation a changé nos vies, jusqu'à la vision que l'on peut avoir des autres et de nous-même. La reconnaissance sociale est de nos jours basée sur l'avoir et le paraître dans *« un certain climat fait de soupçon, de méfiance, de médisance, de dénigrement... »* (D. Mvogo, 2009). Le jeune précaire vit dans une société où l'Etat semble l'avoir abandonné et où le fossé entre les riches et les pauvres se creuse chaque jour. Il est en manque de repères. Ses seuls modèles sont alors les *feymen* ou les délinquants à col blanc qui affichent ostentatoirement des objets de valeur. Par ailleurs, les enquêtes de terrain montrent que la plupart des *awacheurs* de Yaoundé sont issus des quartiers populaires de la ville : Mvog-Mbi, Nkoldongo, Elig-Edzoa, Mokolo, Mbala II, Nkol-Eton, etc. Certains jeunes de ces milieux précaires sont parfois porteurs d'une culture de l'affrontement physique, comme affirmation virile de soi et preuve de courage. Admis au lycée, ils y importent cette brutalité potentielle, exacerbée par la dégradation de leurs conditions de vie.

Les *awacheurs* se regroupent pour des raisons sociales ou culturelles. Ce phénomène qui a germé dans les établissements scolaires se traduit de différentes manières, suivant les collèges et lycées dans lesquels nous avons enquêté. Les violences graves (harcèlement, racket ou destruction de biens), les violences physiques sans armes et les incivilités (injures et menaces) sont perpétrées sur des jeunes qu'on suppose nantis. Ce sont les premières victimes. Ainsi, à l'observation, on arrive à la conclusion que le phénomène des *awacheurs* tire ses sources de faits sociaux périscolaires comme la diversité socioculturelle (les inégalités socio-économiques créant un grand fossé entre les riches moins nombreux et les pauvres qui abondent dans les quartiers pauvres). Toutefois, il existe quelques marginaux provenant des quartiers huppés comme Santa Barbara ou Bastos à Yaoundé. Ensuite, le deuxième point concerne la déperdition scolaire qui favorise la déviance. *Ficham*, ancien élève du lycée Leclerc, avait marre d'être pris à partie par ses enseignants. Il a fait trois fois la classe de quatrième et a abandonné ses études. Ces déperditions sont, la plupart du temps, liées au manque de suivi familial et à l'influence des pairs. En effet, il existe un apprentissage des conduites délinquantes à l'adolescence. Le jeune opère des choix de valeurs de comportements parfois contraires aux normes de la société. Ainsi, par le mécanisme d'apprentissage et d'initiation des pairs, il accepte des valeurs délinquantes promues par ces derniers. Ceci peut constituer le point de départ de la délinquance et sa continuité dans le temps. S'agissant du manque de suivi familial, *le Marocain*, *awacheur* du lycée bilingue d'Essos, illustre les difficultés qu'une mère éprouve en élevant seule son fils, fruit d'un amour avec un commerçant grec qui l'a abandonné. Il existe par ailleurs une influence parfois négative des médias (internet, télé, radio) ainsi que la proximité des institutions scolaires avec les quartiers sensibles. Enfin, le manque d'infrastructures appropriées, la gestion approximative de l'espace scolaire et le phénomène des élèves clandestins favorisent aussi l'émergence du phénomène des *awacheurs*.

En définitive, on se rend compte que l'une des causes du problème est l'émergence de la société de consommation qui fait de l'accès aux biens matériels, une composante essentielle du sentiment de bien-être et d'égalité. La seconde est celle de la crise économique et sociale qui marginalise une proportion significative de la population en lui rendant l'accès au travail et par conséquent celui à la consommation difficile. Or, ce sont bien parmi les enfants des catégories sociales qui accèdent le plus difficilement à la consommation, que se recrutent les élèves les plus violents. Dans une forme de lutte des classes larvée, ces élèves, qui par ailleurs ne sont plus éduqués dans le respect automatique des adultes et des institutions, agressent ceux qu'ils perçoivent comme des privilégiés.

III.3. La diffusion de la pratique des *awacheurs* dans les collègues et lycées

L'école n'est pas indépendante de la société. Le système scolaire a été décrit comme un instrument de reproduction des positions sociales inégales[38]. Quand on observe les établissements les plus en difficulté, on constate en effet que certains de ceux des quartiers populaires connaissent un niveau étonnamment élevé de désordre. Inversement, les établissements privés situés dans les beaux quartiers de la ville de Yaoundé sont presque sans histoire. Toutefois, tous les collèges et lycées ne sont pas concernés au premier degré. Les problèmes se concentrent dans les zones urbaines. Il existe bien une relation entre le milieu social ou culturel des élèves et les désordres scolaires. Les zones urbaines défavorisées multiplient les facteurs qui attisent les comportements perturbateurs à l'école : misère économique des familles (donc importance chez les éduqués des sentiments de frustration et d'exclusion, du recours au vol pour posséder des biens de consommation…), faiblesse culturelle des parents (donc difficulté de suivi scolaire des enfants, faibles rapports avec les enseignants qui, en retour, interprètent ce repli comme du désintérêt ou de la démission) et apprentissage précoce de la culture de rue chez les enfants.

S'agissant de l'entrée en force de la délinquance à l'école, il faut d'emblée souligner le fait que les statistiques officielles sont très approximatives lorsqu'elles existent. Seuls les commissariats de police jouxtant les structures scolaires déclarent avoir connaissance de plusieurs incidents correspondant à des faits graves. On y dénombre le port d'armes blanches, le vol, le racket, les violences sexuelles, les coups et blessures, la toxicomanie, la dégradation des locaux et surtout l'intrusion de personnes étrangères au sein des collèges et lycées. Mais, les chefs d'établissements peinent à déclarer ces incidents de manière systématique, car personne ne veut que son établissement soit stigmatisé. Les responsables des établissements sous-estiment le phénomène et la peur et la honte expliquent le silence des victimes.

La diffusion de cette forme de délinquance juvénile est donc favorisée par un cadre propice et par l'imitation inconsciente. Etant donné que dans l'enseignement secondaire, les élèves sont encore pour la plupart en phase d'élaboration de leurs identités, ils subissent une influence

---

[38] Dans *Les Héritiers* (1964) et *La Reproduction* (1970), Pierre Bourdieu (1930-2002) dénonce la « violence symbolique » exercée par l'école à l'encontre des élèves d'origine populaire, particulièrement à travers la pratique du cours magistral, dont les références culturelles et les règles syntaxiques sont difficilement accessibles aux élèves qui n'y ont pas été accoutumés dans leur famille.

négative de la part des délinquants qu'ils subliment : c'est du mimétisme. A l'âge de l'adolescence, les apprenants sont encore en quête de repères et surtout de modèles[39] leur permettant de s'imposer dans une société qui ne semble pas s'occuper d'eux. Ils se façonnent alors à l'image de ceux qui apparaissent comme des *durs* et s'arriment à leurs normes. Le nouveau groupe permet au jeune d'avoir un paravent derrière lequel il peut se cacher pour exprimer sa personnalité. Toutefois, le modelage et le mimétisme seuls, ne peuvent expliquer la diffusion du phénomène. Il y a aussi le cadre social car, il semble nécessaire de préciser qu'en amont, se posc en général, la question des formes de violence en milieu scolaire ou à l'encontre des enfants d'âge scolaire, qu'ils soient ou non à l'école. Ces formes de violence sont multiples : recours à la violence physique de la part des enseignants (usage des punitions humiliantes…), harcèlement et abus sexuels à l'encontre des jeunes filles.

IV. LA PORTEE ANTHROPOLOGIQUE DE LA PRATIQUE DES *AWACHEURS*

Il existe des références socioculturelles pouvant influencer le comportement des jeunes délinquants. Parmi elles, on peut citer : l'autorité parentale, le modèle social et l'école qui en général sont des cadres de référence de toute socialisation.

IV.1. L'autorité parentale en question

Il ressort de nos travaux antérieurs que la construction d'un profil d'homme (Edongo Ntede, 2001) et le contexte socioculturel structurent la personnalité des enfants. Dans le cadre de la présente étude, il est apparu que l'absence d'un cadre familial approprié est un catalyseur de certaines déviances observées. Lorsque la plupart des membres du *Wu Tang Klan* du lycée Général Leclerc de Yaoundé s'expriment, on perçoit dans leurs représentations et leurs diverses expériences, qu'il y a eu une absence d'autorité parentale. *Ficham,* dix huit ans, a été élevé sans véritables repères sociaux. Son père, un ancien militaire impliqué dans plusieurs affaires de vol, a été plusieurs fois incarcéré à la prison militaire de Yaoundé, non loin du lycée où son enfant fréquentait. *« C'est ma mère qui m'a tout raconté »* dit-il. A l'époque, tous les camarades de *Ficham* étaient au courant de cette situation. Comme l'intéressé le souligne : « *Mon père était un voyou qui avait plusieurs femmes ; à la moindre occasion, il rentrait avec d'autres*

[39] Bandoura, avec la théorie de l'apprentissage social de la délinquance, explique qu'elle se fait par modelage consistant à copier le comportement d'autrui, complétée par l'apprentissage vicariant qui est l'acquisition d'un comportement par l'observation des résultats obtenus par autrui pour telle conduite.

femmes à la maison ; il était constamment sourd. J'avais honte de lui, car mes camarades le connaissaient. On disait de mauvaises choses sur lui ; il n'était pas comme les autres papas. Ma mère était très gentille...d'ailleurs elle l'est toujours, mais elle n'a rien à me donner. Je me bats pour elle...Le père n'a rien fait pour moi ».

Le comportement de ce père n'est pas la norme socio culturelle d'un modèle parental propre au milieu camerounais. La conduite de *Ficham* a pourtant été établie par les habitudes de cette référence. Ses tendances à la révolte semblent avoir été transmises par une éducation au non-respect des normes et à la socialisation. Dès sa jeunesse, le jeune a assimilé malgré lui, une éducation diffuse et informelle de certaines valeurs hors des normes socioculturelles. Il a adopté les manières de faire et de voir de sa culture familiale. Dans l'ensemble, on a aujourd'hui l'impression que les parents ne portent que peu d'intérêt aux problèmes d'éducation. Vivant dans des milieux précaires où l'emploi fait défaut, ceux-ci ne parviennent pas à subvenir aux besoins des familles. C'est donc souvent le fils ou la fille qui contribuent par la débrouillardise, à la survie des familles. Ainsi, les enfants dont l'absence parentale handicape l'éducation deviennent des *orphelins de parents vivants,* qui peuvent facilement basculer dans des groupes d'*awacheurs*.

La rupture des liens communicationnels entre parents et enfants entraîne l'altération des liens affectifs et le désengagement de l'enfant des modèles parentaux. *Ficham* affirme que lorsque son père rentrait sourd, il insultait toute la maisonnée :

Il criait souvent : « *Vous êtes tous des bons à rien ! Une mère bordel [une pute] et des bâtards handicapés...* » Quand il commençait ses menaces, tout le monde fuyait et je me retrouvais dans la rue !

Le jeune qui sort ainsi du cadre de socialisation qui est censé le protéger, fera confiance à ses pairs qui deviendront alors ses modèles d'identification. En s'insérant dans un groupe de délinquants, il ne cherche qu'une identification comme membre à part entière de ce groupe. Subrepticement, le climat familial imprégnera l'enfant et le marquera de traits indélébiles.

IV.2. Un modèle social perverti

Les enfants apprennent rapidement des bons et des mauvais modèles qu'ils côtoient quotidiennement. Ils assimilent généralement leurs manières de faire et de penser. Quand l'enfant naît dans un quartier populeux comme Mvog-Mbi ou Etam-Bafia à Yaoundé, il remarque bien qu'il y a des leaders qui s'imposent par la force, et des victimes qui n'ont pas voix au chapitre. Lors des bagarres entre jeunes des quartiers, ces leaders sont la référence. Ils sont admirés et adulés de tous. Ils se construisent une réputation de marginaux, car chaque quartier a ses *durs*. Ces derniers sont même mis à contribution par des policiers à la recherche de la bonne information, ou par des hommes politiques qui les emploient régulièrement pour de basses besognes. Les nouvelles règles ainsi développées dans ces quartiers, paraissent comme une nouvelle culture qu'assimilent les enfants, qui vivent dans la proximité des délinquants considérés ici comme des héros. Ce sont de nouvelles institutions qui sont ainsi transmises. *Zuma*, un des *awacheurs* du lycée d'Essos, pense qu'ils ont raison de racketter les enfants de riches car, « *ils ont tout là-bas et ici on a rien... ces big tété qui vivent dans les beaux quartiers ont détourné... nous on ne vole pas... mon frère, quand je prends l'électricité à Song loulou [en direct, sans compteur] je fais comme eux ! Ils payent quoi ! Ils ont tout ! Tous ces voleurs qui envoient leurs fils ici [au lycée] avec des articles chers n'ont fait que voler quelque part... c'est pour cela que nous aussi nous venons nous servir ici... je dois me battre chaque jour, car ma mère doit aussi rouler dans une grosse voiture... pourquoi pas nous ?* ».

Il apparaît à la lumière de ces propos que dans un quartier précaire, parents et enfants restent dans l'illégalité. Ils ont des opinions homogènes révélant les mêmes attitudes, les mêmes représentations et les mêmes modes de vie. La culture de la débrouillardise se propage ainsi, dans un corps social conscient de la stratification imposée. L'ensemble de la société n'a plus en main l'entièreté de l'éducation de ses enfants. A l'observation, la famille nucléaire prospère au grand dam de celle élargie qui contrôlait le suivi des normes socioculturelles et qui s'imposait dans la construction des profils d'hommes respectant les valeurs du groupe social. La grande famille étendue était attachée aux valeurs et aux normes coutumières. A ce propos, Durkheim (1925) relevait déjà que : « *lorsque l'enfant remarque que tout le monde autour de lui se comporte toujours de la même manière dans les mêmes circonstances, il considère qu'il est impossible de se comporter autrement* ».

Il y a donc une primauté du groupe sur l'individu. Cette socialisation de l'enfant dans un groupe social qui le contrôle, va à l'encontre du fonctionnement des familles dans les villes camerounaises. Les jeunes vivent de nos jours, sans repères ni références dans des familles nucléaires recomposées, abandonnant le projet d'éducation à un système scolaire inefficace.

La fréquence la plus élevée des délits se trouve chez les enfants des foyers où le père est souvent absent ou alors très autoritaire, la mère n'ayant aucun pouvoir. *Le Marocain*, leader d'un groupe d'*awacheurs* du lycée bilingue d'Essos, est un métis qui n'a jamais rencontré son père européen. Il est membre d'une fratrie de cinq enfants : une fille et quatre garçons. Sa mère ne travaille pas. Elle se contente de braiser du poisson tous les soirs à côté d'un grand bar du quartier Mvog-Ada. Après les classes, *Le Marocain* y accompagnait souvent sa mère. Le retour à la maison se faisait vers minuit. Un jour, il a tout plaqué et a décidé de contribuer aux frais du ménage par la débrouillardise, en intégrant un groupe d'*awacheurs*.

IV.3. Une école complice

L'école est un espace de façonnage des êtres, un lieu de socialisation et le creuset de la sociabilité. Malheureusement, au Cameroun, l'école est au centre d'interactions multiformes parmi lesquelles la violence. L'école semble aujourd'hui être le déclencheur des incivilités et de la violence, du fait du décalage qu'on observe entre l'instruction qui y est donnée, et les valeurs morales qui y sont rarement distillées, mais aussi les possibilités réelles offertes sur le marché de l'emploi. Les ministères chargés de l'éducation des jeunes n'ont jamais pris l'initiative de mesurer la violence dans les écoles. Peu de proviseurs de lycées déclarent les actes marginaux qui sont le quotidien de leurs institutions. Le racket, l'intimidation et le harcèlement sont des phénomènes courants dans les collèges et lycées camerounais. Les *awacheurs* ou les élèves qui se croient plus forts frappent les autres, les bousculent, leur donnent des coups de pied ou leur crachent dessus. 30 % des enquêtés affirment être victimes de telles pratiques au quotidien. 25 % se disent victimes d'injures, de moqueries, d'humiliations ou de menaces. Personne ne s'avoue pourtant agresseur. L'intimidation physique diminue toutefois à l'entrée du second cycle en classe de seconde, mais c'est à partir de cette classe qu'on note de véritables incivilités traumatisantes pour les jeunes filles. Il s'agit de la propagation des médisances dans le but de stigmatiser et d'exclure l'élève du groupe. 10 % des jeunes filles affirment être victimes de ragots. On propage par exemple que telle fille entretient des relations sexuelles avec un enseignant ou un camarade.

Le harcèlement quant à lui est associé à la puberté et à la mixité au sein des groupes de pairs. Les filles sont au moins deux fois plus susceptibles de se dire victimes de harcèlement que les garçons. Elles sont aussi plus susceptibles de subir des relations sexuelles contre leur gré. Plusieurs filles ont déclaré que les surveillants et certains de leurs camarades leur font régulièrement des commentaires tendancieux à propos de leurs corps. On leur touche même les fesses. Même des cas d'homosexualité sont cités sous cape çà et là. Il y a quelques temps, l'école américaine de Yaoundé a défrayé la chronique. Résultat : un mort sur le carreau et un élève incarcéré à la prison centrale de Yaoundé. Enfin, s'agissant de la discrimination tribale, on constate que près de 30 % des élèves se font traiter de noms haineux et de stéréotypes. C'est courant de désigner un élève par son appartenance tribale : *« bami ! »* (Pour dire qu'il est avare), ou *« éton ! »* (Pour dire qu'il n'est pas intelligent !). C'est une stigmatisation haineuse à laquelle se livrent souvent les enseignants dans les lycées. Toutes ces petites frustrations engendrent un mal être et des malentendus qui font que l'élève frustré trouve que l'établissement n'est plus un lieu de sécurité.

En effet, au Cameroun, les violences scolaires sont de plus en plus nombreuses. Les bâtiments sont sciemment endommagés, le matériel public est littéralement pillé et les injures ou menaces diverses envers les enseignants n'émeuvent plus. Ce qui est frappant, c'est le fait que ces comportements soient plus lisibles dans les établissements publics jouxtant les quartiers populeux et défavorisés : *Nkol-Eton, Ekounou, Nkolndongo*...Ce sont des *« formes d'incivilités car elles témoignent en certains lieux d'une désorganisation du monde scolaire »* (E. Débarbieux, 1996). Pour les membres du *Wu Tang Klan* du lycée Général Leclerc, « *il faut toujours montrer qu'on est les plus forts...les surveillantons [surveillants de secteur] le savent, ils ne peuvent rien sans nous ! Si le proviseur tente, on lui fait ça dur ! L'année passée, on lui a donné un avertissement, on a mis ses roues à plat ! Qu'il tente !* »

Dans ces propos, transparait le défi de l'autorité publique. Les *awacheurs* semblent résister face à une société dont ils aimeraient faire partie. Ils veulent exister. Ces jeunes ont tendance à s'opposer aux valeurs de l'école et à l'autorité des enseignants. Pourtant, le sentiment d'appartenance à une société peut améliorer leur comportement. Le phénomène des *awacheurs* est une délinquance de précarité, car les adolescents que nous avons identifiés manifestent un comportement lié à leur situation sociale précaire. Ils sont pour la plupart issus de familles modestes et leur avenir n'est pas rassurant. Ce sont des jeunes démunis, sans perspectives d'avenir et sans espoir. Ils se révoltent contre une société qu'ils accusent de tous les maux. Ils sont agressifs et incontrôlables et perçoivent les punitions comme des injustices. Ces jeunes qui ont connu l'échec scolaire et la perte de confiance, n'ont plus foi aux adultes.

Le phénomène d'*awacheurs* est donc une délinquance d'occasion que tente de valoriser les jeunes, mais c'est surtout une délinquance de transition. Elle ne semble pas chronique, car liée à différents conflits familiaux ou scolaires et des problèmes de changement de statut social. L'activité des *awacheurs* devient alors un comportement antisocial et un mode de vie qui se mue momentanément en une carrière.

CONCLUSION

Il se dégage de cette contribution que les *awacheurs* sont les auteurs d'une délinquance de précarité. Ils usent de stratégies de survie à travers des opérations d'intimidation, de rackets, de vols et de viols des élèves des grands collèges et lycées de la ville de Yaoundé. Ils sont issus pour la plupart de familles pauvres et leur avenir n'est pas rassurant. Ils se révoltent contre une société qu'ils accusent de tous les maux et sont le symbole de l'échec de l'école formelle. Ils sont adeptes de l'école de la rue où le jeune se met en valeur, invente des stratégies de survie et joue les justiciers dans une société marquée par une très forte opposition voire une rivalité entre les riches et les pauvres. Ils sont les auteurs d'une culture rebelle de déni de l'autorité et d'une violence symbolique avec en filigrane, une lutte de classes latente.

Les *awacheurs* participent à une conflictualisation de la vie scolaire et périscolaire au Cameroun. Leur adversaire tout désigné est le monde des institutions et du pouvoir, et pour tout dire, l'ordre établi. Ces jeunes sont à la fois porteurs des ferments de mutations sociales et victimes des effets pervers de l'injustice sociale. Ils sont les victimes de la raréfaction du travail salarié et de la précarité.

En définitive, le phénomène des *awacheurs* peut de prime abord être perçu comme une transgression des normes sociales, c'est une réaction expressive des inégalités, voire subversive face à une société qui veut trop quadriller, contrôler, surveiller en oubliant l'essentiel. Il s'agit d'une stratégie d'existence et d'un mode d'expression des adolescents qui ne sont pas nouveaux. Après analyse, on reconnaît donc au phénomène des *awacheurs*, un fond social ayant comme causes, le chômage et la pauvreté. Les *awacheurs* sont de jeunes adolescents ayant conclu qu'ils n'ont pas d'avenir. Par ailleurs, on constate qu'il n'y a pas de politique unifiée de la part des décideurs. Cette étude sur une forme de débrouillardise autour de l'école a un intérêt pour bon nombre de raisons. Elle fournit de l'information sur la nature et l'incidence des formes d'intimidation, de harcèlement et de racket de tous types (par exemple : le vol des livres, des bijoux et des tennis, l'intimidation sociale, le harcèlement social et les contacts sexuels non désirés).

La solution au problème des *awacheurs* serait donc de réconcilier les jeunes avec leur milieu social, en leur permettant d'avoir accès au minimum vital et en leur inculquant les valeurs de nos cultures camerounaises. Ainsi, on développera en eux, un sentiment d'appartenance à une communauté où peut se tisser du lien social, pour que chacun comprenne et accepte les règles de vie, mais aussi y trouve sa place. En sus de cela, il faut instaurer les vertus de la communication. Les jeunes apprendraient à exprimer leurs idées et même leurs sentiments. Le droit d'expression est très souvent réservé aux adultes qui parlent au nom de tous. L'incommunicabilité offre un terreau fertile pour la rancœur, les pensées soupçonneuses ou vindicatives. Communiquer, c'est prôner la justice sociale et accompagner le jeune jusqu'à son autonomie. Il nous faut donc éviter de perpétuer les inégalités par lesquelles, la situation de subordination ou d'exclusion de l'enfant et le sentiment d'injustice favorisent la rébellion. La principale leçon que nous tirons du phénomène des *awacheurs* est que, si les politiques ne relèvent pas le défi de l'emploi des jeunes, nous courons vers des troubles sociaux graves pouvant menacer la cohésion sociale et la stabilité politique. Notre jeunesse en pleine expansion est un atout pour la croissance économique. Des milliers de jeunes diplômés ou non sont en quête de travail. Ils chôment plus que les adultes (INS, 2011). Les politiques devraient donc se concentrer non seulement sur leur extrême pauvreté, mais aussi sur la promotion de leurs droits humains.

BIBLIOGRAPHIE

Adidigue Atengoyo V. C., *Les awacheurs dans les établissementys publics de la ville de Yaoundé : le cas du lycée de Mballa II*, Université de Yaoundé I, ENS, mémoire de DIPCO, 124 p.

Antoine Philippe, Mireille Razafin Drakoto ; Roubaud F., 2001, Contraints de rester jeunes? Évolution de l'insertion dans trois capitales africaines : Dakar, Yaoundé, Antananarivo, in *Autrepart*, n° 18.

Biaya Tshikala., 2000, Jeunes et culture de la rue en Afrique urbaine, in *Politique Africaine*, n° 80, p. 12.

Charlot B., Emin J.-C. (coord.), 1997, *Violences à l'école: état des savoirs.* Armand Colin, Paris, 410 p.

Coquery-Vidrovitch C. ; Nedelec S., 1991, *Tiers-Monde : l'informel en question* ?, Paris, L'Harmattan, 285 p.

Débarbieux E., 2006, *Violence à l'école : un défi mondial* ? Armand Colin, Paris, 315 p.

Durkheim, E., 1925, *L'éducation morale 1902-1903*, Alcan, Paris, 626 p.

Edongo Ntede P. F., 2001, *Etude comparative des profils d'hommes forgés par les pédagogies traditionnelle et moderne,* Mémoire de Maîtrise en anthropologie psychologique et éducationnelle, Yaoundé, FALSH, Université de Yaoundé I, 163 p.

Edongo Ntede P. F., 2010. *Ethno anthropologie des punitions en Afrique*, L'Harmattan, Paris, 210 p.

Fillieule R., 2001, *Sociologie de la délinquance*, P.U.F., Paris, 284 p.

Fize M., 2002, *Les adolescents*, Le Cavalier Bleu, Paris, 27 p., coll. *Idées reçues.*

Institut National de la Statistique, 2011, *Jeunes et marché du travail au Cameroun en 2010*, Yaoundé.

Lucchini R., 1993, *L'enfant de la rue, identité, sociabilité, drogue*, Librairie Droz S.A., Genève, 248 p.

Marciano P., 2002, *La double injonction paradoxale dans victime-agresseur*, Editions du Champ social, Paris.

Marguerat Y. ; Poitou D. (sous la dir.), 1994, *A l'écoute des enfants de la rue en Afrique noire*, MARJUVIA, Fayard, Paris, 623 p., coll. *Enfants du fleuve.*

Mbonji Edjenguèlè, 2005, *L'ethno-perspective ou la méthode du discours de l'ethno-anthropologie*, P.U.Y., Yaoundé, 124 p.

Monga C., 1997, *L'argent des autres. Banques et petites entreprises en Afrique. Le cas du Cameroun*, L'Harmattan, Paris, 354 p.

Mvogo D., 2009, *Le devoir de solidarité, Pour une éthique du vivre ensemble*, PUCAC, Yaoundé, 348 p.

Pain J., 2006, *L'école et ses violences*, Economica, Paris, 181 p.

Payet J. P., 2004, *La délinquance en milieu scolaire*, Thèse de doctorat en sciences de l'éducation, Université de Toulouse I, sous la direction de Pierre Spiteri.

Pillon V., 2003, *Normes et déviances*, Bréal, Paris, 128 p.

7▪ A L'EPREUVE DU TRANSPORT PAR BROUETTE A TITRE ONEREUX DANS LA VILLE DE YAOUNDE

Basile Paul Eloundou Messi &
Hervé Gondie

RESUME

A Yaoundé, plusieurs individus de sexe masculin et en majorité jeunes, se livrent aujourd'hui au transport par brouette à titre onéreux. A l'aide des brouettes neuves ou d'occasion importées de Chine, de Corée du Sud ou du Japon, ils transportent, à la demande de la clientèle, des produits de toutes sortes à l'intérieur des marchés, entre la périphérie et l'intérieur des marchés et vice versa, entre la périphérie des gares routières et les guichets d'enregistrement des passagers et entre les rues et les domiciles, moyennant une contrepartie monétaire.

Nombre d'entre eux sont des laissés-pour-compte du système scolaire ; ils n'ont pas eu les moyens de financer leurs études ou bien, ont été renvoyés précocement de l'école pour indiscipline. Les autres n'ont pas eu la possibilité de décrocher un emploi dans la Fonction publique ou dans le secteur moderne privé. Pour tous, le transport par brouette est un moyen par défaut de gagner un pécule aussi modeste soit-il, pour vivre et satisfaire leurs besoins primordiaux. Cette activité est très pénible à exercer et les revenus qui en résultent sont faibles. Ses pratiquants ne sont pas satisfaits de leur statut. Aussi projettent-ils tous de changer d'activité, si l'occasion leur en était donnée.

Mots-clés : *Transport, brouette, marchés, activité pénible, revenus faibles, pis-aller.*

INTRODUCTION

Dans les rues, les principaux carrefours, les marchés ponctuels et les gares routières de la ville de Yaoundé, on croise quotidiennement des hommes et des femmes de diverses classes d'âge, qui travaillent dur pour gagner de quoi survivre et/ou faire survivre leurs familles. Les artisans du transport par brouette à titre onéreux[40], y figurent en bonne place. Ils constituent une catégorie très particulière du monde des débrouillards de la

[40] Dans la présente contribution, les artisans du transport par brouette à titre onéreux sont aussi dénommés « brouettiers ».

capitale politique du Cameroun. En effet, ils sont tous de sexe masculin. A l'aide de brouettes de fabrication moderne, ils y transportent, à la demande des clients, plusieurs types de produits à destination des marchés, des gares routières, des domiciles, des magasins de commerce ou des décharges publiques. Si certains d'entre eux viennent d'embrasser l'activité considérée ici, d'autres s'y sont engagés depuis plusieurs années.

D'après les enquêtes de terrain, les artisans du transport par brouette à titre onéreux de la ville de Yaoundé ou brouettiers, se sont investis dans cette activité, faute, soit d'avoir eu la possibilité d'aller à l'école ou de la poursuivre, soit d'avoir trouvé un emploi dans le secteur d'économie moderne public ou privé. Leur quotidien n'est pas du tout rose. En effet, même s'ils ne parcourent, en règle générale que de très courtes distances par trajet (2 à 3 kilomètres au maximum), ils rencontrent d'énormes difficultés dans l'exercice de leur activité. D'autre part, les revenus qu'ils tirent de leur activité restent faibles. A vrai dire, l'exercice du transport par brouette n'est pour eux, qu'un pis-aller. Aussi, sont-ils prêts à changer d'activité pour une autre plus stable et mieux rémunérée, si elle se présentait à eux.

La présente contribution a été élaborée à partir du traitement documentaire et des enquêtes menées dans la ville de Yaoundé entre le 1er février 2010 et le 31 mars 2014. Les enquêtes ont été réalisées auprès d'un échantillon de 177 artisans du transport par brouette à titre onéreux, répertoriés dans 5 marchés vivriers, 6 gares routières, et 11 grands carrefours des quartiers résidentiels pauvres. Volontairement limitée, elle traite outre des usages de la brouette, de l'effectif, du profil social, des motivations, des rémunérations et de l'avenir des artisans du transport par brouette à titre onéreux de la ville de Yaoundé.

I. LA BROUETTE, UN OUTIL AUX MULTIPLES USAGES

La brouette est un véhicule de petit gabarit, généralement utilisé pour le transport de matériaux et d'outils sur des terrains qui peuvent être accidentés, mais nécessairement peu inclinés. Inventée il y a très longtemps par les Chinois, la brouette était à l'origine fabriquée en bois, mais de nos jours, elle est construite en métal.

Du point de vue technique, la brouette est un véhicule monté sur une roue et muni d'un châssis, d'un porte-charge ou bac, de deux brancards (ou poignées) solidarisés, d'un système roulant et d'un pied. Le châssis supporte l'ensemble du véhicule et de son chargement, quand il y en a. Dans le porte-barge contenant du transportable, on range les charges à déplacer. Le système roulant est constitué d'une simple roue ou d'une roue pneumatique, qui est censée faire déplacer la brouette tout en supportant la charge qu'elle contient. Le pied quant à lui, assure avec la roue, une base polygonale d'appui stable pour les périodes statiques de la brouette[41]. Pour faire avancer une brouette ou la faire changer de direction, on se sert des poignées ou brancards. Le principe du lévier associé à la position du centre de gravité vers l'aplomb du point d'appui, confère à la brouette une grande efficacité. La charge moyenne d'une brouette est évaluée à 70 kilogrammes dont 30 kilogrammes pour le poids de la brouette elle-même.

La brouette a de multiples usages. Elle est devenue un objet très familier et d'usage commun, un outil très utilisé dans la vie quotidienne. En effet, elle est très utile dans les chantiers de construction d'immeubles et de routes. Elle est l'outil de travail privilégié des maçons. Elle est aussi très utile, dans les fermes et les jardins, où elle sert à transporter la terre, les engrais, les arbres fruitiers et les plantes ornementales. Elle facilite le déplacement de charges qui peuvent être lourdes ou simplement encombrantes, notamment des matériaux comme le sable, le ciment, le gravier, les parpaings et les briques de terre.

Au Cameroun, la brouette est aussi utilisée pour le transport des récoltes des champs vers les villages et les marchés de commercialisation. Elle fait partie des biens que le Gouvernement et les Organisations non gouvernementales offrent à titre de dons aux paysans. La brouette est encore utilisée dans les opérations d'hygiène et de salubrité dans les villes camerounaises. En effet, c'est un outil qui sert à enlever les déchets urbains lors des campagnes « villes propres », parfois aussi par la société chargée de l'hygiène urbaine.

En Europe, la brouette est souvent utilisée comme objet d'ornement dans les jardins, le plus souvent en porte-fleurs. Autrefois, les brouettes traditionnelles, plus ou moins hors d'usage et « recyclées » servaient à cet usage. Mais en raison du succès de la formule, une production spécifique de brouettes décoratives et fantaisistes, en bois plus ou moins ouvré, en vannerie, en fer forgé, y a vu le jour. Dans les villes d'Afrique en général et du Cameroun dont Yaoundé en particulier, nombre de vendeurs ambulants de rue et/ou de marchés, se servent de la brouette comme présentoir de marchandises qu'ils proposent à la clientèle. Un peu partout dans le monde, la brouette est devenue un moyen de divertissement pour les tout-petits qui l'utilisent pour se faire transporter et parcourir en un laps de temps, une courte distance déterminée à l'avance. Aujourd'hui, on utilise la brouette pour faire ses courses, pour aller au temple, pour promener son bébé ou sa grand-mère. Toutefois, la principale fonction de la brouette est de faciliter le

[41] Les cahiers du petit Manchot n° 158 du 07-05-2011.

déplacement des charges plus ou moins lourdes sur des distances généralement courtes. La brouette répond au besoin d'augmenter la capacité de transport d'objets divers par un homme seul, sur une voie à aménagement rudimentaire. Ainsi, à Yaoundé, elle est utilisée par des individus pour assurer à la demande des clients, le déplacement des charges sur de courtes distances contre une contrepartie monétaire. La présente contribution tente de faire la lumière sur cette activité.

II. L'EFFECTIF DES ARTISANS DU TRANSPORT PAR BROUETTE

Il est très difficile de connaître le nombre exact des artisans du transport par brouette à titre onéreux en activité dans la ville de Yaoundé. D'après les comptages que nous y avons effectués dans 5 marchés vivriers, 6 gares routières et 11 grands carrefours des quartiers résidentiels pauvres, nous pouvons juste relever qu'ils sont assez nombreux.

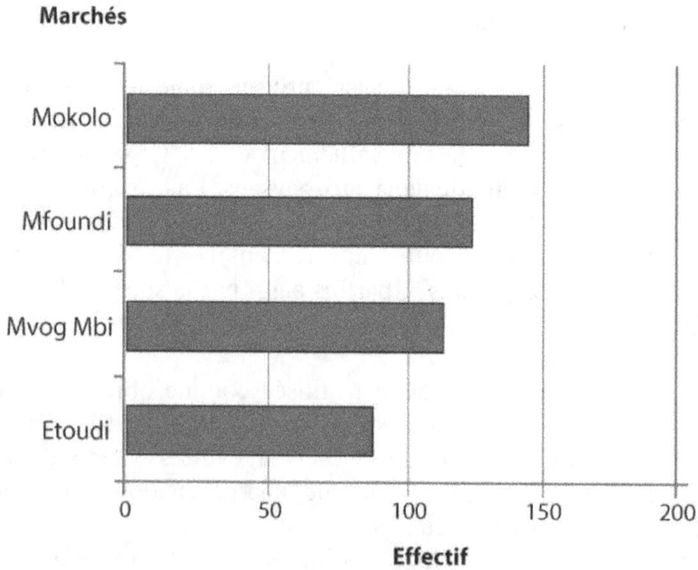

Fig.1 : Effectif des brouettiers par marché

Il va sans dire que l'effectif des artisans du transport par brouette considérés, varie d'un point de leur rassemblement à l'autre ; ainsi le 13 novembre en 2011, nous en avons recensés 165 au marché Mokolo, le plus grand marché polyvalent de la ville de Yaoundé ; le 14 novembre de la même année, nous en avons recensés 135 au marché Mfoundi, le 12 mai , nous avons dénombré 123 brouettiers au marché Mvog-Mbi, 110 au marché d'Etoudi et 90 au Marché de Nkolndongo. Le 10 janvier 2013, nous avons recensé 41 brouettiers au carrefour Jean Vespa ; à la même date nous en avons recensés 23 au carrefour Emombo, 18 au carrefour Etam-Bafia et 15 au carrefour Transformateur au quartier Ngousso.

Selon nos estimations, l'effectif actuel des artisans du transport par brouette à titre onéreux en activité dans la ville de Yaoundé, oscille entre 800 et 1 000 individus. C'est dans les entrées des marchés et des gares routières et dans les grands carrefours des quartiers résidentiels pauvres de la ville, que leur concentration est la plus forte.

III. LE PROFIL SOCIAL DES ARTISANS DU TRANSPORT PAR BROUETTE

Les artisans du transport par brouette à titre onéreux forment une catégorie très particulière du monde des débrouillards de la ville de Yaoundé. En effet, d'après les enquêtes de terrain, ils sont à 99,5 % de sexe masculin ; à vrai dire, on n'y dénombre que quelques personnes de sexe féminin. D'autre part, ils sont à 98 % de nationalité camerounaise, les rares étrangers qu'on y recense étant d'origines tchadienne, centrafricaine, nigériane et nigérienne. Les artisans du transport par brouette de nationalité camerounaise se recrutent en proportions variables, dans tous les principaux groupes ethniques du Cameroun depuis les Bamiléké qui y figurent en très grand nombre, jusqu'aux Bamoum, en passant par les Eton, les Ewondo, les Bulu, les ressortissants du Nord Cameroun, les Yambassa, les Bassa, les Bakossi, les Banen, les Duala, les Mbo, les Yébékolo, etc. Si les pratiquants du transport par brouette répertoriés à Yaoundé relèvent de toutes les classes d'âges, il est à relever que les jeunes de moins 25 ans y sont largement majoritaires. En effet, les pratiquants du transport par brouette de Yaoundé sont formés à 88, 3 % de jeunes de moins de 25 ans, les 7-15 ans étant les plus nombreux d'entre eux. Tous les artisans du transport par brouette de Yaoundé, sont issus des familles nombreuses et très pauvres. Si 95, 5 % des artisans considérés ont été à l'école, toutefois 68 % n'ont pas dépassé le niveau d'études primaires et élémentaires ; 2,4 % des brouettiers de la ville de Yaoundé ont atteint le niveau du Baccalauréat ; enfin, aucun des brouettiers de la ville de Yaoundé n'a fait des études supérieures.

Le moins que l'on puisse dire ici, est que la majorité des artisans du transport par brouette à titre onéreux de Yaoundé sont des jeunes en rupture de scolarité et issus de familles pauvres.

IV. LES MOTIVATIONS PROFESSIONNELLES DES ARTISANS DU TRANSPORT PAR BROUETTE

A quoi tient l'implication des concernés dans le transport par brouette à titre onéreux dans la ville de Yaoundé aujourd'hui ? Les enquêtes de terrain révèlent que l'implication des intéressés dans cette activité, répond à deux sortes de préoccupations. Ainsi, 62 % des artisans du transport par brouette considérés, exercent l'activité faute d'avoir eu la possibilité d'aller à l'école ou de la poursuivre plus longtemps ou d'avoir trouvé un emploi dans la Fonction publique ou dans le secteur moderne privé. Constitués dans leur écrasante majorité de jeunes de moins de 25 ans, ils sont des laissés-pour-compte du système scolaire, car ils n'ont pas eu les moyens de financer leurs études ou bien ont été renvoyés précocement de l'école pour indiscipline.

Les 38 % des artisans restants se sont lancés dans le transport par brouette, parce qu'ils ont perdu leur emploi dans le secteur d'économie moderne public ou privé. Pour eux, cette activité est un moyen de gagner un peu d'argent pour satisfaire leurs besoins primordiaux et si possible, contribuer aux dépenses de leurs familles. Ainsi, un titulaire de BEPC, interrogé au Marché central de Douala en mars 2012, déclare « *Après trois échecs au concours d'entrée à l'Ecole de formation des instituteurs de premier degré et après avoir déposé des dossiers de recrutement auprès de 7 entreprises industrielles et commerciales de Douala qui n'ont pas eu une suite favorable, j'ai finalement décidé de me lancer dans le transport par brouette ici au Marché central de Douala, pour pouvoir gagner de quoi satisfaire mes besoins les plus pressants tels que manger, m'habiller et me distraire. Je n'ai pas de problème de logement, puisque j'habite encore chez mes parents* ». Un titulaire du Certificat de Probation du marché Nkwen de Bamenda renchérit « *Après deux années de recherche de travail infructueuses dans la Fonction publique et dans le secteur d'économie moderne privé, j'ai décidé de m'engager dans le transport par brouette* ». Parmi les artisans du transport par brouette à titre onéreux de la ville de Yaoundé, figurent donc, de nombreux laissés-pour-compte du secteur d'économie moderne.

V. LE DUR QUOTIDIEN DES ARTISANS DU TRANSPORT PAR BROUETTE

Le quotidien des artisans du transport par brouette à titre onéreux de Yaoundé n'est pas du tout facile. Au contraire, il est des plus ardus. En effet, tous les artisans du transport par brouette considérés se lèvent très tôt le matin. Tous commencent leur journée de travail dès 6 heures et la prolongent jusqu'à la tombée de la nuit et parfois au-delà. Si certains artisans du transport par brouette à titre onéreux de la ville de Yaoundé observent ou s'imposent un repos hebdomadaire le dimanche, la majorité d'entre eux travaillent tous les jours de la semaine, y compris les jours fériés. Tous se rendent au travail, habillés en haillons et en chaussures usées. Certains d'entre eux ont le corps rongé par la crasse et la vermine. Qu'il pleuve, qu'il vente ou qu'il fasse chaud, les artisans du transport par brouette à titre onéreux de la ville de Yaoundé sont à pied d'œuvre. Ils travaillent en moyenne entre 10 et 12 heures par jour.

D'après les enquêtes de terrain, 58 % des artisans du transport par brouette à titre onéreux de la ville de Yaoundé, utilisent des brouettes mises à leur disposition par des tiers, notamment des parents ou bien des propriétaires qui leur louent la brouette à la journée. Ici, la location d'une brouette à la journée varie entre 350 et 700 francs CFA. Seuls 42 % des artisans du transport par brouette de notre échantillon d'enquête, possèdent leur propre brouette, qu'ils ont acquise avec leurs économies personnelles ou à l'aide des contributions familiales.

Les artisans du transport par brouette à titre onéreux de la ville de Yaoundé n'ont pas de couloir de circulation réservé. Aussi y poussent-ils le plus souvent leur brouette au beau milieu des rues empruntées, qu'il s'agisse des rues de desserte des quartiers, des voies de liaison entre les quartiers ou des artères de grande affluence, s'exposant parfois aux accidents de circulation. Dans leurs points de rassemblement, à savoir les grands carrefours des quartiers résidentiels pauvres, les entrées des marchés vivriers et des gares routières, ils attendent souvent les clients debout. Ils y scrutent constamment l'horizon du regard dans l'espoir de voir des clients leur faire signe. D'après les enquêtes, les artisans du transport par brouette à titre onéreux de la ville de Yaoundé transportent tous, des charges lourdes dont le poids dépasse le plus souvent le leur, au mépris des prescriptions du code de travail. Et puis, lorsque le chemin à parcourir est en pente comme c'est souvent le cas à Yaoundé, ces artisans entament un dur combat avec leur brouette chargée pour éviter d'être renversés par le poids du chargement. Et quand la charge placée dans le bac de la brouette vient à basculer et à se retrouver au sol, il leur faut se résoudre à recommencer l'expérience avec la même charge ou avec des charges de moindre volume et/ou poids, avec toutes les contrariétés qu'un tel exercice comporte.

Les artisans du transport par brouette à titre onéreux sont disséminés dans l'espace urbain de Yaoundé. Ils y sont présents dans presque tous les les quartiers résidentiels populaires anciens tels que Mokolo, Mvog-Ada, Mvog-Mbi, Nkolndongo, Nlongkak, Mélen et récents comme Nkolmeseng, Ahala, Mimboman, Etoug-Ebe et Nsimeyong. Toutefois, c'est aux entrées des marchés et des gares routières et dans les grands carrefours des quartiers résidentiels pauvres que leur concentration est la plus forte.

Près de 50 % des artisans du transport par brouette à titre onéreux de la ville de Yaoundé, opèrent dans les marchés vivriers. Dans ces marchés, ils sont dans une quête permanente de la clientèle. Pour pouvoir décrocher une offre de service, ils font des signes et des gestes de la main aux dames qu'ils voient descendre de leurs voitures particulières ; il leur arrive aussi d'aller au-devant de ces dames dès leur descente de voiture, pour leur proposer de les accompagner dans leurs courses au marché.

A l'aide des brouettes, les artisans considérés assurent à la demande des clients, le transport des charges à l'intérieur même des marchés ou entre l'intérieur des marchés et leur périphérie. Ainsi, dans le premier cas, ils assurent à la demande des commerçants, le transport des marchandises et autres charges entre les différents magasins ou les différents stands de vente des marchés ; dans le second cas, deux situations sont à considérer : en premier lieu, le transfert par les brouettiers des produits des points de stationnement des cars et des taxis de brousse de la périphérie des marchés aux stands de l'intérieur de ceux-ci. Les concernés sont sollicités pour ce type de service très tôt le matin entre 6 heures et 7 heures et surtout en fin d'après-midi entre 16 heures et 18 heures. La deuxième situation intéresse le transfert par les mêmes brouettiers, des produits alimentaires achetés par des ménagères des comptoirs et /ou stands de vente de l'intérieur des marchés aux points de stationnement de voitures de la périphérie. A cet égard, munis de leur brouette, ils accompagnent ces femmes aux différents comptoirs ou stands de vente des marchés. Au fil des achats, ils récupèrent les produits et les rangent dans les brouettes ; à la fin des courses à l'intérieur des marchés, ils raccompagnent les dames aux points où elles ont garé leurs voitures ou aux bords des rues de sortie des marchés, pour celles qui empruntent les voitures taxi. Ils proposent ainsi à ces dames un service de transport par brouette qui leur permet de regagner tranquillement leurs voitures, sans avoir à se mêler ou à se soucier de transporter elles-mêmes les produits achetés. Les artisans du transport par brouette rendent ce type de service surtout dans la matinée entre 6 heures et 11 heures et en fin d'après midi entre 16 heures et 18 heures.

Dans les gares routières, les artisans du transport par brouette à titre onéreux de la ville de Yaoundé assurent le transfert des bagages depuis les arrêts des taxis ou des mototaxistes jusqu'aux guichets d'enregistrement des voyageurs et vice versa. Ils y sont très actifs toute la journée y compris aux heures de la nuit, l'embarquement et le débarquement des passagers et des bagages y étant permanents. Ils y font plusieurs allées et venues par journée de travail, sous la pluie, le vent ou la chaleur.

Dans les quartiers résidentiels pauvres, les artisans du transport par brouette à titre onéreux, assurent le transfert des bagages depuis les rues jusqu'aux domiciles de leurs clients. Dès que les femmes et les voyageurs descendent des taxis ou des motos, ils se rapprochent et leur proposent de les raccompagner. En cas de sollicitation, les brouettiers chargent aussitôt leur véhicule et prennent sans délai la direction des domiciles de leurs clients ; les distantes à couvrir sont généralement très courtes : 400, 600, 800 mètres ou 1,5 km au maximum.

En résumé, les artisans du transport par brouette à titre onéereux des marchés de la ville de Yaoundé parcourent en moyenne 15 kilomètres par jour, ceux des gares routières 9 kilomètres et ceux des quartiers résidentiels pauvres 7,5 kilomètres. Les premiers poussent à l'aide de leur brouette en moyenne 1,5 tonnes, les seconds environ 1,2 tonnes et les troisièmes environ 750 kilogrammes de produits par jour.

VI. LES REVENUS DES ARTISANS DU TRANSPORT PAR BROUETTE

Le transport par brouette abordé dans cette contribution étant une activité informelle, il est difficile d'évaluer avec précision les revenus de ses pratiquants. Nombre de ces pratiquants sont peu diserts sur ce qu'ils tirent de leur activité. Ceux qui se sont prêtés à la question sur le rapport financier de leur activité, nous ont affirmé ne pas y trouver leur compte. Qu'on en juge à ces exemples. J. P., père de famille qui exerce l'activité de transport par brouette à titre onéreux depuis 2 ans, avoue gagner en moyenne 35 000 F CFA par mois ; T. P. un autre pousseur de brouette âgé de 23 ans, déclare un revenu mensuel de 27 500 F CFA. T. F., un troisième pousseur âgé de 19 ans, affirme rentrer chez lui chaque soir avec 1 000 F CFA. Comme il travaille tous les jours, il jouit d'un revenu mensuel de 30 000 F CFA par mois. J. C., un quatrième brouettier âgé de 22 ans, reconnaît gagner entre 30 000 et 35 000 F CFA par mois. Il résulte de ces exemples que, qu'ils soient adultes ou jeunes, les artisans du transport par brouette à titre onéreux de Yaoundé sont des gagne-petit.

Certes, il y a quelques brouettiers qui dépassent les montants avancés ci-dessus, mais dans l'ensemble, ce que les brouettiers de la ville de Yaoundé reçoivent en échange du service de transport rendu, est très modique. Les brouettiers interrogés ont été unanimes à reconnaître que le rapport financier de leur activité reste faible. A la vérité, rares sont ceux, parmi eux, qui atteignent et dépassent le SMIG qui est actuellement de 36 270 F CFA. Selon les enquêtes de terrain, tous les artisans du transport par brouette à titre onéreux de Yaoundé, exercent cette activité de manière très provisoire, en attendant de trouver un jour un emploi qui leur permet de s'assumer matériellement, moralement et spirituellement. En tout cas, ils ne sont pas satisfaits de leur statut. Pour les artisans du transport par brouette en situation professionnelle, l'activité qu'ils exercent n'est qu'un pis-aller. Aussi projettent-ils tous de changer d'activité si l'occasion leur en était donnée

QUELLES PERSPECTIVES POUR LE TRANSPORT PAR BROUETTE A TITRE ONEREUX DANS LA VILLE DE YAOUNDE ?

D'après les enquêtes de terrain, l'activité du transport par brouette à titre onéreux abordée dans cette contribution, est somme toute pénible à exercer. Ses artisans totalisent en moyenne entre 60 à 70 heures de travail par semaine. Levés tôt le matin, les artisans de cette activité arrivent à leur poste de travail dès 6 heures et n'en repartent qu'à la tombée de la nuit, voire au-delà. Ils sont exposés en permanence aux intempéries. Parce qu'ils travaillent en plein air, la pluie et la canicule sont leur lot quotidien ; dans le même ordre d'idées, du fait de leur exposition permanente aux intempéries, ils souffrent régulièrement des maladies telles que le rhume et le paludisme. Bon nombre d'entre eux sont aussi victimes de maladies professionnelles graves comme les hernies discales et la lombalgie. De plus, de nombreux artisans du transport par brouette à titre onéreux de la ville de Yaoundé, se lancent dans cette activité à 7 ou 8 ans, c'est-à-dire à l'âge où ils devraient s'inscrire à l'école pour y préparer leur avenir.

Pour pouvoir rester éveillés et conserver la forme pendant la journée et réaliser les objectifs de gain journalier qu'ils se sont fixés, certains brouettiers consomment régulièrement des stupéfiants tels que le tramole et le chanvre indien. D'autres se dopent en consommant le Whisky vendu dans de petits sachets plastiques à l'instar du *« Lion d'Or »,* du *« Kitoko »,* du *« King Arthur »,* du *« Figther »* ou du *« Goal ».* Les brouettiers les plus véreux prennent régulièrement des directions inconnues avec les produits alimentaires achetés au marché par leurs clients. En plus des détournements des colis, d'autres brouettiers s'emploient à agresser physiquement leurs clients et surtout clientes et à les dépouiller de leurs biens, se comportant ainsi comme des véritables hors-la-loi.

Il revient aux autorités municipales de Yaoundé de faire procéder régulièrement à des contrôles de police dans les marchés vivriers, les gares routières et les rues des quartiers résidentiels pauvres de la ville de Yaoundé, en période de classes pour y expulser les jeunes qui s'y livrent au transport par brouette, au lieu d'aller à l'école. Il revient aux autorités municipales de Yaoundé de trouver une formule de substitution au transport par brouette à titre onéreux, qui y a désormais droit de cité dans les marchés vivriers, les gares routières et les quartiers résidentiels pauvres. En effet, ces autorités devront s'atteler à mettre fin à l'activité de transport par brouette à titre onéreux qui dépareille le paysage physique et ternit l'image de la capitale politique du Cameroun.

Il est improbable que cette activité disparaisse d'elle-même. En effet, la croissance démographique que la ville de Yaoundé est appelée à connaître dans les années à venir va nécessiter la création de nombreux emplois. Si le secteur d'économie moderne ne parvient pas y absorber toute la main-d'œuvre, ce qui est déjà le cas depuis de nombreuses années, celui des activités économiques informelles dont le transport par brouette à titre onéreux, accueillera les demandeurs d'emplois. Ainsi, en dépit de la crise économique et sans doute à cause d'elle, l'activité du transport par brouette à titre onéreux subsistera et continuera à occuper une partie des jeunes déscolarisés ou à la recherche du travail.

CONCLUSION

Cette contribution a levé un pan de voile sur le transport par brouette à titre onéreux, l'une des multiples activités de débrouillardise de la ville de Yaoundé. Cette activité y comble l'absence d'un moyen de transport adéquat des charges plus ou moins lourdes à l'intérieur des marchés, entre l'intérieur et la périphérie des marchés, entre l'intérieur et la périphérie des gares routières et entre les rues et les grands carrefours des quartiers résidentiels pauvres et les domiciles des citadins. Elle y est exercée par des individus de sexe masculin, en majorité jeunes, issus de familles pauvres et pour la plupart en rupture de scolarité.

Ses pratiquants travaillent dur pour des revenus qui ne leur pemettent pas de satisfaire tous leurs besoins d'existence. En outre, ils sont souvent meurtris par les intempéries, les accidents de travail et les maladies et nombre d'entre eux consomment régulièrement des drogues. A vrai dire, l'activité de transport par brouette abordée dans cette contribution scientifique constitue une forme de chômage déguisé, un pis-aller qui permet à ceux qui l'exercent, de contenter leur besoin naturel d'activité. Il est grand temps de la supprimer et de la remplacer par un mode de transport plus décent et moins contraignant pour ses artisans.

BIBLIOGRAPHIE

Allaire J., 2009, La mobilité et le transport rural en Afrique subsaharienne : économiser l'énergie des populations isolées, *Global Chance,* n°. 63, 6 p.

Bamberger M. ; Lebo J., 1999, Gender and transport: a rational for action, *Prennotes* n°14 Poverty.

Banque Mondiale, *Reduction and economic Management Network*, Washington DC, USA, 4 p.

Barwell I.; Howe J., 1980, Intermediate transport technology, *Appropriate Technology* 7 (1), pp. 9-11.

Fernando P., 1997, *Balancing the load: gender issues in rural transport*, International Forum for rural Transport and Development (IFRTD), London, RU., 7 p.

Gleick J., 1987, Chaos : making a new science cardinal sphere books, Macdonald Publishers, Londres, RU. ISBN. 0-7474- 0413-5.

Kengne Fodouop, 1991, *Les petits métiers de rue et l'emploi. Le cas de Yaoundé*, SOPECAM, Yaoundé, 163 p., coll. *Idées.*

Les cahiers du petit Manchot n° 158 du 07-05-2011.

Yasseu R., 2013, *Les brouettes remplacent les pousse-pousse*, Lebanco.net, 2 p.

8- LES « AGENTS IMMOBILIERS INFORMELS » A YAOUNDE : ETHNOSOCIOLOGIE D'UNE DEBROUILLARDISE URBAINE

Honoré Mimche

RESUME

Dans un contexte de croissance démographique accélérée, d'innombrables ménages de Yaoundé sont confrontés à un problème d'accès au logement. L'offre de logements proposée par les structures parapubliques, comme la Mission d'Aménagement et d'Equipement des Terrains Urbains et Ruraux (MAETUR) et la Société immobilière du Cameroun (SIC), et par les agences immobilières privées enregistrées qui sont nées dans la foulée de la dynamique urbaine, y est encore largement inférieure à la demande, entraînant ce qu'il est convenu d'appeler « une crise du logement » dans la ville (Antoine, 1996). C'est dans ce contexte que sont nés les agents immobiliers informels dans la plupart des villes camerounaises. Contrairement aux agences formelles, les agents immobiliers informels procèdent par la publication des offres locatives sur des tableaux et des affiches aux abords des rues, comme c'est généralement le cas à Yaoundé. Ces acteurs s'y posent en guides, conseillers ou facilitateurs de transactions, des candidats à l'achat de maisons et de parcelles à bâtir ou à la location de logements sans avoir obtenu l'agrément nécessaire. Leur activité reste essentiellement une activité à travers laquelle, ils tentent de joindre les deux bouts et d'assurer des fins de mois très difficiles.

Mots-clés : *Agents immobiliers informels, ethnosociologie, débrouillardise urbaine, économie foncière et résidentielle urbaine.*

INTRODUCTION

Depuis plusieurs décennies, la capitale politique du Cameroun connaît une croissance démographique accélérée liée en grande partie à une immigration d'origine rurale, mais également à la migration interurbaine. Dans cette dynamique de croissance démographique, d'innombrables ménages de Yaoundé sont confrontés à un problème d'accès au logement. La situation urbaine actuelle est celle d'une pénurie de logements « à bon prix » pour les groupes sociaux les plus vulnérables ; une situation qui s'aggrave à cause de la hausse des loyers, suite au départ des anciens locataires, de la concurrence entre les ménages pour l'accès au logement, mais surtout, du faible taux de rotation des ménages dans les maisons à louer. Face aux difficultés rencontrées par les citadins pour avoir droit à la ville, le logement devient, comme la nationalité ou le travail, un vecteur d'intégration sociale et un signe d'appartenance à la cité (Bresson, 2007). Pour y faire face, plusieurs ménages choisissent soit d'acheter des parcelles pour y bâtir, soit d'accéder au marché locatif en recourant aux structures formelles ou aux acteurs informel de ce secteur en plain essor. D'après les résultats du Troisième recensement général de la population et de l'habitat, seuls 45,5% des ménages de Yaoundé sont propriétaires. Ainsi, près de la moitié des ménages (49 %) vivant à Yaoundé est constituée de locataires. En effet, l'offre de logements proposée par les structures parapubliques, comme la Mission d'Aménagement et d'Equipement des Terrains Urbains et Ruraux (MAETUR) et la Société immobilière du Cameroun (SIC), et par les agences immobilières privées enregistrées qui sont nées dans la foulée de cette dynamique urbaine, est encore largement inférieure à la demande, entraînant ce qu'il est convenu d'appeler « la crise du logement » dans la ville (Antoine, 1996). C'est dans ce contexte que sont nés les agents immobiliers informels dans la plupart des villes camerounaises. Si certains citadins parviennent à capitaliser leurs réseaux de relations sociales (ethnie, famille et système de parenté…) pour se procurer un logement plus ou moins décent, d'autres par contre, font appel à ces agents immobiliers informels pour trouver un logement.

Contrairement aux agences formelles, les agents immobiliers informels procèdent par la publication des offres locatives sur des tableaux et des affiches aux abords des rues, comme c'est généralement le cas à Yaoundé. Ils sont de plus en plus nombreux, ces jeunes et adultes, chômeurs, travailleurs et étudiants en galère, qui occupent des carrefours et des zones piétonnes fréquentées par une population dense et mobile, pour faire la publicité des offres foncières et locatives afin de subvenir à leurs besoins essentiels ou d'améliorer leur quotidien grâce à la vente de leurs services aux usagers en quête de logement ou de terrain à bâtir. Ils investissent différents segments du marché résidentiel urbain : logement en accession à la propriété, parc locatif privé, parc locatif social et parc locatif de fait (Bresson, 2007).

La question de l'accès au logement a connu un regain d'intérêt au lendemain de la crise économique qui a frappé nombre de pays africains (Antoine, 1996), dans la vague des travaux en sociologie urbaine, en urbanisme, en géographie urbaine et en démographie urbaine, soit pour décrire les types de logements occupés par les ménages, soit pour analyser les conditions d'insertion urbaine, les difficultés d'accès au logement par les migrants (Kishimba, Kuepie et AkaKouamé, 2003), les dynamiques de mobilité résidentielle (Antoine, 1991 ; Antoine et al , 1995 ; Rondeau et al,

1996 ; Mimche, 2009) et les stratégies résidentielles en ville (Bonvalet et Fribourg, 1988). Cependant, il convient de noter que la problématique de la place qu'occupent les agents immobiliers dans les stratégies d'accès au logement urbain, en tant qu'une forme de débrouillardise urbaine, a très peu été étudiée en Afrique en général. Dans la dynamique des études sur l'insertion urbaine engagée au début des années 1990, une équipe de chercheurs a analysé les trajectoires d'insertion résidentielle et les statuts résidentiels au sein de plusieurs générations de citadins pour montrer les changements qui s'opéraient avec la crise à partir des enquêtes biographiques (Ouédraogo et Piché, 1995 ; Kouamé et al, 1999 ; Antoine et al, 2006). Egalement, nombre de travaux sur les stratégies de survie en milieu urbain en Afrique ignorent encore cette forme de survie (Pidika et Tchouassi, (2005 ; Njikam and Tchouassi., 2011 ; Bourdillon et Sangare, 2012). Comme on peut le constater, les réseaux informels mobilisés par les acteurs urbains pour accéder au logement dans un contexte de crise et d'inadéquation entre l'offre et la demande ont suscité peu de travaux. Cette contribution tente dès lors d'analyser le rôle joué par de nouveaux acteurs dans les dynamiques d'accès au logement en ville. Le terme « agents immobiliers informels » sera utilisé pour les désigner, ces facilitateurs qui, à l'aide d'affiches, de tableaux et d'ardoises, proposent leurs services aux citadins pour accéder à une parcelle, à un appartement ou à un immeuble, soit sous la forme locative, soit comme propriété.

Un agent immobilier est un intermédiaire qui facilite les transactions portant sur la vente de maisons ou de parcelles à bâtir ou sur la location de logements. Pour exercer son métier, il doit être agréé par l'administration de tutelle (à savoir le ministère en charge de l'habitat) conformément à la loi[42]. Cependant, à Yaoundé, depuis le milieu des années 1980, de nombreux individus de sexe masculin, font irruption dans les rues et se posent en guides, conseillers ou facilitateurs de transactions, des candidats à l'achat de maisons et de parcelles à bâtir ou à la location de logements sans avoir obtenu l'agrément nécessaire. A plus d'un titre, les agents immobiliers peuvent apparaître comme des courtiers. On comprend pourquoi nous les appelons ici agents immobiliers informels. Pourquoi s'improvisent-ils ainsi agents immobiliers ? Comment procèdent-ils ou quel est leur mode opératoire ? Et comment envisagent-ils leur avenir professionnel ? Voilà les principaux questionnements qui constituent la toile de fond de cette analyse qui permet de voir le profil sociodémographique de ces courtiers, leurs

[42] Cf. Décret 2007/1138 du 03 septembre 2007 fixant les modalités d'application de la loi n°2001/020 du 18 décembre 2001 portant organisation de la profession d'agent immobilier.

pratiques de vente et d'intermédiation dans la rue, les sociabilités éprouvées, les identités revendiquées et les aspirations exprimées par chacun d'eux. Ainsi, à travers leur fonction de courtage et au regard du rôle prépondérant qu'ils occupent dans les trajectoires d'accès des ménages urbains aux logements et au foncier, il convient d'analyser leurs itinéraires et leurs biographies professionnelles afin d'en dégager les caractéristiques.

La perspective ethnosociologique qui oriente ce travail est une démarche soucieuse de transposer à la sociologie, le maître dispositif méthodologique de l'ethnologue, à savoir l'étude directe de la vie sociale. Attentive aux pratiques observées *in situ*, l'ethnosociologie ainsi définie entreprend donc de lier au mieux les singularités du terrain et les énoncés d'ordre plus général, en précisant ce que les uns doivent aux autres (Lapassade, 1991). Au questionnement sociologique attaché à la saisie des pratiques de vente, d'intermédiation de courtage en immobilier, est associée une méthodologie inspirée de l'observation *in situ* pratiquée par les ethnologues pour comprendre le métier des agents immobiliers. On rejoint dès lors Olivier de Sardan (1995) lorsqu'il propose pour de tels objets scientifiques de chercher à comprendre comment devient-on courtier, c'est-à-dire comment en vient-on à assurer une fonction de courtage immobilier ? Quelles sont les compétences nécessaires ? S'y professionnalise-t-on et de quelle manière ? C'est pourquoi, il nous paraît important de nous attacher à observer, au plus près de leur activité, le quotidien de ces acteurs.

L'objectif est d'examiner les circonstances dans lesquelles les agents immobiliers informels de Yaoundé se sont lancés dans cette pratique de débrouillardise et les stratégies dont ils se servent pour mener cette pratique et négocier leur appartenance à la ville (Bourdillon et Sangare, 2012). Utilisant des données d'entretiens avec des agents identifiés dans quelques quartiers de la capitale (Melen, Elig-Essono, Mvolyé, Biyem-Assi), la contribution tente, à partir de l'exemple de Yaoundé, d'analyser comment le logement est produit et distribué dans les villes du Sud à travers cette catégorie d'acteurs du logement. En considérant le logement comme un élément du patrimoine familial (Fijalkow, 2011), elle montre comment le logement est acheté et vendu comme marchandise au travers des agents immobiliers informels, questionne les bénéfices symboliques ou matériels tirés de l'exercice de cette forme et/ou /pratique de débrouillardise et examine les projets de vie des agents concernés. Elle comporte trois parties. La première retrace le contexte d'émergence de cette activité de débrouillardise urbaine, c'est-à-dire le contexte sociodémographique et économique dans lequel ont vu le jour ces acteurs du dynamisme immobilier urbain à Yaoundé. Est mis en exergue, l'effet de la forte croissance démographique sur la demande en logement dans la capitale politique du Cameroun. La deuxième partie tente d'analyser la place qu'occupent ces acteurs dans les modes d'accès au logement urbain, ainsi que les motifs de l'engagement des agents immobiliers informels dans la pratique de la débrouillardise. La troisième partie traite du vécu quotidien de l'exercice de ce « métier » et des sens sociaux de cette forme de débrouillardise.

I. IMMIGRATION URBAINE, EXPLOSION DEMOGRAPHIQUE ET DEMANDE EN LOGEMENTS A YAOUNDE

Avoir « un chez soi... » : Une équation de plus en plus difficile en ville

Depuis le début des années 1970, Yaoundé la capitale politique du Cameroun, connaît une croissance démographique accélérée liée en grande partie à une immigration d'origine rurale massive comme en témoignent de nombreux travaux scientifiques (Franqueville, 1979, 1984, 1987 ; Timnou, 1993 ; Mérabet, 1999). La population de Yaoundé était estimée à 313 706 habitants en 1976. En 1978, elle est passée à 649 252 habitants. D'après les données du dernier recensement général de la population et de l'habitat réalisé en 2005, cette population était évaluée à 1, 8 millions d'individus. Les projections démographiques indiquent que cette croissance de la population va se poursuivre puisque la population est estimée en 2015 à 2,7 millions d'habitants. Cette progression traduit une dynamique démographique qui poserait d'importants besoins si des mesures efficaces ne sont pas prises par les pouvoirs publics pour y faire face. A Yaoundé, comme dans plusieurs autres villes du Cameroun, *« la production du logement n'a pas pu suivre la demande...Malgré la volonté politique de donner le droit à la ville à tous, les normes d'urbanisme sont restées celles de la période coloniale »* (Antoine, 1996). Ainsi, dans cette dynamique de forte croissance démographique, d'innombrables ménages de Yaoundé sont confrontés à un sérieux problème d'accès au logement. Depuis plusieurs années, l'offre de logement décent proposée par les structures parapubliques comme la Mission d'Aménagement et d'Equipement des Terrains Urbains et Ruraux (MAETUR) et la Société immobilière du Cameroun (SIC) et par les sociétés immobilières privées, créées récemment à la faveur de la libéralisation du secteur de construction des logements sociaux y est encore largement inférieure à la demande. Les résultats du dernier recensement relatifs à la répartition des ménages de Yaoundé par statut d'occupation du logement montrent que seuls 46 % sont propriétaires. A l'opposé, près de la moitié des ménages (49 %) vivant à Yaoundé sont des locataires. Comme dans beaucoup de villes africaines, la montée de la demande résidentielle y contraste avec les disponibilités en termes de logements. Ainsi, face à l'absence de logements ou à la rareté de logements locatifs, y compris d'habitat social, les citadins y ont recours à de multiples stratégies dont celui de l'habitat informel.

Ce qui montre les difficultés auxquelles sont confrontés les ménages pour avoir un droit à la ville. Comme l'indique Antoine (1996) *« le logement n'est pas seulement un élément de satisfaction des ménages ; c'est également, du fait de sa forte valeur ajoutée, un formidable moteur de croissance économique. La construction de logements est un indicateur conjoncturel important »*.

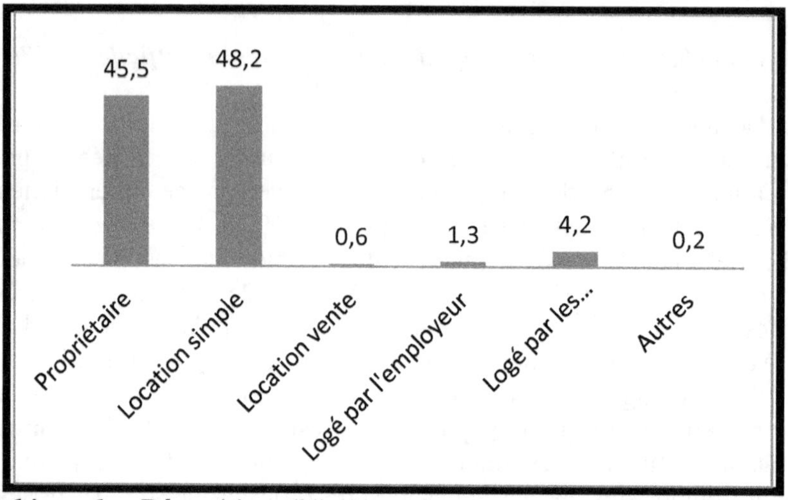

Graphique 1. Répartition (%) des ménages vivant à Yaoundé en 2005 selon le statut d'occupation du logement

Source : RGPH, 2005.

A leur arrivée en ville, les migrants sont généralement confrontés à un certain nombre de difficultés pour faire valoir leur droit à la ville. L'accès à un logement répondant aux contraintes et attentes familiales, les ménages sont confrontés à un ensemble de problèmes dont ceux relatifs au logement restent l'un des plus prioritaires. Comme l'indique Bresson (2007), la situation urbaine actuelle est celle d'une pénurie de logements à bon prix pour les groupes sociaux les plus vulnérables ; une situation qui s'aggrave à cause de la hausse des loyers au départ des anciens locataires, de la concurrence entre les ménages pour l'accès au logement, mais surtout du faible taux de rotation des ménages dans les maisons à louer. En effet, le fonctionnement du marché du logement produit finalement des goulots d'étranglement et des problèmes d'accès au logement pour un certain nombre de ménages jugés non prioritaires par les propriétaires ou les bailleurs sociaux. Ainsi, les chefs de ménages doivent choisir entre s'acheter une parcelle à bâtir, s'acheter un appartement, se faire héberger par un tiers et chercher un appartement en location. Trouver une réponse à toutes ces équations existentielles exige la mobilisation d'un certain nombre de capitaux sociaux, financiers et culturels. La plupart des études réalisées en

Afrique subsaharienne sur les stratégies résidentielles montrent que les migrants disposent toujours d'un large éventail de possibilités d'accès au logement, généralement fondées sur les réseaux sociaux traditionnels que sont les membres de la parentèle (Kishimba, Kuepie et Kouamé, 2003).

L'accès à un logement urbain met en jeu divers acteurs : les clients, les propriétaires et les intermédiaires ou agents immobiliers. C'est généralement à travers ces derniers que se négocient l'accès et le droit à la ville des migrants à leur arrivée, au regard de leur prééminence sur le marché de l'habitat locatif. Le réseau familial permet à l'immigrant urbain d'avoir accès au premier logement en tant qu'hébergé ou de bénéficier d'un logement à louer à moindre coût. Mais dans le contexte de crise de solidarité et face à la pression résidentielle, nombre de personnes choisissent de s'appuyer sur des agents immobiliers informels. L'utilisation des structures informelles d'accès au logement se justifie d'une part par la rareté des logements, et d'autre part, par la forte demande résultant d'une croissance démographique qui reste sans cesse préoccupante. Face à cette forte demande, le problème du logement apparaît comme l'une des manifestations des défis multiformes qui se posent aujourd'hui en ville (Tall, 1999). Le recours aux intermédiaires, en plus des opportunités que peuvent offrir les réseaux familiaux, permet d'avoir un large éventail de possibilités en matière d'offre résidentielle et de faire un choix qui se rapproche au mieux des aspirations personnelles et familiales. L'ensemble des acteurs qu'on retrouve aujourd'hui au sein du marché du logement dans les villes font de ce champ une sorte d'arène ou un lieu d'affrontement où chacun joue avec des cartes différentes et des règles différentes.

Le marché du logement apparaît dès lors comme un système de ressources et d'opportunités que chacun tente de s'approprier à sa manière, c'est-à-dire une sorte d'arène. La notion d'arène montre que la ville et le marché du logement urbain peuvent se comprendre, au regard de la floraison des agents immobiliers qui y font leur loi aux clients, comme un ensemble de groupes stratégiques hétérogènes qui parfois s'affrontent, parce que mûs par des intérêts divergents (matériels ou symboliques) plus ou moins compatibles. Une telle optique oblige à s'interroger sur les stratégies des diverses catégories d'acteurs en scène en vue de comprendre les normes de comportements qui structurent leurs actions et les logiques sociales qui les sous-tendent. Dans la perspective de la sociologie des organisations, le marché du logement est devenu un système d'action collective, c'est-à-dire un système de pouvoir car le pouvoir est *« une dimension fondamentale de toute relation sociale »* (Crozier et Friedberg, 1977). Comme l'indique De Sardan (1995), reprenant Crozier et Friedberg, le pourvoir, toujours dans cette optique suppose l'autonomie relative d'acteurs dotés de ressources de pouvoir inégales et déséquilibrées, mais jamais ou presque totalement démunis, les moins favorisés ayant au moins *« la capacité, non pas théorique mais réelle, de ne pas faire ce qu'on attend d'eux ou de le faire différemment »* (Crozier et Friedberg, 1977). C'est dans cette perspective que nous envisageons d'étudier les relations entre les agents immobiliers et leurs clients, de même que leurs rôles dans la ville. Les interactions entre les propriétaires et les clients ou locataires se font par l'entremise des agents immobiliers. L'accès au logement devient un processus médiatisé par ces agents immobiliers. Mais des figures particulières des médiateurs peuvent émerger dans le contexte actuel. L'analyse qui est proposée permet à la fois de voir la figure du médiateur, mais aussi, de questionner la médiation en tant que relation sociale, qui est en certaines circonstances rituelles (De Sardan, 1995), l'usage d'un langage qui semble être devenu un prérequis pour quiconque entend accéder à un logement locatif à Yaoundé.

Explosion de la demande sociale, crise du logement et irruption « des courtiers en immobiliers »

L'accès au logement sous sa forme opérationnelle, formelle ou non formelle, transite de plus en plus par des intermédiaires qui constituent l'interface entre les propriétaires et les clients. Selon les cas, ils peuvent avoir des compétences variées : vente de terrain, vente d'appartement, location d'appartement, etc. Tous ces acteurs offrent, en dépit de la diversité de leurs compétences professionnelles, quelques caractéristiques communes. C'est par eux que les personnes désireuses d'avoir un logement urbain comme locataire ou propriétaire, passent pour s'adresser aux détenteurs des biens fonciers et immobiliers. Ce sont eux qui recherchent les clients et leur présente les offres locatives ou ventes disponibles. Ils doivent de ce fait inventorier toutes les offres disponibles, les localiser et faire de la publicité autour.

Nombre de coins de rue et de carrefours sont devenus des lieux où de nouveaux acteurs urbains en panne d'insertion socioprofessionnelle décident de faire valoir leur compétence profane dans le secteur de l'immobilier. En effet, faute d'alternatives d'emploi impulsées par les pouvoirs publics et le secteur privé, un nombre sans cesse croissant de jeunes citadins trouvent dans leurs propres initiatives et leur ingéniosité différentes manières de survivre et de s'affirmer (Maldonado et al., 2001). Si différents chapitres de cet ouvrage ont pu mettre en relief la pluralité de ces stratégies de promotion et de mobilité sociale mises en œuvre par les jeunes, la présente contribution examine une forme particulière fondée sur une réponse à un problème de logement urbain. Comme bien d'autres acteurs du secteur informel, les courtiers en immobiliers ou agents immobiliers clandestins exercent l'une des activités économiques marchandes génératrices de revenus en ville et qui échappent à l'emprise des dispositions juridiques concernant le secteur de l'immobilier en général.

A Yaoundé comme dans les autres grandes villes du Cameroun, le marché de l'immobilier est très complexe compte tenu de la multitude des acteurs qui y interviennent. Bien que régie par la loi (loi n° 2001/020 du 16 décembre 2001) et qu'il existe une association d'agents immobiliers reconnue par l'Etat, l'activité d'agent immobilier semble être à l'image d'une société en crise de valeurs et de repères. Généralement, elle relève du domaine de la spontanéité populaire car pendant longtemps, il suffisait d'avoir un tableau et de l'accrocher au bord de la rue pour devenir agent immobilier. Ceux qui ont ressenti le besoin de s'investir dans cette activité y sont arrivés d'abord lentement puis de plus en plus nombreux, à la faveur du vide juridique qui a prédominé dans le secteur de l'immobilier et l'absence de contrôle social impulsé par les autorités de tutelle. Ils utilisent plusieurs stratégies pour formaliser les transactions foncières et résidentielles, lesquelles génèrent des pratiques de corruption à tous les échelons du processus d´acquisition de terres et des logements (Zongo M., 1999 ; Zougouri et Mathieu, 2001).

L'activité d'agant immobilierinformel constitue une planche de salut, pour beaucoup de jeunes et traduit souvent une vitalité et une ingéniosité surprenante au vu des modestes ressources mobilisées pour mettre en place ce type d'entreprises généralement individuelles. On y retrouve une gamme très variée d'acteurs masculins : des jeunes diplômés, des chômeurs du secteur moderne victimes des effets sociaux des programmes d'ajustement structurel, des jeunes étudiants, des personnes exerçant parallèlement d'autres activités du secteur informel (commerçants, conducteurs de mototaxi, ou de voiture taxi) tout comme des agents de l'Etat qui choisissent à travers cette activité *« d'arrondir leur fin de mois »*.

II. L'ACCES AU LOGEMENT A YAOUNDE : LE TEMPS DES « COURTIERS IMMOBILIERS INFORMELS »

En dépit d'une tentative de formalisation de l'activité par le « haut », les courtiers immobiliers informels sont aux commandes à Yaoundé.

<u>Encadré n° 1 :</u> Dispositions régissant le rôle des agents immobiliers au Cameroun

En septembre 2007, un décret signé par le Premier ministre a fixé les modalités d'application de la loi sur l'organisation et la pratique de cette profession au Cameroun. Selon ce décret, les personnes titulaires d'une licence obtenue à l'issue d'études juridiques commerciales ou économiques, d'un diplôme d'ingénieur civil, d'urbaniste ou d'architecture ou leur équivalent, sont aptes à pratiquer l'activité. Ceux titulaires d'un baccalauréat doivent justifier d'une expérience professionnelle d'au moins dix ans dans une entreprise accomplissant des opérations immobilières. Les postulants doivent en plus, s'inscrire au registre des agents immobiliers tenu par le Ministère de l'habitat et du développement urbain (MINHDU). Par ailleurs, une attestation de garantie financière ou encore une police d'assurance professionnelle donnent droit à une carte professionnelle. Concernant les garanties financières, une caution d'au moins 15 millions de francs CFA doit être déposée dans une banque agréée et une assurance souscrite. Entre autres obligations, l'agent immobilier doit inscrire sur tous les documents, contrats et correspondances son numéro d'inscription au registre, les références de sa carte professionnelle, ou encore le numéro d'inscription au registre du commerce et du crédit mobilier. L'agent immobilier est ainsi soumis à différentes obligations auxquelles il ne peut se soustraire : être titulaire d'une carte professionnelle délivrée par l'administration préfectorale chaque année ; disposer d'une garantie financière auprès d'un organisme bancaire ou d'une organisation professionnelle ; avoir souscrit une assurance de responsabilité civile professionnelle ; détenir un mandat écrit de son client l'autorisant à négocier ou à s'engager en son nom. Au titre de cette loi, sont reconnues comme agents immobiliers, les personnes physiques ou morales qui accomplissent des opérations immobilières, et en font leur profession habituelle. Les opérations immobilières comprennent : l'achat, la vente, la location ou la sous-location en nu ou en meublé d'immeubles bâtis ou non bâtis, l'achat, la vente, la location ou la location-gérance de fonds de commerce, la souscription, l'achat et la vente d'actions ou de parts de sociétés immobilières donnant vocation à une attribution de locaux en jouissance ou en propriété , l'achat et la vente des parts sociales non négociables, lorsque l'actif social comprend un immeuble ou un fonds de commerce ; la gestion immobilière.

Au premier regard, on est très souvent tenté de conclure qu'il s'agit d'un métier de la précarité. De ce point de vue, on y retrouve des jeunes diplômés sans emploi et/ou en quête d'identité sociale. La thèse de l'exclusion sociale peut alors être aisément convoquée pour justifier leur transition dans cette activité, « en attendant de trouver mieux » ailleurs. Comme l'indique Pierre (homme, 38 ans, agent immobilier depuis six ans) *« pour me permettre de rester propre, de manger, de nourrir ma famille et surtout de louer une chambre, je fais ce métier en attendant d'avoir quelque chose de mieux ».* L'activité peut donc être perçue comme un tremplin pour mobiliser les moyens nécessaires au financement de l'émigration comme c'est le cas de Théophile, homme de 29 ans, résidant au quartier Obili et exerçant ce métier depuis quatre années. Il s'agit également d'un « métier » par lequel ses acteurs tentent de mobiliser les ressources nécessaires à la constitution d'un dossier de recrutement dans une entreprise publique ou privée. Ils sont aussi nombreux ceux des acteurs de l'immobilier clandestin qui choisissent d'y rester toute leur vie, tout en exerçant une ou plusieurs activités économiques. Certains d'entre eux sont des adultes qui ont dépassé l'âge formel d'accès à la Fonction publique ou des individus qui n'ont pas eu une carrière scolaire brillante ; c'est le cas de Marc.

Marc (32 ans, résidant à Biyem-Assi) a débuté cette activité il y a sept ans, aux côtés de son frère aîné qui y est passé avant de s'investir dans les activités commerciales dans la même ville. Après avoir acquis de l'expérience auprès ce dernier, Jean Marc a bénéficié de son capital social car avoue-t-il, *« son frère avait beaucoup de clients parce qu'il était honnête et réussissait à satisfaire tous ses clients. Il s'était constitué un vaste réseau de relations avec différentes catégories sociales et permettait à ses différents clients d'avoir accès à un logement dans de bonnes conditions ».* Marc a d'abord servi comme agent auprès de son frère pendant deux ans, lorsqu'il achève le premier cycle universitaire et tente en vain d'obtenir un emploi stable. Durant cette période, il est initié à la négociation et à la médiation. Après deux années d'expérience, il manifeste à son aîné l'intention de créer une entreprise similaire dans un autre quartier. Mais son frère lui fait part de son projet de changer d'activité. Marc entreprend donc d'occuper le même espace, dans l'espoir d'avoir la clientèle que lui lèguera son frère. Il commence à gérer cette structure en 2011 et bénéficie de l'influence des relations déjà tissées par son aîné. En se servant des annonces publicitaires de ce dernier, il réussit à développer l'entreprise à son compte et à faire des économies personnelles pour se faire une vie. Au terme de trois années d'activité, il réussit à s'approprier une parcelle sur laquelle il bâtit son logement. Il fonde une famille et s'emploie à diversifier ses activités face à l'irruption de nouveaux acteurs dans le domaine où il note une forte concurrence aujourd'hui.

Le secteur de l'immobilier reste donc une activité dans laquelle, l'agent tente de *« joindre les deux bouts et d'assurer les fin de mois d'ailleurs très difficiles »*. A ce titre, Jean dit avoir payé l'équivalent d'un mois de loyer à l'agent immobilier qui l'avait aidé à trouver le local, soit 120 000 F CFA, en guise de commission. En effet, si la dimension « utilitariste », vue sous l'angle de la satisfaction des besoins qualifiés d'élémentaires, apparaît très souvent comme l'argument principal, parfois unique, défendu pour convaincre les clients potentiels et utilisé pour justifier les raisons du choix d'une telle activité, cela ne signifie pas que ce soit le seul « bénéfice », voire le principal, que les agents immobiliers retirent de leur activité. Intuitivement, il nous semble en effet qu'un autre aspect de l'activité de vente doit être envisagé. Ainsi, une mise en perspective de leur activité avec le courtage et de stratégie de mobilité sociale peut être pertinente dans un contexte de corruption. Comme l'indique Frétigné (2004) dans une étude sur les vendeurs de presse en France, c'est dans le processus d'interactions qui le lie avec d'autres agents sociaux que l'agent immobilier informel forge son identité au travail. On peut également penser que le fait de mettre des affiches et des contacts téléphoniques ou encore la tendance à ne pas rentrer directement en contact avec les clients sont (entre autres éléments), des signes que l'activité considérée est socialement dévalorisée, voire stigmatisée.

La tendance à la concentration des jeunes dans cette activité est l'expression des difficultés d'insertion socioprofessionnelle et de mobilité sociale auxquelles reste confrontée cette catégorie de la population au terme de ses études. Elle s'explique par le fait que certains jeunes pensent que le recours à l'activité considérée est transitoire en attendant de trouver un emploi décent dans l'administration publique jugée comme « un débouché sûr ». Les jeunes s'y concentrent d'autant plus facilement qu'une formation pointue dans le domaine n'est pas un pré-requis. A Yaoundé, le secteur de l'immobilier n'est pas resté en marge du vaste mouvement d'informalisation qui touche aujourd'hui presque tous les domaines de la vie économique du Cameroun.

L'émergence d'un tel phénomène montre que face aux contraintes socio-économiques, les acteurs sociaux sont en mesure de faire preuve d'un esprit de débrouillardise à la fois pour survivre et pour satisfaire d'autres demandes sociales. Comme beaucoup d'autres pratiques de cette catégorie, celle-ci permet à beaucoup de Yaoundéens de « se forger un emploi », de pourvoir à leurs besoins élémentaires et même à ceux de leur entourage, de forger leur vie, de se prendre en charge. Les agents immobiliers en question opèrent dans l'illégalité, sans aucune contrainte de l'autorité publique de tutelle. Et ceux qui courent le risque ce sont les clients, car en cas de malversations dans les transactions, il leur est difficile de rentrer dans leurs droits. C'est dire que pour assurer la protection des clients qui ont forcément besoin de ce service, l'Etat devra réguler ce secteur en plein essor.

III- DEVENIR AGENT IMMOBILIER INFORMEL A YAOUNDE

L'agent immobilier informel est un acteur qui réalise des transactions immobilières en tant qu'intermédiaire entre deux ou plusieurs parties : achat, vente, location d'immeuble ou de fonds de commerce, mais aussi cession de parts de société concernant un immeuble ou un fonds de commerce. Les agents immobiliers, qu'ils agissent sous la forme de structures collectives ou d'entreprises individuelles, interviennent dans les opérations relatives aux immeubles, aux parts de sociétés immobilières et sur les fonds de commerce. En ce qui concerne les biens et les droits immobiliers, ils se livrent aux opérations sur les terrains non bâtis, comme sur les opérations portant sur les locaux à usage d'habitation ou à usage commercial. Il s'agit d'une catégorie d'acteurs immobiliers, reconnaissables par la présence, au coin de la rue, d'un tableau portant des annonces de villas ou d'appartements à louer et de terrains à vendre, qui opèrent dans les grandes villes du cameroun. Grace à leur spontanéité et à leur volontarisme, ils tentent d'y mobiliser les offres locatives et les opportunités de ventes foncières et immobilières.

Ils ne répondent pas du tout aux critères de l'Agent immobilier dont la profession est organisée par la loi de 2001. En effet, ils ne sont ni affiliés à l'Association des Agents Immobiliers du Cameroun (AAIC), ni enregistrés sur la liste des agents immobiliers autorisés à exercer, encore moins inscrits au registre répertoire des agents immobiliers tenu par le Ministère du l'habitat et du développement urbain (MINHDU)[43] rendu public en 2009. En s'appuyant sur leurs réseaux de relations sociales et sur leurs capitaux politiques acquis en ville, ils deviennent le canal indiqué pour avoir accès à un terrain, à un appartement, soit sous forme locative, soit pour l'acheter. C'est désormais avec eux qu'il faut traiter en laissant très souvent dans l'ombre les véritables propriétaires qui produisent la rente immobilière dans les quartiers urbains.

Reconnus généralement sous le statut d'agents immobiliers, ils sont à la fois des facilitateurs et des courtiers dont le rôle reste très complexe en fonction des situations. Ils sont généralement en contact avec leurs confrères de la même branche, avec les mairies et les communautés urbaines, les collectivités, les institutions, les avocats et les tribunaux. Qu'ils soient à la tête d'entités qui fonctionnent sous la forme de sociétés commerciales ou comme entreprises individuelles, ces agents immobiliers interviennent dans des activités de location et de vente des biens immobiliers. Ces *« spécialistes en transaction et gestion immobilière »* sont chargés de louer et de vendre des immeubles, des appartements et des maisons, et d'en assurer l'entretien et la gestion. Certains agents immobiliers informels mènent plusieurs activités à la fois : vente et location ds biens, médiation entre locataires et propriétaires, gestion des biens, etc…Avec le temps, ils finissent par y acquérir de l'expérience sur le tas et par avoir *« une compétence spontanée »* (Olivier De Sardan, 1995) qui n'est malheureusement pas reconnu par les institutions publiques. D'après Jules, homme âgé de 27 ans et résidant au quartier Olézoa, *« l'image du secteur est aujourd'hui ternie par le fait qu'on y retrouve tout le monde : ceux qui y arrivent pour essentiellement gagner de l'argent et qui sont généralement malhonnêtes, ceux qui veulent vraiment aider les clients, même s'ils y gagnent quelque chose. Il y en a qui mettent*

[43] http://www.minhdu.gov.cm/index.php?option=com

des panneaux alors qu'ils n'ont pas de logements disponibles et demandent aux clients de verser des frais alors qu'ils ne pourront pas leur rendre service ».

IV. LE METIER D'AGENT IMMOBILIER INFORMEL A YAOUNDE

Entre entreprise individuelle et entité morale : des entreprises « clé en main ou dans le sac»

A Yaoundé aujourd'hui, l'agent immobilier informel est celui qui s'emploie sans formation préalable, à faciliter les transactions portant sur la vente des maisons ou des parcelles à bâtir ou sur la location des logements. Jean, un agent immobilier affirme qu'il se nourrit *« de ce métier et cela lui a permis d'être une figure importante au sein de son ménage, de sa famille, de son quartier et de sa communauté toute entière ».* Comme beaucoup d'autres acteurs, il affirme *être propriétaire d'une entreprise dans ce secteur. Mais à la question de savoir où se localise son entreprise, il indique un carrefour où on retrouve des panneaux indiquant ses offres locatives ».* On a affaire à des entreprises individuelles ou à des entreprises jouissant d'une personnalité morale qui œuvre toutes dans la clandestinité. La plupart d'entre elles se passent d'un local fixe, et échappent de ce fait aux contraintes liées à l'obtention d'une patente ou de toute autre autorisation officuielle. Un petit tableau exposé généralement à un endroit très fréquenté, et sur lequel sont inscrits les *« offres d'achat, de vente et de location disponibles »* , et un ou deux numéros de téléphone qui représentent les contacts de « l'agent immobilier » responsable de la « structure », suffisent. Comme l'indique un client, *« ils sont toujours joignable, surtout lorsque vous sollicitez un appartement ».* Cette caractéristique confère aux agents immobiliers informels, la possibilité d'arnaquer leurs clients et à leurs activités, le véritable statut de métier de l'informel.

Les agents immobiliers informels disposent d'une administration mobile car ils ont avec eux toutes leurs archives dans le sac qu'ils portent en permanence. Comme le souligne Baud, (1999), *« ils connaissent parfaitement les réseaux de transaction foncière, les grands gestionnaires terriens (les jeunes autochtones) désireux de louer quelques parcelles et d'en vendre d'autres. Ils sont également des incitateurs à la vente comme à l'achat ».* Compte tenu des difficultés auxquelles sont confrontés les citadins, le service qu'ils rendent à leurs clients peut leur fournir différentes sortes de capitaux (symbolique, économiques, sociaux) qui peuvent en retour constituer des facteurs de réussite sociale. Jacques, homme de 46 ans résidant au quartier Mélen, déclare avoir permis à son cadet d'avoir un emploi dans une entreprise de la ville grâce au logement trouvé à une femme dans l'urgence. Arrivée dans la ville en cours d'année scolaire, la dame l'a contacté à travers un de ses anciens clients. Une semaine après les premiers contacts, elle réussit à accéder à un logement dans un quartier résidentiel de la ville à un coût raisonnable et décide en retour de récompenser Jacques qui lui propose de recruter son cadet dans l'entreprise dont elle est la responsable locale. Le cadet de Jacques accède ainsi à son premier emploi comme cadre dans une micro-finance de la ville, après plusieurs tentatives d'insertion professionnelle infructueuses.

Les agents immobiliers comme des médiateurs

Vus comme tels, ils assurent plusieurs rôles dans la ville. Ils sont à la fois des intermédiaires des propriétaires fonciers et immobiliers auprès de qui ils tentent de recenser toutes les offres disponibles et de les caractériser et des personnes qui recherchent un logement en ville ou une parcelle de terrain. A ce titre, ils connaissent parfaitement les réseaux de transactions foncières et immobilières, les personnes désireuses de louer des logements et/ou parcelles et d'en vendre. Ils ont une grande capacité de mobilité dans une aire géographique d'intervention de grande amplitude pour avoir en retour une offre importante à proposer à tous les demandeurs. Leur activité ne prospère que s'ils disposent d'une offre importante à même de satisfaire une demande également croissante. Très souvent le lieu où se trouve l'affiche présentant les offres disponibles n'est pas celui de la localisation des logements ou des terrains à louer et à vendre. Avec le développement de la circulation de l'information sur internet et la modification profonde des communications, les agents immobiliers informels ont la possibilité de travailler à domicile avec un simple ordinateur et un téléphone portable, sans avoir besoin d'une agence physique. L'agent immobilier conseille le vendeur sur la façon de présenter son bien. Le cas échéant, certains agents immobiliers conseilleront nettoyage, réparations, rangement, « dépersonnalisation », réorganisation du mobilier allant parfois même jusqu'à l'utilisation des services d'un styliste professionnel. Ce phénomène de « *home staging* » c'est-à-dire de « valorisation résidentielle » ou « valorisation immobilière » contribuent à renforcer la spéculation sur le marché de l'habitat locatif. Le but est d'améliorer l'image d'un bien pour arriver à le vendre à travers des prises de vues (photographie, vidéo, voire modélisation) qui seront souvent réalisées pour être diffusées par des publications sur internet ou dans la presse spécialisée pour générer des prises de contact. Les prises de vue constituent des éléments qui permettent de nos jours de mieux convaincre des clients.

Dans le cadre de la vente d'un terrain ou de la location d'un logement, c'est le propriétaire/vendeur qui dit à l'intermédiaire à combien il veut vendre sa terre ou louer son appartement. Il fixe son prix et c'est à l'intermédiaire d'aller négocier avec l'acheteur ou le locataire. Les données d'enquêtes de terrain montrent que c'est l'intermédiaire qui fait jouer cette variable en fonction du client. Dans ce rôle, l'intermédiaire doit trouver un locataire ou un acheteur pour un propriétaire qui désire vendre sa terre ou louer sa maison. Le propriétaire doit lui dire le nombre d'hectares qu'il désire vendre ou les caractéristiques de l'appartement et à quel prix il souhaite le louer ou le vendre. C'est l'intermédiaire qui est en contact avec le client acheteur ou locataire qui négocie et qui revient dire au vendeur/propriétaire ce qu'il a gagné de la vente de sa terre. Comme l'indique Isidore, homme âgé de 33 ans, vivant au quartier Emana, *« lorsque tu trouves un client, tu lui présentes d'abord les caractéristiques de l'appartement. Vous n'y allez que lorsque le client a accepté les conditions que tu lui poses, par exemple un mois de loyer qui te revient de droit. Tu lui dis juste dans quel quartier se trouve l'appartement de façon à ce qu'il ne puisse pas y aller seul. Tu es en contact direct avec lui. Tu ne lui permets pas facilement d'entrer en contact avec le bailleur. Une fois qu'il a accepté de voir l'appartement, il sait que c'est à travers toi qu'il fera son paiement et le propriétaire sait que tu as droit à quelque chose, c'est-à-dire des commissions pour la transaction. D'ailleurs, avant de faire venir un client, tu t'es déjà entendu avec le propriétaire. De même tu as précisé les modalités pratiques au client qui doit être consentant d'abord ».*

D'après Zougouri et Mathieu, (2001),

> *C'est avec ces informations que l'intermédiaire s'en va chercher un client en général dans nos grandes villes. Lorsqu'il revient avec un client, c'est lui qui est transformé en vendeur. Le vrai vendeur n'est plus présent pendant les négociations. C'est l'intermédiaire qui met en évidence les différentes variables susceptibles de faire monter le prix. Il ne propose jamais le prix de départ donné par le vendeur, il donne un prix souvent deux fois au-delà du premier prix fixé.*

Il est donc un agent de marketing social dans la mesure où il doit tenter de convaincre les usagers pour toutes ses offres, même lorsqu'elles présentent des lacunes de confort et de sécurité. Les montants proposés aux clients peuvent donc être beaucoup plus élevés que ceux proposés par le propriétaire. Dans la logique de la pratique, il faut tout faire pour séduire la clientèle. C'est ici que la pratique présente des risques d'escroquerie et d'arnaque pour les clients. Dans beaucoup de transactions immobilières ou foncières, l'intermédiaire apparaît comme la pièce maîtresse des ventes de terres ou des contrats locatifs. Il établit le mode de transactions, il contacte l'acheteur/propriétaire et le vendeur/locataire. Dans le cas de la vente des terres, il signe les papiers en tant que « superficiaire », et représentant des responsables coutumiers. Il est donc un acteur central dans les transactions foncières et immobilières. C'est à partir de ce rôle qu'il peut facilement abuser de ses interlocuteurs. C'est pourquoi ils apparaissent très souvent comme des incitateurs à la vente comme à l'achat. On peut donc constater que des gains peuvent être plus importants pour l'intermédiaire que pour le propriétaire. D'ailleurs, les intermédiaires affirment généralement que la spéculation est très importante et comme toute activité économique, ils doivent *« trouver leur compte dans l'opération »* comme l'indiquent plusieurs d'entre eux. Pour chaque prestation de service, l'intermédiaire reçoit ainsi non seulement une forme de rétribution tant du côté du vendeur ou du propriétaire que du côté de l'acheteur ou du locataire. D'après un bailleur du quartier Obili, *« lorsqu'ils arrivent, ils ne vous font même pas voir la personne qui désire occuper votre maison. Vous lui donnez un prix et pour vous tromper, il décide même d'augmenter de l'argent. Par la suite il ira dire le contraire au client. Par exemple, vous pouvez vous attendre que l'appartement soit facturé à 50 000 F CFA, il vous propose 60 000 F CFA. Par la suite il ira voir un client pour lui dire 90 000 F CFA. Non seulement il attend que vous lui fassiez un geste, mais le client aussi n'est pas à l'abri de l'arnaque. Si vous demandez de payer six mois d'avance, il peut percevoir toute la somme proposée au client et vous remettre juste ce dont vous avez convenu. Très souvent, il empoche ainsi le bénéfice constitué par la différence entre le prix payé par l'acquéreur et le prix de vente ou de loyer proposé par le propriétaire »*.

Les agents immobiliers informels comme des courtiers immobiliers

Dans l'espace urbain, la pression résidentielle a fait des médiateurs des acteurs incontournables du processus d'accès au logement. Ils ont pris de plus en plus d'importance et il est aujourd'hui difficile d'avoir accès au logement sans leur médiation. Ils vont très souvent recenser les logements mis en location et pour créer sur le marché locatif une forte spéculation, ils sont à même de dissuader les propriétaires afin qu'ils ne recherchent pas eux-mêmes des locataires. Par conséquent, les demandeurs sont dans une situation de dépendance que les médiateurs ont pu créer et dont ils tirent un grand bénéfice. Dans certains cas, un propriétaire nous a signalé que pour éviter les demandeurs, ces derniers lui versent des commissions et lui interdisent de mettre des affiches sur les murs desdits logements, de peur d'attirer des demandeurs. A cause de ces stratégies, les propriétaires ne sont plus en mesure de contrôler les interactions immobilières. Les médiateurs s'interposent pour maximiser leur gain à la fois auprès de tous les acteurs de l'arène du marché locatif ou foncier. Comme l'a souligné un enquêté, *« il existe aussi des cas où l'intermédiaire revient dire au vendeur ou au propriétaire que l'acheteur ou le locataire n'a pas accepté son prix. Une stratégie pour l'amener à baisser les coûts pour avoir plus de gain. Lorsqu'il diminue, il donne le nouveau montant revu à la baisse au client en vue d'avoir une marge de bénéfice plus importante puisqu'il haussera encore le montant à proposer au locataire. En outre, il demandera encore au vendeur ou au propriétaire de lui donner encore "un petit quelque chose" pour lui avoir rendu service ».*

Cette forme de courtage a permis le développement d'une sorte de rente immobilière et foncière sur le marché et une forte spéculation, rendant les ménages très vulnérables à diverses formes d'escroquerie. Les flux de ressources qui sont mobilisées dans l'intermédiation sont importants et poussent nombre de jeunes et d'adultes à faire carrière dans ce secteur. Ces courtiers sont des intermédiaires qui représentent les propriétaires auprès des demandeurs de terrain et de logement. Ils sont porteurs d'offres locatives et de ventes foncières implantées dans l'arène urbaine. C'est ce qui peut justifier le contenu des affiches et panneaux sur lesquels ils font la publicité de leurs prestations : Maison à louer : 3 chambres + 01 salon + 01 doucher + 01 cuisine ; Maison à louer : studio moderne ; Terrain à vendre : 10 000 m² avec titre foncier. Ce qu'on peut observer, c'est que ces offres sont très peu indicatives concernant leur localisation. Elles restent souvent muettes à propos et c'est cette forme de communication qui est généralement privilégiée dans la mesure où il faut bien qu'elle soit l'interface du propriétaire et du demandeur. Compte tenu des capitaux financiers que les agents peuvent tirer, ils préfèrent ne pas diffuser ce type d'information. Très souvent, pour s'attirer des clients, ces informations ne sont pas fondées, le but étant de raquetter d'abord des commissions sous forme de frais de recherche, de transport et de négociation. C'est après avoir trouvé un client et c'est au regard de sa requête que la recherche est amorcée. L'importance croissante du nombre d'acteurs dans ce secteur que l'Etat peine à mieux contrôler, justifie la place des agents immobiliers informels dans cette arène où ils semblent dicter leur loi. L'intermédiation apparaît aujourd'hui dans ce secteur comme un système de langage car il faut savoir convaincre à la fois un demandeur et un propriétaire. Face à chaque interlocuteur, le médiateur doit pouvoir bien jouer son rôle pour décrocher un marché. Le moins que l'on puisse dire est que le métier de médiateur ou d'agent immobilier apparait comme un savoir-faire fondé sur une compétence rhétorique qui s'adapte aux différentes situations urbaines et locatives. Il faut, en tant que courtier, développer la capacité à s'exprimer dans un langage approprié aux attentes des bailleurs, des vendeurs, des locataires et des acheteurs (Olivier De Sardan, 1995).

Les agents immobiliers informels comme des acteurs de l'économie morale de la corruption et de l'arnaque en ville

Les agents immobiliers informels jouent un rôle non négligeable dans l'économie foncière et résidentielle urbaine. Mais on ne peut en dire autant pour la satisfaction des attentes des populations qui constituent leur clientèle.

A la fois productif et re-distributif, le métier d'agent immobilier informel induit en outre des effets appréciables en termes d'intégration économique, de cohérence et de régulation sociale (Maldonado, 1999). Le tissu des pratiques sociales qui animent ce secteur traduit son dynamisme dans un contexte où les élites au pouvoir ont privilégié depuis les indépendances, le fonctionnariat par rapport à l'émergence d'une classe d'entrepreneurs privés. En revanche, le processus de médiation qui fonde l'exercice de ce métier a partie liée avec la corruption. Parce que dans tout processus social qui met en jeu différents acteurs dont les passeurs laissent toujours des zones d'incertitudes qui peuvent être appropriés par ces derniers qui peuvent en faire divers usages, on observe très souvent que les médiateurs jouent des rôles stratégiques (Olivier De Sardan, 1995). Le secteur du marché locatif n'échappe pas à cette règle de la vie sociale édictée par Crozier et Friedberg dans leurs travaux sur l'analyse stratégique. C'est vrai qu'il est difficile de dissocier la commission qui est une forme de rétribution légitime résultant d'une prestation offerte par cette dernière à deux types d'acteurs (le client et le propriétaire), mais il convient de relever que le contexte actuel a favorisé le développement de « pot-de-vin » dans le secteur qui semble également s'instituer comme une norme.

Trouver un preneur comme trouver un client procurent désormais des dividendes économiques qu'il est difficile de dissocier des commissions telles que stipulées par la loi qui régit le secteur du marché de l'immobilier. Comme l'indique De Sardan (1995), *« les intermédiaires sont parmi les principaux vecteurs de l'économie morale de la corruption »*. De ce point de vue, l'entremise et/ou intermédiation et courtage forment un même ensemble de pratiques et de représentations qui induisent aussi des rétributions de part et d'autre des catégories d'acteurs mis en scène dans cet arène. On observe très souvent que dans cette pratique, *« tous les acteurs évoluent dans le circuit de la corruption. Les vendeurs, les intermédiaires, les acheteurs en passant pas toutes les structures de l'État impliquées, ont quelque chose à gagner et à prendre chaque fois qu'un processus de vente est engagé »* (Zougouri et Mathieu, 2001). Dans le domaine des transactions immobilières informelles, cette corruption se vit sous forme de pots-de-vin et d'autres formes de rétributions matérielles et immatérielles, qui peuvent faire interférer dans la vie privée et la vie professionnelle des acteurs en présence, comme on l'a observé plus haut, dans la transaction entre Jacques et une dame au quartier Melen.

Il est fréquent que le prix que les propriétaires reçoivent soit en réalité significativement inférieur au prix payé par l'acheteur ou le client locataire à l'intermédiaire, qui empoche la différence, comme prix de ses services d'abord en plus des commissions que l'intermédiaire peut encore demander aux deux acteurs, soit comme pot de vin, soit comme commission. Ainsi, accompagnent-ils les candidats locataire ou acheteurs sur le terrain de l'achat ou vers les domiciles à louer et les vendeurs potentiels sur le même terrain, mais séparément, en évitant qu'il y ait une rencontre « face-à-face » entre les deux. Des clients signalent aussi qu'ils peuvent vous amener sur une parcelle déjà vendue ou auprès d'un logement occupé, juste pour percevoir des commissions sous forme d'arnaque. Pour certaines personnes enquêtées, c'est un peu la déception, face à la mauvaise réputation dont jouissent désormais les agents immobiliers informels. « *L'année dernière, j'ai eu affaire à l'un d'entre eux, un certain Merlin, qui m'a pris 25 000 F CFA pour aller me présenter une maison encore occupée et dans un quartier très sale. Il disait que les occupants allaient sortir d'un moment à l'autre, et que je pourrais entrer dans l'appartement dès cet instant. Or c'était faux puisque j'ai attendu des mois sans même avoir la chance de le revoir. Quand je l'appelais il me disait toujours qu'il n'est pas dans la ville* », affirme Louis, un habitant du quartier Melen âgé de 31 ans. D'après un autre client, « *J'ai essayé avec un premier agent immobilier à qui j'avais remis la somme de 35 000 F CFA comme frais de déplacement et ça n'avait pas marché. Mais avec le second à qui j'avais donné 5 000 F CFA, j'ai pu avoir quelque chose même si ce n'était pas exactement ce qu'il m'avait promis et ce que je cherchais, mais c'était déjà ça de gagné* ». (Merlin, fonctionnaire, 44 ans,).

CONCLUSION

L'économie des pays en développement, africains notamment, est caractérisée par la coexistence d'un secteur formel et d'un autre dit informel où on retrouve encore beaucoup d'acteurs souvent victimes de l'exclusion sociale. Aujourd'hui, aucun domaine de la vie économique et sociale de ces pays n'échappe à l'emprise du secteur informel. Dans le secteur du marché locatif, le faible contrôle assuré par l'Etat à conduit à l'irruption de nouveaux acteurs informels qui assurent l'intermédiation dans l'accès des ménages au logement. Cette contributon a montré comment des agents immobiliers informels fournissent à travers des forces occultes, qui échappent très souvent au contrôle de l'Etat, des réponses aux problèmes liés à leur survie quotidienne et tentent de soulager en quelque sorte la douleur de l'exclusion dont ils sont victimes dans la société. Elle a essayé de donner une explication aux comportements des agents immobiliers informels dans l'exercice de leur activité. Dominé par des jeunes hommes, le secteur connaît un dynamisme face à la pression démographique qui favorise aussi une spéculation sur le marché locatif. Les agents immobiliers informels investissent différents segments du marché résidentiel dans la ville de Yaoundé : logement en accession à la propriété, par locatif privé, par locatif social, par locatif de fait. Les locaux dont disposent les promoteurs de ces entreprises surtout individuelles sont essentiellement des postes improvisés sur la voie publique et leur clientèle est constituée de ménages et d'individus. Ceux qui y travaillent sont généralement des patrons propriétaires de leurs entreprises. L'insertion dans ce secteur crée des opportunités économiques qui contribuent à la richesse nationale ainsi qu'à la création d'emplois - bien que souvent précaires - et d'activités génératrices de revenus au profit de diverses catégories sociales. Ainsi, à Yaoundé, surgissent et se consolident des acteurs qui tentent de vivre entre un cadre social en décomposition (système économique ultra centralisé) et un cadre qui se construit (système néolibéral).

Comme on a pu le constater, l'agent immobilier est un acteur pluriel dans un vaste réseau de relations sociales. Ses multiples rôles l'exposent aux risques d'une *« injonction contradictoire »* (Olivier De Sardan 1995). Cette contradiction est masquée par les visages qu'il peut prendre. Il est d'abord le relais des vendeurs et des propriétaires de terres ou de logements. Ils véhiculent l'ensemble des offres disponibles auprès des potentiels clients. L'agent immobilier informel est, selon les cas et parfois simultanément, un propriétaire ou vendeur voilé, un négociateur, un intermédiaire, un agent de marketing. Toutefois, au regard de leur profil, ce rôle n'est pas toujours légitimé par une compétence technique comme l'exige les textes en vigueur organisant le secteur. En somme, cette forme d'activité repose sur deux éléments associés : la capacité à faire la prospection auprès des bailleurs ou propriétaires, d'une part, et l'aptitude à développer l'art de la rhétorique qui permet d'avoir plus de clients, d'autre part.

BIBLIOGRAPHIE

Antoine P. ; Bocquier P. ; Fall A. S., Guissé Y. M. : Nanitelamio J. ; 1995, *Les familles dakaroises face à la crise,* IFAN/ORSTOM CEPED, Dakar, *209* p.

Antoine P., 1996, La crise et l'accès au logement dans les villes africaines », in Coussy J. et vallin J., *crise et population en Afrique. Crises économiques, politiques d'ajustement et dynamiques démographiques,* CEPED, Paris, pp. 273-290.

Antoine P., Ouédraogo D. ; Piché V., (éditeurs), 1998, *Trois générations de citadins au Sahel. Trente ans d'histoire sociale à Dakar et à Bamako,* L'Harmattan, Paris, 281 p., Coll. *Villes et Entreprises.*

Baud J., 1999, *Etude des transactions foncières dans les départements de Bama et de Padema au Burkina Faso (province du Houet),* mémoire de DEA, Université de Paris X-Nanterre, Paris I, Institut National Agronomique Paris-Grignon.

Bourdillon M. F. C. ; Sangare A. (ed.), *Négocier pour sa vie : les enfants et les jeunes dans les espaces urbains de l'Afrique*, CODESRIA, Dakar, 245 p.

Bresson M., 2010, *Sociologie de la précarité : domaines et approches,* Armand Colin, Paris.

Crozier ; Friedberg R., 1977, *L'acteur et le système*, les contraintes de l'action collective, Seuil, Paris, 436 p.

Fijalkow Y., 2011, *Sociologie du logement,* La Découverte, Paris, 125 p., Coll. *Repères.*

Frétigné C., 2004, Les vendeurs de la presse SDF. Itinéraire d'une recherche, *Esprit critique*, Vol.06, n°01, consulté sur Internet: http://www.espritcritique.org.

Franqueville A., 1984, *Yaoundé. Construire une capitale*, Orstom, Paris, 238 p., Coll. *Mémoires,* n° 104.

Franqueville A., 1979, Croissance démographique et immigration à Yaoundé, *Les Cahiers d'Outre-Mer,* n° 128, pp. 321-354.

Kishimba N. ; Kuepie M. ; Kouamé A., 2001, Insertion résidentielle à Yaoundé », in Eggerckx et al., (dir), *Populations et défis urbains,* Louvain-la-Neuve, Académia-Brylant/L'Harmattan, pp. 213-236.

Kouamé A., Beining E., Gueye A., Kuepié M., Kishimba N., Antoine P., 1999, L'enquête "Crise et insertion urbaine à Yaoundé, in *Biographies d'enquêtes. Bilan de 14 collectes biographiques* édité par Groupe de réflexion sur l'approche biographique, p. 221-240, Paris, INED, IRD, Réseau Socio-Économie de l'habitat, Collection *Méthodes et savoirs.*

Lapassade G., 1991, *L'ethnosociologie. Les sources anglo-saxonnes*, Paris, Méridiens Klincksieck.

Maldonado C. ; Gaufryau B. et autres auteurs, 2001, L'économie informelle en Afrique francophone. Structure, dynamiques et politiques, BIT, Genève, 504 p.

Mérabet O., 1999, *A la recherche des déterminants sociaux de la migration. Application à deux quartiers de Yaoundé,* Les Cahiers de l'Iford, n° 25, Yaoundé.

Mimche, H., 2009, Dynamiques d'insertion résidentielle des migrants à la périphérie de Yaoundé et conséquences sociodémographiques, in Amadou M. et al. (dir.), *Villes du Sud. Dynamiques, diversités et enjeux démographiques et sociaux,* éditions archives internationales, pp. 223-246.

Njikam O. ; Tchouassi G., 2011, Women in Informal Cross - border Trade: Empirical Evidence from Cameroon, *International Journal of Economics and Finance*, Canadian Center of Science and Education, www.ccsenet.org, vol. 3, N° 3, pp. 202 - 213.

Olivier De Sardan J. P., 1995, *Anthropologie et développement. Essai en socio-anthropologie du changement social,* Karthala, Paris, 222 p., Coll. *Hommes et Sociétés.*

Ouédraogo D. ; Piché V. (éds), 1995, *L'insertion urbaine à Bamako,* Karthala, Paris, 205 p.

Pidika D. M. ; Tchouassi G., (sd), 2005, *Afrique Centrale : crises économiques et mécanismes de Ssurvie*, Série de livres du CODESRIA, 344 p.

Piché V., Gregory J. W.; Lavoie J. P., 1984, L'analyse historique des migrations : la pertinence de l'analyse longitudinale à partir des histoires rétrospectives, *Genus*, XL, 3-4, pp. 25-45.

Poirier J., Piché V., Le Jeune G., Dabiré B. ; Wane H. R., 2001, Projet d'étude des stratégies de reproduction des populations sahéliennes à partir de l'enquête « Dynamique migratoire, insertion urbaine et environnement au Burkina Faso », *Cahiers québécois de démographie*, vol. 30, no 2, pp. 289-309.

Rondeau C. ; Gingras L. ; Konaté M. K. ; Marcoux R., 1996, Propriétaires ou hébergés? À propos des difficultés à saisir le statut résidentiel à Bamako, *Revue Canadienne des Études Africaines*, vol. 30, no 3, pp. 409-423.

Sita Zougouri ; Mathieu P., 2006, Nouvelles transactions et formalisation des transactions foncières dans l'ouest du Burkina Faso : le cas d'un village de la province du Houët », *Bulletin de l'APAD* [En ligne], 22, Consulté le 18 mai 2014. URL : http://apad.revues.org/94.

Tall A., 1999, *Croissance urbaine et stratégies résidentielles des ménages : l'exemple des quartiers spontanés à Dakar*, Union for African Population Studies, Dakar, 126 p., Rapport d'étude n° 39.

Timnou J. P., 1993, *Migration, urbanisation et développement au Cameroun,* Les Cahiers de l'Iford, no. 4. Yaoundé.

Zongo M., 1999, Transactions foncières et usages de l'écrit dans la zone cotonnière du Burkina Faso : exemples á partir de la région des Banwa, in P. Mathieu, P. Lavigne Delville, *Formalisation des contrats et des transactions. Repérages des pratiques populaires d'usage de l'écrit dans les transactions foncières en Afrique rurale*, GRET-IIED.

9- VIVRE DE L'« *AKAP ZUT*[44]» A YAOUNDE

Kengne Fodouop, Louis Defo &
Innocent Fogué

RESUME

Accepter des relations sexuelles avec des hommes en échange d'argent, c'est l'activité à laquelle se livrent aujourd'hui, de nombreuses personnes de sexe féminin dans la ville de Yaoundé. Pour l'écrasante majorité de ces personnes, la prostitution qui les conduit à vendre les parties les plus intimes de leur corps, est le principal moyen de gagner de quoi vivre et/ou de faire vivre leurs familles. A vrai dire, elles ne se livreraient pas ainsi à une telle activité, si elles avaient trouvé chacune, un emploi dans la Fonction publique ou dans le secteur moderne privé.

Les prostituées répertoriées dans la ville de Yaoundé opèrent dans les rues, les jardins et les parcs publics et dans les maisons closes. Leur boulot est loin d'être une partie de plaisir. Si les prostituées gagnent des sommes d'argent confortables qui leur permettent de subvenir tant bien que mal à leurs besoins et à ceux de leurs familles, elles ne sont pas fières de leur statut. En effet, toutes se disent prêtes à abandonner la prostitution le jour où elles trouveront une activité rémunérée décente, dans la Fonction publique ou dans le secteur moderne privé. Et pour cause, l'activité ignoble et interdite[45] à laquelle elles s'adonnent, comporte pour elles, de nombreuses conséquences fâcheuses.

Mots-clés : *Yaoundé, prostitution, emploi, pauvreté, fâcheuses conséquences.*

INTRODUCTION

Selon le dictionnaire français Petit Robert, la prostitution est « *Le fait de livrer son corps aux plaisirs sexuels d'autrui pour de l'argent* ». Littéralement, la prostitution *« Akap Zut »* en langue béti, désigne l'activité qui consiste à accepter ou à obtenir en échange d'une rémunération, des relations sexuelles. Dans cette contribution, nous considérons comme « prostituées », les femmes qui établissent avec des hommes, des relations

---

[44] « *Akap Zut* » en langue béti signifie « partage des fesses ». Cette expression très courante dans le milieu prostitutionnel yaoundéen, a été claironnéee à plusieurs reprises dans son dernier tube par la chanteuse camerounaise Mani Bella.

[45] Conformément à l'Ordonnance no 72/16 du 28 septembre 1972, la pratique de la prostitution qu'elle soit féminine ou masculine est interdite au Cameroun.

dont l'aboutissement logique est un acte sexuel, avec pour but d'obtenir à court terme, une rémunération. Le plus souvent, ces femmes fréquentent les milieux de la prostitution pour en tirer un profit. Mais une partie d'entre elles sont des « occasionnelles », qui pratiquent la prostitution juste le temps d'acquérir l'argent qui leur est momentanément nécessaire. Il leur arrive de fréquenter des bars et des night-clubs, d'aller chercher des partenaires le soir dans les rues ou de se laisser courtiser dans les hôtels, les « circuits », les voitures taxi ou au marché. Les autres protagonistes de la prostitution considérée ici, sont des exploitants commerciaux (patrons, proxénètes et recruteurs). Leurs motivations à s'impliquer dans la prostitution étant fondamentalement différentes de celles des femmes qui font le commerce de leur chair, nous ne les intégrons pas dans cette étude. Nous y privilégions les contacts que les prostituées entretiennent directement avec les clients.

Cette précision faite, il convient de souligner que la prostitution féminine est en plein essor dans la ville de Yaoundé. Au cours des trois dernières décennies, elle y a connu une expansion fulgurante au point d'y être banalisée aujourd'hui.

Circonscrire les motivations de la pratique de la prostitution féminine à Yaoundé, le profil social, le boulot et les revenus des prostituées et les fâcheuses conséquences de l'activité considérée, telles sont les articulations de cette contribution scientifique. Elle est le fruit des recherches documentaires et empiriques que nous avons menées de janvier 2011 à décembre 2014 à Yaoundé. Notre intérêt pour le sujet remonte véritablement au 10 novembre 2010 à 22 heures, après que l'un de nous trois ait assisté fortuitement à une bagarre féroce entre deux prostituées au lieu-dit « Carrefour Carrières », au moment où il montait dans un bus à destination de Bafoussam. A compter de cette date, nous nous sommes lancés tous les trois, dans une recherche et une exploitation documentaires sur le sujet. Nous avons ainsi pu repérer et lire une vingtaine d'ouvrages, autant de mémoires et une dizaine d'articles scientifiques, et plus d'une vingtaine d'articles de presse dédiés à la prostitution. Nous avons également consulté plusieurs sites Internet contenant des articles sur la prostitution. A partir de janvier 2012, dans le but d'amorcer la collecte des données de première main sur la question à Yaoundé, nous avons tous les trois, repéré les principaux sites de la prostitution de cette ville.

A partir de février 2013, nous y avons multiplié des contacts, avec des « dealers », des gardiens de nuit, des vendeurs de cigarettes, des réceptionnistes d'hôtels et d'auberges de passe, des gérants de night-clubs et de bars-dancings, pour infiltrer le milieu de la prostitution et recueillir les informations préliminaires. A ces différents acteurs, nous leur avons fait comprendre que nous étions des enseignants-chercheurs et que notre travail n'avait rien à voir avec la police ou le fisc. Au fil du temps, nous avons réussi à nous familiariser avec plusieurs d'entre eux, en multipliant les visites à leurs postes de service et en leur offrant de la bière et des cigarettes. Nous avons profité de ces multiples visites pour mener des observations directes et conduire des entretiens sur le sujet avec les acteurs susmentionnés. Nous en avons aussi profité pour tisser des liens avec un bon nombre de prostituées et les rallier à notre cause. Les premières prostituées que nous avons réussies à convaincre nous ont ensuite facilité les contacts avec leurs collègues. Sur la base des données de seconde main recueillies, des observations et des discussions menées jusqu'en avril 2014, nous avons élaboré un plan d'échantillonnage des prostituées à interroger et un guide d'entretien avec celles-ci, en tenant compte des principales formes de prostitution et des différents sites de déroulement de cette activité dans la ville de Yaoundé.. Entre le 1er avril et le 31 octobre 2014, nous avons conduit des entretiens auprès de 143 prostituées issues des divers milieux prostitutionnels de la ville. Les informations receuillies ont, selon leur nature, fait l'objet d'un traitement à la fois qualitatif et quantitatif.

I. COMPRENDRE LES MOTIVATIONS DE LA PRATIQUE DE LA PROSTITUTION FEMININE A YAOUNDE

D'après Zenker[46], l'apparition de la prostitution féminine à Yaoundé sous sa forme actuelle « moderne », remonte à la fin du XIXe siècle. En effet, séduits par la beauté des femmes indigènes, les Allemands en cours d'installation n'ont pas hésité à offrir à ces créatures, des vêtements, des conserves alimentaires et autres produits d'entretien du corps, contre leurs faveurs sexuelles. Cette pratique s'est intaurée d'autant plus facilement qu'elle intervenait dans un contexte socioculturel marqué par une certaine liberté sexuelle des jeunes filles avant leur entrée en mariage (Beat Songue, 1986). Franqueville A., (1987) exprime ainsi cette liberté : *« Autant dans la société Béti, les errements éventuels d'une femme mariée étaient sévèrement jugés et réprimés, autant la jeune fille était ainsi que l'écrit si joliment l'abbé Tsala, comme un jardin sans enclos, libre de donner ses faveurs à un ou plusieurs amants en échange de quelques cadeaux ».* Les bases comme les pierres d'attente du développement de la prostitution féminine étant traditionnellement ancrées dans la société béti[47], cette activité allait non seulement perdurer, mais surtout s'amplifier à Yaoundé, à partir du milieu des années 1980, sous l'impulsion des facteurs tels que l'accélération du

[46]Georg August Zenker rapporté par Beat Songue (1986).
[47]La liberté sexuelle des jeunes filles avant leur entrée en mariage est traditionnellement ancrée dans plusieurs autres groupes socio-culturels du Cameroun.

chômage et du sous-emploi, la persistance de la pauvreté et la dépravation des moeurs.

I.1. L'accélération du chômage et du sous-emploi

L'une des 3 raisons majeures de l'implication de nombreuses personnes de sexe féminin dans la prostitution à Yaoundé, est l'accélération du chômage et du sous-emploi. En effet, à partir du milieu des années 1980, le Cameroun est entré dans une sévère crise économique qui a duré plus d'une décennie et qui lui a imposé des performances médiocres en matière d'emploi. Selon l'Institut National de la Statistique, au début des années 2000, le Cameroun avait un taux de chômage de 13 %, mais il faut bien souligner que cet indicateur cache un phénomène de sous-emploi massif évalué à 75,8 % (République du Cameroun, 2009). Le chômage et le sous-emploi qui s'y sont depuis lors accélérés, y touchent les villes plus que les campagnes, les femmes plus que les hommes, les jeunes plus que les personnes adultes. Dans ce contexte, la ville de Yaoundé abrite de nombreux chômeurs et de sous-employés, c'est-à-dire de personnes exposées à la pauvreté et à misère et obligées de recourir à des expédients dont la prostitution, pour acquérir de quoi assurer leur subsistance ou leur survie. Compte tenu des données structurelles et conjoncturelles de son économie, le chômage et le sous-emploi ont toujours été des réalités permanentes au Cameroun ; cependant, avec les vagues de fermeture d'entreprises et de compressions de personnels qui y sont intervenues dans les décennies 1980 et 1990, ils y ont pris des proportions dramatiques. La reprise économique amorcée au début des années 2000, la mise en œuvre des grands projets dits structurants et les efforts récents de recrutement de personnel du Gouvernement dans la Fonction publique[48] ne sont pas parvenus à y réduire le chômage et le sous-emploi surtout ceux des jeunes dont les effectifs augmentent à un rythme soutenu.

I.2. La persistance de la misère

La persistance de la pauvreté et de son corollaire la misère au Cameroun en général et à Yaoundé en particulier, est en grande partie la résultante de l'amplification du chômage et du sous-emploi. En effet, depuis très longtemps, les populations des villages et villes du Cameroun sont plongées dans la pauvreté sous toutes ses formes[49] (République du Cameroun, 2009 ; Owono, 2011). Selon les statistiques officielles, en 1996,

[48] En 2011 par exemple, dans le cadre de ses efforts en vue de la résorption du chômage et de revitalisation de la Fonction publique, l'Etat a recruté 25 000 jeunes.
[49] Il s'agit de la pauvreté matérielle, économique, psychologique, morale, intellectuelle, culturelle, naturelle et politique (Owono, 2011).

53,3 % de la population du Cameroun vivaient en dessous du seuil de pauvreté. Même si ce taux est tombé à 40,2 % en 2001, puis à 39,9 % en 2007 (République du Cameroun, 2009), il reste encore élevé. D'autre part, si au Cameroun, la pauvreté affecte plus les zones rurales que les villes, elle n'en demeure pas moins un sujet de préoccupation dans ces dernières, où affluent tous les ans, une masse considérable de jeunes ruraux à la recherche de meilleures condtions d'existence. En tant que capitale politique et deuxième ville du Cameroun par sa population et son poids économique[50], Yaoundé attire une bonne partie de ces jeunes (Franqueville, 1987), qui à leur arrivée n'y échappent pas à la pauvreté et à la misère. En effet, en 1996[51], 37,3 % de la population de cette ville, vivaient en dessous du seuil de pauvreté ; actuellement, cette proportion y est de l'ordre de 45 %. Ainsi livrées à elles-mêmes, des milliers de personnes de sexe féminin en majorité jeunes, s'y livrent à la prostitution pour obtenir de quoi subvenir à leurs propres besoins d'existence, mais aussi à ceux de leurs familles (encadré 1). A Yaoundé aujourd'hui, se nourrir, se loger, se vêtir, se déplacer, se soigner et payer la scolarité des enfants exigent des moyens financiers qui sont souvent hors de portée d'une importante frange de la population citadine, qu'elle soit occupée ou en situation de chômage. On comprend aisément que cette situation incite de nombreuses femmes à y échanger les parties les plus intimes de leur corps contre de l'argent.

Encadré 1 : La pauvreté comme motivation principale de la prostitution de M.T.

Marie Thérèse est une prostituée âgée de 59 ans et se fait appeler la « Yoryette de Jésus » en référence à sa relative jeunesse (malgré son âge avancé) et sa longévité dans le métier qu'elle doit à Jésus Christ. En effet, elle cumule 25 ans de métier. Elle est de tribu Eton et réside au quartier Oyomabang où elle vit avec ses 04 fils et 02 petits fils. [une de ses filles exerce avec elle et dans ce même secteur].

Parlant de ses motifs d'entrée dans la prostitution, elle s'est retrouvée veuve après 16 ans de mariage et sans sources de revenus pour nourrir ses 04 enfants. Au départ, elle a fait le commerce (« bayamsalam ») de tomate, plantain… sans succès car ne disposant pas de fonds et subissant des tracasseries (ticket du marché, pressions diverses). Elle a aussi essayé la vente de nourriture et a servi comme domestique de maison. Puis, lui vint l'idée de faire la prostitution qu'elle commença sans que personne ne l'y entraîne. Elle a trouvé que ce métier

[50] Yaoundé a connu une croissance exponentielle de sa population, qui est passée de 313 700 à 1 817 500 habitants entre 1976 et 2005 (Recensement Général de la Population et de l'Habitat de 1976 et de 2005).

[51] République du Cameroun (2009).

lui rapporte suffisamment d'argent pour subvenir à ces charges de location (17 000 F CFA/mois), de nutrition et de scolarité de sa petite famille. Dans l'exercice de son métier au quotidien, elle se pointe vers 19 heures aux abords du CETIF du Centre et aguiche ses clients pour une passe qui se déroule en 5-15 mn sur les cartons au couloir d'un bureau administratif adjacent. C'est donc une prostituée qu'on qualifierait de basse classe dont le coût de la passe est de 1 000 F CFA. Cependant, elle engrange une recette journalière de 5 à 15 000 F CFA en fonction de l'affluence de la clientèle et de la chance à trouver un bon payeur. A chaque passe, le gardien de nuit des lieux perçoit 100 F CFA pour l'abri qu'il offre et le nettoyage qu'il effectuera au petit matin avant l'ouverture des bureaux.

Parmi les risques qu'elle court, elle cite les agressions physiques et verbales de certains clients, les abus d'autorité des hommes en tenue qui de façon répétée, les menacent elle et ses clients et les problèmes de santé (démangeaison, petites IST...) bien qu'elle impose le préservatif aux clients. Pour y faire face, elle s'est associée à une association (Horizon Femmes Cameroun) qui les encadre et les conseille en matière de santé. Concernant ses perspectives dans le métier, elle dit que c'est Dieu seul qui peut gérer son avenir et qu'elle continuera à exercer son métier pour nourrir ses enfants.

1.3. La dépravation des mœurs et la défaillance du système de contrôle social

Depuis le milieu des années 1980, le Cameroun en général et la ville de Yaoundé en particulier, sont en proie à de profondes mutations sociales qui tirent leur origine, principalement de la récession économique, de l'accélération du chômage et du sous-emploi et de l'influence de la mondialisation. Ces mutations y génèrent des attitudes et des conduites humaines déviantes, en tout cas non conformes aux normes sociales, telles que l'habillement excentrique, la consommation de drogues, le manquement à la politesse, le non respect des aînés, la tricherie, le recours à la corruption, les atteintes à la pudeur, ou le vagabondage sexuel. Des mœurs très légères, notamment dans le domaine sexuel sont ainsi en train d'y envahir presque toutes les couches sociales. Elles y prennent d'autant plus d'ampleur que s'y produit parallèlement un net relâchement des systèmes de censure des pratiques ou conduites sociales déviantes. En effet, les systèmes de censure sociale et les dispositifs publics de contrôle et de répression des comportements humains contraires aux mœurs (police, gendarmerie, justice, administration territoriale), y ont été significativement affaiblis par l'accélération du chômage, la massification de la pauvreté et l'amenuisement des moyens d'intervention financiers de l'Etat. A propos du recours à la corruption, selon le quotidien Le Jour « *Les prostituées de Yaoundé auraient établi une forme de connivence avec certains policiers* » (http://www.slateafrique.com). Il faut donner raison à ce journal, car on ne peut pas justifier autrement, le fait que la nuit tombée, des prostituées se livrent à des relations sexuelles avec leurs clients dans les couloirs extérieurs des bâtiments abritant les services de la Sous-préfecture de Yaoundé Ier, à deux pas d'un service de police.

I.4. Les autres facteurs d'émergence et de développement de la prostitution féminine à Yaoundé

Aux causes majeures susmentionnées s'ajoutent cinq déterminants secondaires de l'émergence et du développement de la prostitution féminine à Yaoundé. Ils ont été évoqués par 10 % des prostituées interrogées. Il s'agit :

- des concours de circonstance tels que les disputes et les bagares conjugales voire le divorce (Encadré 2), les déceptions amoureuses et l'exclusion sociale (Setchom Bouche, 2004). De même, la nécessité de faire vivre des enfants abandonnés par leurs pères amènent certaines filles à se prostituer

- de la paresse et de la recherche du gain facile. Si au Cameroun, trouver du travail dans la Fonction publique ou dans le secteur moderne privé est devenu difficile, toutes les opportunités d'acquérir dignement des revenus n'y sont pas épuisées ; c'est dire que c'est la paresse et la recherche du gain facile qui y amènent, à Yaoundé, certaines femmes à s'adonner à la prostitution ;

- de l'environnement dans lequel on vit et/ou travaille (encadré 2). A ce propos, quelques prostituées nous ont affirmé entre autres raisons, qu'elles ont été entraînées dans la prostitution soit par des amies, des parents et des collègues, soit pour avoir vu en tant que gérantes ou serveuses de bar, réceptionnistes ou femmes de chambre d'hôtel, des prostituées à l'œuvre.

Encadré 2 : L'influence du cadre social dans l'accès au métier de la prostitution

M.A., connue dans le métier sous le pseudonyme de « Maman Ngueya » est une prostituée originaire de la Région de l'Ouest-Cameroun. Aujourd'hui âgée de 48 ans, elle vit de la prostitution depuis 8 ans seulement. Son « poste de travail » se trouve en face de la Chambre d'Agriculture.

Son processus d'entrée dans le métier fut accidentel. Après quelques années de mariage précoce qui s'est soldé par le divorce, elle s'est installée en autonomie grâce à toutes ses économies et des prêts dans des tontines traditionnelles comme gérante d'un petit bar-resto au quartier Rue Manguiers. Bien que le bar « ne donnait pas beaucoup », elle parvenait tant bien que mal à entretenir sa charge de 7 personnes. Parfois, des petits amis lui venaient en aide. Mais en 2005, elle s'est rendue au village pour des raisons familiales. A son retour, elle a trouvé que son bar a été ravagé par un incendie. C'est alors qu'elle a commencé par envoyer les enfants au village et puis à vivre aux crochets de ses ami(e)s. C'est l'une d'elles qui lui a montré là où « elle se bat » et l'a aidé à entrer dans le « milieu ». Elle y a petit à petit pris goût au point de refaire sa vie assez décemment, de reprendre ses enfants dont elle subvient aux besoins essentiels.

- enfin, de la responsabilité de ces hommes qui s'autorisent pour ne pas dire s'emploient à s'approprier en échange d'argent, le corps des femmes, quand ils en ressentent le besoin. En effet, sans ces hommes convertis en clients du sexe, la prostitution n'existerait pas, ou du moins, n'aurait pas l'ampleur qu'elle a à Yaoundé aujourd'hui.

II. LE PROFIL SOCIAL DES PRATIQUANTES DE LA PROSTITUTION FEMININE A YAOUNDE

Les prostituées en activité dans la ville de Yaoundé aujourd'hui sont très nombreuses, bien qu'il soit difficile d'en donner un chiffre précis. La difficulté de les dénombrer vient du fait que les prostituées considérées ne se montrent pas au grand jour, qu'elles sont très mobiles et que leur activité, de surcroît mal cernée par la législation camerounaise, est diffuse sur tout le territoire de la ville de Yaoundé.

D'après les résultats d'enquêtes directes, à Yaoundé, la prostitution féminine est pratiquée par des personnes relevant d'âges, d'origines géographiques, de niveaux d'instruction et de milieux sociaux diversifiés. Ainsi, les prostituées répertoriées dans cette ville relèvent de plusieurs classes d'âges. La prostituée la plus jeune d'entre elles a 13 ans et la plus âgée 64 ans. Le fait le plus saillant est la présence dans la prostitution féminine à Yaoundé des mineures dont la proportion augmente d'année en année. En dehors de la prostitution des mineures, celle des jeunes adultes y est, elle aussi, en augmentation. En effet, d'après nos enquêtes directes 62,4% des prostituées en activité à Yaoundé ont un âge compris entre 20 et 35 ans. Dans tous les cas, de l'avis de quelques doyennes du métier rencontrées aux lieux dits « Nkanè » à la Briqueterie et « Mini-ferme » à

Mélen, il y a une tendance nette au rajeunissement de la population des prostituées.

Du point de vue de l'origine géographique, la population des prostituées est constituée à 98,8 % de Camerounaises et à 1,2 % d'étrangères. Parmi les prostituées camerounaises, figurent majoritairement et en proportions variables, les Béti, les Bamiléké, les Bassa, les Maka, les Nso, les Bamoum, les Peuls, les Bafia-Yambassa, les Bakossi et les Banyang. Les prostituées d'origine étrangère proviennent essentiellement du Tchad, de la RCA, du Nigeria, du Mali et de Chine.

S'agissant de leur niveau d'instruction, 6,3 % des prostituées de la ville de Yaoundé, sont analphabètes ; 48,1 % n'ont pas dépassé l'école primaire ; 41,7 % ont atteint le cycle secondaire et 3,9 % ont fait l'enseignement supérieur. C'est ici le lieu de souligner qu'à Yaoundé, la prostitution féminine touche aussi les élèves et surtout les étudiantes. En effet, pour payer leurs études, leur loyer, leur alimentation et leurs courses et s'offrir des vêtements à la mode, éléves et étudiantes y sont de plus en plus nombreuses à vendre leur chair. Le soir, après les cours, elles vont faire la manche au carrefour « Condom[52] », le long des avenues de l'indépendance et Winston Churchill ou sur la Place de l'Hôtel de Ville : d'autre part, pendant les week-ends, elles font des virées à Kribi ou à Douala avec leurs partenaires pour obtenir de quoi acheter leurs tenues vestimentaires et leur nourriture, régler leur loyer et se soigner en cas de maladie.

S'agissant de leur statut matrimonial, 3,2 % des prostituées de la ville de Yaoundé sont mariées et 22,4 % sont divorcées ou veuves. A l'opposé, 74,4 % des prostituées considérées, sont célibataires. Cependant, le statut de célibataire de ces dernières ne signifie pas qu'elles n'ont pas de responsabilité sociale. En effet 80 % d'entre elles sont des filles-mères. A vrai dire, qu'elles soient mariées, veuves, divorcées ou célibataires, les prostituées ont toujours des personnes à leur charge, qu'il s'agisse des enfants biologiques ou des membres de la parentèle étroite ou étendue. Ces personnes à charge peuvent parfois être très nombreuses, comme le révèle par exemple, le cas rapporté dans l'encadré 2.

---

[52] C'est dans les années années 1993-1994 que ce carrefour situé à proximité du Campus de l'Université de Yaoundé I a acquis cette dénomination. A l'époque les étudiants se rendant aux cours y découvraient chaque matin, des rejets de préservatifs dont les clients des prostituées s'étaient servis la nuit précédente pour assouvir leurs besoins sexuels. Ils ont alors décidé de baptiser ce carrefour « carrefour Condom »

III. LES FORMES DE PROSTITUTION FEMININE

A Yaoundé, la prostitution féminine revêt deux grandes formes en lien avec le temps et le lieu où elle se déroule : la prostitution extérieure ou de plein air d'un côté, et la prostitution de maison close ou d'intérieur de l'autre.

III.1. La prostitution extérieure ou de plein air

La prostitution extérieure ou de plein air se déroule généralement la nuit et les prostituées y consomment la relation sexuelle avec leurs clients dans des espaces publics (rues, parcs, jardins, toilettes publiques, parkings automobiles, portiques, couloirs, halls et cours arrières des bâtiments de commerces et/ou de bureaux, etc). Elle donne à voir au public des scènes vicieuses voire dévergondées qui selon le code de bonne conduite, sont réservées à des chambres à coucher, du moins, à des espaces clos. Cette forme de prostitution se déroule dans le centre-ville de Yaoundé, autour des places de l'Hôtel de ville et Anne Rouge, des carrefours de l'Intendance et d'Elig-Essono, des bâtimemts de la sous-préfecture de Yaoundé Ier, de la Caisse Nationale de Prévoyance Sociale (CNPS) et de la Chambre d'Agriculture, du Bois Sainte Anastasie et le long des avenues Kennedy, de l'Indépendance et Winston Churchill. La prostitution extérieure ou de plein air est aussi présente dans les quartiers populaires de Yaoundé tels que Briqueterie, Bonamoussadi, Essos, Efoulan, Mélen dit Mini Ferme, Emombo et Mvan (fig.1). Entre 19 heures et 23 heures et parfois au-delà, des femmes adultes et des jeunes filles, à peine sorties de la puberté et vêtues de tenues sexy y déambulent le long des trottoirs ou des chaussées, à la recherche d'éventuels clients avec lesquels consommer une relation sexuelle en échange d'argent. Certaines de ces créatures y sont accoudées à un poteau électrique dans l'attente elles aussi, d'éventuels clients. Le flux des piétons y est relativement dense et les voitures automobiles et les motos y roulent doucement. Les devantures des snacks, des bars-dancings, des nights-clubs, des boulangeries et des hôtels y sont investies de femmes et d'hommes de différentes classes d'âge et de conditions sociales qui, pour la plupart, caressent l'espoir de trouver sans tarder, le partenaire ou la partenaire qu'il faut, pour une séance ou une partie de relation sexuelle. Ces lieux sont réputés à Yaoundé aujourd'hui, pour leur ambiance nocturne animée.

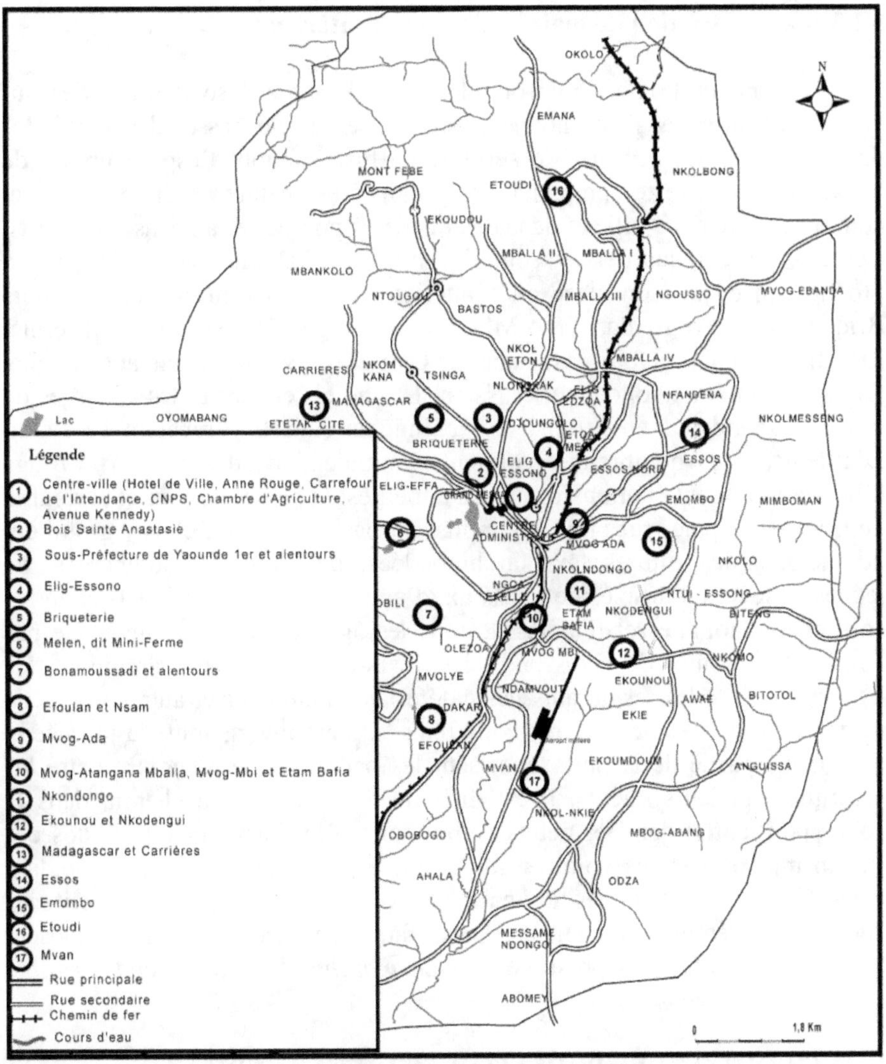

Fig 1 : Principaux sites de pratique de la prostitution féminine à Yaoundé

III.2. La prostitution de maison close ou d'intérieur

La prostitution de maison close ou d'intérieur se déroule de jour comme de nuit dans des hôtels et des auberges de passe, des domiciles particuliers et des bureaux de service. Diffuse sur tout l'espace urbain de Yaoundé, elle reste prépondérante dans les centres administratif et commercial de cette ville et dans des quartiers populaires anciens ou récents. Certains de ces quartiers y sont devenus de véritables sanctuaires de la prostitution de maison close ou d'intérieur. Citons parmi eux les quartiers Briqueterie, Mvog-Ada, Mvo-Mbi, Nkolndongo, Melen dit Mini-ferme, Etoudi, Ekounou, Obili, Madagascar-Carrières, Mvog- Atangana-Mballa, Essos, Emombo, Nkondengui et Nsam. Les hôtels et surtout les auberges de passe y abondent ; en effet 4 à 5 bâtiments sur 10 y revêtent ce statut. D'ailleurs, de nombreux bâtiments initialement destinés à l'usage d'habitation, y ont été transformés en auberges de passe. Le jour et surtout la nuit, les principales rues n'y désemplissent pas de monde ; elles y grouillent de piétons, de voitures taxis archibondées, de mototaxis surchargés, de jeunes vendeurs d'articles de journaux, d'amuse-gueule, de briquets et autres colifichets. Hommes et femmes de tous les âges y vont et viennent, le pas lent. Les débits de boissons, les bars-dancings, les circuits[53], les « tournedos[54] », les restaurants, les cafétérias de plein air et autres points de vente de brochettes de rue, très nombreux, y sont ouverts toute la journée et une bonne partie de la nuit, favorisant les occasions de rencontre entre les prostituées et leurs clients. Il est difficile de se frayer un chemin dans la cohue pour entrer dans les débits de boissons et les bars-dancings. Adossées sur un mur ou sur des voitures garées sur le bas-côté des rues, manipulant leurs téléphones portables ou causant avec des badauds, les prostituées attendent patiemment les clients. Leurs fameux vêtements DVD[55] exposent bien le corps. Pour ces prostituées, « *La marchandise ne se vend bien que quand elle est exposée* ».

IV. LE BOULOT DES PROSTITUEES DE YAOUNDE

Le fait qu'à Yaoundé des milliers de femmes s'adonnent aujourd'hui à la prostitution nécessite que soient exposées dans cette contribution, les différentes étapes de l'exercice cette activité. Le débat sur la marginalité des

---

[53] Circuit : nom donné dans les villes du Cameroun aux restaurants impantantés dans des domiciles privés où les clients peuvent s'offrir des mets copieux et bien soignés de toutes sortes, en buvant un verre , en écoutant la musique ou en regardant la télévision.

[54] Tournedos : vocable populaire utilisé dans les villes du Cameroun pour désigner les restaurants de de fortune installés en plein air ou abrités.

[55] DVD : Dos et Ventre Dehors.

situations sociales liées à la prostitution ne peut d'ailleurs que s'enrichir d'une telle approche.

Qu'elles relèvent de la prostitution extérieure ou de celle d'intérieur, les prostituées de Yaoundé sont, dans le cadre de l'exercice de leur activité, tributaires de plusieurs tâches : l'habillement avant le déplacement sur les sites de racolage des clients, la stratégie d'entrée en contact avec les clients, la négociation avec les clients sur le prix de la passe, l'encaissement du prix de la passe, l'accord avec les clients sur le lieu d'exécution de la passe et l'exécution de la passe elle-même.

Dans le détail, la prostitution extérieure ou de plein air se déroulant la nuit, c'est généralement à la tombée de celle-ci, que ses pratiquantes quittent leur domicile pour gagner en voiture ou en mototaxi, les principaux sites de racolage des clients. Avant de quitter le domicile, elles prennent soin de bien se mettre ou s'habiller. A ce propos, quelques traits extérieurs permettent de distinguer aisément les pratiquantes de la prostitution extérieure des autres éléments de la gent féminine. Très sexy, elles arborent des vernis aux couleurs variées, des fards très perceptibles aux yeux, des rouges à lèvres brillants et vifs, des coiffures sans tresses, des cheveux taillés longs ou courts, traités et teintés en mono ou multi-couleurs, et des tenues sexy de type DVD, VCD[56], VSD[57] ou DN[58], conçues aux fins d'attirer la convoitise des clients. A leur arrivée sur le site de racolage des clients, elles se mettent aussitôt à la quête de ceux-ci. Et dire que cette quête est osée.

En effet, les pratiquantes de la prostitution extérieure usent de toutes sortes de stratagèmes pour attirer les hommes pour qui elles pensent pouvoir susciter une attraction ; elles vont et viennent le long des trottoirs, sifflent les passants, font des grands signes de la main aux automobilistes qui passent et les stoppent ; et à l'approche des uns et des autres, elles leur disent « *Chéri on va faire l'amour ?* », « *On va niquer ?* », « Tu veux *du bon sexe ?* « *On se fait un bon petit programme ?* », « *Veux-tu profiter d'un coup ?* » « *Viens chéri, nous allons bien causer, tu seras satisfait* » ou « *Ne t'en fais pas, j'ai un pagne dans mon sac* ». Si certaines pratiquantes de la prostitution extérieure composent avec tous les hommes qui se présentent à elles, en revanche, d'autres ne traitent qu'avec les clients qui les abordent en voiture et qu'elles considèrent comme fortunés. Il n'est pas rare que deux prostituées de plein air se disputent le même client, l'une et l'autre prétendant être la première à l'avoir épinglé. Un soir du 13 novembre 2014 vers 22 heures, nous avons assisté à proximité du siège de la Chambre d'Agriculture, à une

[56] VCD : Ventre et cuisses dehors.
[57] VSD : Ventre et seins dehors.
[58] DN : Dos nu.

telle dispute entre une prostituée corpulente d'une cinquantaine d'années et une fille de joie très stylée d'environ 20 ans. Celle-ci aurait ravi le client de la prostituée la plus âgée. Très furieuse, cette dernière s'en était violemment prise à sa jeune rivale lui rappelant que cela faisait trente ans qu'elle était dans le métier, et qu'elle n'entendait pas se faire marcher dessus par une néophyte. « *Toi tu es arrivée dans ce milieu il y a à peine 5 mois, et tu oses faire un clin d'œil à mon client ? Si tu continues, je vais te défigurer voire te mettre en lambeaux* » lui avait-elle dit. La prostituée la plus jeune ayant bien compris le message, n'avait pas bronché et tout était rentré dans l'ordre.

Lorsque les clients les abordent, les prostituées engagent aussitôt avec eux, la négociation sur le prix de la passe. En effet, dans la prostitution extérieure, les pratiquantes et leurs clients s'accordent toujours à l'avance sur le prix de la passe. Ce prix varie bien entendu avec la nature et la durée de la passe sollicitée par les clients comme l'indique le tableau 1.

Tableau 1 : Grille des prix de la passe de la prostitution extérieure

Nature de la passe	*Durée approximative*	*Marges de prix en F CFA*
Attouchement	*5 à 15 minutes*	*500 à 1 000*
Masturbation	*5 à 15 minutes*	*1 000 à 3 000*
Pénétration vaginale	*5 à 15 minutes*	*1 000 à 5 000*
Pénétration orale (pipe)	*5 à 15 minutes*	*5 000 à 10 000*

Source : Enquêtes de terrain, années 2013 et 2014

Ainsi, le prix de la passe orale est toujours plus élevé que celui de la masturbation ou de la pénétration vaginale. Quant au prix de la sodomie, il est encore plus élevé que celui des passes précédentes.

Dès qu'elles ont encaissé et sécurisé le prix de la passe, les pratiquantes de la prostitution extérieure emmènent leurs clients sur le lieu de consommation de la relation sexuelle. A ce propos, c'est sous le portique, dans un couloir ou à l'arrière mal éclairés des immeubles de commerce ou de bureau voire dans une impasse obscure, que les prostituées servent leurs clients. Le service a lieu sur des morceaux de carton ou sur des pagnes que les prostituées ont déployés à même le sol ou sur de vieilles tables que les photocopistes et les restaurateurs de rue utilisent dans la journée dans le cadre de leur activité. Il a lieu aussi sur les sièges des voitures des clients, alors garées sur le bas-côté de la chaussée ou dans les parkings des bâtiments publics. La nuit, sur l'avenue de l'Indépendance ou sur l'avenue Winstton Churchill, il n'est pas rare de tomber nez-à-nez sur des prostituées en pleine action avec des clients. Au petit matin, il est courant de découvrir un lot de préservatifs remplis de spermes qui jonchent le carreau de plusieurs sites de la prostitution extérieure susmentionnés.

A la fin de la passe et/ou consommation de la relation sexuelle, les prostituées se dépêchent de regagner les sites de racolage des clients et de se remettre au boulot. Certaines prostituées mettent à profit le temps de l'attente de nouveaux clients, pour boire une bière, fumer une cigarette, se réapprovisionner en préservatifs dans les parages mêmes ou commenter l'actualité sociale. D'autres prostituées en profitent pour régler les litiges qui les opposent ou pour conclure des arrangements relatifs à leurs tontines et/ou associations.

Cela dit, l'objectif principal de toutes les pratiquantes de la prostitution extérieure c'est la quête des clients. A ce propos et selon la conjoncture économique, les prostituées se tapent 3 à 6 clients par nuit. Certaines d'entre elles cessent leur boulot à 23 heures ou à 2 heures du matin ; en revanche d'autres prolongent le leur jusqu'à 5 heures. Les unes et les autres regagnent leur domicile en voiture ou en mototaxi et avec presque toujours des espèces sonnantes et trébuchantes en poche.

Pendant le temps de leur boulot, les pratiquantes de la prostitution extérieure se comportent avec beaucoup de méfiance et de ruse. En effet, elles sont confrontées à deux équations. Premièrement, comment doivent-elles procéder pour savoir, à propos des hommes qu'elles croisent ou voient arriver, s'il s'agit de clients potentiels ou de simples passants. Deuxièmement, comment doivent-elles attirer l'attention des clients, sans se faire remarquer par un familier, un ami ou un voisin, bref par tous ceux qui ne doivent pas savoir qu'elles font de la prostitution ? D'ailleurs, toutes les pratiquantes de la prostitution extérieure que nous avons rencontrées, cachaient leur statut à leurs proches. Plusieurs d'entre elles ont d'ailleurs opté pour la prostitution extérieure et qui plus est, se déroule la nuit, pour ne pas prendre le risque de se faire identifier facilement par des proches ou celui de croiser à l'entrée voire dans le couloir d'un hôtel, un fils, un neveu, un parent ou un beau-parent.

A quelques nuances près, le boulot des pratiquantes de la prostitution de maison close ou d'intérieur est identique à celui des protagonistes de la prostitution extérieure. Si la plupart des pratiquantes de cette deuxième forme de prostitution font des relations sexuelles avec leurs clients dans une chambre d'hôtel, à domicile ou dans un bureau de service, c'est au départ dans les rues, les bars-dancings, les night-clubs, les débits de boissons, les circuits, les « tournedos », les halls de réception ou les restaurants des hôtels, qu'elles les racolent.

Nous avons déjà décrit ci-dessus comment les prostituées qui racolent leurs clients dans les rues s'y prennent. Pour leur part, les prostituées qui racolent leurs clients dans les bars-dancings et les night-clubs y arrivent souvent les premières, en tout cas avant qu'il y ait assez de monde. On y voit ainsi des femmes bien sapées, jouer aux coquettes, se faire les ongles, manger ou boire, aller et venir, discuter avec des amies ou même s'ennuyer assises près du bar. Aux heures d'affluence, certaines dansent avec deux voire trois hommes à la fois qui les étreignent parfois jusqu'à un niveau extrême ; d'autres prospectent, et d'autres encore regardent avec entrain et intéressement, les hommes qui passent devant ou à côté d'elles. Certaines femmes très entreprenantes abordent les hommes et leur parlent le plus souvent avec un ton blagueur et un large sourire, quand d'autres restent en retrait. Ce sont surtout les novices et les professionnelles blasées qui témoignent de ce manque d'initiative. Dans d'autres bars-dancing et boîtes de nuit, les prostitués sont assises, près des tables ou au bar, parlent entre elles et attendent de se faire aborder par les clients. Si les hommes s'approchent plusieurs fois sans prendre d'initiative, ou s'ils refusent une première avance, les prostituées concluent qu'ils ne sont pas intéressés. Cette opinion correspond bien sûr à une stratégie d'économie de soi mais aussi à l'influence d'une habitude dans les pratiques de séduction au Cameroun en général et à Yaoundé en particulier : quand l'homme renonce le premier à soutenir un échange de regard, la femme déduit qu'il n'est pas décidé.

Les prostituées qui racolent leurs clients dans les circuits et les « tournedos », s'y installent pour débusquer l'homme avec qui partager un repas suivi d'une sieste dans un hôtel de passe situé à proximité ou à domicile. Les prostituées qui racolent leurs clients dans des hôtels s'installent généralement dans les halls de réception ou les restaurants de ces établissements, pour y épingler l'homme avec qui avoir des relations sexuelles en échange d'argent. D'autres prostituées laissent leurs contacts téléphoniques aux réceptionnistes des hôtels pour qu'ils les communiquent à de potentiels clients. Dans ce cas de figure, par téléphone, les prostituées informent les clients des tarifs des passes pratiqués et leur communiquent l'adresse et l'heure du rendez-vous.

Aux termes de la conclusion d'un accord, les prostituées et leurs clients doivent se déterminer par rapport au lieu de consommation de la relation sexuelle.

Dans le premier cas de figure, les prostituées emmenent les clients chez elles pour la consommation de la relation sexuelle.

Dans le deuxième cas de figure, les clients conduisent les prostituées à leur domicile, pour la consommation de la relation sexuelle. Cependant, la consommation de la relation sexuelle négociée au domicile des prostituées ou à celui de leurs clients est aujourd'hui en très forte baisse à Yaoundé. En effet, il y a trois décennies, la relation sexuelle négociée entre les prostituées et leurs clients y était consommée chez les femmes. Mais, y ayant été souvent victimes d'agressions physiques de la part d'autres partenaires sexuels des prostituées, de nombreux clients ont pris sur eux d'emmener les femmes de joie à leur propre domicile pour consommer la relation sexuelle. Mais jusque-là le problème n'a pas trouvé de solution, des bagarres ayant à leur tour éclaté du fait de la rencontre chez les clients, des femmes rivales. Par ailleurs, au domicile de leurs clients, de nombreuses prostituees ont été violées, ou ont été soumises à des pratiques sexuelles horribles. En raison de ces incidents, la majorité des prostituées et de leurs clients préfèrent désormais consommer la relation sexuelle négociée dans des chambres d'hôtel ou d'auberge de passe. Aujourd'hui, les propriétaires de ces hôtels et auberges s'y frottent les mains. En effet, de la location des chambres de passe aux prostituées ou aux clients de celles-ci, ils tirent des revenus consistants.

Dans le dernier cas de figure, les clients accueillent les prostituées dans leur bureau pour la consommation de la relation sexuelle. A ce propos, à Yaoundé, plusieurs hommes préfèrent désormais s'envoyer les prostituées dans leur bureau, car cette option leur revient moins cher que celle de l'hôtel. En effet, avec cette option, ils échappent à la contrainte du pot à offrir aux prostituées et du coût de la chambre d'hôtel à supporter. Les seuls inconvénients pour l'option de la consommation sexuelle négociée au bureau, sont l'inconfort et les mauvaises conditions sanitaires. Aux dires mêmes des prostituées rencontrées, c'est dans de simples toilettes, quand il y en a, qu'elles se lavent à l'issue de la consommation de la relation sexuelle.

S'agissant du prix de la passe de la prostitution de maison close ou d'intérieur, il est globalement plus élevé que celui de la prostitution extérieure. Reste que ce prix varie, lui aussi, en fonction de la nature et de la durée de la passe comme en témoigne le tableau 2.

Tableau 2 : Grille des prix de la passe de la prostitution de maison close (Etablissement hôtelier)

Nature de la passe	Durée approximative	Marges de prix en F CFA
Attouchement	5 à 15 minutes	500 à 1 000
Masturbation	5 à 15 minutes	1 000 à 3 000
Pénétration vaginale	5 à 15 minutes	1 000 à 5 000
Pénétration orale (pipe)	5 à 15 minutes	5 000 à 10 000
Sieste	1 heure	5 000 à 10 000
Nuitée pour pénétration vaginale	6 à 8 heures	10 000 à 20 000
Pantouze avec 2 prostituées	6 à 8 heures	30 000 à 50 000
Nuitée avec pénétration anale	6 à 8 heures	50 000 à 100 000

Source : Enquêtes de terrain, années 2013 et 2014

IV. LES GAINS FINANCIERS DES PROSTITUEES

D'après les enquêtes de terrain, les prostituées de Yaoundé gagnent plus d'argent que les personnes de même niveau d'instruction qui travaillent dans la Fonction publique ou dans le secteur moderne privé. Ainsi, il est des prostituées de cette ville qui gagnent environ 80 000 F CFA par mois alors que les agents décisionnaires et leurs homologues du secteur moderne privé sont en dessous de ce montant. D'autre part, il est des prostituées qui empochent près de 150 000 F CFA par mois, quand certains fonctionnaires et contractuels de l'administration de même niveau d'instruction, plafonnent à 130 000 francs par mois. Enfin, il est des prostituées de luxe qui totalisent entre 350 et 500 000 F CFA de revenus par mois contre moins de 300 000 F CFA à l'écrasante majorité des fonctionnaires de la catégorie A2 de la Fonction publique. Il ne s'agit là que des ordres de grandeur. En effet entre les extrêmes, on peut facilement passer du simple au triple, voire au quintuple. A vrai dire, les revenus varient en fonction du statut des prostituées, de leur ardeur au boulot, du temps consacré à l'activité et du lieu de consommation de la relation sexuelle.

- Edwige « travaille » de lundi à samedi dans les jardins de la sous-préfecture de Yaoundé 1er et reçoit ses clients, accrochée à l'une des tables que les exploitants de photocopieurs utilisent en journée. En moyenne chaque soir, elle appâte 4 clients qui paient chacun 1 000 F CFA mais, elle ne rentre qu'avec 3 500 Frs parce qu'elle doit payer 500 F CFA au veilleur de nuit de ces locaux. Près de 65 % des prostituées de rue ont des niveaux de revenu qui se rapprochent de celui d'Edwige, soit 85 000 F CFA par mois.

- Angèle travaille presque tous les soirs et même parfois en journée les samedis et dimanches devant le CETIF communal (non loin du siège de l'OAPI). Elle reçoit ses clients sur des cartons derrière un rideau de pagne dressé entre deux murs de bâtiments administratifs presqu'abandonnés. Elle estime ses revenus mensuels à près de 150 000 F CFA.

- Alice appâte ses clients sur la rue l'avenue Winston Chuirchill (tout comme Selena présentée dans l'encadré 3). Ses clients sont pour la quasi-totalité des automobilistes. Lorsqu'elle conclut le prix avec un client, elle va chez ce dernier ou dans un établissement hôtelier. Elle gagne en moyenne plus de 250 000 F CFA par mois.

- Bibiane fait partie de celles qu'on appelle généralement « prostituées de luxe ». Elle a laissé son contact aux réceptionnistes de trois hôtels de haut standing de la ville. Sa clientèle est constituée essentiellement de personnes en séjour dans ces hôtels. Elle estime ses revenus mensuels moyens à environ 450 000 F CFA.

Si les revenus des prostitués sont consistants, ils sont néanmoins aléatoires comme en témoigne l'encadré 3.

Encadré 3 : Pour Séléna, des revenus assez consistants mais aléatoires

Séléna est une prostituée de 29 ans. Elle dit avoir pour sobriquet « cui noir » en référence à son teint noir. De tribu Eton, elle réside au quartier Damas mais exerce son métier aux abords du Club SAFARI derrière l'Hôtel de Ville. Après avoir obtenu le BEPC et contracté un mariage raté, elle a appris la coiffure et dispose en effet d'un salon de coiffure dans son quartier. Ses motivations pour entrer dans le métier de la prostitution sont essentiellement pécuniaires. En effet, elle loue son salon à 20 000 F CFA en plus de 70 000 F CFA pour son appartement. Avec l'impôt libératoire qu'elle juge exorbitant et ses trois enfants dont elle a seule la charge, elle a constaté qu'elle ne peut pas joindre les deux bouts. Aussi, une amie lui aurait suggéré d'arrondir ses fins de mois en racolant des hommes.

A ses débuts, elle le faisait sporadiquement, mais au fil du temps, elle a pris goût et a observé qu'elle gagnait « dix fois plus » que ce qu'elle tirait de son salon de coiffure. Elle est ainsi à dix ans de prostitution mais continue de garder son salon de coiffure où elle se fait assister par une connaissance de temps à autre. Pour elle, la prostitution paye car elle gagne en moyenne 45 000 F CFA/semaine et le pic de son gain peut dépasser 300 000/mois. Etant ce qu'on peut qualifier de prostituée de luxe, elle pratique des prix élevés : baiser simple : 5 000 F CFA, « pipe » entre 5 000 et 10 000 F CFA, sieste (1h) : 10 000 F CFA, nuitée : 10 à 20 000 F

CFA, « patouze » : 30 à 50 000 F CFA pour les deux, pénétration anale jusqu'à 100 000 F CFA. Ses meilleurs clients sont les expatriés, les hommes d'affaires et les cadres de l'administration publique, qui paient cher selon elle soit pour aider les prostituées, soit pour blanchir leur argent ou pour faire certaines pratiques occultes. Mais, elle affirme que ce n'est pas tous les jours qu'elle a des clients.

Parlant des risques de son métier, elle cite les agressions des clients indélicats, les risques de vols de ses recettes étant donné qu'elle n'a pas de protecteur. Elle dit n'avoir pas de souci de santé car elle exige le port du préservatif à ses clients et dispose d'un médecin qui la suit régulièrement. Cependant, Séléna fume énormément, pour se réchauffer, car il fait trop froid la nuit mais elle ne prend pas la drogue comme certaines de ses collègues, dit-elle. D'après ses statistiques, environ 40 prostituées officient autour du club SAFARI. Elles ont une moyenne d'âge de 40 ans et sont en majorité de tribu Béti

Dans ses perspectives, elle ne pense à laisser la prostitution que si elle trouve un bon mari ou si elle trouve un travail d'au moins 300 000 F FCFA de salaire mensuel. A notre étonnement, elle soutient que « *la prostitution ça paye et que le gouvernement doit même légaliser la prostitution* »

Dans l'ensemble, grâce aux gains issus de leur activité, les prostituées de Yaoundé parviennent à assurer tant bien que mal, leur survie ainsi que celle de leurs proches. Une part importante des revenus des prostituées étudiées est destinée aux enfants, souvent restés chez leurs grands-parents. D'autres prostituées économisent pour se faire construire une maison ou ouvrir un commerce en ville ou au village. Cependant, mener une vie aussi instable et aussi dissolue que celle de prostituée, coûte ici cher : une grande partie de l'argent amassé par les prostituées de Yaoundé, finit en dépenses quotidiennes de nourriture, de location du logement, de santé et d'achat des vêtements, des produits de beauté et d'entretien, voire en dépenses festives. C'est avec l'âge que nombre de prostituées considérées commencent à préparer leur avenir, malheureusement à un moment où leurs gains deviennent moins importants.

V. LES CONSEQUENCES FACHEUSES DE LA PROTITUTION FEMININE A YAOUNDE

Il résulte des lignes qui précèdent que le boulot des prostituées est loin d'être aussi facile qu'on le croit ou le dit souvent. En effet, la vie des prostituées étudiées est ponctuée de nombreuses difficultés.

Ainsi, quotidiennement, ces prostituées sont insultées par les passants et fréquemment rafflées et violées par les forces de police. D'autre part, elles subissent des actes de violence de la part des clients qui monnaient la relation sexuelle et qui en veulent après aux prostituées pour leur argent. A cet égard, toutes les prostituées interrogées nous ont déclaré avoir subi jusque-là, la violence des passants, celle des forces de police ou celle des clients. Et puis, il ne faut pas oublier que la concurrence pour la conquête des clients pousse les prostituées à se défier du regard, à s'invectiver et parfois à en venir aux mains. Il ne faut pas non plus oublier les pratiques mystico-magiques qui ont cours dans le milieu de la prospitution considérée ici, dans l'optique pour chaque prostituée de rentabiliser son activité. Le moins que l'on puisse dire est que les prostituées de la ville Yaoundé, du moins la majorité d'entre elles, vivent dans un univers de violence.

Dans le même ordre d'idées, il n'est pas rare que dans les rues de Yaoundé, les prostituées se fassent arracher leur sac ou leur téléphone portable par des voleurs à la tire ou se fassent dépouiller de leur recette par des bandits. Il n'est pas rare aussi qu'elles y soient victimes des jets de pierre, voire d'objets confondants de la part des passants. Toutes les prostituées interrogées ont été confrontées à au moins l'une des situations inconfortables susévoquées. Par ailleurs, 85, 5 % des prostituées interrogées nous ont confié avoir subi des grossesses involontaires et non désirées, et le tiers d'entre elles ont choisi d'y mettre fin, au péril de leur vie.

Les enquêtes de terrain révèlent aussi que 26,3 % des prostituées de Yaoundé, sont coupées de leurs familles et de leurs relations antérieures à leur entrée dans leur activité. La pratique de la prostitution y a conduit 8,5 % des femmes mariées à divorcer, plongeant dans le désarroi, les familles dont elles étaient les mamelles nourricières. Pour nombre d'élèves et d'étudiantes de Yaoundé, la pratique de la prostitution est une source d'échecs répétés et d'abandon de la scolarisation. Ainsi, 35,2 % des élèves et étudiantes prostituées nous ont affirmé avoir abandonné les études pour s'adonner exclusivement à la prostitution, à la suite des échecs académiques répétés. Au départ, elles se sont lancées dans la prostitution, pour financer leurs études, mais progressivement la pratique de la prostitution est devenue difficilement conciliable avec la participation aux cours. Dans ces conditions, elles ont basculé à plein temps dans la pratique de la prostitution.

Les enquêtes de terrain révèlent encore que les prostituées considérées, du moins celles qui n'utilisent pas les préservatifs lors des rapports sexuels avec les clients sont victimes des maladies sexuellement transmissibles (VIH Sida, blennorragie, syphilis, gonococcie et stérilité), des infections urinaires et des troubles de sexualité (pertes blanches, règles irrégulières, sécheresse vaginale). A cet égard, 67,5 % des prostituées interrogées nous ont confié avoir déjà eu des troubles de sexualité dues à leur statut. Dans une ville comme Yaoundé où le taux de prévalence du Sida reste élevé, les prostituées prennent des risques inconsidérés, certains de leurs clients refusant de porter le préservatif lors de la relation sexuelle, quitte à débourser beaucoup plus d'argent. Les prostituées étudiées, du moins l'écrasante majorité d'entre elles, sont trop dépendantes de la consommation d'alcool et de drogue qui, à la longue, détériorent sérieusement leur santé. La perte de l'estime de soi et de la dignité, le sentiment de culpabilité et la dégradation de l'image de soi, la démotivation et le sentiment d'échec, l'impression du mépris de son corps et le stress, font partie du lot des fâcheuses conséquences que subissent les pratiquantes de la prostitution féminine à Yaoundé. Comme Marcela Lacub, le souligne dans le journal français Le Monde du 16-10-2006 « *Le fait de subir ces rapports sexuels de manière répétitive et non désirée entraîne une dissociation psychique afin de pouvoir départager les deux univers de la personne, et surtout protéger le domaine privé des atteintes vécues dans le domaine prostitutionnel en se coupant de ce qui est éprouvé dans ce dernier. Celui-ci est totalement factice : c'est une situation simulant une relation humaine, mais où tout est artificiel ; les sentiments et les émotions n'existent pas, ils sont refoulés car considérés comme des obstacles par l'acheteur de services sexuels. l'absence de tout affect humain (autre que négatif, tel que mépris de la personnalité, déni de ses désirs, ignorance de son identité humaine, assimilation à un objet sexuel totalement soumis, en résumé tout ce qui fait le caractère humain unique d'une personne est nié et doit disparaître au bénéfice du rapport strictement commercial) est extrêmement destructeur pour toute personne vivant cette situation* ».

La dernière conséquence fâcheuse de la prostitution féminine considérée à relever, est l'absence de protection sociale chez ses pratiquantes. En effet, celles-ci ne bénéficient d'aucun régime d'assurance et de sécurité sociale. Elles ne sont pas affiliées à la Caisse Nationale de Prévoyance Sociale. Autrement dit, elles ne paient pas de cotisations sociales. C'est dire qu'elles ne peuvent pas être indemnisées des dommages subis dans l'exercice de leur activité (blessures, infirmité, invalidité, décès) et ne peuvent pas bénéficier de pension de retraite.

CONCLUSION

Au terme de cette contribution, plusieurs constats majeurs se dégagent. Premièrement, depuis l'éclatement de la dernière crise économique au Cameroun au milieu des années 1980, la prostitution féminine connaît une expansion fulgurante dans la ville de Yaoundé. Deuxièmement la contribution a démontré que livrées à elles-mêmes, de nombreuses personnes de sexe féminin de cette ville, s'adonnent à la prostitution, qu'elles perçoivent comme une activité économique de survie ou de subsistance. Les pratiquantes de la prostitution considérée sont constituées dans leur écrasante majorité, de jeunes adultes. Elles proviennent majoritairement et en proportions variables de tous les principaux groupes ethniques du Cameroun ; quant aux prostituées d'origine étrangère, elles viennent du Tchad, de la République centrafricaine, du Nigeria, du Mali et de Chine. Près des trois-quarts des prostituées en activité à Yaoundé, sont des célibataires avec des personnes à charge.

A Yaoundé, la prostitution féminine revêt deux formes : la prostitution extérieure ou de plein air et la prostitution intérieure ou de maison close. Les pratiquantes de cette activité y sont tributaires des tâches suivantes : l'habillement avant le déplacement sur les sites de racolage des clients, la stratégie d'entrée en contact avec les clients, la négociation avec les clients sur le prix de la passe, l'encaissement du prix de la passe, l'accord avec les clients sur le lieu de la consommation sexuelle et la consommation de la relation sexuelle elle-même. A Yaoundé, la prostitution féminine procure à ses pratiquantes suffisamment de revenus pour que celles-ci en tirent l'essentiel des moyens nécessaires à la satisfaction de leurs besoins d'existence et de ceux de leur parentèle étroite et/ou élargie: besoins d'ordre économique (se nourrir, se vêtir ou se loger), besoins sécuritaires (maximiser son capital relationnel, participer aux réunions d'originaires et aux activités d'assistance sociale) et besoins d'ordre psychologique (gérer les frustrations sentimentales à la suite d'un divorce ou de décès d'un mari).

Enfin, à Yaoundé, la prostitution féminine s'accompagne de nombreuses conséquences fâcheuses pour ses pratiquantes. C'est la raison pour laquelle lamajorité d'entre elles se disent prêtes à abandonner cette activité si elles venaient à en trouver une autre dans la Fonction publique ou dans le secteur d'économie moderne privé.

BIBLIOGRAPHIE

Abéga S. C., 2007, Les violences sexuelles et l'Etat au Cameroun, Karthala, Paris, 395 p.

Beat Songue P., 1986, *Prostitution en Afrique : L'exemple de Yaoundé*, L'Harmattan, Paris, 154 p.

Beat Songue P., 1993, *Sida et prostitution au Cameroun*, Paris, Harmattan, 99 p.

Boserup E., 2007, *Women's role in economic development*, New York, Earthscan Publications, 271p.

Brochier C., 2005, Le travail des prostituées à Rio de Janeiro, *Revue française de sociologie,* Vol. 46, pp. 75-113.

Corbin A., 1982, Les filles de noce. Misère sexuelle et prostitution au XIX ème siècle, Champs Flammarion, Paris, 496 p.

Deschamps C., 2008, La prostitution de rue : un terrain miné ? *Journal des Anthropologues*, no, 112-113 pp._122-129.

Deschamps C., 2006. *Le sexe et l'argent des trottoirs,* Hachette Littératures, Paris, 238 p.

Evina A., 1998, *Vie féconde des adolescents en milieu urbain du Cameroun,* Les cahiers de l'IFORD, n° 3 IFORD, Yaoundé.

Franqueville A., 1987, *Une Afrique entre le village et la ville. Les migrations dans le sud du Cameroun*, Paris, Editions de l'ORSTOM, 646 p.

Kemayou L. R. ; Guebou Tadjuidje F. ; Madiba M. S., 2011, Pratique de la prostitution : regards croisés entre régulation socioéconomique et rejet des normes, *Pensée plurielle*, no 2, pp. 73- 93.

Kengne Fodouop, 1991, *Les petits métiers de rue et l'emploi. Le cas de Yaoundé*, SOPECAM, Yaoundé, 163 p., Coll. *Idées*.

Le Messager du 08 Avril 2014 : Cameroun-Yaoundé : Voyage dans les milieux de la « petite » prostitution.

Ndjikam **S.**, 1998, Croyances et perception des adolescents en matière de sexualité dans les zones urbaines du Cameroun, in Kuate Deffo, S*exualité et santé reproductive durant l'adolescence en Afrique avec une attention particulière sur le Cameroun.* Ediconseilinc Québec, pp. 81-97.

Nga Ndongo V., 1997, *Le phénomène de la prostitution au Cameroun,* Yaoundé, IRESCO, 37 p.

Pheterson G., 2001, *Le prisme de la prostitution,* L'Harmattan, Paris, 216 p.

Pinghane Yonta A., 2012, La ''prostitution alimentaire'' juvénile à Yaoundé in *Négocier sa vie : Les enfants et les jeunes dans les espaces urbains d'Afrique*, pp. 217-228.

Owono J. F. 2011, *Pauvreté ou paupérisation en Afrique. Une étude exegético-éthique de la pauvreté chez les Beti-Fang du Cameroun.* University of Bamberg Press, Bamberg, 287 p.

République du Cameroun, 2009, Document de stratégie pour la croissance et l'emploi, (DSCE), MINAPAT Yaoundé, 167 p.

Setchom Bouche D., 2004, *Les abus sexuels perpétrés sur les enfants : le cas de Yaoundé,* Mémoire de CAPIET, ENIET de Soa, 128 p.

Yogo C., Ekwè D. ; Gango T. G., 2004, Prostitution : Mariées au Cameroun, prostituées en Suisse. Le Quotidien Mutations du 06/25/2004consulté sur http://www.africanindependent.com/ le 3 octobre 2014.

<u>**Deuxième partie**</u>

APPROCHES DES PRATIQUES DE DEBROUILLARDISE A L'ECHELLE NATIONALE

Cette partie rassemble 13 contributions dédiées aux pratiques de débrouillardise à l'échelle nationale, celle de tout le Cameroun. Les 13 contributions portent les titres respectifs suivants :

10) Les détourneurs des patients des hôpitaux publics vers les cabinets de soins de santé privés de Douala et de Yaoundé (*Dominique Meva'a Abomo*).

11) Sous le couvert de la société civile : des ONG locales sur le chantier de la conservation des ressources naturelles et du développement économique et social dans le Sud-Est du Cameroun (*Louis Defo*).

12) Les jeunes à l'école de la piraterie numérique (*David Toguem*).

13) Le cartel des intermédiaires du traitement des dossiers des fonctionnaires (*Geoffrey Faha Kamdem*).

14) Un « toit » à tout prix en ville (*Kengne Fodouop & Martin Luther Djatcheu Kamgain).*

15) Les entrepreneurs de la délivrance spirituelle au Cameroun *(Henri Tedongmo Teko).*

16) La voie des cours de répétition (*Geoffrey Faha Kamdem*)

17) Les journalistes « alimentaires » camerounais sur la sellette (*Albert Nna Ntimban*).

18) Mototaxistes de ville malgré eux (*Kengne Fodouop*)

19) Le change informel de monnaie, notre « métier ? » (*Dieudonné Lekane Tsobgou & Kengne Fodouop*).

20) Les *feymen* entre élan d'acquisition des richesses et désir d'ascension sociale (*Alawadi Zelao, Kengne Fodouop & Honoré Mimche*).

21) Dans l'univers des vendeurs de livres d'occasion (*Kengne Fodouop, Ondoua Owoutou & Valérie Stéphanie Chemgne*).

22) Quand des milliers d'habitants du Cameroun s'accrochent à la pratique des paris hippiques du PMUC (*Cyrille DJiomo & Norbert Youmbi*).

10- LES DETOURNEURS DES PATIENTS DES HOPITAUX PUBLICS VERS LES CABINETS DE SOINS DE SANTE PRIVES DE DOUALA ET DE YAOUNDE

Dominique Meva'a Abomo

RESUME

Parmi les innombrables acteurs des pratiques de débrouillardise des villes de Douala et de Yaoundé, figurent les détourneurs des patients des hôpitaux publics vers les cabinets de soins de santé privés. Leur activité consiste à détourner par le biais de la négociation, les patients et/ou malades des hôpitaux privés vers les services de soins de santé privés. Les acteurs considérés se répartissent en deux groupes : ceux qui se livrent au détournement des patients à temps partiel, et ceux qui en ont fait une véritable occupation. Pour les premiers, le détournement des patients des hôpitaux publics vers les cabinets de soins de santé privés est un vecteur d'augmentation de leurs disponibilités financières. En revanche pour les seconds, elle est une réponse somme toute provisoire à la situation du chômage dans laquelle ils se trouvent.

Si l'activité de détournement des patients concourt à réduire la surcharge des hôpitaux publics des deux grandes métropoles urbaines du Cameroun en malades, elle pose néanmoins un problème de santé publique. En effet, en cas de complication médicale dans les services de soins de santé privés, les patients revirent presque toujours, vers les hôpitaux publics d'où ils avaient été détournés au moment de leur entrée dans un centre de soins médicaux. Ces revirements arrivent parfois trop tard. De là, l'origine de bien de paralysies des parties de membres et de décès des patients qui sont régulièrement enregistrés dans les hôpitaux publics de Douala et de Yaoundé.

Mots-clés : *Détournement des patients, détournement in situ, détournement ex situ, hôpital public, centre de soins privés, stratégie de survie, stratégie d'amélioration des conditions de vie, responsabilité médico-légale urbaine.*

INTRODUCTION

Les principales villes camerounaises sont des laboratoires de création et de restructuration d'activités génératrices de revenus. Deux catégories d'activités socio-économiques y coexistent aujourd'hui. La première concerne les activités formelles et licites, du fait de leur inscription dans les registres de commerce et de leur imposition fiscale. La seconde, elle regroupe les activités informelles, illicites et clandestines. Celles-ci participent des pratiques de débrouillardise urbaines considérées comme les réponses des citadins aux effets néfastes de la crise économique qui a durement frappé le Cameroun au cours des décennies 1980 et 1990 et dont ce pays peine à en sortir (Kengne Fodouop, 1991). La débrouillardise désigne l'exercice ou la réalisation des tâches ou des travaux, dans des conditions peu satisfaisantes, avec ou sans l'expertise requise, ni l'encadrement juridico-légal adéquat qui génèrent des revenus ou non. En dépit de leur marginalisation, ces formes de débrouillardise (transport par mototaxi, vente à la sauvette, lavage des voitures, etc.) au-delà de leur caractère illégal, éloignent de nombreux Camerounais du chômage. Ces activités qui ne sont pas déclarées au fisc et qui ne sont donc pas imposées, participent des stratégies de survie ou d'amélioration des conditions de vie de leurs pratiquants et de leurs familles.

Parmi les innombrables acteurs des pratiques de débrouillardise des villes camerounaises de Douala et de Yaoundé, figurent les détourneurs des patients des hôpitaux publics vers les cabinets de soins de santé privés. Ce sont des personnes qui y ont développé l'art de la négociation persuasive et engageante, pour détourner les patients des hôpitaux publics vers les cabinets de soins de santé privés de ces deux villes. Cette activité purement clandestine et menée tant par des chômeurs que par certains personnels des hôpitaux publics (Bayemi, 2008 ; Bekolo Ebe, 2008), y est aujourd'hui très développée.

La présente contribution pose le problème de la portée sociétale de l'activité de détournement des patients des hôpitaux publics vers les cabinets de soins de santé privés dans les deux métropoles camerounaises de Douala et de Yaoundé. Après avoir exploré le contexte d'émergence de l'activité de détournement des patients en milieu hospitalier public urbain au Cameroun, elle dresse une analyse structurelle du secteur d'activité considérée sur quatre variables opérationnelles : l'identité des détourneurs, leurs motivations, la pratique de détournement des patients, l'évaluation de sa rentabilité et l'avenir de cette pratique.

Elle se fonde sur le traitement documentaire et sur l'exploitation des résultats d'enquêtes de terrain. Celles-ci ont été menées par nous-même au cours des années 2012, 2013 et 2014, dans 5 hôpitaux publics et 3 cabinets de soins de santé privés de chacune des deux villes. 7 cabinets des soins de santé privés de chacune des deux villes ont fait l'objet d'investigations complémentaires. Dans le détail, nous avons collecté les données empiriques d'abord à l'aide de l'observation *in situ* et de l'observation participante. Ensuite, nous avons conduit une enquête par questionnaire auprès de 200 patients des hôpitaux publics de chacune des deux villes de Douala et de Yaoundé (soit 20 patients par hôpital). L'échantillon de patients de chaque hôpital était constitué de 10 patients ayant été victimes du détournement de l'itinéraire de prise en charge conventionnel et de 10 patients n'ayant jamais été victimes. Nous avons conduit une autre enquête par questionnaire auprès de 50 détourneurs de patients soit 5 détourneurs par hôpital. L'échantillon de 5 détourneurs de chaque hôpital était constitué de 3 détourneurs externes (indépendants) et de 2 détourneurs internes (personnels d'hôpital public)

I. LE CONTEXTE D'EMERGENCE DE L'ACTIVITE DE DETOURNEMENT DES PATIENTS EN MILIEU HOSPITALIER PUBLIC URBAIN AU CAMEROUN

L'activité de détournement des patients dans les hôpitaux publics urbains a vu le jour au Cameroun dans la décennie 1990 (Monteillet, 2005 ; Nodem, 2011). Cette décennie y a été marquée par une crise économique et politico-institutionnelle, suivie dans les villes, de graves tensions sociales matérialisées par les grèves de plusieurs corps de métiers (transporteurs, commerçants, artisans, enseignants, etc). Cette crise y a ébranlé de nombreux secteurs de l'administration publique. Sous la pression des revendications sociales, le pouvoir en place a opté pour le pluralisme politique et le libéralisme économique mettant fin, du même coup, aux subventions de l'Etat. Le gel de recrutement de personnels dans la Fonction publique, la réduction substantielle de l'investissement public, le désengagement de l'Etat de la gestion des activités économiques, etc., sont autant de mesures qui ont été prises pour réduire les dépenses publiques. Ces différentes mesures y ont eu de fâcheuses répercussions sur plusieurs secteurs de l'administration publique dont celui de la santé.

La dégénérescence du système de soins de santé publique y a, très tôt, favorisé l'émergence puis la consolidation surtout dans les villes, d'un système informel d'offre de soins de santé. Un infirmier diplômé d'Etat, promoteur d'un cabinet des soins au quartier « Cité SIC » à Douala souligne à cet effet que : *« ...après ma formation (Infirmier diplômé d'Etat), je n'ai pas été recruté par l'État. Je n'ai non plus pu m'insérer dans le privé. J'ai ouvert un petit cabinet ici à mon domicile et j'ai déposé un dossier de demande d'agrément à la délégation régionale de la santé publique. J'attends la réponse depuis plusieurs années déjà, et je ne suis pas non plus inquiété par les pouvoirs publics. Mon cabinet est d'ailleurs sollicité même par la délégation régionale de la santé publique pour les campagnes de vaccination par exemple depuis plus de dix ans... »*

Ce témoignage nous permet d'affirmer que la participation des cabinets de soins de sante privés aux activités du ministère de la Santé publique légitime implicitement l'existence et le fonctionnement desdits cabinets. La capitalisation du secteur informel de santé publique par les pouvoirs publics, devient une stratégie de renforcement quantitatif des capacités de l'Etat.

Cependant, cette logique officieuse et incontrôlable présente de sérieux problèmes qualitatifs au regard des multiples dérapages et risques encourus. L'activité de détournement des patients des hôpitaux publics vers les centres de santé privé est une activité intermédiaire et de relais entre les deux groupes de structures. Depuis près de 25 ans, cette activité se pratique en toute illégalité dans les deux villes de Douala et de Yaoundé. Un détourneur de patients rencontré à l'entrée de l'Hôpital obstétrique de Ngousso à Yaoundé, déclare à ce titre que : *« ...les autorités connaissent notre activité. Elles savent aussi que c'est le chômage qui nous amène à faire ce travail. Elles-mêmes fuient les tracasseries des hôpitaux et préfèrent parfois nous suivre, surtout qu'ils ne veulent pas que leur maladie soit enregistrée dans les registres des hôpitaux publics. La dame d'un sous-préfet a eu à décliner son identité, à me remercier et à m'encourager l'an dernier, après avoir été satisfaite dans un centre de santé où je l'ai emmenée se traiter en toute discrétion. Je ne peux pas vous dire à quel point elle m'a motivé* (octroi de l'argent en guise de remerciement). *Bref, mon frère, c'est plus compliqué que vous ne le pensez, mon travail est mieux que d'aller voler, que d'aller agresser les usagers..., C'est pourquoi, l'État même ne nous inquiète pas. Il faudrait même d'abord commencer par inquiéter les centres clandestins de soins qui sont localisables avec des plaques publicitaires... »*

Le laxisme de l'État est ainsi pointé du doigt comme la cause de l'émergence et du développement du détournement des patients dans les hôpitaux publics par 73,5 % des patients et 70 % des détourneurs. D'autre part, la volonté délibérée de l'Etat est pointée du doigt comme la raison de l'émergence et du développement de cette activité par respectivement 35 % des malades et 36 % des détourneurs. Le tableau 1 ci-dessous donne plus de détails sur la distribution géographique de ces indicateurs entre Douala et Yaoundé.

Tableau 1. Opinions des personnes impliquées dans la pratique des détournements

	Patients			Détourneurs de patients			Total
	Ydé	Dla	Total	Ydé	Dla	Total	
Laxisme de l'État	74732%	83%	77,5%	64%	76%	70%	73,75%
Volonté délibérée de l'État	26%	44%	35%	28%	44%	36%	35,5%
Moyenne	48%	64%	56,7%	46%	55%	58%	59,1%

Source : Enquêtes de terrain, années 2012, 2013 et 2014

Ydé = Yaoundé Dla = Douala.

D'après le tableau ci-dessus, l'Etat est plus pointé du doigt à Douala qu'à Yaoundé comme la cause de l'émergence et du développement du détournement des patients des hôpitaux publics vers les cabinets de soins de santé privés. Les effets induits des crises économique et politico-institutionnelle que la Cameroun a connues au cours de la décennie 1990, constitue la seconde cause de l'émergence et du détournement des malades des hôpitaux publics vers les cabinets de soins de santé privés.

La crise économique qui a durement frappé le Cameroun dans les années 1980 et 1990, y a eu des répercussions sociales graves : dégradation des conditions de vie des ménages, exode rural massif, pauvreté, dégradation de la qualité des services publics, déflation massive, baisse des salaires, etc. Le détournement des patients des hôpitaux publics vers les cabinets de soins privés est donc favorisé par un contexte social marqué par la dégradation substantielle du traitement salarial du personnel médico-sanitaire et renforcé par l'effritement de la déontologie médicale et la baisse de la qualité de l'offre de soins de santé publique (voir tableau 2). Le détournement des patients est le produit de l'intense corruption dans la quasi-totalité des services publics hospitaliers tel que constaté par Hours (1985). Il n'est pas rare que le médecin consultant sensibilise les patients, qui sont venus le voir dans un centre public, au sujet de sa propre clinique pour un suivi plus efficient.

Tableau 2. Les raisons des détournements selon les patients.

	Patients						
	Yaoundé			Douala			otal
	V	NV	otal	V	NV	otal	
Le chômage	6%	6%	1%	6%	4%	0%	5,5%
Crise éthique en milieu hospitalier	4%	2%	3%	00%	6%	8%	5,5%
Les faibles salaires	6%	6%	6%	6%	0%	8%	2%
La pauvreté	2%	8%	0%	00%	6%	8%	4%

Source : Enquêtes de terrain, années 2012,2013 et 2014

PV = Patients victimes PNV = Patients non victimes T = Total

II. LE PROFIL SOCIAL DES DETOURNEURS DES MALADES

Deux catégories d'acteurs se livrent à la pratique de détournement des patients des hôpitaux publics vers les cabinets de soins de santé privés dans les villes de Douala et de Yaoundé : les détourneurs *in situ* (spécialistes de la santé publique) d'un côté, et les détourneurs *ex situ* (rabatteurs non-praticiens) de l'autre.

I.1. Les détourneurs *in situ* (spécialistes de la médecine)

Ce sont des hommes et des femmes spécialisés dans les soins de santé publique. Ils constituent le premier maillon d'un système parallèle de soins de santé. On y compte des cliniciens qualifiés exerçant dans la Fonction publique, des cliniciens en chômage ou des retraités, et d'autres formés dans des structures publiques ou privées en situation de chômage. Ils ont mis au point des stratégies pour soustraire les patients des circuits de soins publics pour le compte des circuits privés. Des jeunes aux médecins expérimentés, toutes les générations du corps médical supérieur y sont représentées. Il s'y ajoute le personnel médico-sanitaire formé d'infirmiers, d'aides-soignants, de sages-femmes, et les agents des établissements hospitaliers.

II.2. Les détourneurs *ex situ* (non spécialistes de la médecine)

Cette catégorie est celle des hommes et des femmes qui ont décidé de s'improviser intermédiaires à temps plein entre les deux groupes de structures de soins de santé public et privé. Ce sont des jeunes chômeurs et des retraités qui se donnent pour mission de proposer des soins plus performants aux patients contactés auprès des établissements de soins de santé public. Exerçant leur activité à l'entrée des enceintes des hôpitaux publics, ils sont bien connus des responsables du secteur de santé public voire des autorités municipales de Douala et de Yaoundé. Ils ont entre 25 et 50 ans.

Ils relèvent de tous les horizons géographiques et de toutes les couches sociales du Cameroun : scolarisés, non scolarisés, retraités, déflatés, etc. Ils sont prompts à renseigner et à rendre service et surtout à entrer en contact avec les patients et à les convaincre de changer de lieu de consommation des soins de santé. Ils ont réussi à bâtir une grande « réputation » dans l'art de détourner les patients en se formant sur le tas aux techniques de communication sociale. Leur seul capital de départ est la capacité de pouvoir aborder et convaincre les patients à adhérer à leurs propositions. Ce sont d'excellents communicateurs forgés sur le tas.

III. MOTIVATIONS DE LA PRATIQUE DE L'ACTIVITE DE DETOURNEMENT DES PATIENTS

Les protagonistes ont deux principales motivations à pratiquer le détournement des patients des hôpitaux public vers les cabinets de soins de santés privés : le chômage et son corollaire la pauvreté d'un côté et la faiblesse des revenus monétaires de l'autre.

III.1. Le chômage et la pauvreté

Le chômage et son corollaire la pauvreté sont le couple de motivation de l'implication de l'écrasante majorité des détourneurs externes des patients des hôpitaux publics vers les cabinets de soins de santé privés, dans l'activité exercée.

Tableau 3. Les motivations des protagonistes à pratiquer le détournement des patients.

	Détourneurs de patients						
	Yaoundé			Douala			TG
	EHP	IHP	Total	EHP	IHP	Total	
Le chômage	100%	30%	72%	100%	40%	76%	74%
Crise éthique en milieu hospitalier	86,66%	70%	80%	93,33%	60%	80%	80%
Les faibles revenus	93,33%	80%	88%	100%	81%	92%	90%
La pauvreté	86,66%	80%	84%	93,33%	90%	92%	88%

Source : Enquêtes de terrain, années 2012, 2013 et 2014

EHP = Externe à l'hôpital public IHP = Interne à l'hôpital public
TG = Total général

En effet, d'après le tableau ci-dessus, pour tous les détourneurs externes des patients des hôpitaux publics vers les cabinets de soins de santé privés de Douala et de Yaoundé, l'implication dans l'activité exercée est motivée par la volonté d'échapper au chômage et à son corollaire la pauvreté. L'activité de détournement des patients est pour eux, une réponse somme toute provisoire, à l'intense chômage qui sévit dans les deux grandes métropoles du Cameroun. Pour les intéressés, elle est plus une stratégie de survie, qu'un vecteur d'amélioration durable de leurs conditions de vie.

D'autre part, pour 81 % des détourneurs internes (in situ) de Douala et 80 % de ceux de Yaoundé, elle est liée à la faiblesse des revenus monétaires. Après la forte baisse des salaires intervenue en 1993, le souci de maintenir le niveau de vie auquel les fonctionnaires étaient habitués a eu des répercussions sur le comportement éthique du personnel médico-sanitaire.. Un médecin retraité à la fin de l'année 2010 et promoteur d'un cabinet informel de soins de santé au quartier Nsimeyong à Yaoundé depuis 1997 souligne que : *« mon revenu a brutalement diminué avec les deux baisses de salaires. Je suis le chef d'une grande famille et plusieurs membres ont été déflatés. Il m'était extrêmement difficile de satisfaire les besoins non seulement de mon foyer, mais aussi de toute la famille qui comptait sur moi. J'ai commencé mon cabinet avec mes patients de l'hôpital et aujourd'hui retraité, mes patients viennent de partout et il s'agit surtout des femmes. Je m'en sors mieux et je parviens même à financer des projets de construction des écoles, des dispensaires et des points d'eau potable dans mon village d'origine avec les revenus de mon cabinet qui sont largement au-dessus de mon salaire. Au bout de cinq années d'exploitation de mon cabinet médical j'ai déjà amassé de quoi assurer ma retraite. »*

IV. LA PRATIQUE DE DETOURNEMENT DES PATIENTS

Le détournement des patients en milieu hospitalier étudié est une activité d'intermédiation entre les formations sanitaires publiques et privées des deux grandes villes camerounaises de Douala et de Yaoundé. Cette activité y est menée suivant deux modes opératoires : le détournement *in situ* ou interne aux hôpitaux publics des patients et le détournement *ex situ* ou externe aux hôpitaux publics des patients.

IV. 1. Le détournement *in situ* ou interne

C'est l'action de détourner une personne à la recherche de la prise en charge médicale de l'itinéraire conventionnel à l'intérieur des enceintes des hôpitaux publics. Ceux qui le font se heurtent rarement aux difficultés que connaissent les détourneurs *ex situ,* car, une fois dans l'enceinte de l'hôpital, le patient doit faire face à de multiples tracasseries[59]. Certains patients recherchent parfois les détourneurs *in situ* pour se soustraire desdites tracasseries. La communication entre le détourneur et le patient est plus persuasive et surtout engageante. Le détourneur évoque quelques éléments pour mettre en évidence ce qu'il peut faire pour aider le patient et propose immédiatement un itinéraire non conventionnel. Il s'agit d'une communication subtile et codée qui ne doit pas attirer l'attention de plus d'une personne. Par conséquent, elle est rapide et précise.

En principe, lorsque les patients sont dans l'enceinte de l'hôpital, ils sont plus disposés à se confier puisque c'est le lieu indiqué pour les soins. Ils ont un sens d'écoute poussé et se soumettent docilement, car le simple fait d'avoir en face d'eux un personnel qualifié les rassure. Malheureusement, ils sont abusés par ceux-là même qui sont les garants de l'éthique médicale. La prospection et le détournement proprement dits s'opèrent au moment du renseignement, de l'enregistrement légal, de la réception et de la consultation des patients par l'infirmier ou le médecin. Le contact se fait subtilement et échappe aux mécanismes de surveillance et de contrôle disciplinaire de l'établissement hospitalier. Les pratiques de contrefaçon médicale (diagnostics erronés, délivrance de fausses ordonnances, vente clandestine de

[59] Longue attente devant le bureau du médecin consultant, arrivée tardive et départ précipité du médecin consultant, lenteur administrative, réduction du nombre de malades à consulter, risque de ne pas être consulté élevé, malgré l'arrivée matinale. Autant d'inconvénients qui le prédisposent tout naturellement à adhérer à la moindre proposition de soulagement.

médicaments, etc.), sont quotidiennement enregistrées. Elles ont pour dessein de ternir et de dévaloriser le service public au profit des centres privés appartenant aux médecins et personnel médico-sanitaire publics. Les propos d'un patient rencontré à l'hôpital de district d'Efoulan à Yaoundé, sont assez édifiants au sujet de cette dérive déontologique. Il dit : « *...quand je suis arrivé à l'hôpital, j'ai été interpellé par deux jeunes postés à l'entrée. Chacun d'eux m'a d'abord demandé ce que je voulais et ce dont je souffrais. Je les ai repoussés d'un revers de la main. Ils ont insisté en argumentant qu'ils pouvaient m'aider à me traiter plus rapidement et à un coût raisonnable. Je n'ai même pas osé les regarder, car je connais quelqu'un qui les a suivis et a été victime d'une arnaque sans pour autant trouver de guérison. Ils m'ont invité à regarder le long rang qui était perceptible de loin. J'ai attendu pendant près de deux heures pour être consulté. Ma consultation s'est bien déroulée et à la fin, le médecin m'a remis sa carte de visite. Celle-ci portait uniquement l'adresse de son centre de santé privé et son appartenance à l'ordre des médecins du Cameroun. Il m'a invité à me rendre là-bas pour bénéficier d'un meilleur suivi, car, selon lui, mon cas est grave et doit impérativement être suivi de prêt. Dit-il, il est très occupé, à l'hôpital public à cause du nombre élevé de patients. Pour cette raison, il est expéditif. Il m'a même donné un médicament gratuitement pour commencer le traitement en insistant sur le fait de pouvoir davantage bénéficier de ses prestations et de son hospitalité dans sa clinique privée. Je vous avoue que j'ai été séduit au vu de longues heures d'attente, du caractère expéditif de ma consultation, de mon insatisfaction et de son hospitalité, etc.,* ».

Par ailleurs, les enquêtes de terrain nous ont permis de découvrir une autre forme de détournement. Celui-ci s'organise depuis les quartiers d'habitation. Les patients accueillis dans les centres privés viennent à l'hôpital faire des examens en toute clandestinité. Il s'agit des examens qui nécessitent un plateau technique sophistiqué qui n'est pas à la portée des centres privés. Ces patients arrivent généralement dans les centres de soins publics munis de bulletins d'examen et des contacts du personnel à rencontrer. C'est ce dernier qui les conduit au bloc pour des examens spécifiques ou pour des interventions chirurgicales. Il s'agit d'un système de réseautage mis en évidence dans les hôpitaux enquêtés. Les médecins construisent des réseaux de détournement tout au long du circuit administratif ou technique de leur service. Les intervenants sont constitués d'un personnel subordonné à ces médecins.

IV.2. Le détournement *ex situ* (externe) des patients

C'est l'action de détourner un patient qui se trouve à l'extérieur des enceintes des hôpitaux publics dans le cadre d'une prise en charge médicale conventionnelle. Le volontariat, le secourisme, la disponibilité à renseigner le patient sur le meilleur spécialiste, à servir voire à payer les frais de taxi du patient sont les principales techniques d'approches et d'introduction d'un arrangement. L'objet de cet arrangement est de dérouter le patient par tous les moyens de persuasion y compris s'employer à l'influencer psychologiquement afin de l'amener à céder. Il s'agit donc d'une communication dissuasive, persuasive et engageante qui a fait l'objet de nombreux travaux de recherche (Crano et Prislin, 2006; Girandola et Roussiau, 2003).

La dissuasion consiste à déconstruire l'opinion première du patient relative à l'itinéraire conventionnel de prise en charge, à l'amener à se remettre en question et à s'interroger sur la pertinence et l'efficacité de l'itinéraire conventionnel. Une fois la communication conviviale engagée, les détourneurs procèdent en quatre principales étapes. Il s'agit :

-1) de collecter le maximum d'informations sur la maladie dont souffre le patient.

-2) de faire une contre-attaque dissuasive à travers un dénigre-ment systématique de l'offre de soins à l'hôpital public dans le but de dissuader, de créer la confusion et d'instaurer un doute dans l'esprit du patient. L'argumentaire porte sur la qualité de la prise en charge, le coût des soins et la vitesse de prise en charge. Nous avons eu l'opportunité dans le cadre de l'observation participante, d'assister à une séance de détournement de patient à l'hôpital Laquintinie de Douala. Les propos tenus par le détourneur mettent en évidence la dissuasion qualitative par le dénigrement : « *Il n'y a pas le spécialiste qu'il vous faut dans cet hôpital, il n'y a que des médecins généralistes ; tous les appareils sont en panne depuis une semaine* (en précisant les appareils intervenant dans la prise en charge du patient) ; *les malades meurent trop dans cet hôpital, etc.* ».

Par rapport au coût, les détourneurs amènent les patients à ne pas se fier aux coûts relativement bas de la prise en charge dans les cabinets publics comparés à ceux des cabinets médicaux privés. Il continue son dénigrement en soulignant que : « *Dans cet hôpital, le moins cher coûte plus cher ; les personnels arnaquent les malades ici, ne le savez-vous pas ? Vous allez dépenser beaucoup d'argent en vain pour des ordonnances surchargées par des médicaments inutiles vendus par le personnel, etc.*».

La vitesse de prise en charge est mise à contribution à partir des illustrations parfois tangibles. Le détourneur invite premièrement le patient à regarder le long rang de patients en attente d'être consultés. Ces rangs et/ou attroupements de patients dans les hôpitaux publics de Yaoundé et de Douala sont perceptibles de loin. Le détourneur s'appuie sur cette argumentation pour persuader le patient : « *Vous avez vous-même vu la masse de ces malades qui attendent leur tour de consultation ; vous aurez à attendre que tous soient consultés avant de vous présenter au médecin ; il y a parmi les malades que vous voyez des gens qui attendent depuis hier. Etes-vous sûr d'être reçu aujourd'hui ? Et après votre consultation, imaginez le temps que vous mettrez encore au laboratoire pour vos examens médicaux, car vous trouverez un autre long rang là-bas. De plus, les résultats des examens de tous ceux qui sont encore en rang à cette heure-ci ne sortiront que demain. Vous devrez encore vous aligner pour être reçu par le médecin pour l'interprétation des résultats de vos examens. Sincèrement, à moins de me tromper, je crois que c'est trop pénible pour un responsable comme vous de passer tant de temps à attendre* ». Le détourneur ayant atteint l'objectif de déconstruire l'adhésion à l'itinéraire conventionnel de prise en charge chez le patient, observe un petit silence, en regardant avec plus d'assurance, le patient stupéfait, apeuré et confus.

-3) de persuader le patient. Le doute qui s'installe chez le patient le conditionne. Il devient plus réceptif et développe une sympathie avec le détourneur. Ce dernier a acquis la crédibilité et la confiance du patient. A ce moment, le détourneur s'exprime avec autorité, vu son ascendance psychologique sur le patient. Il présente alors le centre de soins privé pour lequel il sert d'intermédiaire. Il vante les mérites dudit centre, contrairement au dénigrement qu'il a fait de l'hôpital public. La participation du patient à travers la réponse à certaines questions et ses points de vue contribue à sa propre persuasion. Le changement de comportement et d'attitude intervient à la suite du mécanisme psychologique de modification de l'opinion. Il en résulte ce que Girandola et Roussiau, (2003) et Joule, Bernard, Halimi-Falkowicz, (2008) qualifient de soumission librement consentie. Celle-ci conduit à l'engagement du patient à suivre le détourneur.

-4) d'amener le patient à s'engager. Cet acte d'engagement consiste à accepter délibérément de se faire guider par le détourneur qui conduit le patient dans un cabinet de soins de santé privé.

En définitive, le détournement des patients donne lieu à une dynamique d'acteurs changeante et complexe. Les techniques de communication sont méthodiquement pensées. Elles sont en tête de la prévalence des détournements des patients. Cette prévalence a été déterminée à partir du rapport entre le nombre de tentatives à succès de l'ensemble des détourneurs *ex situ* et le nombre total de tentatives de détournement en une semaine de travail (6 jours). Le tableau 4 fait état de la supériorité de la prévalence des détournements *ex situ* des patients à Douala par rapport à Yaoundé.

Tableau 4 : Evaluation de la prévalence du détournement *ex situ* des patients dans les hôpitaux publics de Yaoundé et Douala

Yaoundé	15	227	789	28,8 %
Douala	15	281	863	32,6 %
Total	30	508	1652	30,7 %

Source : Enquêtes de terrain, années 2012, 2013 et 2014

V. L'EVALUATION DE LA RENTABILITE DU SECTEUR D'ACTIVITE

Le détournement des patients est une source de revenus tant pour les détourneurs que pour les promoteurs des cabinets de soins de santé privés. Il s'agit d'une activité qui génère des revenus comme le témoigne un des détourneurs *ex situ* de l'Hôpital Laquintinie. Il dit ceci : *« en principe, je reçois généralement du responsable du cabinet de soins privé une somme de 1 000 F CFA à 2 000 F CFA par patient selon les cas. Cette somme rentre dans ma motivation* (rémunération factuelle) *et nos frais de taxi* (détourneur et patient) *de l'hôpital au cabinet privé. Après avoir dépensé pour le transport, il me reste souvent entre 500 F CFA et 1 500 F CFA. Je peux détourner par jour entre 2 à 5 patients et il y a des périodes où j'en fais plus comme les périodes de grève à l'hôpital ou les grandes manifestations publiques dans la ville, etc. Les patients me motivent très souvent, dès qu'ils se rendent compte de la sérénité avec laquelle ils sont accueillis et pris en charge. D'eux, je reçois souvent, selon les patients, un billet de 500, de 1000 F. ou de 2 000 F CFA. En ce qui concerne votre préoccupation, je ne peux pas vous donner un salaire journalier exact, encore moins mensuel. Mais, je ne rentre jamais avec moins de 2 000 F CFA par jour de travail hormis ma ration journalière. Lorsque c'est un jour de pointe, je peux percevoir jusqu'à 10 000 F CFA ».*

D'une manière générale, le détourneur est rémunéré à la tâche pour chaque détournement de patient à la fois par le responsable du cabinet de soins et le patient en question. Les résultats des enquêtes de terrain montrent qu'un détourneur a un revenu mensuel moyen d'environ 50 000 F CFA en moyenne dans la ville de Yaoundé et de 55 000 F CFA dans la ville de Douala (voir tableau 5). Ce revenu permet aux détourneurs professionnels (*ex situ*) de satisfaire leurs dépenses de loyer, de nutrition, d'habillement et de transport ainsi que celles d'éducation de leurs enfants.

Tableau 5 : Evaluation du revenu mensuel des détourneurs *ex situ* des patients des hôpitaux publics de Yaoundé et Douala

	Nombre de détourneurs ex situ enquêtés	Revenu total déclaré en une semaine (6 jours) d'observation (F.cfa)	Revenu journalier moyen d'un détourneur (F CFA)	Revenu mensuel moyen (F CFA)
Yaoundé	15	175 000	1 944,45	50 560
Douala	15	196 000	2 177,78	56 620
Total	30	371 000	2 061,115	53 590

Source : Enquêtes de terrain, années 2012, 2013 et 2014

L'activité d'intermédiation génère aussi des revenus aux détourneurs *in situ* qui sont des salariés du secteur public. Ils perçoivent comme les premiers, une double motivation du responsable du cabinet et du patient conformément au témoignage d'une infirmière de l'hôpital de district de Mvog-Ada, qui s'est mise volontairement à l'écart de cette activité. Elle déclare : *« plusieurs malades sont renvoyés dans les centres de santé à domicile et dans les cliniques par certains collègues. Les personnels d'entretien et les gardiens que vous voyez là-bas détournent aussi plusieurs malades qui vont vers eux pour se renseigner. Ceux qui les détournent perçoivent quelque chose du malade pour les avoir informés et orientés vers un spécialiste pouvant les satisfaire. Ne pouvant partir du lieu de service à l'heure du travail, ils appellent généralement le médecin chez qui le malade est envoyé pour l'introduire. Ils précisent le nom de la personne et quelques informations sur la maladie. Il est difficile de connaître la somme d'argent exacte que ledit médecin leur donne. Puisque moi je ne fais pas cela, je ne peux pas vous donner de chiffres. Ça se fait en cachette. Les médecins qui ont les cliniques privées y envoient plusieurs malades pour les traiter à leur propre compte. A ce niveau encore, je ne peux pas me prononcer sur ce qu'ils gagnent. C'est très difficile, voire même impossible d'imaginer une simple estimation, du fait que je ne suis pas concernée. Cependant, je sais que ça rapporte beaucoup d'argent, etc. »*

Ces revenus contribuent substantiellement à l'amélioration des conditions de vie des ménages et renforcent le pouvoir d'achat des détourneurs des malades. Par ailleurs, les détourneurs *ex situ* et *in situ* ainsi que les membres de leurs ménages bénéficient d'une espèce de couverture maladie auprès des structures du système parallèle d'offre de soins où ils orientent les patients. En cas de maladie, ces derniers font l'objet d'un traitement tarifaire préférentiel et à la limite gratuit. Cette assistance renforce la loyauté des protagonistes du détournement des patients à l'égard des promoteurs des cabinets de soins de santé privés

VI. L'AVENIR DE LA PRATIQUE DE DETOURNEMENT DES PATIENTS

L'activité de détournement des patients dans les hôpitaux publics a une portée sociétale incontestable. Les détourneurs ex situ des patients des hôpitaux publics vers les cabinets de soins de santé privés, travaillent dans des conditions pénibles et pour des rémunérations généralement modestes. C'est pourquoi la majorité d'entre eux est disposée à changer de métier et à s'insérer dans le secteur d'économie moderne si une opportunité se présente à eux. Les détourneurs in situ ne sont pas prêts à perdre cette source qui leur donne des revenus supplémentaires et relèvent substantiellement leur niveau de vie en dépit du caractère illégal. Le réseau mis en place est assez huilé pour ne pas se gripper de sitôt.

En outre, la pratique de débrouillardise considérée ici n'est pas sans poser un problème de santé publique : coûts d'accès aux services sanitaires élevés pour les patients, insuffisance voire absence des équipements et matériels performants. En cas de complication médicale, les patients détournés de l'itinéraire conventionnel des soins de santé se retournent vers les hôpitaux publics mieux équipés en matériels de soins performants que les cabinets de soins de santé privés. Ces retournements arrivent parfois trop tard. De là, l'origine de plusieurs paralysies des parties de membres, ou de décès des patients enregistrés dans les hôpitaux publics de Douala et de Yaoundé. De ce point de vue, l'activité abordée dans cette contribution constitue un véritable danger de santé publique. Si sa participation à la régulation de la surcharge des hôpitaux publics des deux grandes métropoles urbaines du Cameroun est indéniable, elle contribue cependant à l'augmentation de la mortalité hospitalière. Elle renforce l'incivisme en milieu hospitalier autant qu'elle accentue la dégradation de l'efficacité du système urbain d'offre de santé publique.

CONCLUSION

Le détournement des patients des hôpitaux publics vers les formations sanitaires privées est une pratique de débrouillardise qui gagne du terrain dans les villes de Douala et de Yaoundé depuis l'éclatement de la dernière crise économique au Cameroun au milieu des années 1980. La présente étude a permis de constater que cette pratique de débrouillardise y constitue un secteur d'activité reposant sur un mode de fonctionnement structuré et systémique. Deux dynamiques de détournement *in situ* (interne aux hôpitaux publics) et *ex situ* (externe aux hôpitaux publics) ont été identifiées et décryptées suivant une approche systémique. Si cette forme de débrouillardise est génératrice de revenus incontestable, elle contribue aussi à l'appauvrissement des ménages alors soumis à des soins privés non seulement plus onéreux, mais aussi douteux par rapport au protocole de prise en charge public. Elle contribue également à l'augmentation des taux d'hospitalisation et de mortalité hospitalière en milieu urbain.

Ces répercussions négatives soulèvent un débat socio-politique sur la responsabilité médico-légale au Cameroun. Elles soulèvent aussi un débat sur le sort à réserver dans l'avenir, à cette activité qu'est le détournement des patients des hôpitaux privés vers les services de soins de santé privés. Ce débat est d'autant plus délicat qu'il à trait à une activité qui constitue une planche de salut voire une bouée de sauvetage pour ses pratiquants. Les détourneurs des patients, du moins ceux qui opèrent hors des hôpitaux publics sont des autodidactes nantis d'un potentiel de communication sociale incontestable.

BIBLIOGRAPHIE

Aktouf O., 1992, *Méthodologie des sciences sociales et approche qualitative des organisations*, Presse Universitaire du Québec, Sainte-Foy - Québec, 211 p.

Bardin L, 1977, *L'analyse de contenu*, PUF, Paris, 291 p.

Bayemi V., 2008, *Corruption et crise des hôpitaux publics à Douala : le schéma d'une organisation tripolaire*, Governing Health Systems in Africa.

Bekolo Ebe B. D., 2008, *La relation thérapeutique dans les interférences entre médecine conventionnelle et traditionnelle. Une lecture anthropologique à l'hôpital Laquintinie et à l'Africanclinic de Douala (Cameroun)*, Mémoire de DEA d'Anthropologie de la santé, Département d'Anthropologie, FLSH - Université de Douala, 180 p.

Crano W. D. ; Prislin R., 2006, Attitudes and persuasion, in *Annual Review of Psychology*, Vol.57, pp.345–374.

Girandola F. ; Roussiau N., 2003, L'engagement comme source de modification à long terme, *Les Cahiers Internationaux de Psychologie Sociale*, Vol. 57, pp. 83-101.

Gruénais M. E., 2001, Un système de santé en mutation : le cas du Cameroun, in *Le Bulletin de l'APAD*, n° 21, disponible sur http://apad.revues.org/, 177 p.

Hours B., 1985, *L'État sorcier: santé publique et société au Cameroun*, L'Harmattan, Paris pp. 25-87,

Kengne Fodouop. 1991, *Les petits métiers de rue et l'emploi. Le cas de Yaoundé*, Sopecam, Yaoundé, 163 p., Coll. *Idées.*

Joule R. V. ; Bernard, F. ; Halimi-Falkowicz S., 2008, Promoting ecocitizenship: in favor of binding communication, in *International Scientific Journal for Alternative Energy and Ecology,* Vol. 6, n°62, pp. 214-218.

Meva'a Abomo D., 2014a, La méthode géo-qualimétrique (MGQ) : fondement épistémologique, axiomatique quinaire de qualimétrisation et application transdisciplinaire, Communication for the Commonwealth International conference on Interdisciplinary Collaborative research on Africa, Douala University, 13-14 April, 10 p.

Meva'a Abomo D., 2014b, *Modèle quinaire d'échantillonnage des unités socio-spatiales (sites) d'investigation et d'analyse pluridisciplinaire*, Communication for the *Commonwealth International conference on Interdisciplinary Collaborative research on Africa*, Douala University, 13-14 April, 16 p.

Monteillet N., 2005, *Le pluralisme thérapeutique au Cameroun. Crise hospitalière et nouvelles pratiques populaires*, Paris, Karthala, 262 p.

Nodem J. E., 2011, *Vente des médicaments à la sauvette à l'Ouest-Cameroun. Un miroir ?*, L' Harmattan, Paris, 87 p.

Salem G., 1998, Espace, santé et territoire en zone intertropicale, in *Cahier d'étude et de santé francophone / Santé,* n° 6, pp. 419-421.

11▪ SOUS LE COUVERT DE LA SOCIETE CIVILE : DES ONG LOCALES SUR LE CHANTIER DE LA CONSERVATION DES RESSOURCES NATURELLES ET DU DEVELOPPEMENT ECONOMIQUE ET SOCIAL DANS LE SUD-EST DU CAMEROUN

Louis Defo

RESUME

Depuis le début des années 1990, des individus regroupés au sein des organisations se réclamant de la société civile se déploient sur le chantier de la conservation des ressources naturelles et du développement dans le Sud-Est du Cameroun. En effet, tirant parti de l'ouverture offerte par les lois n° 90/053 la 19/12/1990 portant liberté d'association, n° 92/006 du 14/08/1992 sur les coopératives et les Groupes d'Initiative Commune et n° 99/014 du 22 décembre 1999 régissant les Organisations Non Gouvernementales, ils ont créé des « ONG » à but essentiellement lucratif. En effet, leurs fondateurs les utilisent pour gagner leur pain quotidien ou acquérir des revenus complémentaires. Leur mission consiste à exécuter quelques activités en sous-traitance pour les organisations internationales, à aller de réunion en réunion avec ou sans invitation pour les *per diem* et les contacts, à « arpenter » les couloirs des sièges des structures internationales ou des bâtiments ministériels à la recherche des financements, ou à répondre à quelques appels à propositions.

A vrai dire, la plupart des ONG locales considérées n'ont d'ONG que de nom, dans la mesure où elles ne respectent pas les exigences nationales et les standards internationaux des ONG à savoir la légalité, la légitimité, la transparence, la reddition des comptes, l'intégrité, le volontarisme, l'utilité publique et le caractère non lucratif des actions, la fonctionnalité de la structure organisationnelle, l'efficacité, l'effectivité et le professionnalisme. Ces lacunes et pratiques susvisées autorisent à affirmer que les ONG en question font dans la débrouillardise.

Mots-clés : *Société civile, ONG, Sud-Est du Cameroun, conservation, développement, débrouillardise.*

INTRODUCTION

La sempiternelle défaillance des pouvoirs publics des pays du Sud a amené un grand nombre de bailleurs de fonds à s'appuyer sur les ONG pour y mener à bien les projets à la fois de conservation de ressources naturelles et de développement économique et social (Bahuchet et al., 2000). Ce changement de cap y a provoqué un tel foisonnement d'ONG entre les années 1980 et le début des années 2000, que très rapidement, des voix se sont élevées pour demander de quoi ces organisations sont réellement capables (Hilhorst, 2003 ; Marouseau, 2005 ; Folacci et Marouseau, 2005 ; Davies, 2008 ; Atlani-Duault, 2003 ; Zipper, 2013). Les interrogations des uns et des autres portent notamment sur les capacités techniques de ces ONG et sur leur faculté à s'insérer dans la communauté des bénéficiaires des programmes de conservation des ressources naturelles ou de développement économique et social et à y promouvoir la bonne gouvernance. Du coup, certains bailleurs de fonds n'hésitent pas à enquêter sérieusement sur les ONG considérées avant d'engager toute collaboration avec elles.

La présente contribution scientifique est issue d'un travail de recherche réalisé sur les processus de mise en place des projets de conservation des ressources naturelles et de développement économique et social impliquant des ONG locales dans le Sud-Est du Cameroun. Ce travail, effectué en 2009 et 2011, a été actualisé et complété en 2014. Dans ce cadre, un questionnaire standardisé a été administré aux responsables de vingt-trois des trente-une « ONG » locales intervenant dans la zone.Six d'entre eux ont été interviewés pour un approfondissement de certains aspects de l'étude et des entretiens individuels ont été réalisés avec trente-huit personnes travaillant dans ces organisations. Des entretiens individuels ont été également faits avec des responsables de dix-neuf structures collaborant avec les ONG locales (quatre autorités administratives, sept organisations internationales, trois autorités municipales, trois délégués départementaux et deux dirigeants d'entreprises privées). Enfin, des données secondaires ont été obtenues essentiellement à travers l'exploitation d'une abondante documentation (correspondances, rapports…) accumulée par l'auteur tout au long d'une dizaine d'années de collaboration avec les ONG locales concernées. Les résultats de ces investigations ont été utilisés dans un processus de renforcement des capacités de ces organisations de la société civile. Le présent article présente quelques aspects desdits résultats.

L'article dégage les motivations d'engagement des principaux acteurs dans ces organisations et scrute leur fonctionnement en mettant en exergue les différentes facettes de débrouillardise que cela charrie. Une présentation des impacts des ONG est également faite et, enfin de compte, un regard prospectif est porté sur elles.

1. DES MOTIVATIONS TIRANT PARTIE D'UN CONTEXTE PROPICE A LA « DEBROUILLARDISE »

Tout observateur attentif qui s'intéresse à la conservation des ressources naturelles et au développement économique et social au Cameroun méridional forestier notera que la zone Sud-Est[60] (voir fig.1) se singularise, entre autres, par une densité relative d'« ONG »[61] locales. En effet, cette zone presqu'exclusivement rurale compte actuellement 31 « ONG » locales de conservation des ressources naturelles et de développement économique et social (contre une vingtaine pour toute la région du Sud-Ouest et une dizaine pour le territoire compris entre Kribi, Campo et Ambam)[62]. La prolifération d'« ONG » locales dans la zone est relativement récente dans la mesure où les plus anciennes n'ont que 21 ans d'existence et où 74 % de ces structures ont été créées après l'année 2000.

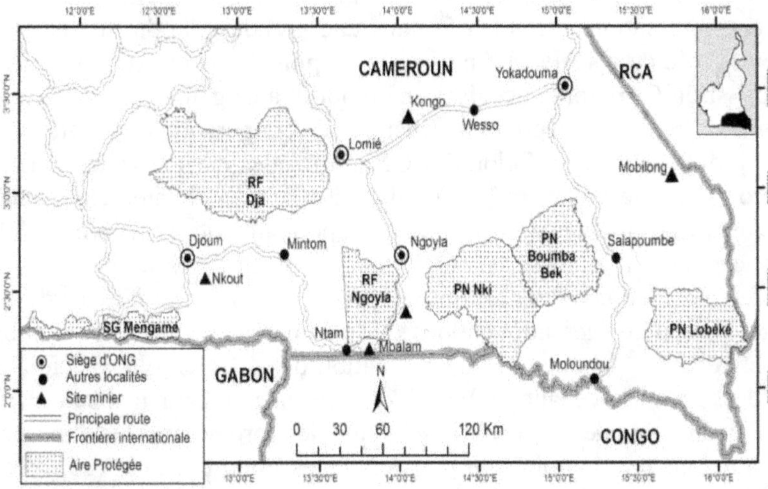

Fig.1 : Le Sud-Est Cameroun

Le foisonnement d'« ONG » locales dans le Sud-Est du Cameroun depuis près de deux décennies, s'explique par la combinaison de facteurs liés aussi bien à l'environnement national qu'international. En effet, les décennies 1980 et 1990 sont marquées au niveau de la gouvernance mondiale par la prolifération d'ONG (Folacci et Marouseau, 2005 ; Atlani-

[60] Il s'agit des Unités Techniques Opérationnelles (UTO) de Ngoyla-Mintom et du Sud-Est.

[61] En réalité, selon la loi camerounaise n°99/014 du 22 décembre 1999, il s'agit à près de 97 % de simples associations, mais, qui se présentent comme des ONG ou qu'on a l'habitude d'appeler ONG à cause de leurs activités.

[62] Une appréciation à l'échelle du Cameroun aurait été plus intéressante. Cela n'a pas été possible du fait de l'absence de données au niveau national.

Duault, 2003 ; Zipper, 2013) attribuable selon Brunel, (2003)[63]à la mondialisation et directement soutenue par des institutions comme l'ONU et la Banque Mondiale (http://www.legrandsoir.info/). Le phénomène qui affecte d'abord les pays du Nord va s'étendre ensuite aux Etats du Sud d'autant plus rapidement que les mobiles de légitimité de la plupart des ONG occidentales à savoir la famine, les guerres, les catastrophes naturelles et les problèmes environnementaux font rapidement leur nid en Afrique, en Asie du Sud et en Amérique Latine. Dans ce contexte, nombre d'ONG internationales originaires du Nord vont chercher à assurer leur présence sur le terrain au Sud par l'entremise des organisations locales qui sont censées mieux connaître le « théâtre des opérations ». Des sources crédibles signalent que cette pratique s'est accentuée depuis 2013 pour les ONG internationales travaillant dans certains pays sahéliens, à cause des risques d'enlèvement que courent les expatriés intervenant dans la zone concernée.

Ce lien peut être direct mais la plupart du temps, il passe par une « ONG » dite nationale implantée dans une grande ville du Sud et qui joue un peu le rôle de courtier. La naissance de plus d'une «ONG » locales dans le Sud-Est du Cameroun, est ainsi une réponse à ce genre de demande. Dans le même ordre d'idées, certaines structures de coopération bilatérale des pays du Nord ont suscité la création d'« ONG » locales dans la zone, dans le but d'y avoir des interlocuteurs locaux, d'y disposer d'une interface locale, d'y caser leurs ex-employés ou d'y garantir la poursuite des initiatives qu'elles y ont lancées. Qu'il s'agisse des ONG ou des institutions de coopération du Nord, ce qui peut constituer un problème n'est pas le fait d'avoir des relais locaux, mais plutôt les implications de leurs requêtes. Dans bon nombre de cas, ces requêtes débouchent sur la création des « ONG » locales à la carte, avec des agendas venant du Nord et sans aucun enracinement dans les communautés locales. Le plus souvent, les promoteurs locaux de ces « ONG » sont tout simplement des personnes opportunistes, pas forcément préparées pour de telles initiatives. Ces derniers sont donc contraints de se débrouiller pour créer et faire fonctionner l'« ONG ». La multiplication au cours de la dernière décennie des programmes et projets nationaux[64] financés à coup de milliards de francs CFA par des institutions internationales, le plus souvent dans le cadre de l'initiative PPTE[65] (projets et programmes logés notamment au niveau des ministères en charge de l'agriculture, de

---

[63] Brunel S., 2003, « Les ONG et la mondialisation », conférence UTLS Le Monde du Mardi 22 juillet 2003, www.lemonde.fr., cité par Folacci et Marouseau, (2005).
[64] Il s'agit par exemple du PNDP, du PSFE et du Programme Tubercules.
[65] L'initiative pays pauvres très endettés est une initiative qui vise à assister les pays les plus pauvres du monde en rendant leurs dettes internationales « soutenables ». Ce programme d'envergure mondiale a été lancé par le FMI et la Banque Mondiale en 1996 (http://fr.wikipedia.org).

l'environnement, des forêts et de l'économie), a également contribué à l'émergence de ce genre d'entrepreneurs d'« ONG » locales opportunistes et peu préparés. Créer une « ONG » locale a été donc pour certains, tout simplement un moyen de se positionner sur le circuit d'un financement, l'octroi des ressources aux organisations intermédiaires plutôt qu'aux individus étant devenu la mode chez beaucoup de « développeurs ». L'analyse de l'ancienneté du registre d'activités et de l'origine des financements de chacune des « ONG » ainsi que du passé professionnel des promoteurs et des propos de ces derniers à la lumière des activités des ONG du Nord, agences de coopération techniques internationales, projets et programmes nationaux dans la zone, renseigne à suffisance sur les connections entre les uns et les autres.

La plupart de promoteurs ont été d'autant plus attirés par ces opportunités qu'elles intervenaient dans un environnement national marqué par le chômage, le sous-emploi et la baisse généralisée des salaires (il est important de noter que 64,5 % des « ONG » locales de la zone ont été créées entre 1993 et 2005, c'est-à-dire au moment où la crise économique et ses corollaires sus-évoqués frappait le Cameroun de plein fouet). En effet, à partir du milieu des années 1980, le Cameroun subit les impacts d'une sévère récession économique qui va perdurer jusque vers la fin de la décennie 1990, imposant au pays des performances pathétiques en matière d'emploi (13 % de taux de chômage élargi et 75,8 % de taux de sous-emploi selon les chiffres officielles)[66]. La pauvreté qui émane de cette situation et de la dévaluation du Francs CFA intervenu en 1994 est d'autant plus accrue que la sous-rémunération de ceux qui ont la chance de travailler, touche aussi bien le secteur privé que la fonction publique[67]. En 1993 et 1994, l'Etat a baissé les salaires de ses agents de plus de 50 % et certaines entreprises privées ont suivi cette tendance d'autant plus facilement que le nouveau code de travail[68] voté en 1992 fait de la négociation, la règle de fixation des salaires. Dans ce contexte, la création d' « ONG » locales ou la recherche du travail dans ces structures apparaît comme une des multiples pistes de lutte contre le chômage, le sous-emploi ou la dégradation du pouvoir d'achat. Quand on regarde l'âge moyen des 31 promoteurs d' « ONG » (41 ans en 2010) et celui des 252 « employés » de ces structures (37 ans en 2010), on comprend aisément qu'il s'agit pour une bonne part de personnes qui sont arrivées à l'âge active ou ont passé la première décennie qui a suivi leur entrée dans la

[66] République du Cameroun, 2010.

[67] Au milieu de la décennie 1990, les agents de l'Etat ont vu leur salaire baisser de près de 50 % et ce n'est que vers la fin de la décennie 2000 qu'une revalorisation partielle des salaires est intervenue.

[68] Loi n^0 92/007 du 14 août 1992.

période active quand le chômage, le sous-emploi et la dégringolade du pouvoir d'achat battaient leur plein au Cameroun.

Les promoteurs ont saisi les opportunités qui leur été offertes d'autant plus facilement qu'un cadre légal plus libéral (Loi n° 90/53 du 19 décembre 1990) venait de remplacer la loi n°67/LF/19 du 12 juin 1967. Puisque presqu'aucune des structures étudiées n'a véritablement le statut d'ONG au sens de la loi n° 99/014 du 22 décembre 1999 régissant les Organisations Non-gouvernementales, c'est cette loi de 1990 relative aux associations qui constitue leur ancrage légal. La loi de 1990 constitue certes une avancée par rapport à l'encadrement du mouvement associatif, mais l'absence de textes d'application devant l'étayer et le contexte dans lequel elle est intervenue en font un point d'appui ou ouvre la porte aux activités de « débrouillardise ». En effet, cette loi va s'inscrire pendant près d'une quinzaine d'années dans un environnement national lourdement marqué par des mesures d'ajustement structurel, le processus de réformes politico-administrative et une contestation politique aigue qui se sont combinés pour créer ou renforcer au Cameroun, un climat de précarité, de confusion et d'affaiblissement du pouvoir de l'Etat. Dans cet environnement qui n'est pas loin du laisser-aller, n'importe qui peut, comme c'est le cas, avec un peu d'habileté, faire légaliser une association et usurper tranquillement le label d'ONG, utiliser cette association comme un bureau d'étude sans avoir à se gêner par rapport au fisc, s'écarter de l'objet déclaré de l'association, recevoir subventions, dons et legs même de l'étranger, recruter sans contrat de travail des jeunes chercheurs d'emploi et les mettre à la porte à n'importe quel moment etc. Bref, en dehors du fait que la loi régissant les associations semble être permissive[69]. Il n'y a aucune mesure de contrôle de l'effectivité de la règlementation sur le terrain et tout laisse entrevoir qu'après les textes de 1990 et de 1999 susmentionnés, le domaine des associations et ONG n'est plus un important centre d'intérêt pour l'Etat. La pratique de ce qui est généralement appelé « tolérance administrative » semble être la règle ici. La voie est ainsi ouverte à toute activité de débrouillardise dans le domaine. L'actualité récente relative aux activités des associations à caractère religieux, notamment le coup de poing de l'Etat suite aux dérives des « églises de réveil[70] », peut laisser tout de même croire que ce dernier est en train de prendre la mesure des dangers des lacunes de la loi de 1990 et d'absence des mécanismes de contrôle de son effectivité.

---

[69] Pour créer une association, il suffit d'une déclaration et de deux exemplaires des statuts. Ainsi, par exemple, aucune enquête sur la moralité des promoteurs n'est exigée.

[70] Il s'agit des églises chrétiennes évangéliques implantées au Cameroun principalement à partir des années 1990 à la faveur de la proclamation de la liberté de culte. Elles sont issues essentiellement du mouvement pentecôtiste américain.

Enfin, au chapitre des motivations des promoteurs ou employés des « ONG » locales, il faut signaler que certaines personnes y sont arrivées parce qu'elles étaient à la quête d'activités complémentaires, de cadres d'auto-valorisation ou d'épanouissement personnel ou d'occupation pour leur période de retraite prochaine de la Fonction publique. En effet, 3 des promoteurs et 18 des « employés » des « ONG » locales sont des fonctionnaires. Ces derniers sont à la recherche de revenus additionnels dans la préparation de leur retraite. Pour ce qui est de l'auto-valorisation ou d'épanouissement personnel, il faut noter que dans la perception de beaucoup de personnes un peu éclairées, le label ONG est généralement associé à la collaboration avec les organisations internationales, aux voyages incessants et réunions dans les grandes villes, aux déplacements hors du pays et aux consultances. Dans le même chapitre, certains promoteurs pensent que les salaires, avantages et possibilités d'épanouissement personnel offerts par la Fonction publique sont minables. D'autres considèrent les « ONG » locales comme des rampes de lancement pour la politique, étant donné que la visibilité qu'elles confèrent localement aux promoteurs, leur permet de se faire une base électorale. Ce n'est pas un fait de hasard que 7 des 31 promoteurs d' « ONG » locales se soient présentés aux élections municipales de 2013. Cet acte à portée politique posé par des personnes se disant de la société civile, constitue une dérive qui traduit clairement une des facettes de l'état de débrouillardise dans lequel nagent la plupart des promoteurs concernés.

2. UN FONCTIONNEMENT LARGEMENT EMPREINT DE « DEBROUILLARDISE »

Quand on analyse les ressources et les activités des « ONG » locales opérant dans le Sud-Est du Cameroun, on se rend compte que pour la plupart, elles font tout simplement dans ce qu'il convient d'appeler la débrouillardise. Au niveau des ressources humaines, des 31 promoteurs des ONG fonctionnant dans la région, 45,16 % seulement ont une compétence/qualification professionnelle formelle. Ce taux est de 21,51 % chez les autres catégories de ressources humaines mobilisées. En dehors des intervenants ayant une qualification professionnelle formelle, il faut noter la présence dans les ONG considérées, d'une vingtaine de personnes ayant des compétences professionnelles avérées acquises sur le tas, notamment dans des domaines comme la sensibilisation, la cartographie, le secrétariat, la pisciculture, la couture et les techniques d'agroforesterie. La grande masse de personnes travaillant pour le compte des « ONG » locales sont donc essentiellement des personnes sans qualification professionnelle, disposant généralement des diplômes de l'enseignement primaire ou du secondaire général. La quasi-totalité (92,4 %) des personnes impliquées dans ces ONG, n'a aucun contrat de travail et ne bénéficie d'aucune affiliation au système de sécurité sociale. En dehors des promoteurs, rares sont les personnes concernées qui considèrent leur présence dans les « ONG » comme un véritable emploi permanent. Cette situation débouche sur un rythme de renouvellement du personnel très élevé. Cette précarité touche également un certain nombre de promoteurs des ONG dans la mesure où on note le plus souvent des cas où, en l'absence de financement, le promoteur « ferme » provisoirement ou définitivement son « guichet » pour se lancer dans l'exercice d'une autre activité lucrative. Les « guichets» peuvent « fermer » et « rouvrir » d'autant plus facilement que généralement, nombre d'entre eux sont implantés dans les domiciles de leurs promoteurs ou dans un local offert gratuitement par une organisation internationale. De plus, en dehors du fait que la quasi-totalité des employés des ONG sont des « consultants », des « temporaires » ou des « permanents » sans contrat, la plupart des structures considérées n'ont pour matériel de travail qu'un ou deux ordinateurs, une imprimante, quelques tables et chaises et une motocyclette, le tout acquis au nom du promoteur et non de l'« ONG ».

Les faits qui viennent d'être évoqués sont très révélateurs du fonctionnement approximatif des « ONG » locales du Sud-Est Cameroun. En y ajoutant les tares du diagnostic organisationnel de la majorité de ces organisations, on comprend davantage qu'on est en plein dans l'une des facettes de la débrouillardise qui caractérise le paysage socioéconomique et même politique du Cameroun. Dans la partie Est de la zone d'étude, Fongang et Defo (2009) notent que seuls 20 % des « ONG » locales déclarent tenir leur conseil d'administration. Les réunions du Bureau exécutif dont 88 % des ONG locales évoquent la tenue, se réduisent aux rencontres relatives à l'exécution des activités voire des prestations, au lieu de porter sur la mise en place d'un programme d'activité global de l' « ONG ». Environ 89 % des « ONG » considérées déclarent tenir leur Assemblée générale. Mais il a été impossible de trouver un rapport d'Assemblée générale dans la quasi-totalité des organisations locales rencontrées, encore moins un rapport annuel d'activité qui servirait de base de travail pour l'Assemblée générale ou le Conseil d'Administration. Les rapports disponibles sont des rapports spécifiques à une activité, très souvent une prestation, dont la production est liée aux exigences contractuelles. Dans la partie Ouest de la zone d'étude, le constat est identique puisque seulement 5 des 17 « ONG » locales disposent d'un comité de gestion opérationnel ; seules 8 des 31 structures considérées, disposent d'un système de comptabilité et seule une suit des procédures administratives ou financières écrites. En outre, rares sont les structures (ONG) qui respectent les dispositions de leurs propres textes organiques ; enfin en dix ans, seules deux ONG ont organisé des élections de renouvellement de leurs dirigeants et la quasi-totalité des structures considérées ont le même « Coordonnateur » ou le même « Directeur » depuis leur création.

Au niveau des activités proprement dites, 94 % de ces structures n'ont pas de plan stratégique à court, moyen ou long termes. Elles se bornent donc à exécuter les activités ou prestations à la demande des organisations internationales ou au gré des financements qu'elles trouvent. C'est cela qui explique en partie la gamme très large des domaines d'intervention des « ONG » locales (reboisement, éducation, pisciculture, exploitation des PFNL, cartographie, gouvernance forestière, défense des droits des peuples autochtones, animation, sensibilisation, foresterie communautaire, études socio-économiques, agriculture, partage de retombées, suivi des activités minières, REDD[71],...). Bref, la plupart n'ont presque pas de domaine de spécialisation et le promoteur (puisque finalement, dans beaucoup de cas, la structure se réduit à lui) fait ce qu'on lui propose ou ce qu'il trouve. Généralement, le vécu quotidien de beaucoup de ces promoteurs consiste à exécuter quelques activités en sous-traitance pour les organisations internationales, aller de réunion en réunion avec ou sans invitation pour les *perdiem* et les contacts, « assiéger » les couloirs et adresses des structures internationales, « épier » certaines de ces structures ou des services étatiques pour le compte des groupes activistes ou répondre, sans grande conviction, à quelques appels à propositions. Dans cette situation de précarité, certains promoteurs versent parfois dans l'illégalité en tirant parti directement ou indirectement du statut d' « ONG » locale. A titre d'exemple, en 2013, deux d'entre eux ont été pris en flagrant délit de trafic d'espèces animales protégées et deux autres ont reçu l'argent lié à des subventions du ministère en charge des forêts pour le reboisement et n'ont presque rien planté comme arbre. Sur un autre plan, la plupart de ces promoteurs passent une bonne partie de leur temps dans les réunions à Yaoundé, Douala, Bertoua, Sangmelima et Mbalmayo. Quand on y ajoute le fait que leur siège se trouve à Yokadouma, Lomié, Bertoua, Abong-Mbang ou Sangmelima et le caractère sporadique de leur présence dans les villages, cet état de choses les éloigne des populations à la base et limite en conséquence leur légitimité.

En somme, en se référant aux normes de l'Association Internationale des ONG (WANGO 2004), on peut conclure que la quasi-totalité de ces structures locales n'ont d'ONG que de nom. Elles ne respectent pas l'essentiel des exigences nationales et des standards internationaux régissant les ONG à savoir la légalité, la légitimité, la transparence, la reddition des comptes, l'intégrité, le volontarisme, le service d'intérêt général et le caractère non lucratif des actions, la fonctionnalité de la structure organisationnelle, l'efficacité, l'effectivité et le professionnalisme.

[71]Réduction des Emissions issues de la Déforestation et de la Dégradation des Forêts

3. QUELQUES PRIVILEGIES DANS UNE MASSE DE DEÇUS SUR UN FILON PROMETTEUR

A la lumière du diagnostic des « ONG » locales qui vient d'être fait, doit-on proposer un bannissement de ces structures ? Répondre par l'affirmative à cette question reviendrait à faire preuve de subjectivité et de myopie intellectuelle pour deux raisons essentielles : d'une part, dans la situation générale peu enviable qui a été présentée, quelques promoteurs d'« ONG » locales sortent du lot et, d'autre part, dans le principe, le rôle de cette composante de la société civile en matière de conservation et de développement est important.

En dépit du tableau global ci-dessus présenté, 19 % des promoteurs d'« ONG » locales se distinguent positivement, notamment au niveau organisationnel et de la mise en œuvre des activités. Il s'agit ici des structures qui font des efforts non négligeables en matière de production de rapport annuel, d'organisation des réunions statutaires prévues par les textes organiques, d'indépendance par rapport au gouvernement et aux hommes politiques, d'efficacité et d'efficience dans la mise en œuvre de la plupart de leurs activités et d'appartenance aux réseaux fonctionnels. De ce fait, elles remplissent quelques-unes[72] des exigences des standards du WANGO (World Association of Non-governmentalOrganizations). C'est cette minorité qui parvient d'ailleurs de façon assez régulière, à décrocher des contrats de prestation auprès des organisations internationales[73], des ONG nationales[74], des entreprises forestières[75] et des sociétés minières[76]. C'est elle qui participe le plus aux réunions au niveau régional, national et international et bénéficie des ateliers/séminaires de renforcement des capacités. Il est

---

[72] Il ne s'agit malheureusement que d'une infime partie de ces exigences du code éthique du WANGO

[73] Il s'agit des organisations internationales comme la GIZ (Deutsche Gesellschaft für Internationale Zusammenarbeit), le SNV (NetherlandsDevelopment Organisation), la FAO (Food and Africultural Organisation), le Cordaid (Catholic Organisation for Relief and DevelopmentAid), l'ICCO (Organisation Inter-églises de Coopération au Développement), l'ACDI (*Agence Canadienne de Développement International),* le WWF (World Wide Fund for Nature) et le Rain Forest et Plan International.

[74] Il s'agit notamment du CED (Centre pour l'Environnement et le Développement) et du CEW (Cameroon Environmental Watch).

[75] En guise d'exemple, on peut citer la SFID (Société Forestière Industrielle de Doumé), la SEFAC (Société d'Exploitation Forestière et Agricole du Cameroun), la CFC (Compagnie Forestière du Cameroun) et la SFIL (Société Forestière industrielle de la Lokoundjé).

[76] Exemples d'entreprises minières : GEOVIC Cameroun, CamIron et Compagnie Minière Camerounaise.

difficile d'évaluer les retombées financières que les responsables tirent de leurs « ONG » locales, mais à voir le signe extérieur de richesse qu'ils affichent (6 d'entre eux ont des voitures et les autres ont au moins une moto ; 7 ont des maisons de standing moyen), on est en droit de dire que pour les concernés l'« ONG » locale est une bonne affaire. La quasi-totalité des coordonnateurs et/ou directeurs qui font partie de cette classe de privilégiés semblent être satisfaits de leur situation professionnelle et c'est pour cette raison, qu'ils ont une certaine stabilité dans leurs structures respectives. Bien qu'ayant des possibilités de se faire recruter dans d'autres structures, aucun n'a osé abandonner son « ONG ». Seule cette catégorie d'intervenants peut objectivement envisager son avenir dans cette activité.

A l'opposé, pour près de 80 % des promoteurs, on ne saurait dire la même chose. Le discours de cette majorité est globalement marqué de désespoir par rapport à cette activité. Elle pense généralement qu'elle est malchanceuse ou tout simplement insuffisamment « connectée » aux réseaux d'organisations ou d'entreprises qui octroient les « marchés » ou les « jobs ». Dans ce contexte, certaines « ONG » ne faisant pas partie de la minorité de « privilégiés » qui décroche régulièrement des contrats sont obligées de disparaitre ou de tomber en hibernation aussitôt les opportunités de financement qui les ont engendrées éteintes. Parfois, quand il s'agit d'une « ONG » dont la création a été suscitée par une organisation internationale, elle peut être maintenue « sous perfusion » pendant plusieurs années par des financements sporadiques de cette dernière.

Presque tous les « employés » dits permanents sont dans la même situation d'insatisfaction que la catégorie de promoteurs qui vient d'être présentée. N'ayant aucune sécurité d'emploi et de rémunération, étant largement sous-payés (ce qu'on peut appeler salaire va rarement au-dessus de 30.000 Frs par mois) et de façon irrégulière (au gré des prestations et de la volonté du promoteur), ne prenant que très rarement part aux séminaires et ateliers (qui sont généralement les champs réservés du promoteur), ces personnes n'ont aucune raison de rester dans ces structures. Pour cette raison, dès qu'elles trouvent du travail dans d'autres domaines ou accumulent un peu d'expérience pouvant les aider à se faire recruter par les organisations nationales ou internationales, elles n'hésitent pas à partir. Le travail dans les « ONG » locales constitue un pis-aller pour elles. C'est ce qui justifie la forte rotation professionnelle chez ces personnes ou leur transhumance vers les organisations nationales ou internationales. Dans toutes ces « ONG », il est quasiment impossible de voir un « employé » permanent qui a deux années d'ancienneté dans la structure, à moins qu'il ne soit l'épouse ou un autre membre de la famille du promoteur. Le récent recrutement par l'Etat de 25 000 diplômés a privé beaucoup de ces structures de leur « employés » permanents. Cela a été aussi le cas de la catégorie d'intervenant appelés vulgairement « temporaires » recrutés localement.

En ce qui concerne la dernière catégorie des « employés » des « ONG » locales à savoir les « consultants » (la quasi-totalité d'entre eux travaillant ailleurs et n'intervenant que par moment quand le promoteur a un travail très spécifique ou est débordé par les sollicitations), les revenus qu'ils tirent de leurs interventions dans les « ONG », constituent un appoint financier non négligeable. Pour cette raison, beaucoup pensent qu'ils peuvent continuer à intervenir tant qu'ils en ont le temps, cela en dépit du fait qu'ils estiment généralement que les promoteurs sous-paient leurs prestations et décaissent difficilement l'argent.

Quel que soit le niveau de satisfaction ou d'insatisfaction des uns et des autres, dans la zone, l'activité des promoteurs d' « ONG » locales, procure à titre permanent ou temporaire du travail à plus de 250 personnes. Les activités que certaines déploient sur le terrain sont aussi utiles pour les populations locales, les entreprises du secteur privé, les organisations internationales et l'Etat. Ainsi par exemple, le rôle de certains en matière de défense des droits des « pygmées »[77]. Baka, d'accompagnement de la foresterie communautaire, de mobilisation des populations pour leurs implications dans divers processus relatifs à la gestion des ressources naturelles et dans les efforts de lutte contre la mauvaise gestion des redevances forestières, ne passe pas inaperçu. A ce titre, l'importance de leurs parapluies institutionnels que sont les « ONG » n'est pas négligeable. Compte tenu de tout ce qui précède, comment peut-on envisager l'avenir des ONG locales dans la zone ?

Dans le principe, en dépit de la situation déjà décriée, comme stipulé plus haut, le rôle de cette composante de la société civile en matière de conservation et de développement n'est pas négligeable. La place des ONG locales (au vrai sens du terme) revêt une importance toute particulière dans une zone comme celle qui nous concerne. En effet, le Sud-Est du Cameroun est une zone très stratégique en matière de conservation et de développement pour plusieurs raisons. Elle est fortement marquée par :

• des enjeux énormes en matière de conservation. Il s'agit d'une zone de forêt tropicale humide de basse altitude, disposant d'une diversité floristique et faunique exceptionnelle à savoir plus de 50 espèces de grands mammifères, 300 espèces d'oiseaux, 121 espèces de poissons, 215 espèces de papillons, 18 espèces de reptiles et 831 espèces d'arbres et d'arbustes

[77] Ce terme est jugé péjoratif par les concernés et certaines organisations indigénistes

(*WWFjengi, 2011*). La zone abrite par ailleurs trois parcs nationaux et deux initiatives de conservation transfrontalière ;

• la pauvreté des populations (On y compte par exemple un médecin pour 30 000 personnes, un point d'eau potable pour 828 personnes et 61 % des habitations y sont faites de matière végétale)[78] ;

• une forte concentration de populations autochtones vulnérables (la zone Moloundou-Salapoumbé-Messok-Lomié-Ngoyla-Mintom concentre les plus forts peuplements de populations « pygmées » du Cameroun) ;

• des enjeux forestiers et miniers pouvant potentiellement charrier des conflits de toutes sortes impliquant les communautés locales et autres parties prenantes. La zone concentre 31 % des unités forestières d'aménagement (UFA) et plus de 25 % des zones d'intérêt cynégétique du Cameroun.

Face à ces enjeux très importants, compte tenu de la quasi-absence des organisations internationales sur le terrain[79] et au regard de la faible présence des services étatiques dans la zone[80], le rôle des organisations de la société civile locale en matière d'encadrement des populations est en principe crucial. Leurs apports en matière d'animation du développement à la base, de porteurs d'innovations, d'éveil des consciences, d'intermédiation pour les populations auprès des autorités politiques, administratives, coutumières et des partenaires au développement, de régulateurs socioculturels, de gestion des conflits, de sentinelle pour le contrôle citoyen de l'action publique et de veille sur la gestion des affaires publiques est, en principe, très utile. Pour toutes ces raisons, il est extrêmement important qu'il y ait des ONG locales sur le terrain dans le Sud-Est du Cameroun, mais de vraies. Pour cette raison, on peut penser que les pouvoirs publics et les partenaires au développement devraient d'une part, favoriser la disparition des brebis galeuses et, d'autre part, encadrer celles qui ont la volonté et les potentialités de se développer, et les accompagner vers un certain professionnalisme et maturité.

---

[78] Defo, 2007, P. 41.

[79] La GIZ et la SNV qui sont d'importantes structures en matière de conservation et de développement et qui autrefois étaient présentes sur le terrain s'y sont retirées. La seule grosse structure qui est restée sur le terrain est le WWF.

[80] La zone dispose de très peu de centres de santé et d'écoles qui sont d'ailleurs régulièrement désertés par les agents de l'Etat du fait de l'éloignement et de l'enclavement.

CONCLUSION

Près de vingt années après la mise en place des premières « ONG » dans le Sud-Est du Cameroun, le diagnostic qui vient d'être réalisé permet de dire sans ambages que ces structures sont encore pour la quasi-totalité à un stade infantile. Certes, la plupart de leurs promoteurs ont été mus par le sens de l'opportunisme, le chômage ou le sous-emploi. Mais ces éléments de motivation ne sauraient à eux seuls justifier l'état végétatif de la plupart de ces organisations ou la logique de débrouillardise et de médiocrité dans laquelle se sont plongés la plupart de leurs créateurs. A voir beaucoup de ces promoteurs évoluer, on peut en paraphrasant quelque peu Bahuchet et al., (2000), dire que la finalité ou le combat premier de l'« ONG » est non pas le développement ou la conservation, mais la perpétuation de l'organisation elle-même et donc du gagne-pain du promoteur. Il s'agit là d'un état de chose d'une grande gravité et susceptible de donner raison à ceux des détracteurs des ONG locales qui pensent que ces dernières n'ont aucune légitimité[81]. La responsabilité de cette situation n'incombe pas uniquement aux promoteurs comme précédemment stipulé. L'environnement dans lequel ils évoluent est empreint d'une sorte de laisser-aller et marqué parfois par bien d'hostilités. Dans cette atmosphère, ne peut-on pas tirer un coup de chapeau à ceux des promoteurs qui semblent tirer leur épingle du jeu ? Dans tous les cas, quoiqu'on en dise, les ONG locales ont bel et bien leur place dans le paysage de la conservation et du développement de la zone, au regard des enjeux évoqués et du processus de décentralisation en cours dans le pays.

BIBLIOGRAPHIE

Bahuchet, S. ; Grenand, F. ; Grenand, P. ; de Maret, P. 2000. *Forêts des tropiques, forêts anthropiques : sociodiversité, biodiversité : un guide pratique.* Programme Avenir des Peuples des Forêts Tropicales, Bruxelles, 132 p.

Davies T. R., 2008, *The rise and fall of transnational civil society: The evolution of international non-governmental organizations since 1839,* Workingpaper CUTP/003, 17 p.

Defo L., 2007, *Réflexions sur le fonctionnement des "ONGs" au Sud-Est Cameroun,* WWF CARPO/ WWF, Jengi, 4 p.

[81] De l'avis de certains observateurs, l'esprit de débrouillardise peut être aussi décelé dans certaines ONG internationales. Ainsi par exemple, on a vu des ONG internationales prendre des financements dans des domaines où elles ne sont pas efficaces ou des fonds pour des activités très éloignées de leur « core business ».

Defo L., 2007, *Synthèse des études socio-économiques dans l'Unité Technique Opérationale Sud-Est Cameroun,* Rapport du WWF Jengi, Yokadouma, 4 p.

Fongang G. ; Defo L., 2011, *Les ONG locales de conservation et de développement travaillant dans la zone de Ngoyla-Mintom (Cameroun) : compétences et plan stratégique de renforcement des capacités,* Rapport WWF SE Cameroun, 69 p.

Folacci E. ; Marouseau G., 2005, *ONG et développement durable : Entre solidarité et instrumentalisation. Exposé fait à l'occasion de la Journée développement durable,* AIMS.

IAE d'Ex-en-Provence du 11/05/2005, 18 p.

Fongang G. ; Defo L., 2009, *Les ONG locales de conservation et de développement dans l'Unité Technique Opérationnelle Sud-Est (Cameroun): besoins en formation et plan stratégique de renforcement des capacités*, 48p.

Hilhorst D., 2003, *The real world of NGOs.Discourses, diversity and development*, Zeb Books, London, 257 p.

http://www.legrandsoir.info/Banque-Mondiale-et-ONG-fragilisent-les-etats.html, consulté le 21 juin 2014.

Laëtitia Atlani-Duault, 2003, Les ONG locales, vecteurs de « bonne gouvernance » dans le Second Monde ?, *Journal des anthropologues*, nos 94-95, pp. 183-190.

Planche J., 2004, Accompagner l'émergence et le renforcement des sociétés civiles : Mieux comprendre les enjeux. *Coopérer aujourd'hui* n°38.GRET, 5p.

République du Cameroun. Loi No 90/53 du 19 décembre 1990, portant sur la liberté d'association République du Cameroun. Loi n^{0}92/007 du 14 août 1992 portant code du travail.

République du Cameroun. Loi No 99/014 du 22 décembre 1999 régissant les Organisations non- Gouvernementales.

République du Cameroun, 2009, Document de stratégie pour la croissance et l'emploi (DSCE), cadre de référence de l'action gouvernementale pour la période 2010- 2020.

World Association of Non-governmentalOrganizations (WANGO). 2004. *Code of ethics & conduct for NGOs*. Document consulté le 19 mai 2014 sur le site www.wango.org.

World Association of Non-governmental Organizations (WANGO). (Année non indiquée).

Code of ethics & conduct for NGOs. Compliance manual. Document consultée le 19 mai 2014 sur le site www.wango.org.

WWF Jengi, 2011, *Conserving wildlife and other forest resources for use by the Baka and Bantu populations in Jengi Forest, Southeast Cameroon*, WWFJengi Forest Program, 82 p.

Zipper C., 2013, The « real world » of NGO's in sub-Saharan Africa. Roskilde University.

12▪ LES JEUNES A L'ECOLE DE LA PIRATERIE NUMERIQUE

David Toguem

RESUME

Beaucoup de jeunes Camerounais scolarisés ou non ont fait de la piraterie numérique leur gagne-pain quotidien partout où ils se trouvent. A l'origine de leur implication, il y a le contexte économique marqué par une longue récession économique avec son corollaire le chômage et la recherche des solutions faciles. En effet, depuis le milieu des années 1980, le secteur moderne offre très peu d'emplois aux jeunes demandeurs au point où depuis plus d'une décennie, ils multiplient les ateliers de téléchargement dans les domiciles, les sous-sols des établissements commerciaux ou les rues. Là, ils gravent les CD et les DVD de toutes sortes de musiques et de films, pour satisfaire la demande d'une clientèle de plus en plus nombreuse et diversifiée.

Une fois les morceaux et les films téléchargés et gravés ou copiés, ils les vendent ou les enregistrent sur les clés USB des clients dans les gares routières, à tous les grands carrefours et dans les marchés urbains à Douala, Yaoundé, Bafoussam, Maroua, Bamenda, Bertoua, Ebolowa, etc., en toute illégalité et à des prix dérisoires, en tout cas, défiant toute concurrence. Rien ne semble leur faire peur, même le risque d'être poursuivis pour piraterie. Leur équipement sommaire laisse penser qu'on a affaire à une activité provisoire. Certains de ces protagonistes interrogés souhaitent continuer cette activité faute de mieux, d'autres entendent l'abandonner pour s'engager, si l'occasion leur était donnée, dans une activité stable et bien rémunérée dans la Fonction publique ou le secteur moderne privé.

Mots-clés : *Jeunes, piraterie numérique, technologies de l'information et de la comunication.*

INTRODUCTION

Le Cameroun s'est ouvert au monde des technologies de l'information et de la communication au début des années 1990. L'introduction de ces technologies depuis lors ne laisse personne indifférente. Leur appropriation est rapide chez les jeunes plus aptes à les utiliser, car ils sont plus exposés aux médias que les plus âgés. Pour permettre d'acquérir les connaissances nécessaires à une utilisation adéquate et optimale de ces technologies, l'enseignement de l'informatique dans les établissements scolaires s'est généralisé depuis juin 2003, après son inscription au programme en 2001-2002. Du jour au lendemain, l'acquisition des équipements informatiques est devenue une priorité pour les familles camerounaises. Mais, le contexte est aussi marqué par une sévère récession qui a entraîné d'énormes conséquences : déscolarisation, chômage et formation au rabais. D'après la Banque mondiale, près d'un jeune Camerounais sur 2 se trouve sur le marché du travail. D'où la problématique de l'emploi des jeunes ou encore celle des distorsions entre les exigences du marché de l'emploi et les qualifications du jeune Camerounais demandeur d'emploi. Autrement dit, comment font les jeunes déscolarisés ou en quête d'emploi après une formation en technologie de l'information ou bien en quête d'argent pour être autonome très tôt. C'est l'hypothèse générale de cette étude qui s'appuie sur l'exploitation des informations secondaires collectées à partir des articles publiés sur internet ou par des institutions nationales comme l'Institut National de la Statistique (INS), du Ministère de l'Enseignement supérieur, du ministère du Travail et de la Sécurité sociale, etc. Mais l'essentiel de cette étude est le résultat de l'exploitation des informations primaires d'une enquête par questionnaire menée de juin 2013 à septembre 2014 auprès de 1 350 jeunes pratiquants de la piraterie numérique. Cette enquête s'est réalisée sur la base d'un choix aléatoire. Elle a privilégié les points suivants : l'identification des protagonistes de la piraterie numérique, le quotidien de ceux-ci et les retombés de leur activité.

Les variables que nous avons collectées concernent pour :

- l'identification : sexe, situation familiale, âge, niveau d'étude, activité exercée avant, revenu mensuel.
- la pratique de l'activité : heure d'ouverture et de fermeture, moment d'affluence, nombre d'années de pratique, conditions d'exercice, capital de départ, provenance des chansons ou films et/ou logiciels, prix pratiqués et avenir.
- les recettes et les dépenses : recette journalière, différentes destinations de cette recette.

Il nous revient avant tout de préciser ce que nous entendons par « jeunes » et « piraterie numérique ».

En effet, les jeunes s'entendent ici comme des personnes situées entre 15 et 24 ans. C'est un stade d'imitation et d'expérimentation de nouveaux comportements et de nouvelles règles. Ces jeunes représentent 20 % de la population camerounaise. Une personne sur 5 appartient donc à la tranche de 15 - 24 ans.

La piraterie numérique désigne tout enregistrement, duplication, utilisation non autorisée de musique sur des réseaux de communication en ligne ou non, grâce à des logiciels de téléchargement gratuit. Deux types sont plus connus : le « *Bootlegging* »[82] et la contrefaçon (copie non autorisée du support matériel, des labels, des éléments graphiques et des emballages). Pour les films, la piraterie prend plusieurs formes : la piraterie des vidéocassettes et des disques optiques, les enregistrements non autorisés ou piratés dans les cinémas, le vol des copies, le piratage des signaux et des programmes radiodiffusés ou en ligne. Pour les logiciels, il s'agit de faire des copies des systèmes d'exploitation, des logiciels d'application et des antivirus. Ceux qui s'adonnent à cela le font pour mettre à la disposition du public, des œuvres musicales, des films ou des logiciels sans payer de droits aux auteurs, aux ayants-droit ou bien sans s'acquitter des droits d'exploitation commerciale. Or, leur diffusion, leur reproduction et leur représentation sont les droits patrimoniaux de l'auteur de l'œuvre. Au Cameroun, la forme la plus courante et la plus anodine est la duplication des œuvres musicales, cinématographiques ou de logiciels. Il suffit d'avoir un CD gravé ou un DVD gravé pour en enregistrer le contenu sur des disques durs de grande capacité ou l'importer sur des clés USB pour ensuite procéder à des compilations en MP3. Cette pratique devrait être classée parmi les activités artistiques. Mais, parce qu'elle évolue en marge de la législation, elle est aujourd'hui une des activités marginales du secteur informel[83] qui a pignon sur rue au Cameroun.

I. LES FACTEURS D'ÉMERGENCE ET DE DÉVELOPPEMENT DE LA PIRATERIE NUMÉRIQUE

Pendant longtemps au Cameroun, l'on connaissait la contrefaçon des objets ou produits manufacturés (produits de beauté, produits vestimentaires, matériels de tout genre, liqueurs, etc.). Progressivement, l'entrée de ce pays dans la société de l'information et de la communication y a entraîné derrière elle d'autres mutations pas seulement positives mais aussi négatives selon que l'on soit d'un côté ou de l'autre. Au fur et à mesure qu'il entre dans ce monde numérique et communicationnel, à la contrefaçon classique s'y ajoute celle du numérique. Cette pratique est largement influencée par le contexte socio-économique, la révolution technologique couplée à l'appropriation des TIC, la recherche du gain sans contrepartie à l'insu de l'autre.

---

[82] Enregistrement et duplication non autorisés d'une interprétation télévisée ou radiodiffusée en direct.

[83] C'est un secteur dans lequel évoluent les actifs qui n'ont pas de cartes de contribuables ou qui n'ont pas de comptabilité formelle établie. Il regroupe plus d'actifs (81,7 %) que le secteur formel (11,6 %) d'après l'Institut national de la Statistique en 2011.

I.1. Un contexte socio-économique favorable à la piraterie

Pendant plus de deux décennies, le Cameroun a vécu une sévère crise économique qui a eu des conséquences néfastes dans tous les secteurs de sa vie économique et sociale. En mars 1988, ce pays passe sous le régime des programmes d'ajustement structurel (PAS). Les contraintes desdits programmes sont telles que l'étau s'est resserré très vite sur les différents secteurs économiques. Ce qui va se traduire par « la baisse substantielle des dépenses publiques dans les secteurs d'éducation, de santé, de logement, de traitement des dossiers des fonctionnaires et agents de l'État et des subventions à l'agriculture et à l'industrie, par le gel de recrutement de personnel dans la Fonction publique, par l'aggravation de la pauvreté et des inégalités de revenu et par la diminution du PIB par tête » (Kengne Fodouop, 2012). Cette crise a entraîné la faillite de certaines entreprises étatiques et obligé l'État à en inscrire d'autres sur la liste des sociétés à restructurer et à privatiser. Progressivement, de nombreuses familles perdent leur source de revenus à cause de la compression du personnel étatique ou sociétal. C'est ainsi que « *près de 16 000 personnes ont été [licenciées] dans les secteurs public et parapublic entre 1987 et 1991 et dans la même période, près de 28 000 personnes ont été licenciées dans l'industrie manufacturière camerounaise, représentant 5 % des employés du secteur moderne non agricole* » (Kengne Fodouop cité, 1993)[84]. La dégradation rapide des infrastructures socio-économiques s'est accompagnée d'une détérioration rapide de la situation financière des familles camerounaises avec pour corollaire la baisse du niveau de vie. Alors, faute de moyens, certains jeunes désertent très tôt les salles de classe. La déscolarisation atteint sa vitesse de croisière, car « *la pauvreté aura contraint la majorité des jeunes dans cette situation à sortir du système scolaire pour se présenter sur le marché du travail* » (Gilles Bertrand Njike Njikam & all, 2005). Pendant un temps, ces jeunes résistent aux difficultés matérielles ou financières de leur famille, en finançant eux-mêmes leur étude à la sueur de leur front. Pour ce faire, ils deviennent des travailleurs saisonniers pendant les vacances. Dans plusieurs cas, ils contribuent au financement de leur formation, celle-ci pouvant à tout moment s'arrêter, car le fait de manipuler de l'argent très tôt a aussi son revers.

Plus grave encore, le chômage frappe au Cameroun comme dans d'autres pays en voie de développement davantage les plus instruits (Tableau 1, INS, 2011). En effet, la faiblesse de l'économie camerounaise à générer des emplois ne donne pas trop de possibilités aux jeunes qui ont très souvent un déficit de qualification. Et comme il faut bien survivre, ceux qui ont pu

---

[84].Kengne Fodouop, 1993, cité in Le Cameroun face au défi du développement : atouts, obstacles et voie à suivre, L'Harmattan, Paris, 2012, 337 p.

avoir une formation dans l'un des deux ordres d'enseignement général et technique ou en technologie de l'information et ceux qui ont appris sur le tas à manipuler un ordinateur, cèdent très vite à la tentation de l'école de la piraterie numérique, moins coûteuse, pas exigeante et plus rapide à s'y conformer. Une fois hors du circuit scolaire, le premier réflexe chez les jeunes est de copier ou de graver tout ce qui peut trouver preneur pour ensuite l'utiliser ou partager avec d'autres dans un cercle d'amis ou le distribuer contre rémunération. C'est dire que dans une économie moderne qui n'offre pas de travail à tous ceux qui en recherchent, les jeunes optent toujours dans la majorité des cas, pour ce qu'ils ont sous la main en se tournant vers le secteur informel avec ses emplois précaires. Economiquement, l'implantation de cette activité s'appuie sur les difficultés pour les Camerounais à s'offrir des produits de qualité comme des CD, des DVD ou des logiciels originaux, à cause du faible niveau de vie et de la paupérisation grandissante qui plombent la vente ou l'achat desdits produits. Il s'agit là de deux phénomènes socio-économiques qui ont aussi mis les jeunes dans une situation délicate en matière d'emploi ou de scolarisation.

I.2. Le côté ludique des TIC couplé à la révolution de la micro-informatique

En plus de la situation socio-économique, la piraterie numérique est aussi favorisée et encouragée par :

- l'utilisation ludique[85] des TIC par les jeunes grâce à l'essor de l'informatique individuelle et des réseaux d'accès à Internet et aux innovations technologiques ;
- la révolution numérique et la vulgarisation des supports CD, DVD, VCD, DVCD, des cartes mémoires, des clés USB, des téléphones multimédias et des radios numériques avec des ports pour USB ou pour carte mémoire[86] ;

---

[85]Maîtrisant bien ce côté ludique des TIC, les deux premiers opérateurs privés de téléphonie mobile (MTN CAMEROUN et ORANGE CAMEROUN) ont très tôt proposé des services de téléchargement de musique contre redevance mensuelle, à coup de publicité par SMS ou par message audio. Ce qui n'a pas manqué de mettre la puce à l'oreille des jeunes Camerounais qui ont trouvé là une nouvelle mine d'or à exploiter pour se faire aussi de l'argent. Une leçon dont ils n'ont pas eu trop d'efforts pour la mettre en pratique.

[86]Le prix des CD, DVD et DCD vierges varie entre 100 et 150 F CFA, les téléphones multimédia sont vendus à partir de 10 000 F CFA avec des possibilités d'acquérir en seconde main à moindre frais ; les clés USB qui coûtaient au moins 20 000 F CFA (1 Go), il y a environ 10 ans, sont aujourd'hui vendus entre 1 500 et 3 000 F CFA pour 1 à 2 Go et 5 000 F CFA pour 4 Go ; le prix des radios numériques sur les marchés oscille entre 2 500 F CFA et 10 000 F CFA selon les catégories et surtout la maîtrise des techniques de négociation des termes du marché.

- l'incorporation des graveurs dans les PC et
- l'existence des consommateurs complices et des consommateurs acteurs appartenant à des réseaux de partage.

De nos jours, on est passé de l'analogique au numérique avec la miniaturisation des composants de port (plusieurs ports sur une même fiche de lecteur de cartes mémoires ou de clé USB) et de lecture audio et vidéo de gravure des œuvres de l'esprit[87]qui a atteint un niveau élevé. Depuis plus de deux décennies au Cameroun, l'on assiste au développement du réseau Internet, à la vulgarisation des appareils numériques et surtout à la diversification de l'usage des TIC. Les voies d'accès aux informations se sont multipliées en un temps éclair et sont de plus en plus accessibles. Elles sont très sollicitées par les jeunes qui sont enthousiasmés par les modèles fabriqués à leur convenance à un prix très accessible. Par exemple, les lecteurs MP3 miniaturisés à la taille d'une boîte d'allumettes et même moins, ont envahi le marché au prix de 2 000, 3 000 et au plus 5 000 F CFA, avec possibilité d'en trouver en seconde main encore moins chers ; les téléphones portables ont de plus en plus des options « Multimédia » ; les ordinateurs sont équipés de multiples périphériques[88] pour entrer ou sortir des données de tout genre offrant ainsi des possibilités de gravure sur des CD, DVD ou d'enregistrement sur des cartes mémoires ou des clés USB. Pour dire qu'il existe aujourd'hui au Cameroun une multitude de supports et une clientèle qui favorisent le piratage numérique. Ce dernier se fait virtuellement par de simples transferts de fichiers informatiques sur Internet et par Bluetooth ou matériellement par gravure sur les CD ou sur les DVD ou par copiage sur des cartes mémoires ou les clés USB.

A l'heure de cette révolution technologique, il devient difficile de protéger des œuvres qui peuvent se numériser de nos jours [89] et se diffuser sur Internet. Les moyens techniques et les technologies pour y parvenir étant moins onéreux et facile d'application, le coût du produit fini est

[87]Cette expression désigne les productions musicale, cinématographique ou littéraire (livres, romans, etc.). Bref, tout ce qui est création artistique ou littéraire.

[88]Les multiples sorties/entrées de données d'une unité centrale donnent la possibilité de passer d'un périphérique à l'autre (copier ici et coller là-bas). Si ce n'est pas le cas, des fiches à plusieurs ports de sortie/entrée de fichiers rendent le service à l'usager qui voudrait connecter plusieurs périphériques à son ordinateur, car il peut accéder à leur contenu, en modifier ou les partager entre différentes unités de stockage.

[89]Transférer des partitions musicales sur supports disques « 33 » ou « 45 » tours au CD ou bien des casettes au CD est aujourd'hui une évidence au Cameroun ; nous en avons fait la preuve à partir d'une commande faite dans le cadre de cette étude.

pratiquement proche de zéro[90]. À vrai dire, ce métier est davantage stimulé par les jeunes qui ont transformé l'outil téléphonique en instrument de lecture des partitions musicales et des films (surtout pornographiques) aidés en cela par la vulgarisation de la technologie du numérique. La preuve est qu'aujourd'hui, dans les établissements scolaires, aucune interdiction concernant le port et l'utilisation des téléphones portables n'est respectée, malgré la destruction des téléphones confisqués lors des rassemblements du lundi ou dans le cadre du respect des instructions des autorités administratives (cas de la décision du Préfet du département de la Mifi sur la fouille, la confiscation et la destruction des téléphones trouvés sur les élèves dans l'enceinte des établissements. Ceci, après les délits qui y ont été commis dans le cercle des élèves grâce au téléphone). Il leur est de plus en plus difficile de passer un moment sans leur téléphone particulièrement pour écouter la musique ou visionner un film enregistré sur les cartes qui y sont insérées. Cet outil de télécommunications est devenu en peu de temps au Cameroun, le principal instrument aux mains des jeunes dont la croissance exponentielle stimule l'émergence et le développement de la piraterie numérique sous toutes ses formes. Ils ont développé une ingéniosité pour collecter des œuvres de l'esprit afin de les mettre à la disposition du public à partir des CD (support qui remplace de plus en plus les cassettes[91]), des DVD (support qui remplace les cassettes DHS), des cartes-mémoires ou encore des disques durs d'ordinateur. L'existence des sites de téléchargement donne également la possibilité à tout initié d'Internet de télécharger gratuitement des œuvres de l'esprit. Dès qu'on a connecté un périphérique sur un ordinateur qui a un logiciel de téléchargement gratuit, ce dernier lance la synchronisation[92] entre cet ordinateur et le périphérique. Si la demande de synchronisation est acceptée, en un clin d'œil, tout ce qui se trouve sur le périphérique est directement copié dans la rubrique « Bibliothèque » pour être partagé avec d'autres utilisateurs dès qu'il y a une connexion Internet. C'est l'exemple du logiciel « *Torch* » ou « *Shareaza* ». Par ailleurs, les jeunes qui ont l'opportunité de télécharger ou de faire du « *Bootlegging* » lors des programmes musicaux télévisés nourrissent l'envie d'émerveiller leur camarade le lendemain. De l'autre côté, l'envie des camarades d'entrer en possession des chansons, films ou logiciels en vogue

---

[90]L'enregistrement en direct des musiques ou films lors de leur diffusion à la télévision ou à la radio a un coût nul. Le seul prix à payer est l'endurance et la patience car les heures de diffusion sont souvent tardives. Et une fois fait, il faut les convertir à partir des logiciels appropriés pour les rendre lisibles.

[91]Les lecteurs des cassettes vidéo ou audio se raréfient sur nos marchés. On a aujourd'hui des radios avec des ports de lecture des clés USB ou des cartes mémoires.

[92]Elle consiste à déplacer des éléments (musiques) de la clé USB ou de la carte mémoire pour en faire une liste à synchroniser avec l'ordinateur hôte.

alimentent le réseau de piraterie. De cette façon, ils enrichissent leur bibliothèque musicale, cinématographique ou de logiciels. Il devient clair qu'il suffit qu'un jeune accède à une œuvre de l'esprit pour la rendre publique.

I.3. La recherche rapide du gain à l'insu de l'autre et la non-maîtrise des circuits de distribution

Très souvent, le processus de piratage des œuvres de l'esprit est déclenché par leurs auteurs/propriétaires ou les producteurs. Il s'agit pour les propriétaires de « placer » les exemplaires de CD et DVD ou VCD reçus du producteur très rapidement même par le truchement des circuits de distribution informels, des connaissances et/ou des groupes organisés (cercle d'amis, association villageoise, clan d'âge, etc.). Une fois l'exemplaire déposé dans un point de distribution ou de vente, dans un lieu public (comme les ventes à emporter[93]), le contrôle n'est plus possible car comme nous l'avons dit plus haut, il suffit d'un exemplaire d'album pour déclencher le processus de piratage.

Pour les producteurs, le gain facile hors contrôle de l'auteur de l'œuvre est la motivation principale. Il y a déjà eu des cas de piraterie des partitions musicales avant même la sortie officielle de l'album (cas de l'album de l'artiste « Lady Ponce » en 2013)[94]. Les propriétaires de ces œuvres en sont les premiers surpris et même parfois les producteurs. La fuite peut partir des studios de production ou de quelqu'un d'autre situé en amont de la production. Dans un secteur où il est possible de soupçonner tout le monde de fraude et où chaque maillon peut contourner le circuit normal, la maîtrise du circuit de distribution est difficile. Par conséquent, ce sont les

[93]C'est l'un des principaux circuits qui permet aux artistes les moins nantis de se faire découvrir et/ou connaître faute de moyens pour des campagnes de publicité trop chères à travers les chaînes de Télévision ou de Radio. Aussi, ils ne ratent aucune occasion pour proposer leur produit au public et très souvent il s'agit des copies qu'eux-mêmes ont produites. C'est au moment de les multiplier dans les quartiers comme à Bonamoussadi-Yaoundé que les fuites se produisent car profitant de l'inattention de l'auteur, on enregistre une copie dans l'ordinateur et le tour est joué.

[94]Il est vrai que ceci est universel. C'est le cas de la cyberattaque de Sony picture en décembre 2014, du remake de la comédie musicale *Annie*, *Still Alice*, mais aussi du *Fury* avec Brad Pitt (déjà plus d'un million de téléchargements illégaux), *To write Love on herArms* et *Mr Turners* sont également apparus sur la toile à la suite de la cyberattaque. De ces cinq films, seul Fury est déjà sorti, les autres devant l'être en début décembre 2014 et courant 2015.

circuits informels qui en profitent largement. Dans un tel contexte, le piratage numérique émerge et s'installe au détriment des auteurs de l'œuvre.

L'ignorance des consommateurs et leur comportement simpliste font le reste et amplifient un phénomène entretenu par le faible niveau de revenu et la propension à rechercher le moins cher. Ces consommateurs qui se recrutent dans toutes les couches de la population et qui appartiennent à l'un ou l'autre sexe, lorsqu'ils écoutent une partition musicale ou ont vu un film télévisé, leur préoccupation est d'en posséder. Ils se mettent alors à la recherche du produit sur le marché. Plus celui-ci est sollicité, plus le « pirate » en reproduit sans se poser une seule question sur le droit d'auteur. Dans tous les cas, il est clair que dans ce secteur, les pirates n'attendent que la moindre occasion ou erreur pour sauter sur l'opportunité qui se présente à eux. Il n'est donc pas rare quand on est à la recherche d'un produit autre, que l'on vous propose sous cape des œuvres de l'esprit contre récompense (le prix n'est jamais donné à l'avance et c'est quand l'on s'intéresse à l'offre ou une fois que l'on entre en possession du produit que l'on motive, chacun selon sa largesse).

I.4. Le développement vertigineux des télécommunications

Jusqu'à la fin des années 1990, les télécommunications étaient considérées comme un luxe au point où plus de la majorité de la population camerounaise en était privée malgré elle. La vitesse d'appropriation des moyens de télécommunications a par la suite montré qu'elle était prisonnière des coûts excessifs d'accès et de longs délais de satisfaction de la demande d'abonnement. Deux situations assez suffisantes pour décourager les plus téméraires. Après avoir passé les moments d'hésitation du début du lancement des activités des deux opérateurs privés de téléphonie mobile, ORANGE CAMEROUN et MTN CAMEROON, une partie de la population a fini par embrasser cet outil qui, au-delà d'être une nécessité, est devenu une passion, car ces opérateurs privés ont su intéresser la population aux offres et aux moyens de télécommunications grâce à une ingéniosité qui a permis de canaliser leurs besoins. Comme pour toute chose nouvelle, il y a eu une course effrénée qui a suivi la vague d'euphorie.

Après 38 ans de monopole étatique, le secteur des télécommunications a fini par être libéralisé. Cette libéralisation a impulsé un nouveau souffle au secteur. Ce changement s'est traduit par le gonflement du nombre d'abonnés au téléphone. L'effectif est ainsi passé de 98 200 abonnés en 1999 à 9,6 millions d'abonnés en 2011 (ART, 2011)[95], soit une augmentation de 9,5

[95] ART (Agence de Régulation des Télécommunications) : Informations trimestrielles 1er et 2e.

millions d'abonnés en 12 ans de privatisation avec une moyenne annuelle de 793 000 abonnés. Cette évolution montre bien que les Camerounais avaient été longtemps privés d'un outil essentiel et vital, sinon comment expliquer cet engouement. Dès qu'ORANGE CAMEROUN et MTN CAMEROON ont rendu son acquisition possible, la moisson a dépassé les attentes, contredisant même les estimations (en 2000, les autorités de télécommunications projetaient le nombre d'abonnés en 2005 à 350 000 ; or, à cette date, ce nombre est multiplié par 7). Dans la même foulée, la recherche de la rentabilité maximale a poussé les deux opérateurs à diversifier leurs offres au point de proposer celle du téléchargement de la musique. Compte tenu du nombre d'abonnés atteint en 2011, il est évident qu'il y a un grand marché de consommation à conquérir à travers des offres de services qui intéressent une clientèle diversifiée et particulièrement la tranche des jeunes. Considéré au départ comme un simple outil de transmission et de réception des appels ou de SMS, le téléphone portable est vite devenu un appareil de lecture de musique ou de film ou encore de navigation sur Internet, à telle enseigne que les exploitants des cybercafés en subissent le coût. Profitant du contexte favorable, les opérateurs de télécommunications proposent à coup de publicité, le service de transfert de musique. Dès lors, il ne serait pas exagéré d'affirmer qu'au départ des téléchargements, se trouvaient ces opérateurs. Plusieurs fois, le collectif des artistes d'œuvre de l'esprit ont décrié ces transferts pour n'avoir perçu ni droit d'auteur ni compensation y afférant, car les deux utilisent des répertoires musicaux sans l'accord des détenteurs.

II. LE PROFIL DES PRATIQUANTS DE LA PIRATERIE NUMÉRIQUE

La pratique de la piraterie numérique intéresse toutes les couches des jeunes. Du déscolarisé au scolarisé, de l'élève à l'étudiant, du jeune chômeur au jeune travailleur ou en instance, aucun maillon n'est oublié. Pour ces jeunes pratiquants issus d'horizons divers, la piraterie numérique s'apparente parfois à une échappatoire au chômage ou à un pis-aller, après des échecs scolaires ou un dernier combat après tous les essais.

II.1. La situation socioprofessionnelle des pratiquants de la piraterie numérique

Au Cameroun, les jeunes de 20 à 30 ans sont les plus touchés par le chômage. Selon l'Institut National de la Statistique (INS), 13,7 % d'entre eux ont un Bac/GCEAL/BEPC ; 22,8 % sont titulaires d'un BTS/DUT/DEUG/NHD ; 15,7 % ont une licence/BD et 10,4 % une maîtrise/DEA ou un Master II/MBA (voir le tableau ci-dessous). Les jeunes qui ont un diplôme professionnel sont ainsi les plus touchés. Certains diplomés des différents instituts de technologie publics ou privés (IUT de Douala, de Ngaoundéré, de Maroua et IUT Fotso Victor) ou ayant appris l'informatique et la navigation sur Internet sur le tas, ont fait de la piraterie numérique leur gagne-pain quotidien.

Tableau 1 : Taux de chômage en fonction du diplôme du second degré et/ou du supérieur

Diplômes	% de chômage	Cumul
Baccalauréat/GCEAL/BEP	13,7 %	---
BTS/DUT/DEUG/NHD	22,8 %	36,5 %
Licence/BD	15,7	52,2 %
Maîtrise/DEA/Master/MBA	10,4 %	62,6 %

Source : INS (Enquête sur l'emploi des diplômés du Supérieur, 2011).

3 pratiquants enquêtés sur 4 sont célibataires et le quatrième est marié. Ils sont tous de sexe masculin et sont majoritairement âgés entre 15 et 34 ans. Il est clair que pour le moment, ce métier est exercé par les hommes en attendant que les femmes y fassent leur entrée. Quelques-uns (20 % des 1350 protagonistes enquêtés) ont exercé une activité (artisanat par exemple) avant de s'insérer dans ce métier. Certains ont encore le statut d'élève ou d'étudiant des filières spécialisées (35 % des 1350 protagonistes enquêtés). D'autres (45 % des 1350 protagonistes enquêtés) sont à leur première entrée dans le monde du travail.

Certains jeunes sont obligés d'abandonner l'école et de se « chercher »[96]. Ainsi, parmi les laissés-pour-compte de l'économie moderne, il y en a qui s'auto-emploient[97] en faisant du piratage informatique. Ils ont pour seul capital de départ l'outil informatique acquis au prix de multiples sacrifices personnels ou à l'aide des contributions financières familiales. Certains d'entre eux se font employer par des personnes qui sont mieux nanties qu'eux.

---

[96] Les jeunes garçons sont les plus touchés par le phénomène d'abandon de l'école à cause des ambitions personnelles démesurées auxquelles s'ajoute la pression de la famille.

[97]. Au Cameroun, 67 % des chômeurs ont moins de 30 ans (*Enquête sur l'emploi des diplômés du supérieur*, INS, 2011).

II.2. Le niveau d'étude des pratiquants de la piraterie numérique

Par rapport au niveau d'étude, près de 3 pratiquants de la piraterie numérique sur 10, ont le niveau de la classe de 3e. 308 enquêtés, soit 22,8 %, ont le niveau de la classe de Première et 694 enquêtés, soit 51,4 %, ont le Baccalauréat ou le niveau de la classe de Terminale. D'une manière générale, nous pouvons classer ces pratiquants en deux catégories :

- primo, la catégorie des jeunes qui ont abandonné l'école avant le second cycle de l'enseignement secondaire ou qui l'ont fait après leur Baccalauréat ou en classe de Terminale. Ils exploitent les cours d'informatique théoriques/pratiques dispensés dans les salles de classe pour se livrer à ce métier. C'est le cas de Feussi P., jeune de 17 ans qui, après deux échecs en classe de première F4, décide d'abandonner les études et de se lancer dans le métier de téléchargement numérique. C'est aussi le cas de Kom J. qui, après des échecs scolaires ajoutés au manque de moyens financiers pour continuer à financer ses études, à abandonné finalement l'école en classe de 3e.

- secondo, celle des jeunes qui ont appris sur le tas en assistant régulièrement à la manipulation d'un ordinateur (ouvrir ou mettre en marche l'ordinateur, copier/coller ou enregistrer, graver, trouver l'emplacement des morceaux ou films, introduire/retirer la clé USB, le CD ou le DVD). Ils travaillent très souvent pour le compte d'une autre personne qui est le patron. La pauvreté ambiante entretenue par la longue récession économique, est le principal facteur d'exclusion de beaucoup d'entre eux du système scolaire et universitaire en fin de premier cycle et du second cycle. D'après l'Institut national de la Statistique (INS), plus de 35 % des jeunes déscolarisés, vivaient dans des familles pauvres en 2011. Une bonne frange n'a aucun niveau (23,3 %). C'est l'exemple de Ntamag G. qui, après avoir perdu ses parents très tôt, a eu la chance d'être « coopté » comme aide-disquaire et avec la routine est devenu disquaire moderne (programmation de l'animation musicale à l'aide d'un ordinateur, téléchargement musical, numérisation de la musique à partir du support de disque, etc.).

III. LA PRATIQUE DE LA PIRATERIE NUMERIQUE

En Afrique en général et au Cameroun en particulier, la piraterie numérique est présente partout. Elle s'appuie sur un vaste réseau de distribution évoluant dans l'illégalité et dans l'ignorance de la loi régissant les œuvres de l'esprit (loi du 19 décembre 2000), car les protagonistes en amont semblent avoir des protecteurs tapis dans l'ombre. Même si elle semble encore artisanale[98] et très localisée, elle s'enracine au fil du temps dans le quotidien des Camerounais et se propage pratiquement à la vitesse de la diffusion des technologies de l'information et de la communication au sein de la population camerounaise.

III.1. L'insertion spatiale des guichets de téléchargement

De façon générale au Cameroun, les guichets de téléchargement sont disséminés aussi bien dans les zones rurales qu'urbaines. A l'intérieur de ces dernières, ils ont des localisations prioritaires : gares routières, centres de commerce où les guichets cohabitent avec les kiosques de vente de téléphone et leurs accessoires comme au marché « Dubaï » à Bafoussam, à « Kumba Market », au marché central de Douala, de Bamenda, de Maroua, de Bertoua, de Ngaoundéré, etc., (Photo 1), les entrées des Universités (guichets généralement logés dans les cybercafés ou les espaces de vente des téléphones et accessoires ou dans les bureautiques), le long des rues les plus fréquentées. Les points d'affluence sont les premiers à être sollicités. Dans ces espaces, l'on note une forte concentration des « téléchargeurs » des œuvres de l'esprit. Par exemple, sur une distance de moins de 10 mètres à l'entrée du marché « Dubaï » à Bafoussam, nous avons dénombré plus de 15 guichets et à l'intérieur de l'allée principale, il n'y a presque pas de vente des téléphones portables et accessoires sans le dispositif de téléchargement, d'enregistrement et de transfert de fichiers. Il n'est pas rare de trouver des guichets disséminés ailleurs dans la ville. Il s'agit dans certains cas d'une activité d'appoint au métier de vente des téléphones portables et de leurs accessoires (cartes mémoires, sacoches, coques, etc.) et dans d'autres cas, de l'unique activité menée. Dans ce cas, le pratiquant des téléchargements négocie un coin au propriétaire d'une boutique de vente de téléphones et accessoires pour s'installer, car les guichets de téléchargement sont exceptionnellement exigus. Cette présence est mutuellement bénéfique. Le propriétaire des lieux perçoit du pratiquant de la piraterie numérique un loyer mensuel. Le pirate en profite pour faire de bonnes affaires avec les clients qui ont besoin d'une carte mémoire ou d'un téléphone.

[98]La reproduction ne se fait pas à l'échelle industrielle au sens strict. L'équipement est réduit à quelques ordinateurs et graveurs dissimulés dans les domiciles, les sous-sols des magasins, dans des bureautiques, etc. Très souvent, c'est au marché que le dernier maillon de la chaîne met les CD ou DVD piratés dans les pochettes avec de forte chance de glisser un CD ou DVD dans une pochette autre que celle du contenu du CD ou du DVD.

Photo 1. Un des points privilégiés de l'implantation des guichets de téléchargement au marché A de Bafoussam. On y voit en arrière-plan un box sur lequel se trouve un ordinateur et un parasoleil, etc. (Photo Toguem David).

La densification des guichets de téléchargement est fonction de la période de l'année. Pendant les périodes d'interruption des classes, les zones rurales et urbaines comptent plus de guichets de téléchargements avec l'entrée en scène des élèves et des étudiants dans ce marché. Le nombre de guichets dans un emplacement varie donc en fonction de la période de l'année. Le nombre d'années d'exercice de cette activité se situe entre 2 et 15 ans. Les plus anciens ont commencé avec la vulgarisation de l'informatique et surtout avec le lancement des activités de ORANGE CAMEROUN et MTN CAMEROON à la fin des années 1990. Le plus ancien des protagonistes enquêtés a 15 ans de présence dans ce métier et le plus jeune en a 2.

Il est à signaler le coup d'accélérateur donné par l'implantation des opérateurs de téléphonie mobile grâce à laquelle le téléphone est passé du luxe à la nécessité. La majorité des clients des deux opérateurs de téléphonie mobile susmentionnés comme ceux de l'opérateur historique CAMTEL, se recrutent en ville. Ce qui explique la forte concentration des guichets de téléchargement dans les zones urbaines.

III.2. La provenance des musiques, films et logiciels piratés

La principale source de provenance des musiques, films et autres logiciels piratés, est l'extérieur car « *afin de protéger leur commerce - contre les affres de la lutte contre la piraterie - ces pirates ne distribuent que des copies illicites d'albums étrangers...* » (allafrica, 2010). L'autre partie des produits piratés provient de l'intérieur du Cameroun ; en effet, même les artistes locaux sont piratés. Dès que les protagonistes de la piraterie numérique sont en possession d'une copie musicale ou cinématographique, le processus de reproduction se met en marche, grâce au « clonage informatique » qui rend le coût dérisoire. 20 % des enquêteurs ont affirmé qu'ils téléchargent les « nouvelles tendances » musicales sur Internet et les 80 % restants se ravitaillent directement sur le marché et complètent leur stock à partir des diffusions de la télévision ou de la radio. Très ingénieux, les pirates les enregistrent et les mettent à la disposition du public. Le circuit Internet même limité par les exigences de maîtrise de la navigation sur Internet, reste un circuit de ravitaillement. Le dernier recours est le CD et/ou le DVD vendu à vil prix sur nos marchés (200 à 500 F CFA en fonction des villes et des contenus). Ces produits contrefaits passent par les localités frontalières des pays voisins. En 2013, la provenance nigériane représentait 39,9 %[99].

La procédure de la piraterie est assez simple : après l'achat des CD et/ou DVD, le « pirate » stocke le contenu sur le disque dur de son ordinateur ou sur ses clés USB. De cette façon, il se constitue une bibliothèque de musiques, de films et de logiciels variés qu'il sauvegarde dans plusieurs emplacements. Il est toujours à l'avant-garde de tout ce qui est en vogue. Chaque fois qu'il y a une nouveauté, il se débrouille pour avoir une copie soit par partage dans le cercle d'amis ou de « pirates », c'est-à dire de la « main à la main »[100], soit en l'achetant chez les vendeurs de CD ou de DVD, soit en « important » à partir des clés USB des clients. Cette importation se fait à leur insu au moment d'enregistrer d'autres morceaux ou d'autres genres musicaux sur leurs clés USB ou cartes mémoires. Les techniques de « Bluetooth [101]» sont également utilisées. Les enregistrements directs se font également à partir des chaînes de télévision ou de radio. Aujourd'hui, les câblo-opérateurs proposent plusieurs catégories de bouquets

[99]D'après une étude faite en 2013 par le ministère des Mines, de l'Industrie et du Développement technologique (MINMIDT), les foyers privilégiés de la contrefaçon sont les villes de Kumba, Limbé, Mamfé, Kye-Ossi et Mbankim.

[100]Il s'agit de télécharger et de partager la musique, le film ou le logiciel entre amis ou connaissances.

[101]Un simple transfert des fichiers numériques d'un téléphone à l'autre ou d'un téléphone à un ordinateur et vice-versa.

de chaînes TV et dans chacune d'elles, il y a toujours des chaînes de musique ou de cinéma. Les décodeurs de ces chaînes ont des ports pour périphériques (clé USB, carte mémoire, etc.) permettant d'enregistrer en direct des sons ou des images. Une fois l'enregistrement réalisé, dit un enquêté, des logiciels permettent de le convertir en MP3 pour ne retenir que le son en cas de vidéo et/ou faciliter la lecture sur un autre support car le format du décodeur peut ne pas être le même que celui des clients. Il s'agit donc de le convertir au format grand public.

III.3. La journée d'un « pirate numérique »

Elle commence généralement vers 7 h et se termine vers 17 h ou 18h30 mn en fonction des emplacements et de l'affluence des clients auprès des guichets. Si l'emplacement se trouve à l'intérieur d'un marché clos, tout le monde respecte les heures d'ouverture et de fermeture du portail. Si c'est à l'extérieur, tout dépend de l'affluence des clients et de la capacité d'endurance du « pirate ». Les jeunes pirates scolarisés sont physiquement présents sur les marchés de façon sporadique mais continuent à faire la piraterie numérique partout où ils se trouvent tout en ratissant large parmi les camarades et connaissances. Leur présence n'est pas toujours appréciée voire tolérée par ceux qui sont là de façon permanente, car elle réduit les chances d'engranger davantage de bénéfices.

Il s'agit d'une journée pratiquement sans repos car si le pirate n'est pas en train de télécharger, de copier ou de graver, il passe son temps à jouer au jeu électronique. A l'image des « *callbox* », il s'agit d'un métier de longue haleine. Aucune journée ne ressemble à une autre en termes d'affluence des clients et d'endurance ou d'ennui du propriétaire du guichet. Pour attirer l'attention sur lui, il agit de temps en temps comme un crieur de journaux[102] à la seule différence qu'il n'est pas ambulant. Il est installé dans un endroit à partir duquel il invite régulièrement les candidats au téléchargement à venir à lui. Les espaces de téléchargement sont des réduits d'à peine un m^2. Les équipements sont hyper simplifiés (un tabouret en bois, un coffret ou tablette toujours en bois, un ordinateur dans les endroits couverts et, à ciel ouvert, auxquels s'ajoutent un parapluie ou un parasoleil - voir photo 2 ci-dessous).

---

[102]Les expressions utilisées sont du genre : « Monsieur ou Madame, venez découvrir » ; « venez faire vos choix ».

Photo 2. En arrière-plan de la photo, un matériel de travail adapté aux exigences de l'activité : le matin les protagonistes aménagent leur guichet et le soir venu ils déménagent au point où, la nuit tombée, il n'y a plus rien. Sur cette photo, onvoit un pirate en discussion avec des clients et un autre concentré sur son écran, lapreuve qu'il y a du travail. (Photo Toguem David).

C'est ainsi qu'assis sur son tabouret, Ateba J. scrute l'écran de son ordinateur à longueur de journée, fait du copier/coller, classe les musiques selon le genre ou fait des compilations. De temps en temps, il discute avec ses voisins. S'il arrive qu'un supposé client traîne les pas devant son guichet, des invitations fusent de partout et chacun tente de lui décliner ses offres. A ce déploiement de charme, il faut ajouter le fait que l'affluence et même la fréquence des clients auprès des guichets, sont fonction de la richesse de la bibliothèque musicale ou cinématographique et de son renouvellement.

La période d'affluence se situe en soirée (75 % des clients préfèrent faire les téléchargements dans la soirée à la sortie des classes ou quand ils rentrent du bureau). Les 25 % restants le font dans la matinée. La fréquence des clients est fonction aussi des prix pratiqués par les guichets de téléchargement : 25 F CFA par titre musical pour les moins chers et 50 F CFA pour les plus chers.

IV. LA DESTINATION DES RECETTES PROVENANT DES TELECHARGEMENTS

La majorité des pratiquants (65 %) sont membres d'une association professionnelle ou communautaire. Avec une recette journalière comprise entre 2 000 F CFA et 5 000 F CFA, ils ont un revenu moyen mensuel d'environ 80 000 F CFA. Ils peuvent réaliser une épargne d'environ 10 000 francs CFA par mois. Ce qui leur permet par la suite d'acquérir de nouveaux équipements de téléchargements, de supporter les *charges salariales*[103] et de fonctionnement et pour les parents, d'assurer en plus, l'éducation des enfants. Les pratiquants qui ne font uniquement que le téléchargement paient la taxe d'emplacement. Ceux qui ont un comptoir paient l'impôt libératoire[104].

A vrai dire, il s'agit de subvenir au besoin du moment avec les recettes qui proviennent de cette activité. Pour beaucoup de pirates, l'urgence réside dans la nécessité d'avoir de l'argent de poche pour s'occuper de soi-même. C'est pourquoi les dépenses vont rarement au-delà de ce cadre, car ils disent que les recettes sont insignifiantes et ne couvrent pas les frais de fonctionnement. C'est pour éviter d'être dépendants ou de s'ennuyer qu'ils se sont lancés dans la piraterie numérique. Certains jeunes qui ne souhaitent pas continuer plus tard dans cette activité font davantage de sacrifice et mettent de côté de l'argent pour se constituer un capital ou pour financer les frais de dossier du concours d'entrée dans l'administration publique ou de recrutement dans l'armée, le moment venu.

V. QUEL AVENIR POUR LES JEUNES PIRATES ?

L'observation faite sur le terrain montre que la pratique de la piraterie numérique est un pis-aller et les positions d'y faire carrière sont partagées. Le jeune y est impliqué d'abord parce qu'il ne sait pas quoi faire ou parce qu'il n'a pas trouvé mieux. Mais, avec le temps qui passe sans une véritable amélioration de la situation et sans espoir de trouver mieux à faire, il se résigne. Ainsi, 140 jeunes protagonistes, soit 40 % des enquêtés, souhaitent y rester. Ils avancent au moins trois raisons pour justifier cette position : l'amour du métier, parce que ça marche et parce qu'il n'y a pas mieux à

---

[103] Il y a des jeunes qui sont là pour le compte d'un autre avec un contrat de gestion libre : un montant à payer est fixé par semaine si bien qu'à la fin de chaque semaine, l'exploitant du guichet verse ce montant convenu et le surplus lui revient comme rémunération. Il y a rarement un salaire fixe qui est arrêté au départ.

[104] Impôt payé par ceux ou celles qui ont un faible revenu ou un faible capital commercial. Il concerne davantage ceux qui évoluent dans l'informel. Il s'agit d'un forfait fixé par la loi des finances.

faire. En revanche, les 210 autres, soit 60 % des enquêtés ne souhaitent pas continuer dans la piraterie numérique. En attendant l'occasion pour partir, ils réunissent comme nous l'avons relevé, les moyens qui doivent leur permettre d'assurer leur reconversion.

Nous avons affaire à une des activités marginales du secteur informel qui voit défiler les jeunes sans réelle conviction d'en faire un métier d'avenir. En fait, tant que les jeunes se trouveront dans la situation de crise d'emploi permanente, tant qu'il y aura une absence de lutte véritable contre la piraterie numérique[105], la détérioration du pouvoir d'achat des familles, la déscolarisation des jeunes et leur enthousiasme à manipuler les NTIC, la piraterie numérique fera son bonhomme de chemin au Cameroun.

CONCLUSION

Il ressort de notre analyse qu'au Cameroun, de nombreux jeunes issus des instituts de technologie de l'information et de la communication ou ayant appris l'informatique sur le tas, ont fait de la piraterie numérique leur gagne-pain quotidien. A l'origine de l'implication des jeunes considérés dans cette pratique frauduleuse, on trouve le chômage qui frappe de plein fouet la population active du Cameroun et en particulier les plus jeunes. Dans les grandes villes, depuis près d'une quinzaine d'années, les jeunes pirates numériques des œuvres de l'esprit, ont installé leurs ateliers de travail dans les rues, les domiciles et les sous-sols des établissements de commerce. Là, ils gravent les CD et les DVD de toutes sortes de musique, de films et de logiciels, pour satisfaire la demande d'une clientèle de plus en plus nombreuse et diversifiée. Rien ne semble leur faire peur même pas le risque d'être poursuivis pour piratage des œuvres de l'esprit. Leur matériel de travail constitué d'une table de fortune en bois ou d'une vieille caisse retournée, d'une petite chaise également en bois, d'un ordinateur portable acquis au marché de l'occasion, donne à penser que l'activité exercée par les pirates est très provisoire ou n'exige pas trop d'espace.

Les protagonistes de la piraterie numérique des œuvres de l'esprit que nous avons interrogés, ont des avis partagés quant à la poursuite de cette activité. Parmi eux, certains souhaitent l'abandonner pour s'engager, si l'occasion leur était donnée, dans une activité stable et bien rémunérée dans la Fonction publique ou le secteur privé moderne. Ils ont tous conscience que c'est une pratique illégale qui ne nourrit pas toujours son homme, mais qu'ils font parce qu'ils n'ont pas trouvé un emploi stable. D'autres, par contre

[105] Des sociétés de droits d'auteur et droits voisins sont créées dans la confusion et le désordre total, au point de provoquer la cacophonie qui laisse libre cours au « pirate ».

semblent être résignés, étant donné qu'ils ne disposent pas de grande capacité physique ou intellectuelle ; ils ne peuvent pas espérer mieux à cause des exigences de performance et de compétitivité. Grâce à l'apprentissage sur le tas, ils ont acquis quelques bribes de connaissances informatiques pour faire fonctionner un ordinateur sans trop d'effort.

BIBLIOGRAPHIE

Boutin D., 2013, La transition des jeunes camerounais vers le marché du travail, Version électronique publié sur le site *http : //ged.U-bordeau4.fr/ceddt152.pdf* ; site visité le 19.10.2013.

Essek D., 2013, L'emploi des jeunes au Cameroun, Version électronique publiée sur le site *www.sesric.org/imgs/news/image /621-présentation*, site visité le 16.09.2013.

Fouté R. J., 2013, Cameroun : dans les méandres de la contrefaçon. Version électronique publiée sur le site *www.cameroon-info.net*, site visité le 19.11.2013.

Hyeans A., 2013, *La contrefaçon dans le monde : entre dangers, profits et perspectives*, Version électronique, site visité le 16.09.2013.

INS, 2011. Les caractéristiques de la population, *Annuaire statistique du Cameroun*, MINEPLEDAT, Yaoundé, pp.73-81.

INS, 2011. *Enquêtes sur l'emploi des diplômés du supérieur.*

Kengne Fodouop, 2012, *Le Cameroun face au défi du développement : atouts, obstacles et voie à suivre*, L'Harmattan, Paris, 337 p., Coll. *Racines du présent.*

Kwitou Ngofang H., ; Vignaud J.- M., 2012, L'emploi au Cameroun, article publié en août 2012 sur le *site de l'Ambassade de France au Cameroun*, site visité le 19.10.2013.

Njike Njikam G. B. ; all, 2005, Caractéristiques et déterminants de l'emploi des jeunes au Cameroun, article publié dans les *Cahiers de la stratégie de l'emploi*, 91 p.

Noah Awana A., 2014, Contrefaçon : vente des CD piratés, le filon d'or. Version électronique, *http://www.Cameroun-info.net/stories*, site visité le 08.07.2014.

Petseko M., 2010, Fête de la musique : la piraterie des œuvres de l'esprit au Cameroun, article publié sur le site *www.journalducameroun.com/article.phppaid/5638.*

Pierre Aimé A. &`al., 2013, Les conséquences du piratage sur l'industrie du cinéma. Version électronique publié sur le site *http://charles.letaillieur.free.fr/Briques/Mace/Mace.pdf*, site visité le 19.10.2013.

Tédongmo Teko H., 2013, La piraterie musicale au Cameroun. Editions universitaires européennes, version électronique publié sur le site *www.thebookedition.com/p-66630.html*, site visité le 16/09, 2013.

Toguem D., 2011, *Télécommunications et Développement dans le Grand Ouest Cameroun*, thèse de Doctorat Ph/D, Université de Yaoundé I, 473 p.

Tonye E., 2012, Développement des télécommunications au Cameroun à l'horizon 2035, Version électronique publiée sur le site *www.vkii-fostdic.com*, site visité le 09.08.2012.

13▪LE CARTEL DES INTERMEDIAIRES DU TRAITEMENT DES DOSSIERS DES FONCTIONNAIRES

Geoffroy Faha Kamdem

RESUME

L'adoption des programmes d'ajustement structurel se solde au Cameroun dans la Fonction publique, par une forte baisse des salaires et un gel des recrutements, des avancements et des paiements des avantages des fonctionnaires. Cette situation s'y combine avec la centralisation, l'opacité et la lenteur caractéristiques de l'administration publique dans le traitement des dossiers des agents publics. Des « individus » en ont profité pour se convertir en intermédiaires du suivi et du traitement des dossiers des agents du secteur public (dossiers d'intégration, d'avancement, de paiement des allocations familiales, de frais de missions ou d'arriérés de salaires, des pensions de retraite, du capital décès, des frais de missions, des arriérés de salaires et des avancements indiciaires, etc).

Si quelques-uns de ces intermédiaires sont des personnels des ministères en charge du traitement des dossiers des fonctionnaires, les plus nombreux n'y sont pas du tout rattachés. En réalité, les intermédiaires du traitement des dossiers des fonctionnaires considérés, sont dans leur immense majorité, constitués d'individus sans emploi. Ils se sont lancés dans cette activité après de longues années de recherche infructueuses d'emplois dans les structures professionnelles publiques et privées. Si certains intermédiaires contactent les usagers à l'entrée ou dans les couloirs même des bâtiments ministériels, d'autres les recrutent par personne interposée ou à l'aide de la distribution de tracts dans le voisinage.

Les sommes issues des différentes transactions sont réparties entre les divers maillons de la chaîne : le démarcheur, les intermédiaires et l'agent du ministère concerné. Des centaines de millions de francs CFA, sont brassés chaque année dans ces circuits. Si pour quelques-uns, cette activité informelle permet de survivre, pour d'autres, c'est une véritable source d'enrichissement illicite. Les revenus tirés de cette forme de débrouillardise renforcent le pouvoir d'achat des uns et des autres.

Les interventions monnayées dans le suivi des dossiers ou le paiement des sommes dues aux fonctionnaires accentue la corruption, favorise la propension au faux et à l'usage du faux, augmente les risques d'enrichissement illicite et de promotions fantaisistes. Paradoxalement, certains fonctionnaires déclarent y trouver leur compte en ce sens que les intermédiaires les épargnent de multiples déplacements à Yaoundé. Les avis sur la poursuite de cette activité sont partagés.

Mots-clés : *Traitements des dossiers, intermédiaires, fonctionnaires, programmes d'ajustement structurel, opacité administrative, interventions monnayées, corruption.*

INTRODUCTION

La crise économique et les politiques d'ajustement structurel des décennies 1980 et 1990 continuent d'affecter négativement la vie de nombreuses familles au Cameroun. Outre la perte de près de la moitié de leurs salaires, les fonctionnaires et agents de l'Etat y ont vu le paiement de leurs divers rappels gelé. Entre temps, les lenteurs et les lourdeurs administratives par rapport au traitement des dossiers des fonctionnaires se sont accentuées. Il est devenu pratiquement impossible aux agents de l'État de bénéficier des sommes dues, liées à leurs avancements et/ou promotions, s'ils ne s'attachent pas les services des intermédiaires chargés de suivre leurs dossiers. En dépit de la volonté de certains chefs de départements ministériels d'assainir la gestion des carrières de leurs personnels avec notamment les avancements automatiques et le suivi en ligne des dossiers, les fonctionnaires et les agents de l'Etat continuent à se plaindre et à recourir au service des intermédiaires appelés « *Dockies* » dans la partie anglophone du Cameroun. Cela dit, qui sont ces démarcheurs ? Comment le deviennent-ils ? Quels services rendent-ils ? Comment opèrent-ils ? Que reçoivent-ils en contrepartie des services rendus ? Que représente pour eux leur activité ?

Pour répondre à ces questions, nous avons réalisé avec l'aide de nos collègues inspecteurs pédagogiques régionaux, entre le 10 mars 2010 et le 31 août 2014, 400 entretiens semi-structurés auprès de 350 fonctionnaires et 50 personnes non fonctionnaires, impliqués dans la pratique de débrouillardise considérée ici.

I. LES CAUSES DU NEGOCE DU TRAITEMENT DES DOSSIERS DES FONCTIONNAIRES

La centralisation de l'administration camerounaise combinée aux effectifs croissants des travailleurs du secteur public, créent des lourdeurs, des lenteurs et l'opacité dans la diligence et le suivi des multiples dossiers des fonctionnaires et agents de l'État. Le fait que tous les dossiers de gestion des carrières soient finalisés dans les services centraux des différents départements ministériels oblige les travailleurs du secteur public à faire des déplacements à Yaoundé pour suivre leurs dossiers. Ces voyages coûteux et risqués poussent les fonctionnaires et les agents de l'État à solliciter les services des intermédiaires. Par ailleurs, l'éclatement de certains départements ministériels fait en sorte que des fonctionnaires soient en service dans un ministère alors que leurs matricules sont logés dans un autre ministère. Dans ce cas, il faut faire importer son matricule dans son propre ministère sinon, les dossiers d'avancement n'aboutiront pas. Or, parfois, les concernés ne savent pas comment procéder. La méconnaissance des textes de la Fonction publique ou leur connaissance erronée favorise le développement du négoce des dossiers des fonctionnaires. Il faut signaler que de nombreuses veuves et/ou orphelins qui ne connaissent pas les rouages de l'administration, sont très souvent obligés de recourir aux facilitateurs pour monter et suivre les dossiers du capital décès et/ou des pensions. Nous pouvons également mentionner le fait que certains usagers débarquent dans les ministères à des heures fermées au public et, impatients, ils confient leur dossier aux intermédiaires. Entre également dans ce registre d'impatience, le fait que pour faire face aux diverses pressions financières, de nombreux fonctionnaires et agents de l'État, préfèrent contourner le circuit et les délais de traitement des dossiers. En effet, le paiement des divers rappels prend souvent plusieurs années.

Les lourdeurs administratives poussent donc de nombreux fonctionnaires aux abois, à recourir aux banques et tontines pour divers emprunts. Mais, la complexité et les taux d'intérêt élevés du système de crédit bancaire, les taux usuriers et l'indiscrétion des crédits dans les tontines, obligent certains fonctionnaires à recourir aux démarcheurs pour débloquer le paiement de leurs sommes dues. A titre indicatif, un fonctionnaire qui a un rappel d'un million de F CFA en attente de paiement, préfère verser 10 % de cette somme à un démarcheur plutôt que d'aller vers les banques où il paiera près de 20 % d'intérêt avec d'autres frais. Même s'il se retourne vers les tontines, il paiera au minimum 12 % d'intérêt par an et, les autres membres de la tontine sauront qu'il a emprunté de l'argent. Cette indiscrétion des transactions financières dans les tontines et associations a quelquefois été à l'origine de vols et d'agressions.

L'opacité administrative et d'autres formes de pressions socioéconomiques livrent les fonctionnaires à la merci des démarcheurs. Le témoignage suivant en dit long. « *Monsieur C. L., professeur des lycées d'enseignement général, est intégré dans la Fonction publique camerounaise en 1986. En 1992, il signe un contrat de location-vente d'une maison T4 au quartier Maképé à Douala avec la société immobilière du Cameroun (SIC). Un peu plus d'un an seulement après ce contrat, c'est la baisse drastique des salaires. Malgré ses grosses difficultés financières, il est obligé de se battre à travers des cours de vacation pour survivre et payer ses traites bancaires. Entre temps, il s'endette dans les tontines et sa situation financière devient intenable au début des années 2000. Après avoir versé plus de quinze millions pour sa maison, il est menacé d'expulsion et de perdre tout cet investissement. Or, il se trouve que l'Etat lui doit un paiement de rappels non mémorisés de près de trois millions de francs CFA. Il entreprend des démarches auprès de la primature et de deux départements ministériels. Son dossier a un avis favorable au Premier ministère, un avis très favorable au ministère de la Fonction publique et de la Reforme administrative. Il rencontre le ministre des Finances de l'époque qui appose sa signature sur son dossier, mais il n'est pas payé dans les mois qui suivent. Revenu au ministère des Finances pour en savoir plus, il apprendra de certains agents que son dossier a été classé parce que le ministre n'a donné aucune instruction. Désemparé, il rentre à Douala. Au cours de l'année scolaire 2002/2003, il apprend par personne interposée qu'un de ses collègues, monsieur A., enseignant vacataire dans le même lycée que lui, est facilitateur pour les avancements et les paiements de divers rappels. Il le contacte pour deux avancements et ça marche. Ce premier succès le motive à lui confier son dossier pour le paiement de ses rappels non mémorisés. Les frais de commissions conclus entre les deux parties s'élèvent à 30 % du montant total. L'opération dure plus d'un an et monsieur C. L. perçoit enfin ses rappels à travers un virement bancaire. Malgré le paiement d'une forte commission aux démarcheurs, soit la somme de sept cent un mil francs CFA, le reste de l'argent permet à monsieur C. L. d'éviter l'expulsion et de sauver sa maison* ». Ce témoignage illustre mieux le phénomène et on peut en multiplier les exemples à travers le pays. En effet, ils sont nombreux les fonctionnaires à qui l'État doit de l'argent qu'ils ne parviennent pas à se faire payer par des voies formelles. Le dernier recours qui s'offre à eux est celui des facilitateurs ou démarcheurs à qui ils doivent verser des commissions comme l'exemple précédent le montre.

Par ailleurs, dans un contexte de pauvreté et de précarité, de nombreux agents des services centraux des départements ministériels créent des blocages dans le traitement des dossiers des usagers pour se faire de l'argent. Cette forme de tricherie pousse les usagers à suivre personnellement leur dossier. Autrement dit, les usagers sont obligés de chercher à rencontrer (directement ou indirectement) et de payer ceux qui sont chargés de traiter en principe gratuitement ces dossiers.

II. LES DOMAINES D'INTERVENTION DES INTERMEDIAIRES DU NEGOCE DU TRAITEMENT DES DOSSIERS DES FONCTIONNAIRES

Au regard du statut général de la Fonction publique, les fonctionnaires camerounais ne devraient pas en principe se soucier du traitement de leurs dossiers. En effet, l'article 24 stipule que *« Outre les droits énumérés aux articles 21, 22 et 23, le fonctionnaire jouit vis-à-vis de l'administration des droits ci-après : le droit à la protection ; le droit à la rémunération ; le droit à la pension ; le droit à la santé ; le droit à la formation continue ; le droit au congé ; le droit à la participation »*. Au paragraphe II du droit à la rémunération, l'article 27 (1) stipule que *« le fonctionnaire a droit, après service fait, à une rémunération comprenant un traitement indiciaire, des prestations familiales obligatoires et, éventuellement des primes et indemnités diverses »*. Mais dans la réalité, les choses ne marchent pas comme prévues par la loi. Dans l'ensemble, les fonctionnaires et les agents de la Fonction publique camerounaise font face à de nombreuses difficultés concernant leurs carrières et/ou le paiement de leurs sommes dues. Pour contourner tous ces handicaps, ils sollicitent ou sont sollicités par les intermédiaires pour un éventail de services. Le tableau ci-dessous fournit une liste non exhaustive de ces services.

- Les avancements d'échelon (A/E) et les avancements de classe (A/C) qui sont les services les plus demandés ;
- Le paiement des divers rappels et des différentes sommes dues. *Il se dit que les contraintes de trésorerie font en sorte qu'il y ait un quota de paiement de rappels des fonctionnaires chaque mois notamment pour les ministères aux grands effectifs comme le ministère des Enseignements secondaires et le ministère de l'Education de base.*
- Les avances exceptionnelles de solde encore dénommées soldes uniques. *Pour aider les fonctionnaires désireux, le gouvernement à travers le ministère des Finances accorde des avances de solde de trois, six et douze mois. Mais la forte demande pousse les personnes en charge de ces dossiers à les monnayer.*
- Les allocations familiales ;
- Les primes de suggestion et l'entretien véhicule;
- Diverses indemnités ;
- Les promotions dans les ministères où le profil de carrière n'est pas respecté ;
- Les affectations et les mutations des personnels;
- Les paiements des sommes indues. *Il s'agit en l'occurrence de l' « opération Boma » qui consiste pour certains agents véreux du ministère des Finances à virer des fortes sommes d'argent dans les comptes courants*

de leurs complices fonctionnaires. Les deux parties se partagent à raison de 50 % chacune.

- Les retraites et diverses autres pensions ;
- Le capital décès ;
- L'allocation de crédits de téléphone. *Le décret N° 2005/441 du 1er novembre 2005 fixant les conditions d'installation et de prise en charge des moyens de communication dans les services publics, accorde des crédits de téléphone aux chefs de services, sous-directeurs et directeurs.* Malheureusement, l'application de ce texte est souvent discriminatoire et subjectif. De nombreux chefs de service et même certains sous-directeurs en poste ne bénéficient pas de cet avantage qui faciliterait leur travail.
- Retraites ordinaires et anticipées ;
- Mise en stage ;
- Arrêt de salaire ;
- Création des établissements scolaires, etc.

Peuvent s'inscrire dans ce registre de négoce des dossiers, les inscriptions monnayées dans certains établissements scolaires publics, les recrutements dans quelques structures étatiques, parapubliques et même privées, la légalisation de certaines pièces dans les commissariats de police, etc.

III. PROFILS ET MOTIVATIONS DES INTERMEDIAIRES DU NEGOCE DU TRAITEMENT DES DOSSIERS DES FONCTIONNAIRES

Les personnes qui interviennent directement ou indirectement dans le négoce du traitement des dossiers sont en majorité (80 % et plus) des fonctionnaires camerounais. On y retrouve également des non fonctionnaires et quelques étrangers. Les réseaux d'intermédiaires ou facilitateurs regroupent des responsables des administrations centrales et des services extérieurs, des enseignants fonctionnaires ou vacataires, des officiers et sous-officiers de l'armée camerounaise, des sans-emploi diplômés ou non et même des fonctionnaires retraités. L'implication dans cette forme de débrouillardise teintée de corruption varie d'un intermédiaire à l'autre.

Dans la première alternative, des personnes sans-emploi qui vendent généralement différents formulaires devant les ministères créent et entretiennent des relations particulières avec des responsables des différents départements ministériels qui apposent leurs signatures sur les dossiers qu'ils apportent. Cette catégorie de facilitateurs se retrouve aussi devant des commissariats de sécurité publique où ils interviennent vis-à-vis des dossiers de certificats de vente, de procurations, de légalisation des signatures, etc.

Ces petits démarcheurs partagent les subsides qui accompagnent chaque dossier avec le parrain signataire.

Dans le deuxième cas, ce sont des responsables (Directeur, Sous-directeur, Chefs de services) qui engagent des démarcheurs (amis, apparentés ou inconnus) chargés de collecter des dossiers à faire traiter et signer moyennant de l'argent. Ces intermédiaires sont rémunérés en fonction d'un pourcentage ou perçoivent la moitié des commissions fixes.

Dans la troisième possibilité, c'est un fonctionnaire ou agent de l'Etat du ministre des Finances qui fait aboutir le dossier d'une connaissance. Satisfaite, cette dernière propose à son bienfaiteur du ministère d'aider à diligenter aussi les dossiers de ses collègues et autres personnes moyennant une contrepartie financière ou matérielle. Le fonctionnaire ainsi aidé au départ peut se limiter à servir de relais et se contenter de petits cadeaux ou devenir un véritable démarcheur qui négocie ses commissions pour chaque dossier traité.

Il existe aussi de grands démarcheurs régionaux qui collectent des dossiers dans les différentes localités du pays et les acheminent à Yaoundé où ils les confient aux différents responsables en charge de leur traitement contre des commissions. Il se dit aussi que certains responsables pour aider financièrement des collaborateurs, leur accordent par mois ou en fonction des circonstances quelques cas de dossiers. Ces collaborateurs peuvent chercher eux-mêmes les clients ou passer par divers intermédiaires.

Quel que soit le profil du démarcheur, le mobile de choix de cette forme de débrouillardise est d'abord financier et par ricochet matériel. Mais, la volonté d'aider certaines connaissances, des parentés et même des usagers inconnus n'est pas à négliger.

IV. L'EXERCICE DU METIER D'INTERMEDIAIRE DU TRAITEMENT DES DOSSIERS

Le négoce du traitement des dossiers est devenu depuis bientôt deux décennies une activité florissante entretenue et soutenue par des réseaux d'intermédiaires avec leurs complices responsables ou des services centraux de certains départements ministériels.

Au quotidien, les stratégies de négoce du traitement des dossiers varient d'un intermédiaire à l'autre. Les « petits » négociateurs qui vendent généralement divers formulaires devant les ministères recherchent souvent leurs clients à la criée. Vous les entendrez crier à longueur de journée : *bulletin de notes !, attestation de virement irrévocable !, bulletin de solde !,* etc. Lorsqu'un usager sollicite un de ces services, l'intermédiaire conclut avec lui le montant à payer (en moyenne deux mille francs à payer par service). Il faut dire que les petits services que ces démarcheurs proposent ne sont que la partie visible de l'iceberg. Lorsque la confiance est créée entre l'usager et l'intermédiaire, le second se met à la disposition du premier pour ses autres préoccupations relatives à sa carrière.

Certains intermédiaires régionaux procèdent par des campagnes de sensibilisation dans les établissements scolaires et dans divers bureaux des services extérieurs, par la distribution de tracts sur lesquels sont énumérés les services qu'ils rendent et les contacts téléphoniques des personnes à contacter. A titre d'exemple, un enseignant du secondaire rapporte qu'en poste dans le département du Mayo-Kani, dans la région de l'Extrême-nord Cameroun, un facilitateur est passé dans son établissement pour proposer de suivre son dossier d'avancement et surtout de lui faire payer les allocations familiales même s'il n'avait pas d'enfant à charge.

Les intermédiaires « professionnels » comptent plus sur leur renommée. Ils ont développé une stratégie de contact de proximité, et de rapprochement professionnel. Ceux à qui ils rendent ou ont déjà rendu service, font de la publicité pour eux. Chaque fois qu'ils sont sollicités pour un dossier, ils présentent les conditions à l'usager qui est libre de les accepter ou non. Il arrive souvent qu'une parenté, une connaissance ou un ami aide un fonctionnaire dans la diligence de son dossier ou dans le paiement d'une somme due. L'usager à qui le service a été rendu passe l'information à son entourage ou à tous ceux qui en ont besoin. Comme une traînée de poudre, les contacts de ce réseau de traitement de dossiers vont de bouche à oreille.

Il y a aussi des cas où les intermédiaires et leurs complices des services centraux ou extérieurs, procèdent par des appels téléphoniques. Face à un dossier juteux c'est-à-dire qui implique le paiement d'une forte somme d'argent, certains agents véreux en charge du dossier entrent en contact directement ou indirectement avec le concerné, proposent leur intervention pour faire aboutir le dossier contre paiement de commissions. Il est parfois arrivé que des fonctionnaires et des agents d'Etat exerçant en région, de passage dans les services centraux à Yaoundé, récupèrent par opportunisme des dossiers déjà traités de leurs collègues. De retour en région, ils se font payer de petites commissions représentant en quelque sorte les frais de transport. Pour certains dossiers qui engagent plusieurs collègues d'une même structure, il arrive que les concernés rassemblent les pièces nécessaires, les confient avec des frais de commission à l'un des leurs, qui a des connections dans les services centraux. Cette pratique concerne le plus souvent les dossiers de paiement des primes de suggestions des animateurs pédagogiques des établissements scolaires publics ou encore l'obtention des crédits de communication des chefs de services.

Depuis l'automatisation effective des avancements des fonctionnaires (année 2011), des cadres du service du personnel de certaines délégations régionales vont à Yaoundé pour récupérer les arrêtés d'avancement déjà signés et reviennent en région les distribuer aux concernés contre le paiement d'une commission de 2 000 F CFA par dossier, représentant disent-ils, leurs frais de déplacement.

Dans le cadre des inscriptions d'élèves monnayées dans les établissements secondaires publics, certains parents vont généralement vers des enseignants des établissements sollicités. D'autres parents rencontrent directement un membre de l'administration ou utilisent comme facilitateurs, les agents d'appui tels que les chauffeurs et/ou les secrétaires des chefs d'établisements sollicités d'élèves. Les inscriptions monnayées d'élèves on lieu aussi lors des concours d'entrée en classe de sixième des établissements d'enseignement général et en classe de première année ou en seconde dans les lycées techniques. Les usagers corrupteurs utilisent certains personnels véreux du secrétariat. Dans le système anglophone, ces magouilles s'opèrent souvent lors de la phase orale du concours d'entrée en classe de sixième (Form I). Mais depuis quelques années, le monnayage des inscriptions d'élèves dans les lycées et les CES est combattu avec fermeté par le ministère des Enseignements secondaires (MINESEC). A cet égard, les responsables administratifs et pédagogiques des services centraux et extérieurs de ce ministère recommandent que le recrutement des élèves dans les lycées et CES se fasse sur étude du dossier des candidats par une commission. Pour les classes de sixième et de Form I, les candidats retenus après étude du dossier, subissent une évaluation orale et/ou écrite qui permet de sélectionner les méritants.

Pour les affectations et les mutations, certains fonctionnaires contactent directement les responsables des services centraux ou extérieurs des différents ministères qui en ont la charge. D'autres agents du secteur public recourent à des facilitateurs pour se faire affecter ou muter dans les localités de leur convenance, contre paiement de commissions. Mais, il arrive aussi que des intermédiaires proposent leurs services à des fonctionnaires, qui se plaignent de leur lieu d'affection ou à ceux qui, à la fin de leur formation, souhaitent être affectés dans une localité précise.

Dans des ministères où le profil de carrière n'est pas respecté, un certain nombre de de promotions sont monnayées. Il arrive ainsi que des responsables chargés de prendre des décisions de nominations, utilisent des complices pour repérer les fonctionnaires disposés à leur verser des gratifications pour être nommés. Dans d'autres cas, ce sont des agents publics carriéristes qui font appel à des facilitateurs pour obtenir des promotions moyennant le versement d'une commission en numéraire. Cette pratique est à l'origine de la multiplication des postes de responsabilité dans l'administration scolaire au Cameroun.

Des facilitateurs interviennent aussi dans des recrutements à des postes d'emploi temporaire ou définitif dans les structures publiques et parapubliques en accord avec les responsables des recrutements dans lesdites structures, des intermédiaires entrent en contact avec les postulants aux postes à pourvoir et leur proposent leur service. Généralement, les deux parties s'entendent sur une commission à payer. Toutefois, il est des cas où les facilitateurs se voient verser entre 10 et 50 % du premier salaire des nouvelles recrues.

Au regard de toutes les stratégies que les intermédiaires déploient au quotidien pour mener leur activité, cette forme de débrouillardise produit des retombées variées.

V. ENJEUX FINANCIERS, MATÉRIELS, MORAUX ET PSYCHOLOGIQUES DU NEGOCE DU TRAITEMENT DES DOSSIERS DES FONCTIONNAIRES

III.1. Les gains financiers et matériels de cette activité.

Sur les plans financier et matériel, nous distinguons trois catégories de bénéficiaires du négoce du traitement des dossiers des fonctionnaires.

D'abord les « gagne-petit » constitués :

- de vendeurs des formulaires à l'entrée des ministères et les commissariats de police, ou qui arpentent les couloirs des services centraux ministériels ;

- de facilitateurs qui monnaient les inscriptions dans les établissements scolaires et secondaires publics ;

- d'intermédiaires qui interviennent dans les affections et les mutations des fonctionnaires et agents de l'Etat.

Les vendeurs des formulaires, collectent des dossiers à l'instar des bulletins de notes administratives qu'ils font signer par des responsables ministériels en échange d'une somme de 2 000 F CFA par dossier. Ils s'investissent aussi dans les impressions des bulletins de solde contre paiement d'une somme de 1 000 à 2 000 F CFA, le suivi et le traitement des avancements pour des commissions tournant autour de 10.000 F CFA, etc. Dans les commissariats de police, les intermédiaires interviennent en faveur de la signature des dossiers pour des commissions qui varient entre 2 000 et 30 000 F CFA. Les revenus tirés de cette activité permettent à cette catégorie de facilitateurs et à leurs complices fonctionnaires et agents de l'État de survivre, pour les premiers et/ou d'arrondir leur fin de mois pour les seconds. Par ailleurs, les inscriptions monnayées dans les établissements scolaires rapportent des dizaines de milliers de francs CFA par rentrée scolaire à des facilitateurs enseignants. Les sommes d'argent liées à des inscriptions illicites sont encore plus élevées en zone urbaine et peuvent atteindre jusqu'à 100 000 F CFA. Les intermédiaires qui interviennent dans les affectations et/ou les mutations des personnels du secteur public ou dans les recrutements gagnent entre 10 000 et 20 000 F CFA par opération. Parfois, ils reçoivent en contrepartie de leur intervention, juste des cadeaux et des dons en nature.

Le deuxième groupe est composé de rabatteurs qui, en fonction du volume et du type de dossiers collectés, parviennent à engranger des revenus mensuels compris entre 200 000 et 2 millons de F CFA. Imaginons un rabatteur qui par mois collecte et achemine vingt dossiers d'avancement, dix dossiers de paiement des sommes dues et cinq dossiers de prime de suggestion et/ou d'entretien véhicule. En général, il perçoit 10 000 F CFA par dossier d'avancement, un minimum de 10 % du montant de chaque rappel payé et 15 000 F CFA par dossier de prime de suggestion. Si le rabatteur verse la moitié des sommes perçues aux différents responsables en charge de ces dossiers dans les services centraux, il s'en sort avec au moins 200 000 F CFA par mois. Or, nous avons laissé de côté les cas des allocations familiales et diverses pensions, et les dossiers juteux comme ceux d'avance de solde unique dont les frais de commission varient entre 50 000 et 300.000 F CFA selon que la période concernée est de trois, six ou douze mois. Il faut aussi rappeler que dans de nombreux cas, les facilitateurs négocient des frais de commission jusqu'à hauteur de 30, voire 50 % du montant des sommes dues. A titre indicatif, une dame fonctionnaire et veuve déclare sous anonymat avoir versé 800 000 F CFA de frais de commission à un intermédiaire pour le paiement de ses rappels d'avancement et de reclassement. A la question de savoir pourquoi perdre tant d'argent qui lui revient de droit, elle indique qu'elle ne voulait pas louper l'opportunité de faire voyager son fils pour aller poursuivre ses études en Occident. Ces revenus considérables tirés du négoce du traitement des dossiers permettent aux rabatteurs concernés de mener un train de vie confortable et d'investir dans d'autres secteurs d'activités tels que l'immobilier, la réparation automobile, le transport par taxi ou par mototaxi ou le commerce boutiquier.

La troisième catégorie est constituée de haut fonctionnaires et agents de l'Etat véreux qui, en monnayant leurs services, s'enrichissent de façon illicite. Placés à des postes responsabilité stratégiques où convergent de nombreux dossiers, ils peuvent empocher malhonnêtement des millions de francs CFA par mois. Il faut rappeler qu'en dehors des pourcentages prélevés sur les paiements des multiples sommes dues aux fonctionnaires, ces hauts responsables indélicats délestent les caisses de l'Etat, de sommes d'argent élevées à travers les paiements de sommes indues (*« Opération Boma »*, paiement de primes non justifiés, ou d'allocations familiales non fondées, etc.). Dans le cadre de l'*« Opération Boma »*, l'agent de l'Etat véreux du ministère des Finances vire sur le compte d'un fonctionnaire complice, des centaines de mille voire des millions de francs CFA injustifiés. Lorsque la transaction aboutit, le fonctionnaire dont le matricule a été utilisé pour voler l'État, remet 50 % de cet argent gagné frauduleusement au démarcheur et/ou à ses complices du ministère des Finances. Pour le paiement de primes et d'allocations familiales non justifiées, les démarcheurs et leurs complices des services centraux perçoivent non seulement des commissions fixes pouvant atteindre jusqu'à 50 000 F CFA, mais, également la moitié du rappel payé illicitement. Il faut dire que certains fonctionnaires sans scrupule, pour rendre leur salaire plus consistant se sont fait octroyer, sans le mériter, des primes de chef de service, de sous-directeur, de port d'arme ou de diplomate. D'autres fonctionnaires ont opté pour l'alignement de plusieurs enfants fictifs afin de grossir leurs allocations familiales et par ricochet leur salaire. Toutes ces manigances permettent aux fonctionnaires et agents de l'Etat indélicats du ministère des Finances, de gagner des millions de francs CFA. Ces « gagne-gros » du négoce du traitement des dossiers, pour se faire bonne conscience, investissent souvent pour leur rayonnement social dans des œuvres de charité dans leurs communautés d'origine et, dans les églises.

III.2. Les gains moraux et psychologiques de cette activité

Sur les plans moral et psychologique, les intermédiaires sans emploi s'occupent afin d'échapper à l'oisiveté. Dans l'ensemble, tous les facilitateurs et leurs complices de divers services centraux estiment venir en aide aux nombreux fonctionnaires en difficulté et à certains usagers de la Fonction publique en détresse. Ils leur épargnent les multiples déplacements coûteux et risqués. Leur intervention dans le paiement rapide des divers rappels permet aux bénéficiaires de résoudre des problèmes urgents et/ou de réaliser opportunément divers projets. Malgré les contreparties financière et matérielle tirées de cette activité, certains intermédiaires sont perçus par des usagers comme des « sauveurs » sans qui, ils n'auraient jamais résolu certains problèmes ou réalisé certains projets.

VI. LES CONSEQUENCES DU NEGOCE DU TRAITEMENT DES DOSSIERS DES FONCTIONNAIRES

L'intervention des facilitateurs et intermédiaires dans le suivi des multiples dossiers dans la Fonction publique est intimement liée à la corruption généralisée qui mine la société camerounaise depuis bientôt deux décennies. Cette activité illicite et illégale favorise l'appauvrissement de l'État à travers les paiements de multiples sommes indues à des fonctionnaires véreux. Le négoce du traitement des dossiers favorise l'arnaque, le faux et l'usage du faux. D'ailleurs, certains fonctionnaires que nous avons interrogés déclarent avoir perdu une partie de leur rappel lors de l'attribution des titres. Par ailleurs, le négoce du traitement des dossiers contribue à l'enrichissement illicite des agents et responsables des services centraux ministériels. Le négoce du traitement des dossiers favorise la démotivation de nombreux fonctionnaires qui estiment légitimement que les intermédiaires et leurs complices les dépouillent d'une partie de l'argent qui leur revient de droit. Il existe donc entre certains démarcheurs et leurs clients une sorte d'amour haineux. En effet, entre les deux parties, les sentiments d'aide et de vol se côtoient et s'imbriquent. Il arrive parfois que l'une des parties notamment le bénéficiaire refuse d'honorer ses engagements vis-à-vis des démarcheurs. Mais, ces derniers et leurs complices utilisent différents moyens de pression, notamment la manipulation du matricule du bénéficiaire indélicat.

VII. L'AVENIR DU NEGOCE DU TRAITEMENT DES DOSSIERS DANS LA FONCTION PUBLIQUE

Pour la quasi-totalité des « gagne-petit », le négoce du traitement des dossiers des fonctionnaires est une activité passagère qu'ils pratiquent assez souvent par opportunisme. Ils ont espoir de trouver un jour mieux à faire notamment un emploi stable qui leur permettra de gagner loyalement leur vie. De nombreux rabatteurs et leurs complices des services centraux ministériels sont conscients du caractère illégal et condamnable du « business » du négoce du traitement des dossiers qu'ils mènent. Mais, ils souhaitent gagner le plus longtemps possible de l'argent par cette forme de débrouillardise afin de s'assurer un avenir matériel radieux. Pourtant ils doivent se tenir sur leur garde ; car l'impunité s'estompe progressivement. D'ailleurs, des agents du ministère des Finances impliqués dans les paiements de sommes indues, à tarvers *l'« opération Boma »,* sont actuellement écroués dans les prisons du Cameroun. D'aure part, certains fonctionnaires indélicats qui ont perçu des sommes indues voient leur salaire suspendu ou des ordres de recette apparaître sur leur bulletin de paie. Il y va de l'intérêt de l'État camerounais que ce business mafieux prenne fin.

Dans l'ensemble, la fin prochaine du négoce du traitement des dossiers des fonctionnaires est intimement liée à la volonté des dirigeants politiques du Cameroun d'assainir les circuits de traitement des dossiers dans les différents départements ministériels. Nous pouvons nous réjouir de l'automatisation effective des avancements des fonctionnaires dans les ministères aux grands effectifs comme le ministère des Enseignements secondaires et celui de l'Education de base. Le défi majeur est d'automatiser également le paiement des différents rappels et des divers actes de la solde. Il va falloir renforcer la structuration, le respect des procédures et le suivi des dossiers par voie informatique. Au-delà de la maîtrise de la décentralisation effective dans la gestion des dossiers et des carrières des fonctionnaires, il est désormais impératif de respecter le profil de carrière dans les ministères et les entreprises publiques et parapubliques. Pour éviter les frustrations et les tentations des fonctionnaires appauvris, les dirigeants doivent revaloriser les salaires et réduire les écarts de traitement salarial et d'avantages qui existent d'une part entre les fonctionnaires des différents ministères et d'autre part entre les fonctionnaires en général et les salariés des sociétés parapubliques.

CONCLUSION

Depuis bientôt deux décennies, le négoce du traitement des dossiers des fonctionnaires pas n'a pas cessé de se développer à la faveur du gel des avancements et des paiements de divers rappels, de la baisse des salaires liés à l'application des plans d'ajustement structurel. Par ailleurs, cette activité tient son expansion des lenteurs et/ou lourdeurs et de l'opacité administratives, de l'impatience et de l'ignorance de certains travailleurs du secteur public et de nombreux usagers de la Fonction publique. Tous ces goulots d'étranglement ont permis à certains Camerounais, en majorité des fonctionnaires de se prendre pour des experts facilitateurs du traitement des dossiers d'avancement, de paiement des différentes sommes dues, et même de sommes indues. Certes, cette activité leur procure des revenus leur permettant de faire face à de nombreux problèmes, mais de l'autre côté, elle concourt à la généralisation de la corruption au Cameroun

Si pour les petits démarcheurs, le business du négoce du traitement des dossiers des fonctionnaires est une activité passagère de survie, il constitue pour les rabatteurs et leurs complices des services centraux ministériels, une activité très juteuse dont ils entendent profiter le plus longtemps possible. Heureusement que pour les caisses de l'Etat et les usagers, les premières mesures d'assainissement des circuits de traitement de divers dossiers portent déjà leur fruit avec l'effectivité des avancements automatiques et la possibilité de suivre ses dossiers en ligne. Les défis majeurs actuels restent l'automatisation des actes de la solde et l'effectivité de la décentralisation au niveau la gestion des carrières des fonctionnaires. Le législateur doit mettre sur pied un cadre réglementaire pour mettre fin au négoce du traitement des dossiers des fonctionnaires.

BIBLIOGRAPHIE

Owona J., 2011, *Droit de la fonction publique camerounaise*, L'Harmattan, Paris, 256 p.

Textes officiels

s-*Arrêté N° 6437/CAB/MFPRA du 21 septembre 2000 fixant les modalités d'exercice de l'action récursoire.*

- Décret N° 94/199 du 07 octobre 1994 portant Statut Général de la Fonction Publique de l'Etat, Modifié et complété par le décret N° 2000/287 du 12 octobre 2000.

- Décret N° 2000/684/PM du 13 septembre 2000 fixant les conditions et modalités d'attribution du capital-décès.

- Décret N° 2000/685/PM du 13 septembre 2000 portant organisation et fonctionnement du conseil permanent de discipline de la Fonction Publique et fixant les règles et procédure disciplinaire.

- Décret N° 2000/689/PM du 13 septembre 2000 fixant le régime du congé administratif annuel des fonctionnaires.

- Décret N° 2000/697/PM du 13 septembre 2000 fixant le régime de formation permanente de fonctionnaires.

- Décret N° 2002/040 du 04 février 2002 fixant les montants et les modalités de paiement des primes allouées aux personnels des corps de l'éducation nationale.

- Le décret N° 2005/441 du 1er novembre 2005 fixant les conditions d'installation et de prise en charge des moyens de communication dans les services publics.

- Décret N° 2012/267 du 11 juin 2012 portant organisation du ministère des enseignements secondaires.

- Lettre circulaire N° 32/09 MINESEC/IGE du 07/sept/2009 portant formation, rôle et fonctionnement des conseils d'enseignement dans tous les établissements scolaires secondaires généraux, techniques et les écoles normales d'instituteurs.

Remerciements

- Aux nombreuses personnes anonymes qui ont participé aux entretiens semi structurés sur la question du négoce du traitement des dossiers des fonctionnaires.

- A mes collègues inspecteurs pédagogiques régionaux (Essama Effa B., Fotso Fohom F., Lemogo C. et Npon A Nwawel B.) qui ont contribué de diverses manières, à la réalisation de ce travail.

14▪ UN « TOIT » A TOUT PRIX EN VILLE

Kengne Fodouop &
Martin Luther Djatcheu Kamgain

RESUME

Le processus d'urbanisation concentre, dans les villes du Cameroun, un nombre de plus en plus élevé d'individus qui ont besoin non seulement de se nourrir, de se vêtir ou de se déplacer, mais aussi de se loger. L'augmentation de la population des villes s'y accompagne de l'accroissement de la demande de logements, qui augmente de 25 000 unités en moyenne par an dans la ville de Douala, de 22 000 unités à Yaoundé et de 5 000 unités à Bafoussam (INS, 2010). L'offre de logements par la puissance publique et le secteur moderne est, dans toutes les villes du pays, insuffisante. De plus, les rares logements décents qui y sont construits, sont hors de portée de la bourse de l'écrasante majorité des citadins. A Yaoundé, Douala, Maroua, Bafoussam ou Garoua, les logements dits sociaux construits par la SIC[106], sont devenus trop chers pour la majorité des citadins, confinés dans des professions subalternes à faibles revenus.

Ainsi, face à l'incapacité de la puissance publique et du secteur moderne privé de produire suffisamment de logements bon marché, l'écrasante majorité des citadins du Cameroun sont eux-mêmes les producteurs de leur habitat dans une dynamique d'autoconstruction où se côtoient souvent faux et vrais maçons. Nombreux sont les défauts qui résultent de cette pratique, notamment en ce qui concerne les implantations, les ouvertures et les aménagements des maisons. Les normes de sécurité ne sont presque pas toujours respectées, en particulier en ce qui concerne la plomberie et l'électricité. Cette situation déplorable est largement due à l'insuffisance du contrôle règlementaire, à l'incompétence des tâcherons mal formés et mal outillés, aux conditions d'approvisionnement et à la mentalité des auteurs de l'autoconstruction de l'habitat. Ceux-ci en sont d'ailleurs conscients, puisqu'ils avouent dans leur immense majorité que, c'est faute d'avoir trouvé mieux, qu'ils se lancent eux-mêmes dans la construction de cette commodité très précieuse qu'est le logement.

Mots-clés : *Logement, habitat précaire, autoconstruction, incompétence, tâcherons.*

---

[106] Société Immobilière du Cameroun.

INTRODUCTION

A l'instar de nombreux autre pays d'Afrique subsaharienne, le Cameroun est depuis le début des années 1960, marqué par un processus d'urbanisation rapide qui y concentre dans les villes, un nombre de plus en plus élevé d'individus. Ceux-ci y ont besoin non seulement de se nourrir, de se vêtir ou de se déplacer, mais aussi de se loger. L'augmentation continue du nombre d'habitants s'y accompagne de l'accroissement de la demande de logements. Or, l'offre de logements par la puissance publique et le secteur moderne privé est dans toutes les villes du Cameroun très insuffisante. En outre, les rares logements décents qui s'y trouvent sont hors de portée de la bourse de l'écrasante majorité des citadins. En conséquence, ces derniers se lancent sans contrôle ni assistance technique aucune, dans la construction des habitations précaires, sans aucun « droit » de propriété sur le terrain qu'ils occupent et sans aucune préparation de celui-ci à un usage urbain. En dépit de leur précarité et de leur exposition à de nombreux dangers ambiants (inondations, éboulements, incendies, etc.), les habitations précaires permettent à plus de 70 % des habitants des villes du Cameroun d'être logées (ONU-Habitat, 2007). Ces habitants ont ainsi un toit où s'abriter, dormir, faire la cuisine et se laver et, pour tout dire, se sentir en sécurité.

A partir de la documentation existante d'une part, et de nombreuses observations et enquêtes effectuées dans 45 villes du Cameroun de différentes tailles entre le 1er janvier 2005 et le 31 décembre 2013 d'autre part, cette contribution tente d'expliciter ou de mettre en lumière les motivations des acteurs de l'autoconstruction, les techniques d'acquisition des terrains et de réalisation des habitations, ainsi que les stratégies utilisées par les intéressés pour faire face aux contraintes physiques du milieu.

I. LA LOGIQUE DE L'OPTION DE L'AUTO-CONSTRUCTION DES LOGEMENTS URBAINS AU CAMEROUN

L'autoconstruction est responsable de 70 % du parc de logements actuels dans la ville de Yaoundé, de 75 % de celui de la ville de Douala, de 90 % de celui de la ville de Maroua et de 85 % de celui de la ville de Bafoussam (enquêtes directes)[107]. Dans les autres villes du pays, la situation est presque similaire. Cette prédominance des logements auto-construits, c'est-à-dire des logements qui impliquent la participation des propriétaires à leur construction, ne s'explique pas seulement par l'insuffisance de l'offre de logements urbains par la puissance publique et le secteur moderne privé. Elle est aussi et surtout liée à la faiblesse des disponibilités financières de leurs

---

[107] Les enquêtes ont été menées auprès d'un échantillon de 200 ménages dans chacune des 45 villes retenues.

propriétaires. En effet, les logements autoconstruits sont synonymes de logements des classes sociales défavorisées pour ne pas dire pauvres. Pour l'écrasante majorité des ménages urbains du pays, l'autoconstruction est l'unique possibilité d'accès à un toit.

C'est ici le lieu de souligner qu'au Cameroun comme dans tous les autres pays du monde, développés ou non, l'urbanisation est en effet devenue, comme l'affirme l'ONU-Habitat dans son rapport sur l'état des villes du monde 2008-2009, « *une urbanisation de la pauvreté* ». En effet, le contexte institutionnel relatif à la problématique de l'habitat est tributaire du contexte économique. La forte croissance économique enregistrée au Cameroun, entre le 1er janvier 1960 et la fin de l'année 1986, était pour l'Etat de ce pays une opportunité à saisir pour financer un vaste programme d'aménagement de logements et d'amélioration du cadre de vie dans les villes. Et pour cause, dès l'accession du Cameroun à l'indépendance et l'amorce de la croissance démographique urbaine alimentée par le phénomène d'exode rural, le problème de logements était apparu dans ses villes. Jusqu'en 1976, les interventions étatiques étaient guidées à travers l'élaboration et la mise en œuvre des plans quinquennaux de développement économique et social. Ceci se traduira sur le plan institutionnel par le fait que jusqu'en 1976, la SIC créée en 1952 par des intérêts privés français, était le seul opérateur dans le secteur du logement, alors que la population urbaine croissait à un rythme vertigineux.

En effet, le nombre d'agglomérations urbaines ayant au moins 5 000 habitants a rapidement évolué, passant de 195 en 1976, à 208 en 1987 puis à 312 en 2005. La proportion de la population urbaine est passée de 28,5 % en 1976, à 37 % en 1987 pour atteindre 48,8 % en 2005 (RGPH de 2005)[108]. Ce dynamisme urbain implique ainsi une forte demande de logements dans les villes. A titre d'illustration, on estime à 100 000 logements/an, les besoins pour chacune des deux villes de Yaoundé et de Douala (MINDUH, 2010). Ceux qui sont disponibles sont hors de portée de la bourse de l'écrasante majorité des citadins. Le coût de la production immobilière au Cameroun est en effet très élevé. Dans un pays où les revenus de la population sont faibles et les systèmes bancaires très hésitants, il est difficile de produire des logements à un coût accessible au grand nombre. Le fossé entre les coûts de production des logements et le pouvoir d'achat des acquéreurs potentiels, est certainement dû à la pauvreté ambiante, mais surtout à l'absence d'une politique économique volontariste qui encourage l'accès à la propriété immobilière.

[108] Recensement Général de la Population et de l'Habitat au Cameroun en 2005.

L'augmentation de la population des villes s'y accompagne de l'accroissement de la demande de logements, qui augmente de 25 000 unités en moyenne par an dans la ville de Douala, de 22 000 unités à Yaoundé et de 5 000 unités à Bafoussam (INS, 2010). L'offre de logements par la puissance publique et le secteur moderne est dans toutes les villes du pays très insuffisante. De plus, les rares logements décents qui s'y trouvent sont hors de portée de la bourse de l'écrasante majorité des citadins. En effet, à Yaoundé, Douala, Maroua, Bafoussam ou Garoua, les logements dits sociaux construits par la SIC, sont devenus trop chers pour la majorité des citadins confinés dans des professions subalternes à faibles revenus.

Ainsi, face à l'incapacité de la puissance publique et du secteur moderne privé de produire suffisamment de logements bon marché, l'écrasante majorité des citadins sont eux-mêmes les promoteurs de leur habitat dans une dynamique d'autoconstruction où se côtoient souvent faux et vrais maçons.

Après avoir récupéré la parcelle à bâtir dans un drain ou un marécage ou l'avoir acquise avec un droit d'usage provisoire auprès d'une administration, ou d'un faux ou vrai chef propriétaire coutumier ou d'un intermédiaire lotisseur plus ou moins douteux, ils s'efforcent d'y bâtir leur maison avec les moyens de bord. Ils s'y lancent eux-mêmes avec l'aide des parents et/des amis ou en confient la charge à des tâcherons rémunérés par leurs soins. L'opération qui a l'avantage d'être moins coûteuse, leur prendra selon les moyens financiers dont-ils disposent, deux à six mois. Bien entendu, cette façon de faire pose de nombreux problèmes du point de vue de la qualité des constructions dont on peut retenir que :

rares sont les chantiers menés avec des plans établis par des architectes ou des bureaux d'études techniques ; à vrai dire, la plupart des tâcherons ne disposent que de plans dessinés par des non-professionnels et nombreux sont ceux qui travaillent sans plan ;

le manque de maîtrise technique des tâcherons (parfois pour des constructions sur plusieurs étages) conduit à des défauts de construction importants, particulièrement au plan de la structure, avec tous les risques d'accidents que cela comporte ;

nombreux sont les défauts de conception relevés, notamment en ce qui concerne les implantations, les ouvertures et les aménagements (escaliers trop petits, descentes des sanitaires, surdimensionnement ou sous-dimensionnement, etc.). Les normes de sécurité sont rarement respectées, en particulier en ce qui concerne la plomberie et l'électricité.

Cette situation déplorable est largement due à l'insuffisance du contrôle règlementaire, à l'incompétence des tâcherons mal formés et mal outillés, aux conditions d'approvisionnement et à la mentalité des promoteurs. Ceux-ci en sont d'ailleurs conscients, puisqu'ils avouent dans leur immense majorité que c'est faute d'avoir trouvé mieux, qu'ils se lancent eux-mêmes dans la construction de cette commodité très précieuse qu'est le logement.

Ainsi, face à l'incapacité de l'Etat de produire des logements à la portée du plus grand nombre, l'écrasante majorité de la population urbaine va se lancer dans l'autoconstruction des logements, avec des moyens financiers du reste limités. De-là, la prolifération dans les villes du Cameroun, des quartiers informels.

II. L'APPROPRIATION ILLEGALE DES TERRES

Les villes camerounaises sont caractérisées par une densification des habitations, notamment dans les zones inconstructibles. Les dysfonctionnements dus à l'occupation illégale et anarchique de l'espace urbain y ont été jusqu'ici favorisés par l'insuffisance de l'offre de parcelles équipées. En effet, si l'habitat planifié et une large partie de l'habitat résidentiel s'y développent sur des terrains qui leur sont affectés par le planificateur urbain, l'habitat précaire quant à lui, construit par les propriétaires, avec les moyens du bord, s'y implante généralement sur des terrains *non-aedificandi*, qui en constituent ses terres de prédilection, indifféremment des préoccupations et des choix de l'urbaniste. Les individus démunis y repèrent généralement des « espaces vides », voire des zones moins convoitées : zones non urbanisables comme les marécages, les pentes abruptes, les terrains publics autour des ponts, le long des rivières ou des grandes voies de circulation, etc. Les formes d'occupation réalisées dans de telles zones sont la réponse « populaire » à l'incapacité affichée des pouvoirs publics à produire des logements décents et à des prix à la portée des nombreuses couches inférieures de la société.

Ainsi, en milieu urbain camerounais, des milliers de logements sont construits par les ménages n'ayant pas de titre foncier ni permis de construire. L'insécurité foncière est incontestablement le fondement de la présence des habitations construites de tout bord dans les villes du Cameroun. En fait, la dualité du régime foncier camerounais (coutumier et moderne) est un facteur très important de l'expansion de l'habitat insalubre. Comme le souligne ONU-Habitat en 2009, dans les villes du Cameroun, plus de 80 % des transactions foncières sont réalisées de manière informelle. En effet, très peu de terrains construits en milieu urbain y ont fait l'objet d'une procédure d'immatriculation. La situation y est encore plus grave dans les zones d'habitat précaire où les rares titres fonciers existant n'ont pas fait l'objet d'un plan de lotissement. Les propriétaires coutumiers vendent des parcelles sans avoir recours aux notaires et aux services du ministère en charge des Domaines et des Affaires foncières. Ces propriétaires réalisent un lotissement précaire : ils tracent des rues en grattant la terre au bulldozer, délimitent des centaines voire des milliers de lots, dont la superficie est souvent inférieure à 100 m² et les cèdent directement aux acquéreurs à revenus modestes qui réussissent néanmoins, souvent au prix de lourds sacrifices, à consacrer quelque argent pour résoudre leur problème de logement et entrer dans la sacro-sainte catégorie des propriétaires (Rochefort, 1988). Souvent, les vendeurs leur concèdent d'ailleurs un plan de paiement sur plusieurs années. Ces lotissements sont faussement appelés « clandestins ». Ils fleurissent dans la plupart des grandes villes du Tiers Monde au vu et au su de tout le monde, y compris de la puissance publique et des services d'urbanisme, théoriquement chargés de veiller à la légalité des opérations. Il s'agit, en fait, d'un processus illégal largement toléré. Pour ce qui est de la vente du terrain proprement dite, elle s'y fait généralement de façon coutumière à cause de l'impossibilité de la vente officielle, car ces zones sont *non-aedificandi* selon la réglementation nationale en matière d'occupation des espaces en milieu urbain. Les citadins se débrouillent ainsi pour obtenir des parcelles sur une simple signature de « papier de vente ». L'acheteur étant satisfait, peut alors faire appel à un frère venant du même village que lui, et le conduit auprès du vendeur pour une autre négociation. Les différentes transactions foncières se font donc sans le respect de la procédure légale. Mougoué B. (1985) dénonce cette pratique qui consiste à lotir les sites inconstructibles où les « *acheteurs se hâtent de construire en dehors de toute réglementation* ». Ce phénomène est, en partie, lié au coût du terrain qui varie d'un lot à l'autre en fonction de la superficie et surtout, en fonction de l'accessibilité et du niveau de viabilisation. Plus le terrain est difficilement constructible et donc dangereux, moins il est coûteux. Comme la majorité des citadins ont de très faibles revenus, ils achètent des « lots » à haut risque, quitte à mettre 3 à 4 ans pour les rendre « constructibles ». L'accès à la terre, la possibilité d'en user et d'y construire n'est donc jamais gratuite, ni libre, dans la mesure où il n'existe pas de bien sans maître, que celui-ci soit ou non, reconnu par les lois foncières en vigueur au Cameroun.

II. « SE DEMERDER » POUR RENDRE « CONSTRUCTIBLE »

II.1. Le marécage

Pour ériger des constructions dans les marécages, les citadins se démerdent pour faire des remblais sommaires afin de se mettre « à l'abri » des inondations. A cet effet, ils prélèvent d'importantes quantités de terre au pied des versants et contribuent ainsi à les déstabiliser. Cet aménagement des fonds de vallée par des remblais avant d'y ériger des constructions est dû à la faiblesse des pentes (dans les marais) qui entraîne la stagnation des eaux[109] (Photo 1). En effet, les bas-fonds sont un véritable dépotoir des déchets de toute sorte provenant d'amont et charriés par le ruissellement. Ici, la nappe phréatique est sub-affleurante et les eaux de ruissellement ne peuvent plus s'infiltrer. Leur stagnation permanente crée des problèmes géotechniques importants, conduisant à la dégradation des habitations par l'humidité corrosive et surtout par des attaques au niveau des fondations des maisons : le pourrissement des piquets, des planches, etc. (Photo 2). Ces eaux stagnantes sont donc un danger pour la stabilité des constructions parce qu'elles peuvent provoquer leur envasement, leur effondrement ou leur écroulement. Elles peuvent en outre, couplées aux eaux des pluies, provoquer des inondations. Pour réduire ces risques, les populations font des remblais dont l'épaisseur de la terre mobilisée peut parfois atteindre 1 voire 2 mètres.

Photo 1 : Habitation construite sur un terrain marécageux à Douala
Source : ASF-France (2009)

Photo 2 : Fondation d'une maison attaquée par l'humidité corrosive à Yaoundé
Photo Djatcheu (2009)

I.2. Et le versant de colline escarpé

Avant de construire sur les fortes pentes, les citadins excavent manuellement les flancs de collines, pour réaliser des paliers destinés à établir les fondations. Ils déblaient d'importantes quantités de terre construisant ainsi des talus, parfois hauts de 8 à 15 m (Fig. 1). Pour une

[109] A Yaoundé en général, il pleut presque tous les mois de l'année. Les crues les plus spectaculaires ont lieu en septembre et en octobre. De toute évidence, les conditions naturelles y sont, très favorables à la stagnation des eaux et aux inondations.

superficie de 3 hectares sur une pente moyenne de 35 % au quartier Etoa-Meki à Yaoundé, on peut évaluer à 378 000 m^3, équivalents à 491 400 tonnes, la quantité de terre déblayée avant la construction de 180 maisons (Tchotsoua, 1994). Les maisons construites sur les pentes à plus de 20 % le sont généralement après une mobilisation de la terre, afin de pouvoir implanter les fondations. La succession des maisons sur les pentes entraîne un enchevêtrement, car les fondations de certaines maisons jouxtent parfois les toitures des autres (photos 3 et 4). Les risques d'effondrement sont ainsi élevés quand les fondations ne sont pas solidement implantées.

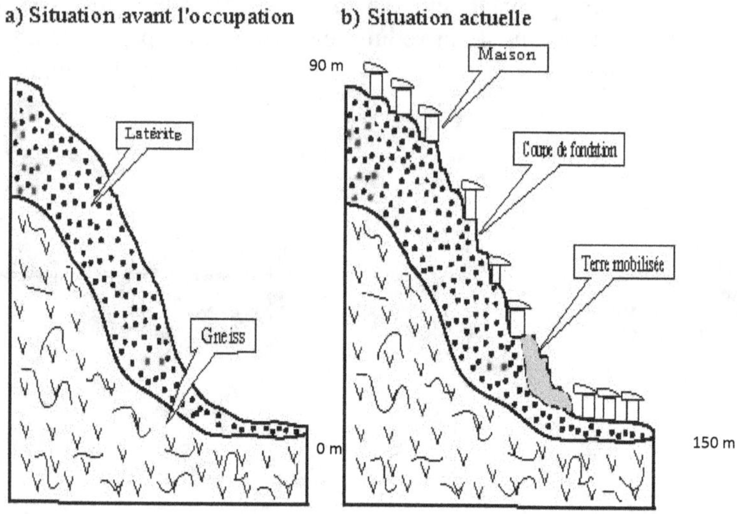

Fig. 1 : Occupation anarchique du versant nord de la colline d'Etoa-Meki à Yaoundé

Source : Tchotsoua (1992), Croquis de Djatcheu (2012)

Généralement, les déblais sont effectués sans aucune précaution par les acteurs. La terre ainsi ameublie est laissée à la merci du ruissellement. D'importantes rigoles se forment, et impriment aux talus de dépôt, l'aspect des roubines. Souvent, ces talus cèdent et s'écroulent sur les maisons situées en contrebas, faisant parfois des victimes comme au quartier Oyomabang à Yaoundé le 25 septembre 1990[110]. Par ailleurs, la croissance de l'habitat constitue déjà en elle-même un processus d'érosion accélérée. Lors de la construction des fondations de maisons, les déblaiements effectués le sont sans murs de soutènement pour retenir la terre déblayée : c'est l'érosion anthropique accélérée. Elle livre la terre ameublie aux eaux de ruissellement.

[110]Cameroun Tribune, Violence inhabituelle des pluies ; 8 morts à Yaoundé, n°4730 du jeudi 27 septembre 1990.

La problématique de l'occupation des parcelles dans les villes du Cameroun revêt donc 4 aspects (sociaux, juridiques, techniques et financiers) qui sont étroitement imbriqués. Ce qui témoigne de l'enjeu politique de la gestion conservatrice du territoire urbain.

Photos 3 et 4 : Maisons construites sur des pentes à Yaoundé, Photos Djatcheu (2009)

III. ROLE DU PROPRIETAIRE ET ACTION DES TACHERONS AUX QUALIFICATIONS HASARDEUSES

Poussés par la nécessité de se loger, les Camerounais ont mis en place des systèmes informels de construction dont l'un des principaux avantages réside dans des coûts de revient très inférieurs à ceux du secteur formel (Franqueville, 1984 ; Gambo, 1988). Les populations pauvres qui habitent dans les quartiers précaires, ont créé des circuits de construction directs et économiques. La main-d'œuvre utilisée est familiale et/ou amicale, avec souvent l'encadrement de journaliers qui apprennent leurs métiers en même temps qu'ils le pratiquent. L'autoconstruction pure repose sur la stricte main-d'œuvre domestique : le futur habitant ne compte que sur lui, sa famille et/ou ses amis pour bâtir son habitation. L'autoconstruction pure s'observe surtout dans le cas de terrains envahis sur lesquels les futurs habitants installent des baraques précaires, sans dépense pour les matériaux, par suite de l'incertitude de leur avenir : un déguerpissement, une expulsion sont toujours à redouter, il ne faut donc pas dépenser pour une « maison » qui peut être détruite d'un moment à l'autre.

La famille qui va bâtir bénéficie souvent de diverses formes de solidarité de la part des habitants du voisinage. Cela peut aller du simple « coup de main » à l'apport de capacités techniques particulières de l'un ou de l'autre. Lorsqu'il s'agit de réaliser une maison moins précaire, sur un terrain acquis ou concédé, l'autoconstruction est rarement totale. Pour les moments délicats de l'opération (charpente, ouvertures, etc.), le futur habitant fait appel à des tâcherons, ouvriers du bâtiment qui sont employés pendant les jours ouvrables, par une entreprise de construction et qui travaillent « au noir », en fin de semaine, pour une rémunération modeste. Tout un secteur informel du bâtiment apporte ainsi sa contribution à la réalisation du logement des pauvres (Rochefort, 1988).

En ce qui concerne les matériaux de construction utilisés, il faut dire que leur nature varie selon la région du Cameroun. En effet, dans les villes des régions du Centre et du Sud, la terre battue est le matériel de construction utilisé pour les murs, en plus des piquets et des bambous. La terre revêt une importance capitale dans ces régions, sous sa forme d'utilisation la plus répandue : le *poto-poto*[111] ou torchis (Photo 5). Ce matériau devient semi-dur après le crépissage des murs. Dans les villes de Yaoundé, d'Akonolinga, d'Obala et de Mbalmayo, le pourcentage d'utilisation de ce matériau de construction des logements par les ménages est compris entre 70 et 85 %. Dans celles de la région de l'Ouest, le matériel de construction de maisons le plus utilisé est la brique de terre. Le littoral camerounais est le domaine des cases en bois éclaté encore appelées *carabottes* (Photo 6) dont la résistance à l'humidité semble être l'une des motivations qui ont poussé « les peuples de l'eau » à opter pour ce type de construction. Mais l'explication la plus plausible est que la *carabotte* est une excellente alternative à la terre battue utilisées par les peuples de l'hinterland. En effet, le sol sableux du littoral n'est pas propice à la construction des maisons en terre. De toutes les façons, il est à noter que les habitations construites en matériaux précaires dans les villes du Cameroun (poto-poto, carabottes et briques de terre crue) constituent environ 50 % du total (RGPH 2005).

[111]Maison possédant une armature composée de piquets verticaux en bois et de bambous horizontaux attachés aux piquets, sur lesquels on projette à la main des boules de terre malaxée avec de l'eau.

Photo 5 : Maison en « poto-poto » suspendue presque au-dessus d'autres bâtisses à Yaoundé
Photo : Djatcheu (2009)

Photo 6 : Maison construite en carabotte à Douala
Source: ASF-France (2009)

Dans le souci de nous permettre de mieux appréhender les mécanismes de financement et d'analyser les différentes étapes de la construction d'une maison avec les moyens et les matériaux de tout bord, nous avons lors de nos enquêtes, retenu un exemple significatif d'autoconstruction.

Un exemple significatif d'autoconstruction

Un vendeur à la sauvette originaire de la région de l'Ouest Cameroun, arrivé à Yaoundé en 1999, et gagnant environ 60 000 F CFA par mois décide, en 2004, de construire une maison d'habitation en poto-poto dans un bas-fond du quartier Mendong. Il dispose d'un terrain de 90 m² acheté auprès d'un propriétaire terrien ne possédant pas de titre foncier, et grâce à des économies mobilisées pendant quatre années. La parcelle, qu'il a achetée à 270 000 F CFA (à raison de 3 000 F CFA le m²), lui a été cédée à la condition que la maison soit construite dans les meilleurs délais, car la spéculation foncière est de règle. En effet, dans moult quartiers de Yaoundé, c'est l'inscription physique sur une parcelle qui vous en garantit la propriété. Une même parcelle de terrain peut être vendue à plusieurs personnes au cas où le premier acquéreur ne se hâte pas d'y construire une maison. Avec l'aide des amis, des frères en Christ et des membres de la famille, le vendeur à la sauvette plante, le jour suivant le versement de l'argent, des piquets acquis à un montant de 50 000 F CFA. Une fois les piquets plantés (ce qui lui confère le droit de propriété sur la parcelle), il se lance à la recherche du financement pour continuer les travaux. Il emprunte une somme de 280 000 F CFA dans une tontine, achète des tôles, des bambous et du bois de charpente. Des voisins l'aident à tresser les bambous autour des piquets. Il faut préciser que jusque-là, la main-d'œuvre est gratuite. Le charpentier qui est un tâcheron, demande une somme de 75 000 F CFA de main-d'œuvre pour la charpente et la couverture. Après la pose de la charpente et la toiture, le vendeur à la sauvette accompagné de son épouse et de quelques amis, apprêtent la pâte argileuse, colmatent les trous des poteaux-bambous en projetant la boue et terminent ainsi le gros œuvre. Il achève sa maison à la fin de l'année suivante (2005) et l'occupe depuis cette année.

Coût total de l'opération : environ 750 000 F CFA avec les portes et les fenêtres pour 72 m² construits.

Comme on le voit bien, les acteurs des pratiques d'autoconstruction après avoir illégalement acquis des terrains, se précipitent pour s'inscrire physiquement sur les parcelles s'ils veulent s'en assurer la maîtrise. En effet, on assiste souvent à des micro-conflits et à des pratiques d'agression territoriale dans les quartiers précaires. Le critère d'appropriation devient alors celui de la mise en valeur. Dès lors, on assiste à des stratégies d'occupation des sols qu'on peut qualifier de « chantier alibi », ceci pour simuler la mise en valeur. Par ailleurs, on se rend compte qu'il n'y a pas en tant que telle de technique de construction. Les techniques de construction se transforment en réalité en techniques sociales où construire devient un moyen de multiples fins, le condensé et le produit de différentes pratiques. Le chantier est en fait *« le lieu de sédimentation d'histoires individuelles, familiales, collectives. Le foncier est le champ où se manifeste avec le plus de vivacité la coïncidence de la technique et du social »*. (Canel et al., 1990).

Pour ce qui est du financement de la construction, il faut dire que les « pauvres » des villes n'ont généralement pas un accès aux circuits bancaires ou aux caisses populaires. Ils doivent donc s'en tenir aux systèmes d'épargne réellement à la portée de leurs moyens. Ces systèmes reposent sur des tontines sous leurs différentes formes. Dans une ville comme Douala, « *elle (la tontine) a largement dépassé le cercle initial des Bamiléké et a lieu dans d'autres groupes culturels, notamment dans le cadre des relations de travail.* » (Canel et al., 1990). Dans certains cas, les réseaux de solidarité s'étendent dans des cercles religieux où « l'amour du prochain » se manifeste parfois par des soutiens financiers. En effet, lorsqu'un membre du « corps du Christ » (fidèle) est en difficulté financière, on lui apporte tous, le soutien nécessaire (finances, matériaux, main d'œuvre, etc.).

Le modèle hégémonique des habitations est généralement des maisons isolées à quelques pièces. Un plan dessiné dans les règles de l'art est rarement utilisé. Pour toutes les maisons de deux ou trois pièces (Figure 2), l'implantation et la distribution des pièces de l'habitation se dessinent en général très schématiquement au sol ou sur une feuille de papier qui n'est pas toujours conservée. Le principal but est l'utilisation totale et complète du terrain, qui a généralement pour conséquence une juxtaposition des toilettes avec la cuisine, ce qui pose un réel problème hygiénique. Lorsqu'ils existent, les croquis servent à évaluer de façon très sommaire la quantité de matériaux nécessaire à l'édification de la maison. Ils permettent aussi de fixer une base de rémunération pour le tâcheron.

Plan 1 : Maison en popo-poto à Yaoundé **Plan 2 : Maison en planches à Douala**

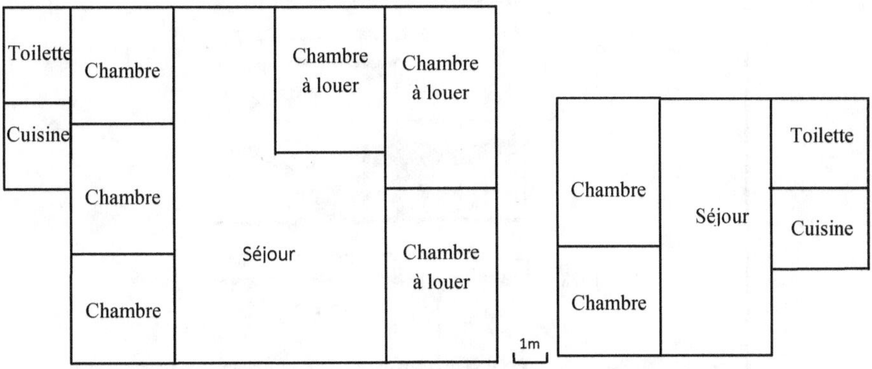

Figure 2 : Plan de maisons construites sur des parcelles de terrain occupées de façon précaire

Des maisons déjà construites peuvent subir des modifications pour des raisons économiques (Figure 3). En effet, dans les quartiers précaires, certains habitants, déjà logés, réussissent, souvent au prix de plusieurs années d'effort, à construire une deuxième maison qu'ils louent alors aux nouveaux arrivants, incapables d'acquérir un terrain pour produire eux-mêmes leur logement. Le petit revenu supplémentaire du loyer peut alors permettre au propriétaire de lancer une nouvelle opération de construction. On assiste à la naissance du petit promoteur immobilier informel dont le rôle est croissant à Douala, Yaoundé et Bafoussam par exemple.

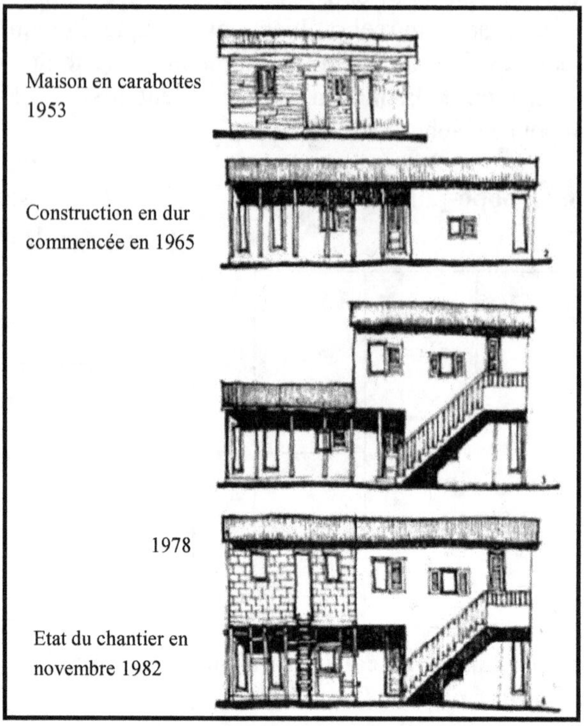

Fig. 3 : Exemple d'une maison « évolutive » à Douala, In Canel et Al, 1990.

L'évolution d'une maison peut également avoir comme but l'« endurcissement » de cette dernière (crépissage des murs ou superposition des briques de terre crue aux alentours). On pourrait parler dans ce cas d'habitat précaire de « luxe », car la précarité n'étant plus architecturale (suite à l'endurcissement, la pose des carreaux, la peinture et autres), est juridique (le sol est dans la plupart des cas occupé en marge de la légalité) et psychologique (liée à l'incertitude qui anime ses habitants quant au droit d'occupation du sol).

En dehors de l'évolution et/ou de l'amélioration des maisons précaires, les propriétaires dans l'optique de les protéger des dangers physiques naturels qui les menacent (effondrement des constructions et inondations), effectuent des travaux d'aménagement aux alentours des constructions.

IV. FACE AUX DANGERS QUI MENACENT LEURS BATISSES

IV.1.L'effondrement des constructions et les mouvements de masse.

Les travaux d'aménagement du site et la mise en place de la bâtisse ne sont pas les seules épreuves auxquelles font face les citadins des quartiers précaires des villes du Cameroun. En effet, ces derniers doivent « se démerder » quotidiennement pour protéger leurs habitations de certains dangers dont l'effondrement des constructions. En effet, le non-respect des normes de construction sur les sites de fortes pentes est la principale cause de l'effondrement des constructions dans les cités camerounaises. Les populations y construisent des habitations en matériaux précaires sur des zones à risques qui nécessitent des aménagements préalables avant toute opération de construction (Photo 7).

La photo 7 nous présente une maison construite en « poto-poto » crépi, dont la fragilité des matériaux utilisés couplée à la raideur de la pente ont fini par provoquer l'effondrement d'un de ses compartiments. Le compartiment voisin n'est pas exempt d'un pareil sort dans très peu de temps.

Photo 7 : L'effondrement des murs d'unemaison construite sur un flanc de colline à Yaondé
<u>Photo</u> *: Djatcheu (2009)*

Dans les vallées, les remblais sommaires et individuels sont fréquents. Les terres creusées au pied du versant voisin sont transportées sur des sites choisis par les propriétaires. Le vide ainsi créé à la base croît. Ce mécanisme paraît mineur mais, à la longue, il contribue à la dynamique du versant par écroulement des masses.

L'effondrement des habitations peut aussi être entraîné par les mouvements de masse ou coulées boueuses. Ce sont en fait des descentes rapides et denses de matériaux ramollis et rendus plastiques à cause de la teneur en eau (photo 8), qui se produisent sur les versants (Assongmo, 2002). Ces coulées peuvent être provoquées par les précipitations, et l'action humaine. Elles sont très fréquentes sur les versants escarpés de la ville de Yaoundé. C'est d'ailleurs dans cette ville que l'attention ne cesse d'être attirée sur les éboulements qui affectent ou qui risquent d'affecter les collines qui la bordent. Avec l'urbanisation effrénée des versants de ces collines, des blocs de terre descendent successivement. Le premier qui a sérieusement défrayé la chronique s'est détaché des Monts Mbankolo à Yaoundé. Le 25 août 1986, parti presque du sommet, il réveilla par ses fracas, les habitants du quartier Olinga. Ce bloc mesurant 5 m de grand axe et 4 m de petit axe, fut heureusement arrêté par de grands arbres à 45 m de la rue reliant les deux quartiers. Il aurait pu la traverser et échouer sur les maisons dans la vallée. Le 15 septembre de la même année, un autre bloc de 6 m de grand axe et de 5 m de petit axe, se détacha du même versant. Heureusement il n'y eut pas de dégâts matériels importants (Tchotsoua, 1992). C'est également le cas de la ville de Mbouda dans l'Ouest-Cameroun où une ravine par évolution latérale détruisit en un après midi, 7 maisons et une église aux deux tiers en juillet 1997.

Sur la photo 8, nous pouvons apercevoir une descente dense de matériaux ramollis et rendus plastiques à cause de la teneur en eau. Au moment où cela se produisait, les habitants de la maison étaient en plein sommeil, puisqu'il était environ 2 heures du matin. Plusieurs objets de la maison se sont retrouvés à l'extérieur, et en pleine pluie, les habitants se sont lancés dans la récupération de leurs effets. Quel dommage !

Photo 8 : Mouvement de masse ayant affecté les fondations d'une maison construite sur un flanc de colline escarpé à Yaoundé.

Photo Djatcheu, (2009)

Pour pallier ces situations difficiles, les aménageurs aux qualifications hasardeuses continuent à faire montre de leur savoir-faire, et prennent généralement des dispositions particulières. Pour se faire, ils font le choix entre deux types d'aménagement :

- Le premier type d'aménagement permet d'éviter les glissements de terrain. Le palliatif technique le plus utilisé est l'édification artisanale d'un mur de soutènement. Entrent dans la constitution des sacs remplis de terre et empilés les uns sur les autres en contrebas ou en amont des secteurs menacés (Photo 9). Cette réalisation est peu efficace, mais elle vise malgré tout, selon ses concepteurs, à assurer un minimum de sécurité aux parcelles habitées.

- Le second type d'aménagement, quant à lui, vise à maîtriser les eaux de ruissellement (pluviales et résiduaires) et même les torrents qui dévalent parfois les versants habités. Pour ce faire, et au niveau de sa parcelle, chaque ménage peut canaliser les eaux dans les rigoles sommairement creusées (et parfois cimentées), laissant la suite du travail au voisin, et ainsi de suite. Selon l'expérience vécue dans les villes du Cameroun, rien n'est fait en commun, car les citadins font valoir une logique qui veut que chaque famille se « débrouille » par ses propres moyens. Globalement, ces « canalisations de fortune » drainent tant bien que mal jusqu'aux ruisseaux et rivières, toutes les eaux collectées. Mais celles-ci creusent sur les versants des collines habitées, des ravins et des marmites de géants observables dans tous les quartiers situés sur les versants des villes.

Photo 9: Sacs remplis de terre placés en amont d'une habitation à Yaoundé.
Photo : Djatcheu, (2009)

Pris dans leur ensemble, les petits aménagements de protection réalisés par les aménageurs aux qualifications hasardeuses sur les sites de versants, sont en général médiocres pour la plupart.

IV.2. Les inondations

De plus en plus, et à la moindre averse, les grandes villes camerounaises (Yaoundé, Douala, Bafoussam, Maroua, etc.) sont le théâtre d'inondations catastrophiques. En effet, les crues les plus spectaculaires ont lieu en septembre et octobre à Yaoundé ; en juillet, août et septembre à Douala, Bafoussam, Bamenda et Nkongsamba, etc. De toute évidence, les conditions naturelles sont, sans aucun doute, très favorables à la stagnation des eaux et aux inondations (photo 10 et 11).

Les inondations affectent surtout les « *élobi* »[112] et autres zones basses mal drainées des agglomérations. En effet, les bas-fonds des villes camerounaises comme Yaoundé et Bafoussam, par leurs caractéristiques topographiques, sont un environnement favorable aux inondations. La présence des surfaces élevées et des dépressions favorise le ruissellement et la stagnation des eaux dans les bas-fonds. L'inondation d'origine naturelle est amplifiée de manière considérable par « l'anthropisation » anarchique et la « poldérisation » des bas-fonds orchestrées par les différents intervenants et aménageurs aux qualifications hasardeuses. Les populations y construisent des habitations anarchiques, compactes, désordonnées, réduisant parfois les lits majeurs des cours d'eau, tout en ignorant les règles d'urbanisme en matière d'assainissement.

Photos 10 et 11 : Inondations à Bafoussam à gauche et à Maroua à droite. Source : Poalah.net et Bonaberi.com (2014 et 2012).

[112]Terme du dialecte Ewondo utilisé pour désigner les bas-fonds marécageux fréquemment inondés. Aujourd'hui, ce terme désigne par extension les quartiers populaires qui occupent ces espaces topographiques.

Pour « protéger» leurs habitations des inondations, les populations directement exposées doivent prendre des dispositions en saison sèche. Pour ce faire, elles optent pour un choix entre deux types d'aménagement :

- Le premier consiste à relever d'une hauteur d'au moins un mètre, les berges des rigoles, ruisseaux ou des rivières, dans l'espoir d'empêcher le débordement des eaux. Cet aménagement des berges se fait soit à l'aide de vieux pneus de récupération rangés les uns sur les autres, et remplis de terre, soit à l'aide de sacs en fibres synthétiques remplis de terre et empilés les uns sur les autres (photo 12). Ceci ne nécessite presque pas de moyens financiers, mais plutôt de la force de travail, pour ramasser les vieux pneus ou pour collecter les sacs en fibres synthétiques, pour chercher la terre et la transporter, et pour façonner les murets.

- Le second type d'action consiste à utiliser des parpaings de ciment pour renforcer (surtout le pourtour) les assises des habitations. Cette technique palliative, onéreuse pour les ménages (elle nécessite du sable, du ciment, des parpaings, et un effort physique pour effectuer le travail), permet au moins de retenir les boues et les déchets de toute sorte pendant les épisodes d'inondation. L'esprit communautaire doit se manifester à telle enseigne que chaque chef de ménage qui essaie de sécuriser sa parcelle ne crée pas de danger chez son voisin.

Photo 12 : Sacs remplis de terre relevant d'une hauteur, les berges d'une rigole à Yaoundé.
<u>Photo</u> : Djatcheu (2009).

Au regard de la proportion d'espace qu'occupent les maisons d'habitation autoconstruites et précaires dans les villes du Cameroun, et les dangers auxquels elles sont exposées, il est évident qu'elles en constituent une gène, un stigmate, voire même une anomalie, d'où la nécessité pour les pouvoirs publics de trouver des solutions afin d'améliorer le paysage physique desdites villes. Ainsi, l'occupation illégale suscite des interventions violentes de la puissance publique qu'on qualifie de « déguerpissements » au Cameroun.

V. ACTIONS DE L'ETAT ET REACTIONS DES « AUTOCONSTRUCTEURS »

Devant l'ampleur de la croissance urbaine dans les villes camerounaises comme Douala et Yaoundé, et la multiplication du nombre des familles pauvres vivant dans des logements autoconstruits et précaires, les pouvoirs municipaux sont passés de la tolérance à la répression, face à l'illégalité des processus de production de logements pour ces urbains exclus des formes modernes d'habitat. En effet, depuis le milieu des années 2000, les municipalités de Yaoundé et de Douala ont entamé une résorption des constructions non autorisées, exigeant qu'elles soient réalisées suivant les procédures officielles imposées. En effet, lorsqu'on se réfère à l'article 8 de l'ordonnance n° 74-1 du 6 juillet 1974[113] fixant le régime foncier, et l'article 9 alinéa 1 de la loi de 2004 régissant l'urbanisme au Cameroun[114], on se rend à l'évidence que

L'Etat peut en toute légitimité déguerpir ou expulser[115] les acteurs des constructions précaires dans les bas-fonds marécageux et sur les pentes escarpées des villes du Cameroun.

---

[113]L'Ordonnance n° 74-1 du 6 juillet 1974, article 8 stipule que : « *sont passibles de peines ceux qui, sans autorisation de la personne qualifiée, exploitent ou se maintiennent sur un terrain dont ils ne sont pas propriétaires. Dans ce cas, la juridiction ordonne le déguerpissement de l'occupant à ses propres frais* ».

[114]L'Article 9 alinéa 1 de la loi de 2004 régissant l'urbanisme au Cameroun stipule que : *« sont inconstructibles, sauf prescriptions spéciales, les terrains exposés à un risque naturel (inondation, érosion, éboulement, séisme, etc.); les parties du domaine public classées comme telles et les aires écologiquement protégées telles que définies par la législation relative à la gestion de l'environnement ».*

[115]L'expulsion est une procédure de contrôle des terrains par les pouvoirs publics. Elle ne fait pas l'objet d'une définition précise au Cameroun, mais d'après le Lexique de géographie humaine et économique publié en 1984 à Paris, on peut l'entendre comme étant *« une procédure de droit public par laquelle l'administration (l'Etat) dépossède, soit des personnes qui, sans autorisation de la personne qualifiée, occupent et exploitent un terrain dont elles ne sont pas propriétaires, soit des personnes occupant à titre coutumier des dépendances du Domaine National, aux fins d'incorporation de ces dernières au Domaine Privé de l'Etat ».*

Mais sur le plan pratique, détruire ces logements ne résout pas le fond du problème. Au contraire, cela ne fait que l'exacerber, car les populations victimes des opérations de déguerpissement ont plus d'un tour dans leur sac. Concrètement, plusieurs délogés s'emploient à reconstruire ailleurs des « cases » avec des matériaux récupérés à l'issue des opérations de démolition (Photo 13). Ces « cases » reproduites, ont de façon évidente, un niveau de précarité pire par rapport aux précédentes (Photo 14**).** En fait, il est question d'avoir un « toit » à tout prix en ville.

Photo 13 : Les populations déguerpies emballent les « restes » de leurs effets à Yaoundé.
Source : Quotidien Le Jour (2010).

Photo 14 : « Maison d'habitation » autoconstruite par une victime des démolitions à Yaoundé.
Photo Djatcheu (2009).

On peut se rendre compte que la politique de traitement de l'habitat précaire au bulldozer par les municipalités n'empêche pas les ménages qui cherchent un toit de trouver d'autres palliatifs pour se loger, quel que soit l'endroit, et quel que soit le matériel utilisé. En observant attentivement la photo 14, on se rend compte que la « maison d'habitation » qui y figure est si basse que même un enfant aura de la peine à se mettre debout à l'intérieur. Même si cette situation peut être qualifiée de cas d'exception, il faut de toutes les façons relever que les bâtisses construites par des populations précédemment déguerpies ont toujours un état de précarité pire par rapport aux précédentes. L'essentiel c'est d'avoir un « toit », un endroit où dormir, cuisiner, manger, bref se loger.

CONCLUSION

Le processus d'urbanisation rapide est l'une des mutations majeures des pays du Tiers-Monde en général et du Cameroun en particulier. Au vu des conditions économiques actuelles, c'est un processus inévitable. Il entraîne une forte demande en logements qui ne peut être satisfaite de façon complète par la puissance publique. En effet, les organismes publics chargés de la production de l'habitat, notamment la SIC et la MAETUR[116], ne semblent pas s'être adaptés à la situation économique de crise. Face à cela, les populations se lancent dans l'autoconstruction de leur habitat, et deviennent ainsi les principaux acteurs de la production de l'habitat des villes. Elles y construisent leurs habitations, et en faisant appel à une large gamme de matériaux et à des techniques d'utilisation plus ou moins bien maîtrisées.

L'autoconstruction devrait faire l'objet d'une attention particulière de la part de l'Etat, car compte tenu de l'importance des matériaux traditionnels dans l'habitat et malgré leur réputation de médiocrité, ceux-ci doivent être considérés avec attention. En effet, pendant des décennies encore, les populations à faibles revenus ne pourront avoir accès qu'à des logements construits avec ces matériaux, mais il est possible d'en améliorer les qualités mécaniques et donc la solidité comme la salubrité (De Maximy R. et Mougoue B. 1980). Ceci passe par la formation des artisans et la vulgarisation des techniques artisanales éprouvées en vue de la mise en œuvre rationnelle des matériaux. Par ailleurs, si l'amélioration est impossible compte tenu du milieu physique dans lequel l'habitation a été érigée, les décideurs devraient procéder à un recasement des populations sur les terrains viabilisés, et leur laisser la charge de l'investissement pour les constructions en matériaux traditionnels (briques de terre), tout en assurant un contrôle technique efficient.

BIBLIOGRAPHIE

Abah M., 1974, *Le site de Yaoundé, étude de Géographie physique*, Mémoire de DES, Université de Yaoundé, 116 p.

Agrifor Consult, 2004, *Profil environnemental du Cameroun*, Rapport Provisoire, 148 p.

Assako Assako R. J., 1995, L'amélioration de l'habitat à Yaoundé : succès tardif ou fiasco consommé ?, *Revue Histoire et Anthropologie*, Juillet 1995.

Assongmo T., 2002, *Les quartiers marginaux de l'agglomération de Yaoundé : Logique de constitution et problèmes d'aménagement*. Université de Toulouse Le Mirail, Thèse de Doctorat, 263 p.

[116] Mission d'Aménagement et d'Equipement des Terrains Urbains et Ruraux.

Canel P., Deli S Ph., Girard C.. 1990, *Construire la ville africaine. Chroniques du citadin promoteur*, Paris, Karthala, Col. Economie et développement, 199 p.

Deble I., Hugon P., 1982., V*ivre et survivre dans les villes africaines, Tiers-Monde, Presses Universitaires de France*, coll. 310 p.

Djatcheu Kamgain M. L., 2008, *Le phénomène de l'habitat précaire dans un quartier de haut standing de Yaoundé : le quartier Bastos*, Mémoire de Maîtrise de Géographie, Université de Yaoundé I, FALSH, Département de Géographie, 74 p.

Djatcheu Kamgain M. L., 2012, *Les enjeux des opérations de résorption des installations anarchiques à Yaoundé : le cas de la zone péricentrale Nord*, Mémoire de Master de Géographie, Université de Yaoundé I, FALSH, Département de Géographie, 164 p.

Ela J. M., 1983, *La ville en Afrique noire*, Karthala, Paris, 227 p.

Franqueville A., 1984, *Yaoundé : construire une capitale,* Orstom, Paris, 192 p. Coll. *Mémoires,* N° 104.

Gambo M., 1988, *Low-Income Housing. A solution to the Development and Expansion of Unplanned Settlement: the case of Yaoundé, Cameroon*, Mémoire de maîtrise, University of Manchester.,

Gapyisi E., 1989, *Le défi urbain en Afrique*, L'Harmattan, Paris, 128 p., Coll.*Villes et Entreprises.*

Kengne Fodouop, 1994, La surutilisation de l'espace intra et péri urbain au Cameroun : cas des villes de Douala et Yaoundé, La dynamique de l'environnement en Afrique, *Actes du 2e congrès des Géographes africains*, Colloques de Rabat et d'Agadir, 19-20 Avril 1993.

Kengne Fodouop ; Bopda A., 2000, *Un demi-siècle de recherche urbaine au Cameroun*, PUY, Yaoundé, 174 p., Coll. *Connaissances.*

Kengne Fodouop. 2003, Les effets négatifs majeurs des sous quartiers des villes du Cameroun, *Revue de Géographie du Cameroun*, vol XV, n°1, pp. 30-51.

Lemaire A., 2009, *Emergence des territoires urbains d'Afrique : étude d'un quartier précaire de Douala*, Mémoire de fin de formation continue Qualité Environnementale du Bâti, Ecole Nationale Supérieure d'Architecture de Lyon, 68 p.

Mainet G., 1986, *Douala : Croissance et servitudes*, L'Harmattan, Paris, 611 p., Coll. *Villes et Entreprises.*

Maximy R., Mougoué B., 1980, *L'habitat de Yaoundé*, MINUH, Yaoundé, 16 p.

Mc Auslanp, 1986, *Les mal-logés du Tiers-monde*, Ed. L'Harmattan, Paris, 167 p., coll. *Villes et Entreprises.*

MINDUH, 2010, *Stratégie nationale de financement du logement social au Cameroun, état des lieux et diagnostic du financement du logement social au Cameroun*, Yaoundé, Février 2010.

Mougoué B., 1985, La municipalité et l'occupation des sites inconstructibles à Yaoundé, in *Cameroon Urban review (MINUH),* n°1, pp. 38-40.

Olemba P., 2012, *Expansion de l'habitat insalubre à Yaoundé : essai d'approche explicative,* IFORD, Yaoundé, 27 p.

ONU-Habitat, 2007, Programme des Nations Unies pour les Etablissements Humains, Bureau Régional pour l'Afrique et les Pays Arabes (BRAPA), *Profil urbain de Yaoundé*, 41 p.

ONU-Habitat, 2007, Programme des Nations Unies pour les Etablissements Humains, Bureau Régional pour l'Afrique et les Pays Arabes (BRAPA), *Profil national du Cameroun*, 27 p.

Pettang C. et al., 1995, L'impact du secteur informel dans la production de l'habitat au Cameroun, *Cah. Sci. Hum.*, 31 (4) pp. 883-903.

Rochefort M., 1988, Problèmes généraux de la production du logement des pauvres, In *Tiers-Monde,* Tome 29, n°116, pp. 1045-1054.

Tadonki G. R., 1988, *L'urbanisation des zones instables à Douala : le cas du Tongo Bassa*, Mémoire de Maîtrise de Géographie, Université de Yaoundé, FLSH, Département de Géographie, 147 p.

Tchotsoua M., 1992, Dynamique informelle de l'espace urbain et érosion accélérée en milieu tropical : cas de la ville de Yaoundé au Cameroun. *Actes du colloque de Poitiers*, Communication écrite, Réseau Erosion, Bull. n° 13, pp. 131-142.

Tchotsoua M. ; Bonvallot J., 1994, Crise socio-économique et érosion accélérée à Yaoundé : une contribution à la gestion de l'environnement urbain en milieu tropical humide, *Communication -Réseau Erosion-* Colloque de Paris (20-23 septembre 1994), pp 214-231.

15▪ LES ENTREPRENEURS DE LA DELIVRANCE SPIRITUELLE AU CAMEROUN

Henri Tedongmo Teko

RESUME

La dynamique théologique est actuellement marquée au Cameroun par une forte émergence d'acteurs charismatico-pentecôtistes qui créent et gèrent des organisations dont la vocation affirmée est la délivrance spirituelle. Ces entrepreneurs qui évoluent dans l'informalité et/ou l'illégalité, développent des logiques socio-économiques complexes qui expriment diverses formes de pratiques mystico-curatives. Notre contribution s'inscrit dans une entreprise d'analyse scientifique du phénomène de la délivrance spirituelle dans l'environnement camerounais. Il s'agit de porter un regard sociologique sur la dynamique entrepreneuriale des promoteurs des pratiques de la délivrance spirituelle. Nous mobilisons à cet effet la sociologie des logiques d'action dans une approche relationnelle afin d'interroger d'une part les mécanismes de légitimation sociale de ces organisations et d'autre part, les motifs, les stratégies et les perspectives d'avenir des promoteurs. La méthodologie repose sur une analyse qualitative réalisée à l'aide d'un guide d'entretien administré sur un échantillon significativement représentatif de dix entrepreneurs de la délivrance spirituelle opérant au Cameroun. L'intérêt et la pertinence de notre recherche se justifient par la nécessité de montrer comment des acteurs construisent au quotidien des formes de débrouillardise et de *feymania* en instrumentalisant la vulnérabilité des populations et leur croyance aux forces occultes. De ce fait, notre recherche est une contribution à la compréhension d'un secteur d'activité où la confusion entre l'éthos évangélique et l'éthos capitaliste est entretenue par des logiques de survie et d'enrichissement, soumises à une conscience collective et individuelle de la prospérité.

Mots-clés : *Cameroun. débrouillardise. délivrance spirituelle. entrepreneurs. éthos capitaliste. éthos évangélique.*

INTRODUCTION

La dynamique théologique est actuellement marquée au Cameroun par une forte émergence d'acteurs charismatico-pentecôtistes qui créent et gèrent des organisations dont la vocation affirmée est la délivrance spirituelle. Ces entrepreneurs qui constituent de « *nouvelles figures de la réussite et du pouvoir* » selon Banégas et Warnier (2001), développent de nouveaux itinéraires d'accumulation à travers une « *spiritualité qui s'est mise à l'âge du kaléidoscope du supermarché et du libre-service* » (Lipovetsky, 1983). Il s'agit plus précisément de thérapeutes religieux opérant dans le cadre d'« *un mouvement récent de « recomposition de la religion populaire », dissident du pentecôtisme occidental, qui encourage l'effervescence des pratiques d'exorcisme et de guérison et met l'accent sur la manifestation de la puissance du Saint-Esprit* » : le néo-pentecôtisme (Zacka, 2010).

L'émergence grandissante de ces figures contemporaines de la réussite sociale, exprime de nouvelles formes de rationalisation et de subjectivation dans la découverte et l'exploitation des niches ouvertes par une « *nouvelle théologie de la maladie et du mal* » (Kä Mana, 1999). La découverte et l'exploitation de ces niches d'opportunités mystico-curatives au quotidien constituent en effet, une dynamique entrepreneuriale qui dévoile à la fois des stratégies de ruse développées par certains acteurs et des manières de penser, d'agir et de sentir, à l'œuvre au Cameroun. Cependant, il existe très peu d'études consacrées à l'analyse de l'émergence de ces figures contemporaines de la réussite sociale dont le dynamisme et les logiques d'action sont pourtant déterminants dans les mutations et transformations sociales qui s'opèrent au Cameroun de nos jours et dans l'analyse du nouvel esprit évangélique de la débrouillardise.

Au-delà des considérations théologiques sur les dérives du phénomène de la délivrance spirituelle (Bourdanne, 1999 ; Lebel, 2004 ; Kä Mana, 1999, 2006 ; Zacka, 2010), des débats sur l'instrumentation politique du mouvement néo-pentecôtiste (Bayart, 1973 ; Soiron Fallut, 2012), du soupçon de « *véhicule de l'idéologie néo-libérale* » qui pèse sur ce mouvement (Banégas et Warnier, 2001), du qualificatif « *imposteurs* » attribué aux opérateurs de la délivrance spirituelle (Mvé, 2002), notre recherche s'inscrit dans une problématique entrepreneuriale qui explore et analyse le phénomène de la délivrance spirituelle au Cameroun en vertu du principe de l'agnosticisme méthodologique.

Plus précisément, notre recherche est une analyse scientifique de la dynamique entrepreneuriale des opérateurs de la délivrance spirituelle au Cameroun : qui sont-ils ? Pourquoi s'investissent-ils dans cette activité ? Comment procèdent-ils ? Quelles sont leurs perspectives d'avenir ? D'où la question de recherche suivante : quelles sont les logiques d'action à l'œuvre dans la création et l'exercice de l'activité de délivrance spirituelle au Cameroun ? Pour répondre à cette préoccupation, la proposition générale à la base de notre analyse postule que la création et l'exercice de l'activité de délivrance spirituelle au Cameroun procèdent d'un environnement caractérisé par une double crise, celle du christianisme et celle des dynamiques socio-économiques, qui légitiment la marchandisation de la délivrance spirituelle par des acteurs dont le profil, les stratégies et les perspectives d'avenir expriment un esprit évangélique de la débrouillardise.

Il s'agit pour nous de porter un regard sociologique sur la dynamique entrepreneuriale des opérateurs de la délivrance spirituelle au Cameroun dans une démarche heuristique qui privilégie une praxéologie intégrative accordant une attention aux fins, aux préférences et aux croyances de l'acteur. À cet effet, nous mobilisons la sociologie des logiques d'action à travers l'équation élémentaire : « *l'acteur + la situation d'action = logiques d'action* » (Amblard et *al.*, 1996, p. 204). Cela revient dans une approche relationnelle à interroger d'une part les mécanismes de légitimation sociale de l'activité de délivrance spirituelle et d'autre part, les motifs, les stratégies et les perspectives d'avenir des opérateurs.

L'ancrage sociologique d'une conception entrepreneuriale de la pratique de la délivrance spirituelle implique dans le cadre de notre recherche, la mobilisation d'une « *sociologie renouvelée de l'entrepreneuriat* » (Moreau, 2004). Celle-ci suppose un regard reconceptualisé de l'entrepreneuriat qui s'inscrit dans la tradition de la sociologie compréhensive. Elle accorde une consistance sociale à l'entreprise où l'acte de création et de gestion de l'entreprise est considéré comme une activité sociale.

Plus précisément, nous entendons par entrepreneuriat de la délivrance spirituelle, l'activité de prise en charge spirituelle des préoccupations naturelles, matérielles et existentielles de l'Homme dans le cadre d'organisations à vocation évangélique créées à cet effet. Cette activité est considérée comme un processus entrepreneurial, c'est-à-dire comme « *un ensemble d'actions, d'activités, d'opérations, conçu comme une chaîne causale progressive, qui conduit à un certain résultat* » (Moreau, 2004) et dont l'activité humaine qui la compose est déterminante.

La présente recherche s'articule en trois sections. Nous commençons d'abord par une analyse du contexte d'émergence de l'entrepreneuriat de la délivrance spirituelle au Cameroun afin d'identifier et d'analyser les mécanismes de légitimation sociale de cette activité. Par la suite, en nous appuyant sur une observation de dix opérateurs de la délivrance spirituelle au Cameroun, nous nous intéressons à l'exercice quotidien de cette activité afin de comprendre les motifs et les stratégies des opérateurs. Enfin, nous analysons les perspectives d'avenir de cette activité d'une part à partir du point de vue des opérateurs et d'autre part, sur la base des contingences contextuelles.

I. L'EMERGENCE DE L'ENTREPRENEURIAT DE LA DELIVRANCE SPIRITUELLE AU CAMEROUN

Depuis quelques décennies au Cameroun, la forte croissance d'organisations évangéliques à vocation thérapeutique est une réalité originale qui exprime de nouvelles formes de pratique de la théologie.

Celles-ci se caractérisent par un « *spiritualisme jouissif et dansant* » (Kä Mana, 2006) et par une forte propension à apporter des solutions spirituelles aux préoccupations d'ordre naturel, matériel et existentiel peu explorées et peu exploitées par les « *églises historiques ou missionnaires issues des missions occidentales* » (Zacka, 2010). Cette activité de prise en charge spirituelle des préoccupations naturelles, matérielles et existentielles de l'Homme dans le cadre d'organisations à vocation évangélique créées à cet effet, constitue une forme d'entrepreneuriat dont la dynamique d'un ensemble de contingences sociales a contribué à impulser et à légitimer l'émergence au Cameroun.

I.1. Contingences socio-historiques

L'émergence des entreprises évangéliques de la délivrance spirituelle au Cameroun est historiquement liée à l'implantation des églises de réveil sur le continent africain depuis le début du XXe siècle. Selon Soiron Fallut (2012), la première vague de développement de ces églises issues des mouvements religieux américains a favorisé leur implantation en Afrique de l'Ouest (Libéria, Sierra-Leone, Togo, Nigéria) et à partir de là, elles se sont diffusées dans d'autres pays. La deuxième vague quant à elle va de la période des indépendances jusqu'à la fin des années 1980 et a favorisé l'implantation de ces églises sur le continent africain du fait de « *la déception grandissante des fidèles chrétiens à l'égard des structures religieuses classiques et du déploiement d'un regard critique des populations sur la gestion politico-sociale de leurs pays* ». La troisième vague considérée comme étant la plus fertile, commence dès les années 1990-1991 à la faveur de la proclamation de la liberté d'association. C'est à cette troisième vague que nous nous intéressons dans le cadre de notre recherche.

La promulgation de la loi N° 90/53 du 19 décembre 1990 relative à la liberté d'association est une étape déterminante dans l'histoire de la dynamique théologique au Cameroun. C'est en effet à la faveur de la promulgation de cette loi que le paysage religieux jadis dominé par les religions ancestrales, islamiques, catholiques et protestantes a connu un foisonnement d'organisations religieuses à vocation évangélique qui sous le prétexte de la liberté d'association s'implantent, déploient leurs activités et structurent de nouvelles manières de penser, d'agir et de vivre la foi chrétienne.

Parmi cette pléthore d'organisations dont le nombre exact reste inconnu, il y en a qui se présentent comme des « églises » (églises de la porte ; église du rocher ; église des rachetés ; église des soldats du Christ, etc.) et d'autres comme des « ministères » (ministère va et raconte, ministère de la délivrance, ministère des conquérants, etc.). Cependant, malgré la diversité des dénominations que ces organisations émergentes peuvent prendre, elles traduisent toutes dans leur structuration et dans leur fonctionnement, une « *désinstitutionalisation et une individualisation du phénomène religieux* » (Soiron Fallut, 2012) qui sont quotidiennement construites par des contingences socio-anthropo-théologiques et socio-économiques.

I.2. Contingences socio-anthropo-théologiques

Avec la désillusion du processus de christianisation qui s'intégrait dans le processus global de la colonisation (Kange Ewane, 1985) et le désenchantement grandissant de la théologie académique, il s'est progressivement développé au Cameroun, la croyance en une « *insécurité spirituelle* » (Asforth, 2005), conséquence d'une croyance en la recrudescence de la sorcellerie et une invasion présumée du monde des humains par des forces obscures. Une telle croyance dont l'influence dans le quotidien des populations n'est plus à négliger, se développe dans un environnement où « *la croyance en la sorcellerie est devenue de nos jours une réalité qui concerne toutes les couches sociales* » (Mengue, 2006) et dans un contexte théologique où « *la traductibilité culturelle infinie de l'Évangile* » (Walls, 1989) s'impose comme une condition fondamentale de survie et d'efficacité de la théologie chrétienne.

L'existence et l'intérêt des organisations de la délivrance spirituelle se justifient ici par leur capacité à apporter des solutions spirituelles à des problèmes socialement exprimés et à se constituer en alternative efficace à une théologie académique dont l'incapacité à prendre en charge toutes les préoccupations des populations consacre de plus en plus la désuétude. Selon Soiron Fallut (2012), « *En Afrique centrale, l'imagination collective élabore des explications issues du registre de la sorcellerie et de l'invisible, ce qui entre précisément en résonance avec la catégorie du Diable pentecôtiste. Sur ce terrain fertile, il est donc possible de trouver un écho entre les œuvres de Satan dans la tradition pentecôtiste américaine et l'imaginaire du mal et de la sorcellerie africaine* ».

Ainsi, dans l'environnement camerounais tout comme dans plusieurs sociétés africaines, la sorcellerie et la démonologie sont devenues des catégories de la modernité (Mary, 1998) et des éléments structurants de la quotidienneté, et constituent le nouveau pilier paradigmatique de compréhension de ces sociétés. Dès lors, nous sommes d'avis avec Kä Mana (2006) qui relevait déjà le constat suivant, « *C'est seulement, avec l'émergence des théologies populaires de la guérison, de la délivrance et de l'exorcisme que l'on commence à percevoir la relation entre tous ces problèmes et l'état général de la société, comme si celle-ci souffrait elle-même d'une vaste pathologie de possession dont les crises politique, économique et sociale n'étaient que des conséquences* ».

Avec ces théologies populaires de la guérison, de la délivrance et de l'exorcisme, on assiste à une émergence d'opérateurs informels, qui par tâtonnement, se constituent en spécialistes de la pathologie de la possession et dont les prouesses relèguent de plus en plus au second plan les prêtres exorcistes des religions traditionnelles et des religions occidentales conventionnelles.

I.3. Contingences socio-économiques

Avec un taux de croissance démographique de 2,7 % par an, la population du Cameroun en 2009 était estimée à 19,5 millions d'habitants. Celle-ci pourrait atteindre 26,5 millions d'habitants en 2020 selon les projections. Entre 2001 et 2007, la proportion de la population vivant en dessous du seuil de pauvreté national est restée quasiment stable passant de 40,2 % à 39,9 %, tandis que pour la même période, l'indice d'écart à la pauvreté est passé de 12,8 % à 12,3 %. Les données relatives à la pauvreté alimentaire indiquent que la proportion d'enfants de moins de 5 ans souffrant de la faim au niveau national est passée de 22,2 % en 1998 à 19,3 % en 2006 (BCS, 2011). Ici, tout comme dans la plupart des pays ayant subi de manière catastrophique la crise économique des années 90, le secteur informel s'est constitué et s'est même imposé. Selon le rapport 2006 de l'Agence Française de Développement (AFD), le Cameroun est le « *pays type de l'économie informelle* ».

Dans une telle économie nationale dominée par la précarité du présent et l'incertitude de l'avenir, on observe au quotidien une forte dynamique de construction de nouveaux itinéraires d'accumulation impulsée par des acteurs qui s'investissent dans une économie alternative. Cette économie emprunte à la fois à l'économie classique et à l'économie traditionnelle, des mécanismes de rationalisation et de subjectivation pour rentabiliser des secteurs d'activité marginaux. Parmi ces secteurs d'activité, se trouve celui de l'offre des services de secours spirituels auquel se substitue depuis quelques années avec l'émergence des églises de réveil, un secteur de la délivrance spirituelle.

Le secteur de l'activité de la délivrance spirituelle se présente *a priori* comme un secteur à l'abri de toute considération économique et de toute transaction mercantiliste. À ce titre, une conception entrepreneuriale de cette activité peu paraître absurde et même choquante pour les individus qui la pratiquent. Cependant, une observation attentive de la dynamique de ce secteur révèle des comportements à risque et des mécanismes concurrentiels qui soumettent l'activité de la délivrance spirituelle à la loi du marché et à la mise en œuvre de stratégies complexes de gestion. L'exercice de cette activité par les différents opérateurs se traduit par un ensemble de situations de gestion dont la créativité est le socle.

Cette créativité consiste à développer chaque jour des produits attractifs afin de faire face à la concurrence dans un « *marché des secours spirituels* » (Surgy de, 1997) très compétitif. S'intéresser à cette créativité, c'est s'intéresser à « *la capacité à développer et à partager une vision, la mise en place d'une organisation structurante et fonctionnelle qui lie l'entrepreneur et le contexte au sein duquel il agit, laissant ainsi la place à la considération d'aspects plus communautaires tout en reconnaissant le rôle de l'individu* » (Kamdem, 2001).

Ainsi, d'un point de vue socio-économique, l'existence des organisations de la délivrance spirituelle est liée à un environnement socio-économique particulier. Dans cet environnement, la pauvreté motive d'une part les populations à solliciter des « marchands de l'espoir » qui leur proposent des solutions spirituelles à tous leurs problèmes ; et d'autre part, des entrepreneurs qui imaginent et créent sous le couvert d'une vocation évangélique, des situations de gestion à travers des organisations. La recrudescence de ces organisations au sein de la société camerounaise suggère de porter une attention particulière aux stratégies, aux perspectives d'avenir de ces figures émergentes du nouvel esprit évangélique de la débrouillardise.

II. L'EXERCICE QUOTIDIEN DE LA DELIVRANCE SPIRITUELLE AU CAMEROUN

En vue de mieux observer et rendre compte de l'exercice quotidien de la délivrance spirituelle au Cameroun, nous avons constitué un échantillon qualitativement représentatif de dix opérateurs de la délivrance spirituelle. Ceux-ci ont été sélectionnés suivant les critères suivants : s'affirmer comme une église ou comme un ministère de réveil ; être issu de la troisième vague d'implantation des églises de réveil au Cameroun ; exister depuis cinq ans au moins; avoir un lieu de culte connu et ouvert au public ; présenter comme prioritaire dans les programmes, l'activité de délivrance spirituelle ou une activité synonyme ; avoir un nombre de fidèles supérieur à trois cents ; disposer d'au moins une chaîne de télévision ou d'une chaîne de radio ; être de nationalité camerounaise ; être propriétaire et gestionnaire de l'entreprise.

Sur la base de ces critères, nous avons observé *in situ* les différentes activités de ces opérateurs pendant une période de trois mois. Cette observation a été complétée avec des données recueillies à l'occasion d'une observation de huit mois que nous avions menée en 2013, sur les activités des opérateurs de la délivrance spirituelle, propriétaires de chaînes de télévision dans le cadre d'une recherche consacrée au télé-évangélisme au Cameroun (TedongmoTeko et Nsoe Missongui, 2014). Aux dix enquêtés de notre recherche, un guide d'entretien a été administré suivant les thématiques ci-après: la dynamique de création de l'activité (entreprise), la gestion quotidienne et les perspectives d'avenir.

Le traitement des identifications sociologiques et des données des guides d'entretien administrés au cours de notre recherche, permet de récapituler des informations concernant la dynamique de création et de gestion quotidienne de leur activité, afin de modéliser leur profil.

II.1. La dynamique de création de l'activité

Les opérateurs de la délivrance spirituelle au Cameroun sont des individus dont l'âge se situe entre 35-60 ans (100 %). Ils sont en majorité (90 %) des anciens membres des églises catholiques ou protestantes, qui se sont retrouvés dans des églises pentecôtistes avant de créer leur propre église ou ministère. L'intérêt pour la création de leur organisation tient selon ces derniers à un sentiment d'insatisfaction à la fois social, théologique et spirituelle.

L'extrait suivant du discours du pasteur Assoumou G., propriétaire d'une église créée depuis 2005 et dont la principale activité est la délivrance spirituelle présente assez clairement la dynamique de création commune à l'ensemble des opérateurs interrogés : « *avant, j'étais un chrétien catholique engagé. J'allais tous les jours à l'église et je participais à toutes les activités que l'église organisait. Mais je ressentais toujours un vide dans ma vie. Rien ne marchait dans ma vie. Malgré toutes les prières que je demandais à mon prêtre de dire pour moi, la situation ne s'améliorait pas. J'avais régulièrement des maladies bizarres, des couches de nuit, des petits accidents et mes affaires ne prospéraient pas. J'étais chrétien, mais j'étais malheureux. Ma vie amoureuse était pleine de déceptions. Un jour, j'ai rencontré un ancien camarade de classe qui m'a parlé de son église et des miracles qui s'y opéraient. J'y suis allé pour trouver des solutions à mes problèmes. Au début, les choses avaient l'air de s'améliorer, mais je me sentais toujours malheureux. Après plusieurs années passées auprès des pasteurs dans l'exercice de leurs activités, le Seigneur s'est révélé à moi une nuit et m'a dit qu'il m'avait choisi pour faire paître son troupeau et c'est comme ça que j'ai commencé mon ministère de la délivrance pour soulager ceux qui sont dans les chaînes du diable. Aujourd'hui j'ai plus de 500 fidèles et dans ma vie je vais de prospérité en prospérité* » (Entretien, Douala, février, 2014).

L'idée de création d'une organisation pour la délivrance spirituelle s'inscrit toujours à la suite d'un long cheminement infructueux à travers des églises conventionnelles. L'opérateur qui crée son organisation, le fait d'abord pour satisfaire un ou des besoins que des églises existantes n'ont pas pu satisfaire. Ensuite, il le fait aussi pour partager sa nouvelle vision de la pratique de la foi chrétienne avec d'autres individus qui comme lui, ont été déçus par les organisations à vocation chrétienne existantes. Selon le pasteur Ebenga T., fondateur d'un ministère, « *tous ceux qui viennent chez moi sont des anciens fidèles des églises catholiques, protestantes et même pentecôtistes. Ils viennent parce qu'ils ont des problèmes dans leur vie qui n'ont pas été résolus par ces églises. Ici, je leur apporte du réconfort. Je leur montre la puissance du Saint-Esprit et eux-mêmes se rendent compte qu'ils étaient égarés et qu'ils n'avaient pas fait le bon choix. J'arrive à résoudre leurs problèmes parce que je les comprends. J'étais moi aussi un égaré comme eux* » (Entretien, Douala, mars, 2014).

Avant une existence publique de l'organisation, celle-ci existe d'abord dans l'anonymat. L'opérateur commence par une cellule ou un groupe de prière qui regroupe quelques individus qu'il a sélectionnés dans l'église à laquelle il appartient. Les séances de rencontre se tiennent à son domicile et à partir du premier noyau constitué des premiers fidèles convaincus que l'opérateur ou leur « frère en Christ » est un « oint de Dieu », l'organisation va progressivement avoir un nombre important de fidèles grâce à la publicité que chaque fidèle convaincu, fait dans les différents milieux qu'il fréquente (domicile, lieu de service, réunion familiale, etc.). L'importance de l'action du Saint-Esprit dans la vie d'un fidèle se mesurant par le nombre d'autres individus qu'il a pu amener au sein de l'organisation, la conquête des nouveaux fidèles devient une activité prisée. Chaque fois qu'un nouveau fidèle arrive, il est publiquement présenté à l'assemblée et celle-ci lui réserve un accueil chaleureux qui apaise toute éventuelle crainte.

L'existence officielle de l'organisation devient possible lorsqu'elle compte déjà en son sein un certain nombre de fidèles dont le pouvoir d'achat peut permettre de louer une salle pour les activités. La salle est soit une ancienne salle de cinéma, soit une grande maison mise en location. À l'entrée de cette salle sont placées des pancartes et des banderoles qui indiquent qu'il s'agit désormais d'un lieu de culte où des activités de prière, d'enseignement et surtout de délivrance sont menées. Sur ces pancartes et banderoles, figure sur une proportion de 75 % de la surface de la pancarte ou de la banderole, une photographie présentant l'opérateur avec son titre de « Pasteur », de « Prophète » ou de « Bishop ». Des effets sonores seront également mis en marche pour rappeler à tout éventuel passant, l'existence de ce nouveau lieu de culte. Cette réalité encore d'actualité au Cameroun avait déjà été relevée quelques années auparavant par Batibonak (2012) lorsqu'elle constatait qu'au Cameroun, « *les entrepreneurs religieux pentecôtistes emploient moult médiums pour aguicher les membres. Tout se passe comme s'ils étaient hantés par l'unique volonté d'avoir le plus grand nombre d'ouailles coûte que vaille* ». Dès que tout ce dispositif d'attraction est mis en œuvre, l'organisation existe et pour l'opérateur, la principale préoccupation se trouve désormais dans la gestion quotidienne des activités.

Ainsi, la création d'une organisation à vocation évangélique de prise en charge spirituelle des problèmes auxquels font face les populations suit une démarche assez particulière. Identifier l'opportunité de la création ne va pas de soi. Cette identification est davantage une construction sociale qui est le produit des interactions sociales entre le porteur du projet et le milieu confessionnel dans lequel il évolue. A cet effet, cet opérateur s'inspire de ses expériences passées et mobilise progressivement un capital social historiquement constitué afin d'accéder aux ressources nécessaires à la création de son organisation.

Les motivations qui poussent l'opérateur à créer son organisation tiennent à la volonté qu'a ce dernier de proposer une alternative « efficace » à ce qui existe déjà. L'organisation créée à cet effet est l'aboutissement d'un parcours déviant qui procède de l'action de l'opérateur, de la dynamique de ses interactions avec l'organisation à laquelle il appartient avant la création de sa nouvelle organisation et l'ensemble des individus favorables à son projet. A cet effet, l'organisation créée devient pour l'opérateur et ses nouveaux compagnons, un « *lieu de cristallisation de l'identité* », puisque « *l'entrée dans un tel groupe offre deux types d'avantages : d'une part, elle permet d'accéder à un système d'autojustification des actes renforçant leur légitimité, et d'autre part, elle facilite la pratique des activités déviantes par le développement de protections face au regard des autres* » (Aillet, Le Quea et Olm, 2000).

Dès lors, il devient intéressant de voir comment cet opérateur justifie désormais au quotidien ses choix, ses actions, ses comportements et comment il les rend recevables et valables dans le milieu social où il se déploie.

II.2. La dynamique de gestion quotidienne de l'activité

Dans la pratique quotidienne de l'activité de délivrance spirituelle, chaque opérateur développe une dynamique de gestion qui se traduit autant par des formes de comportements dans ses rapports à soi que dans des formes de comportements dans ses rapports à la société.

En effet, une fois que l'organisation est créée, l'opérateur se lance dans une démarche d'auto-redéfinition de soi et d'ajustement identitaire en vue d'exprimer clairement sa démarcation par rapport aux normes et pratiques de l'ancienne organisation à laquelle il appartenait. Cela revient pour l'opérateur à se construire une personnalité originale qui justifie et garantit l'existence d'une organisation de plus à vocation évangélique.

Cette nouvelle organisation doit être une innovation dont les modes de publicisation de l'opérateur et les sociabilités esthétiques développées par ce dernier, mobilisent un registre sémantique plus attractif, plus convainquant et plus séduisant. C'est à ce titre que sont développées des campagnes médiatiques à travers des médias publics ou privés ou à travers des affiches collées sur des murs, des poteaux électriques, des véhicules de transport en commun, etc. L'intérêt de créer une chaîne de radio ou de télévision pour la médiatisation des activités répond également à ce besoin de publicisation de l'opérateur et de promotion des services offerts.

En outre, les formes de comportements développées par l'opérateur dans ses rapports à la société dépendent des formes de comportements qu'il développe dans ses rapports à soi. Suivant l'image de soi qu'il a construite, l'opérateur définit auprès des populations, les normes et critères dont elles se serviront pour évaluer ses capacités dans la résolution spirituelle des préoccupations. Dans ce sens, pendant que certains opérateurs se présentent comme des spécialistes de guérison des possessions démoniaques, d'autres se présentent comme des spécialistes de « destruction » des chaînes de la pauvreté, de la stérilité, du chômage, des malédictions familiales et d'autres enfin se présentent comme des « visionnaires », des « prophètes » qui peuvent dire ce qui va arriver dans la vie d'un Homme et même influencer cet avenir. C'est ainsi que les populations verront l'opérateur tel qu'il se présente et solliciteront ses services en fonction du domaine de compétence qu'il s'est défini.

Le domaine de compétence configure un ensemble d'offres de services auxquels peut avoir accès tout « patient » ou « demandeur » qui se rend au siège de l'organisation ou dans tout autre espace public provisoirement occupé, pour rendre disponibles ces services. L'accès à ces services est officiellement « libre » et « gratuit », mais nécessite officieusement de la part du bénéficiaire, une contrepartie subtile dont la nature dépendra du type de service et surtout du profil de l'opérateur ayant offert le service.

II.3. Typologie des entrepreneurs de la délivrance spirituelle au Cameroun

Au-delà d'une dynamique de création et d'une dynamique de gestion qui semblent communes à l'ensemble des entrepreneurs de la délivrance spirituelle opérant au Cameroun, une observation et une analyse approfondie de chaque cas révèlent une très grande hétérogénéité dans la pratique entrepreneuriale de la délivrance spirituelle. Cette hétérogénéité surgit dans toute tentative d'homogénéisation et de généralisation des situations de gestion de ces opérateurs et inspire une modélisation de cette forme d'entrepreneuriat à travers l'identification des divers types de profil qui s'y construisent et s'y expriment au quotidien. Le tableau ci-dessous présente de manière synoptique, la typologie de ces entrepreneurs.

Tableau 1 : Typologie des entrepreneurs de la délivrance spirituelle au Cameroun.

	Type socio-politique		**Type socio-économique**		**Type théologico-spirituel**	
	Courtisan	Révolutionnaire	Homme d'affaires	Escroc	Théologien	Mystérieux
Fantasme dominant	Servir les intérêts du régime en place	Persécution extérieure	Esprit capitaliste et néo-libéral	Esprit mercantiliste et spéculatif	Passion missionnaire	Esprit sectaire
Ressource principale	Capacité à fréquenter et à mobiliser des personnalités politiques.	Capacité à critiquer et à diaboliser les personnalités politiques.	Capacité à impulser une dynamique organisationnelle performante.	Maîtrise du verbe ; Bénédiction et vente d'objets de protection.	Expertise théologique.	Maîtrise d'un discours ésotérique et occulte ; Capacité à contrôler la vie des fidèles.
Mode de gestion	Personnalisé	Frileux	Procédural	Familial.	Procédural	Personna-lisé
Objets emblématiques	Temple somptueux ; Forte présence d'Hommes influents de la société.	Temple vétuste ; Forte présence des couches sociales défavorisées.	Temple somptueux ; Vêtements de luxe ; Voitures de luxes ; Villas.	Temple luxueux ; Vêtements de luxe ; Voiture de luxe.	Temple modeste ; Tenue religieuse conventionnelle.	Temple délabré ; Tenue religieuse extravagante.
Objectifs inavoués	Positionnement dans les cercles du pouvoir.	Riposte à la pauvreté et renversement de la situation.	Faire de la délivrance spirituelle une activité professionnelle.	Exploitation de l'ignorance et des malheurs de la population.	Formation de la population ; Diffusion de l'évangile.	Manipulation des fidèles ; Création d'écoles mystico-philosophiques.

Source : Tableau inspiré de Kamdem (2002) et réalisé à partir des données de terrain.

Trois principaux types d'entrepreneurs peuvent être identifiés dans la dynamique entrepreneuriale quotidienne de la délivrance spirituelle : a) un type socio-politique caractérisant les entrepreneurs qui développent un éthos de classe ; b) un type socio-économique caractérisant les entrepreneurs qui développent un éthos économique ; et c) un type théologico-spirituel caractérisant les entrepreneurs qui développent un éthos de la spiritualité. Ici, la notion d'éthos permet de « *penser de façon relativement unifiée, en posant le problème de la cohérence interne des orientations morales de l'agent social, et celui de l'articulation entre ses pratiques et ses représentations morales, notamment lorsqu'elles sont mises sous forme discursive* » (Lebanon, 2008).

Ces différents éthos se définissent à travers les catégories suivantes : le fantasme dominant, la ressource principale, le mode de gestion, les objets emblématiques et les objectifs inavoués.

II.3. a. Le type socio-politique

Il s'agit d'une forme d'organisation et de pratique managériale de création et de captation d'un capital politique d'influence sociale. Ce type est régi par un éthos de classe défini comme « *un ensemble de normes implicites, incorporées dans des pratiques et, le cas échéant, verbalisées sous la forme de préceptes* » (Lebanon, 2008) tendant à inscrire l'entrepreneur et ses activités dans le service de la classe politique dominante ou de la classe politique dominée. Ce qui est en jeu ici, c'est la conquête et le contrôle du pouvoir politique par l'entrepreneur, afin de légitimer son activité. On retrouve ici l'entrepreneur courtisan et l'entrepreneur révolutionnaire.

L'entrepreneur courtisan

Cette figure d'entrepreneur de plus en plus émergente se rencontre principalement dans la ville de Yaoundé, capitale politique du Cameroun. Il s'agit des opérateurs de la délivrance spirituelle dont le fantasme dominant est de servir les intérêts du régime en place. Dans leurs affiches publicitaires, ces entrepreneurs associent la photographie du chef de l'État ou rappellent que les activités qu'ils mènent s'inscrivent dans la politique du Chef de l'État. L'un des principaux slogans de ces entrepreneurs est le suivant : « *La prospérité de cette nation passe par la soumission aux autorités* ».

En affichant ainsi clairement leur engagement en faveur du Chef de l'État, ces entrepreneurs construisent une immunité qui empêche les autorités de porter atteinte au bon fonctionnement de leurs activités. Pendant leurs activités, on observe d'ailleurs une forte présence de personnalités politiques elles-mêmes courtisanes du Chef de l'État.

L'entrepreneur révolutionnaire

Pour cette figure d'entrepreneur, le fantasme dominant est la persécution extérieure qu'il subirait du fait de son engagement pour la dénonciation des maux qui minent la société. Selon ce type d'entrepreneur, « *le monde gît entre les mains du Diable et les dirigeants de la société sont à son service* ». Le message de cet entrepreneur est essentiellement orienté vers la dénonciation et la critique des ordres ésotériques dont les dirigeants seraient membres. Sont également diabolisées ici toutes formes d'enrichissement.

II.3. b. Le type socio-économique

Il s'agit ici d'une forme d'organisation et de pratique managériale de création et de captation d'un capital économique d'influence sociale. Ce type est régi par un éthos économique qui se réfère au rapport rationalisé à l'argent et à l'accumulation de ressources économiques. Ce qui est en jeu ici, c'est la conquête et le contrôle du pouvoir économique par l'entrepreneur afin de légitimer son activité. On retrouve ici l'entrepreneur homme d'affaires et l'entrepreneur escroc.

L'entrepreneur homme d'affaires

C'est un entrepreneur essentiellement motivé par un esprit capitaliste et néo-libéral. Il se caractérise par sa capacité à impulser une dynamique organisationnelle performante. Dans la réalisation quotidienne de ses activités, cet entrepreneur investit beaucoup de ressources et n'hésite pas à faire venir des collègues de renom. Il ne s'investit que dans de « grandes croisades » et est plus un organisateur de spectacles et un « business man » qu'un orateur et un prédicateur. Les principaux slogans ici exaltés sont les suivants : « *Dieu t'a créé pour que tu sois la tête et non la queue* » ; « *La prospérité est le signe de la bénédiction de Dieu dans la vie d'un croyant* ».

L'entrepreneur escroc

Cette figure d'entrepreneur est la plus présente dans l'activité de la délivrance spirituelle au Cameroun. Il s'agit des entrepreneurs qui excellent dans la bénédiction et la vente d'objets et de produits ayant selon eux, des vertus thérapeutiques et la capacité de chasser les démons. Parmi ces objets et produits, on retrouve l'eau, l'huile d'olive, des « stylos prophétiques » et l'un d'eux (Prophète T.) a récemment innové en bénissant des marteaux qui sont sensés brisés dans la vie du fidèle, toutes les chaînes de la malédiction et du blocage. Ces entrepreneurs demandent également aux fidèles de venir au culte avec tous leurs objets précieux. Ceux-ci sont soit bénis et remis au propriétaire, soit confisqués parce que considérés comme étant possédés et diaboliques. Derrière cette bénédiction d'objets et de produits, se cachent tout un commerce et toute une escroquerie dont le principal bénéficiaire est l'opérateur.

II.3. c. Le type théologico-spirituel

Ce type renvoie à une forme d'organisation et de pratique managériale de création et de captation d'un capital charismatique d'influence sociale. Ce type est régi par un éthos de la spiritualité qui se réfère au rapport rationalisé à la théologie et au surnaturel. Ce qui est en jeu ici, c'est la création et la captation d'un charisme mystique afin de légitimer l'activité. On retrouve ici l'entrepreneur théologien et l'entrepreneur mystérieux.

L'entrepreneur théologien

Cette figure d'entrepreneur est une figure en voie de disparition au Cameroun. Il s'agit des entrepreneurs qui ont effectivement fait de longues études en théologie et qui à la suite des frustrations liées au non-respect des principes bibliques par les responsables de l'église à laquelle ils appartenaient, créent une organisation pour la diffusion de l'Évangile. Ils ne se considèrent pas comme des spécialistes de la délivrance mais, diffusent un enseignement qui invite leurs fidèles à avoir une relation personnelle avec le Christ, seul spécialiste de la délivrance.

L'entrepreneur mystérieux

L'entrepreneur mystérieux constitue une figure d'entrepreneur assez particulière. Il s'agit des opérateurs de la délivrance spirituelle qui pratiquent un syncrétisme religieux à travers des formes d'exorcismes, de prophéties et d'enseignements qu'ils empruntent à la fois au christianisme, à l'islam, au vaudou et même aux religions orientales. Les cultes sont animés par des chants chrétiens, le lieu du culte n'est éclairé que par des bougies rouges et l'opérateur est vêtu d'une tenue religieuse extravagante. Tous les fidèles ont des tenues identiques soit au niveau du tissu, soit au niveau du modèle de couture, soit au niveau de l'agencement des couleurs, soit encore au niveau du style vestimentaire.

Chacun de ces différents ethos traduit l'une des formes que peut prendre la tentative d'articulation quotidienne d'un éthos évangélique avec un éthos capitaliste par les différents entrepreneurs. Les éthos évangélique et capitaliste constituent des éthos collectifs à l'ensemble des entrepreneurs et chacun des éthos relevé constitue des ethos individuels. Chacun d'eux est considéré comme « *le produit de la conjonction, éventuellement contradictoire, de ces différents ethos collectifs* » (Lebanon, 2008).

La typologie ici présentée n'est pas exhaustive. Il est question de relever quelques points de convergences et de divergences qui permettent de mieux appréhender le paradoxe de la singularité et de la complexité des entrepreneurs de la délivrance spirituelle au Cameroun. Ces opérateurs mobilisent divers capitaux afin de légitimer leur activité. Au quotidien, ils mettent la société face à elle-même en s'inscrivant dans des dynamiques sociales, économiques, théologiques et spirituelles à l'œuvre dans l'environnement camerounais. Ils développent chaque jour de nouvelles stratégies et ruses d'implantation et avancent contre la société par la force même de la société.

L'échec des diverses tentatives administratives de régulation de ce secteur d'activité trouve sa justification dans la capacité de ses opérateurs à instrumentaliser des contingences socio-anthropo-théologiques et des contingences socio-économiques propres à l'environnement camerounais, afin de développer une activité politiquement utile, socialement importante, théologiquement problématique et économiquement rentable.

Tout l'intérêt de mettre en exergue les différents éthos que nous avons identifiés et modélisés dans le cadre de notre recherche, se justifie principalement par le fait que leur identification et leur modélisation permettent de regarder dans le jeu des opérateurs de cette activité et de regarder derrière les décors de leur activité, afin d'être au fait de toutes les ficelles de la pratique de cette activité, dans l'environnement camerounais.

III. LES PERSPECTIVES D'AVENIR D'UNE PRATIQUE EMERGENTE ET CERTAINE

L'activité de la délivrance spirituelle au Cameroun est une activité émergente dont on ne peut prédire l'avenir en s'inspirant de l'exemple du traditionnel cycle de vie des activités informelles. Dès les premières années d'émergence de cette activité, plusieurs observateurs religieux étaient convaincus qu'il ne s'agissait que d'un phénomène marginal qui ne devait pas faire long feu. Cependant, même si certaines figures emblématiques de cette activité ont disparu du paysage théologique après quelques années d'existence (Ma'aLaah, Marie Lumière, Père Suffo, Petit Jésus), il faut relever qu'elles ont été très vite remplacées par de nouvelles figures qui au quotidien développent désormais des dynamiques de survie dont l'analyse permet de découvrir des mécanismes managériaux et théologico-spirituels, révélateurs d'une volonté d'exister à long terme.

III.1. Mécanismes managériaux de survie

Dans l'exercice quotidien de leur activité, les opérateurs de la délivrance spirituelle sont constamment amenés à développer des pratiques de management qui garantissent leurs intérêts et qui assurent la survie de leur activité. Les différents ethos qu'ils mobilisent leur permettent de s'assurer de la part de la société, une légitimation sans cesse renouvelée malgré plusieurs dérives dont certains opérateurs se rendent coupables et qui sont largement diffusées et commentées dans les médias publics et privés.

Par ailleurs, l'observation des pratiques de management développées par l'ensemble des opérateurs révèle une approche de management dont la mise en œuvre se traduit par un certain nombre de défis que les opérateurs s'efforcent de relever. Ces défis ne sont pas propres à ces opérateurs, mais, concernent de manière générale l'entrepreneur camerounais. Il s'agit de quelques défis qui jusqu'à nos jours continuent à s'exprimer sous la forme des sept défis de l'entrepreneur camerounais jadis identifiés et analysés par Kamdem (1996) : « *le rôle du mentor dans le processus d'entrée en affaires, les modalités du financement, l'émergence du couple gestionnaire, la préparation de la relève, le paradoxe de la relation hiérarchique, la réhabilitation de la parole et la gestion de la culture ethno-tribale* ».

Ces sept défis sont présents dans tout le processus entrepreneurial des opérateurs de la délivrance spirituelle. Tous les opérateurs affirment qu'ils ont un parrain ou un mentor qui a facilité leur entrée dans l'activité. Tous reconnaissent les difficultés qu'ils ont rencontrées pour le financement de leur activité. Tous exercent avec leur conjointe comme collaboratrice. Tous préparent la relève en formant des jeunes qui pourront continuer lorsqu'ils n'auront plus assez de force. Tous développent « *l'image quasi-mythique du « chef », symbole de la prégnance de la distance hiérarchique et de la relation de dépendance entre supérieurs et subordonnés* » (Kamdem, 1996). Tous réhabilitent la parole en prônant les témoignages. Tous ont un mode de gestion qui privilégie les membres de leur communauté culturelle.

A partir de ces différents mécanismes managériaux, les opérateurs de la délivrance spirituelle réussissent à ancrer leur activité dans le contexte social et culturel où ils opèrent, et ils réussissent aussi à inscrire leur organisation dans une dynamique d'innovation. Dès lors, l'innovation ne consiste plus seulement à créer des services nouveaux pour satisfaire les besoins des populations, mais à créer chez les populations, des besoins nouveaux dont la satisfaction se trouve auprès de ces opérateurs.

Ainsi, aux problèmes traditionnels de sorcellerie, d'envoûtement, de chômage, de stérilité, de couches de nuit, d'« empoisonnements mystiques », les opérateurs de la délivrance spirituelle substituent de plus en plus la prospérité dont l'absence ou l'insuffisance chez un individu devient, de fait, un besoin et un problème qu'il faut résoudre. La prospérité étant un besoin et un problème dont la recherche des solutions à son absence ou à son insuffisance fait du demandeur un éternel demandeur, les opérateurs de la délivrance spirituelle s'assurent par ce fait, une clientèle qui sera toujours acquise à leur cause.

III.2. Mécanismes théologico-spirituels de survie

D'un point de vue théologico-spirituel, l'avenir de l'activité de la délivrance spirituelle au Cameroun est lié à l'avenir de la dynamique théologique dans ce pays. Les théorisations de la maladie, de la souffrance, de la pauvreté et de la prospérité s'imposent avec l'émergence des entrepreneurs de la délivrance spirituelle comme des nouvelles manières de penser, de sentir et de vivre la foi chrétienne. Malgré le nombre encore très réduit de leurs fidèles par rapport au nombre des fidèles des églises conventionnelles, ces entrepreneurs se positionnent de plus en plus comme des médecins dont tout fidèle d'une quelconque église peut en devenir le patient.

En outre, au-delà de la dimension quantitative en termes de nombre de fidèles qui leur est défavorable, ces entrepreneurs sont devenus grâce à leurs puissantes stratégies de communication des orateurs très écoutés. Ils sont de nos jours, plus que les orateurs des églises conventionnelles, ceux qui font la théologie au Cameroun.

C'est une théologie populaire dont quelques traits sont de plus en plus observables dans les églises conventionnelles. Une théologie orale qui interpelle chaque jour la théologie académique qui est restée scripturaire dans un pays où très peu d'individus veulent et/ou peuvent lire. Une théologie de l'enthousiasme qui redonne espoir à des populations meurtries par les plans d'ajustement structurel (PAS) et par l'action ambiguë des églises conventionnelles face aux questions politiques. Une théologie pratique qui propose des solutions plus ou moins efficaces aux préoccupations des populations. Une théologie interculturelle qui met l'Évangile au service des réalités culturelles et les réalités culturelles au service de l'Évangile. Une « *théologie nouvelle de l'économie* » (Masamba Ma Mpolo, 2010) qui enrichit certains tout en appauvrissant d'autres.

Ainsi, la « *nébuleuse mystico-ésotérique* » (Champion, 2000) que constitue le mouvement néo-pentecôtiste est une réalité problématique qui exprime de nouvelles formes et de nouvelles dynamiques théologiques au quotidien. La réalité théologico-spirituelle qui prévaut dans l'environnement camerounais est un catalyseur d'une activité qui bien qu'informelle et/ou illégale se greffe progressivement dans les systèmes de croyances des populations et construit de nouvelles trajectoires de la foi et de l'espérance.

La stratégie de formalisation de plus en plus adoptée par les entrepreneurs de la délivrance spirituelle qui consiste à affilier leur organisation à une autre organisation religieuse légale même si sur le plan doctrinal, les deux organisations n'ont rien en commun, révèle que ces opérateurs sont déterminés à exister même s'il leur faut pour cela créer des confusions doctrinales ou se constituer en organisation religieuse hybride.

CONCLUSION

Notre recherche était un regard sociologique sur la dynamique entrepreneuriale des promoteurs des pratiques de la délivrance spirituelle au Cameroun. Après avoir présenté les diverses contingences liées à l'environnement camerounais qui ont contribué à l'émergence de cette activité, nous nous sommes par la suite intéressé à l'exercice quotidien de cette activité et enfin aux perspectives d'avenir.

En définitive, l'analyse que nous proposons dans le cadre de notre recherche révèle que l'activité de la délivrance spirituelle est une activité complexe dont l'analyse est susceptible d'apporter une contribution enrichissante dans la compréhension de l'esprit de débrouillardise au Cameroun. Cette analyse qui ne prétend aucunement avoir abordé de manière exhaustive l'entrepreneuriat de la délivrance spirituelle, rend surtout compte des mécanismes apparents et voilés de la construction sociale d'une activité sociale, socialisée et socialisante. C'est une activité en pleine émergence qui s'impose désormais dans la compréhension des dynamiques sociales à l'œuvre dans l'environnement camerounais et suggère que davantage d'études y soient consacrées.

Il s'agit donc d'une activité dont la prégnance dans la quotidienneté camerounaise, révèle des formes complexes de conspirations sociales qui invitent à repenser l'analyse des mécanismes traditionnels de la diachronie et de la synchronie des activités sociales. C'est certainement en termes de conspirations sociales qu'il convient de définir les nouveaux mécanismes de transformation et de reconfiguration d'un environnement camerounais où l'existence conjoncturelle d'une économie alternative, s'éclipse de plus en plus au profit de la fatalité d'une économie alternative désormais structurelle, mais, surtout structurante de la réalité sociale.

BIBLIOGRAPHIE

Aillet V. ; Le Quea P. ; Olm C., 2000, De l'anomie à la déviance, réflexions sur le sens et la mesure du désordre social, *Cahier de recherche*, n°145, octobre, pp. 1-83.

Amblard, H., Bernoux, Ph., Herreros, G. et Livian, Y.- F., 1996, *Les Nouvelles approches sociologiques des organisations,* Seuil, Paris, 186 p.

Asforth A., 2005, *Witchcraft, Violence and Democracy in South Africa,* Chicago, The University of Chicago Press,... 396 p.

Banegas R. ; Warnier J.- P., 2001, Nouvelles figures de la réussite et du pouvoir, *Politique africaine*, vol. 2, n°82, pp. 5-23.

Batibonak S. (2012, Les pentecôtismes africains, socle de métamorphoses. Le cas du Cameroun. », Journées d'étude 12-13 avril, *Métamorphoses et bouleversements*, Laboratoire ICTT, pp.63-79.

Bayart J.-F., 1973, La fonction politique des Églises au Cameroun, *Revue française de sciences politiques*, vol. 23, n°3. pp. 514-536.

BCS., 2011, *Perception des entreprises sur le climat des affaires au Cameroun. Synthèse du Rapport national BCS 2011*, MEPAT, Yaoundé, 17 p.

Bourdanne D., 1999, *L'évangile de la prospérité : une menace pour l'église africaine,* Presses Bibliques Africaines, Abidjan, 94 p.

Champion F., 2000, Thérapies et nouvelles spiritualités, *Sciences Humaines,* 106, pp.32-35.

Kä Mana, 1999, *Chrétiens et Églises d'Afrique : penser l'avenir*, Editions CLE, Yaoundé, 63 p.

Kä Mana, 2006, *À cœur ouvert. Confessions d'un croyant africain*, CLE-CIPCRE, Yaoundé, 209 p.

Kamdem E., 2001, Entrepreneuriat et sciences sociales en Afrique, *L'Entrepreneuriat : une perspective internationale*, Management international, 6 (1), Automne, vol. 6, n°1.

Kamdem E., 2002, *Management et interculturalité en Afrique. Expérience camerounaise.* Québec, Les Presses de l'Université de Laval, L'Harmattan, Paris, 433 p.

Kamdem E., 1996, Nouveau regard sur les pratiques de management au Cameroun, Collectif, *Organisations économiques et cultures africaines. De l'homo oeconomicus à l'homo situs*, Paris, L'Harmattan, pp. 249-271.

Kange Ewane F., 1985, *Semence et moisson coloniales. Un regard d'africain sur l'histoire de colonisation,* Editions CLE, Yaoundé, 225 p.

Lebanon F., 2008, « Ethos capitaliste, éthos de classe. Quelques remarques autour des notions d'ethos, habitus et sens moral », Gautier C. et Laugier S. (dir.), *Les voies du sens commun*, Paris, PUF, pp.435-446.

Lebel A., 2004, Grande veillée de guérison, vendredi prochain, *Le front*, n°260, 28 avril, Abidjan.

Lipovetsky G., 1983, *L'ère du vide. Essais sur l'individualisme contemporain*, Gallimard, Paris, 256 p.

Mary A., 1998, La diabolisation du sorcier et le réveil de Satan » *Religioliques*, 18, automne, Marges contemporaines de la religion, pp.1-16.

Masamba Ma Mpolo J., 2002, *Le Saint-Esprit interroge les esprits : essai de relecture et pistes psychopastorales de la spiritualité en Afrique : cas de la République démocratique du Congo,* Editions CLE, Yaoundé, 218 p.

Mengue M. T., 2005, La jeunesse camerounaise et les phénomènes de la sorcellerie : essai d'interprétation sociologique, De Rosny E. (dir), Justice et sorcellerie, Colloque International de Yaoundé (17-19 mars), Karthala, Paris, pp.121-134.

Moreau R., 2004, L'émergence organisationnelle : le cas des entreprises de nouvelle technologie, *Thèse de doctorat en sociologie,* Université de Nantes, octobre, 2004, 469 p.

Mvé S., 2008, *Le guide du parfait marchand de Dieu : tous les secrets dévoilés pour devenir PDG d'une PME religieuse,* Les 4 vérités, Libreville.

Soiron Fallut M., 2012, Les églises de réveil en Afrique centrale et leurs impacts sur l'équilibre du pouvoir et la stabilité des États : les cas du Cameroun, du Gabon et de la République du Congo, *Ministère de la Défense – Délégation aux Affaires stratégiques*, (Juillet).

Surgy de A., 1997, La recherche de « miracles » dans les églises chrétiennes en République du Benin, Surgy de A. (dir.), *Religion et pratiques de puissance*, L'Harmattan, Paris, pp.175-206.

Tedongmo Teko H. ; Nsoe Minsongui S.-P., 2014, Le renouveau médiatique de la séduction évangélique au Cameroun, *Colloque Communication & changements sociaux en Afrique 3* sur le thème « *Tic, industries culturelles et industries créatives : appropriation sociale et diversité culturelle* », Université de Douala-Cameroun, 10,11, 12 avril.

Walls A. F., 1989, The Significance of Christianity in Africa, Edinburgh, The St. Colm's Lecture, 266 p.

Zacka J. P., 2010, *Possessions démoniaques et exorcismes dans les églises pentecôtistes d'Afrique centrale. Une relecture du « Ministère de la délivrance » à partir de l'Évangile de Marc*, Editions CLE, Yaoundé, 347 p.

16▪ LA VOIE DES COURS DE REPETITION

Geoffroy Faha Kamdem

RESUME

A partir de juillet 1987, les dirigeants camerounais appliquent des plans d'ajustement structurel (PAS) pour juguler la crise économique qui frappe le pays. Les mesures prises dans le cadre des PAS ont affecté très négativement le système éducatif en particulier. Pour manifester leur mécontentement, certains enseignants appliquent dans leurs salles de classe la pédagogie du « service minimum ». Le relâchement dans le suivi pédagogique s'observe aussi du côté des parents. Dès lors, les demandes et les offres en divers cours de répétition ou « enseignement informel » (cours de soutien, d'appui et de renforcement scolaire, d'aide aux évaluations ou de préparation aux concours) s'imposent comme une nécessité pour les uns et les autres.

Parmi les répétiteurs, on retrouve des enseignants formés, des diplômés de l'enseignement supérieur, des étudiants et quelques travailleurs experts dans divers domaines. Ils pratiquent cet enseignement informel pour des motifs divers et variés : arrondir leurs fins de mois, approfondir leurs expériences professionnelles, etc. L'enseignement informel permet d'augmenter le pouvoir d'achat des encadreurs et d'accroître le niveau de formation académique des apprenants. Les motivations à dispenser les cours de répétition varient d'un individu à l'autre. Pour les diplômés chômeurs, l'enseignement informel devient une activité quotidienne.

Mots-clés : *Cours de répétition, plans d'ajustement structurel, enseignement informel, apprenants, diplômés chômeurs, Cameroun*

INTRODUCTION

Le système éducatif camerounais a subi les effets négatifs de la crise économique qu'a connue le Cameroun à la fin des années 1980. Pour permettre à ce pays de faire face à cette situation économique, les bailleurs de fonds le font passer sous le régime des plans d'ajustement structurel. Les résultats de ces plans sont catastrophiques pour ce pays (baisse de niveau de vie, chômage, surcharge dans les salles de classe, baisse du niveau scolaire, traitement au rabais des enseignants, etc.,). Lorsque le Cameroun est admis comme « Pays pauvre très endetté » (PPTE), certains enseignants transforment le sigle « PPTE » en « Professeurs pauvres très endettés ». Face à la paupérisation généralisée, les parents se livrent à diverses activités informelles pour joindre les deux bouts, au point de ne plus avoir le temps d'encadrer leurs enfants à domicile.

Depuis bientôt deux décennies, les états généraux de l'éducation ont permis aux experts de dresser un bilan très peu reluisant du système éducatif camerounais. Entre autres faiblesses et/ou handicaps de l'école camerounaise, nous pouvons citer l'inadéquation formation/emploi, la baisse du niveau des apprenants, la montée de l'incivisme et de la délinquance en milieu scolaire, les taux de réussite relativement faibles, le déficit d'enseignants dans certaines disciplines dans de nombreux établissements scolaires, la démotivation des enseignants, etc. Pour surmonter ces difficultés notamment celle des faibles taux de réussite des apprenants et des basses rémunérations du secteur éducatif, certains « enseignants » et/ou diplômés chômeurs ont choisi les « cours de répétition » comme moyen pour s'en sortir.

Ces cours de répétition[117] concernent pratiquement toutes les disciplines scolaires et académiques enseignées au Cameroun. Mais, l'offre et la demande sont plus élevées dans les disciplines des sciences exactes (mathématiques, physiques, chimie, sciences de la vie et de la terre (SVT), physique-chimie-technologie (PCT)), les disciplines techniques et pratiques (dessin de construction, froid et climatisation, mécanique de construction, électronique, etc.), les disciplines littéraires à gros coefficient et/ou obligatoires notamment le français et l'anglais. Dans le sous-système anglophone les cours de répétition (*intensive class*) sont dispensés dans pratiquement toutes les disciplines. Dans l'enseignement supérieur, ces cours de renforcement et d'aide aux évaluations sont proposés et dispensés dans toutes les filières. Ils s'effectuent en général en dehors des horaires ordinaires des enseignements formels. Dans ce contexte de pauvreté généralisée et de manque d'emploi pour de nombreux jeunes diplômés, il faut s'interroger sur le profil des « enseignants répétiteurs », leurs motivations, leurs stratégies d'enseignement, leurs gains, leur avenir dans cette forme de « débrouillardise ».

Pour répondre à ces interrogations, nous avons interrogé avec l'aide de plusieurs collègues inspecteurs pédagogiques régionaux, entre le 5 janvier 2009 et le 31 octobre 2013, un effectif de 450 personnes des deux sexes

---

[117] Les cours de répétition sont de divers ordres : soutien scolaire, remise à niveau, cours intensif, cours de renforcement et de perfectionnement, cours d'aide aux évaluations sommatives et certificatives, etc. Dans le sous-système anglophone, on parle de « Intensive classes », « Morning classes », « Evening classes » ou de « catch up classes ».

impliquées dans l'enseignement informel, sélectionnées dans 12 villes du Cameroun : N'Gaoundéré dans la région administrative de l'Adamaoua, Yaoundé dans celle du Centre, Bertoua dans celle de l'Est, Maroua dans celle de l'Extrême-Nord, Douala dans celle du Littoral, Garoua dans celle du Nord, Bamenda dans celle Nord-Ouest, Bafoussam et Dschang dans celle de l'Ouest, Ebolowa dans celle du Sud et Buea et Limbe dans celle du Sud-Ouest. 262 des personnes ainsi interrogées (soit 58,2 % du total) exerçaient une activité principale dans l'enseignement ou dans d'autres services modernes public ou privé et 188 (41,8 % de l'ensemble) étaient des diplômés des enseignements secondaire et supérieur en situation de chômage.

I. PROFIL SOCIAL ET MOTIVATIONS DES REPETITEURS DE COURS

Les répétiteurs considérés dans cette contribution appartiennent pour la plupart au monde de l'enseignement, mais leur profil social est très varié.

I.1. Le profil social des répétiteurs de cours

On distingue :

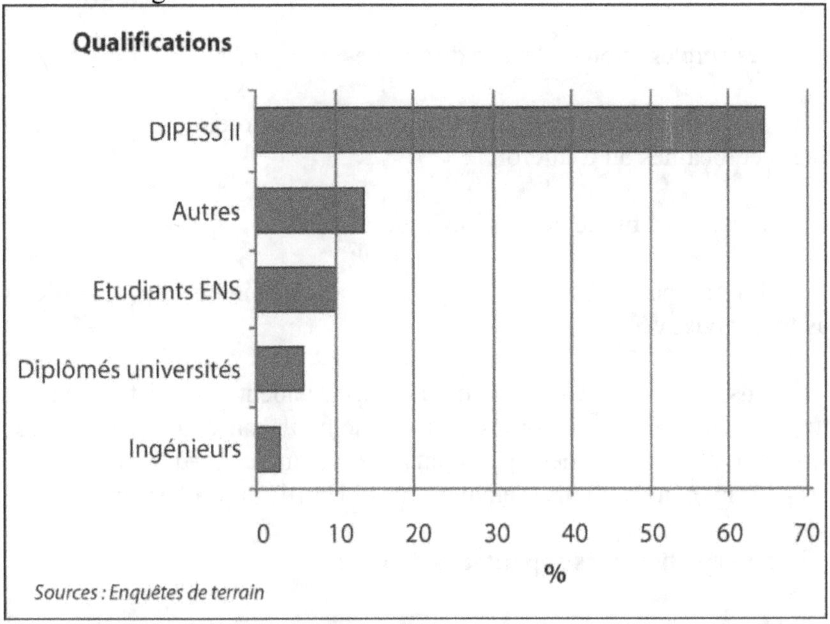

Fig. 1 : Répartition des répétiteurs des cours selon leurs qualifications

- des enseignants salariés formés dans des Écoles Normales Supérieures (ENS de Yaoundé, Maroua et Bambili), des Écoles Normales de l'enseignement technique (ENSET de Douala et de Bambili), des Écoles Normales des Instituteurs de l'enseignement général (ENIEG) et des Écoles Normales des Instituteurs de l'enseignement technique (ENIET). Ils représentent 48% du corps des répétiteurs.

- des enseignants formés, en cours d'intégration (ECI) ou non intégrés. Ils forment 20 % des répétiteurs de notre échantillon d'enquête.

- des diplômés de l'enseignement supérieur toutes filières confondues (6 % des répétiteurs).

- des étudiants (près de 15 % des répétiteurs).

- des experts et certains praticiens de terrain (11 % des répétiteurs).

Des personnes justifiant d'un certain cursus scolaire et qui sont assez souvent sans diplôme ou des diplômés du cycle secondaire (1 % des répétiteurs).

Les répétitions sont dispensées, soit par des enseignants répétiteurs isolés, soit par des institutions ou des groupes assez structurés tels que :

- les cercles et/ou clubs des différentes disciplines ;

- les associations des élèves et étudiants ressortissants des différents villages et localités du Cameroun ;

- certains établissements scolaires ;

- les groupes de coaching/préparation aux différents concours d'entrée dans les grandes écoles.

Sous d'autres cieux notamment en Occident, il existe même des entreprises spécialisées dans les cours à domicile ou cours particuliers de renforcement de niveau des apprenants (par exemple Acadomia en France). Mais pour le moment, nous n'en avons pas identifié au Cameroun ?

I.2. Les motivations des répétiteurs de cours

Les enseignants fonctionnaires se livrent à la répétition de cours pour diverses raisons. Ceux d'entre eux qui sont sous-utilisés dans leur établissement de rattachement se livrent à la répétition des cours pour s'occuper[118] et faire bénéficier davantage à leurs apprenants, leurs expériences et compétences. D'autres enseignants fonctionnaires dispensent des cours de répétition pour des motifs économiques. Ils veulent arrondir les fins de mois notamment dans un contexte où le personnel enseignant aux revenus stables est socialement très sollicité par des parents et amis. Madame Pulchérie F., institutrice en service à Buéa, souligne à cet effet que *« les cours de répétition lui permettent d'accroître ses revenus mensuels »*. Mais en marge de cette motivation pécuniaire, tous les « répétiteurs fonctionnaires » disent vouloir améliorer ou renforcer le niveau, l'efficacité et les compétences des apprenants.

Depuis bientôt deux décennies au Cameroun, les jeunes fonctionnaires notamment ceux du secteur éducatif débutent leur carrière sans avance de solde. Ces derniers en général travaillent loin de leurs familles. Pour survivre, ils proposent les cours de répétition à leurs élèves pour des motifs économiques et d'expérience professionnelle, car même lorsque la direction de l'établissement et l'association des parents d'élèves et enseignants (APEE) décident de leur venir en aide, la somme qui leur est donnée par mois est souvent dérisoire (10 000 à 40.000 francs CFA). Par ailleurs, cet enseignement informel permet à ces ECI de se perfectionner en matière de pédagogie, d'améliorer leurs compétences et d'enrichir leurs expériences professionnelles.

Il y a de plus en plus de diplômés (toutes les filières confondues) des universités qui s'essaient non seulement dans l'enseignement formel, mais interviennent aussi dans les cours de répétition. On les regroupe en deux catégories :

- la première catégorie est constituée des diplômés de l'enseignement supérieur, qui ont raté plusieurs fois les concours d'entrée dans les grandes écoles de formation professionnelle et, ont parfois atteint la limite d'âge d'entrée dans la Fonction publique. Ils n'ont pas pu s'insérer dans le secteur privé et parapublic. Or, ces diplômés doivent se prendre en charge, assumer leurs responsabilités et payer de nombreux impôts sociaux. En effet, leur cursus scolaire et universitaire a nécessité des investissements et des sacrifices des membres de leur famille et/ou des amis. En proposant leur service dans les cours de répétition, ils veulent surtout se faire un peu d'argent et s'occuper.

[118]De nombreux enseignants déclarent effectuer des cours de répétition pour meubler leurs temps. Cette activité secondaire les éloigne non seulement des bars et ventes à emporter, mais leur permet également d'entretenir leurs connaissances.

- la deuxième catégorie regroupe les diplômés de l'enseignement supérieur qui espèrent encore être admis à des concours d'entrée dans les grandes écoles de formation professionnelle. Au-delà de la motivation pécuniaire, ces ressources humaines cherchent à améliorer leurs CV, à entretenir et développer leur intelligence et compétence, à améliorer leur expérience en matière de pédagogie notamment pour les diplômés qui souhaitent embrasser la carrière d'enseignant.

Les étudiants de toutes les filières choisissent aussi la voie des cours de répétition pour des motivations académiques et économiques. Pour s'en sortir, de nombreux étudiants proposent ainsi des cours d'appui et de renforcement de capacité aux élèves du primaire et du secondaire et même aux autres étudiants de niveau inférieur. Cette activité informelle en plus des raisons économiques permet aux étudiants qui s'y attèlent, d'étudier et de mener davantage de recherches, afin d'être à la hauteur de la tâche.

Les travailleurs experts dans divers domaines (fiscalistes, experts comptables, juristes, médecins, ingénieurs, etc.), opèrent aussi dans l'enseignement informel beaucoup plus pour contribuer à la formation de la jeunesse. Ils interviennent assez souvent dans la préparation des candidats aux concours d'entrée dans les grandes écoles de formation.

Les personnes justifiant d'un certain cursus scolaire et qui sont assez souvent sans diplôme ou qui possèdent des diplômes du cycle secondaire, pratiquent les cours de répétition surtout dans l'objectif de gagner un peu d'argent.

Dans le cadre des cercles et/ou clubs des différentes disciplines, les étudiants qui pratiquent les cours de répétition, le font non seulement pour gagner un peu d'argent, mais également pour des motifs académiques et de rayonnement individuel. En effet, pour dispenser ces cours d'appui et/ou de renforcement des capacités, l'étudiant répétiteur doit lui-même avoir un bon niveau. Il doit donc travailler davantage afin d'éviter différentes colles.

Dans les associations des élèves et étudiants ressortissants des différents villages et localités du Cameroun, l'engagement dans les cours de répétition est lié à un motif de positionnement. Les élèves et/ou étudiants répétiteurs se font remarquer en termes de l*eadership* dans leurs localités. Dans le cadre des groupes de *coaching/*préparation au concours d'entrée dans les grandes écoles, la pratique des cours intensifs et des cours d'aide aux évaluations aux différents concours, a des motifs économiques et d'encadrement. Ces cours de répétition sont souvent financés par des élites du coin à grand renfort de publicité dans leurs localités d'origine, à l'approche des examens, pour des raisons de calcul politique.

Certains répétiteurs des cours s'investissent aussi dans l'enseignement informel pour développer leur tissu relationnel et enrichir leur carnet d'adresses. A vrai dire, les motifs de choix de l'éducation informelle ne concernent pas uniquement les répétiteurs « spécialisés ». En effet, certains parents choisissent la voie des cours de répétition pour pouvoir améliorer le niveau et les compétences scolaires de leurs enfants ; d'autres affirment donner des cours de répétition par passion pour l'enseignement de certaines matières ou par amour pour la transmission des connaissances aux élèves. C'est donc dire que l'enseignement informel a sa place dans le système éducatif camerounais.

II. LA PRATIQUE DES COURS DE REPETITION

II.1. Les stratégies de recrutement des apprenants dans l'éducation informelle.

L'information et la sensibilisation des apprenants et des parents d'élèves par rapport aux différents cours de répétition se fait de diverses manières :

- c'est directement dans les salles de classe que certains enseignants font la publicité des cours de répétition qu'ils offrent aux apprenants. Ces « enseignants-répétiteurs » vantent les avantages à cours, moyen et long terme de ces cours aux apprenants. Parfois, ils font parvenir aux parents d'élèves des notes d'information dans lesquelles, ils présentent les objectifs et les modalités de participation auxdits cours. Ces notes sont accompagnées de coupons réponses pour que le parent y porte son avis.

- la voie d'affichage, la distribution des tracts et les communiqués dans divers média sont aussi utilisés pour informer les élèves et leurs parents afin d'attirer cette « clientèle pédagogique ».

- certains répétiteurs utilisent quelquefois diverses associations et réunions comme canal d'information et support de sensibilisation pour rechercher et recruter les élèves et/ou étudiants à leurs différents cours de répétition.

Les établissements scolaires, généralement privés, qui organisent les cours de répétition, informent et sensibilisent les parents d'élèves au moment des inscriptions. Certains organisateurs de ces cours de soutien scolaire, d'appui, de renforcement, d'aide aux évaluations, etc., n'hésitent pas à pratiquer pour un début, des prix promotionnels, question d'attirer le maximum d'apprenants. Pour les cours d'aide aux évaluations organisés pendant les congés de Pâques (*catch up classes*), la sensibilisation se fait à travers les associations des parents d'élèves et enseignants (APEE). L'utilisation de l'Internet comme support communicationnel n'est pas encore véritablement entrée dans les mœurs des initiateurs des cours de répétition au Cameroun.

Il est aussi courant que des parents fassent appel aux répétiteurs pour relever le niveau de formation de leur progéniture. C'est l'option choisie par les parents qui reconnaissent ne pas avoir le temps, les aptitudes ou la patience nécessaires pour encadrer leurs enfants ou qui jugent que cette option est la plus efficace.

Il est à regretter ici que certains « enseignants-répétiteurs » bâclent les leçons qu'ils sont chargés de dispenser dans leurs établissements de rattachement, dans la perspective de voir les apprenants souscrire à leurs cours de répétition. Il est aussi à regretter que certains enseignants-répétiteurs fondent dans leurs établissements de rattachement, les évaluations sur des sujets qu'ils ont déjà traités lors des leurs répétition. Cette pratique qui vise à favoriser les élèves inscrits aux cours de répétition est tout simplement malhonnête.

II.2. Où et quand sont dispensés les cours de répétition ?

L'éducation informelle se pratique généralement dans les établissements publics et privés ainsi que dans les domiciles privés. Nous pouvons distinguer deux types majeurs de cours de répétition : les cours de répétition de masse et les cours de répétition élitistes.

II.2.a. L'enseignement informel de masse.

De nombreux « enseignants-répétiteurs » négocient avec la direction des établissements scolaires des accords pour l'obtention des salles de classe. Ils travaillent avec les apprenants en dehors des horaires ordinaires des enseignements. En général, ils accordent une pause d'une heure aux apprenants spéciaux à la fin de la journée de classe (entre 14h30 et 15h30). Ensuite, ils travaillent avec leurs poulains pendant une à deux heures, pour certains, du lundi àu vendredi, et pour d'autres, quelques jours seulement de la semaine. Ceci correspond à ce qu'on appelle « *evening classes* » dans le sous-système anglophone. Le samedi est souvent mis à profit par ces répétiteurs pour travailler avec les apprenants qui ne sont pas impliqués dans les cours de rattrapage. A l'approche des examens, les cours de répétition dispensés dans les établissements se déroulent parfois même les dimanches.

Quelques répétiteurs aménagent ou louent des locaux privés dans lesquels ils accueillent les apprenants en dehors des heures formelles de cours du lundi à vendredi généralement entre 16h et19h et, les week-ends de 8 heures à 16 heures. Au secondaire, les après-midi du mercredi et les journées du samedi sont les périodes où la pratique de l'enseignement informel bat véritablement son plein. Il faut signaler pour le déplorer que dans certaines localités du Nord-Ouest et du Sud-Ouest dans la partie anglophone du Cameroun, à l'approche des examens, quelques enseignants organisent des cours de répétition au petit matin (*morning classes*) de 6h à 7h, 2 à 5 jours par semaine.

Dans certains établissements publics, des cours d'aide aux évaluations certificatives, sont organisés pendant les congés de Pâques. Pendant ces cours, les encadreurs et les apprenants travaillent essentiellement sur la base d'anciennes épreuves des examens officiels. Dans le sous-système anglophone, ces cours sont dénommés « *catch up classes* ». Les élèves qui participent à ces cours, s'acquittent de la somme de 1 000 F CFA que les dirigeants de l'établissement utilisent pour payer les frais de taxi aux enseignants impliqués dans le projet.

Dans les universités et les grandes écoles, ce sont généralement les salles de TD et de TP qui sont utilisées pour les cours de renforcement et/ou d'appui. Les horaires varient en fonction de la disponibilité des étudiants apprenants et de celle des étudiants répétiteurs.

Les promoteurs des cours intensifs d'aide aux concours d'entrée dans les grandes écoles réquisitionnent assez souvent les salles de classe dans les établissements scolaires publics et privés situés à proximité des grandes écoles de formation et des universités. Ces cours se font généralement pendant les vacances (entre mi-juillet et mi-septembre), de lundi à samedi et même parfois les dimanches. Les horaires varient en fonction de la disponibilité des encadreurs.

II.2.b. Les cours de répétition élitistes.

En marge des salles de classe, l'enseignement informel se déroule aussi dans les domiciles privés. Les parents d'élèves plus ou moins nantis font venir à domicile, les répétiteurs particuliers pour l'encadrement de leur enfant. Ces cours sont dispensés au meilleur des cas, dans des salles d'études bien aménagées avec tableau, table-banc pour l'apprenant et bureau pour l'encadreur. Mais dans la majorité des cas, le répétiteur et son ou ses élèves travaillent dans un coin du salon ou au garage de la maison. Les jours et les horaires varient en fonction des objectifs à atteindre, et surtout de la disponibilité de l'encadreur, des lacunes des apprenants et même de la bourse des parents. Cette forme de répétition coûte naturellement plus cher. Dans l'ensemble, les cours de répétition élitistes se tiennent de lundi à vendredi entre 16 heures et 20 heures et les week-ends entre 8 heures et 16 heures.

II.2.c. Approches et méthodes des cours de répétition.

La quasi-totalité des répétiteurs s'interdisent de reprendre intégralement les cours tels que dispensés dans l'enseignement formel. En général, c'est l'approche participative qui est utilisée, car l'objectif final est non seulement de rendre l'apprenant autonome, mais surtout plus efficace. Le répétiteur écoute et évalue l'apprenant pour détecter ses lacunes et ses forces.

Les répétiteurs procèdent généralement de la façon suivante :

- à l'enseignement secondaire et supérieur, ils ciblent avec les apprenants dans un premier temps, les parties du cours à travailler. S'il y a des lacunes accumulées dans les classes inférieures, ils mettent en place des stratégies et les méthodes pour y remédier. A chaque séance de travail, ils s'assurent que les apprenants ont révisé les cours du professeur titulaire. Ils s'assurent aussi que le cours est bien compris, puis ils l'approfondissent. En mathématique par exemple, il faut que l'élève connaisse et même maîtrise les définitions, les théorèmes et les petites astuces. Les exercices, des plus simples au plus corsés, sont proposés pour que le cours soit parfaitement assimilé. A partir de la fin du deuxième trimestre, les répétiteurs proposent aux apprenants, des épreuves type examen. Ils aident leurs élèves à repérer les pièges classiques et spécifiques à chaque épreuve et, leur montrent les astuces pour les surmonter ou les contourner.

- généralement pour les répétitions dans le cycle primaire, les répétiteurs commencent par échanger et discuter avec les parents sur les lacunes et les besoins de leur enfant. Ils échangent avec les apprenants afin de cerner leurs besoins. Ensuite, le parent et le répétiteur mettent en place un rythme de travail. Le répétiteur en fonction des prérequis et des pré-acquis de l'élève, conçoit et propose au cours des séances des travaux adaptés (jeux, écriture, expression orale, mathématiques, etc.,). Le répétiteur fait régulièrement des rappels de cours, il organise la remise à niveau suivi du perfectionnement. Il aide ainsi l'apprenant à identifier ses compétences, à considérer l'apprentissage comme une activité ludique, à développer son éveil et son sens de la découverte. L'encadreur apprend également à l'élève, à exprimer ses besoins et à formuler des demandes qui sont nécessaires au sein d'une classe. La troisième étape est celle du suivi. Le répétiteur échange régulièrement avec les parents sur l'évolution de leurs enfants.

- dans l'enseignement technique et professionnel, les cours de répétition de la pratique se font le plus souvent dans les ateliers privés qui appartiennent aux enseignants répétiteurs, ou que ces derniers louent à ces occasions. Les séances de répétition permettent aux apprenants de mettre en pratique les enseignements théoriques. Il faut rappeler que beaucoup d'établissements techniques sont dépourvus d'ateliers réellement équipés. Quand bien même ces ateliers existent, les effectifs assez souvent pléthoriques des élèves ne permettent pas aux enseignants de suivre suffisamment chaque apprenant pendant les travaux pratiques de l'enseignement formel. Les efforts et les sacrifices des répétiteurs quel que soit leur profil, sont diversement récompensés notamment sur le plan financier, matériel, moral et psychologique.

III. LES RETOMBEES DE LA PRATIQUE DE L'ENSEIGNEMENT INFORMEL

III.1. Les enjeux financiers et matériels

Les coûts des divers cours de répétition se négocient par matière ou groupe de matières, par niveau et selon le profil et la renommée de l'encadreur.

A l'école primaire, les cours d'appui, de soutien scolaire, de remise à niveau et d'aide aux évaluations qui s'organisent au sein des établissements, se paient soit par séance (100 à 300 francs CFA), par semaine (500 à 2 000 francs CFA) ou par mois (2 000 à 10 000 francs CFA) par élève. Le nombre d'apprenants par encadreur varie généralement de 5 à 30. Lorsque c'est la direction de l'établissement notamment privé qui organise ces cours, les enseignants qui y interviennent reçoivent un complément salarial ou une prime spéciale. Dans un cas comme dans l'autre, l'enseignant-répétiteur, peut recevoir en plus de son salaire formel, un surplus salarial qui peut varier entre 10 000 et 200 000 francs CFA par mois.

Dans les lycées et collèges, les frais de répétition sont payés généralement par mois et par élève. Les montants varient de 5 000 à 20 000 francs CFA par discipline et surtout par groupe de disciplines. Le nombre d'apprenants par niveau et par répétiteur ou par groupe de répétiteurs oscille entre 2 et 25. Il ressort de nos multiples entretiens avec ces enseignants-répétiteurs, que chacun gagne en marge de son salaire formel, entre 40.000 et 250 000 francs CFA par mois. Cet argent est utilisé différemment selon les besoins et les projets des uns et des autres. Dans le sous-système anglophone, certains enseignants de renom organisent des cours de répétition (intensive classes) payants qui coûtent entre 1 000 et 3 000 F CFA.

Les diplômés de l'enseignement supérieur, qui ont fait des cours de répétition aux élèves du secondaire une activité principale, ont un gain financier mensuel généralement plus important. Ils offrent souvent leurs services dans plus d'une discipline. Par exemple dans l'enseignement secondaire général, ils encadrent les apprenants en mathématiques-physique et chimie. L'effectif des élèves qu'ils enseignent est plus important au point de dépasser dans certains cas, 100 apprenants. Les frais des cours varient entre 3 000 à 15 000 francs CFA par élève et par mois. Hormis les divers frais liés à la location où à l'entretien des locaux, cette catégorie de répétiteur gagne financièrement en moyenne de 50.000 à 400.000 francs CFA par mois.

Les établissements scolaires secondaires privés qui organisent les cours de répétition font payer aux parents intéressés des frais mensuels, trimestriels ou annuels qui varient entre 5 000 francs et 50 000 francs CFA. Les enseignants-répétiteurs qui participent à ce projet, touchent chacun une indemnité mensuelle variant entre 10 000 et 30 000 francs CFA en plus de leurs salaires ordinaires. Il faut dire que de nombreux enseignants vacataires qui perçoivent des salaires minables (35 000 à 80.000 francs CFA par mois) sont particulièrement intéressés.

Le coût des cours de répétition à domicile au primaire et au secondaire se négocie par heure, par semaine ou par mois, selon les matières, le profil et les exigences du répétiteur. L'heure de cours varie généralement entre 1 000 à 3 000 francs CFA alors que les frais mensuels de ces cours particuliers oscillent entre 20 000 et 40 000 francs CFA par matière ou groupe de matières du secondaire. Ce montant varie également selon le nombre d'élèves à encadrer, du nombre et de la durée des séances de cours de répétition à effectuer par semaine. Dans tous les cas, le nombre d'apprenants par maison excède rarement 3. Dans le secondaire, l'enseignant-répétiteur peut gagner en marge de son salaire ordinaire entre 20 000 et 100 000 francs CFA par mois. Dans l'enseignement primaire, les cours de répétition à domicile coûtent aux parents qui les sollicitent, entre 5 000 à 30 000 francs CFA par élève et par mois. Les répétiteurs qui interviennent ici, négocient les prix en fonction des lacunes et des besoins de l'enfant et aussi de l'effectif des apprenants à encadrer, du nombre et de la durée des séances de cours par semaine.

Dans l'enseignement supérieur, les frais des cours d'appui et d'aide aux évaluations sont assez variables. Les cours intensifs d'aide aux concours d'entrée dans les grandes écoles de formation professionnelle sont plus onéreux. Selon les concours et en fonction des groupes de disciplines, chaque apprenant paie par mois ou pour la période de préparation qui n'excède généralement pas deux mois, en moyenne un forfait de 30 000 à

150 000 francs CFA. Les répétiteurs qui y interviennent peuvent empocher à la fin de chaque campagne ou saison, en moyenne de 50 000 à 350 000 francs CFA.

Il faut dire que les cours de répétition coûtent plus cher dans les grandes villes notamment Douala et Yaoundé, où il y a plus de demande et où les parents d'élèves prétendent être trop occupés. De nombreux répétiteurs déclarent que les expatriés paient mieux les cours de répétition dans l'ensemble que les Camerounais.

Tout compte fait, les cours de répétition profitent un peu plus aux enseignants formés et compétents qui négocient mieux leur prestation. Cet enseignement informel augmente leur pouvoir d'achat et leur permet de réaliser divers projets personnels ou familiaux. Outre les retombées financières et matérielles non négligeables, les répétiteurs tirent d'autres profits de l'enseignement informel.

III.2. Le gain moral et psychologique.

Les répétiteurs éprouvent le sentiment d'accomplir un devoir citoyen en contribuant à l'amélioration du niveau et au renforcement des capacités des apprenants ; bref ils participent à l'éducation et à la formation de la jeunesse camerounaise. Madame Fotso P., institutrice, déclare : *« Les cours de répétition que je dispense me procure beaucoup de joie notamment quand mes apprenants travaillent bien et que leurs parents me félicitent ou témoignent de la gratitude à mon égard ».* De son côté, monsieur Woupoumnoua T., enseignant de physique-chimie, affirme : *« Pendant près de vingt ans, j'ai éprouvé du plaisir à aider les élèves qui m'ont sollicité pour des cours de répétition. En effet, j'ai contribué à les rendre plus performants, à leur réussite aux examens et/ou concours. Je garde d'ailleurs des relations particulières non seulement avec certains de ces élèves, mais également avec leurs parents ».*

Par ailleurs, l'enseignement informel offre l'opportunité à ses pratiquants de se prendre en charge, de rehausser leur pouvoir d'achat et de revaloriser dans certains cas, leur statut social. Tout ceci participe à l'équilibre moral et psychologique des répétiteurs. Ces derniers éprouvent beaucoup de fierté lorsque les apprenants réussissent à leurs examens et/ou concours et qu'ils sont payés dans les délais. Certains répétiteurs en profitent pour tisser des relations avec des chefs d'entreprise et hauts fonctionnaires. Grâce à ce carnet d'adresses, quelques répétiteurs parviennent à « grimper » dans l'échelle sociale, à travers des nominations ou des recrutements.

Il est important de rappeler que les apprenants sont également de grands bénéficiaires de l'enseignement informel en termes de renforcement de leur compétence. D'ailleurs, les taux de réussite aux examens officiels et aux examens de passage dépassent généralement les 80 % pour les apprenants qui suivent divers cours de répétition. Par contre, ces taux de réussite atteignent rarement 60 % pour l'ensemble des élèves au Baccalauréat par exemple.

III. 3. Les revers de l'enseignement informel

Tout n'est pas rose dans le monde des cours de répétition au Cameroun. En effet, certaines personnes bien que diplômés s'évertuent à dispenser des cours de répétition dans des domaines où elles ne sont pas véritablement qualifiés. À titre indicatif, certains diplômés de droit se lancent dans l'enseignement informel de français, d'histoire-géographie, etc. Le risque de transmettre leurs lacunes aux apprenants est énorme. Au sein de certains établissements scolaires et même dans certaines localités, la recherche de la clientèle pour les cours de répétition entraîne des rivalités entre des enseignants spécialistes des mêmes domaines. Des enseignants véreux négligent l'enseignement formel ou le dénigrent, alors qu'ils ne ménagent aucun effort pour la compréhension des apprenants dans leurs cours de répétition. D'autre part, des enseignants-répétiteurs irresponsables prétendent favoriser les élèves qu'ils encadrent en proposant des exercices traités en cours de répétition aux évaluations dans les classes ordinaires. Enfin, il y a « l'inceste pédagogique[119] » qu'il faut condamner avec la dernière énergie.

La relation pédagogique qui lie les enseignants-répétiteurs à leurs apprenants est souvent dégradée par des comportements déloyaux voire irresponsables de certains parents qui ne s'acquittent pas des frais de cours de répétition ou qui traitent les répétiteurs de leurs enfants avec mépris. D'autre part, certains enfants « gâtés » se prennent la tête. En plus d'être capricieux, ils prennent leurs répétiteurs pour des mendiants. On n'oubliera pas de mentionner pour le déplorer, le fait que certaines enseignantes-répétitrices, finissent par devenir des maîtresses des parents dont elles ont assuré ou assurent l'encadrement des enfants dans le cadre des cours de répétition.

---

[119]La proximité et la familiarité entre un enseignant-répétiteur et une apprenante peuvent aboutir à des relations coupables entre les deux. Ce qui déroute souvent l'apprenante de l'objectif premier : remise à niveau et renforcement des capacités. Elle ne vient plus pour les répétitions, mais pour les rendez-vous. Ce faisant, le répétiteur profite de sa naïveté et en abuse sexuellement au lieu de la former, de l'éduquer et de la protéger.

IV. PERSPECTIVES ET CONCLUSIONS

Les cours de répétition sont une réalité du système éducatif camerounais. Cet enseignement est pratiqué dans les trois cycles de formation, primaire, secondaire et supérieur. Les enseignants et les autres personnes qui offrent ces services ont divers profils. Si certains sont bien formés et qualifiés, d'autres par contre ont un niveau ou un parcours académique douteux. Quel que soit leur profil, les répétiteurs choisissent cette forme de débrouillardise pour des motifs pécuniaires, d'encadrement, d'occupation, de leadership ou de positionnement. Leur clientèle constituée d'écoliers, d'élèves et d'étudiants, se recrute à travers la sensibilisation, les communiqués de radio et de presse, les affiches et la distribution des tracts dans les rues et les lieux publics. Les cours de répétition considérés sont organisés dans des salles de classe des établissements publics et privés et dans les domiciles privés généralement en dehors des jours et des heures de cours de l'enseignement formel. A cet égard, les mercredis après-midi et les samedis sont les moments les plus sollicités. Les coûts des divers cours de répétition varient énormément d'un prestataire à un autre, en fonction des matières et selon qu'ils se tiennent en groupes dans les salles de classe ou dans les domiciles privés. Les répétiteurs tirent de la pratique de l'enseignement informel, des profits financiers et matériels plus ou moins importants. Sur le plan moral et psychologique, les cours de répétition assurent à ses pratiquants de la fierté de s'occuper, d'aider les apprenants, de gagner loyalement sa vie et de la joie de bénéficier de la reconnaissance des apprenants et de leurs parents. Dans l'ensemble, les enseignants formés et compétents qui pratiquent les cours de répétition, semblent gagner sur tous les plans mieux que les autres répétiteurs.

Il faut dire que la portée de l'enseignement informel dépend de chaque répétiteur et de son profil. Les enseignants fonctionnaires qui officient en cours de répétition, le font généralement quand ils sont jeunes et ont des ambitions et des projets à réaliser. Ils abandonnent cet enseignement au fur et à mesure qu'ils se démotivent et perdent leurs forces. Madame Fotso P., institutrice indique à juste titre : *« Tant que j'aurai la force, je ferai des cours de répétition, même comme c'est fatigant et éprouvant »*. Mais, il est rare que des enseignants-répétiteurs exercent dans l'enseignement informel après la cinquantaine. Si certains jeunes enseignants en cours d'intégration abandonnent cette forme de débrouillardise aussitôt qu'ils perçoivent leurs premiers salaires, d'autres suivent les pas de leurs aînés « enseignants-répétiteurs » notamment jusqu'à ce que survienne la démotivation. D'ailleurs, Monsieur M. Bidjanga, enseignant formé de mathématiques en service au lycée bilingue de Bamendankwe dans la région du Nord-Ouest, déclare *« être sur le point d'abandonner les cours de répétition qu'il dispense depuis qu'il est étudiant, à cause des abus et des mélanges de genre. Pour lui, un enseignant ne devrait pas donner des cours de répétition aux élèves qu'il tient dans l'enseignement formel. Il déplore le fait que la relation entre élève et enseignant-répétiteur bascule progressivement vers une relation d'affaire. Un élève qui a des problèmes devrait pouvoir rencontrer son enseignant pour des explications supplémentaires sans contrepartie financière* ». Nous convenons avec Monsieur M. Bidjanga que les enseignants chevronnés devraient se consacrer à la rédaction des ouvrages et à l'encadrement des étudiants-répétiteurs. Un tel projet de formation certificatif des répétiteurs s'inscrirait dans les missions du ministère de l'Emploi et de la Formation professionnelle.

Les cours de répétition constituent pour de nombreux étudiants, un pis-aller à l'exception de quelques-uns qui ambitionnent de faire carrière dans le domaine de l'éducation-formation. Les professionnels qui interviennent dans la préparation aux différents concours d'entrée dans les grandes écoles considèrent l'enseignement informel beaucoup plus comme un passe-temps utile. Par contre, certains diplômés de l'enseignement supérieur qui ne rêvent plus d'une carrière de fonctionnaire ou d'employé dans les secteurs privés ou parapublics, font des cours de répétition une véritable activité pérenne.

Tout compte fait, qu'on pratique l'enseignement informel par opportunisme ou par nécessité, il constitue un domaine d'apprentissage et une source de succès et d'inspiration pour de nombreux jeunes. D'ailleurs, l'actuel promoteur des établissements scolaires et universitaires SIANTOU, est un ancien répétiteur, qui a par la suite embrassé la carrière d'enseignant avant de devenir opérateur économique. Même si ces cours de répétition relèvent de l'informel, ils jouent un rôle important dans la société camerounaise en général et dans notre système éducatif en particulier. Le législateur doit donc se pencher sur cette forme de débrouillardise, question de barrer la voie aux aventuriers et d'éviter divers abus.

BIBLIOGRAPHIE

Abdoulaye M., 2009, *Déviances scolaires et contrôle social à Yaoundé: Essai d'approche sociologique du quotidien des jeunes à l'école*, Université de Yaoundé I, FALSH, Département de Spciologie-Antropologie, 107 p., Mémoire de DEA de sociologie.

Le Nouveau Réveil N° 3288 du 16/1/2013 « Cours de renforcement dans les lycées et collèges : pressions et chantages des enseignants sur des élèves ».

Le Messager du 19 Avril 2010, Cameroun : les cours de répétition au secours des élèves.

Webographie

- http://www.cherche-cours.com.
- http://www.cherche-cours.com/donner-cours-particuliers.php.
- http://www.cherche-cours.com/partenaires.php.
- http://www.cherche-cours.com/cours-particuliers/mathematiques.
- http://www.generation-cours.com.

Remerciements :

- Aux nombreuses personnes anonymes qui de près ou de loin ont contribué à la collecte des données nécessaires à la réalisation de ce travail.

- A mes collègues Npon à Nwawel, IPR d'histoire, Tafon Bobga, RPI of Philosophy, Fotso, IPR d'ECM, Woupoumnou A., enseignant de physique-chimie, Bidjanga M., enseignant de mathématiques, Tchonang E., enseignante de français, et Ngassa N. enseignante d'histoire-géographie et ECM.

17▪ LES JOURNALISTES « ALIMENTAIRES » CAMEROUNAIS SUR LA SELLETTE

Albert Nna Ntimban

RESUME

Depuis une vingtaine d'années, nombre de responsables des organes de presse opérant au Cameroun, exigent des personnes qui font appel à eux, de leur verser des sommes d'argent parfois élevées, avant de leur rendre service. Ils mènent cette pratique à travers la stratégie de « frigorification »[120] sur fond de chantage, de l'information à diffuser ou des événements à couvrir. Cette pratique consiste à « geler » la diffusion des annonces ou des reportages, pour forcer les personnes qui en sont à la base, de négocier financièrement le service sollicité. Le phénomène de « frigorification » de l'information dans le champ médiatique camerounais est une construction rationnelle des acteurs. Cette construction sociale de la débrouille dans les médias, fait la promotion de la presse marchande, au détriment du journalisme d'information. Le phénomène de « frigorification » de l'information est l'expression vivante d'une pratique journalistique rétrograde qui prend de l'ampleur, dans une société camerounaise en crise.

Mots-clés : *Frigorification de l'information, nouveaux empereurs du « gombo »*

INTRODUCTION

Le pluralisme médiatique au Cameroun intervient au lendemain de la libéralisation du secteur de la communication sociale, plus précisément dans les années 1990, faisant émerger une multitude de titres de journaux. Le champ de la presse va progressivement s'enrichir de chaînes de radio et de télévision, dans l'intervalle des années 2000. Ces structures de communication, basées pour la plupart à Yaoundé, Douala, Bafoussam et Garoua, contribuent d'une manière ou d'une autre, à la publication ou à la diffusion de l'information touchant aux faits d'actualité et autres événements, au profit des masses nécessiteuses. L'on dénombre à ce jour

---

[120] Construction langagière des acteurs qui renvoie à la « mise au frigo » d'un article de presse. Il s'agit dans le champ journalistique, d'une rétention volontaire de l'information, dont la publication est strictement conditionnée au payement d'une somme d'argent dont le montant est fixé par l'acteur lui-même.

dans le seul sous-champ de la presse écrite, plus de 600 titres[121]. Ces structures de communication diffusent une information plurielle touchant aux divers aspects de la vie quotidienne nationale et internationale, mais en respect de la ligne éditoriale préalablement définie et propre à chacune des rédactions. Toutefois, depuis quelques années, s'est développée au sein de ces organes de presse, des pratiques journalistiques atypiques, du moins, des attitudes et comportements qui s'inscrivent aux antipodes du code déontologique et éthique journalistiques, ratifié par le gouvernement et l'Union des Journalistes du Cameroun (UJC) ; c'est le cas de la « frigorification » de l'information évoqué en sus. De l'avis de nombreux observateurs avertis, le champ médiatique camerounais est le reflet même du pluralisme et de la liberté d'expression et de ton retrouvée par une presse, qui, avec « l'anesthésie de la libre pensée » (Sipa, 2007) dans les années antérieures, a pendant longtemps, évolué sous une législation plutôt liberticide (Essousse, 2008). Mais c'est une presse camerounaise qui, bien que se voulant indépendante dans sa politique éditoriale (la presse privée en l'occurrence), reste en grande partie, confrontée aux difficultés économiques de toutes sortes. En effet, l'incapacité des entreprises et organes de presse du secteur privé au Cameroun à s'autofinancer et à participer librement à la production d'une information de qualité destinée au public, rend cette presse vulnérable à des pratiques journalistiques d'un autre genre ; des pratiques qui rament à contre-courant des principes du journalisme originel ou traditionnel. C'est la raison de l'émergence dans le pays, de la pratique de « frigorification » de l'information par plusieurs organes de presse (journaux et médias audiovisuels) de première et de seconde zone dans le sous champ des médias à capitaux privés.

Sur le plan épistémologique, il s'agit d'analyser le phénomène étudié dans la perspective de la « raison ouverte » (Morin, 1999) ; c'est-à-dire en restant autant que possible ouvert à la « pluralité des rationalités » (Hebga, Ondoua, 2009), des idées et des arguments susceptibles de nous faire comprendre ce que nous recherchons et essayons de comprendre. Il est donc question dans cette mouvance, d'évoquer les mobiles ou les causes du phénomène étudié, tout en faisant un effort de compréhension (au second degré), sans apriorismes ni préjugés, du développement de la pratique elle-même. La lecture du phénomène de « frigorification » de l'information dans la presse au Cameroun s'inscrit de ce fait, dans la perspective même de la sociologie de l'action (Bourdieu, 1972, 1980) comme une pratique sociale surprenante et pour le moins répréhensible. Cette pratique obéit à un cadre et

[121] Les statistiques de novembre 2006 recueillies à la sous-direction des médias privés au Ministère de la Communication le confirment. En dehors du secteur de la presse écrite où l'on dénombre des centaines de journaux, plus d'une demi- centaine de chaînes de télévision et de radio, émettent dans les grandes villes et en campagne.

est motivé par un ensemble de raisons particulières que défendent les acteurs. La pratique est une construction rationnelle des acteurs (Schutz, 1954), (Boudon, 1979) ; une construction qui elle-même, fait partie de la construction sociale de la réalité (Berger et Luckmann, 1986) dans le secteur de la presse au Cameroun. En partant de cette hypothèse générale, il s'agit d'évoquer en quelques lignes, en guise d'hypothèses secondaires, l'environnement économique (Zinga, 2001) dans lequel évolue la presse en général et la presse privée en particulier au Cameroun, deux décennies après la libéralisation du champ médiatique dans ce pays ; l'absence d'une subvention conséquente aux médias d'information ; les implications du politique (les pouvoirs publics en l'occurrence) dans le projet de signature de la convention collective des journalistes et des professionnels des métiers connexes. En lame de fond, la « frigorification » de l'information mérite d'être interrogée de fond en comble. Que recouvre donc cette pratique en vigueur dans des organes de presse au Cameroun ? Les organes de presse à capitaux publics et privés, et plus particulièrement ceux créés au lendemain de la libéralisation du champ de la communication sociale au Cameroun, ont -ils toujours disposé des moyens nécessaires leur permettant d'être omniprésents dans la collecte, le traitement et la publication de l'information au bénéfice du grand public ? En d'autres termes, les conditions de travail assez complexes, dans un environnement suffisamment éprouvé par la récession économique au Cameroun, n'ont-elles pas contribué à l'émergence de la « frigorification » pratiquée au sein des rédactions ? Quelles représentations les acteurs en font-ils eux-mêmes de la pratique ? Notre contribution s'articule autour de trois points essentiels : la présentation du paysage médiatique camerounais, ses contrastes et l'émergence de la pratique de « frigorification » de l'information, la description de la pratique de « frigorification » de l'information en tant que construction rationnelle des acteurs et les représentations que les acteurs en font eux-mêmes.

I. LES CONTRASTES DU PAYSAGE MEDIATIQUE CAMEROUNAIS

Le champ médiatique au Cameroun au lendemain de la libéralisation du secteur de la communication social connaît, dès les premières années, un foisonnement des titres de journaux. Le paysage de la presse écrite, contrôlé jusqu'ici par les seuls organes de presse du secteur public (Le quotidien gouvernemental bilingue *Cameroon Tribune*, *Le journal officiel*) et quelques journaux confessionnels (*L'Effort Camerounais*, *Nleb Bekristen*) sous le régime du président Ahidjo, va progressivement s'enrichir d'autres organes de presse à la ligne éditoriale assez libérale. La presse privée émergente est une presse au ton libre, une presse qui croque les faits d'actualité dans tous ses aspects et dans des genres rédactionnels multiples et variés (Essousse, 2008). Ce ton libéral de la presse écrite, traduit l'effectivité d'une liberté d'expression longtemps confisquée par l'ancien régime. Comme le relève Nga Ndongo (1987), « *Longtemps muselé et étouffé, le peuple, en effet, sort de sa clandestinité, pour parler sans complaisance, outre non plus exclusivement du sport, des jeux de cirque, des villas à construire, des jolies femmes à courtiser, des bistrots ou des boutiques à ouvrir mais de lui-même ; de son destin, de son passé de son présent ou de son futur* » .

La presse écrite n'est pas le seul secteur des médias en effervescence. Dans le secteur de l'audiovisuel, la libéralisation qui intervient dans les années 2000, a également des effets immédiats sur le paysage communicationnel, où de nombreuses chaînes de radio et de télévision à capitaux privés vont voir le jour. Le paysage médiatique camerounais, près de deux décennies après la libéralisation, est donc animé, comme nous l'avons relevé plus haut, par une multitude d'organes de presse (presse écrite et audiovisuelle) de différents calibres. L'on peut classer ces organes de presse en trois catégories : la grande presse, qui regroupe des quotidiens[122]employant un personnel salarié ; les médias de seconde zone (bihebdomadaires et hebdomadaires), pour le cas de la presse écrite, et les médias audiovisuels ; enfin la petite presse qui regroupe des organes de presse dont le rythme de fonctionnement reste des plus instables. Dans cette dernière catégorie, l'on retrouve des petits journaux dont la fréquence de publication, est très peu régulière ; des titres qu'Alain Blaise Batongue (2010), ancien directeur de publication du quotidien *Mutations* a ironiquement baptisés « irrégullomadaires »[123]. Le champ médiatique camerounais, sous l'ère du libéralisme, expose donc de profonds contrastes ; c'est un espace où se côtoient des organes de presse aux politiques éditoriales plurielles et même diamétralement opposées, des médias dont les promoteurs justifient officiellement plus ou moins de la mission régalienne de publication ou de diffusion de l'information destinée à la communication sociale. L'abbé Chonang (2004), ancien rédacteur en chef du bulletin d'information catholique *L'Effort Camerounais*, observe à cet effet que le paysage médiatique camerounais est comparable à une mare où se côtoient « *salamandres, grenouilles, rainettes et têtards* ». La presse au Cameroun au lendemain de la libéralisation du champ de la communication sociale est une presse à l'épreuve de la survie. La plupart des journaux, des chaînes de télévision et de radio, créés, après près de deux décennies, y survivent

[122] Dans le seul champ de la presse écrite, l'on dénombre à ce jour 5 quotidiens : *Cameroon Tribune, Mutations, Le Messager, Le jour et Le quotidien de l'Economie* .A côté, l'on a des chaînes de radio et de télévision d'envergure qui émettent pour la plupart dans les grandes villes (Douala, Yaoundé, Bafoussam, Garoua, Bamenda)

[123] Des journaux qui paraissent ou publient de manière irrégulière, contrairement aux quotidiens tri-hebdomadaires, hebdomadaires et bimensuels

difficilement dans un environnement matériel éprouvé par la récession économique.

I.1. Des structures de communication économiquement asphyxiées

La libéralisation du champ de la communication sociale au Cameroun a été globalement accueillie avec une réelle satisfaction par de nombreux acteurs des médias. Mais quelques années plus tard, la plupart des directeurs de publication de journaux et promoteurs des chaînes de télévision et de radio, vont progressivement faire face aux dures réalités du terrain, aussi bien dans la production de l'information que dans la gestion même des ressources humaines à employer dans ces structures de communication. En effet, la presse camerounaise qui depuis la fin des indépendances a évolué dans un environnement marqué par « une sévère chape de plomb » (Zinga, 2001), est pratiquement asphyxiée sur le plan économique, dès 1994. Le problème majeur qui se pose à l'époque est lié à l'autofinancement. En effet, la dévaluation du franc CFA, intervenue en 1994, va provoquer une augmentation des prix du matériel utilisé dans la fabrication des journaux (papier, encre et autres intrants). En plus, l'institution de la réforme fiscalo-douanière au niveau de l'UDEAC [124] impose aux entreprises et organes de presse à l'époque, le payement de la taxe sur le chiffre d'affaires (TCA) qui fera place à la taxe sur la valeur ajoutée. Les ventes de journaux et les insertions publicitaires qui doivent générer des fonds au bénéfice de ces structures de communication et permettre à leurs promoteurs de faire face à leurs charges quotidiennes, sont en baisse. Des journaux d'envergure comme *Dikalo* (1994) vont brusquement suspendre leur parution. Dans l'ensemble, les structures de communication dont la plupart des organes de presse accumulent déjà de nombreux mois d'arriérés de loyer ne peuvent régulièrement régler des factures d'électricité et de téléphone. Le payement régulier des salaires n'est pas non plus effectif dans toutes les rédactions. Au sein de nombreuses rédactions où la précarité sévit au quotidien, les salaires de misère contribuent au renforcement de la clochardisation des hommes de médias. Les grands organes de presse à capitaux privés font ce qu'ils peuvent, pour rémunérer leur personnel. Mais dans les organes de presse de seconde zone, à savoir les « irrégulommadaires », la situation reste encore préoccupante. Une enquête menée au sein des grands organes de presse à capitaux privés, de 2005 à 2010, confirme cette vie de précarité. Dans le secteur de la presse écrite par exemple, les quotidiens *Le Messager*, *Le jour*, *La Nouvelle Expression*, *Mutations*, rares sont les journalistes qui perçoivent un salaire supérieur ou égal à 200.000 F CFA le mois. Dans ces grands organes de presse du secteur privé, les salaires pour la plupart, oscillent entre

[124] L'Union Douanière Economique de l'Afrique Centrale qui a changé de dénomination est devenue la CEMAC.

50.000 F CFA et 180.000 F CFA pour les journalistes les mieux payés. La situation reste préoccupante dans les petits journaux, où des pigistes sont payés au lance pierre. La misère qui sévit au sein des rédactions rend de nombreux journalistes vulnérables à toutes formes de pratiques qui font entorse à la déontologie et à l'éthique journalistiques (Tjimeli, Atanga et Madiba, 2012).

Les responsables des organes de presse d'envergure (*Le Messager, Mutations, La Nouvelle Expression, Le jour* et des chaînes de radio et de télévision de première zone), réunis au sein de l'Union des Journalistes du Cameroun (UJC), exigent simplement l'application des accords de Florence[125], même si au niveau des pouvoirs publics, les décideurs ne réagissent pas favorablement à ce cri de détresse. Pour joindre les deux bouts, de nombreuses structures de communication à capitaux privés sont obligées de courtiser quelques entreprises de la place, afin d'obtenir des insertions publicitaires[126]. De nombreux directeurs de publication, dos au mur, pratiquent une politique éditoriale qui fait dans la flagornerie et même dans le « braquage »[127]systématique des personnalités de la République. La publication des journaux de seconde zone reste occasionnelle ; elle se fait au gré des événements pouvant rapporter un peu d'argent aux promoteurs. Comme le relève Zinga (2001) « *Certains titres voient le jour ou recommencent à paraître lorsque circulent des rumeurs de remaniement ministériel ou de réunion d'une instance de telle formation politique dont on attend une éventuelle redistribution des cartes sous forme de promotion au sommet. Leur objectif plus ou moins avoué et néanmoins non perceptible dans les colonnes : mettre en exergue les mérites, les réalisations de telle élite de telle région (...) tantôt le publireportage sur tel responsable tient lieu d'article de presse sous quelque rubrique. Au point que certains journaux réussissent le pari de consacrer toute leur livraison à une brochette de personnages de tous horizons qui peuvent même être des*

---

[125] Ces accords demandent aux Etats membres, la nécessité de soutenir et d'accompagner les structures de communication et leurs acteurs dans la collecte, la production et la diffusion de l'information. Il s'agit notamment du libre accès des journalistes aux sources publiques d'information, l'accès à certaines facilités procurées par la carte de presse, puis la défiscalisation du matériel entrant dans la fabrication des journaux.

[126] Le cas de certaines structures comme le PMUC, CAMTEL, SRC et CAMWATER, mais aussi du PAD dont le Directeur général, est présenté depuis des années, comme un grand ami de la presse « clignotante ». Le DG du PAD octroie régulièrement des bons d'insertion publicitaires à de nombreux directeurs de publication des journaux et chaînes de radio de seconde zone.

[127]Harcèlement (financier) systématique exercé sur des personnalités publiques, soit par des articles d'éloge dans la presse, soit par des articles de diffamation et de chantage, pour le cas de la presse sédative ou presse à gage.

coreligionnaires (...). Tantôt aussi l'interview de tel directeur général d'une société publique ou parapublique à tel journal s'accompagne de la publicité sur cette société. Les annonces prolongent la publicité informelle ».

Mais la presse à capitaux privés n'est pas la seule dont les acteurs font difficilement face aux effets de la récession économique. Même au sein des organes de presse à capitaux publics qui emploient pour la plupart un personnel salarié, des journalistes manifestent une certaine insatisfaction et exigent une plus-value dans leur revenu mensuel.[128] Ainsi, à la Cameroon Radio and Television (CRTV), la première chaîne de télévision publique du pays dont le budget est de 25 milliards contre 40 milliards sous l'ancien Directeur général, certaines primes traditionnellement payées au personnel ont été supprimées.[129]

I.2. L'émergence du journalisme « alimentaire »

Les acteurs des médias, pour faire face à la misère rampante, vont ainsi développer des stratégies multiples pas toujours en phase avec le code déontologique et l'éthique journalistiques ; c'est l'émergence du journalisme du « gombo »,[130] qui va progressivement prendre corps à travers le « journalisme du Hilton », dans la ville de Yaoundé et le « journalisme de la rue Mermoz »[131], pour la ville de Douala. Parmi les pratiques les plus courantes, l'on évoquera le « *journalisme de racolage* » qui fait dans « *l'information spectacle* » (Nga Ndongo, 1993). Il s'agit ici, dans la plupart des cas, des journalistes (surtout de la petite presse) qui versent soit dans l'invective, soit dans le délire verbal, en salissant l'image de hautes personnalités, moyennant des billets de banques que leur offrent quelques

[128] Il s'agit, principalement, des journalistes fonctionnaires en service au ministère de la Communication, des journalistes recrutés comme contractuels ou pigistes à la *CRTV* qui estiment que leurs collègues qui travaillent en détachement dans les structures parapubliques (dans les cellules de communication) sont mieux payés qu'eux.

[129] La situation va provoquer un mouvement de colère généralisé à la CRTV en 2006, conduisant à la publication de tout un brûlot à l'attention du Directeur général de cette entreprise.

[130] Le « gombo » est une légumineuse qui renvoie métaphoriquement au Cameroun, à toute pratique touchant à la corruption. Le journalisme du « gombo » encore appelé journalisme « alimentaire » pratiqué pour la seule quête des prébendes ou des intérêts matériels, s'oppose au journalisme d'information qui a pour but d'informer, et d'éduquer le public.

[131] Ce sont des acteurs du journalisme « alimentaire » très réguliers dans la rue Mermoz à Douala, au même titre que les « journalistes du Hilton » dans la ville de Yaoundé. Depuis des années, ces « journalistes » d'un autre genre sont passés maîtres dans l'arnaque et le chantage contre des personnalités de la République.

commanditaires dans l'ombre. En effet, de nombreuses personnalités des champs intellectuel, sociopolitique et économique, se servent de ces hommes de médias, pour se blanchir, soigner leur image et salir celles de leurs adversaires. Gweth Bi Bayoi (2008) en parle dans le cadre du « lynchage médiatique », où, « *des hommes politiques notamment, mais aussi des intellectuels, des « hommes d'affaires » pressés de faire leurs pas dans la société politique, s'allient les faveurs des hommes de presse pour assouvir leurs ambitions quelquefois gargantuesques* ». Ces pratiques font dans la « politique de l'opprobre » (Zambo Belinga, 1998). Autres pratiques tout aussi observées dans le champ de la presse camerounaise : le « braquage » qui se développe sous des formes variées (Nna Ntimban, 2013), une pratique à laquelle recourent très souvent aussi les acteurs de ce secteur d'activité, pour se faire de l'argent[132]. A côté de la pratique du « braquage » se sont développés d'autres types de comportements que les hommes de médias affichent au quotidien ; des comportements de survie qui participent tout aussi du journalisme « alimentaire ». C'est notamment le cas de la pratique de « frigorification » des articles de presse, une pratique en vigueur au sein des entreprises et organes de presse. Le phénomène gagne aujourd'hui en ampleur, sous l'action de certains professionnels de la presse surnommés : les « nouveaux empereurs du « gombo » »[133].

II. LA « FRIGORIFICATION » DE L'INFORMATION : UNE CONSTRUCTION DES ACTEURS

La pratique de « frigorification » de l'information, est également à inscrire parmi les actions et stratégies du journalisme « alimentaire ». Le phénomène gagne du terrain dans le champ de la presse au Cameroun, de nombreuses années après la libéralisation du champ de la communication sociale. Le terme désigne au sens littéral, la « mise au frigo » des articles de presse que l'on se refuse délibérément de publier ou de diffuser, pour une raison ou une autre, justifiée par les acteurs. Mettre un article de presse au frigo ou le geler dans ce cas de figure, participe ni plus ni moins, de la rétention volontaire de l'information. La « frigorification » de l'information est donc bel et bien une construction rationnelle (Schütz, 1954) des acteurs qui y trouvent « de bonnes raisons d'agir » (Boudon, 1979).

---

[132] Dans le quotidien des « journalistes du Hilton », l'on parle également de « tacler » ou de « secouer le cocotier.

[133] Il s'agit dans la plupart des cas des rédacteurs en chef et directeurs de rédaction en service dans des organes de presse et qui ont mis sur pied, des stratégies, pour se faire de l'argent à travers des articles de presse qu'ils font publier, sous fond de marchandage.

Sa saisie et son décryptage méritent toutefois que l'on en fasse un effort de compréhension, en partant du contexte ou du cadre dans lequel cette action se produit au quotidien. La pratique de « frigorification » se présente sous deux formes.

La première forme est pratiquée par les acteurs de la petite presse dite « presse clignotante », qui généralement, opèrent dans des organes de presse à la parution sporadique, sans une rémunération mensuelle, pour la plupart. Payés au lance pierre, ces acteurs de la presse écument des cérémonies organisées dans les grandes villes, pour exiger le « gombo » aux organisateurs. Certains peuvent se présenter à ces événements, sur invitation des organisateurs. D'autres par contre, les plus nombreux dans ce cas, même sans invitation, ont pris l'habitude d'investir toutes les cérémonies publiques à large couverture médiatique, où ils espèrent rencontrer autorités publiques et personnalités politiques et celles du monde des affaires qui peuvent les « farroter »[134]. A défaut de publier des articles sur des événements en question, les acteurs de la petite presse, pour se venger de leur marginalisation ou de l'humiliation qu'ils subissent dans les champs de reportage, recourent tout simplement aux manœuvres de chantage et à la diffamation. Selon Samnick (2007), la tactique consiste à faire pression sur les organisateurs, pour les amener à négocier ou à acheter le silence de la presse. Il est question, pour ces acteurs, d'amener les organisateurs de cérémonies à payer de l'argent sous une autre forme. Généralement, les acteurs de la « presse clignotante » font bloc en recourant à la stratégie du « braquage » à la liste, pour faire pression sur les organisateurs de cérémonies ou les personnalités rencontrées sur les lieux. La liste brandie ou présentée, comporte les noms des hommes de médias et leurs organes de presse respectifs. [135] .

La seconde forme de « frigorification » de l'information, pratiquée par les acteurs des grands organes de presse à capitaux publics et privés, est quant à elle, l'œuvre des cadres de ces structures de communication[136], baptisés dans le champ médiatique « les nouveaux empereurs du gombo », une catégorie d'hommes de médias que l'ancien éditorialiste de la CRTV,

[134]Gratifier de quelques billets de banque .Très souvent, les hommes de medias qui n'ont pas eu droit au perdiem, après une couverture médiatique s'adonnent au jeu du baratin auprès de certaines personnalités publiques, pour obtenir quelques faveurs en espèces sonnantes et trébuchantes.

[135]Les organes de presse mentionnés sur la liste peuvent être réels ou fictifs. Dans cette stratégie bien huilée par les acteurs, il s'agit tout simplement d'exercer une pression psychologique sur les destinataires (organisateurs de cérémonies), pour les obliger à payer de l'argent.

[136]Directeurs de publication, directeurs des rédactions ou rédacteurs en chef pour le cas d'espèce.

Antoine Marie Ngono (2006) range dans « le clan des gombistes ». Dans cette seconde forme, la pratique de « frigorification », moins violente que dans la « presse clignotante », s'opère avec plus de finesse. Les « nouveaux empereurs du gombo » qui évitent de se mettre à découvert, opèrent généralement avec le soutien de leurs reporters. Ces derniers jouent le rôle de « chargé de mission » dans la fabrication des grands dossiers d'enquête sur le fonctionnement des départements ministériels et des structures publiques ou parapubliques d'envergure.

Sous les ordres de leur patron, les reporters sont ainsi dépêchés dans ces structures, pour mener des enquêtes. Il s'agit très souvent et dans la plupart des cas, des enquêtes à réaliser dans le cadre des grands dossiers sous la forme de publireportage[137]. Généralement, le contenu des grands dossiers ainsi initiés par les « nouveaux empereurs du gombo », sous le couvert de leurs reporters, est mis à la disposition des destinataires, pour appréciation et réaction. Les reporters mis à contribution dans la rédaction des articles sont également « envoyés au front » (c'est-à-dire auprès des responsables mis en ascenseur ou en haut par le journal ou la chaîne de radio/télévision, pour négocier la somme d'argent à payer) ; ce n'est qu'au terme de la négociation que le grand dossier, mis au *frigo* entre temps, pourrait être publié. Par contre, tant que le montant discrètement sollicité par la Rédaction sous la bannière du directeur des publications ou du rédacteur en chef n'est pas payé, le grand dossier prolongera indéfiniment son séjour au frigo.

La « frigorification » de l'information se pratique dans la plupart des grands organes de presse à capitaux publics et privés. La pratique est récurrente dans les médias audiovisuels au Cameroun. A la CRTV comme à Canal 2, certains reportages sur l'actualité politique, économique ou socio-culturelle ne sont diffusés que deux à trois semaines, après leur couverture.[138] Les « nouveaux empereurs du gombo » ne sont pas les seuls à s'illustrer dans cette pratique. Des hommes de médias en service dans ces structures de communication, recrutés comme animateurs d'antenne ou pigistes et qui ne peuvent se contenter de leur rémunération, versent

---

[137]Les articles rédigés par la rédaction dans le cadre des grands dossiers font généralement des éloges soit du principal responsable de la structure (Ministre, Directeur général, etc.), soit de leurs proches collaborateurs qui les remplacent. Ces articles de presse bien orientés, participent de la stratégie d'appel du pied, initiée par les responsables des rédactions.

[138]Le grand meeting du RDPC, organisé par l'élite politique du Sud à Ebolowa au mois de juin 2011, à quelques mois des élections présidentielles d'octobre, ne fut diffusé à Canal 2 que lorsque le Ministre en charge de la coordination de l'évènement consentit à verser à la chaîne de télévision, une somme de 500 000 F CFA.

également dans la pratique, pour arrondir leurs fins de mois. Certains responsables des structures de communication qui ont des charges parallèles baignent également dans la pratique de « frigorification ». La stratégie consiste, dans le cas des médias audiovisuels, à faire venir des hommes politiques dans leur structure de communication pour leur proposer des tranches d'antenne. Au fond, ces offres ne sont pas du tout gratuites ; les personnalités sollicitées, enregistrées en studio, sont souvent contraintes de verser en retour, une certaine somme d'argent dans les caisses de la structure, si elles veulent que l'enregistrement effectué, soit diffusé. La pratique est aussi récurrente dans la presse écrite où de nombreux directeurs de publication des bihebdomadaires, hebdomadaires ou bimensuels, font carrément des appels de pied aux personnalités politiques et/ou du monde des affaires, en leur proposant des pages entières de publireportages, qui ne seront alors diffusées qu'après un règlement au préalable de la facture dont le montant est fixé par la structure de la communication concernée. A la CRTV, des chefs de station régionale sont également passés maîtres dans la pratique, depuis que la première chaîne de télévision publique du Cameroun, en proie à une profonde crise financière, n'arrive plus à faire face à ses multiples charges. Ces responsables régionaux obligent ainsi des personnalités du champ politique et du monde des affaires qui veulent promouvoir leurs activités, à payer rubis sur l'ongle, des sommes d'argent qui serviront à la rémunération du personnel temporaire (journalistes, pigistes et animateurs d'antenne) et même à faire face à d'autres charges multiples.[139]

II. UNE PRATIQUE LEGITIMEE PAR LES ACTEURS

La pratique de « frigorification » de l'information dans le champ médiatique au Cameroun s'inscrit parmi les effets de la libéralisation du secteur de la communication sociale. Comme nous le soulignions un peu plus haut par rapport au contexte dans lequel le phénomène prend progressivement corps, c'est la récession économique qui, en grande partie, rend les structures de communication vulnérables à la pratique. Si du côté de la petite presse (privée), l'organisation, du fait de l'extrême précarité fait défaut, les acteurs, parties prenantes au quotidien du « journalisme alimentaire » sont plus exposés à la clochardisation, l'on peut tout de même s'interroger sur le cas des entreprises et organes de presse d'envergure, (ceux

[139]Le chef de station de la CRTV-Sud signait en 2012, un communiqué à caractère commercial qui met fin à la « couverture gratuite » des cérémonies publiques organisées par certaines autorités publiques et l'élite politique locale. Il est question pour le chef de station, d'imposer désormais un tarifaire à ces personnalités qui sollicitent les services de la presse, pour renflouer les caisses de la chaîne régionale CRTV-Sud et lui permettre de faire face à certaines charges quotidiennes.

du secteur privé en l'occurrence), nés également d'initiatives personnelles (Boyomo Assala, 1996) et qui, malgré les efforts consentis dans la production et la diffusion de l'information au compte du grand public consommateur des médias, ne sont pas soutenus et encouragés dans cet élan d'activité par les pouvoirs publics. Pourtant, l'action de cette grande presse du secteur privé renforce celle des médias à capitaux publics (la presse gouvernementale) et permet à l'Etat et aux pouvoirs publics, d'assumer leur devoir régalien, celui de l'information et de l'éducation des masses citoyennes.

Plus de deux décennies après la libéralisation du champ médiatique camerounais, les médias d'envergure à capitaux privés (quotidiens, bihebdomadaires et hebdomadaires, pour le cas de la presse écrite, chaînes de radio et de télévision urbaine de première zone), font face aux dures réalités de la récession économique[140]. Dos au mur, ces promoteurs des organes de presse sollicitent des pouvoirs publics depuis des années, quelques facilités sur le plan socio-économique, l'application des accords de Florence mais également, l'allocation d'une subvention plus consistante aux médias qui participent à plein temps à la production et à la diffusion de l'information, pour leur permettre de faire face aux différentes charges. La réaction des pouvoirs publics n'a toujours pas, jusqu'ici, comblé les attentes des uns et des autres, qui doivent alors recourir à d'autres moyens, pour rester sur scène. Selon Georges Madiba (2007), « *Il est compréhensible, mais pas légitime, que certains DP (Directeurs de publication) fassent appel aux fonds occultes, pour renflouer leurs caisses* ». De nombreux directeurs de publication versent ainsi dans le « braquage » légitime (Nna Ntimban, 2014). De l'avis de nombreux professionnels de la communication, la restructuration du champ de la presse au Cameroun passe par la création de véritables entreprises de presse Madiba, (2007), Sipa (2007) et l'application impérative de la convention collective signée en 2008. De l'avis de Sipa (2011), sans cette convention, il sera difficile de parler d'une presse viable au Cameroun. La convention collective « *permet qu'entre les entreprises de presse et les travailleurs, il y ait des rapports saints basés sur de bonnes conditions de travail négociées régulièrement et progressivement dans un dialogue social de manière que le capital financier des organes de presse soit associé au capital intellectuel et humain des travailleurs de la presse, pour donner aux Camerounais, une offre d'information saine, crédible et pédagogique, capable de contribuer au développement du pays* ». Biloa

[140]De nombreux promoteurs d'organes de presse ne disposent pas suffisamment de ressources financières pour faire fonctionner leurs structures et produire une information de qualité. Les méventes enregistrées dans le seul secteur de la presse écrite et la crise dans le marché publicitaire depuis 1994, ont renforcé et agrandi le seuil de misère et de clochardisation au sein des rédactions.

Ayissi (2012)[141] et Souley Onohiolo quant à eux, observent que la réorganisation du champ de la communication sociale au Cameroun, passe impérativement par son toilettage, à savoir l'éradication de la « presse poubelle » et la promotion de la seule presse au service de l'information et de l'éducation des masses. Tant que ce toilettage exigé par les professionnels de la communication ne sera pas opéré, selon Batongue[142], le journalisme « alimentaire » continuera à faire des ravages et à avoir pignon sur rue au Cameroun. Les différentes déclarations des professionnels de la communication sociale au Cameroun, sans toutefois légitimer la pratique de « frigorification » qui participe du journalisme « alimentaire », reconnaissent que ceux qui s'illustrent dans la pratique, trouvent de bonnes raisons d'agir (Boudon, 1979).

CONCLUSION

La « frigorification » de l'information est une forme de communication qui participe chez les acteurs, du refus de diffuser l'information collectée sur le terrain, c'est-à-dire, de l'information au premier degré. Le blocage et donc le refus (volontaire) de publication ou de diffusion d'un article de presse en rapport avec un évènement ou une cérémonie ayant fait objet d'une couverture médiatique de la part d'une entreprise ou d'un organe de presse, est une sorte d'appel du pied, une interpellation plus ou moins ouverte à la négociation. Comme dans le cas du chantage à l'article qui procède du « braquage » stratégique, la tactique consiste chez les acteurs, hommes de médias, à amener leurs vis-à-vis « à la table des négociations » (Samnick, 2007)[143]. Il est évident que lorsque la négociation n'est pas vite engagée, c'est-à-dire lorsque ceux ou celles qui ont sollicité une couverture médiatique n'ont pas « bien parlé »[144], leur cérémonie ne sera pas diffusée. En refusant volontairement de publier une information, sous condition de paiement préalable de la somme d'argent exigée, la structure de communication qui est au cœur de l'action, œuvre pour la désinformation du public. Dans la pratique, les organes de presse qui s'illustrent dans ce phénomène sous la bannière des acteurs, trouvent de bonnes raisons d'agir, parce qu'ils sont confrontés à des problèmes de survie.

La pratique de « frigorification » est le symbole vivant de la précarisation dans le sous-champ de la communication sociale au Cameroun. La pratique constitue par ailleurs une interpellation sérieuse des pouvoirs

---

141 Journaliste, directeur des publications du journal Nouvelle Afrique

142 Journaliste, ancien directeur des publications du quotidien Mutations

143 Payer de l'argent dans le cas d'espèce

144 Lorsqu'ils n'ont pas versé le montant requis ou exigé par la Rédaction

publics à construire un environnement qui puisse permettre l'éclosion d'une presse épanouie, c'est-à-dire une presse libre et indépendante et au service de l'information du public

BIBLIOGRAPHIE

Accardo, A, 2007, *Journalistes précaires, journalistes au quotidien*, le Mascaret, Marseille 896 p.

Balle F, 1994, *Médias et société,* Montchrétien, Paris, 788 p.

Essousse, E, 2008, *La liberté de la presse écrite au Cameroun, ombres et lumières*, L'Harmattan, Paris, 366 p.

Berger P. ; Luckmann T., 1986, *La construction sociale de la réalité*, Méridiens- Klincksiek, Paris, 288 p.

Boudon R., 1979, *La logique du social.* Introduction à l'analyse sociologique, Hachette, Paris, 279 p.

Bourdieu P, 1980, *Le sens pratique*, Editions de Minuit, Paris, 480p.

Gweth Bi Bayoi, 2010, *Cameroun : cette presse qui nous manipule si souvent*, L'Harmattan. Paris, 200 p.

Lingo C., 1999, La charte du gombo, in TITI NWEL Pierre. *De la corruption au Cameroun*, Yaoundé, Friedrich Ebert, pp. 133-140.

Morin E., 1981, *Les sept savoirs nécessaires à l'éducation du futur*, Le seuil, Paris, 132 p.

Neveu E, 2001, *Sociologie du journalisme*, édition La Découverte, Paris, 123 p., Coll. *Repères*.

Nga Ndongo V., 1987, *Les médias au Cameroun : mythes et délires d'une société en crise*, Paris, L'Harmattan, 128 p.

Nga Ndongo V., 2007, *Plaidoyer pour la sociologie africaine*, Yaoundé, PUY, 137 p.

Nna Ntimban A., 2006, *Presse privée et journalisme « alimentaire » au Cameroun : le cas des « journalistes du Hilton » dans la ville de Yaoundé*, FALSH, Département de Sociologie, Mémoire de DEA, Université de Yaoundé I.

Nna Ntimban A., 2014, *La presse au Cameroun et la pratique du braquage » : essai de compréhension du phénomène chez les « journalistes du Hilton » dans la ville de Yaoundé,* FALSH, Département de Sociologie, Thèse de Doctorat PHD. Université de Yaoundé I.

Ondoua P., 2009, *Existence et valeurs : l'irrationnelle rationalité*, L'Harmattan, Paris, 264 p. Coll. *Pensée Africaine.*

Sipa J. B., 2007, Le chemin escarpé de la presse camerounaise, in *Histoire de la presse au Cameroun*, documents du SJEC, 12 p.

Zambo Belinga Joseph M. 1998, « *L'opprobre dans le discours politique au Cameroun de l'époque coloniale jusqu'à nos jours* » in Annales de la FALSH Université de Ngaoundéré, vol III, pp. 73-97.

Zinga V. S., 2001, Cameroun, une liberté de la presse précaire. De la chape de plomb politique à l'étau économique, in *Les cahiers du journalisme,* no. 9, Lille, France, pp. 102-111.

Schutz A., 1953, *Le chercheur et le quotidien, phénoménologie des sciences sociales*, Méridien Klinkcsiek.

18▪ MOTOTAXISTES DE VILLE MALGRE EUX

Kengne Fodouop

RESUME

Les mototaxistes font désormais partie intégrante du décor physique des villes du Cameroun. A l'aide des motos neuves ou d'occasion importées de Chine, de Corée du Sud ou du Japon, ils y assurent de jour comme de nuit, le déplacement de personnes et de biens de toutes sortes, à des tarifs très avantageux pour les usagers. Ils vont partout y compris dans les quartiers les plus enclavés des villes. L'écrasante majorité d'entre eux se livrent à l'activité de mototaxiste de ville faute d'avoir trouvé un emploi dans le secteur d'économie moderne public ou privé. Cette activité, ils l'exercent clandestinement en marge des règlementations, sans permis de conduire et dans des conditions de confort et de sécurité hasardeuses[145].

Si elle procure certes un emploi et donc des revenus aussi modestes soient-ils, à ses pratiquants, et facilite les déplacements de personnes et de biens dans les villes du Cameroun, elle est très dure à exercer. De plus, elle comporte de nombreux inconvénients. En effet, pendant les déplacements, les mototaxistes et leurs clients sont exposés aux intempéries et aux accidents, ils n'ont pas de casque de protection. Et puis, le comportement des mototaxistes considérés ici dans la circulation urbaine est tout sauf régulier. A vrai dire, il est inadmissible que l'activité de mototaxiste de ville se poursuive au Cameroun dans les conditions effroyables qui sont les siennes aujourd'hui. Ses inconvénients sont si nombreux et si dangereux que les autorités publiques ont l'impérieux devoir de l'interdire.

Mots-clés : *Transport, mototaxiste, crise économique, mototaxiste par défaut, pollutions, accidents mortels, paralysie de la circulation urbaine.*

INTRODUCTION

Ils se comptent par milliers, les individus qui s'investissent au Cameroun aujourd'hui, dans l'activité de mototaxiste de ville. A l'aide des motos neuves ou d'occasion importées de Chine, de Corée du Sud ou du

[145] Et pourtant, le 30 juillet 2013, le Premier Ministre a signé un décret qui apporte des innovations sur les conditions et les modalités d'exploitation des motocycles à titre onéreux au Cameroun

Japon, ils y assurent de jour comme de nuit, le déplacement des personnes et de biens de toutes sortes, moyennant une contrepartie en numéraire. Ils y exercent cette activité à cause non seulement du déficit de moyens de transport collectifs modernes, mais aussi et surtout de la pénurie des emplois salariés dignes de ce nom. En effet, c'est faute d'avoir trouvé un emploi dans les secteurs d'économie moderne public et privé, que l'écrasante majorité d'entre eux s'y sont lancés dans l'exercice de l'activité de mototaxiste.

Quotidiennement, ils sillonnent les rues du noyau central et des quartiers périphériques des villes, à la recherche d'une offre de transport. Ils y mènent illégalement leur activité, en marge des règlementations en vigueur, sans permis de conduire et dans des conditions de confort et de sécurité exécrables. En effet, pendant les déplacements, les mototaxistes et leurs clients sont exposés aux intempéries (au soleil et à la pluie) ; ils n'ont pas de casque de protection. Et puis, dans la circulation urbaine, le comportement des mototaxistes considérés ici, est tout sauf régulier : faufilement à toute vitesse entre les rangées de voitures, non- respect des sens uniques, empiètement sur les terre-pleins centraux et les trottoirs quand il y en a, tout, ou presque leur est permis. Leur prise de risque est totale. Aussi les piétons et surtout les automobilistes les considèrent-ils, comme des dangers ambulants, qui représentent un véritable goulot d'étranglement de la circulation urbaine. C'est dans ces conditions que les mototaxistes exercent leur activité dans les villes du Cameroun. Si cette activité fournit un emploi précaire et des revenus aussi modestes soient-ils, à ceux qui l'exercent et tend à faciliter les déplacements des personnes et des biens dans les villes du pays, elle est dure à pratiquer et de surcroît très dangereuse. De plus, elle comporte de très nombreux inconvénients. C'est pourquoi l'écrasante majorité des mototaxistes interrogés envient ceux qui travaillent dans les secteurs d'économie moderne public et privé et rêvent d'accéder un jour, à leur statut. A vrai dire, l'activité de mototaxiste telle qu'elle est pratiquée dans les villes du Cameroun aujourd'hui, est à interdire.

A partir du traitement documentaire et des observations et des enquêtes de terrain, cette contribution rend compte du profil socioprofessionnel des mototaxistes qui opèrent dans les villes du Cameroun, des raisons de l'engagement des intéressés, dans l'activité considérée, de leur quotidien, de leurs revenus et de leur avenir professionnel. Elle fournit des réponses précises aux questions suivantes : qui sont les motaxistes de ville du Cameroun ? Pourquoi exercent-ils le « métier » de mototaxiste ? Comment l'exercent-ils et en vivent-ils et de quoi leur lendemain professionnel sera-t-il fait ?

Outre le traitement documentaire, elle se fonde sur des observations et des comptages et sur une enquête par questionnaire effectuées au cours des années 2010, 2011, 2013 et 2014 dans 31 villes réparties dans les 10 régions administratives du Cameroun. L'enquête par questionnaire a été réalisée avec le concours de 70 étudiants du Second Cycle en géographie de l'Université de Yaoundé I, auprès d'un échantillon représentatif de 1975 mototaxistes répartis de manière suivante entre les 31 villes d'enquête : Douala (183 mototaxistes), Yaoundé (135 mototaxistes), Maroua (110 mototaxistes), Bafoussam (105 mototaxistes), Bamenda (100 mototaxistes), Bertoua (90 mototaxistes), Kousseri (82 mototaxistes), Kumba (80), Ngaoundéré (77), Dschang (75), Ebolowa (67), Nkongsamba (65), Buéa (62), Tcholliré (60 mototaxistes), (Edéa (58 mototaxistes), Yagoua (58 mototaxistes)), Meiganga (55 mototaxistes), Ambam (55 mototaxistes), Bafia (48 mototaxistes), Nanga-Eboko (45 mototaxistes) Foumban (45), Nkambe (44), Eséka (43), Limbé (40 mototaxistes), Sangmélima (35), Garoua-Boulaï (35), Loum-Chantiers (35 mototaxistes), Banyo (30 mototaxistes), Kribi (30 mototaxistes), Kribi (30 mototaxistes) et Moloundou (28 mototaxistes).

I. UN EFFECTIF PLETHORIQUE

Il est difficile de cerner avec précision, l'effectif des mototaxistes en activité dans les villes du Cameroun. En effet l'effectif des membres de ce corps de « métier » y varie selon les périodes de l'année et/ou de la journée. D'autre part, l'extrême mobilité spatiale des mototaxistes complique davantage, les tentatives de leur recensement. Enfin, le fait que certains élèves, étudiants, ouvriers industriels et autres petits fonctionnaires, se livrent à l'activité de mototaxiste de ville périodiquement ou occasionnellement, juste le temps d'acquérir l'argent qui leur est momentanément nécessaire, complique encore plus le problème. Toutefois, à partir d'une série d'essais de dénombrement réalisés dans 31 villes réparties dans les 10 régions administratives du Cameroun entre le 1er février 2010 et le 31 juillet 2014, avec l'aide de 70 étudiants du Second cycle du Département de géographie de l'Université de Yaoundé I, on peut avancer le constat suivant. Dans la ville de Douala, les mototaxistes avoisinent aujourd'hui 55 000 ; dans celle de Yaoundé, ils sont au nombre de 21 300 ; ils sont 15 000 à Maroua, 10 500 à Bafoussam, 4 000 à Kumba, 3 500 à Bertoua et 3 000 à Bamenda.

Dans une centaine de villes du Cameroun moins peuplées que les précédentes, l'effectif des mototaxistes oscille entre 500 et 1500. Le moins qu'on puisse dire est que l'effectif des individus qui s'investissent aujourd'hui dans le transport par moto dans les villes du Cameroun est pléthorique. Il n'est pas exagéré d'avancer que ce sont près de 175 000 individus qui se livrent aujourd'hui à l'activité de motaxiste de ville au Cameroun. Si l'on y ajoute quelque 25 000 hommes, qui y exercent des activités liées au transport par mototaxi comme réparateurs, décorateurs ou vendeurs de pièces de rechange de motos, ce sont près de 200 000 hommes qui y sont directement ou indirectement impliqués..

La question des effectifs des mototaxistes en activité dans les villes du Cameroun étant élucidée, voyons à présent qui sont ces mototaxistes, pourquoi ils ont choisi ce métier et comment ils vivent quotidiennement de leur activité.

II. LE PROFIL SOCIOPROFESSIONNEL DES MOTOTAXISTES DE VILLE

D'après les observations et enquêtes de terrain, les mototaxistes en activité dans les villes du Cameroun sont tous de sexe masculin. On y relève toutes les classes d'âge, toutefois les jeunes de moins de 35 ans y sont largement majoritaires, puisqu'ils en représentent en moyenne les 75 % dans des villes comme Maroua, Garoua, Bertoua et Batouri. Outre les Camerounais, y figurent selon les villes, en proportions variables, des Nigérians, des Tchadiens et des Centrafricains. Cela dit, l'effectif des mototaxistes considérés ici est constitué en majorité de Camerounais. Ainsi les Camerounais forment 98 % de l'effectif des mototaxistes de la ville de Douala ; ils représentent 99,5 % de celui des mototaxistes de Bafoussam, 93,2 % de celui des mototaxistes de Yaoundé et 72,7 % de celui des mototaxistes de Kousseri dans le Nord du Cameroun. D'autre part, les mototaxistes de nationalité camerounaise se répartissent entre tous les principaux groupes ethniques du Cameroun, depuis les Bamiléké jusqu'aux Bulu, en passant par les Duala, les Bassa, les Eton, les Ewondo, les Bamoun, les Bakossi, les Yambassa, les Maka, les Mbo, les Ntumu, les Toupouri, les Maka, les Peul et les Toupouri. Toutefois, dans les villes du Sud Cameroun oriental, les Bamiléké se détachent du lot suivis des originaires du Nord-Cameroun, de ceux du Pays béti et de ceux du Pays bamoun. Dans celles du Sud Cameroun occidental, les ressortissants des Grassfields occupent des positions fortes, suivis des Bamiléké et des originaires du Nord-Cameroun. L'effectif des mototaxistes considérés comprend une proportion non négligeable des diplômés des Enseignements primaire, secondaire et supérieur. En effet 15,5 % de ces mototaxistes sont titulaires du CEPE, 20,4 % ont le Baccalauréat ou un diplôme équivalent et 19,4 % sont nantis d'un diplôme du supérieur (Licence, BTS, DUEL, ou DUES). En règle générale, 75 % des mototaxistes de ville du Cameroun ont été scolarisés jusqu'au premier cycle du secondaire. 27 % exercent leur activité depuis moins de 3 ans et 25 % y ont entre 3 et 5 ans d'ancienneté ; toutefois, 55 % des mototaxistes de ville du Cameroun exercent cette activité depuis plus de 5 ans.

III. DES MOTOTAXISTES DE VILLE PAR DEFAUT

L'examen des motivations des mototaxistes pour exercer leur activité est très instructif. En effet, interrogés sur les motivations du choix de l'activité qu'ils exercent, 5,2 % des mototaxistes de ville du Cameroun ont affirmé s'y être lancés sur les conseils des parents ou des amis ; 3, 8 % des mototaxistes ont déclaré s'y être engagés en raison de leur préférence marquée pour cette activité.

Cependant 91 % des mototaxistes de ville du Cameroun disent s'être impliqués dans l'activité exercée à défaut d'avoir trouvé un emploi fiable et stable dans les secteurs d'économie moderne public et privé. C'est le cas de Lamine rencontré à Maroua. Après quatre années d'études supérieures couronnées par une Licence en géographie en 2010 à l'Université de N'Gaoundéré, il fait le transport par mototaxi parce qu'il n'a pas trouvé de job dans la fonction publique ni dans le secteur moderne privé. C'est aussi le cas de Kelodjoué, titulaire d'un BTS en mécanique auto que nous avons interrogé à Douala. Depuis qu'il a perdu son emploi à la société Cami-Toyota à Douala en 2009, il n'a pas trouvé un autre emploi moderne de réparateur de voitures dans une entreprise similaire. En attendant, de trouver si possible un tel emploi, il a opté pour le transport par mototaxi pour pouvoir subvenir à ses besoins et à ceux de sa famille. C'est encore le cas de Ndenecho Fidelis, maçon de formation rencontré dans la ville de Kumba. Depuis qu'il n'obtient plus de l'administration publique et des particuliers, des contrats de construction des maisons, métier qu'il sait bien faire, il se livre au transport par mototaxi pour avoir de quoi, se loger, se nourrir et satisfaire ses autres besoins existentiels. C'est en quatrième lieu le cas de Tamba Gustave, diplômé de l'ENSTP rencontré en 2013 à Yaoundé. Au cours de l'entretien que nous avons eu, il nous a déclaré ceci. « *J'ai fait un apprentissage en menuiserie ; mais quand j'ai voulu chercher du travail, je n'ai rien trouvé. Au bout d'une année et demie de recherche de travail infructueuse, je me suis rabattu sur le transport par mototaxi* ». Quant à Bokam Alphonse (niveau Bacc + 2), approché dans la ville de Bertoua, il a d'abord travaillé à la direction d'une société d'exploitation forestière à Dimako. Mais quand il a perdu son emploi il y a trois ans et qu'il n'en a pas trouvé un autre, le transport par mototaxi a été l'unique opportunité qui s'est offerte à lui ; « *Aujourd'hui c'est cette activité qui me permet de survivre et de faire survivre ma famille* », conclut-il.

Des milliers de diplômés sortent chaque année des Universités publiques et privées du Cameroun. A défaut de trouver du travail auquel les prédestine la formation acquise, nombre d'entre eux s'insèrent dans l'activité de mototaxiste de ville, en tant que premier emploi. A leurs heures libres, certains étudiants s'adonnent à cette activité pour pouvoir se procurer des documents académiques. A l'image de René, étudiant en droit, qui affirme que c'est la pratique du transport par mototaxi qui lui a permis de s'acheter des documents académiques. A la fin de leur formation, d'autres étudiants, se lancent dans cette activité, en attendant de trouver si possible, un emploi stable et mieux rémunéré dans la fonction publique ou dans le secteur moderne privé. La crise économique née au milieu des années 1980, en provoquant une forte contraction de l'emploi salarié, un important excédent de main-d'œuvre et la baisse continue du pouvoir d'achat des ménages, a créé dans toutes les villes du Cameroun un terrain favorable au développement du transport par mototaxi. Le propos de Gustave Todem, mototaxiste que nous avons interrogé à Yaoundé en novembre 2013 est à cet égard très révélateur. « *J'ai décidé dit-il, de me livrer au transport par mototaxi parce que j'étais acculé par la misère et la galère. Ma maîtrise en histoire en poche depuis 2010 et pendant près de trois ans, je suis resté sans travail, alors que j'avais ma femme et deux enfants à nourrir* ». Celui de Tépoudem Bernard rencontré à Bertoua en janvier 2014 va dans le même sens. « *Si un jour on m'avait dit que j'exercerais le métier de mototaxiste, je ne l'aurais jamais cru. Mais aujourd'hui, j'exerce ce métier alors que j'ai un BTS en plomberie en poche. Pendant deux bonnes années, j'ai cherché en vain un poste de travail dans les entreprises à Yaoundé et à Douala avant de me résoudre à m'engager dans le transport par mototaxi, ici à Bertoua* ». Félix Tédadjeu approché à Bafoussam en mars 2014, va plus loin. « *Après 15 mois de recherches infructueuses de travail dans les entreprises modernes publiques et privées un peu partout au Cameroun, je me suis mué en mototaxiste. J'en avais marre de prendre mon mal en patience. Mon diplôme en commerce international ne m'ouvrait pas les portes de l'emploi. Sans les connaissances haut placées, on n'est rien dans ce pays. Alors j'ai décidé de ne plus me lamenter sur mon sort et de prendre mon destin en main, en m'engageant dans le transport par mototaxi* ». Dans la foulée de la crise économique incriminée, déflatés, diplômés, déscolarisés et chômeurs plus ou moins jeunes, s'y sont lancés dans l'exercice du transport par mototaxi, par défaut.

En règle générale, l'écrasante majorité des mototaxistes se sont lancés dans l'activité exercée par défaut, c'est-à-dire faute d'avoir trouvé mieux, soit lorsqu'ils ont perdu leur emploi, soit parce qu'à la fin de leurs études, couronnées par des diplômes, aucune autre opportunité ne s'est présentée à eux. Le transport par mototaxi est une activité qui permet à ceux qui s'y adonnent à plein temps de s'affranchir du chômage et à ceux qui le font à mi-temps de joindre plus ou moins les deux bouts. Pour l'écrasante majorité de ses acteurs le transport par mototaxi est une activité qu'ils exercent en attendant mieux (Enquêtes de terrain Années 2010-2011-2012-2013-2014).

IV. LE TREPIDANT, EPROUVANT ET PERILLEUX QUOTIDIEN DES MOTOTAXISTES

Qu'ils travaillent en permanence ou par intermittence, les mototaxistes de ville du Cameroun connaissent un trépidant, éprouvant et périlleux quotidien. En effet, l'activité qu'ils exercent exige avant tout de l'endurance physique. Parcourant un long circuit chaque jour, les mototaxistes se doivent effectivement d'être endurants. Ils n'ont pas en périodes de pluie et de forte chaleur, le confort d'un conducteur de taxi ou de minibus de transport collectif. Lorsqu'il s'agit de commencer la journée de travail à 4 heures du matin ou de travailler jour et nuit, comme c'est très souvent le cas des mototaxistes considérés, il faut que le physique et le mental suivent et dans la durée. Ailleurs, dans les pays développés d'Europe et d'Amérique, il est très conseillé aux mototaxistes de s'entretenir physiquement pour être résistants et être aptes à leur tâche. Une vie saine et sportive, des périodes de repos régulières y sont vivement recommandées aux mototaxistes. En règle générale, la faiblesse physique ne pardonne pas aux conducteurs de motos. Pour tout dire, les mototaxistes doivent être résistants et de bonne condition physique.

En outre, les mototaxistes doivent être résistants au stress. En effet, entre la circulation dense et la nervosité des multiples usagers de la voirie urbaine, entre l'enchaînement des trajets et la peur de mettre en danger leur vie ou celle des clients qu'ils transportent, les mototaxistes sont soumis à de nombreuses tensions.

D'après les observations et les enquêtes de terrain, les mototaxistes de ville du Cameroun se tapent généralement de longues et très pénibles journées de travail. L'écrasante majorité d'entre eux travaillent par tous les temps. Si certains d'entre eux commencent leur activité autour de 4 heures du matin et s'arrêtent à 20 heures ou 22 heures, d'autres travaillent jour et nuit, ne s'offrant entre les deux tranches de temps qu'un bref sommeil de quelques minutes. L'écrasante majorité des mototaxistes travaillent sans interruption du matin au soir en se restaurant à midi auprès des vendeuses ambulantes de nourriture ou auprès des gargotes situées à proximité de leur poste d'emploi. La durée de temps de travail des mototaxistes dépend du nombre de courses qu'ils ont à effectuer. Il leur arrive souvent de travailler plus de 12 heures par jour, lorsqu'ils prennent des courses lointaines ou lorsque les demandes sont nombreuses lors d'événements particuliers. Rouler entre 10 heures et 14 heures voire plus par jour, est forcément très éprouvant, sans compter l'anticipation du trafic à chaque trajet. Il n'est pas exclu que, lorsqu'ils veulent se reposer, les mototaxistes confient leur moto à des amis ou à des cadets pour leur permettre de gagner eux aussi un peu d'argent, surtout que la réglementation de l'activité est loin d'être rigoureusement respectée. Toutefois, l'exercice de l'activité de mototaxiste est généralement le fait d'une seule personne qui travaille toute la journée.

Les mototaxistes de ville du Cameroun n'ont pas de couloirs de circulation « réservés ». Ils n'ont pas de parcs de stationnement aménagés ; ils n'ont pas le droit de stationner où ils veulent à n'importe quel moment. A la limite, ils peuvent stationner sur les voies publiques pour embarquer les clients qui font appel à eux.

Les mototaxistes considérés travaillent dans des conditions matérielles extrêmement difficiles et sont confrontés en permanence à deux contraintes majeures : les intempéries et les risques d'accidents ; à cet égard, les mototaxistes sont exposés en permanence aux caprices du climat (forte pluviométrie, chaleur), aux émissions de gaz de la circulation automobile, mais surtout aux risques d'accidents. Les mototaxistes considérés ne prennent pas assez de précaution sécuritaire ni pour eux-mêmes ni pour les passagers.

Par ailleurs, du fait de leur mauvais comportement dans la circulation urbaine, les mototaxistes de ville du Cameroun se font souvent engueler par les passants ; ils travaillent sous la hantise de la répression et du racket des forces de l'ordre.

Les mototaxistes de ville du Cameroun sont disponibles partout, à toute heure, en toutes saisons, font du porte-à-porte et n'imposent pas aux usagers de délai de remplissage avant le départ ; ils transportent toutes les catégories sociales et sont accessibles aux bourses les plus modestes. Toutefois, le gros de leur clientèle est constitué de femmes, de jeunes garçons et filles, d'écoliers, d'élèves, d'étudiants et de petits travailleurs indépendants.

Quand ils ne sillonnent pas les rues à la recherche des clients, les mototaxistes considérés se massent dans les carrefours, les entrées des marchés, des gares routières, des écoles primaires et surtout secondaires, des campus universitaires et autres stades de football. Là-bas, penchés sur le guidon de leur moto, ils braquent toujours leurs regards sur les passants dans l'espoir de trouver des clients à transporter ; ils n'hésitent pas à aller au-devant des passants pour leur proposer de les conduire à destination. Bien que la concurrence soit acharnée entre eux, les mototaxistes font preuve d'une grande solidarité et s'entraident mutuellement. Quand un de leurs collègues vient à subir une injustice ou ce qu'ils considèrent comme tel, tous les autres volent à son secours. C'est ici le lieu de relever que lorsqu'on se déplace en voiture, on doit se méfier d'avoir le moindre frottement avec un mototaxiste de ville ; pour celui-ci et ses collègues, vous aurez inéluctablement tort. Aussitôt, des dizaines de mototaxistes feront irruption sur le lieu de l'accrochage, vociféreront contre votre personne, et s'emploieront à vous convaincre. Et la police, si elle arrive, ne fera rien pour les démentir.

Nombre de mototaxistes de ville du Cameroun travaillent avec un téléphone mobile avec lequel ils se communiquent des informations sur leur activité. Ainsi, dès qu'ils apprennent des collègues qu'à un point de la ville où ils travaillent, les passagers sont nombreux mais les taxis et les cars de transport collectifs rares, ils s'y précipitent à toute vitesse.

Les mototaxistes considérés foulent au pied les règles élémentaires du code de la route avec comme conséquences néfastes : des accidents. Les mototaxistes de ville du Cameroun exercent leur activité en marge de la réglementation en vigueur, ils n'ont aucune qualification ou très peu, ne portent pas de casque de protection et sont exposés aux intempéries : chaleur, vent, pluie et froid. De plus, ils enregistrent de faibles rémunérations ; (ils sont très exposés aux accidents de circulation) et travaillent plus longtemps dans la journée.

Comme on le voit, les mototaxistes de ville au Cameroun font face à de nombreuses difficultés dans l'exercice de leur activité. Ils n'ont pas de régime de protection sociale. Non inscrits dans un syndicat, ils ne peuvent pas bénéficier d'indemnisations en cas d'accidents de travail, ni d'assurance maladie ou décès. C'est bien là le côté sombre de leur « métier », si tant est qu'on peut parler de métier.

V. DES REVENUS DERISOIRES

Combien les mototaxistes de ville du Cameroun gagnent-ils ? Tirent-ils de l'exercice de leur activité de quoi satisfaire tous leurs besoins existentiels ? Où se situent-ils dans la grille des rémunérations salariales de leur pays ?

A la vérité, comme nous l'ont confié des milliers de mototaxistes de ville du Cameroun, l'activité qu'ils mènent n'est pas un métier au sens propre du terme ; elle est seulement une « occupation » qui leur permet de survivre, du moins de résoudre leurs besoins les plus urgents et encore ! En effet, au Cameroun les gains dérivés de l'activité de mototaxiste de ville sont limités, pour ne pas dire dérisoires, en comparaison de ceux qui sont liés à l'exercice des emplois dans les secteurs d'économie moderne public et privé ou à celui d'autres petits métiers comme la coiffure, la maçonnerie ou la photographie négociée. Ici, les mototaxistes de ville travaillent le plus souvent pour des revenus quotidiens dérisoires. La concurrence qui sévit dans leur activité, ne leur facilite d'ailleurs pas les choses. En effet, les mototaxistes sont si nombreux dans moult villes du Cameroun qu'ils se font une concurrence féroce qui concourt à réduire leur marge bénéficiaire. Cette concurrence est si féroce qu'elle contraint certains mototaxistes à abandonner leur activité au bout de quelques mois ou de quelques années d'exercice. Parce que nombre de mototaxistes louent leur engin à des tiers pour s'en sortir, ils sont obligés de travailler d'arrache-pied et vite pour pouvoir disposer à la fin de la journée d'une recette supérieure à celle que leur imposent les propriétaires des motos, d'où les surcharges fréquentes.

Le moins qu'on puisse dire ici est qu'au Cameroun, le revenu annuel moyen d'un mototaxiste de ville est à peine supérieur au salaire minimum interprofessionnel Garanti qui s'y élève aujourd'hui à 36 270 francs CFA. L'activité de mototaxiste de ville y est bien moins rémunératrice que celle de transporteur de voiture taxi classique.

Certes, ce sont des moyennes obtenues des déclarations de 1975 mototaxistes interrogés. Elles ne visent qu'à refléter les tendances ; toutefois, elles sont confortées par les résultats d'autres scientifiques (Ngantchou S. B. 2011, Amougou Mgarga A. B., 2010, Ponka E., 2007, Ngandeu J., 2006).

Dans l'ensemble, l'activité de mototaxiste de ville est une activité très contraignante pour ne pas dire très pénible qui ne parvient pas toujours à nourrir son homme. Nous survivons à peine avec notre activité nous ont confié la majorité des 1975 mototaxistes interrogés. Un conducteur de mototaxi débutant réunit à peine 25 000 francs CFA par mois et 30 000 francs CFA avec de l'expérience

VI. UNE ACTIVITE TRES DANGEREUSE

Au Cameroun, l'activité de mototaxiste de ville n'a pas seulement la particularité d'être très contraignante et très pénible pour ses pratiquants ; elle est aussi très dangereuse. En effet, si la précarité, l'incertitude et finalement la dangerosité y caractérisent au plus haut point nombre d'activités du secteur informel urbain, celles relatives à la pratique de l'activité de mototaxiste, y sont très accentuées pour ne pas dire pires à tout point de vue. A vrai dire, l'activité considérée comporte de nombreux inconvénients aussi bien pour ceux qui la pratiquent que pour le reste de la population des villes.

L'unanimité se fait également pour reconnaître les risques d'accidents et d'agressions que représentent les mototaxistes. Bras cassés, entorses à la cheville, déboîtements de la hanche, double fracture de la jambe, crâne broyé, ces horreurs dignes des films d'épouvante sont le lot quotidien des conducteurs et des usagers des mototaxis. « *Sans casque et parfois ne maîtrisant pas les bases du code de la route, les conducteurs des mototaxis prennent très souvent des risques insensés* », s'indignent de nombreux habitants des villes du Cameroun. Excès de vitesse, dépassements à droite, arrêts intempestifs, non-respect des feux rouges, les mototaxistes considérés sèment la mort dans presque toutes les villes du Cameroun. Et pour cause, ils sont pressés, les yeux plus tournés vers la montre que sur la route. « *Mus par l'appât du gain, ils n'ont qu'une obsession, effectuer le maximum de trajets et ainsi gagner davantage d'argent* » déclarent de nombreux usagers rencontrés dans les rues de Douala, de Yaoundé, de Bafoussam, de Maroua, de Garoua, de Kumba et de Bertoua. Nombre de mototaxistes ne sont pas propriétaires des engins qu'ils conduisent. Parce qu'ils louent les engins entre 1 000 et 2 000 francs CFA par jour à des propriétaires, ils se fichent carrément de leur état physique. Pour survivre, les mototaxistes considérés sont obligés d'effectuer le maximum de trajets pour pouvoir disposer à la fin de la journée d'une recette supérieure à celle que leur imposent les propriétaires des motos déclarent-ils.

Ainsi, il ne se passe pas de jours sans qu'on déplore dans de nombreuses villes du Cameroun des accidents mortels dûs à l'activité des mototaxistes. A titre d'exemple la ville de Douala enregistre en moyenne 2 à 3 accidents mortels dus quotidiennement à cette activité ; celle de Maroua en enregistre entre 1 et 2 et celle de Bafoussam autant. Les accidents dus au transport par mototaxi sont si fréquents dans la ville de Douala que l'un des pavillons des urgences de l'hôpital Laquintinie, le plus grand Hôpital public de cette ville a été baptisé, il y a 8 ans, « *Pavillon Benskin* »[146], du nom donné localement aux pratiquants du transport par mototaxi. Ce pavillon accueille entre 20 et 30 accidentés du transport par mototaxi par jour. Ces accidents dont certains sont mortels, ne semblent inquiéter outre mesure, les autorités municipales pas plus que les habitants de la métropole économique du Cameroun. Ici comme dans de nombreuses autres villes du pays, les habitants sont de plus en plus nombreux à recourir à ce moyen de transport dangereux.

Les accidents liés à l'activité des mototaxistes de ville sont si fréquents que nombre de citadins rencontrés dans les villes du Cameroun affirment préférer se déplacer à pied, quelle que soit la distance à affronter, que d'emprunter les mototaxistes qui, selon eux, ne sont pas fiables.

[146] Le terme Benskin est le produit de l'association des mots anglais « ben » et « skin » et peut se traduire en pidgin (anglais local) par « penche-toi ». Son usage provient de la position surélevée du passager sur les premiers engins exploités, obligeant ainsi le passager à se pencher pour s'accrocher au conducteur.

En 2012, le ministère camerounais des Transports a dénombré 745 accidents mortels sur les 3 605 recensés, qui sont directement imputables à l'activité de mototaxiste de ville (ministère des Transports, 2013). Aux accidents dus à l'activité des mototaxistes s'ajoutent les heurts, échauffourées et autres altercations liés au mécontentement et à la rude concurrence entre mototaxistes d'une part, et entre mototaxistes et conducteurs de voitures-taxi d'autre part.

En second lieu, les mototaxistes et leurs clients sont exposés en permanence à des problèmes de santé. Les uns et les autres respirent régulièrement du monoxyde de carbone qui se dégage des pots d'échappement des motos.

Au-delà des problèmes de santé, les mototaxistes de ville du Cameroun sont exposés à un problème de sécurité. De jour comme de nuit, ils sont sur les rues et les boulevards avec des clients inconnus et passent par des lieux dangereux, avec le risque de vol de la moto ou de perte de vie humaine du mototaxiste.

En troisième et dernier lieu, certains mototaxistes de ville du Cameroun s'emploient à dépouiller ou à déposséder de force, les clients transportés de leurs bagages et de leurs biens précieux comme les montres, les ordinateurs, les téléphones portables et les espèces sonnantes et trébuchantes ou à les livrer à des bandits qui en font de même. Dans le même ordre d'idées, nombre d'inciviques utilisent le concours des mototaxistes, pour semer le désordre et la terreur dans les quartiers d'habitat populaire des grandes villes comme Douala, Yaoundé, Bafoussam, Maroua, Kumba ou Nkongsamba.

Enfin, dans les petites villes du pays, les mototaxistes profitent de leur pouvoir pour abuser de jeunes clientes et avoir des relations sexuelles précoces avec elles.

UNE ACTIVITE A INTERDIRE

Que dire pour boucler cette analyse scientifique de l'activité des mototaxistes de ville au Cameroun sinon qu'il revient à la puissance publique de ce pays d'interdire la pratique de cette activité dans sa forme actuelle. En effet, l'attitude que les autorités publiques du Cameroun doivent avoir à l'égard de l'activité des mototaxistes étudiée, est celle d'en interdire la pratique le plus tôt possible. Il faut avoir l'honnêteté et le courage scientifiques de lui recommander une telle décision.

Certes, pour les travailleurs pauvres et surtout ceux résidant dans les quartiers reculés et enclavés des villes camerounaises, le transport par mototaxi est le mode de déplacement le plus adapté pour rejoindre leurs différents lieux d'activité, sans avoir à payer un taxi onéreux ou à parcourir à pied, des trajets plus ou moins longs. Une deuxième catégorie d'utilisateurs privilégiés du transport par mototaxi y est celle des commerçants. Grâce à ce mode de transport, ils n'ont plus à faire face à de longues négociations avec les chauffeurs de taxi pour transporter leurs marchandises à destination ou en provenance des marchés ou des magasins de commerces. Avec les mototaxistes, la livraison des marchandises se fait dans de meilleures conditions de rapport qualité/prix. Une troisième catégorie d'utilisateurs privilégiés du transport par mototaxi y est représentée par les élèves et étudiants qui en dépendent largement pour leurs déplacements à destination de l'école, du collègue et de l'université. Il en est de même des malades qui pour nombre d'entre eux, vont à l'hôpital et en reviennent à bord des mototaxis. A l'aide du téléphone portable, on peut même de chez soi, faire appel à un mototaxiste pour effectuer ses courses.

Certes aussi, les mototaxistes de ville permettent de se déplacer beaucoup plus vite surtout aux heures d'embouteillage et de réaliser un gain de temps. Les motaxis sont rapides et lorsqu'il y a urgence, c'est plus pratique de s'en servir pour gagner du temps. Avec la récurrence des embouteillages surtout dans les grandes villes qui disposent d'un parc de véhicules automobiles dense telles que Douala, Yaoundé, Bafoussam, Bamenda, Limbé, ou Bamenda, les mototaxistes peuvent les contourner et conduire les clients à leur destination dans un bref délai.

Certes encore, pour des milliers de citadins camerounais, l'activité de mototaxiste est un gagne-pain, un moyen de se sortir des passes difficiles et de se procurer de quoi manger, s'habiller et même se loger. En effet, comme souligné plus haut, l'activité de mototaxiste de ville fournit directement ou indirectement un gagne-pain à près de 200 000 citadins camerounais et à leurs familles.

Certes enfin, pour les usagers, il est plus économique de se déplacer en mototaxi qu'avec les autres moyens de transports. En effet, dans les villes du Cameroun à trajet égal, le transport par mototaxi coûte moins cher aux usagers que les déplacements en taxi. Mais qu'importe, la puissance publique doit se résoudre à interdire cette activité dans sa forme actuelle. C'est ici le lieu de rappeler que l'option du Président camerounais de complimenter la tâche des mototaxistes dans son message aux jeunes, la veille des éditions 2013 et 2014 de leur fête, a déçu une grande partie de l'opinion publique nationale.

Les motifs sont nombreux qui plaident en faveur d'une interdiction par la puissance publique de l'activité de mototaxiste de ville telle qu'elle est pratiquée au Cameroun aujourd'hui

Premièrement, au Cameroun, les mototaxistes de ville exercent leur activité dans l'illégalité. En effet, ils n'y ont pas de permis leur conférant l'aptitude et le droit de conduire des motos sur les voies publiques. Ils n'y ont pas non plus de licence leur ouvrant l'accès à la profession de transporteur public de personnes et de biens par moto à eux délivrée par l'autorité publique compétente, à savoir le Ministre des Transports. Ils n'ont pas d'assurance de transport donnant une assistance, à la moto, à son conducteur, aux passagers et aux biens transportés. Nombre d'entre eux n'y disposent pas de plaque d'immatriculation qui permettrait d'identifier leur engin et de lutter contre les infractions au code de la route et contre le vol ; d'autre part, les mototaxistes considérés ne sont pas affiliés à la CNPS ; autrement dit, ils ne paient pas de cotisations sociales ; c'est dire qu'ils ne peuvent pas y être indemnisés des dommages subis dans l'exercice de leur activité (blessures, infirmités, invalidités, décès). Par ailleurs, il n'existe pas au Cameroun de syndicat national des mototaxistes de ville en tant que tel, qui aurait pour tâche de défendre les intérêts de ses adhérents surtout face aux pouvoirs publics souvent hostiles à leur activité. Enfin, pendant l'exercice de leur activité, les mototaxistes ne reculent pas devant la surcharge ; en effet, ils transportent souvent 3 à 4 personnes en plus de plusieurs kilogrammes de bagages sur des engins conçus à l'origine pour transporter un maximum de 2 personnes et des colis accompagnés. Ils font de la surcharge au vu et au su de tout le monde.

Deuxièmement, cette activité constitue un grand facteur de pollution de l'environnement spatial des villes et de détérioration de la santé et des mototaxistes et de leurs clients. En effet, l'activité de mototaxiste considérée ici est génératrice de bruits et de bruits assourdissants. Aux heures de pointe, ce sont de véritables brouillards de fumée de gaz d'échappement, qui couvrent les artères desservies, irritant les yeux et causant des problèmes respiratoires. Les motos en service y compris celles qui sont neuves, sont généralement mal réglées, mal entretenues et par conséquent très polluantes, du fait qu'elles consomment souvent du carburant de mauvaise qualité. Comme telle l'activité de mototaxiste ne ruine pas seulement la santé des mototaxistes qui respirent quotidiennement du monoxyde de carbone ; elle compromet tout autant celle des usagers du transport par mototaxi.

Troisièmement, l'activité de mototaxiste de ville constitue une véritable gêne pour la circulation urbaine. En effet, au Cameroun les mototaxistes de ville ne respectent aucune règle du code de la route. Dans les rues, ils roulent à toute vitesse, parfois à contre sens, se faufilent imprudemment entre les rangées des voitures automobiles, empiètent sur les terre-pleins centraux et les trottoirs quand il y en a, s'arrêtent et repartent subitement sans clignoter, grillent les feux rouges pour gagner du temps et font des dépassements à droite. Ils s'arrêtent en pleine chaussée pour embarquer ou déposer les clients, pour redémarrer le moteur ou la chaîne de leur engin qui viennent de lâcher ou pour invectiver les automobilistes et/ou camionneurs qui les serrent de près. A travers un tel comportement, ils occasionnent des embouteillages monstres qui paralysent la circulation le long des principales rues des petites et grandes villes du Cameroun, accroissent la consommation du carburant et allongent les temps des trajets. A cause des mototaxistes, la conduite dans les villes du pays est devenue un casse-tête, pour ne pas dire un chemin de croix, même pour les automobilistes les plus expérimentés.

Enfin, comme souligné précédemment, au Cameroun, l'activité de mototaxiste de ville est à l'origine de très nombreux accidents de circulation dont plusieurs sont mortels et de multiples cas d'agressions des usagers. Les risques d'accidents dus à l'activité de mototaxiste de ville y sont d'autant plus élevés que les pratiquants ne respectent pas le code de la route et font régulièrement la surcharge des passagers et des colis transportés. L'activité de mototaxiste telle que pratiquée jusqu'ici y a coûté la vie à de très nombreuses personnes. Cette activité y est considérée, a juste titre par une bonne partie de la population, comme un passeport pour la mort.

Les inconvénients qui viennent d'être évoqués sont suffisamment éloquents pour justifier la nécessité pour ne pas dire l'urgence d'une interdiction de l'activité de mototaxiste de ville au Cameroun, pour qu'elle ne continue pas à endeuiller les familles et à paralyser la circulation dans de nombreuses cités du pays. Interdire l'activité de mototaxiste de ville telle qu'elle est pratiquée au Cameroun aujourd'hui reviendrait aussi à y éliminer un facteur majeur de pollution de l'espace physique des villes et de détérioration de la santé des mototaxistes et de leurs clients.

La nécessité d'interdire l'activité de mototaxiste de ville au Cameroun est d'autant plus justifiée que comme on l'a démontré précédemment, l'écrasante majorité des pratiquants de cette activité l'exercent par défaut, c'est-à-dire parce qu'ils n'ont pas trouvé mieux à faire et les revenus qu'ils en tirent, ne leur permettent pas de couvrir tous leurs besoins fondamentaux. Elle est aussi d'autant plus justifiée que jusqu'au début des années 1990, l'activité de mototaxiste était absente dans l'écrasante majorité des villes du Cameroun. En effet, jusqu'à cette date, la politique socio-économique suivie par l'Etat camerounais a placé les conducteurs de voitures taxi, les entreprises de transport en commun par bus et minibus et les services de transport de personnels par cars des sociétés privées, en situation de satisfaire bon an mal an, la demande de déplacements par engins mécaniques.

CONCLUSION

Dans les villes du Cameroun, des milliers d'individus de différentes nationalités et en majorité jeunes exercent quotidiennement l'activité de mototaxiste, qui consiste à assurer de jour et de nuit, à l'aide des motos neuves ou d'occasion importées d'Asie, de Corée du Sud et du Japon, le déplacement de personnes et de biens de toutes sortes, moyennant une contrepartie en numéraire. Leur investissement dans cette activité est lié à la nécessité pour l'écrasante majorité d'entre eux, d'assurer leur survie ainsi que celle de leur famille, dans un contexte socio-économique très difficile où ils n'ont pas trouvé une source de revenus fiable et stable.

Les mototaxistes considérés mènent leur activité dans des conditions matérielles, de santé et de sécurité exécrables. En effet, ils ne portent pas de casque de protection et sont en permanence exposés aux intempéries (vents, pluie, froid et chaleur). Dans les rues, ils roulent à toute vitesse et parfois à contre sens, se faufilent imprudemment entre les rangées des voitures automobiles, empiètent sur les terre-pleins centraux et les trottoirs quand il y en a, s'arrêtent et repartent subitement sans clignoter, grillent les feux rouges et font des dépassements à droite. Ils s'arrêtent en pleine chaussée pour embarquer ou déposer les clients, pour redémarrer le moteur ou la chaîne de leur engin qui vient de lâcher ou pour invectiver les automobilistes et/ou camionneurs qui les serrent de près. L'activité qu'ils exercent au péril de leur vie et de celui de leurs clients ne leur procure malheureusement que des revenus dérisoires. Les problèmes que cette activité pose sont suffisamment nombreux et suffisamment éloquents pour justifier la nécessité de son interdiction par les autorités publiques du Cameroun. En effet, face à une activité qui passe pour être une source majeure de pollution de l'environnement physique des villes, de perturbation de la circulation urbaine et de survenue de nombreux accidents mortels, ces autorités ont l'impérieux devoir de l'interdire. L'interdire pour qu'elle ne continue plus à endeuiller les familles dans les villes et n'y paralyse plus la circulation urbaine.

BIBLIOGRAPHIE

Agossou Noukpo, 2003. La diffusion des innovations : l'exemple des *Zemijan* à travers l'espace Béninois, *Revue de Géographie du Cameroun,* Vol. XV n° 1, pp. 52-67.

Amougou Mbarga A. B., 2010. Le phénomène des motos-taxis dans la ville de Douala: crise de l'État, identité et régulation sociale : une approche par les « Cultural Studies, *Anthropologie et Sociétés*, Vol. 34, n° 1, pp. 55-73.

Amougou Bertoncello B., 2008, Disparités socio-spatiales recomposées et centralités émergentes : les nouvelles cartes d'une gestion privatisée, in S. Bredeloup, B. Bertoncello, J. Lombard (éds.), *Abidjan, Dakar : des villes à vendre ? La privatisation made in Africa des services urbains*, Paris, L'Harmattan, pp. 243-253.

Bobiokono C. ; Dang P. E., 2003, *Benskin : les nouveaux maîtres de Douala*, Le Quotidien.

Mutations du 7 octobre 2003.

CUY. 2012. Arrêté municipal n° 005/Cuy/Dts/12 du Délégué du gouvernement auprès de la Communauté urbaine de Yaoundé (Cuy), le 12 janvier 2012.

De Lima S., Wioland A. M., 2007, L'offre de transports urbains à Douala : Mise en place d'un outil de suivi, Rapport de stage, Douala, Communauté Urbaine de Douala.

DjiepmoNdjoukya G. R., 2008, *Les défis de la sécurité routière en milieux urbains au Cameroun : le cas des motos taxi à Yaoundé*. Mémoire de Master II, Université de Yaoundé 1, 132 p.

Godard X (dir.), 2002, *Les transports et la ville en Afrique ausud du Sahara. Le temps de la débrouille et du désordre inventif*, Karthala-Inrets, Paris, 416 p.

NS, 2012. *Annuaire statistique du Cameroun 2010*, MINECO, Yaoundé, 243 p.

Kaffo C., Kamdem P., Tatsabong B., 2012. Le transport par moto entre satisfaction des besoins des« cadets sociaux » et insécurité urbaine au Cameroun : quelles conjugaisons ? In Kamdem P. ; Kuété M. (eds) : *L'insécurité au Cameroun : mythes ou réalités ?*, IRESMA, Yaoundé, 202 p.

Kassi-Djodjo I., 2010, Rôle des transports populaires dans le processus d'urbanisation à Abidjan. *Les Cahiers d'Outre-Mer*, no 251, pp. 391-402.

Lévy J. P., 2007, Villes et mobilités au Nord et au Sud, *Autrepart*, n° 41, pp. 135-148.

MINDUH, 2008, *Yaoundé horizon 2020, Plan directeur d'urbanisme*. Communauté Urbaine de MINDUH, 2008. *Yaoundé horizon 2020, Plan directeur d'urbanisme*. Communauté Urbaine de Yaoundé, AUGEA-IRIS, 120 p.

Maluberg C., 1994, *Une étude de cas sur les moyens intermédiaires de transport en Ouganda : les bicyclettes et les travaux de femmes en milieu rural,* Banque Mondiale, 57 p.

Mbarga A. B., 2010, Le phénomène des motos-taxis dans la ville de Douala : crise de l'État, identité et régulation sociale : une approche par les « Cultural Studies ».*Anthropologie et Sociétés*, vol. 34, n° 1, pp. 55-73.

MINDUH, 2008, *Yaoundé horizon 2020, Plan directeur d'urbanisme.* Communauté Urbain de Yaoundé, AUGEA-IRIS, 120 p.

Muhlrad N., 2006, *Système de gestion de la sécurité routière : Une méthode de diagnostique adaptable aux pays à faibles ou moyens revenu,* SITRASS-ISH-MINREST, 207 p.

Naudé W., 2009, Geography, transport and Africa's proximity gap, *Journal of Transport Geography,* no 17, pp.1-9.

Ngandeu J., 2006, *La réalité actuelle des transports entre la commune d'arrondissement de Yaoundé 6 et le centre ville.* Mémoire de Maîtrise, Université de Yaoundé 1, 108 p.

Ngantchou S. B., 2008. *Le transport par motos-taxis dans les quartiers périphériques de Yaoundé. Le cas de Mimboman.* Mémoire de maîtrise, Université de Yaoundé I, 106 p.

Paba Sale M., 1982, Les petits métiers du transport à Maroua. *Cahiers d'Outre-Mer,* no 137, pp.78-85.

Ponka E. P., 2007, *Transport et amélioration des conditions de vie dans le quartier Messa Carrière à Yaoundé.* Mémoire de Maîtrise, Université de Yaoundé 1, 75 p.

Sahabana M., 2012, Les motos-taxis à Douala et leur perception par les pouvoirs publics : entre tolérance d'un secteur pourvoyeur d'emplois et de transport et volonté d'éradiquer une activité incontrôlable. Banque Mondiale, Rapport sur les indicateurs de performance du secteur des transports urbains, 14 p.

Sambou Kanyou F., 2009, *Transport par moto taxi et risques dans la ville de Bangangté.* Mémoire de DIPESS II, ENS, Yaoundé, 95 p.

Teurnier P., Mandon-Adoléhoume B., 1994, L'intégration du transport artisanal dans un service *transport in Nigerian cities, 9th World Conference of Transport Research,* Seoul, 22- 27 juillet, 16 p.

Tublu Komi N. F., 2012, Le taxi-moto : un nouveau mode dans la mobilité urbaine au Togo pour quelle qualité de vie? *CODATU*, vol XIV, pp. 1-12.

19▪ LE CHANGE INFORMEL DE MONNAIE, NOTRE « MÉTIER ? »

Dieudonné Lekane Tsobgou &
Kengne Fodouop

RESUME

Le change informel de monnaie est une activité du marché financier non déclarée, autrement dit parallèle, qui prend de plus en plus d'ampleur dans de nombreux pays en développement. Il y est pratiqué aussi bien dans les postes et marchés frontaliers (Igue J. O. 1983), les aéroports internationaux (Nassa Debie 2001), les devantures des consulats et/ou ambassades, que le long des trottoirs des principales artères du centre des villes, par des hommes et des femmes d'origines géographiques, d'âges et de niveaux d'instruction diversifiés.

Dans les deux villes de Yaoundé et de Douala au Cameroun, plusieurs centaines d'hommes et de femmes s'y adonnent dans le but d'acquérir de quoi satisfaire leurs besoins d'existence et/ou d'accroître leurs disponibilités financières. Les protagonistes du change informel y investissent des moyens financiers non négligeables issus de leurs économies personnelles, de prêts auprès des tiers ou de contributions familiales, dans l'achat des devises à revendre aux clients moyennant un bénéfice, et des outils de détection de la fausse monnaie. Ils y mènent leur activité à ciel ouvert et y ont recours à un réseau plus ou moins étendu d'informateurs sur le cours de devises et d'agents de prospection de la clientèle. Leur activité pour aussi illégale, délicate, difficile et dangereuse qu'elle soit, leur procure néanmoins des profits financiers que leur envient de nombreux autres opérateurs de l'économie informelle.

Mots-clés : *Change informel de monnaie, finance parallèle, cambistes, taux de change, euro, franc CFA*.

INTRODUCTION

Le change informel de monnaie est une opération qui consiste à mettre à la disposition des clients, en dehors des banques et services agréés, une quantité de monnaie locale en échange d'une contrepartie en monnaie étrangère et vice versa, à un taux d'intérêt négociable à l'amiable. Dans les villes de Yaoundé et de Douala, il est assuré par des hommes et des femmes qui desservent une clientèle de plus en plus nombreuse et diversifiée. Les protagonistes du change informel de monnaie y opèrent à ciel ouvert, dans les aéroports internationaux, devant les consulats et/ou ambassades et le long des principales artères du centre des deux villes, en l'occurrence l'avenue Kennedy et le boulevard du 20 Mai à Yaoundé, et les boulevards de la Liberté et Ahmadou Ahidjo à Douala.

La présente contribution s'emploie à faire la lumière sur le profil des protagonistes du change informel de monnaie, les motivations de ces individus à devenir cambistes informels, leur quotidien dans l'activité exercée, leurs revenus et leurs perspectives d'avenir. Elle résulte d'une recherche documentaire menée dans les bibliothèques des Universités et/ou organismes de recherches implantés à Liège, Bruxelles, Paris, Yaoundé et Douala et sur une dizaine de sites Internet d'une part, et sur des observations et une enquête par questionnaire effectuées dans les villes de Yaoundé et de Douala d'autre part.

En effet, bien que les cambistes informels des villes de Yaoundé et de Douala ne soient pas disposés à livrer au premier venu, des informations sur leur activité, leurs motivations à s'y impliquer et leurs profits financiers, nous sommes parvenu, aux prix de longues, patientes et subtiles négociations, à faire parler plusieurs d'entre eux. Ainsi, de janvier 2011 à décembre mars 2013, nous avons mené une enquête par questionnaire auprès d'un échantillon total 250 cambistes informels sélectionnés dans les villes de Yaoundé et de Douala. Dans le détail, sur un effectif de 607 cambistes informels recensés à Yaoundé, nous avons sélectionné 130 à enquêter, dont 80 cambistes ambulants (70 hommes et 10 femmes) et 50 cambistes stables (45 hommes et 5 femmes) sur les sites suivants : Aéroport international de Nsimalen, trottoirs de l'avenue Kennedy et du boulevard du 20 Mai et devantures des consulats de France, d'Allemagne, de Belgique et d'Italie. D'autre part, sur un effectif de 510 cambistes informels répertoriés à Douala, nous en avons sélectionnés 110 à enquêter dont, 70 cambistes ambulants (55 hommes et 15 femmes) et 40 cambistes stables (35 hommes et 5 femmes) sur les sites suivants : Aéroport international, Consulat de France et trottoirs des boulevards de la Liberté et Ahmadou Ahidjo. Pour déterminer l'échantillon des cambistes informels à interroger, nous nous sommes appuyé sur la technique de stratification et sur la méthode par quota à choix raisonné dont les caractéristiques sont les suivantes :

- être monnayeur ambulant ou monnayeur à emplacement fixe (homme, femme, jeune);-Exercer l'activité du change informel de monnaie à temps plein ou à mi-temps; -tirer au moins 60 % de ses revenus de l'activité du change informel de monnaie. L'objectif à terme est de démontrer si cette activité peut être qualifiée ou non de « métier ».

La recherche documentaire, les observations et l'enquête par questionnaire menées pour produire la présente contribution, permettent d'avoir une connaissance précise sur le profil social des protagonistes du change informel de monnaie en activité dans les villes de Yaoundé et de Douala, leurs motivations à s'y impliquer, la conduite quotidienne de l'activité, les retombées économiques de celle-ci et ses perspectives d'avenir.

I. LE PROFIL SOCIAL DES PROTAGONISTES DU CHANGE INFORMEL DE MONNAIE

Il découle des résultats des observations et enquêtes de terrain que les protagonistes du change informel de monnaie en activité dans les villes de Yaoundé et de Douala réunies, sont dans leur écrasante majorité (98,2 % du total), de nationalité camerounaise. Les 0,8 % restants sont originaires du Nigeria, du Tchad, de la République démocratique du Congo, du Sénégal et du Mali. Le contingent camerounais des cambistes considérés rassemble en proportions inégales des ressortissants de l'Ouest-Cameroun (Bamiléké et Bamoun), du Nord (Foulbé, Moundang et Massa), du Centre (Ewondo, Eton, Bassa et Yambassa) du Nord-ouest (Banso et assimilés), du Sud (Bulu et Ntumu), du littoral (Duala et apparentés) et Sud-Ouest (Bakossi et NBanyang). Les résultats de l'enquête par questionnaire révèlent que 90 % des cambistes informels en activité dans les villes de Yaoundé et de Douala réunies, sont de sexe masculin et les 10 % restants de sexe féminin. S'agissant de leur répartition par âge, 71,4 % des cambistes considérés, ont moins de 36 ans. D'autre part, 55,8 % des cambistes informels de la ville de Yaoundé et 58,5 % de ceux de la ville de Douala sont célibataires. 97,7 % des cambistes informels de Yaoundé et 98,2 % de ceux de la ville de Douala ont acquis une formation intellectuelle au moins égale à la classe de Troisième de l'enseignement secondaire et respectivement 78,6 % et 74,3 % sont nantis des diplômes. Dans le même ordre d'idées, 25,3 % des cambistes de Yaoundé et 31,3 % de ceux de Douala, ont un poste de travail fixe, ils sont en quelque sorte stables ; ils disposent de tables de fortune ou de vieilles caisses retournées en bois, installées sur le trottoir ou sous les arcades des grands immeubles de commerce et/ou de bureaux. En revanche 74,7 % des cambistes informels de Yaoundé et 68,7 % de ceux de Douala n'ont pas de poste de travail fixe ; ils déambulent devant les consulats et/ou ambassades, dans le hall ou sur les parkings des aéroports internationaux et le long des trottoirs et des abords des avenues du centre des deux villes, à la recherche des clients. 99,7 % des cambistes considérés, travaillent pour leur propre compte. C'est dire que dans les villes de Yaoundé et de Douala, il y a très peu de grands cambistes ou de patrons de change informel de monnaie. Autre statistique significative, 17,7 % des cambistes enquêtés, se sont lancés dans le change de monnaie informel avec des économies personnelles,

19,4% ont prêté le capital nécessaire au démarrage de leur activité auprès des tiers, et 62, 9 % ont fait appel à des contributions familiales.

II .LES FONDEMENTS DE L'IMPLICATION DES INTERESSES DANS LE CHANGE INFORMEL DE MONNAIE

D'après les résultats de l'enquête par questionnaire qui sous-tend la présente contribution, l'implication des intéressés dans le change informel de monnaie dans les villes de Yaoundé et de Douala, tient à quatre fondements.

Le premier de ces fondements est la volonté des cambistes considérés d'exercer un emploi rémunéré. En effet, c'est pour un exercer un emploi rémunéré qu'ils n'ont pas trouvé dans la Fonction publique et/ou le secteur d'économie moderne privé, que 98,2 % des cambistes informels enquêtés à Yaoundé et à Douala, s'adonnent aujourd'hui au change informel de monnaie. Ce sont des cambistes informels à temps plein. « *J'en suis arrivé à m'adonner au change informel de monnaie, au bout de deux années et demie de recherche infructueuse de travail, dans la Fonction publique et les entreprises économiques modernes* », nous a confié Monsieur Tom Bidias rencontre le 2 février 2011, sur le trottoir du boulevard Ahmadou Ahidjo à Douala. « *Si je me suis lancé dans le change de monnaie, c'est parce qu'après ma Licence en économie, je n'ai pas trouvé du travail ni dans l'administration publique, ni dans le secteur d'économie moderne privé* » nous a confessé Ndoka Samuel interrogé le 18 juin 2012, dans le grand hall de l'Aéroport international de Yaoundé Nsimalen.

Le second fondement de l'implication des cambistes de Yaoundé et de Douala dans le change informel de monnaie, est l'envie des intéressés d'accroître leurs disponibilités financières. Ainsi, 1,8 % des cambistes informels répertoriés dans les deux villes de l'étude, se sont engagés dans l'activité exercée, pour pourvoir accroître leurs disponibilités financières. Employés de banque, commerçants et fonctionnaires de leur état, ils se servent de la pratique de change informel de monnaie, pour accroître les revenus qu'ils tirent de leur activité principale.

Outre la volonté d'exercer un emploi rémunéré et/ou l'envie d'accroître leurs disponibilités financières, 63,7 % des cambistes considérés se sont rabattus sur le change de monnaie, en raison de la rareté des points d'offre agréés de ce service. En effet, dans les deux villes de Yaoundé et de Douala, rares sont les institutions financières modernes, autrement dit les banques, qui proposent un service de change et pour celles qui en proposent, il est indispensable d'y avoir ouvert un compte bancaire, pour espérer y bénéficier d'un service de change de monnaie. A titre illustratif, actuellement, la ville de Yaoundé ne dispose que de 10 établissements de change de monnaie agréés par le ministère de tutelle (7 banques classiques et 3 établissements de micro finance) et la ville de Douala n'en dispose que de 12 (8 banques classiques et 4 établissements de micro finance). A cet égard, Kengne Fodouop (1991) et Benbouzid (1999) relèvent que le marché de change parallèle est une réponse à l'économie planifiée qui génère la pénurie au moment où la demande de devises s'intensifie pour répondre aux besoins des touristes, des commerçants et des étudiants en partance pour l'étranger.

Enfin, outre la volonté d'exercer un emploi rémunéré et/ou l'envie d'accroître leurs disponibilités financières, 36,3 % des cambistes informels de Yaoundé et de Douala se sont lancés dans l'activité exercée, à cause de la mauvaise qualité du service que les établissements de change agréés, proposent aux clients. En effet, les établissements de change agréés de Yaoundé et de Douala, peinent à satisfaire la clientèle. Devant les guichets de change de monnaie de ces établissements, se donnent à voir quotidiennement, d'interminables files de clients qui attendent souvent entre 2 et 5 heures, avant d'être servis et encore ! Ces interminables files d'attente de clients, sont dues dans la majorité des cas, aux longues procédures administratives de la chaîne de change formel de monnaie (présentation du ticket de voyage, du passeport en cours de validité et du visa d'entrée dans le pays de destination, autorisations et/ou quitus accordés par le responsable du service de change de monnaie, etc.). Ce témoignage de Monsieur L. Dieudonné est, à cet égard, très révélateur.

Le 7 octobre 2002, à deux jours d'un voyage à destination de Bruxelles en Belgique, je me rends à l'agence de ma banque située en face de l'Hôtel de ville de Yaoundé, pour acheter des euros. J'y arrive à 12h 30 mn et je remplis aussitôt la demande de change en y joignant les photocopies de mon passeport et de mon billet d'avion. La caissière me demande de remplir un bordereau de versement de 250 000 F CFA à virer dans mon compte bancaire courant. Elle me notifie que les frais de l'opération de change que je sollicite s'élèvent à 5000 F CFA. Au bout de 2 heures d'attente dans une longue file des usagers (15h 30 mn), elle nous fait savoir qu'elle n'arrive pas à établir la connexion réseau avec la direction générale de la Banque à Douala, afin d'avoir l'autorisation du responsable en charge du change de monnaie. « Tant d'épreuves de patience pour un si piètre service » lance un client. Tout à côté de moi, un Monsieur probablement habitué à ce genre de désagrément, me propose les services d'un cambiste informel qui opère sur le trottoir de l'avenue Kennedy, en plein centre-ville de Yaoundé. Dans le quart d'heure suivant, le Monsieur et moi prenons attache avec le cambiste informel de l'avenue Kennedy, auprès duquel j'obtiens le service de change. Au terme d'un âpre marchandage, nous nous accordons sur le principe du change de monnaie suivant : un euro contre 800 F CFA. La transaction s'achève au bout de 10 minutes, le temps pour chacun de nous deux, de vérifier le montant et l'authenticité des billets de banque en sa possession. Au moment de nous séparer, le cambiste informel me remet sa carte de visite, en prélude à une éventuelle future transaction de change informel de monnaie.

III. LE QUOTIDIEN DES CAMBISTES INFORMELS DE YAOUNDE ET DE DOUALA

D'après les observations et l'enquête par questionnaire qui sous-tendent cette contribution scientifique, le quotidien des cambistes en activité à Yaoundé et à Douala n'est pas de tout repos. En effet, tous les cambistes informels de ces deux villes « se tapent » de longues et fatigantes heures de labeur. Ils commencent leur journée de travail souvent tôt le matin et l'achèvent tard le soir. Certains cambistes qui opèrent dans les aéroports y veillent toute la nuit. Si certains cambistes observent un repos les dimanches et les jours fériés, la majorité travaillent tous les jours de la semaine. Aux heures de travail, qu'ils soient ambulants ou stables, les cambistes considérés se tiennent prêts à acquérir et à vendre des devises au cours acheteur et vendeur qui les arrangent ; d'autre part, ils sont tenus d'être endurants, vigilants et attentifs ; exerçant une activité volatile, ils doivent constamment aller vers les clients ou bien les attirer pour leur vendre ou leur acheter des devises ; ils doivent s'informer régulièrement sur l'évolution des taux de change et s'employer à avoir en permanence sur eux, une provision de monnaies de plusieurs origines, en sachant que sur le marché de change international, toutes les monnaies sont cotées par rapport au dollar et que les mouvements d'argent y suivent la vitesse à laquelle l'information circule. Les cambistes considérés doivent donc avoir les nerfs solides et l'esprit vif, d'autant que les montants de monnaie qu'ils manipulent peuvent être considérables.

A Yaoundé et à Douala, les cambistes informels opèrent dans les aéroports internationaux, devant les consulats et/ou ambassades et le long des principales artères du centre des deux villes. Ils choisissent de s'y adonner au change informel de monnaie d'autant plus volontiers, que l'entrée dans cette activité ne requiert pas des connaissances pointues. En quelques semaines d'apprentissage sur le tas, ils parviennent à acquérir et à assimiler les ficelles du change de monnaie. A titre d'exemple, sans avoir au départ une formation sur les techniques de tradding, bien des cambistes informels parviennent au bout de 4 semaines à un mois, à anticiper correctement l'évolution des cours de change, bien sûr en gardant l'œil en permanence sur les sites Internet spécialisés.

Dans chacun des deux aéroports internationaux de Yaoundé et de Douala, ils sont entre 40 et 50 cambistes informels à proposer quotidiennement une offre de change de monnaie aux passagers en provenance ou à destination de l'Europe, du Moyen-Orient, d'Amérique du Nord et d'Asie. A chaque atterrissage d'avion en provenance de ces régions, ils se mettent à l'affût des clients. Debout, ils scrutent du regard, les différentes sorties des passagers qui viennent de débarquer. Ils n'hésitent pas à fondre, souvent en sprintant, sur les passagers désireux d'échanger leurs euros, dollars et autres livres sterling fraîchement débarqués. A vrai dire, à l'apparition des passagers fraîchement débarqués de l'Etranger dans le hall des deux aéroports, plusieurs cambistes les assaillent et leur demandent d'emblée les coupures de billets qu'ils ont, avant même la somme d'argent qu'ils détiennent. Nous sommes dans le hall de l'aéroport international de Douala le 10 août 2012 à 18h15, au moment du débarquement des passagers du vol Air France en provenance de Paris. Un passager fraîchement débarqué s'approche d'une bande de cambistes et lance *« J'ai 650 Euros en coupures de 50, 20 et 10 à échanger contre des CFA ». « N'auriez-vous pas des coupures de 100 ou de 200 euros ?»* lui rétorque un cambiste visiblement déçu. *« Monsieur je vous change vos 650 Euros à 630 F CFA l'euro, êtes-vous d'accord ?»,* crie un autre cambiste de la bande. C'est ici le lieu de rappeler que, sur le marché de change informel de monnaie de Yaoundé et de Douala, le prix d'achat ou de vente des monnaies étrangères comme l'euro et le dollar varie en fonction du type des coupures présentées par les clients. Ainsi, les coupures de 100 et de 500 euros sont plus prisées par les cambistes que les coupures de valeur inférieure.

Entre deux atterrissages de vols en provenance d'Europe, d'Amérique du Nord, du Moyen Orient et d'Asie, les cambistes déambulent dans le hall des aéroports internationaux de Yaoundé et de Douala à la recherche des candidats au change de monnaie locale ou étrangère. Ils se hâtent de s'approcher de tous ceux qu'ils soupçonnent d'être des candidats au voyage à destination de l'Occident en leur lançant *« des euros ou des dollars en voulez-vous pour voyager ? »*. Certains cambistes informels n'hésitent pas à aller à la rencontre des candidats au voyage, dès leur descente de voiture sur le parking des deux aéroports.

Dans l'espace intra muros de Yaoundé et de Douala, les cambistes informels opèrent de préférence devant les consulats et/ou ambassades des pays occidentaux comme les USA, l'Allemagne, la France, la Belgique, la Turquie, l'Angleterre, les Pays-Bas, l'Espagne et le Portugal et le long des principales artères du centre ville. On les y reconnaît facilement aux liasses de billets de banque, aux téléphones portables et aux calculatrices qu'ils tiennent en main. Les plus nombreux squattent les trottoirs et les abords immédiats de l'avenue Kennedy et du boulevard du 20 Mai à Yaoundé et ceux des boulevards de la Liberté et Ahmadou Ahidjo à Douala. Lorsqu'ils y voient passer des individus élégamment habillés, ils se rapprochent d'eux et leur proposent de leur vendre ou de leur acheter des euros, des dollars, des livres sterling et autres francs CFA. A longueur de journée et parfois la nuit jusqu'à 21 heures, ils y échangent des F CFA contre des monnaies étrangères et vice versa. Tous se servent de calculatrices pour déterminer les montants des sommes à remettre aux clients ou à recevoir d'eux, lors des opérations de change. Les transactions sont le plus souvent effectuées avec un appareil de détection de fausse monnaie, car il faut savoir que le change informel de monnaie dont il est question ici, n'échappe pas à l'arnaque et que les réseaux de faux monnayeurs existent bien dans les villes de Yaoundé et de Douala.

Devant les consulats et/ou ambassades des pays occidentaux de Yaoundé et de Douala, outre le change de monnaie, les cambistes informels vendent les travellers chèques aux candidats aux visas.

Dans les aéroports internationaux, devant les consulats et/ou ambassades des pays occidentaux et le long des trottoirs et des abords immédiats des principales artères du centre-ville de Yaoundé et de Douala, les cambistes informels fixent les taux de change à la tête du client. En effet ce sont généralement les cambistes informels qui y fixent les prix de change. En règle générale, pour la vente des devises, les cambistes informels élèvent voire surélèvent le prix et/ou cours du change et pour l'achat des devises, ils en baissent le prix et/ou cours. Pour la vente des devises par exemple, ils cèdent l'euro aux clients à un prix compris entre 700 et 800 F CFA, alors que la parité actuelle est de 655, 9 F CFA et pour l'achat, ils l'achètent aux clients à 640 ou 650 F CFA ; un autre exemple, la parité entre le F CFA et la livre sterling au guichet de banque agréé est en ce moment de 818, 6 francs CFA pour une livre sterling. Mais les cambistes informels vendent la livre sterling à 850 voire 900 F CFA et l'achètent à 780 ou 790 F CFA. Il résulte de ces deux exemples que les prix et / ou cours de change pratiqués par les cambistes informels, au terme d'âpres marchandages avec les clients, sont dans l'ensemble plus élevés que ceux proposés par les institutions financières agréées. Pour être concret, ils sont de 15 à 20 % supérieurs aux prix et/ou taux offerts par les établissements de change agréés. Comme on le voit, au marché de change informel de monnaie de Yaoundé et de Douala, les clients dépensent plus d'argent qu'aux guichets des banques agréées.

Nombre de cambistes informels de Yaoundé et de Douala disposent chacun d'un réseau de rabatteurs qui leur recherchent et/ou leur trouvent des clients, et de courtiers qui les informent et/ou les renseignent sur le cours des devises, et d'agents de prospection qui proposent aux clients, un service de change informel de monnaie rapide. En retour, ils les rémunèrent au prorata des sommes qu'ils ont réussies à drainer ou au volume des affaires qu'ils leur ont permis de brasser. Au cours des mois de juin, juillet et décembre où le Cameroun enregistre des mouvements massifs de passagers en provenance ou à destination de l'Europe et de l'Amérique du Nord, ils surélèvent les taux de change. Au cours de ces mois de vacances annuelles, de nombreux Camerounais d'Europe et d'Amérique du Nord retournent au pays. Parallèlement, de nombreux Européens et Nord-Américains travaillant au Cameroun et de nombreux Camerounais de l'intérieur fortunés, vont s'offrir des vacances en Occident. Ces flux de passagers s'y accompagnent toujours de mouvements plus importants de devises, provoquant du même coup une explosion du marché de change.

Cela dit, les cambistes informels des villes de Yaoundé et de Douala desservent une clientèle diversifiée composée de touristes, d'hommes d'affaires et de préposés aux voyages d'études supérieures ou aux missions professionnelles en Europe, en Amérique et au Moyen-Orient. Lorsqu'ils ne disposent pas eux-mêmes des devises étrangères sollicitées par les clients, ils orientent ceux-ci vers des collègues. A cet égard, il existe une grille de répartition des « commissions » sur les bénéfices des transactions du change informel de monnaie. Pour les cambistes informels de l'avenue Kennedy à Yaoundé par exemple, cette grille indique que chaque « cambiste sous-traitant » reçoit selon les cas, entre 2 et 5 % du montant des bénéfices de la transaction à la réalisation de laquelle il a contribué.

IV. LES RETOMBEES ECONOMIQUES DE L'ACTIVITE DE CHANGE INFORMEL DE MONNAIE

Même s'ils affirment qu'ils ne sont pas financièrement bien lotis, les cambistes informels des villes de Yaoundé et de Douala, tirent de leur activité, des revenus monétaires qui sont loin d'être négligeables. Que l'on en juge à ces quelques exemples :

Monsieur Kalifa Joseph interrogé le 10 août 2011 à l'Aéroport international de Douala, s'y adonne au change informel de monnaie depuis le début de l'année 2008. Il commence sa journée de travail à 6h30 et la termine à 22h. Tard la nuit, il regagne son domicile au quartier New-Déido avec un gain moyen de 4 500 F CFA. Comme il travaille tous les jours de la semaine, il dégage un revenu mensuel de 135 000 F CFA.

Le 30 juin 2012. Il est heures 20h30. A son poste de travail installé sous l'arcade de l'immeuble Concorde sur l'avenue Kennedy à Yaoundé,

Monsieur Mamouda Yérima cambiste informel fait ses comptes de la journée. Une journée bien ordinaire « *Depuis le matin* - déclare-t-il - *j'ai vendu un total de 250 euros à 700 F CFA l'euro. J'ai gagné 45 F CFA par Euro soit un gain journalier total de 11 250 F CFA. Quand j'y enlève les frais de déplacement en taxi, de nourriture et de boisson de ma journée, il me reste un bénéfice de 11 250 F CFA. Etant donné que je fais la couture hommes chez moi au quartier Briqueterie, je ne travaille pas ici tous les jours. Quand je viens ici, il y a des jours où je gagne moins de 11 250 F CFA et d'autres où je gagne un peu plus. J'estime mon revenu mensuel à environ 90 000 F CFA* ».

Monsieur Momma II, cambiste informel rencontré le 12 mars 2012 sur le trottoir du boulevard de la Liberté aux abords de l'Hôtel Akwa Palace à Douala, nous a confié qu'il tire de son activité un revenu mensuel moyen de 50 000 F CFA. Enfin, Monsieur Kouédi Georges que nous avons rencontré le 17 juin 2012 à l'Aéroport international de Yaoundé Nsimalen, où il s'adonne au change informel de monnaie depuis le mois de septembre 2010, nous a avoué qu'il dégage de son activité, un revenu mensuel moyen de 5 500 F CFA.

Dans l'ensemble, en période de faible activité (du mois de janvier à celui de mai et du mois de septembre à celui de novembre) 85 % des cambistes informels des villes de Yaoundé et de Douala réunies, tirent de leur activité, un revenu mensuel qui varie entre 37 000 et 65 000 F CFA. Les 15 % des cambistes restants réalisent un revenu mensuel compris entre 100 000 et 350 000 F CFA. Au cours des mois de juin, juillet et décembre où le Cameroun enregistre des flux massifs de passagers en provenance ou à destination de l'Occident, certains cambistes des deux villes de l'étude, voient leur revenu augmenter de l'ordre de 20 à 40 %.

Le moins que l'on puisse dire est que l'activité de change informel de monnaie abordée, nourrit tant bien que mal ceux qui s'y adonnent. En effet, tous les cambistes enquêtés, des plus modestes au mieux lotis, tirent de leur activité, de quoi satisfaire l'essentiel de leurs besoins existentiels ; certains cambistes obtiennent même de quoi subvenir aux besoins de leurs enfants et de leurs parents, ou financer d'autres activités lucratives telles que le transport par taxi, le commerce boutiquier ou la couture vestimentaire.

Cependant, l'activité de change informel de monnaie envisagée n'est pas sans poser des problèmes. En effet, le premier problème qu'elle pose à ses clients est celui de leur servir la fausse monnaie. A cet égard, certains cambistes informels en activité dans les villes de Yaoundé et de Douala, trompent leurs clients en introduisant la fausse monnaie dans les liasses d'argent qu'ils leur remettent. Quand les cambistes se rendent compte que les clients auxquels ils ont affaire ne connaissent pas les parités exactes entre les monnaies, ils les trompent en leur remettant des contreparties inférieures aux sommes requises. Une fois en possession de la somme à changer, d'autres cambistes disent aux clients qu'ils vont en chercher la contrepartie, et dans la foulée, ils disparaissent sans laisser de trace. L'activité de cambiste informel considérée ici est essentiellement basée sur la parole donnée. Ainsi, les opérations de change s'y concluent sur la base d'une simple négociation. Malheureusement, il arrive à des cambistes de renoncer le moment venu, à une offre de service à leurs clients, en prétextant qu'ils n'en avaient pas bien retenu la période, le lieu et le montant. Il arrive aussi à des cambistes informels de se muer en voleurs et en agresseurs de leurs clients.

D'autre part, le quotidien des cambistes informels des villes de Yaoundé et Douala n'est pas un long fleuve tranquille. En effet, ces cambistes sont écartelés en permanence entre la recherche des clients et le service à rendre à ces derniers, sans oublier la surveillance des outils personnels de travail tels que les bancs, les tables ou les caisses en bois, les parapluies et les détecteurs de fausse monnaie d'une part, et le jeu d'éclaireur pour échapper aux traques périodiques des agents de police et/ou de fisc d'autre part. En l'absence d'un abri fixe sur leurs sites d'intervention, les cambistes considérés sont aussi exposés aux intempéries (forte chaleur, rafales de vents et pluies diluviennes). Outre le fait d'endurer des conditions de travail difficiles, les cambistes courent constamment le risque d'être volés et agressés. En effet, les cambistes informels de Yaoundé et de Douala sont de temps à autre, victimes de vols de la part des individus malveillants et d'agressions de la part des bandits armés, qui les attaquent à leur poste de travail ou à leur domicile pour les dépouiller des sommes d'argent qu'ils détiennent. On ne joue pas avec les espèces sonnantes et trébuchantes. En effet, si les malfrats les découvrent en masse chez les cambistes, ils feront tout pour les leur arracher à tout prix. Les protagonistes du change informel de monnaie enquêtés dans les villes de Yaoundé et de Douala sont bien conscients des risques auxquels leur activité les expose. Ils savent pertinemment qu'ils sont à la merci des bandits et le disent à haute et intelligible voix .Ils savent que s'ils subissent un vol ou une perte d'argent, ils n'auront aucun recours, leur activité étant illégale. A vrai dire, le métier de cambiste ambulant tel qu'il est pratiqué dans les villes de Yaoundé et de Douala est peu enviable. *« On peut se faire agresser en rentrant chez soi tard le soir. Moi, j'habite au quartier Simbog à l'autre bout de la ville. C'est tous les soirs un véritable calvaire de faire un faire un trajet de près de 4 kilomètres en taxi ou en mototaxi »* déclare la mine brisée, Monsieur Tatio Grégoire que nous avons interrogé le 17 janvier 2012, sur le trottoir du boulevard du 20 Mai, juste en face de l'Hôtel Hilton à Yaoundé. Lorsque nous lui avons demandé s'il souhaite changer d'activité, il s'est empressé de répondre par l'affirmative. Le change informel de monnaie conclut-il *« c'est de la merde. On y ruine son énergie et sa santé ».*

V-LES PERSPECTIVES D'AVENIR ET DISCUSSION

Parce qu'il mobilise ou détient une certaine masse de monnaie locale et de devises étrangères, le cambiste informel peut être considéré comme un acteur à part entière de l'économie. Le fait que l'écrasante majorité des cambistes informels de Yaoundé et de Douala soient occupés à plein temps, dans le change de monnaie et en tirent l'essentiel de leurs revenus monétaires, est de nature à faire accréditer cette thèse. Le fait aussi que nombre de cambistes informels en activité dans les deux villes, mettent en œuvre des stratégies innovantes pour accroitre leurs profits financiers, milite dans le même sens. Mais il faut bien souligner ici qu'un métier n'est pas seulement un travail dont son auteur tire des revenus pour vivre.

Le Bureau International du Travail met l'accent non seulement sur la formation ou les savoirs et savoirs-faire, mais aussi sur la protection des droits, la sécurité et la santé du travailleur. Or, les protagonistes du change informel des villes de Yaoundé et de Douala ne remplissent malheureusement pas ces conditions. Comme pour souligner la précarité de leur statut, 54,4 % des cambistes informels de Yaoundé et 61 % de ceux de Douala, nous ont affirmé qu'ils exercent parallèlement une autre activité génératrice de revenus à l'instar de la photocopie négociée, de la vente des photocopieuses et des téléphones portables de seconde main et de celle des cigarettes et des crédits de communication téléphonique. La carte de visite de Monsieur Aladji Goni cambiste informel rencontré le 17 mai 2012 sur l'avenue Kennedy à Yaoundé, en est une parfaite illustration. Cette carte de visite mentionne les autres activités auxquelles Monsieur Aladji Goni se livre en dehors du change informel de monnaie : le commerce général, l'élevage de la volaille et la couture hommes.

A la vérité, les cambistes abordés dans cette contribution scientifique, exercent leur activité dans l'illégalité ; d'ailleurs ils travaillent dans la hantise de la traque du fisc et de celle des forces de l'ordre et de la confiscation du capital monétaire et des outils et avec lesquels ils opèrent. En raison des difficultés et des risques liés à la pratique de leur activité, 82,8 % des cambistes informels des deux villes de Yaoundé et de Douala réunies, nous ont confié qu'ils sont prêts à changer d'activité au profit d'un emploi plus sécurisant et offrant de meilleures conditions de vie pour eux et leurs familles. Mais tant que le chômage persistera au Cameroun, et tant que les autorités publiques de ce pays continueront à fermer les yeux sur le change informel de monnaie et à le tolérer, cette activité perdurera et prendra davantage de l'ampleur dans les deux villes de Yaoundé et de Douala dans les années à venir.

CONCLUSION

Au terme de cette contribution, il apparaît clairement que le développement de l'activité de change informel de monnaie dans les villes de Yaoundé et de Douala, est lié en grande partie au chômage qui sévit à forte dose au Cameroun depuis le milieu des années 1980. En effet, comme plusieurs autres activités informelles, le change informel de monnaie y constitue une source d'emploi pour de nombreux individus exclus du marché de travail moderne ou désireux d'accroître leurs revenus monétaires. D'autre part, si le change informel de monnaie persiste et signe dans les deux villes de Yaoundé et de Douala, c'est aussi parce les conditions d'accès des clients au service de change proposé par les banques et services de change agréés y sont très contraignantes.

Si le change informel de monnaie considéré parvient tant bien que mal à nourrir ceux qui s'y adonnent, s'il rend un service utile aux candidats au change de monnaie exclus du système de change de monnaie formel, il expose ses clients aux mauvaises surprises telles que l'entrée la réception de faux billets de banque ou de sommes d'argent tronquées. En dehors des conditions de travail pénibles, ses protagonistes n'ont pas de protection sociale. D'autre part le change informel de monnaie abordé dans cette contribution constitue une source de fraude fiscale (De Villiers, 2002 ; Igue J. O. 1983, Kengne Fodouop, 1991). Non seulement, il détourne une partie non négligeable de la monnaie en circulation dans le pays du circuit économique moderne, mais il fait perdre à l'Etat des impôts. Enfin, comme souligné plus haut, les cambistes considérés dans cette contribution scientifique travaillent à contrecœur. En effet, ils ne s'adonnent au change informel de monnaie que parce qu'ils n'ont pas trouvé un emploi rémunéré dans la Fonction publique ou parce que les revenus qu'ils tirent de leur activité principale sont faibles. C'est dire que l'activité à laquelle ils se livrent dans les deux villes de Yaoundé et de Douala, ne saurait être considérée comme un véritable métier et ne saurait être tolérée par les autorités publiques comme c'est aujourd'hui le cas.

BIBLIOGRAPHIE

Benbouzid M., 1999, Réseaux financiers et marchés parallèles de devises : des Algériens dans l'économie informelle, *Revue européenne de migrations internationales*, vol 15, n° 15-2, pp.123-139.

Crozier M et Friedberg E., 1977, *L'Acteur et le système. Les contraintes de l'action collective*, Paris, Editions du Seuil, 493 p., coll. *Sociologie politique.*

De Sardan J. P. O., 1995, *Anthropologie et développement. Essai en socio-anthropologie du changement socia*l, Karthala, Paris, 206 p.

De Villers, G., 2002, Introduction, *in Manières de vivre. Économie de la « débrouille » dans les villes du Congo/Zaïre* (De Villers G. ; Jewsiewicki B. ; Monnier L., sous la direction de), *Cahiers Africains* », Tervuren/Institut africain/L'Harmattan, Paris, n° 49-50, p. 11.

Grégoire E. ; Labazée P., 1996, *Le rôle des circuits informels de change monétaire dans les opérations commerciales entre le Niger et le Nigeria*, Note recherche 96/55, AUPELF/UREF, AFESR, Paris, 23 p.

Igue J. O., 1983, L'officiel, le parallèle et le clandestin : commerces et intégration en Afrique de l'Ouest, *Politique africaine,* pp. 29-51.

Jamous H., 1968, *Contribution à une sociologie de la décision : la réforme des études médicales et des structures hospitalières*, Paris, Copedith, pp. 344-370.

Kamdem E., 2001, Circulation monétaire et construction du lien social en milieu urbain africain : une modalité d'adaptation créative à la mondialisation, in *Tiers-Monde,* Tome 42 n°168, pp. 755-772.

Kengne Fodouop, 1991, *Les petits métiers de rue et de l'emploi : le cas de Yaoundé*, SOPECAM, 163 p., coll. *Idées*.

Mauss M., 1993, *Sociologie et anthropologie*, Paris, PUF, 270 p.

Nassa Dabié D. A., 2011, Le commerce à une frontière paradoxale : l'exemple de l'aéroport d'Abidjan in halshs.archives-ouvertes.fr

Touré A., 1983, L'imagination pour subsister : introduction à l'étude des petits métiers d'Abidjan. In Haeringer Philippe (ed.), Abidjan au coin de la rue : éléments de la vie citadine dans la métropole ivoirienne. *Cahiers ORSTOM. Série Sciences Humaines*, 19 (4), pp. 415-419.

20- LES *FEYMEN* ENTRE ELAN D'ACQUISITION DES RICHESSES ET DESIR D'ASCENSION SOCIALE

Zelao Alawadi,
Kengne Fodouop &
Honoré Mimche

RESUME

Au début des années 1990, une catégorie d'entrepreneurs indépendants fait son apparition sur la scène socio-économique au Cameroun. Son avènement y est incontestablement lié aux effets conjugués de la crise économique qui a éclaté dans le pays au milieu des années 1980 et des soubresauts politiques en cours. En effet, confrontés aux difficultés d'accès aux emplois rémunérés, liés à ces deux événements, de nombreux individus en majorité jeunes et issus des familles déshéritées, se sont lancés dans une stratégie d'acquisition des richesses voire d'embourgeoisement illicite, connue sous le nom de *feymania* et qui participe de la « débrouillardise à la camerounaise ». Cette stratégie constitue pour ses protagonistes dont l'effectif augmente au fil des années, aussi bien une voie de sortie de la paupérisation, qu'un moyen d'ascension sociale rapide.

Mots-clés : *Feymania, paupérisation, difficultés d'accès aux emplois rémunérés, escroquerie, ascension sociale.*

INTRODUCTION

Le terme *feymen* est utilisé par le public au Cameroun pour désigner des individus des deux sexes détenteurs des richesses qu'ils ont acquises de manière malhonnête par voix d'escroquerie. Leur activité, la *feymania,* consiste à raconter des boniments à leurs victimes jusqu'à ce que celles-ci accèdent à leur demande, en leur donnant l'argent ou les biens qu'ils convoitent sans rien recevoir en contrepartie. A vrai dire, la *feymania* est une forme d'escroquerie, basée sur les relations de confiance créées par les escrocs qui profitent de la naïveté et de la cupidité de leurs victimes pour leur soustraire d'importantes sommes d'argent en leur miroitant des gains faciles supérieurs à la mise. Ces gains peuvent être de l'argent, des biens en nature, l'accès à des positions privilégiées ou à des nominations à des hautes fonctions dans l'administration publique.

Au Cameroun, au début des années 1990, dans un contexte de crise sociopolitique et de difficultés d'accès aux emplois rémunérés, des individus en majorité jeunes et issus de familles défavorisées se sont investis dans une stratégie d'acquisition des richesses voire d'enrichissement illicite qui participe de la « *débrouillardise à la camerounaise* ». Comme l'ont souligné avec force Geschiere et Konings, (1994) *« dans certaines régions du Cameroun, de nouvelles catégories d'entrepreneurs ont vu le jour : ils développent des modes d'accumulation qui persistent malgré la crise actuelle ou sont même renforcés par cette crise »*. A tout bien considérer, cette stratégie est pour ses protagonistes, une voie de sortie de la pauvreté et un moyen de promotion sociale rapide.

La présente contribution examine donc la pratique de la *« feymania »* en tant que stratégie alternative dont nombre de Camerounais se servent depuis le début des années 1990, pour acquérir des richesses monétaires et/ou matérielles et accomplir leur ascension sociale. Elle s'inspire d'une démarche méthodologique qui intègre les observations de terrain, les interviews des adeptes de la *feymania* réalisées dans les villes de Douala, Yaoundé, Bafoussam, Foumban, Bamenda et Bertoua et Maroua au cours des années 2010, 2011, 2012, 2013 et 2014, les données d'ordre démographique et économique, les points de vue des politologues, des leaders politiques et des spécialistes de l'information et de la communication qui ont observé l'évolution sociale, politique et économique du Cameroun au cours des 40 dernières années. Elle intègre aussi les analyses des chercheurs qui se sont intéressés aux activités des Camerounais dans des pays qui entretiennent des relations étroites avec le Cameroun comme la France, l'Allemagne, la Grande-Bretagne, les USA, le Canada, la Belgique, le Kenya, l'Afrique du Sud, le Gabon et la Côte-d'Ivoire.

I. EMERGENCE ET EVOLUTION DE LA *FEYMANIA* AU CAMEROUN

A propos de son émergence, la *feymania* plonge ses racines dans le contexte socio-économique et socio-politique spécifique qui a prévalu au Cameroun au début des années 1990. A cette période, le Cameroun entre dans une mouvance de mutations sociale, politique, et économique sans précédent de son histoire. La crise économique qui y a éclaté au milieu des années 1980, y a réduit à la faillite, de nombreuses entreprises économiques parapubliques et privées et a rétréci son marché de l'emploi.

Face à la diminution de ses ressources financières et pris par l'étau des politiques d'ajustement structurel, le Gouvernement y a été contraint de geler le recrutement de personnel dans la Fonction publique. Du fait de la sévérité de la crise économique, les structures d'encadrement et d'insertion professionnelle comme le FOGAPE[147] et le Fonds National de l'Emploi ne sont plus en mesure de fournir du travail, donc un moyen de vivre, à des milliers de jeunes qui arrivent sur le marché de l'emploi. Les revendications politiques liées au vent de la démocratisation qui traverse l'Afrique y compris le Cameroun, compliquent davantage la situation (villes mortes, paralysie de l'appareil productif).

Pour échapper au chômage et à la précarité, nombre de Camerounais se sont investis dans la pratique de la *feymania*, stratégie d'acquisition des richesses voire d'enrichissement par escroquerie. Certains d'entre eux ont commencé à pratiquer le vol à la tire dans les marchés et les rues de Douala, de Yaoundé, de Nkongsamba, de Bafoussam et de Bamenda ; d'autres ont commencé à vendre des produits volés ou frelatés dans les marchés et les rues des mêmes villes, et en ont profité pour forger leur courage et perfectionner l'art de tromper la vigilance des clients ; d'autres encore ont commencé à escroquer les planteurs de café du département du Moungo, qui passe pour être avec la ville de Douala, le berceau de la *feymania* au Cameroun (Chouala Y. A., 2001).

Néanmoins, c'est à travers des « coups fumants » réalisés à l'Etranger que les premiers *feymen* du Cameroun ont bâti leur réputation. En effet, au cours de la décennie 1990, les *feymen* du Cameroun allaient mener des opérations d'escroquerie de grande envergure à l'Etranger, notamment en Afrique du Sud et dans les pays voisins (Zimbabwe, Namibie, Zambie, Angola), en France, au Zaïre, en Malaisie, au Kénya et au Yémen (Malaquais, D. 2001, Ngo Nyouma P.1, 2005). Ils ne choisissaient pas les pays où ils allaient opérer au hasard. Ils les sélectionnaient avec discernement, en fonction de ce qu'ils pouvaient leur offrir en termes de marchés, de structures économiques, de commodités de circulation et d'hébergement et de communication. Ils allaient de pays en pays commettre des forfaits qui portaient essentiellement sur la multiplication des faux billets de banque et le trafic des objets d'art (Malaquais D., 2001). Dans les différents pays, ils escroquaient en priorité des hautes personnalités telles que les ministres, les princes, les industriels, les généraux d'armée et même les chefs d'Etat. Des *feymen* en activité hors du Cameroun, le public disait à l'époque qu'ils avaient « voyagé » ou qu'ils « étaient partis au front ». L'étranger était leur terrain d'activité privilégié.

Au cours des 25 dernières années, la *feymania* a gagné beaucoup de terrain au Cameroun ; elle y a fait de nombreux émules non seulement parmi les jeunes issus des classes sociales défavorisées, mais aussi parmi les adultes ; même un certain nombre de personnes âgées y sont tombées sous

[147] FOGAPE : Fonds de Garantie pour les Petites Entreprises

son charme ; aujourd'hui, la *feymania* s'y est démocratisée. De nombreuses personnes en ont fait une modalité de vie, mieux une formule de riposte contre les difficultés de l'existence quotidienne et surtout contre la pauvreté. En 2001, Dominique Malaquais pressentait déjà une évolution de la *feymania* en affirmant : *« L'escroquerie financière de haut vol, qui fut longtemps la chasse gardée de la classe dirigeante et, à moindre degré, d'un petit groupe d'affairistes plus ou moins liés à celle-ci s'est démocratisée ».* L'actualité lui a donné entièrement raison. En effet, à l'heure actuelle, cette stratégie d'acquisition de richesses voire d'embourgeoisement illicite dont la seule évocation faisait frémir beaucoup de personnes dans les années 1990, y est entrée dans les mœurs. Oui, la *feymania* y mobilise aujourd'hui un plus grand nombre d'adeptes et y affecte de multiples domaines. Les trafiquants d'objets volés, les faux monnayeurs, les détourneurs des fonds publics voire les fraudeurs des contrats y sont aujourd'hui légion. Dans un contexte socio-économique extrêmement difficile, où l'Etat est incapable de répondre au défi de l'insertion professionnelle, les pratiques *feymaniaques y* constituent pour nombre de demandeurs d'emploi, une voie de sortie des difficultés de l'existence quotidienne, d'amélioration de leurs conditions de vie et au-delà, d'ascension sociale. Aujourd'hui, la *feymania* n'incite pas seulement la société camerounaise à se poser des questions sur son évolution, elle lui enseigne aussi que la voie pour accéder à la richesse et à la notoriété, n'est ni unique, ni tracée une fois pour toute.

II. LE PROFIL SOCIAL DES *FEYMEN*

Qui sont réellement les *feymen* dont il est question dans cette contribution scientifique ? Combien sont-ils ? Comment se répartissent-ils selon le sexe, l'âge, le niveau d'instruction, le statut matrimonial, et l'origine géographique ?

En raison de leur extrême mobilité spatiale mais aussi de la discrétion dans laquelle certains d'entre eux vivent, il n'a pas été possible de saisir le nombre exact des *feymen* du Cameroun. On peut tout au plus souligner que, de quelques dizaines au début des années 1990, période à laquelle ces escrocs ont commencé à faire parler d'eux, leur effectif s'élève aujourd'hui à plusieurs milliers et qu'ils opèrent tant à l'extérieur qu'à l'intérieur du Cameroun. Jusqu'à la fin des années 1990, les *feymen* du Cameroun, étaient tous de sexe masculin. Depuis le début de l'année 2000, les femmes font partie de la clique des *feymen* du Cameroun et leur effectif ne cesse d'y croître. D'autre part, les jeunes entre 18 et 35 ans y sont majoritaires puisqu'ils en représentent 63 % ; les adultes de 36 à 59 ans en constituent 35, 5 % et les personnes âgées de 60 ans et plus, 1,5 %. Jusqu'à la fin des années 1990, les *feymen* du Cameroun étaient très peu instruits. En effet, aucun des *feymen* de l'époque n'avait effectué des études supérieures, ni obtenu le Baccalauréat de l'enseignement secondaire.

A l'heure actuelle, bien que les individus peu instruits y soient majoritaires[148], la clique des *feymen* du Cameroun renferme des personnes ayant obtenu le Baccalauréat de l'Enseignement secondaire, la Licence ou le Master de l'Enseignement Supérieur. S'agissant de leur statut matrimonial, 38,6 % des *feymen* du Cameroun sont célibataires et 42,2 % sont mariés ; les divorcés représentent 7 % de l'effectif total des *feymen* du Cameroun et les veufs 5,6 %. Enfin les *feymen*, se recrutent dans tous les principaux groupes ethniques du Cameroun, même si les ressortissants des régions de l'Ouest y sont les plus nombreux, suivis de ceux des régions du Nord-Ouest, Sud-ouest, du Littoral, du Centre, du Nord et l'Extrême-Nord.

Cela dit, qu'ils soient de sexe masculin ou de sexe féminin, jeunes ou âgés, originaires du Nord ou du Sud du pays, ou qu'ils opèrent en dehors ou à l'intérieur du Cameroun, les *feymen* se singularisent tous, par leur capacité à transgresser les lois et les règles de la société. Ils se singularisent aussi par des qualités exceptionnelles de courage, de ruse et d'astuce grâce auxquelles ils extorquent de l'argent et des biens de valeur de leurs victimes par le seul pouvoir de la parole et de la rhétorique. Les *feymen* considérés sont rompus dans l'art de raconter des boniments à leurs victimes jusqu'à ce que celles-ci accèdent à leur demande en leur donnant l'argent ou les biens matériels qu'ils convoitent sans rien recevoir en contrepartie. Comme le souligne Malaquais Dominique (2001), les *feymen* savent bien que les voies dans lesquelles ils s'engagent sont pavées de multiples obstacles. A partir de là, tous les actes qu'ils posent sont minutieusement réfléchis. En effet, ils n'entendent pas être pris au dépourvus d'une action et tiennent à réussir tous leurs coups, même s'ils ne gagnent pas tout le temps. Ils usent de tous les stratagèmes pour atteindre leur objectif et certains parmi ceux qui opèrent à l'Etranger n'hésitent pas à éliminer physiquement leurs victimes ou leurs complices, pour entrer en possession du butin convoité (Malaquais D., 2001).

III. LES FORMES DE *FEYMANIA* ET LEURS RETOMBEES ECONOMIQUES

Il ressort de nos sources d'enquête, qu'au Cameroun la *feymania* revêt aujourd'hui, des formes multiples. Les formes les plus marquantes de cette

[148]Il importe de souligner qu'au fil des années, les *feymen* dépourvus d'instruction s'efforcent de se cultiver « sur le tas » et d'acquérir une ouverture d'esprit qui les aide à élaborer et à déployer leur stratégie d'escroquerie

feymania, en tout cas celles qui retiennent l'attention de tous, y vont du faux monnayage à l'usurpation d'identité, en passant par la prétendue multiplication de l'argent, la fraude contractuelle, le détournement des fonds publics, le trafic d'influence, la voyance à titre onéreux, l'établissement frauduleux des documents officiels, l'escroquerie foncière, la vente de la réussite sociale, l'émission des chèques sans provision, et le mariage gris. Il importe d'expliciter succinctement ici, leurs caractéristiques intrinsèques, mais aussi leurs retombées économiques pour leurs protagonistes.

III.1. Le faux monnayage

Le faux monnayage, c'est-à-dire l'imitation de la monnaie ou la falsification des billets de banque, est l'une des formes les plus anciennes de *feymania* du Cameroun. Il y est contrôlé par de jeunes individus de sexe masculin, qui opèrent dans la plus grande clandestinité. En effet, ils y fabriquent dans des ateliers tenus secrets, des faux billets de banque au moyen des techniques et procédés dont ils détiennent seuls le secret. Tous agissent par cupidité. En effet, après avoir fabriqué les faux billets de banque, ils s'en servent pour se procurer auprès des opérateurs économiques naïfs et inattentifs, des biens et des services ou bien les échangent auprès des institutions financières modernes voire des cambistes informels, contre de petites coupures de vrais billets de banque.

Cette forme de *feymania* est devenue banale dans les principaux centres urbains du Cameroun. Quotidiennement, des faux monnayeurs y introduisent dans le circuit économique, des liasses de faux billets de franc CFA qu'ils ont fabriqués dans des ateliers secrets. D'après les données de la démarche méthodologique appliquée à cette contribution, les protagonistes du faux monnayage considérés ici trouvent largement leur compte financier dans leur activité. En effet, tous jouissent des revenus monétaires qui leur permettent de satisfaire tous leurs besoins existentiels et ceux de leurs familles, et en plus, d'investir dans l'immobilier, les transports et l'organisation des jeux de hasard.

III.2. La prétendue multiplication de l'argent

La prétendue multiplication de l'argent est aussi l'une des formes de *feymania* les plus anciennes du Cameroun. Cette forme de *feymania* consiste pour ses protagonistes, à faire croire à leurs victimes, à la suite d'une démonstration digne d'un tour de prestidigitateur, qu'ils disposent d'un procédé secret, pour ne pas dire magique, de transformer le papier blanc en vrais billets de banque, qu'ils sont prêts à mettre à leur disposition.

Ainsi, devant leurs victimes qu'ils ont attirées dans des cafés, des restaurants, des hôtels et autres casinos, ils teintent avec un produit noir, d'authentiques billets de banque qu'ils ont recouvert, à leur insu, avec du papier blanc ; après quelques minutes de pause, ils débarrassent à l'aide d'un produit liquide spécial et sous le regard médusé des victimes, les billets de leur carapace initialement teinte en noir. Après avoir séché les authentiques billets ainsi lavés, ils les remettent à leurs victimes à charge pour celles-ci de s'en servir pour acheter des biens ou effectuer des dépôts en banque.

Séduits par ce stratagème, les victimes reviennent auprès des faussaires qui leur exigent de leur octroyer une contrepartie financière digne du montant de la somme d'argent qu'elles souhaitent voir multiplier. Mais une fois cette contrepartie financière perçue, les faussaires disparaissent subitement, sans laisser de trace. En agissant de la sorte, les protagonistes du faux monnayage empochent régulièrement de grosses sommes d'argent dont ils se servent ensuite pour s'offrir de belles voitures, des villas et des bijoux de luxe ou pour monter des affaires juteuses.

III.3. La fraude contractuelle

La fraude contractuelle est l'une des formes de *feymania* les plus développées de nos jours au Cameroun. Elle y est entretenue par des individus des deux sexes qui, à la date limite, renoncent à l'exécution des termes des contrats passés avec des partenaires. C'est par exemple le cas du commerçant grossiste qui s'abstient de livrer aux vendeurs détaillants, le stock de marchandises dont il a perçu le règlement. C'est aussi le cas du livreur de sable qui renonce à approvisionner le chantier de construction d'immeuble d'un partenaire qui lui a déjà payé la commande. C'est encore le cas du libraire qui refuse d'acquitter le loyer du local où il a mené son activité une année durant. C'est enfin le cas du plombier qui refuse d'exécuter les travaux de réparation chez un propriétaire qui lui a déjà payé la prestation. En fait, la fraude contractuelle considérée ici y touche de très nombreux domaines.

Ainsi, nombre de Camerounais des deux sexes jeunes et âgés, se soustraient de l'exécution des termes des contrats qu'ils ont passés avec des partenaires et en profitent pour s'accaparer les richesses et les biens auxquels ils n'ont pas droit. Dans de nombreux cas, leur fortune est élevée.

III.4. Le détournement des fonds publics

Le détournement des fonds publics constitue l'une des formes de *feymania* les plus enracinées au Cameroun aujourd'hui. Cette forme de *feymania* est entretenue par certains ministres et hauts responsables de l'administration publique. Ceux-ci s'emploient à détourner des caisses des ministères, des banques nationales et des sociétés d'Etat, de grosses sommes d'argent dont ils dissimulent ensuite une bonne partie dans des banques en Suisse, en France, en Afrique du Sud, au Luxembourg et au Maroc. Transparency International a, à plusieurs reprises, indexé le Cameroun comme étant l'un des pays du monde où le détournement des fonds publics par des ministres et des hauts responsables de l'administration centrale sont les plus massifs.

D'après cette organisation, entre 2005 et 2010, des fonctionnaires et agents de l'Etat haut placés, ont détourné du Trésor public du Cameroun à des fins personnelles près de 9 milliards de francs CFA (Transparency International 2011). En dépit de la campagne de lutte que le Gouvernement a lancée en 2004 contre le détournement des fonds publics, de hauts responsables administratifs de ce pays continuent à distraire à des fins personnelles, du Trésor Public, de très fortes sommes d'argent. A l'heure actuelle le Cameroun abrite de nombreux individus dont la fortune personnelle, constituée à partir des détournements des fonds publics et dissimulés surtout dans des banques étrangères, s'élève à plusieurs centaines de milliards de francs CFA. Ces escrocs à col blanc, roulent carrosse, sirotent quotidiennement des grands vins et autres champagnes, et investissent dans l'immobilier, le commerce d'import-export et les transports.

III.5. Le trafic d'influence

Cette forme de *feymania* consiste pour ses protagonistes, à se faire passer pour des personnalités ou des représentants des personnalités influentes et d'en profiter pour recevoir des gratifications, sur la promesse de favoriser les intérêts des fonctionnaires et agents de l'Etat auprès de leur hiérarchie administrative. Selon le code pénal français en son Article 433 - 2,

« *Le trafic d'influence est le fait, par quiconque, de solliciter ou d'agréer, à tout moment, directement ou indirectement, des offres, des promesses, des dons, des présents ou des avantages quelconques, pour lui-même ou pour autrui, pour abuser ou avoir abusé de son influence réelle ou supposée en vue de faire obtenir d'une autorité ou d'une administration publique des distinctions, des emplois, des marchés ou toute autre décision favorable* ». Cette forme de *feymania* sévit essentiellement dans les grandes villes du Cameroun de Yaoundé à Douala, de Bafoussam à Maroua et à Bamenda.

Souvent tirés à quatre épingles, ses protagonistes opèrent le plus souvent dans les salles de réception et les restaurants des hôtels huppés, dans les couloirs des bâtiments des ministères ou de leurs services déconcentrés et devant les sièges des ambassades. Ils y abordent discrètement les fonctionnaires et agents de l'Etat, à qui ils promettent d'obtenir en leur faveur, contre le versement de fortes sommes d'argent, des nominations, des marchés publics ou toute autre décision favorable, auprès de leur hiérarchie administrative. Séduits par de telles promesses, nombre de fonctionnaires et agents de l'Etat abordés, s'empressent de verser aux escrocs considérés ici, les sommes d'argent exigées. Une fois ces sommes d'argent perçues, les trafiquants disparaissent subitement sans laisser de trace.

En définitive, les protagonistes du trafic d'influence considérés, amassent beaucoup d'argent. En effet, leurs gains financiers se chiffrent toujours en millions de francs CFA par an.

III.6. L'établissement frauduleux des documents officiels

Au Cameroun, de nombreux escrocs vivent aujourd'hui de l'établissement frauduleux au bénéfice des tiers, des documents officiels. Leur activité consiste à établir au profit des tiers et contre rémunération, des documents d'état civil dont la délivrance incombe logiquement aux autorités publiques. A l'aide des procédés qu'ils ont savamment mis au point, ils établissent aux demandeurs, des actes de naissance, des cartes d'identité nationale, des permis de conduite et autres factures, en simulant la signature des autorités publiques qui ont la charge de les délivrer au public. Il leur arrive même d'établir au profit des tiers des relevés de notes et des diplômes. Ils opèrent dans des ateliers tenus secret et leur matériel de travail comprend des imprimés administratifs vierges, des coupons de cartes d'identité nationale non encore remplis, des ordinateurs portables ou de bureau, des imprimantes et toute une batterie d'outils informatiques.

Ils n'agissent pas par philanthropie, mais par cupidité. En effet, pour l'établissement d'une carte d'identité nationale, ils réclament entre 4 000 et 5 000 francs CFA aux demandeurs ; pour celui d'un acte de naissance ils leur exigent entre 5000 et 10 000 francs CFA ; pour celui d'un permis de conduire, ils leur font payer entre 10 000 et 15 000 francs CFA ; et pour celui d'un diplôme comme le Baccalauréat ou la Licence de l'Enseignement Supérieur, ils leur imposent entre 50 000 et 70 000 francs CFA. On comprend ainsi que les protagonistes de l'établissement frauduleux des documents officiels et des diplômes, soit financièrement nantis. En effet, la plupart d'entre eux se targuent des revenus annuels largement supérieurs aux fonctionnaires de la catégorie A2.

III.7. La voyance à titre onéreux

La forme de *feymania* qualifiée de voyance à titre onéreux est l'art pour ses adeptes de deviner le passé, le présent et l'avenir de leurs victimes en échange d'une contrepartie monétaire ou en nature. A l'heure actuelle, quantité d'hommes et de femmes jeunes et âgés s'y adonnent dans les villes et les villages du Cameroun. D'autre part, quantité d'hommes et de femmes illettrés ou instruits, y sollicitent les adeptes de la voyance à titre onéreux pour connaître leur avenir et trouver des réponses aux problèmes auxquels ils sont confrontés.

Qu'ils soient de sexe masculin ou de sexe féminin, les protagonistes de la voyance à titre onéreux ont recours à plusieurs procédés pour prédire l'avenir ou le futur de leurs victimes. Ils utilisent par exemple le tarot, l'astrologie, la cartomancie, les lignes de la main ou encore la boule de cristal. Les maux qu'ils prétendent guérir sont nombreux. Ils vont de la stérilité des femmes à la difficulté de trouver un emploi en passant par le vampirisme, la malchance, les échecs scolaires, les insomnies nocturnes ou la difficulté de trouver un conjoint ou une conjointe.

Le moins que l'on puisse dire est que la voyance à titre onéreux est pour ses protagonistes, une activité très lucrative. En effet, au Cameroun aujourd'hui, les clients ne se pointent pas chez les voyants les mains vides. Pour s'y rendre, ils doivent se munir d'un attirail de produits et de plantes nécessaires à l'organisation du rituel de voyance proprement dit, mais aussi et surtout de l'argent. D'après nos sources d'enquête, la majorité des voyants du Cameroun sont financièrement mieux lotis que les fonctionnaires de la catégorie A2 ou les cadres supérieurs de l'industrie du pays.

III.8. L'escroquerie foncière

L'escroquerie foncière est une forme de *feymania* qui se développe de plus en plus aujourd'hui dans les grandes agglomérations urbaines du Cameroun. Le cas le plus représentatif de cette forme de *feymania,* concerne la vente par un propriétaire terrien traditionnel et/ou un spéculateur, d'une même parcelle de terrain à plusieurs acquéreurs. Très souvent, le vendeur agit seul, mais il peut aussi lui arriver d'impliquer sa famille et le chef de quartier dans cette escroquerie.

Au début, l'acheteur croit être le seul à avoir passé la transaction foncière sur la parcelle de terrain. Mais une fois l'opération d'achat de la parcelle conclue, il découvre, à sa grande surprise qu'il y a un ou des concurrents qui ont eux aussi, conclu une opération d'achat sur la parcelle de terrain avec le même vendeur y compris en présence du même chef de quartier qui affichent la même prétention sur la même propriété. C'est à cet instant que les parties en lice découvrent l'escroquerie dont elles ont été victimes de la part du vendeur de la parcelle de terrain. S'ensuivent alors entre les parties, elles-mêmes et entre les parties et le vendeur de la parcelle de terrain, des invectives, des échanges de propos aigres, des altercations physiques mêmes et finalement des plaintes en justice.

Dans les grandes villes du Cameroun comme Douala, Yaoundé, Bafoussam, Maroua, et Bamenda, ils sont ainsi très nombreux aujourd'hui les propriétaires terriens traditionnels et/ou spéculateurs fonciers qui se font beaucoup d'argent à travers des ventes illégales des mêmes parcelles de terrain à plusieurs acquéreurs. Les revenus annuels de ces escrocs s'élèvent généralement à plusieurs millions de francs CFA.

III.9. La vente de la réussite sociale

Très implantée aujourd'hui dans les centres urbains, cette forme de *feymania* y est entretenue par les fondateurs des églises dites de réveil. Issus souvent des élites urbaines instruites (étudiants du Supérieur, fonctionnaires, cadres) les fondateurs de ces églises appartiennent pour la plupart à la classe des laissés-pour-compte du système d'économie moderne autrement dit, la classe des chômeurs. Influencés par les mouvements pentecôtistes, évangéliques et charismatiques, ils ont créé des églises pour « vendre » aux personnes en proie à toutes sortes de problèmes, la réussite sociale qui semble les fuir. Ces personnes n'hésitent pas à se priver pour remettre aux fondateurs devenus pasteurs desdites églises, des dons en numéraire ou en nature. Elles considèrent la remise de ces dons comme un acte de foi et espèrent en retour trouver un emploi, contracter un mariage, réussir à un concours, obtenir un visa pour l'Etranger, et pour tout dire, changer de statut social. Pour les désenvoutements et les délivrances spirituelles, ces personnes sont tenues de remettre aux pasteurs des nouvelles églises, tous les avoirs qu'elles auraient acquis par des voies sataniques. Les fondateurs de ces églises vendent aux prix fort leur bénédiction aux « fidèles » et aux hommes politiques.

Pour cette classe d'entrepreneurs en porte-à-faux entre les deux mondes moderne et traditionnel, la création des églises nouvelles leur permet d'atténuer en partie leur « échec social ». En devenant pasteurs, ils n'acquièrent pas seulement une position importante dans la société, ils occupent aussi une place prépondérante dans la vie des « fidèles ». Pour maintenir cette double emprise, les fondateurs des nouvelles églises multiplient les initiatives : campagnes d'évangélisation, journées de guérison, veillées de prière, etc. La conquête des fidèles prend des allures de compétition entre les pasteurs-prédicateurs dont certains n'hésitent pas à créer des chaînes de radio et de télévision pour mieux se faire connaître et grossir les rang de leurs victimes. Plus ces victimes seront nombreuses, plus les bénédictions qui s'achètent à prix d'or lors des grands rassemblements de prière sur les grandes places publiques ou dans les enceintes sportives, seront rentables.

Les différents réseaux que les pasteurs des nouvelles églises mobilisent, leur permettent de s'assurer de la part de la société, une légitimation sans cesse renouvelée malgré plusieurs dérives dont certains d'entre eux se rendent coupables et qui sont largement diffusées et commentées par les médias. Les fondateurs des églises de réveil profitent largement de l'argent des quêtes qu'ils persuadent les fidèles de leur verser au titre de dénier de culte. A vrai dire, les fondateurs de ces églises sont presque tous des escrocs qui s'enrichissent grassement sur le dos de leurs ouailles crédules. Certains d'entre eux n'hésitent pas à convoler en d'« injustes » noces avec des dames qui ont quitté leurs maris pour les rejoindre. On est frappé par la facilité avec laquelle les fondateurs des nouvelles églises se déclarent « pasteurs ». On est aussi frappé par la rapidité avec laquelle ils s'enrichissent et s'embourgeoisent. En effet, en très peu de temps, ils se constituent des fortunes colossales ; après seulement quelques années de ministère, ils s'achètent de grosses cylindrés, se construisent de luxueuses villas ou de beaux lieux de culte, quand ils n'investissent pas dans l'immobilier, l'hôtellerie, les commerces, ou la restauration.

III.10. L'émission des chèques sans provision

Il y a émission des chèques sans provision lorsque le compte n'est pas suffisamment approvisionné lors de la présentation d'un chèque à l'encaissement ou lorsque la banque ne peut utiliser immédiatement l'argent porté sur le compte pour payer le chèque (en cas de saisie sur le compte par exemple). Un chèque sans provision est un chèque émis alors que l'émetteur ne dispose pas du montant qu'il a indiqué sur son compte en banque.

Cela dit, l'émission des chèques sans provision, est l'une des formes de *feymania* les plus anciennement établies au Cameroun ; elle y a pris racine dans les villes dans le cercle des petits entrepreneurs indépendants en proie à des problèmes de trésorerie et ne disposant pas d'une surface financière suffisante pour accéder au crédit bancaire. Progressivement, elle s'y est étendue à de nombreux autres secteurs d'activité économique. Aujourd'hui, elle y est très développée dans les domaines des échanges commerciaux, les milieux d'affaires, les tontines, la restauration moderne, les transactions bancaires, l'hôtellerie, les marchés publics et la spéculation foncière. Par l'émission des chèques sans provision, les fraudeurs y détournent à leur profit, des sommes d'argent élevées. D'après expérience, ses protagonistes hommes et femmes sont, dans leur immense majorité, financièrement bien lotis. Ils font partie de la « high class » de la société camerounaise.

III.11. L'usurpation d'identité

L'usurpation d'identité est le fait pour une personne de voler l'identité d'une autre personne vivante, pour mener une ou plusieurs actions frauduleuses. L'usurpation d'identité débute par la collecte de renseignements personnels sur la victime. Ces renseignements comprennent entre autres, le nom, le sexe, la date de naissance, le niveau d'instruction, la filiation, le numéro matricule, le numéro de sécurité sociale, le numéro de carte de crédit, le mot de passe de la carte de crédit, le numéro de téléphone, et/ou toute autre information permettant d'identifier la personne. Les usurpateurs les utilisent ensuite pour effectuer une ou plusieurs transactions en simulant l'identité de la personne fraudée.

Les cas d'usurpation d'identité les plus répandus au Cameroun aujourd'hui sont : retirer de l'argent du compte bancaire de sa victime avec parfois la complicité du personnel de la banque, pirater le compte bancaire de la victime et ainsi contracter un emprunt à sa place, ouvrir un compte bancaire et contracter des crédits dont on n'aura pas à effectuer le remboursement, accéder aux finances de la personne dont on a usurpé l'identité, toucher les indemnités de succession ou les aides et allocations de l'Etat de la personne dont on a usurpé l'identité, souscrire un abonnement téléphonique au nom de la victime et ne jamais payer les factures y afférentes, ou bien prétendre être titulaire des mêmes diplômes et qualifications que sa victime. Certains usurpateurs d'identité en activité au Cameroun cherchent même à acquérir par leur supercherie des passeports et des visas pour pouvoir se rendre en Europe ou aux USA. Les victimes de l'usurpation d'identité se trouvent lésées de leurs droits financiers ou sont en situation de rembourser des montants qu'elles n'ont ni perçus ni utilisés.

L'usurpation d'identité qui a émergé au Cameroun au début des années 1990, s'y est beaucoup développée au cours des 20 dernières années. Les usurpateurs s'en servent pour nuire à la réputation de leurs victimes mais aussi à leur porte-monnaie. Ils s'en servent aussi pour escroquer d'autres personnes. Par cette pratique frauduleuse par excellence, nombre d'entre eux parviennent à s'enrichir rapidement.

III.12. Le mariage gris

On parle généralement de mariage gris ou d'arnaque sentimentale, quand le mari qui avait au départ une intention réelle de vie commune, s'est fait « avoir » par la femme qui n'avait pour seul but que d'escroquer son partenaire. Dans le cas qui nous intéresse ici, ce mariage lie un homme de souche européenne, un suisse, un Français ou un Belge par exemple et une femme d'origine camerounaise. Ainsi, depuis près de deux décennies, nombre de jeunes camerounaises migrent en Suisse, en France ou en Belgique, pour y faire fortune à travers un tel mariage. Après s'y être mariées, elles « provoquent une situation de crise conjugale » dans laquelle elles se posent en victimes de leurs maris et dans la foulée, elles saisissent la justice pour arbitrage. Après un examen approfondi de cette situation de crise conjugale, savamment montée de toutes pièces, trois fois sur quatre, la justice donne raison aux plaignantes, en condamnant leurs maris à leur verser des indemnités de séparation et/ou de divorce.

Les indemnités de divorce que perçoivent ainsi les Camerounaises impliquées en Europe dans le mariage gris de leurs ex-maris émigrées portent en général sur des sommes d'argent élevées ou sur des biens immobiliers dont la valeur vénale est très importante. Et pour cause, à leur retour dans leur pays d'origine, les femmes concernées roulent carrosse et investissent dans l'immobilier, l'hôtellerie, le commerce d'import-export et celui du prêt-à-porter de luxe.

III. UN MOYEN D'ASCENSION SOCIALE RAPIDE

Si comme nous l'avons vu dans les lignes qui précèdent, la *feymania* est solidement implantée au Cameroun aujourd'hui, c'est parce qu'elle y apparaît aux yeux de ses protagonistes, comme un moyen d'ascension sociale rapide. En effet, la vitesse avec laquelle les *feymen* du Cameroun s'enrichissent voire s'embourgeoisent, est surprenante. Au terme d'une opération d'arnaque de quelques heures, de quelques jours ou de quelques semaines, le *feyman* peut se procurer une somme faramineuse, évaluée à plusieurs dizaines voire centaines de millions de francs CFA. Contrairement au succès de l'entreprenariat classique qui est lié à la *« régularité des revenus, à l'indépendance et à la mobilité géographique de son auteur »* (Warnier, 1993), celui de la *feymania* retient outre l'indépendance et la mobilité géographique, la réussite du « coup fumant » ou de l'opération d'escroquerie du sien. La *feymania* conduit à une acquisition rapide des richesses que Malaquais Dominique décrit dans ces termes « *Une caractéristique fondamentale de la feymania, en effet, est la rapidité avec laquelle ses pratiquants accèdent à la richesse, rapidité que cherche à égaler ceux qui tombent sous le charme des feymen. Longues années de travail, accumulation judicieuse et dépenses parcimonieuses, tous ces impératifs auxquels s'était pliée l'accumulation africaine de naguère sont ici rejetées* » (2001). D'ailleurs, les jeunes Camerounais qui représentent la fraction sociale la plus encline au changement, tombent sous le charme des *feymen* qui « brûlent ainsi les étapes » pour se faire une place enviable dans la société.

A la vérité, la *feymania* permet aux jeunes issus des classes sociales défavorisées, d'améliorer leurs conditions de vie et d'accéder à la notoriété. Bopda A. résume le fait en ces termes: *« Désorientés par le chômage, fascinés par l'enrichissement spectaculaire des « Grands » des chantiers, écartelés entre leur envie de réussir et de parader et l'impossibilité d'y parvenir honnêtement grâce à des études réussies ou des emplois à la hauteur de leurs espérances, des jeunes se sont mis à organiser de sang-froid des rapines et des escroqueries toujours plus spectaculaires les unes que les autres. Ils se considèrent eux-mêmes comme « grillés », condamnés à mourir, et préfèrent mourir tués souvent au terme d'un enrichissement bref, spectaculaire et éphémère que de vivre dans la misère à durée indéterminée* » (2003).

Pour nombre de jeunes Camerounais d'aujourd'hui, comment échapper à la dure loi de la précarité et accéder à une vie aisée ? En effet, à partir du moment où aller à l'école n'est plus une garantie d'ascension sociale, ils ont tendance à explorer d'autres stratégies susceptibles de leur permettre d'y parvenir. On peut logiquement établir une corrélation entre la *feymania* et la mobilité ascendante des jeunes au regard des réalisations économiques et sociales qui relèvent de l'initiative des *feymen* au Cameroun aujourd'hui. Du marché foncier à celui de l'immobilier, en passant par l'hôtellerie, l'industrie, le transport, l'enseignement, la politique et le sport, les *feymen* y marquent de leur empreinte plusieurs secteurs de la vie socio-économique et socio-politique. A travers leurs œuvres caritatives, ils se rapprochent des couches sociales pauvres ou déshéritées et en reçoivent en retour, honneur, considération et reconnaissance. Les *feymen j*ouent les donateurs et les bienfaiteurs. En effet, d'après Malaquais Dominique, « *Les feymen faisaient du social, et de façon nettement plus efficace que l'Etat ; leur manière à eux de « donner » avait un impact plus puissant que les cageots de bière distribués par le Parti avant les élections* » (2001). Les *feymen* se servent des richesses, mieux des fortunes qu'ils ont amassées, pour se constituer tout un réseau de clientèle dans la société et les sphères politiques, faire ombrage à certains « grands » du pays et s'ériger en modèles à suivre. En affectant une partie de leurs richesses à des œuvres caritatives ou à des initiatives sportives, ils cherchent à masquer le côté répréhensible de leur activité et à se mettre à l'abri de la désapprobation de l'opinion publique. Comme tels, ils sont devenus de sérieux concurrents des entrepreneurs économiques classiques et des élites politiques.

Aujourd'hui, les *feymen,* du moins l'écrasante majorité d'entre eux, mènent un train de vie somptueux. Ils vivent dans les quartiers huppés de

Douala, Yaoundé, Bafoussam, Maroua, Bamenda ou Limbé, dans de luxueuses villas ; ils disposent de plusieurs belles voitures. Ils passent d'un hôtel à l'autre en l'espace d'une journée selon que leur sécurité est assurée ou non, ou tout simplement parce qu'ils doivent répondre à des appels incessants pour une « affaire » urgente. Comme le souligne Dominique Malaquais, arborer la casquette du *feyman* place son auteur au cœur des transactions diverses, avec les contacts qui se multiplient, les réseaux qui se densifient et les affaires qui prospèrent (2001).

Grâce à la *feymania,* des individus qui hier appartenaient à la basse classe sociale et qui étaient anonymes, en tout cas inconnus de tout le monde, se voient propulsés au sommet de la pyramide sociale non sans avoir transgressé les voies classiques d'ascension sociale. Pour un certain nombre de jeunes Camerounais, le *feyman,* est encore sinon un héros, du moins un modèle. Aujourd'hui, quand vous demandez aux jeunes Camerounais ce qu'ils veulent devenir plus tard, bon nombre d'entre eux vous répondent qu'ils tiennent à devenir *feymen.* D'ailleurs, chaque année, nombre de jeunes Camerounais abandonnent l'école pour se lancer dans la pratique de la *feymania.* Décidément, l'attrait qu'exerce l'image du *feyman* sur les jeunes Camerounais est réel. Rapportant les propos d'un jeune, Dominique Malaquais écrit : « *Je vais bientôt mettre un terme à mon cursus académique pour devenir* » « *En quelques mois, je peux devenir multimillionnaire et même milliardaire. C'est nettement plus facile que de chauffer son postérieur (...) sur les bancs de l'école* » (2001).

Au Cameroun, les *feymen* sont devenus les nouveaux entrepreneurs du développement local. A travers des remises de dons en espèces et en nature, la réalisation des écoles, des centres de soins de santé, l'ouverture des routes et l'aménagement des points d'eau potable, ils prennent une place prépondérante dans l'amélioration des conditions de vie de leur département ou de village, tant au plan individuel que collectif. En agissant ainsi, ils s'inscrivent résolument dans la ligne de la nouvelle norme de développement préconisée par les organisations internationales. Pour mener à bien leurs initiatives, ils s'appuient sur les capitaux amassés et sur les réseaux de relations sociales qu'ils ont tissés tant au niveau national qu'au niveau international.

CONCLUSION

Il résulte de cette contribution scientifique que la *feymania* apparaît comme une dynamique d'affirmation sociale des jeunes, dans la mesure où elle permet à ceux-ci d'acquérir des capitaux financiers et de s'en servir pour gravir jusqu'au sommet, les marches de la hiérarchie sociale. Née au début des années 1990 de la faillite de l'Etat-providence et de la crise morale, elle a consacré l'émergence du « monde d'en-bas », qui depuis lors, développe des stratégies de survie en rupture avec les logiques formelles et institutionnelles.

La *feymania* qui ne cesse de se développer au Cameroun prouve que les itinéraires d'accumulation des richesses n'y sont pas toujours légaux. Entretenue par des jeunes à l'origine en proie aux difficultés économiques et lésés par la mal gouvernance politique, elle résonne comme leur riposte cinglante aux logiques étatiques d'embrigadement. La contribution a mis en évidence la manière dont une partie de la population du Cameroun, constituée en majorité de jeunes a développé et continue à développer, des stratégies d'accumulation des richesses illicites, dans un contexte socio-économique de rareté d'emplois rémunérateurs et de paupérisation. Elle a levé un pan de voie sur une stratégie d'accumulation de richesses voire d'embourgeoisement qui consiste pour ses protagonistes à faire fortune sur le dos des citoyens et de l'Etat.

BIBLIOGRAPHIE

Abéga S. C., 1999, *Société civile et réduction de la pauvreté*, Yaoundé, Editions CLE, 1999, 208 p.

Abélès M. ; Collard C., 1985, (études réunies et présentées par), *Age, pouvoir et société en Afrique,* UM, Karthala, Montréal, Paris,

Aerts, J. J. et al., 2000, *L'économie camerounaise. Un espoir évanoui*, Karthala, Paris, 288 p.

Banque mondiale, 1989, *L'Afrique subsaharienne. De la crise à la croissance durable. Etude de prospective à long terme*, Banque mondiale, Washington D.C.,

Bayart, J. F., 1989, *L'Etat en Afrique*, Fayard, Paris, 440 p.

Bayart, J. F., s, Mbembe A. ; Toulabor, 1992, *Le politique par le bas en Afrique noire*, Karthala, Paris, 272 p.

Bayart, J. F.,et al., 1997, *La criminalisation de l'Etat en Afrique*, Ed. Complexes, Paris, 167 p.

Bopda, A., 2003, *Yaoundé et le défi camerounais de l'intégration. A quoi sert une capitale d'Afrique tropicale ?,* Ed. CNRS, Paris, 422 p., Coll. *Espaces & Milieux.*

Careroon Tribune, www.cameroon-tribune.net du 02 décembre 2004.

Cameroon Tribune, www.cameroon-tribune.net, du 23 février 2005.

Chabal, P. ; Daloz, J. P., 1999, *L'Afrique est partie ! Du désordre comme instrument politique*, Economica, Paris, 196 p., Coll. *Analyse politique.*

Chaleard J. L. ; Chanson-Jabeur C. ; Béranger C. (éds.) et Béranger Chantal, *Le chemin de fer en Afrique,* Karthala, Paris, 2006, 401 p. Coll. *Hommes et sociétés*,

Chouala Y. A., 2005, L'entrepreneur feyman au Cameroun : les transformations de l'ethos de l'accumulation, *Communication présentée au Colloque International de l'APAD sur* « les entrepreneurs en quête de normes », Yaoundé, octobre 2005.

Chouala Y. A., 2001, Conjoncture sécuritaire, champ étatique et ordre politique au Cameroun : élément d'analyse anthropo-politiste d'une crise de l'encadrement sécuritaire et d'un encadrement sécuritaire de crise , *Polis, Revue Camerounaise de Science Politique*, Vol. 8, No spécial,

Courade G. (sous la direction de), 2000, *Le désarroi camerounais.* L'épreuve de l'économie-monde, Karthala, Paris, 283 p., Coll. *Economie et développement.*

Courade G., 1994, *Le village camerounais à l'heure de l'ajustement*, Karthala, Paris,

Daloz J. P. ; Quantin P., 1995, *Transitions démocratiques africaines : dynamiques et contraintes (1990-1994),* Karthala, Paris, 274 p.

Darbon, D., 1990, L'Etat prédateur, *Politique africaine*, n°39, pp. 37-45.

De Sardan J. P. O., 1995, *Anthropologie et développement. Essai en socio-anthropologie du changement social*, /APAD/Marseille, Karthala, Paris, 221 p., Coll. *Hommes et sociétés.*

Durkheim, E., 2007, *Les règles de la méthode sociologique*, PUF, Paris, 144 p., Coll. *Quadrige Grands textes.*

Ela, J. M. 1998, *Innovations sociales et renaissance de l'Afrique noire. Les défis du « monde d'en-bas »,* L'Harmattan, Paris, 426 p.

Ela J. M., 1994b, *Irruption des pauvres*, L'Harmattan, Paris, 266 p.

Ezo'o Bizeme et Komon, 1996, La crise économique continue, *AfricaDevelopment,* XXI (2&3), pp. 67-77.

Geschiere P., 1995 *Sorcellerie et politique en Afrique. La viande des autres*, Karthala, Paris, 312 *p*. Coll. *Les Afriques*

Geschiere, P. ; Konings P. (sous la direction de), 1993, *Itinéraires d'accumulation au Cameroun (Pathways to accumulation in Cameroon)*, Karthala, Paris, ASC Karthala, Paris, 301 p., Coll. *Hommes et Sociétés.*

Kengne Fodouop kengne, *2013, Le Cameroun face au défi du développement. Atouts, obstacles et voie à suivre,* L'Harmattan, Paris, 337 p., Coll. *Racines du présent.*

Kengne Fodouop, *2010, Le Cameroun. Autopsie d'une exception plurielle en Afrique,* L'Harmattan, Paris, 378 p., Coll. *Etudes Africaines*

Kengne Fodouop, *2003, Citadins et développement au Cameroun,* L'Harmattan, Paris, 232 *p,* Coll. *Etudes Africaines*

Kengne Fodouop, Metton A., 2000, *Economie informelle et développement dans les pays du Sud à l'ère de la mondialisation,* PUY/Yaoundé, UGI/Paris, 392 p.

Malaquais D., 2001, *Anatomie d'une arnaque : feymen et feymania au Cameroun*, Les Etudes du CERI, No 77, 46 p.

Malaquais D., 2001, *Arts de feyre au Cameroun*, *Politique africaine,* No 82, pp. 101-118

Martin, J. Y. ; NolwenHenaff, 2001, *Stratégies et capacités de financement de l'éducation de l'éducation de base par les agents privés*, Rapport Cameroun,

Mbembe, A. 1985, *Les jeunes et l'ordre politique en Afrique noire*, L'Harmattan, Paris, 534 p.

Mbock, Charly Gabriel, *« L'afro-libéralisme et l'économie informelle en Afrique »*

Malaquais D., 2001, *Anatomie d'une arnaque.*
Feymen et feymania au Cameroun, Les Etudes du Centre d'Etudes et de Recherches Internationales 'CERI), No 77,

Médard, J. F. (Ed. par), 1991, *Etats d'Afrique noire. Formations, mécanismes et crise,* Karthala, Paris,

Mimche H., 2005, La circulation migratoire des antiquaires à l'ouest Cameroun, *Communication présentée au colloque international* « Circulations et territoires dans la migration internationale », Université de Toulouse Le Mirail, 16-18 mars 2005 (à paraître).

Monga, C., 1994, *Anthropologie de la colère. Société civile et démocratie en Afrique,* L'Harmattan, Paris,

Ndjio B. P., 2012, Magie et enrichissement illicite. La feymania au Cameroun, Karthala, Paris, 298 p.

Ngo Nyouma P. I. (Membre du Réseau francophone, Genre en Action) 2005, Lorsque la migration économique des Africaines en Occident rime avec «réussir a tous les prix»: le cas des « suissesses» du Cameroun.

PNUD, 1996, *Rapport sur le développement humain au Cameroun-1996. Secteur privé et développement humain.*

République du Cameroun/PNUD, *Diagnostic de la délinquance urbaine à Yaoundé*, septembre.

Tsafack, G., 2000, *L'enseignement secondaire au Cameroun. Tendances organisationnelles et résultats d'apprentissage des élèves,* PUY, Yaoundé, p.

Warnier J. P., 1993, *L'esprit d'entreprise au Cameroun*, Karthala, Paris,

21▪ DANS L'UNIVERS DES VENDEURS DE LIVRES D'OCCASION EN MILIEU URBAIN

Kengne Fodouop,
Ondoua Owoutou &
Valérie Stéphanie Chemgne

RESUME

En milieu urbain au Cameroun, pendant que des centaines d'individus font la couture, lavent les voitures ou réparent les motos pour avoir de quoi assurer leur quotidien, d'autres vendent des livres d'occasion, pour en faire de même. S'ils ont ainsi choisi de se livrer à la vente de livres d'occasion, pour tenter de gagner de quoi vivre, ce n'est pas parce que cette activité est très lucrative, mais parce qu'ils n'ont pas trouvé à s'employer, comme ils l'auraient souhaité, dans la Fonction publique ou dans le secteur moderne privé.

En effet, depuis le milieu des années 1980, les statistiques officielles mettent en évidence au Cameroun, un niveau particulièrement élevé non seulement de la population pauvre, mais aussi de chômeurs constitués dans leur immense majorité de jeunes (ECAM, 2007). En attendant de trouver un jour un emploi dans la Fonction publique ou dans le secteur moderne privé, nombre de ces chômeurs se livrent à la vente de livres d'occasion dans les rues et les marchés et à l'entrée des librairies, des établissements secondaires et des campus universitaires. Ils y font face à de nombreuses difficultés dans l'exercice de leur activité. En effet ils y sont confrontés aux intempéries, mais aussi à la répression des forces de police qui les accusent d'encombrer les chaussées et de salir l'espace urbain.

Les vendeurs de livres d'occasion considérés ne tirent pas un grand bénéfice financier de leur activité. C'est pourquoi tous se déclarent prêts à abandonner cette activité le jour où ils trouveront un emploi dans le secteur moderne public ou privé, ou celui où ils auront suffisamment d'argent pour se lancer dans une activité informelle porteuse de technologies comme la réparation automobile, la fabrication des meubles en bois, la vitrerie ou l'impression des cartes de visite.

Mots-clés : *Vendeurs, livres d'occasion, gagne-petit, chômage, crise économique, pratiques illégales.*

INTRODUCTION

Parmi les débrouillards qui abondent dans les villes du Cameroun aujourd'hui, figurent les vendeurs de livres d'occasion. L'activité de ceux-ci consiste à vendre à une clientèle dominée par les élèves et les étudiants et/ou leurs parents, des livres déjà utilisés ou perçus comme tels provenant de trois grandes sources : les élèves et étudiants qui ont réussi leur année académique, les parents d'élèves et les libraires. Les vendeurs de livres d'occasion considérés sont numériquement dominés par les hommes. Certains d'entre eux sont spécialisés dans la vente de livres au programme des enseignements primaire et secondaire ou dans celle des manuels de l'enseignement supérieur. Quant aux autres, ils vendent à la fois des livres utilisés dans l'un des trois ordres d'enseignement (primaire secondaire et supérieur) auxquels ils associent les romans de tout genre, les rapports et autres documents déclassés venant des institutions ou organisations publiques ou privées. Si certains d'entre eux se livrent à la vente de livres d'occasion tout au long de l'année, en revanche d'autres s'y adonnent uniquement pendant les grandes vacances académiques aux fins d'acquérir de quoi acheter les fournitures scolaires ou régler leurs frais de scolarité.

Les vendeurs de livres d'occasion étudiés opèrent le plus souvent sur les trottoirs des principales rues et le pourtour des marchés et à l'entrée des librairies classiques, des écoles, des collèges, des lycées et des campus universitaires. Les prix qu'ils pratiquent sont bon marché et les gains qu'ils tirent de leur activité sont en général faibles, en comparaison de ceux de nombreux autres travailleurs vivant au Cameroun.

La présente contribution vise à faire la lumière sur les vendeurs de livres d'occasion en milieu urbain au Cameroun. Elle s'intéresse à leur profil socioprofessionnel, aux motifs de leur engagement dans l'activité exercée, à la pratique quotidienne de l'activité, aux gains financiers et aux aspirations professionnelles profondes de ses protagonistes. Elle s'inspire de deux méthodes de recherche complémentaires : l'exploitation d'une série d'articles de revues scientifiques et de journaux, de mémoires et de livres sur le marché du livre d'occasion au Cameroun d'une part, et celle des données d'observations et d'une enquête par questionnaire d'autre part. Les observations et l'enquête par questionnaire ont été effectuées au cours des années 2012, 2013 et 2014 par les 3 rédacteurs de cette contribution avec l'appui de leurs étudiants et de quelques collègues de travail auprès de 754 vendeurs de livres d'occasion répartis dans 17 villes, représentatives des 10 régions administratives du Cameroun. La ventilation des 754 vendeurs de livres d'occasion de l'échantillon d'enquête est la suivante : Yaoundé (125 vendeurs), Douala (90 vendeurs), Buéa (60 vendeurs), Dschang (58 vendeurs), Bafoussam (55 vendeurs), Ngaoundéré (45 vendeurs), Maroua

(40 vendeurs), Bamenda (40 vendeurs), Bertoua (35 vendeurs), Nkongsamba (35 Mbalmayo (30 vendeurs), Kumba (30 vendeurs), Ebolowa (28 vendeurs), Garoua (25), Nanga-Eboko (23 vendeurs), Edéa (20 vendeurs) et Limbé (15 vendeurs).

I. LE PROFIL SOCIOPROFESSIONNEL DES VENDEURS DE LIVRES D'OCCASION

Combien sont-ils les individus qui se livrent à la vente de livres d'occasion en milieu urbain au Cameroun aujourd'hui, et quelles en sont les caractéristiques socioprofessionnelles ?

Il n'est évidemment pas facile d'évaluer avec précision l'effectif des individus impliqués dans la vente de livres d'occasion dans les villes du Cameroun aujourd'hui. Et pour cause, certains vendeurs de livres d'occasion n'y exercent pas leur activité de matière permanente. D'autre part, plusieurs autres vendeurs de livres d'occasion y vont de lieu en lieu pour vendre leurs produits, rendant du même coup leur recensement très difficile. En combinant les statiques des sources documentaires (Lieugong M., 2009, Wandji Bertrand Chancelier 2004 et Kengne Fodouop, 1991), et celles issues d'enquêtes de terrain, nous évaluons à environ 200 000 l'effectif actuel des individus qui se livrent à plein temps ou de manière intermittente à la vente de livres d'occasion dans les villes du Cameroun.

La communauté des vendeurs des livres d'occasion de ville du Cameroun est numériquement dominée par des individus de sexe masculin ; ceux-ci représentent 98,6 % de l'ensemble. D'autre part, la communauté des vendeurs de livres d'occasion considérés y est constituée à 72,5 % de jeunes. La tranche d'âge la plus représentée y est celle des 25-35 ans. Presque tous les vendeurs de livres d'occasion étudiés ici ont été l'école et/ou s'y trouvent encore. Enfin 94,5 % d'entre eux sont nantis d'un ou de plusieurs diplômes tels que le CEPE, le BEPC, le Certificat de Probation, la Licence, la Maîtrise, le Master et le Doctorat.

II. LES RAISONS DE L'IMPLICATION DANS LA VENTE DE LIVRES D'OCCASION

Pour quelles raisons de nombreux individus s'impliquent-ils dans la vente de livres d'occasion dans les villes du Cameroun aujourd'hui ? D'après les enquêtes directes, les raisons qui sous-tendent leur implication dans cette activité, diffèrent selon que les concernés l'exercent à temps partiel ou à plein temps.

Pour les vendeurs à temps partiel que sont généralement les élèves, les étudiants, les enseignants et les anciens vendeurs des *librairies du poteau*[149], trois motifs sont à relever. En effet, pour une partie des élèves et des étudiants, l'implication dans la vente de livres d'occasion est motivée par la volonté d'acquérir un peu d'argent de poche. Dans ce cas, les intéressés se débarrassent des livres de la classe ou du niveau d'étude qu'ils viennent de franchir, contre des espèces sonnantes et trébuchantes aux fins de s'en servir pour acheter des vêtements, aller au cinéma ou boire un coup avec des amis ; pour une autre partie, elle est motivée par la nécessité d'acquérir de quoi payer les fournitures de classes ou régler les frais de scolarité de l'année académique à venir ; enfin, pour les enseignants et les anciens vendeurs des *librairies du poteau*, elle est liée à la recherche d'un complément monétaire pour préparer la rentrée académique de leur progéniture ou contribuer aux dépenses de logement, de nutrition voire de santé de leurs familles. L'expérience acquise de la pratique antérieure de la vente informelle de livres d'occasion, les incite à renouer avec cette activité momentanément, pendant les grandes vacances académiques.

Quant aux vendeurs à plein temps, tous se sont lancés dans la vente de livres d'occasion pour échapper au chômage. « *Je suis titulaire d'une Licence en Mathématiques, mais n'ayant pas trouvé du travail, je me suis investi dans la vente des livres d'occasion, pour pouvoir acquérir de quoi me nourrir, payer mon loyer et satisfaire mes autres besoins fondamentaux* », nous a confié M. Jacques Mebenga rencontré en 2011 au Marché Mokolo à Yaoundé. Monsieur Fritz Maboma que nous avons rencontré en 2013 au marché central de Bertoua est du même avis « *Je suis diplômé de l'ESSEC de l'Université de Douala dans la spécialité Marketing ; après deux années de recherche infructueuse d'emploi dans le secteur d'économie moderne, j'ai finalement décidé de me lancer dans la vente des livres d'occasion, pour survivre* » Monsieur Donatien Motaze que nous avons interrogé en 2012 au carrefour Tamezou à Ebolowa, va plus loin « *Je fais dans la vente des livres d'occasion malgré moi. Avec ma Licence en sciences naturelles obtenue avec la mention assez-bien, je ne devrais pas me retrouver dans cette situation. Pour moi, ce que je fais en ce moment est un pis-aller* ».

A la vérité, les vendeurs de livres d'occasion à plein temps se livrent à cette activité parce qu'ils ne sont pas parvenus à décrocher, comme ils l'auraient souhaité, un emploi dans la fonction publique ou dans le secteur moderne privé. Pour eux, l'impossibilité de trouver un emploi dans le secteur

---

[149] Jargon populaire utilisé depuis les années 1980 dans les villes du Cameroun pour désigner les points de vente des livres d'occasion installés en plein air, sur les trottoirs, les parvis des établissements d'intérêt collectif et les places de marchés.

d'économie moderne constitue le motif de leur implication dans l'activité exercée.

Cela dit, comment les vendeurs de livres d'occasion se procurent-ils et écoulent-ils ces livres ?

III. L'ACQUISITION DES LIVRES D'OCCASION

Dans les villes du Cameroun, l'activité des vendeurs de livres d'occasion ou considérés comme tels, commence toujours par l'acquisition desdits livres auprès de leurs détenteurs. A ce stade, les intéressés font appel à l'un ou à l'ensemble des trois circuits d'acquisition des livres d'occasion suivants : l'acquisition des livres d'occasion ou considérés comme tels à travers les contacts directs avec les familles, les élèves, les étudiants et les libraires, celle à travers des achats de livres d'occasion à leurs postes de travail aux détenteurs qui se présentent à eux et celle à travers l'achat de livres d'occasion à distance.

Dans le cadre du premier circuit, nombre de vendeurs de livres d'occasion font le tour des familles de leur voisinage pour y acheter les livres dont les fils et les filles n'ont plus besoin pour poursuivre leur scolarité ou bien parce que cette scolarité est achevée. Ils font ce tour des familles généralement à pied, munis de sacs à utiliser pour ramener chez eux les livres collectés. Parfois, ils sont contactés par téléphone. Une fois dans les familles, ils achètent les livres au cinquième ou au quart de leur prix à l'état neuf, pour être sûrs de les revendre avec une bonne marge bénéficiaire. Mais, il y a des cas où le parent d'élève demande aux vendeurs de l'aider à « placer » les anciens livres de ses enfants. Au départ, le vendeur et le parent d'élève s'entendent sur la marge du prix total. Le vendeur se charge ensuite d'écouler le produit en y ajoutant sa marge de bénéfice. A ce moment, il devient l'intermédiaire entre le parent d'élève et le potentiel client. Lorsque la transaction se déroule bien, le parent revient voir le même vendeur de livres d'occasion lui garantissant ainsi, un approvisionnement permanent. Il se constitue à travers la confiance un réseau de clients et de fournisseurs de livres d'occasion. Il n'est pas rare de rencontrer des élèves et des étudiants qui écoulent eux-mêmes leurs anciens livres ou ceux de leurs cadets. Ceux-ci sont ambulants ou se postent aux entrées des marchés pour être sûrs d'écouler rapidement leur stock de livres.

Dans le cadre du deuxième circuit, les intéressés achètent les livres d'occasion à leurs postes de travail mêmes, des mains des élèves et des parents d'élèves. En effet, pour se procurer de l'argent, nombre d'élèves et/ou parents d'élèves vont céder à des prix « cassés », des livres déjà utilisés aux vendeurs de livres d'occasion, dans les endroits où ceux-ci exercent leur activité et qu'on nomme communément « librairies du poteau ». Quotidiennement, ils vont y céder les livres qu'ils détiennent aux vendeurs de livres d'occasion en échange d'une contrepartie monétaire. Certains élèves et parents d'élèves vont y échanger les livres d'un niveau de formation donné, contre ceux d'un autre niveau. Depuis le mois d'août 1991, cette forme très particulière de vente de livres d'occasion se déroule dans les villes du Cameroun pendant les grandes vacances académiques sous la dénomination « Bourse du livre ». Les élèves et les parents d'élèves y cèdent aux vendeurs, les livres d'un niveau d'étude donné qu'ils détiennent en échange de ceux du niveau d'étude supérieur moyennant le versement d'un complément en espèces. Le propos de Monsieur Bertin Totouom, vendeur de livres d'occasion rencontré dans son stand au marché A de Bafoussam en septembre 2003, est à cet égard, très révélateur. « *Nous vendons et procédons en même temps aux échanges de livres d'occasion. Dans le cadre d'échange de livres par exemple, un élève promu en classe de 4e, nous cèdera son lot de livres de la classe de 5e en échange de celui de la classe supérieure, à savoir la classe de 4è moyennant le versement d'un complément en espèces ; de même un élève promu en classe de 3e nous remettra son lot de livres de la classe de 4e en contrepartie de celui de sa nouvelle classe, c'est-à-dire la classe de 3e, moyennant le paiement d'un complément conséquent en espèces* ».

Nombre de libraires classiques emboîtent eux aussi le pas aux élèves et aux parents d'élèves, en allant proposer aux vendeurs de livres d'occasion à des prix réduits, leurs stocks de livres avariés, à charge pour eux de les vendre à des acquéreurs peu fortunés. A cet égard, Monsieur Tang Olivier, vendeur de livres d'occasion interrogé à Douala en 2009, confesse « *Outre les élèves et les parents d'élèves, nous recevons une partie du stock de livres que nous vendons des librairies classiques. Il s'agit de livres neufs un peu détériorés ou de livres qui ne sont plus au programme de certains établissements primaires et secondaires* ».

Dans le cadre du troisième et dernier circuit, celui de l'acquisition des livres d'occasion à distance, les vendeurs établis dans une ville donnée vont, au moyen des cars de transport public, s'approvisionner auprès de leurs collègues d'une ou de plusieurs autres villes. Ainsi, des vendeurs de livres d'occasion de Yaoundé vont se ravitailler auprès de leurs collègues de Mbalmayo, d'Obala ou de Bafia ; de même des vendeurs de Douala ou de Bafoussam vont se fournir auprès de leurs collègues de Yaoundé ou de Dschang ; certains d'entre eux profitent de leur déplacement dans ces deux villes pour y vendre des livres de l'enseignement supérieur qui y sont très demandés. Enfin, quelques vendeurs établis à Douala, Bafoussam et Dschang se sont constitués un circuit d'acquisition de livres d'occasion en

Europe, grâce à des proches et des amis qui y achètent ces livres et le leur revendent à des coûts avantageux.

En faisant appel à tant de circuits d'acquisition, les vendeurs de livres d'occasion proposent à la clientèle, un assortiment très diversifié de produits. En effet, d'après expérience, en milieu urbain au Cameroun, le marché du livre d'occasion met à la disposition de la clientèle une offre très diversifiée. Sur ce marché, on trouve tous les types de livres depuis les romans policiers jusqu'aux manuels de l'enseignement supérieur en passant par les dictionnaires, les mémentos, les magazines et les revues. A cet égard, un enseignant d'université que nous avons rencontré en 2012 à la librairie du poteau de l'esplanade de la cathédrale de Yaoundé, atteste : « *On trouve ici, des ouvrages rares qui ne sont plus édités, ni disponibles dans les librairies classiques* ».

IV. LA VENTE DES LIVRES D'OCCASION PROPREMENT DITE

Au stade de la vente, les produits que les vendeurs de livres d'occasion proposent à la clientèle relèvent de trois catégories : la première catégorie concerne les livres entièrement neufs ou presque ; la deuxième catégorie rassemble les livres déjà utilisés mais qui sont encore en bon état et la troisième et dernière catégorie se rapporte aux livres « piratés » en bon état, voire aux livres bien usés dont certaines pages d'origine n'existent plus, mais ont été remplacées par des photocopies.

Cela dit, les vendeurs de livres d'occasion opèrent dans des librairies de fortune de plein air, implantées sur les trottoirs des principales rues et le pourtour des marchés et à l'entrée des écoles, des collèges, des lycées, des campus universitaires et des librairies classiques. Là, ils disposent les livres d'occasion à même le sol sur des nattes en carton ou en plastique ou sur de vieilles caisses retournées. A leur arrivée à leur poste de travail autour de 08h30, nombre de vendeurs vont chercher les livres d'occasion dans le magasin de commerce proche, où ils les ont gardés la veille et les disposent sur les étalages de vente en plein air ; en revanche, les autres ouvrent leur kiosque ou enlèvent les bâches utilisées la nuit pour couvrir leur marchandise et se mettent au travail. Une fois cette phase terminée, les vendeurs attendent les clients. Si certains d'entre eux attendent les clients assis sur un tabouret de fortune, les plus nombreux les attendent debout. Les vendeurs de livres d'occasion font des signes de la main ou interpellent les clients lorsque ceux-ci s'approchent des stands. Ils scrutent l'horizon en permanence pour dénicher les clients et n'hésitent pas à aller au-devant d'eux, pour les orienter vers leurs stands.

Certains vendeurs de livres d'occasion ont des clients réguliers, mais chaque jour, tous se battent pour avoir de nouveaux clients. En effet, la concurrence entre les vendeurs de livres d'occasion est très rude. Chaque vendeur a intérêt à être à son poste tous les jours pour ne pas perdre sa clientèle. Pour attirer toujours plus de clients, de nombreux vendeurs de livres d'occasion proposent des prix bas. La majorité travaille sans interruption du matin au soir. Aux heures de midi, ils se restaurent auprès des vendeuses ambulantes de nourriture ou dans des « restaurants tournedos » installés non loin de leur poste de travail. Tous prennent un repos le samedi ou le dimanche ou les deux jours à la fois, mais en période d'intense activité, ils sont là tous les jours.

D'après les résultats de l'enquête par questionnaire réalisée auprès des vendeurs de livres d'occasion dans 17 villes du Cameroun, en 2012, 2013 et 2014, 97,8 % d'entre eux travaillent seuls. Les mois et les jours où ils ont un empêchement, leurs stands sont fermés. Les 2,2 % restants travaillent avec 1 ou 2 employés et/ou membres de la famille, qui participent à leur côté à la marche générale de l'activité. Les vendeurs de livres d'occasion à plein temps réalisent leurs meilleures ventes au cours des mois de juillet, août, septembre et octobre, autrement dit, les mois qui précèdent le début de la nouvelle année académique. Au cours de ces mois, ils sont fortement sollicités par des personnes qui viennent non seulement leur acheter mais aussi leur vendre les livres d'occasion. Pendant le reste de l'année, leurs recettes sont en baisse. Certains vendeurs à plein temps associent à la vente des livres, celle des cartables, des enveloppes, de la papeterie, des tissus et des chaussures. En dehors de l'activité d'achat et de vente, les vendeurs de livres d'occasion consacrent aussi leur temps à réparer les livres endommagés, notamment à les recoller, à les poncer, à photocopier les pages perdues, et à remplacer les couvertures défectueuses. D'autre part, ils procèdent à l'échange avec leurs collègues, des romans policiers, d'amour et de fiction, mais aussi des bandes dessinées.

Les vendeurs de livres d'occasion interrogés, financent leur activité avec leurs économies personnelles et/ou des contributions familiales qui sont dans l'ensemble très réduites. Les prix pratiqués par ces vendeurs varient en fonction de la qualité et du degré d'usure des livres mis en vente, du niveau d'étude ou du cycle d'enseignement. L'on peut acquérir dans leurs guichets des livres neufs, des livres utilisés en bon état et des livres très usés. Ce sont ces trois paliers qui déterminent le prix de chaque livre. Cela dit, d'après expérience, les prix pratiqués par les vendeurs de livres d'occasion sont dans l'ensemble bon marché, en comparaison avec ceux qui sont pratiqués dans les librairies classiques. Les prix sont toujours conclus à l'issue d'un intense marchandage entre les vendeurs de livres d'occasion et leurs clients.

Le cas de marchandage le plus courant à l'heure actuelle est celui qui se fait lors de l'échange des livres. Lorsque l'élève ou le parent d'élève se présente au guichet de vente des livres d'occasion, le vendeur évalue le coût de chacun des livres apportés et retient ceux qui feront l'objet de l'échange ; ensuite il en évalue leur coût et fait la balance. A la fin de cette opération, il communique au client le solde qu'il doit verser. Après une discussion animée sur le montant du solde à payer, les deux parties s'accordent sur la marge de compensation ; le client verse alors le solde au vendeur et entre en possession des livres. Le vendeur conserve les livres du niveau inférieur pour constituer le stock qui servira de monnaie de change avec le prochain client. Dans cette forme de transaction, le vendeur de livres d'occasion achète sans vraiment « acheter », car dans l'opération, il ne débourse aucun franc. Au contraire, c'est le client qui lui donne de l'argent en plus.

Les librairies modernes du voisinage travaillent de connivence avec les vendeurs de livres d'occasion. Dans le cas d'espèce, le vendeur qui accueille un élève ou un parent d'élève se donne pour mission de tout lui fournir en lui proposant des livres neufs, quand il n'en a pas en stock. Lorsque l'élève ou le parent d'élève accepte le deal, le vendeur fait le tour des librairies classiques du voisinage pour dénicher le livre. Là où il le trouve, il négocie son prix avec le libraire en tenant compte de son bénéfice, car il a déjà donné un montant au client. Si les deux se mettent d'accord, le vendeur, revient à son poste de travail avec le livre. Il peut payer le livre au libraire tout de suite ou bien après avoir bouclé la transaction avec le client. Dans les autres formes de marchandage, l'élève ou le parent d'élève prend soin de se renseigner sur les prix des livres neufs pour éviter de payer plus cher un « vieux » livre. C'est sur la base de ces prix qu'il négocie avec le vendeur de livres d'occasion. Il tient compte aussi de l'état des livres proposés.

V. LES GAINS FINANCIERS DES VENDEURS DE LIVRES D'OCCASION

Qu'est-ce que les vendeurs de livres d'occasion abordés ici tirent financièrement de leur activité ? Comme nous l'ont confié plusieurs vendeurs rencontrés, la vente des livres d'occasion n'est pas un véritable métier ; c'est seulement une occupation qui permet à celui qui l'exerce de survivre. En effet, les gains dérivés de la vente des livres d'occasion sont très limités en comparaison de ceux que gagnent les fonctionnaires de l'administration publique ou les travailleurs du secteur d'économie moderne privé.

A titre d'exemples, Monsieur X. B. vendeur de livres d'occasion à temps plein au marché central de Bertoua réalise un bénéfice net de 23 000 F

CFA par mois ; Monsieur K. M. lui aussi vendeur de livres d'occasion à plein temps au carrefour Tamezou d'Ebolowa tire en moyenne 25 000 F CFA de son activité par mois ; quant à Monsieur P. E. vendeur de livres de livres d'occasion permanent au marché central de Douala, dégage un bénéfice mensuel de 35 000 F CFA par mois. Certes, les bénéfices varient d'un vendeur de livres d'occasion à l'autre ; mais dans l'ensemble, ces bénéfices restent faibles si on les compare à ceux des fonctionnaires ou des salariés du secteur moderne privé. Ces bénéfices sont d'autant plus faibles que les intéressés ont lancé leur activité avec un capital de départ faible, constitué à partir de leurs maigres économies personnelles ou des contributions familiales et que l'activité considérée est essentiellement saisonnière.

On comprend alors que les vendeurs de livres d'occasion abordés dans cette contribution ne soient pas très satisfaits de leur activité. Leur sentiment de dépit est renforcé par le fait qu'ils doivent faire le tour des connaissances pour s'approvisionner en livres d'occasion. Dans l'exercice de leur activité, les vendeurs de livres d'occasion sont aussi confrontés au problème de changement fréquent des livres inscrits au programme des enseignements primaire et secondaire au Cameroun. Les multiples changements de manuels de classes par les ministères de l'Education de base et des Enseignements secondaires, bloquent la vente de l'ancien stock de livres, qui encombrent les stands des vendeurs de livres d'occasion. Le caractère saisonnier de la vente des livres d'occasion, qui a été mentionné plus haut, fait en sorte que les projections sont faussées à l'avance, puisque les protagonistes de l'activité considérée ici ne sont pas sûrs que les livres inscrits au programme au cours de l'année académique en cours, le seront encore l'année suivante. D'autre part, pour une même discipline au programme, les ministères de l'Education de base et des Enseignements secondaires proposent parfois plusieurs livres, laissant aux chefs d'établissements de formation, la latitude de choisir ceux qui leur conviennent. Dans ces conditions, les éditeurs sillonnent les établissements de formation dans le but de faire pencher le choix en leur faveur. Par conséquent, le choix des livres par matière n'est plus stable et varie d'année en année académique. Une autre difficulté vient du fait que les vendeurs de livres d'occasion sont parfois accusés par le public de receleurs, parce qu'il leur arrive parfois d'acheter pour la revente, des livres que les enfants leur ont proposés sans l'accord de leurs parents ou tout simplement des livres volés.

Dans l'exercice de leur activité, les vendeurs de livres d'occasion sont par ailleurs confrontés aux caprices du temps. Ils se heurtent souvent à l'hostilité des agents du fisc qui les accusent de ne pas payer les taxes d'exercice de leur activité et à celle des forces de police qui les reprochent d'occuper illégalement les trottoirs, les places publiques, les allées des marchés et les esplanades des bâtiments publics et religieux.

CONCLUSION

Il est communément admis que toute personne exerçant un travail rémunéré devrait être en mesure d'en vivre et d'en faire vivre décemment sa famille. Or, ce n'est pas le cas des vendeurs de livres d'occasion répertoriés dans les villes du Cameroun. En effet, ces vendeurs de livres d'occasion ne tirent pas de leur activité de quoi subvenir à tous leurs besoins d'existence. Leur activité est d'autant plus précaire qu'ils se heurtent à la rude concurrence des librairies classiques et que les ministères de l'Education de base et des Enseignements secondaires, changent fréquemment de nombreux livres des programmes de formation.

D'autre part, comme les autres travailleurs du secteur informel, les vendeurs de livres d'occasion n'ont pas de garanties professionnelles. Beaucoup d'entre eux ne se livrent à cette activité que parce qu'ils n'ont pas trouvé mieux à faire. Ils vivent dans l'incertitude d'une vie meilleure à la fin de leur carrière. C'est une source de démotivation de la majorité des vendeurs qui sont conscients d'être en situation de précarité. Certains de ceux qui fonctionnent à temps plein et qui sont encore jeunes (25 - 35 ans) nous ont affirmé être prêts à laisser tomber cette activité pour une autre mieux encadrée et mieux rémunérée qui se présenterait à eux. Les plus âgés semblent se résigner et acceptent apparemment leur sort.

BIBLIOGRAPHIE

INS, 2011, Rapport principal sur la Deuxième Enquête sur l'emploi et le secteur informel au Cameroun (EESI 2), phase 1 : Enquête sur le secteur informel ».

INS, 2007, Rapport principal sur l'Enquête Camerounaise auprès des Ménages».

Kengne Fodouop, 1991, *Les petits métiers de rue et l'emploi. Le cas de Yaoundé*, SOPECAM, Yaoundé, 163 p. Coll. *Idées*.

Lieugomg M., 2009, *Les livres du « poteau » à Douala et Yaoundé : Stratégies des acteurs et impacts socio-économiques et culturels »*, L'Harmattan, Paris, 158 p.

Ngo Tonye D., La vente des livres d'occasion, publié sur le site www.cameroun-online.com/coltendance,col-70.html, visité le 22.09.2014.

Pascual S., 2013, La débrouillardise : 10 pistes pour développer cette épatante qualité, l'actualité d'Ithaque.

Tchenembe E., 1993, *Les librairies à Yaoundé : contraintes économico-culturelles et difficultés d'approvisionnement en livres, Yaoundé*, FALSH, Université de Yaoundé, Département de Géographie, 108 p, Mémoire de Maîtrise en géographie, 108 p.

Tchuembou J. P., 1978, *La vente des livres d'occasion et son impact économique à Yaoundé*, Yaoundé, Université de Yaoundé, FALSH, Département de Géographie, 78 p, Mémoire de Maîtrise en géographie, 108 p.

Savitz M., 2013, *Le vendeur de livres qui ne lisait pas*, Tom T. via Flickr CC *License By*.

Wandji B. C., 2004, *Impact de la distribution informelle des livres sur les librairies : cas de Yaoundé, Université de Yaoundé I*, ENS, département D'Histoire-Géographie, 133 p., Mémoire de DIPES II

22▪ QUAND DES MILLIERS D'HABITANTS DU CAMEROUN S'ACCROCHENT A LA PRATIQUE DES PARIS HIPPIQUES DU PMUC

Cyrille Djiomo &
Norbert Youmbi

RESUME

Au Cameroun aujourd'hui, des milliers d'habitants s'accrochent à la pratique des paris hippiques proposés par la société dénommée Pari Mutuel Urbain Camerounais. L'écrasante majorité d'entre eux n'ont jamais touché ni assisté physiquement à une course de chevaux. Mais ce qui importe aux yeux de tous, c'est de remporter les sommes d'argent mises en jeu lors des sessions des paris hippiques. Si toutes les couches sociales sont représentées dans la bande des protagonistes de la pratique des paris hippiques du PMUC, les détenteurs de faibles revenus et les chômeurs y sont les plus nombreux. Les uns et les autres rivalisent d'ardeur et d'ingéniosité pour trouver la combinaison devant leur permettre de décrocher le jackpot, synonyme pour la majorité d'entre eux de fin de la galère.

C'est donc quotidiennement la ruée des milliers d'habitants du Cameroun vers les guichets du PMUC pour placer leurs mises. Devant ces guichets, ils spéculent, calculent, combinent, discutent et placent les paris dans une atmosphère pour le moins bruyante. Ils misent selon les moyens dont ils disposent avec un seul espoir : remporter le jackpot ou plutôt le lot mis en jeu à la fin de la journée des courses de chevaux, autrement dit l'enjeu ou le gain mis en jeu. En effet, les paris hippiques à la pratique desquels ils se livrent, procèdent d'un système de réunion de tous les enjeux misés par les joueurs ou turfistes. Cette somme totale des enjeux misés est ensuite distribuée aux joueurs suivant l'importance de leurs mises initiales. Bien entendu, la société organisatrice de ces paris retire également ses bénéfices.

Mots-clés : *Paris hippiques, Pari Mutuel Urbain Camerounais, courses de chevaux, crise économique, chômage, paupérisation, Cameroun.*

INTRODUCTION

A l'heure actuelle, des milliers d'habitants du Cameroun ne jurent que par la pratique des paris hippiques qui leur sont proposés par la société dénommée Pari Mutuel Camerounais. Si certains d'entre eux s'adonnent à la pratique de ces paris dans le but d'accroître leurs disponibilités financières, des milliers d'autres le font dans l'espoir de gagner de quoi assurer leur survie. En effet, les mesures drastiques que le Gouvernement camerounais a adoptées à la demande de la Banque mondiale et du Fonds monétaire international (FMI) dans la deuxième moitié de la décennie 1980, pour faire face à la crise économique d'alors, y ont contribué à la baisse des salaires, à la compression des effectifs dans les secteurs modernes public et privé, à l'intensification du chômage et à la paupérisation de très nombreux habitants. Depuis lors, nombre de ces habitants fragilisés par les difficultés de la vie quotidienne et totalement démunis, tentent d'assurer leur survie en se livrant à la pratique des jeux de hasard. Si certains d'entre eux jouent au loto sportif, d'autres plus nombreux misent sur les paris hippiques qui leur sont proposés par la société dénommée Pari Mutuel Urbain Camerounais.

La présente contribution scientifique s'appuie sur une double méthodologie : la recherche documentaire relative aux jeux de hasard en général et des courses de chevaux en particulier, effectuée dans plusieurs bibliothèques et centres de documentation implantés au Cameroun et sur plusieurs sites Internet d'une part, et les observations, une enquête par questionnaire et des entretiens d'autre part. Les observations, l'enquête par questionnaire et les entretiens ont été effectués par les deux rédacteurs de la contribution d'octobre 2011 à juin 2014 dans les 10 villes chefs-lieux des 10 régions administratives du Cameroun. L'enquête par questionnaire à touché un total 695 turfistes de la pratique des paris hippiques du PMUC des deux sexes et de toutes les classes d'âge, sélectionnés dans les villes d'enquête et répartis comme suit : Douala (115 turfistes), Yaoundé (90 turfistes), Bafoussam (85 turfistes), Bamenda (75 turfistes), Maroua (65 turfistes), N'Gaoundéré (65 turfistes), Garoua (55 turfistes), Bertoua (55 turfistes) , Buéa (50 turfistes) Ebolowa (40 turfistes). Les entretiens ont été réalisés auprès des personnels des agences centrales du PMUC dans les 10 villes d'enquête.

Outre l'historique du Pari Mutuel Urbain Camerounais, la contribution rend compte de la pratique des paris hippiques dans ses différents aspects : du profil social, le quotidien, les gains financiers des turfistes et l'avenir de ceux-ci par rapport à l'activité exercée.

I. L'HISTORIQUE DU PARI MUTUEL URBAIN CAMEROUNAIS (PMUC)

Le Pari Mutuel Urbain Camerounais, en abrégé PMUC, est une société anonyme au capital de 200.000.000 de francs CFA. Doté d'un Conseil d'Administration de 53 membres, il propose sur le territoire camerounais, des paris sur les courses de chevaux organisées sur les hippodromes de Paris en France. C'est ici le lieu de rappeler que le PMUC est une filiale de PMU France dont les activités se déroulent dans de nombreux pays d'Afrique francophone[150].

Le 11 novembre 1993, le Gouvernement a signé le protocole autorisant le PMUC à organiser la pratique des paris hippiques au Cameroun. Le 27 janvier 1994, la société PMUC a été inaugurée à Douala (Fouda, 2013 ; Mohamadou, 2007).

A la date de la création du PMUC, le Cameroun, n'abritait qu'une société d'exploitation des jeux de hasard, en l'occurrence la LONACAM[151], les autres sociétés analogues créées antérieurement ayant fait faillite. En 1995, la LONACAM a subi le même sort, laissant au PMUC le monopole de l'exploitation des jeux de hasard au Cameroun.

Le 1er février 1994, quatre jours après son inauguration, le PMUC lance ses activités à Douala avec les paris sur le prix d'Amérique. Quatre mois plus tard, le 24 mai 1994, il en fait de même à Yaoundé. Par la suite, il a ouvert des agences et clubs de paris hippiques dans les villes satellites de ces deux grandes agglomérations du Cameroun, à savoir Nkongsamba, Kribi, Buéa, Limbé et Kumba dans la zone d'influence directe de Douala et Mbalmayo, Obala, Akonolinga, Bafia, Sangmélima, Eséka, et Ebolowa dans celle de Yaoundé. Le 28 mars 1995, le PMUC crée des points de placement des paris dans les provinces de l'Ouest et du Nord-Ouest, notamment à Dschang, Mbouda, Bafang, Bangangté, Foumban, Bamenda et Kumbo. Le 02 avril 1996, il ouvre une antenne à Maroua, dans l'Extrême-Nord ; de là il étend ses activités à Kousséri, Mokolo, Kaélé, Yagoua et Mora. Dans le courant de l'année 1996, Garoua, Ngaoundéré, Figuil et Guider font leur entrée dans la grande famille de la société hippique ; les villes de Bertoua,

---

[150] Le Pari Mutuel Urbain (PMU) est une entreprise française de paris hippiques, dont les activités sont la conception, la promotion, la commercialisation et le traitement des paris sur les courses de chevaux. Créé en 1891 par Joseph Oller, il a d'abord connu un large développement en France avant de gagner les USA, le Japon et d'autres pays occidentaux. Il représente aujourd'hui près de 80 % du volume des paris enregistrés sur les courses hippiques dans le monde (Trucy, 2002 ; http://fr.wikipedia.org/wiki/Pari_Mutuel consulté le 25/03/2014 à 21h30). Outre le Cameroun, le PMU propose des paris sur les courses dans 13 autres pays d'Afrique francophone : le Bénin, le Burkina-Faso, le Burundi, la Centrafrique, le Congo-Brazzaville, la Côte-d'Ivoire, le Gabon, la Guinée-Conakry, Madagascar, le Mali, Niger, le Sénégal et le Togo (Tobner, De Benito,2009. Le maquis des jeux en Afrique, http://survie.org/billets-d-afrique/2009/183-septembre-2009/article/le-maquis-des-jeux-en-afrique consulté le 4/07/2014 à 13h 10).

[151] LONACAM : Loterie Nationale du Cameroun

Bélabo, Batouri et Abong-Mbang dans la province de l'Est leur emboîteront le pas plus tard (Fig.1).

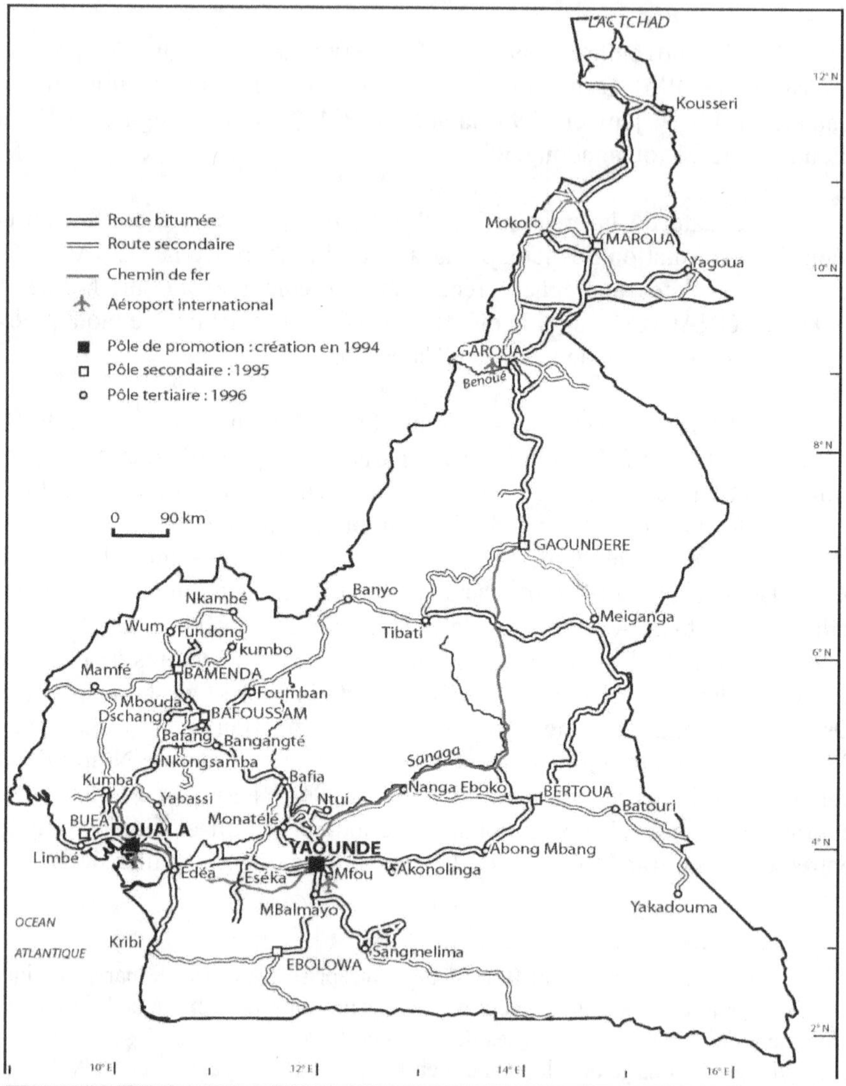

Fig. 1 : Hiérarchie des agences du PMUC au Cameroun

En mai 1998, le PMUC étend ses activités sur l'ensemble du territoire camerounais, où il compte aujourd'hui près de 1 800 points de placement des paris (http://www.pmuc.cm consulté le 13/03/2014 à 14h 02).

II. LA PRATIQUE DES PARIS HIPPIQUES DU PMUC

Avant d'aborder la pratique des paris hippiques du PMUC proprement dite, il importe de faire des clarifications sur le principe et la typologie de ces paris.

II.1. Le principe des paris hippiques

Les paris hippiques obéissent au principe selon lequel, l'ensemble des enjeux misés par les compétiteurs ou joueurs est mutualisé en une masse commune, puis redistribué aux gagnants au prorata des mises de chacun d'eux, après déduction d'un prélèvement proportionnel destiné à financer les prestations de la Société en charge de leur exploitation. En gros, le pari hippique mutuel consiste à faire parier les turfistes entre eux. Les uns gagnent, si possible, ce que les autres perdent.

Au Cameroun, les paris hippiques proposés par le PMUC sont évidemment règlementés, afin d'éviter les fraudes et autres dérives y afférentes. Avec le PMUC, le principe des paris hippiques se rapporte à l'organisation, en journée ou en nocturne, d'une course de 11 à 20 chevaux sur l'un des hippodromes de France. Le gain varie ici en fonction des formules de paris proposées aux compétiteurs. Il dépend de la combinaison des numéros des chevaux arrivés dans l'ordre ou dans le désordre. A titre d'exemple, le tiercé est un arrangement sans répétition d'ordre P d'un ensemble E composé de n éléments, un sous-ensemble strictement ordonné de P ($p \leq n$) éléments de E **(**Leurion, 1970**).** Ainsi, pour une course de 17 chevaux partants, le tiercé en ordre d'arrivée exact = $n (n - 1) (n - 2) = 17 (17 - 1) (17 - 2) = 4\ 080$ paris. Le parieur n'a donc qu'une chance sur 4 080 pour trouver les trois premiers chevaux dans l'ordre. Cela dit, les joueurs peuvent suivre les courses hippiques dans les agences de placement des mises, grâce à la chaîne de télévision Equidia[152], qui retransmet en direct l'intégralité des courses sur les paris hippiques organisées sur les hippodromes de Paris. Chaque type de course comporte des exigences qui peuvent être préjudiciables aux jockeys, comme aux parieurs[153].

---

[152] Equidia est une chaîne de télévision thématique française du PMU créée le 9 septembre 1996 et spécialisée sur les courses hippiques, les sports équestres et le monde du cheval. Diffusée sur le câble, le satellite, l'ADSL et la téléphonie mobile 3G, elle a pour slogan « On parie que vous allez regarder » « Tout le monde du cheval », et se décline respectivement Equidia Live et Equidia Life. (www.equidia.fr, du 4 avril 2014 à 20h).

[153] Les courses de chevaux se décomposent en trois spécialités. On distingue les courses ou épreuves de trot attelé (où la personne chargée de mener le cheval, appelée driver, est placée derrière le cheval assis sur un sulky) et monté (où cette

II.2. Typologie des paris hippiques et leur coût.

Le PMUC offre aux turfistes la possibilité de placer des paris sur les courses de trot, de plat et d'obstacles. Il existe pour ainsi dire plusieurs types de paris. L'encadré ci-dessous en fournit une liste complète.

Le Tiercé dont le principe est de trouver les 3 premiers chevaux de l'arrivée. Sa mise de base est de 300 francs CFA ;

Le Quarté + qui consiste à trouver les 4 premiers chevaux de l'arrivée dans l'ordre ou le désordre ;

Le Quinté + dont le principe est de trouver les 5 premiers chevaux de l'arrivée ; la mise de base pour ces deux types de paris est de 500 francs CFA ;

Le 2 sur 4 qui consiste à trouver 2 chevaux parmi les 4 premiers quel que soit l'ordre, moyennant une mise de base de 1000 francs CFA ;

Le Super 6, qui consiste à trouver sur la base d'une mise de 200 francs CFA, les 6 premiers chevaux dans l'ordre ;

Le Simple dont le principe est de trouver pour toutes les courses, sur la base d'une mise de 500 francs CFA, le cheval gagnant (simple gagnant) ou l'un des 2 ou 3 premiers (simple placé).

Le Couplé, qui consiste à trouver 2 chevaux qui se classent aux 2 premières places (couplé gagnant) ou aux 3 premières places (couplé placé) soit dans l'ordre, soit dans le désordre (les rapports étant différents). Sa mise est de 500 francs CFA ;

Le Pick 5 dont la mise est de 500 francs CFA, consiste à trouver quel que soit leurs ordre, les 5 premiers chevaux de l'arrivée ;

personne, alors appelée jockey, prend place sur le dos du cheval) et les épreuves de galop ou courses de plat et les épreuves d'obstacles (les haies, le steeple-chase et le cross-country. La façon d'y « pénaliser » un cheval n'est pas la même ; en plat, lorsqu'un cheval gagne un handicap, il se trouve pénalisé d'un poids ajouté par rapport à sa dernière course (quelques kilogrammes) alors qu'au trot, le cheval doit trotter le plus vite possible pour atteindre le premier la ligne d'arrivée, mais il ne doit en aucun cas se mettre au galop, sous peine de disqualification. Les épreuves de trot les plus célèbres et les plus connues de la planète sont le Prix d'Amérique (France), l'Elitloppet (Suède) et l'Hambletonian (États-Unis). (http://www.tf1.fr/courses-et-paris-du-jour/comment-parier 5588041.html du 13.06.2013 à 14h45).

L'Easy Flash est un pari de professionnels dont la mise de base est de 100 francs CFA. Il consiste à choisir les 7 premiers chevaux dans l'ordre d'arrivée. Il en de même de l'Easy Flash pro, dont la mise de base est de 1 000 francs CFA, et qui offre au parieur la possibilité de porter son choix sur les 10 premiers chevaux dans l'ordre d'arrivée ;

Le 3, le 4 et le 5. Leur principe est de pronostiquer sur les 3, les 4 ou les 5 premiers chevaux de l'arrivée quel que soit l'ordre d'arrivée des chevaux. La mise de base pour ce type de pari est de 200 francs CFA ;

Enfin, les paris de combinaison élargie et de champ en bases. Ainsi, pour une combinaison élargie de six chevaux, il faut débourser 6 000 francs CFA au tiercé et pour une combinaison de trois chevaux il faut débourser, 3 000 francs CFA, au couplé ; pour un pari en champ total de quatre chevaux de base, il faut débourser 7 000 francs CFA au quinté + et au Pik 5 ; pour un pari en champ total de deux chevaux de base, il faut débourser 4 800 francs CFA au tiercé ; pour un pari en champ réduit de trois chevaux au 2 sur 4, il faut débourser 3 000 francs CFA et pour un pari au super 6, il faut débourser 1 200 francs CFA.

II.3. Le profil social des turfistes

L'effectif des turfistes du PMUC est hétérogène. En effet, outre les Camerounais, y figurent des Nigérians, des Maliens, des Sénégalais, des Tchadiens, des Français, des Américains, des Anglais, des Indiens, des Chinois et des Coréens. Les turfistes de nationalité camerounaise, qui représentent près de 98 % de l'effectif total, relèvent de tous les principaux grands groupes ethniques du Cameroun, des Bamiléké aux Bulu en passant par les Ewondo, les Eton, les Banso, les Foulbé, les Massa, les Maka, la Bassa, les Duala, les Bakossi, les Mbo et autres Batanga. D'autre part, il rassemble toutes les grandes classes d'âge possibles. Les hommes sont majoritaires à 87 % dans la population des adeptes des paris hippiques. Les jeunes adultes âgés de 35 à 50 ans y représentent 58,5 %, les jeunes de 15 à 35 ans 33,9 % et les personnes âgés de 50 ans et plus 7,7 %. L'âge moyen du turfiste-type du PMUC se situe autour de 36 ans. En ce qui concerne leur niveau d'instruction, tous les turfistes du MUC ont été à l'école ; dans le détail 10 % d'entre eux ont le niveau d'étude primaire, 73,3 % le niveau d'étude secondaire et 16,7 % le niveau d'étude supérieur.

S'agissant de leur statut matrimonial, les protagonistes des paris du PMUC sont à 52 % des personnes mariées, et à 43 % des célibataires ; les 5 % restants sont soit des divorcés, soit des veufs. Enfin, la religion n'est pas un frein à la pratique des paris hippiques proposés par le PMUC. Ici, les chrétiens, les protestants, les musulmans et les non croyants misent sur les paris hippiques du PMUC. Lorsqu'on considère le statut socioprofessionnel des turfistes étudiés, la ventilation est la suivante : 3,7 % des élèves et étudiants, 19,6 % des employés du secteur économique moderne public et privé, 38,5 % des petits travailleurs indépendants et 34,2 % des chômeurs et des sans emploi et 4 % des retraités.

II.2. Les motivations des turfistes

D'après les enquêtes de terrain, les motivations profondes des turfistes du PMUC à miser sur les paris hippiques sont liées aux aspirations de loisirs et/ou de divertissements et à la volonté de gagner de l'argent.

Dans le détail, 2,6 % des turfistes du PMUC, ont déclaré miser sur les paris hippiques pour répondre essentiellement aux aspirations de loisirs ou de divertissements. En revanche, 97,4 % des turfistes considérés ont affirmé miser sur ces paris dans le but de gagner de l'argent. Si une partie des turfistes de cette catégorie ont avancé qu'ils misent sur les paris hippiques du PMUC pour accroitre leurs disponibilités financières, la plupart ont avoué qu'ils cherchent à acquérir les moyens financiers pour résoudre leurs problèmes d'existence. Sans emplois et donc sans moyens financiers, ces individus-là ont fait de la participation aux jeux d'argent en général et aux paris hippiques en particulier, une sorte d'activité professionnelle ou de passe-temps. Ne s'inscrivant pas dans une vie rythmée par le travail, ils recherchent dans la mise sur les paris hippiques, le motif d'exister, bercés par l'espoir de réussir un « gros coup » qui changerait tout et ferait basculer leur vie dans la lumière. C'est le cas de Mbokam Rémi un abonné des paris hippiques du PMUC que nous avons rencontré à Douala en janvier 2014, qui nous a déclaré : « *Je suis sans emploi. Je mise tous les jours sur les paris hippiques du PMUC parce que j'espère qu'un jour je gagnerai le gros lot qui m'aidera à améliorer ma condition de vie. Je ne désespère pas de tenter ma chance* ». C'est aussi le cas de Tessa Ambroise un turfiste invétéré des paris hippiques du PMUC que nous avons interrogé à Yaoundé en février 2014, qui nous a confié « *Depuis que j'ai perdu mon travail de gérant d'un snack-bar, je joue aux paris hippiques du PMUC. Je joue à ces paris dans l'espoir de gagner de l'argent pour résoudre mes problèmes de nutrition, de santé et de déplacements et réaliser mes petits projets que mon statut de chômeur ne permet plus d'assurer* ». C'est encore le cas de Chi Fidelis que nous avons approché à Bamenda en mars 2014 qui nous a confessé « *Je suis gardien de nuit du Bâtiment de l'agence principale d'Express Exchange de Bamenda. Mon salaire mensuel ne me permet pas d'acquérir tout ce qu'il me faut pour vivre convenablement. Alors une à deux fois par semaine, je mise sur les paris hippiques du PMUC, dans l'espoir de gagner le complément d'argent nécessaire qu'il me faut pour satisfaire mes autres besoins* ». Ainsi comme le souligne Cazeneuve J. (1982) les jeux de hasard et les paris hippiques en particulier « *aident les intéressés à croire que tout est possible, que leur condition sociale peut tout à coup être transformée* ».

I. Les turfistes et les placements des paris hippiques

A quelle fréquence les turfistes considérés dans cette contribution placent-ils les paris aux guichets du PMUC ?

Lorsqu'on prend en considération la fréquence à laquelle ces turfistes placent les paris aux guichets du PMUC, deux catégories se distinguent : la première rassemble les turfistes qui placent les paris de manière occasionnelle et que nous qualifions ici de turfistes amateurs. D'après les enquêtes de terrain, ceux-ci représentent 2,3 % de la population des turfistes du PMUC. Ils sont attirés par les grands événements hippiques, ceux qu'on a coutume d'appeler dans le jargon des jeux hippiques les grands prix. Ils placent des paris aux guichets du PMUC entre deux et cinq fois par an. Ce sont des turfistes problématiques. Très souvent, ils n'investissent que d'assez petites sommes d'argent.

La deuxième catégorie (97,7 % du total) réunit les turfistes qui misent quotidiennement ou de manière multi-hebdomadaire sur les paris hippiques du PMUC. Ce sont des turfistes actifs qui revendiquent clairement leur statut ; ils connaissent un grand nombre de chevaux, de jockeys, d'entraîneurs et d'hippodromes, lisent fréquemment la presse spécialisée et misent parfois des sommes d'argent élevées.

A propos des stratégies ou des manières de miser sur les paris hippiques, il convient d'abord de souligner que miser sur le ou les chevaux gagnants requiert de la part des parieurs, un ensemble de connaissances relevant d'un savoir pratique acquis progressivement, dans les espaces de jeu, à travers les discussions et/ou échanges avec les autres turfistes. Ce savoir englobe les règles propres aux paris hippiques et la maîtrise de formes langagières spécifiques. Mais les turfistes développent une technique de jeu qui mêle au savoir, l'intuition, les croyances et les superstitions et qui repose en grande partie sur l'exploitation des informations données par le journal.

Dans le détail, certains turfistes filtrent les numéros des chevaux en compétition par disciplines (attelé avec / sans auto start, avec / sans recul, monté, plat avec / sans handicap), mais aussi par hippodromes, par nombre de partants, par distances à parcourir, par allocation, par âges des chevaux et jouent gagnant ou placé. Nombre de turfistes lettrés s'aident des journaux sur les paris hippiques tels que le Bilto, le Tiercé Magazine et surtout le *Turf*

[154]. Ces journaux fournissent des informations sur la course du jour, le prix, l'hippodrome, l'épreuve, la distance, le nombre de chevaux en lice, les horaires de fermeture des points de placement des paris et de départ des courses, les analyses et les commentaires des spécialistes, les dernières cotes des chevaux, les pronostics sur les courses, la sélection des journalistes locaux, les rapports de la dernière course et le coût des différentes formules de paris. Ils recourent aussi aux services d'information que le PMUC met à la disposition des turfistes à travers les organes de presse écrite comme « Le Messager », « Le Jour », « La Nouvelle Expression », « Mutations » et « Cameroon Tribune », sans oublier les chaînes de télévision publique (CRTV) et privées (Canal 2 International, Equinoxe TV, STV ou New Vision), le site Internet du PMUC, la Messagerie Orange 988 et l'Info course par sms au 8989. C'est dire qu'en plus du marketing d'entreprise, le PMUC se sert de la publicité pour vulgariser les formules de paris qu'il propose au public.

La publicité est perçue par les professionnels comme : « *tout message diffusé contre rémunération, qu'il s'agisse d'une marque ou d'un produit générique en vue de promouvoir un produit ou service qui entre dans le cadre d'une activité commerciale, artisanale, ou de profession libérale, d'une campagne humanitaire, d'administration ou politique* ». C'est donc par la publicité que le PMUC cherche à susciter chez les turfistes, le désir de s'enrichir le plus rapidement possible afin de sortir du cercle de la pauvreté. Cette publicité recoure aux effets spéciaux, aux messages subliminaux, et à l'autosuggestion, choses « *qui font éclater les sens, qui transportent le spectateur dans un monde onirique, fantastique* »[155]. Elle galvanise les parieurs réguliers et même ceux qui n'arrivaient pas encore à nourrir une velléité pour la pratique des paris. C'est dire que la communication de masse est ainsi fortement mise à contribution.

Pour miser sur les chevaux gagnants, d'autres turfistes s'inspirent des pronostics et/ou avis des professionnels, consignés par écrit sur des dépliants mis en vente dans les kiosques d'enregistrement des paris du PMUC.

Pour augmenter leurs chances de gagner, certains turfistes des paris hippiques jouent plusieurs formules de jeux à la fois. Ils diversifient les mises en espérant trouver à coup sûr, les numéros gagnants et décrocher ainsi le « gros lot ». En fonction des informations mises à leur disposition et des difficultés de la course, ils optent pour les jeux en combinaison et en

[154] *Le Turf,* bulletin d'information du PMUC est tiré quatre fois par semaine à plus de 100 000 exemplaires et est distribué gratuitement aux turfistes.
[155] Lee Clotilde (2000), « Du bon usage des médias », in*Spiritus,* les medias, une révolution, n◦ 161, p374

champ. Il faut relever que la multiplication des mises sur les paris hippiques vient ici de la variation des rapports financiers. En effet, en fonction des types de paris, les gains sont proposés selon que le parieur a trouvé la combinaison gagnante dans l'ordre ou dans le désordre. Des bonus sont également proposés aux parieurs qui sont proches des numéros gagnants. Pour le quinté +, un parieur dont le ticket de validation porte 3 ou 4 des 5 bons numéros a droit à des bonus (bonus 4 ordre, bonus 4 désordre, bonus 4/5, bonus 3 ordre) ; il en est de même du super 6, avec le bonus 5. De même, lorsqu'il y a des non partants enregistrés, le gain transformé est proposé. Néanmoins, il y a lieu de s'interroger sur le montant de ces différentes options et sur le nombre de turfistes qui ont déjà inscrit leurs noms dans le cercle très fermé des « heureux gagnants » du PMUC, ou encore sur ce qu'ils ont fait de leur gain. Une chose est sûre, il n'y a pas de difficulté majeure pour entrer en possession de son gain. Il suffit de présenter son ticket de validation des paris en même temps que sa carte d'identité dans n'importe quelle agence du PMUC. Si le gain est élevé, le gagnant est tenu d'être en possession d'un compte bancaire pour le virement.

Pour multiplier leurs chances de succès et donc de gain financier, d'autres turfistes regroupés en clubs, se retrouvent régulièrement dans des espaces aménagés dans les agences de placement des paris du PMUC. Autour des tables et munis de documents sur les jeux hippiques, ils y échangent des informations sur les performances des jockeys et y analysent les dernières cotes des chevaux. En outre, ils s'y renseignent sur les propositions des courses de chevaux du jour ou de la semaine, y requièrent l'avis des guichetiers sur les combinaisons à proposer et y spéculent sur les projets à réaliser en cas succès.

II. LES GAINS FINANCIERS DES TURFISTES DU PMUC

Quelle que soit leur motivation à miser sur les paris hippiques, les turfistes du PMUC ont tous à cœur de réaliser des gains et/ou profits financiers. En effet, en misant sur les paris hippiques proposés par le PMUC, tous espèrent en profiter pour « se faire de l'argent », un moyen de gagner sa vie différent, soit dit en passant, de celui du travail salarié. Y parviennent-ils vraiment ?

A la question « *Avez-vous déjà gagné de l'argent en misant sur les paris hippiques du PMUC ?* », 45,7 % des turfistes interrogés ont répondu par l'affirmative et 54,3 % par la négative. D'autre part 50,2 % des turfistes du premier groupe ont affirmé avoir gagné une fois, depuis qu'ils se livrent à la pratique des paris hippiques du PMUC ; 12,5 % ont avoué avoir gagné deux fois et les 37,3 % restants ont déclaré avoir gagné trois fois et plus.

Certes, les gains dépendent des types de paris, du montant et du nombre des mises. Mais exception faite de quelques lots se chiffrant en millions de francs CFA, les gains dont les turfistes du PMUC ont jusqu'ici bénéficiés, restent en général faibles.

D'après les enquêtes de terrain, 13 % des turfistes interrogés ont avoué avoir gagné une ou plusieurs fois, l'équivalent des mises de base des paris proposés par le PMUC, soit selon les cas, 300 , 500 ou 5 000 F CFA. 3,4 % des turfistes ont assuré avoir touché une ou plusieurs fois 1 500, 3 000 ou 5 000 F CFA, sommes qui correspondent aux bonus accordés par le PMUC ; de leur côté, 27,8 % des turfistes ont perçu une ou plusieurs fois des gains situés entre 5 000 et 100 000 F CFA ; 14,2 % ont perçu au moins une fois des gains échelonnés entre 100 000 et 400 000 F CFA ; enfin 1,7 % des turfistes considérés ont jusqu'ici, touché une ou plusieurs fois des gains supérieurs à 400 000 F CFA ; jusqu'ici, le turfiste le plus loti a perçu une seule fois un gain de 3 500 000 francs CFA.

Exception faite des nouvelles mises sur les paris hippiques, les gagnants des lots financiers du PMUC utilisent leurs gains plusieurs fins ; ainsi les gagnants en situation d'inactivité professionnelle les utilisent pour satisfaire leurs besoins d'existence tels que se nourrir, se loger, se soigner ou payer leurs frais de déplacements ; les artisans les utilisent pour aménager leur atelier ou renforcer le matériel de production, les mères de famille pour faire bouillir la marmite, les étudiants pour financer leurs études et les retraités pour couler des jours heureux.

A l'inverse, 53,4 % des turfistes n'ont jamais obtenu de gain financier de la pratique des paris hippiques du PMUC. Il convient bien de le souligner, cette activité ne conduit pas toujours ses pratiquants à réaliser des gains financiers. Pour la majorité des turfistes des paris du PMUC, elle constitue une source de perte d'argent. En effet, d'après les enquêtes de terrain, 95,4 % des turfistes du PMUC interrogés affichent un bilan entre dépenses et gains financiers déficitaire. Cependant, force est de constater que les pertes d'argent n'entament pas du tout la passion ou l'engouement des milliers d'habitants du Cameroun pour la pratique des paris hippiques du PMUC. En effet, en dépit de fréquentes pertes d'argent, ils gardent l'espoir et surtout l'intime conviction de « se refaire », de conjurer le sort, de rejouer pour enfin emporter le mise qui signifiera pour eux la fin de leur galère, pour ne pas dire misère.

Le moins qu'on puisse dire ici est que la pratique des paris hippiques du PMUC est à l'origine des difficultés financières professionnelles, familiales et sociales d'un nombre élevé d'habitants du Cameroun. En effet, jusqu'à ce jour, des milliers de turfistes du PMUC ont été confrontés soit à une perte de revenus plus ou importante, soit à une faillite financière soit encore à un endettement accru. Nombre de turfistes considérés ont amputé ou vidé les caisses des entreprises et/ou services placées sous leur responsabilité ou celles des associations d'épargne dont ils sont les trésoriers pour miser sur les paris hippiques du PMUC. La pratique des paris hippique, n'est pas seulement à l'origine de la ruine ou de la faillite financière des milliers d'habitants du Cameroun ; elle est aussi à l'origine des difficultés familiales de bon nombre d'entre eux. Tel a été le cas de Monsieur Tagne, un citadin de Yaoundé propriétaire de deux boutiques au marché Mokolo. En octobre 2008, grâce à la pratique des paris du PMUC, il a gagné une somme de 750 000 francs CFA. Fort de cette réussite, il a pris une deuxième femme. Dans le but de gagner davantage et de satisfaire les caprices de sa nouvelle femme, il a continué à miser sur les paris du PMUC y compris avec l'argent acquis de la vente de ses 2 boutiques du Marché Mokolo. Au bout de quatre ans, il s'est retrouvé sans boutique et sans le moindre sous pour entretenir ses 2 femmes et ses 5 enfants. Il y a 6 mois, son troisième fils est mort de paludisme, parce qu'il a manqué de quoi l'envoyer à l'hôpital ou payer les médicaments nécessaires. Sa deuxième femme vient de le quitter, l'abandonnant à son triste sort. Ils sont ainsi des milliers de Camerounais qui se sont endettés, appauvris et ruinés à force de miser sur les paris hippiques du PMUC. De l'avis même d'un Responsable du PMUC qui a préféré gardé l'anonymat, la pratique des paris hippiques est dévorante pour la bourse de la majorité de ses protagonistes. En effet, nous a-t-il confié, le turfiste qui se livre à la pratique des paris hippiques du PMUC, perd en moyenne entre 50 000 et 75 000 francs CFA par an.

Les témoignages des turfistes que nous avons interrogés dans les villes d'enquête, corroborent bien la thèse selon laquelle, la pratique des paris hippiques du PMUC est à l'origine des difficultés économiques et sociales d'innombrables familles du Cameroun. En effet d'après ces témoignages, à la suite de la ruine financière de leurs parents dans la pratique des paris hippiques du PMUC, des milliers de jeunes du Cameroun ont été privés non seulement de quoi se nourrir et s'habiller convenablement, mais aussi de quoi financer leur scolarité. Du fait de la dilapidation de leurs avoirs financiers dans la pratique des paris hippiques du PMUC, des milliers de salariés des secteurs public et privé du pays ont plongé leurs familles dans le dénuement le plus total ; des milliers d'autres salariés ont exposé les leurs à la mendicité voire à la risée du voisinage. Autre inconvénient non moins négligeable, du fait de leur appauvrissement dans la pratique des paris hippiques du PMUC, de nombreux maris ont perdu leurs épouses qui les ont abandonnés pour retrouver de nouveaux conjoints. Enfin, d'après les résultats des enquêtes de terrain, la pratique des paris hippiques du PMUC porte atteinte à la santé mentale et physique de nombreux turfistes du Cameroun.

CONCLUSION

Il se dégage de la contribution scientifique qui précède que depuis plusieurs années, des milliers d'habitants du Cameroun se livrent mordicus à la pratique des paris hippiques que leur propose la société dénommée Pari Mutuel Camerounais en abrégé PMUC, créée le 27 janvier 1994. Si certains habitants s'adonnent à la pratique des paris du PMUC pour accroître leurs disponibilités financières, les plus nombreux le font dans le but d'acquérir de quoi satisfaire leurs besoins fondamentaux. Bien que les gagnants des paris hippiques proposés par le PMUC ne soient pas légion et que la pratique de ces paris n'ait jusqu'ici enrichi personne, des milliers d'habitants du Cameroun continuent à y miser. D'autre part, la pratique des paris hippiques du PMUC est à la base de sérieuses difficultés financières professionnelles, familiales et sociales d'un nombre élevé de ses protagonistes.

Tant que le chômage et la pauvreté persisteront au Cameroun, des milliers d'habitants de ce pays continueront à s'en remettre à la pratique des jeux d'argent en général et des paris hippiques du PMUC en particulier. Tant que le PMUC s'emploiera à faire miroiter l'illusion d'obtenir des gains à travers le slogan « *un jour vous aussi vous allez gagner gros* » et de nouvelles formules de paris hippiques, des milliers d'habitants du Cameroun continueront s'adonner à la pratique de ces paris, dans le but somme toute aléatoire, d'accroître leurs disponibilités financières et/ou d'acquérir de quoi satisfaire leurs besoins d'existence.

BIBLIOGRAPHIE

Aristote, 1992, *Ethique de Nicomaque*, livre 1, chapitre IX, 6, Ed.GL-Flammarion, Paris, 352 p.

Banque Mondiale, 2012, *Cahiers économiques du Cameroun : Dynamiser le marché du travail*, Bureau du Cameroun, n° 3, 33 p.

Belibi A., 2010, Environnement scriptural et acculturation au scriptural, in Revue africaine Lettres Arts, Sciences Humaines et Sociales, *Civilisation de l'oralité et fixation de la mémoire*, Firika, L'Harmattan, n°4, pp. 9-22.

Bouopda P. K., 2008, *Les émeutes du renouveau : Cameroun - 2008*, L'Harmattan, Paris, Coll. *Etudes africaines*, 143 p.

Caillois R., 1958, *Les jeux et les hommes*, Gallimard, 384 p.

Edjangue J. C., 2010. *Cameroun : un volcan en sommeil*, L'Harmattan, Paris, 115 p.

Ekouli E., 2005, Les chiffres du scandale : les Camerounais misent 30 milliards par an au PMUChttp://ekouli.unblog.fr/2005/03/15/13/) consulté le 10.avril 2014 à 17h 45.

Endong B.H., 2013, Paris hippiques: Le Cameroun hub du Pmu en Afrique Sub-saharienne, in http://www.lanouvelleexpression.info/index.php/home/2013-05-16-08-46-27/item/3154, mis en ligne le 20/06/2014.

Fogno F. F., 2013, Pari Mutuel Urbain Camerounais, Génération Libre, in https://www.facebook.com/permalink.php?story_fbid= 322928947809891&id=127796380656483 du 14 mars 2013, consulté le 28 juin 2014 à 9h40.

Fouda J. R., 2013, Esclavagisme : PMUC, 5 000 travailleurs dans les conditions précaires, *Repères*, version en ligne du 27 mars 2013, in http://www.cameroon-info.net/stories/0,43452.

GICAM, 2010, Politiques économiques du Cameroun, visite du MEDEF au GICAM, in www.legicam.org du 08/07/2010, consulté le 28 juin 2014 à 10h 30, 18 p.

Huizinga J., 1995, Homo ludens, essai sur la fonction sociale du jeu, Gallimard, Paris, 340 p.

INS, 2006 ; 2010, Enquêtes sur l'emploi et le secteur informel au Cameroun (EESI 1& 2), 80+155 p.

Kengne Fodouop, 2012, *Le Cameroun face au défi du développement. Atouts, obstacles et voie à suivre*, L'Harmattan, Paris, 337 p. Coll. *Racines du présent.*

Lee C., 2000, Du bon usage des médias, in *Spiritus*, les medias, une révolution, n° 161, pp. 370-378.

Leurion J., 1970, *Mathématiques appliquées : statistiques*, Paris, Foucher, 168 p.

Mohamadou, 2007, *Contribution à l'identification des métiers du cheval au Cameroun*, Universite Cheikh Anta Diop de Dakar (Sénégal), E.I.S.M.V., Mémoire de Docteur vétérinaire, 84 p.

Momo Yaktaga. A. B., 2007, *Du hasard à la rationalité, analyses critiques des jeux de hasard : cas du PMUC*, Mémoire de fin d'études en philosophie, Institut de philosophie Saint-Joseph Mukasa, 37 p.

Mveng E., 2007, Paupérisation et développement en Afrique, inhttp://www.peuplesawa.com/fr/bnlogik.php?bnid=667&bnk=24&bnrub=1, 8 p.

Ntamag L., 2012, L'intelligence économique et les politiques publiques: le cas de l'emploi au Cameroun, inhttp://cirieconseil.com/index.php/events/26-ie-et-emploi, consulté le 30 .6.2014 à 11h 55.

Philippe B., 2009, Le Cameroun a la fièvre du cheval, mis en ligne le 16.03.2009 à 15h20 inhttp://www.lemonde.fr/afrique/ article/2009/03/16/le-_1168420_3212.html consulté le 01/04/2014 à 20h 47

PNUD, 1998, Rapport sur la pauvreté au Cameroun, 80 p.

Tobner O.; De benito R., 2009, Le maquis des jeux en Afrique, in http://survie.org/billets-d-afrique/2009/183-septembre 2009/article /le-maquis-des-jeux-en-afrique, consulté le 4/7/2014 à 13h10.

Trucy F., 2002, Les jeux de hasard et d'argent en France, Rapport d'information : Senat, N° 223 (2001-2002), du 13 février 2002, *commission des Finances, du contrôle budgétaire et des comptes économiques de la Nation* (http://www.senat.fr/rap/r01-223/r01-2230.html), 337 p.

CONCLUSION GENERALE

Kengne Fodouop

Il apparaît à la lumière des contributions qui précèdent, des travaux de recherche antérieurs et de la pratique de terrain du directeur scientifique de cette publication scientifique, que le Cameroun est un véritable jardin sacré de la débrouillardise. Actuellement, plusieurs millions de citadins et de ruraux de souche et/ou originaires d'autres pays d'Afrique noire, s'y livrent à des pratiques de débrouillardise de manière permanente ou épisodique. Dans les villes par exemple, des jeunes filles vendent les parties les plus intimes de leur corps tous les soirs au coin des rues, des adolescents lavent les voitures sur les trottoirs non loin des femmes qui vendent du poisson frit ou du pain de manioc, et la nuit, des ménages s'éclairent avec des lampes à pétrole ou avec des bougies, en cas de coupure de l'approvisionnement électrique. De la vente des journaux à l'entrée des banques ou dans les gares routières à la «*feymania*», en passant par la photocopie négociée, le transport par mototaxi, le chapardage dans les magasins de commerce, le change clandestin de monnaie, le trafic des stupéfiants et la mendicité dans les rues, la gamme des pratiques de « *débrouillardise à la camerounaise* », est très étendue. Aujourd'hui au Cameroun, on ne compte pas moins de 350 pratiques de débrouillardise différentes dont certaines frisent l'indécence et l'illégalité, ou cachent un chômage mal déguisé. La débrouillardise y est plus qu'un art, un principe cardinal auquel des millions de citadins et de ruraux des deux sexes et de différentes classes d'âge adhèrent, sans coup férir.

Au Cameroun, la pratique de la débrouillardise est effective dans tous les domaines de la vie socio-économique et politique. Elle y entraîne cependant beaucoup de dérives. En effet, au nom du principe de la débrouillardise, des mototaxistes y sèment la pagaille et la confusion dans la circulation urbaine, des individus véreux y créent des établissements scolaires clandestins et des tradipraticiens s'y autoproclament docteurs en médecine. Au nom du principe de la débrouillardise, des artisans de la câblo-distribution y livrent à leurs abonnés, les images des chaînes de télévision étrangères sans en avoir obtenu l'autorisation et ni acquitté les droits y afférents. Au nom du principe de la débrouillardise, des arnaqueurs s'y enrichissent aux dépens d'honnêtes citoyens, des vendeurs à la sauvette y obstruent les chaussées et les trottoirs voire les allées des marchés des villes avec leurs étals ou leurs plateaux-boutiques de marchandises, au mépris de toutes les règles d'urbanisme, de circulation viaire et d'hygiène. Dans les zones rurales, des paysans y sèchent les fèves de cacao ou les cossettes de manioc sur la plate-forme même des routes nationales au mépris des risques d'accidents. Dans les services publics, des fonctionnaires y pillent impunément les caisses de l'Etat. Dans les centres de formation, des élèves ou des étudiants y trichent pour réussir aux examens. Le .principe de la débrouillardise aidant, il n'y a ici, aucune limite à la décence, aux bonnes mœurs et au respect de la vie humaine.

Au Cameroun, la boulimie de la débrouillardise s'explique par plusieurs raisons : l'insuffisance criarde des emplois dans le secteur d'économie moderne ; (naturellement elle y condamne des millions de personnes en âge de travailler, à s'orienter vers des pratiques de débrouillardise pour échapper au chômage), le manque de qualification professionnelle de certaines personnes en âge de travailler, le bas niveau des rémunérations salariales des travailleurs du secteur d'économie moderne, la faiblesse des moyens financiers d'une bonne partie de la population, les difficultés d'accès aux commodités de première nécessité comme l'eau potable, l'électricité, le logement décent etc., la volonté d'une frange non négligeable de la population de s'en sortir par des moyens détournés et l'insuffisance de la lutte de puissance contre la violence et la criminalité.

Le moins que l'on puisse dire ici est que les artisans de la « *débrouillardise à la camerounaise* » s'accrochent désespérément à tout ce qui peut leur permettre d'assurer tant bien que mal, leur survie ou bien améliorer leur quotidien. L'écrasante majorité d'entre eux ne se livrent pas aux pratiques de débrouillardise incriminées par plaisir mais par contrainte et/ou obligation. Ils se livrent justement à de telles pratiques, parce qu'ils n'ont pas d'alternative. En effet, pour des millions de personnes, la débrouillardise est l'unique possibilité, d'assurer leur survie et celui de leurs familles. Si ces individus avaient eu la possibilité de s'offrir un emploi dans la Fonction publique ou dans le secteur moderne privé, ils ne se seraient jamais lancés dans les pratiques de débrouillardise dont il est question dans ce livre. Ces pratiques témoignent de la volonté et de l'aptitude de multitudes de citadins et de ruraux du Cameroun de survivre, dans un contexte socio-économique extrêmement difficile.

Comme les contributions mobilisées dans cette production scientifique l'ont démontré, les artisans de la « *débrouillardise à la camerounaise* » sont dans leur écrasante majorité, des gagne-petits. Ce qu'ils tirent de l'exercice des pratiques de débrouillardise ne leur permet pas de satisfaire tous leurs besoins d'existence. A la vérité, ils vivent un quotidien très pénible, fait de sacrifices, de frustrations, de déceptions, d'humiliations et de compromissions. Les études de cas qui précèdent sont suffisamment explicites sur les conséquences néfastes des nombreuses pratiques de débrouillardise en cours au Cameroun pour que nous ne puissions pas en appeler à leur abolition ou à défaut à leur règlementation stricte. Il est inconcevable pour ne pas dire inadmissible, que certaines de ces pratiques de débrouillardise aient encore cours dans un pays comme le Cameroun, en ce début du XXIe siècle.

Pour l'écrasante majorité de leurs artisans, les pratiques de débrouillardise considérées dans cette publication scientifique, ne sont, en réalité, qu'un pis-aller. Par ailleurs, ces pratiques de débrouillardise privent leurs artisans de protection sociale et la collectivité dont ceux-ci relèvent, des taxes et des cotisations sociales.

C'est pourquoi les options voire les recommandations relatives à l'attitude de la puissance publique camerounaise à l'égard de ces pratiques doivent éviter de contribuer à les encourager et par voie de conséquence, à entretenir la pauvreté régnante. Elles doivent également veiller à ce que les pratiques de débrouillardise incriminées ne soient pas au service de la pérennisation au Cameroun, du système qui est à l'origine des inégalités sociales, et donc, des mauvaises conditions de travail et de vie qu'y endurent les millions de débrouillards aujourd'hui.

Il ne faut surtout pas agir comme si, la sortie des artisans de la débrouillardise étudiée de la pauvreté, était de la seule responsabilité de ces derniers ou comme si, cette sortie dépendait exclusivement de leur seule volonté d'entreprendre et de leurs seuls efforts. Une telle conception conduirait à accréditer au Cameroun, l'idée ou la thèse d'un État minimum. Elle conduirait à y déresponsabiliser voire dédouaner l'État et les principaux protagonistes du système dominant qui y génèrent justement les situations de pauvreté et de précarité dans lesquelles les pratiques de débrouillardise incriminées naissent et prospèrent. Le Cameroun ne peut pas s'accommoder indéfiniment des pratiques de débrouillardise décrites dans ce livre. Son avenir économique ne peut pas se construire sur l'empressement chaleureux et bavard des vendeurs à la sauvette dans les rues, les acrobaties des mototaxistes dans la circulation urbaine, la prise des risques des laveurs de voitures à leur poste de travail, les clics de serrages énergiques des boulons des réparateurs de roues dans leurs ateliers, les déguisements et autres ruses des mendiants à l'entrecroisement des rues, les manèges des prostituées le long des trottoirs encore moins les « coups fumants » des *feyman*.

Aucun pays du monde ne s'est développé en privilégiant les pratiques ou activités informelles de débrouillardise dont on a vu qu'au Cameroun, certaines d'entre elles frisent l'indécence, l'immoralité et l'illégalité. En réalité bon nombre de ces activités sont proches de la mendicité ou cachent un chômage mal déguisé. Les performances réalisées jusqu'ici au Cameroun par le secteur économique de la débrouillardise, ont été dans l'ensemble très médiocres. En effet, à quelques exceptions près, cette réalité économique ne procure à ses agents que des revenus dérisoires et très irréguliers et souvent un emploi instable. De plus, la qualité de ses produits et de ses services autant que son rendement ont été le plus souvent médiocres, en dépit d'un horaire de travail journalier très large et d'une grande application de ses travailleurs. Les produits fabriqués et les services rendus par le secteur économique de la débrouillardise sont, à quelques exceptions près, de qualité inférieure à celle des prestations de même nature fournies par les activités économiques modernes. En l'état actuel des choses, le secteur économique de la débrouillardise ne peut y produire des biens intermédiaires comme l'acier, les engrais chimiques, les hauts-fourneaux, les métiers à tisser ou l'électricité d'origine hydraulique, voire des biens d'équipement modernes comme les voitures, les frigidaires, les moquettes ou les abat-jour ; en outre, il ne peut fabriquer les biens sur une grande échelle et à un rythme rapide ; enfin il ne peut pas dégager des excédents pour l'exportation.

Le Cameroun doit donc s'employer à passer d'une économie de survie à une économie de production et de développement, au risque d'être irrémédiablement lâché dans la course au développement. Pour y parvenir, il doit tout faire pour sortir ses millions d'habitants des pratiques de débrouillardise incriminées et les associer étroitement à l'œuvre du développement du pays. Il doit consolider l'éducation technique et technologique de ces individus afin de les rendre aptes à participer efficacement à l'effort de développement du pays.

Une des premières initiatives à prendre pour combattre les pratiques de débrouillardise incriminées dans cette étude et engager le Cameroun sur la voie d'un véritable développement, concerne les progrès à accomplir dans le domaine économique. L'Etat du Cameroun doit développer et appliquer des stratégies de nature à créer des emplois productifs pour les chômeurs et surtout pour les plus jeunes d'entre eux, à réduire considérablement la proportion de la population qui pâtit de la pauvreté et de la faim.

Dans un Cameroun où l'effectif des personnes en âge de travailler augmente à un rythme soutenu d'année en année et où le problème de chômage se pose avec une extrême acuité, il est urgent de mettre en œuvre une politique de création d'emplois audacieuse. Seule une telle politique peut y déclencher le processus de consommation à l'échelle nationale qui, par effet d'entraînement, est capable d'y promouvoir un véritable dynamisme économique. De même, seules de bonnes conditions de travail et le souci de la puissance publique de mettre en œuvre une politique de développement impliquant toutes les couches de la population peuvent y faire accéder les artisans de la débrouillardise, au sentiment de responsabilités. A défaut de ces préalables, de nombreux candidats camerounais à l'embauche se contenteront d'expédients.

Le pouvoir politique en place devra donc trouver des solutions spécifiques et durables au problème du chômage et surtout celui des jeunes qui, s'accentue d'année en année, du fait de l'arrivée de nouvelles cohortes de diplômés issus des Universités et des Grandes Ecoles. Au Cameroun comme dans plusieurs autres pays d'Afrique noire, le secteur public a été, pendant longtemps, le plus gros pourvoyeur d'emplois. Aujourd'hui, ce secteur ne peut plus y remplir ce rôle. Il faut donc que l'Etat camerounais fasse tout ce qui est en son pouvoir, pour mettre en place, les conditions propices au développement du secteur privé, qui provoqueront une augmentation de l'investissement et de l'emploi.

Certes depuis près de 5 ans, le pouvoir en place, expérimente une politique de création d'emplois à travers la mise en œuvre des grands chantiers de développement dits structurants. Mais, force est de reconnaître que dans un contexte de paupérisation grandissante comme celui du Cameroun, ces projets n'ont pas d'effets importants et durables. En effet, les emplois créés ou à créer dans le cadre de la mise en œuvre des grands chantiers de développement dits structurants, sont de courte durée - 4 à 12 mois environ - c'est-à-dire juste le temps de la durée des travaux de construction des chantiers considérés et les salaires versés aux manœuvres des chantiers sont anormalement bas.

D'autre part, on pourrait me rétorquer que depuis le début de l'année 2015, le pouvoir en place expérimente une autre politique de création d'emplois à travers la mise en œuvre d'un plan d'urgence d'une durée de 3 ans qui prévoit de doter les villes et/ou villages du Cameroun de routes, de rues, d'hôpitaux de référence, de marchés de groupage des productions agricoles et pastorales, d'abattoirs et d'entrepôts frigorifiques, de points de ravitaillement des populations en eau potable et de logements sociaux supplémentaires. Mais il faut bien reconnaître que les emplois créés ou à créer dans le cadre de la mise en œuvre de ce plan, sont eux aussi de courte durée et que comme tels, ils ne suffiront pas à résorber toute la masse des demandeurs d'emploi dont regorge le Cameroun.

Enfin, on pourait également me rétorquer que dans son message radio télévisé adressé aux jeunes le 10 févirer 2015, la veille de la quarante neuvième fête de la jeunesse, le Président Paul Biya a annoncé que l'Etat et le patronat du Cameroun, créèront au cours de l'année 2015, 350 000 emplois. Mais que l'on convienne avec moi que seule une politique étatique de création d'emplois permanente et audacieuse, encourageant, par exemple, l'investissement privé dans les activités à forte intensité de main-d'œuvre dans les villes et les campagnes, permettra, à la longue, de réduire considérablement le chômage dans le pays.

Pourquoi le Cameroun, à travers son Gouvernement, ne s'appliquerait-il pas à faire jouer à son agriculture un rôle de premier plan dans les stratégies de création d'emplois pour les jeunes et d'éradication de la pauvreté ? L'agriculture est en effet, pourvoyeuse de 40 % des emplois dans le monde (OCDE, 2011). En Afrique sub-saharienne, elle constitue avec le secteur informel, l'un des principaux employeurs des jeunes. Le Cameroun, pays à vocation agricole, a donc intérêt à investir dans une agriculture moderne qui pourrait être un moyen très efficace de création d'emplois et de richesses, et absorber une bonne proportion, à la fois de jeunes candidats à l'embauche ou à la migration à l'Etranger et de désœuvrés qui abondent surtout dans les villes. Pour y parvenir, le pays devra trouver des stratégies qui rendent l'option agricole suffisamment attractive pour que les jeunes s'y intéressent et s'y engagent ; il devra, entre autres, passer d'une agriculture centrée sur la subsistance, à une agriculture qui accorde la priorité à la commercialisation, aux exportations, aux gains de productivité, à travers l'innovation technologique, et la mise en place des infrastructures de communication performantes. Les régions rurales camerounaises pourraient ainsi devenir plus attractives pour les jeunes.

Pourquoi le Cameroun, à travers son Gouvernement, ne s'appliquerait-il pas aussi à faire jouer à son industrie, un rôle majeur dans le processus de création des emplois et de réduction de la pauvreté ? Activité essentielle de la vie économique des régions voire des Etats, l'industrie regroupe l'ensemble des opérations ayant pour objet de transformer des richesses naturelles ou non agricoles en vue de produire des biens matériels. Sa contribution à la création des emplois et à la croissance économique est telle que l'expression « pays industriels » est devenue de nos jours synonyme de « pays développés ». Pour absorber une main-d'œuvre qui ne cesse d'y croître à un rythme accéléré, le Cameroun a donc intérêt à se doter d'une industrie diversifiée et dynamique. La réalisation de cet objectif est d'autant plus à la portée de ce pays qu'il dispose de très nombreuses et abondantes bases industrielles (bois, ressources minières et énergétiques, population jeune et dynamique). Dans cette optique, le Cameroun ne devra plus se contenter d'exporter ses matières premières industrielles ; il devra s'employer à la transformer sur place. Les industries de transformation comme celles du bois, du coton, des pâtes et conserves alimentaires, de fabriques des briques de construction, ou des boissons, sont de très grosses sources de consommation de main-d'œuvre.

Dans le même ordre d'idées, le Cameroun à travers son Gouvernement, devra encourager et aider, les jeunes à créer des PME et

PMI. Pour ce faire, il devra tout d'abord s'attacher à éliminer les barrières administratives et fiscales auxquelles se sont jusqu'ici heurtés, les jeunes candidats à la création des entreprises économiques ; ensuite il devra s'attacher à accorder aux jeunes promoteurs de PME et PMI, une assistance financière et technique, avec notamment des microcrédits, une formation à l'entrepreneuriat et un parrainage. Des pays comme l'Ile Maurice, le Nigeria, la Tunisie et l'Afrique du Sud se sont lancés avec succès dans cette politique.

Au Cameroun, les micro-entreprises économiques du secteur informel, ont été jusqu'ici, entravées par le manque d'accès aux financements et au foncier, ainsi que par des niveaux de risques élevés. Leur activité étant informelle, ces micro entreprises n'ont guère eu de possibilité d'obtenir les financements nécessaires auprès des institutions financières modernes, en l'occurrence les banques. Une comptabilité élémentaire leur fait souvent défaut et elles ne peuvent présenter aucune sûreté, d'autant que leurs droits de propriété, en particulier leurs droits fonciers, sont au mieux tenus. Des dispositifs d'épargne et d'assurance spécifiques pourraient permettre aux petits entrepreneurs, de prendre des risques et d'investir dans la croissance de leur entreprise.

Bien que le secteur informel y soit important pour la création des emplois et la croissance, le Cameroun, à travers son Gouvernement, devra s'attacher à renforcer sa transition vers le secteur formel. Il devra reconnaître l'importance du rôle que joue le secteur informel dans la création des emplois et instaurer un environnement propice à la croissance de ses micro-entreprises. Toutefois, le secteur informel y représente aussi un manque à gagner en termes de recettes fiscales, puisque par nature, il ne se plie pas à la réglementation en vigueur. Le Gouvernement a donc tout intérêt à ce que les micro-entreprises du secteur informel deviennent formelles.

Il est aussi essentiel que le Cameroun, à travers son Gouvernement, mette l'accent sur la formation intellectuelle des jeunes, tout d'abord en lui consacrant des investissements qui soient à la hauteur des attentes et des résultats escomptés. En effet, la faible contribution de l'État au financement de l'Enseignement primaire y fait supporter aux parents d'élèves, des dépenses très élevées. A cet égard, les parents des écoliers y prennent eux-mêmes en charge l'achat des fournitures scolaires, des uniformes, des frais d'examen et de déplacement et très souvent les frais des cours de répétition. Plus préoccupant encore, des fonds privés y sont utilisés pour rémunérer les enseignants par le biais des cotisations aux associations de parents d'élèves des deux ordres d'enseignement primaire et secondaire. Bien que l'enseignement primaire y soit officiellement gratuit, il ne l'y est donc pas en pratique. Le coût élevé de la scolarisation dans le primaire y empêche de nombreuses familles d'envoyer leurs enfants à l'école. La mal gouvernance et la corruption concourent à y réduire l'efficacité des ressources limitées que l'État consacre à l'éducation. Selon l'indice de perception de la corruption de Transparency International, en 2013, le système éducatif camerounais était le cinquième le plus corrompu d'Afrique subsaharienne. La même source révèle que 72 % des Camerounais estiment que les deux ordres d'enseignement primaire et secondaire de leur pays sont profondément gangrenés par la corruption. Ces Camerounais sont d'autant plus confortés dans leur conviction qu'ils ont, à un moment ou un autre, versé un pot-de-vin pour inscrire leurs enfants à l'école ou au collège ou facilité leur passage en classe supérieure. (Banque Mondiale : Cahiers Economiques du Cameroun, N° 7, Janvier 2014).

Il est encore essentiel que le Cameroun, à travers son Gouvernement, s'emploie à améliorer la qualité de la formation intellectuelle de ses jeunes. En effet au cours des 20 dernières années, la qualité de cette formation intellectuelle s'y est fortement dégradée n'offrant au pays qu'une jeunesse, certes diplômée et parfois surdiplômée, mais dans l'ensemble très insuffisamment préparée pour affronter les multiples défis économiques (chômage, pauvreté, manque d'offre et de compétitivité, carences de l'administration publique, sous-industrialisation), technologiques (médiocrité des réseaux de communications et de télécommuni-cation entre autres) et sociaux (corruption, insécurité, ravages des maladies), auxquels le pays est déjà et sera confronté.

Il est surtout essentiel que le Cameroun, à travers son Gouvernement, s'emploie à assurer la formation professionnelle de ses jeunes. En effet, l'une des causes du chômage massif des jeunes y est l'absence criarde chez la majorité d'entre eux, de formation professionnalisante qui permettrait aux entreprises de recruter sur le marché du travail local, une main-d'œuvre qualifiée qui corresponde à leurs besoins. A l'heure actuelle, le Cameroun compte un fort taux d'étudiants en sciences humaines et sociales, dont le profil de formation ne répond pas aux besoins des entreprises économiques privées qui sont les plus gros fournisseurs d'emplois. La formation professionnelle ne doit plus être considérée au Cameroun comme un simple slogan ou un simple moyen de « ramener à l'école », les jeunes pour lesquels le système éducatif de base a échoué. Il faut y mettre en place un système de formation professionnelle qui assure aux jeunes, un maximum de compétences durables et d'aptitudes pour l'apprentissage tout au long de leur carrière. Un tel système de formation professionnelle doit améliorer les compétences liées à des technologies précises et les développer par la suite sur le lieu de travail.

Pour optimiser la création des emplois fiables et stables, le Cameroun devra, à travers son Gouvernement, concevoir et mettre en œuvre, des stratégies de développement et de gestion intégrées qui accordent une place prépondérante aux jeunes, et surtout à l'amélioration de leur participation à la vie politique et à l'action sociale. En effet, jusqu'ici, les jeunes n'y ont été que très faiblement mobilisés et très faiblement impliqués dans la gestion des affaires publiques et dans l'amélioration de leur quotidien. D'autre part, les leaders politiques et la société civile n'y ont souvent eu des échanges portant sur l'avenir du pays, qu'en période électorale ; dans ces conditions, le contrôle citoyen sur les affaires locales y a été jusqu'ici, marginal. Dans le même ordre d'idées, le pouvoir central ne s'y est véritablement pas résolu à déléguer les responsabilités aux élus, y limitant ainsi l'efficacité de la décentralisation et de la gouvernance locale. Par ailleurs, depuis une quinzaine d'années, la cohésion nationale, nécessaire au développement économique, y est mise à mal chaque jour un peu plus, par l'indifférence du pouvoir en place au mal être de certaines composantes sociales de la communauté nationale, le tribalisme assumé restant un redoutable défi au vivre ensemble des Camerounais. Un autre fait négatif, l'insécurité n'y touche plus seulement les grandes villes, elle y frappe aussi durement les villages et les zones frontalières, y freine les ardeurs des hommes entreprenants, y décourage les investisseurs nationaux, et est de nature à y dissuader les investisseurs étrangers.

Dans le même ordre d'idées, le Cameroun, à travers son Gouvernement, devra amener sa diaspora à contribuer, par le biais des investissements productifs, à la création des emplois dans le pays. En effet, les migrants camerounais établis en Europe, en Amérique du Nord, en Asie et dans de nombreux pays africains au premier rang desquels figurent le Gabon, le Nigeria, la Guinée Equatoriale, la Côte d'Ivoire, l'Afrique du Sud et le Sénégal, peuvent contribuer substantiellement à la création d'emplois dans leur pays d'origine par le biais des envois de fonds. A en croire les milieux internationaux et les exemples vécus, les envois de fonds des migrants constituent aujourd'hui un atout de taille pour les investissements pourvoyeurs d'emplois lucratifs dans les pays du Sud. A titre d'exemple, l'épargne de leur diaspora étrangère représente une source majeure de financement des investissements productifs créateurs d'emplois au Mali, au Sénégal, et au Nigeria. En effet, cette épargne a permis d'y financer de nombreux projets individuels et/ou collectifs créateurs d'emploi lucratifs tels que les exploitations agricoles, les fermes d'élevage, les briqueteries, les écoles, les hôtels, les stations de distribution d'essence et les logements locatifs.

Enfin, pour optimiser la création des emplois fiables et stables dans le pays, le Cameroun à travers son Gouvernement, devra s'employer à y éradiquer la corruption qui y a, jusqu'ici, causé beaucoup de tort sur les plans politique, social et économique. Eradiquer la corruption, c'est rendre le développement social et économique du Cameroun possible. Pour les entreprises économiques, petites et grandes, il est plus facile de rester en activité, si la ponction opérée par la corruption dans le pays où elles sont implantées, est éliminée. Dans le secteur privé, la corruption alourdit les charges des entreprises, parce que les dessous de table constituent une sorte d'impôt supplémentaire, que les négociations avec des fonctionnaires corrompus se répercutent sur les frais d'administration et que la rupture des contrats ou la découverte d'irrégularités entraînent des sanctions juridiques et financières. Eradiquer la corruption, c'est attirer dans le pays, des investissements étrangers. En effet, les opérateurs économiques qui cherchent où investir, donneront la préférence aux pays où ils savent que les fonds ne disparaîtront pas dans les poches des fonctionnaires corrompus. Les pays qui se sont attaqués avec succès à la corruption ont vu leur côte et leur légitimité considérablement augmenter aux yeux de leur peuple et de la communauté internationale.

Le Cameroun émergent dont le pouvoir en place situe l'avènement à l'horizon 2035, ne sera pas, que l'on sache, un pays encore soumis à l'emprise, voire au règne de la débrouillardise, dont cette production scientifique a largement mis en exergue, les multiples effets pervers. Pour les économistes, est considéré comme « pays émergent », un pays dont le PIB par habitant est certes inférieur à celui des pays développés, mais qui jouit d'une bonne gestion macroéconomique et d'une variation positive rapide de la production de biens et de services et dont le système d'éducation et de santé et le niveau de vie sont proches de ceux des nations ayant atteint un degré élevé d'évolution structurelle. Mais de l'avis général, un pays émergent est plus que cela. En effet, un pays émergent au sens complet du terme, est aussi un pays qui est doté d'un système politique fondé sur la souveraineté du peuple, la pluralité des partis, les élections libres, transparentes et justes, le respect des droits fondamentaux de la personne et l'égalité des citoyens devant la loi, le tout couronné par des valeurs de tolérance, de coopération et de compromis. Enfin, il est un pays où les responsables politiques et les citoyens privilégient l'intérêt général, et où la promotion et la hiérarchisation des individus dans la société, se font en fonction de leurs compétences, pour ne pas dire de leur mérite. Or, le Cameroun a encore un long chemin à parcourir pour atteindre ces objectifs.

POSTFACE

La débrouillardise ou l'art de se tirer facilement d'affaire est universelle. Le système débrouille ou système D se retrouve, à des degrés plus ou moins importants, dans toutes les sociétés du monde. La plupart des économistes ont tendance à classer ses activités dans l'informel, en mettant en avant leur petite taille et leur existence non officielle, qui leur permettent d'échapper à toute fiscalité et à tous prélèvements sociaux pour leurs employés. Dans ces conditions, la part de l'informel dans l'économie nationale est extrêmement difficile à quantifier, faute de sources statistiques fiables. Plusieurs organismes internationaux s'y sont essayés. Ainsi, l'OCDE estime que le secteur informel contribue entre 10 et 20 % au PIB des pays développés alors que les taux sont pour la plupart du temps supérieurs à 50% pour les pays en voie de développement.

Cette différenciation entre économie formelle et économie informelle a été formalisée au milieu des années 1980 par de grandes institutions internationales comme la Banque mondiale et le BIT. Mais en réalité, les premières études ont surgi de l'observation du terrain dès le début des années 1970[156]. Plusieurs auteurs dont Pierre Hugon ont fait remarquer que « *la définition du secteur informel a été l'occasion d'un renversement unique des flux internationaux en matière de théorie économique. Pour la première fois, les concepts et les méthodes d'analyse utilisés ont dérivé des études menées à propos des pays sous-développés par des chercheurs qui, de plus en plus, étaient des ressortissants de ces pays* »[157]. Cet ouvrage en poursuivant ainsi cette recherche sur des activités et des comportements du registre de la débrouillardise, s'ancre dans cette tradition déjà ancienne de

[156] Le Pape M., De « l'indigène » à l' « informel », *Cahiers d'Etudes africaines*, 89-90, XXIII, 1983, p.189-197.

[157] Hugon P. (coord.), 1980, dossier « Secteur informel et petite production marchande dans les villes du Tiers Monde », Revue *Tiers Monde*, n° 82, 1980.

presqu'un demi-siècle d'études sur le sujet. Pionniers dans ce secteur de recherche, géographes, ethnologues et sociologues se sont vus rejoints par les économistes, handicapés par l'absence de données chiffrées fiables. Les disciplines mettant en avant le terrain, ont ainsi pu mener les premières investigations. Souvent monographiques et très localisées, ces recherches ont permis ensuite de généraliser à l'échelle de l'économie d'une agglomération voire d'un pays. Les vingt-cinq auteurs de cette très riche étude, sous la direction du professeur Kengne Fodouop, ont repris le flambeau de leurs aînés, tout en enrichissant l'approche de ce secteur informel par l'analyse de nouveaux « métiers » comme transport par mototaxi ou la piraterie numérique.

Ces formes de débrouillardises, anciennes ou nouvelles, ont souvent été qualifiées d'économie souterraine ou illégale se développant en marge des lois et réglementations cadrant le marché du travail et les fiscalités locales ou nationales. Elles le sont toutes juridiquement parlant, portant atteinte à un réel développement du Cameroun, en freinant les rentrées fiscales, en ne respectant pas les normes d'hygiène ou de sécurité lorsqu'il s'agit de production informelle d'aliments ou de transport de passagers. Certains débrouillards ont des activités totalement irresponsables comme les enseignants qui « vendent » des cours particuliers à leurs élèves les plus fortunés ou ces responsables d'organe de presse qui exigent un « droit d'entrée » pour tous les jeunes journalistes. Cela s'apparente à une délinquance en col blanc, qui profite de sa position pour s'enrichir. De l'autre côté du spectre, c'est l'extrême pauvreté qui unit la plupart de ces débrouillards que sont les propriétaires de brouettes, les vendeurs de livres d'occasion ou les petits restaurateurs de rue. En l'absence de réel développement du marché de l'emploi et avec une jeunesse nombreuse, l'économie camerounaise a plus que des difficultés à proposer des emplois dans le secteur formel. De ce fait, ces nombreuses possibilités de débrouillardise sont des pis-aller, au mieux un passage obligé pour une intégration en décalé dans un emploi stable, au pire un enfermement dans des petits boulots faiblement rémunérateurs. Quel que soit le niveau d'instruction, ces débrouillards impressionnent l'observateur extérieur par leur connaissance de la ville où ils opèrent, de ses possibilités et de ses niches d'activités possibles. Ainsi, nombreux seraient les vendeurs de rue qui pourraient donner des leçons de localisation commerciale à des commerçants installés. La difficulté qu'ont les jeunes diplômés à s'insérer dans le marché de l'emploi suscite souvent chez eux des vocations de débrouillards. Dans ce cas, le bagage intellectuel de départ et les savoirs techniques acquis ici ou là, peuvent être redoutables notamment dans le domaine informatique.

De ces multitudes formes de débrouillardise se constitue toute une économie qui, à l'échelle des individus, peut être considérée comme un moyen de survie. Elles sont sans doute plus que cela, forgeant un style de vie pour des jeunes de plus en plus désabusés par les possibilités de survie pour certains, ou d'ascension sociale pour d'autres.

De cette masse de débrouillards se distinguent rarement les femmes. Cette masse silencieuse met au point de multiples stratégies de survie, ne serait-ce que pour trouver des moyens de subsistance pour nourrir leur famille, mais leur présence sur l'espace public est plus discrète, moins visible, limitée souvent au commerce informel.

L'irruption du « monde d'en bas » dans le débat économique depuis une trentaine d'années est un début de reconnaissance de ces débrouillards des villes et des campagnes, tout au moins de ceux qui n'ont pas emprunté les chemins tortueux des activités illicites. Le développement du microcrédit par différents organismes nationaux et internationaux est sans doute une des voies à emprunter pour intégrer de nombreuses activités informelles dans une économie plus durable. Sans attendre une impulsion qui viendrait du haut, des États ou des institutions internationales comme la Banque mondiale ou des ONG, souvent éloignées des réalités du terrain, la microfinance est sans doute une des voies à creuser au service de ces microactivités informelles. Le prix Nobel Muhammad Yunus, fondateur au Bangladesh, en 1983, de l'une des premières institutions de microfinance, la GrameenBanf, n'hésite pas à annoncer qu'« *Un dollar de charité n'a qu'une seule vie. Un dollar du social-business est éternel* »[158].

René-Paul Desse
Professeur des Universités
Université de Bretagne Occidentale à Brest

[158] Conférence de Muhammad Yunus devant la Banque Africaine de Développement (BAD) le 12 mars 2013 à Tunis.

TABLE DES MATIERES

Sociologie et questions de société aux éditions L'Harmattan

Dernières parutions

PASSAGE AU CRIBLE DE LA SCÈNE MONDIALE
L'actualité internationale 2014
Sous la direction de Josepha Laroche
Cette publication réunit des contributions portant sur l'actualité internationale de l'année 2014. Elle forme un ensemble homogène qui éclaire le lecteur sur les lignes de force parcourant la scène mondiale : résistance des souverainetés étatiques face aux acteurs non étatiques, ambivalence de ressources symboliques, puissance des écosystèmes industriels dans l'économie mondiale ou encore marchandisation des Biens publics mondiaux.
(Coll. Chaos International, 15.50 euros, 154 p.)
ISBN : 978-2-343-05865-8, ISBN EBOOK : 978-2-336-37263-1

QUEL AVENIR POUR LA THÉORIE SOCIOLOGIQUE ?
Coenen-Huther Jacques
Le social comme processus, la société comme système et les formes sociales comme constantes, mettent en évidence l'idée-force de l'interpénétration de l'individuel et du collectif. La persistance de l'opposition entre l'individualisme méthodologique et le holisme méthodologique entrave tout progrès réel de la connaissance sociologique. Seule une combinaison de ces deux approches peut faire progresser la théorie générale, tout en assurant l'indispensable contact avec la recherche empirique.
(Coll. Logiques sociales, 24.00 euros, 242 p.)
ISBN : 978-2-343-04881-9, ISBN EBOOK : 978-2-336-37171-9

L'AVANCÉE EN ÂGE AU XXIe SIÈCLE
Approche anthropologique
Arbuz Georges - Préface Daniel Reguer - Postface d'Anne-Marie Guillemard
Cet ouvrage est l'aboutissement d'une recherche destinée à saisir le profil, l'histoire de vie et les attentes actuelles des personnes âgées de plus de 60 ans, nées en particulier entre 1930 et 1950, à savoir comment elles sont préparées et vivent leurs années de vieillesse, ce qui est important pour elles, quels sont leurs souhaits, les questions qu'elles se posent.
(Coll. Effiscience, 38.50 euros, 394 p., Broché)
ISBN : 978-2-343-05840-5, ISBN EBOOK : 978-2-336-37302-7

LA RUE, REFUGE ET CALVAIRE
Rwamo Athanase
Voici un témoignage sur la vie des enfants et adolescents d'Afrique et d'Amérique latine qui occupent la rue, y vivent, y travaillent pour gagner leur nourriture quotidienne. Coupés de leur milieu familial, ils se regroupent, s'organisent, se protègent pour survivre dans cet univers où la violence est présente jour et nuit, où il n'est possible d'échapper au pire qu'en se réfugiant dans le groupe sous la protection de l'aîné auquel il faut faire allégeance. C'est cet univers que l'auteur nous fait découvrir à travers son témoignage d'éducateur de rue.
(Coll. Écrire l'Afrique, 22.00 euros, 212 p.)
ISBN : 978-2-343-05442-1, ISBN EBOOK : 978-2-336-37121-4

ALTÉRITÉ ET TRAVAIL SOCIAL
Lefebvre Gérard
Ce livre propose une réflexion propice au débat. Ceci à partir d'une approche singulière des fondements mêmes de l'altérité, et d'une observation attentive de ce qu'elle entretient de si particulier entre le travailleur social et l'usager, mais aussi entre ceux qui composent l'environnement professionnel du travail social.
(24.00 euros, 244 p.)
ISBN : 978-2-343-05668-5, ISBN EBOOK : 978-2-336-37268-6

RECHERCHE ET MÉTHODOLOGIE EN SCIENCES SOCIALES ET HUMAINES
Réussir sa thèse, son mémoire de master ou professionnel, et son article
N'Da Paul
Cet ouvrage se présente comme un manuel universitaire, réflexif et pratique, qui conduit à la maîtrise de la démarche scientifique, du processus de recherche sous l'angle méthodologique et épistémologique. Les théories, paradigmes et pratiques du champ d'application qui concerne toutes les disciplines des sciences humaines et sociales sont rendus disponibles, à la portée des apprentis-chercheurs, des chercheurs et des enseignants. Les notions centrales d'une recherche sont clarifiées.
(29.00 euros, 282 p.)
ISBN : 978-2-343-05303-5, ISBN EBOOK : 978-2-336-37074-3

TRAJETS DE FORMATION ET APPROCHE BIOGRAPHIQUE
Perspectives française et polonaise
Sous la direction d'Olga Czerniawska et Aneta Slowik
Préface de Pierre Caspar - Postface de Franco Ferrarotti
Comment construire son trajet de formation dans le brouillard et le brouillage des temporalités actuelles ? Deux chercheuses polonaises, de deux générations différentes, Olga Czerniawska et Aneta Slowik, explorent les apports de l'approche biographique pour répondre à cette question selon deux perspectives : la francophone et la polonaise. Exploration croisée, mobilisant trois auteurs français, un québécois, deux suisses, un brésilien et neuf polonais.
(Coll. Histoire de vie et formation, 29.00 euros, 284 p.)
ISBN : 978-2-343-04851-2, ISBN EBOOK : 978-2-336-37237-2

PENDANT LA CRISE, LES CRISES CONTINUENT
Sous la direction de Nabil El-Haggar ; avec Roger Balian, Robert Castel, Pierre Delion, Claude Dubar, Jean Gadrey, André Langaney, Christophe Ramaux, Jacques Rancière
Cet ouvrage se propose d'apporter un éclairage sur la notion de crise en analysant ses usages à travers l'histoire, dans des champs disciplinaires aussi divers que le vivant, la science, les technologies, la politique, l'environnement. Il a aussi pour ambition de nourrir la réflexion : pourquoi l'homme reste-t-il incapable de prévenir les crises, quelle sera l'issue de cette crise et aussi les conséquences ? Avons-nous franchi un seuil irréversible ?
(Coll. Les rendez-vous d'Archimède, 13.50 euros, 122 p.)
ISBN : 978-2-343-05603-6, ISBN EBOOK : 978-2-336-36976-1

SORTIR DE LA DÉMOCRATIE
Kebir Ali
L'idéal de la démocratie a aujourd'hui triomphé. Depuis la chute de l'URSS et le discrédit du communisme, rien ne semble plus pouvoir lui être opposé. En Occident comme ailleurs, la démocratie va de soi. Mais savons-nous véritablement pourquoi et comment elle est devenue notre unique horizon politique ? Et si l'avènement de la démocratie n'était rien de plus qu'une colossale entreprise de domestication des hommes ? Et s'il nous fallait alors en sortir ?
(Coll. Quelle drôle d'époque !, 13.00 euros, 114 p.)
ISBN : 978-2-343-03854-4, ISBN EBOOK : 978-2-336-36943-3

CONFLITS D'ÉTHIQUES ET CRISES DES RELATIONS INTERNATIONALES
Shanda Tonme Jean-Claude
Quelle idéologie, quelle doctrine gouverne véritablement les relations entre les nations ? Les notions d'universalisme, de multilatéralisme voire de coopération ne cacheraient-elles pas

plutôt un impérialisme des positions dominantes ? Ce dont témoignent les crises des relations internationales de notre temps, c'est l'inadéquation flagrante entre les antagonismes des civilisations et le discours ambiant d'une quête imparfaite de la paix.
(Coll. Points de vue, 27.00 euros, 260 p.)
ISBN : 978-2-343-05101-7, ISBN EBOOK : 978-2-336-36910-5

LA SCIENCE DES RELATIONS INTERNATIONALES
Essai sur le statut et l'autonomie épistémologiques d'un domaine de recherche
(édition revue et augmentée)
Mova Sakanyi Henri
Faisant partie des dernières nées des sciences humaines et sociales, issues du droit international et de l'histoire diplomatique, les relations internationales ne sont toujours pas organisées de manière univoque sur le plan universitaire. Dans cet ouvrage, l'auteur rappelle, d'une part, les conditions générales de constitution de toute science et, d'autre part, tente de démontrer la matérialité, de nos jours, d'une «science des relations internationales».
(40.50 euros, 426 p.)
ISBN : 978-2-343-05453-7, ISBN EBOOK : 978-2-336-36962-4

INTRODUCTION À LA SCIENCE POLITIQUE
Subdivisions – Déclinaisons thématiques – Épistémologie
Essis Botiagne Marc - Préface de Stephan Stetter
Qu'est-ce que la science politique ? Quelle en est l'organisation en tant que discipline académique ? Quelles mutations organisationnelles et paradigmatiques cette discipline a-t-elle subies au fil du temps ? Enfin, sur quels fondements épistémologiques et méthodologiques la science politique repose-t-elle ? Telle est la série de questions à laquelle cet ouvrage essaie d'apporter des réponses.
(Coll. Harmattan Côte-d'Ivoire, 22.00 euros, 218 p.)
ISBN : 978-2-343-05228-1, ISBN EBOOK : 978-2-336-36957-0

BUREAUCRATIE ET DÉMOCRATIE, UN ANTAGONISME ?
L'administration face à l'injonction participative
Wojnarowski Stéphane
Élus et citoyens arrivent-ils à faire entendre leur voix ? Cet ouvrage cherche à montrer toute l'influence que l'organisation des administrations territoriales peut avoir sur la capacité de chacun à contribuer aux projets publics. Ainsi, au-delà de la question de représentativité des élus, le fait démocratique ne deviendrait-il pas aussi un problème de management et de ressources humaines auquel la fonction publique territoriale doit désormais s'attaquer ?
(Coll. Logiques sociales, 31.00 euros, 294 p.)
ISBN : 978-2-343-04568-9, ISBN EBOOK : 978-2-336-36884-9

DIPLOMATES INDÉPENDANTS. ÉMERGENCE D'UN STATUT
La dynamique des diplomaties non gouvernementales à l'orée du XXIe siècle
Kouoh Chantal-Nina - Préface de Fouad Nohra
Cet ouvrage est un hommage à la diplomatie en général et plus spécifiquement aux diplomaties alternatives, aux entrepreneurs sociaux et un plaidoyer appuyé pour la reconnaissance et la promotion du travail de sensibilisation, de facilitation, de médiation et d'entrepreneuriat social effectué par des diplomates indépendants, célèbres ou non.
(Coll. Diplomatie et stratégie, 32.00 euros, 318 p.)
ISBN : 978-2-343-05315-8, ISBN EBOOK : 978-2-336-36846-7

LA COMMUNICATION DES COLLECTIVITÉS LOCALES
L'ambivalence politique
Dauvin Pascal
Cet ouvrage interroge la communication des collectivités territoriales en prenant le soin de croiser sociologie des professions et sociologie des institutions sous l'angle de la politisation. L'analyse révèle ce que signifie concrètement reformuler son rapport au politique pour des professionnels

soumis à l'idéologie managériale. Croiser les approches permet aussi de désenclaver le sujet en l'articulant aux logiques du métier politique.
(Coédition Éditions Pepper, 18.50 euros, 174 p.)
ISBN : 978-2-343-05331-8, ISBN EBOOK : 978-2-336-36847-4

SOGIOLOGUE À MARSEILLE
Où quand et comment on devient sociologue et pourquoi cette vie-là n'est pas toujours facile
Parisis Jean-Louis
Tout sociologue normalement constitué se doit de rester ouvert sur le monde. Sur celui des livres bien sûr mais aussi sur celui de toutes ces rues, de ces bistrots et de ces restos, qui, loin des grands discours sur le métier et la discipline, permettent de garder un peu d'humour.
(Coll. Logiques sociales, 14.50 euros, 140 p.)
ISBN : 978-2-343-05499-5, ISBN EBOOK : 978-2-336-36961-7

DURKHEIM AVANT DURKHEIM
Une jeunesse vosgienne
Sous la direction de Marcel Fournier et Charles Kraemer
La célébration du 150e anniversaire de la naissance d'Émile Durkheim en 2008 a été l'occasion d'appréhender les milieux dans lesquels il s'éveilla : sa famille, dont son père, le rabbin Moïse Durkheim ; la communauté juive d'Épinal, sa ville, qui amorce une irréversible mutation sociale et économique que la défaite de 1871 accélère. Ces informations inédites permettent de mesurer l'influence qu'eurent son éducation et son environnement sur sa relation à la société et apportent un regard neuf sur la genèse de son œuvre pionnière.
(Coll. Socio-anthropologie, 28.00 euros, 266 p.)
ISBN : 978-2-343-03453-9, ISBN EBOOK : 978-2-336-37048-4

TRAITÉ DE SCIENCE DES ORGANISATIONS
Sarin Elysée
Cet ouvrage se propose de couvrir le champ d'une investigation systématique et critique de la connaissance accumulée au sein des divers corps de savoir relatifs à la science des organisations. Les ressources propres de l'épistémologie des sciences sociales viennent en outre animer une investigation spécifique, contextualisée à une science générale des organisations : concepts et théories, construction des faits, rapports entre la théorie et l'action, etc.
(35.00 euros, 344 p.)
ISBN : 978-2-343-04768-3, ISBN EBOOK : 978-2-336-36930-3

FAMILLE ET SOCIÉTÉ
Évolution des structures, des fonctions de la famille et devenir de l'institution
Benjamin Roger
La famille est définie comme étant le groupe social visant à assurer principalement à ses membres une certaine sécurité affective et la meilleure insertion possible dans la société. L'auteur tente de fixer les traits fondamentaux de la famille moderne, d'indiquer les facteurs susceptibles d'expliquer les évolutions dans la société contemporaine. Il invite à admettre qu'il n'existe pas qu'un seul modèle de famille. Ce qui importe, c'est la nécessité, autour de tout être humain - enfant comme adulte - d'une structure permanente, d'un monde familier, familial.
(13.50 euros, 128 p.)
ISBN : 978-2-343-05487-2, ISBN EBOOK : 978-2-336-36893-1

L'HARMATTAN ITALIA
Via Degli Artisti 15; 10124 Torino

L'HARMATTAN HONGRIE
Könyvesbolt ; Kossuth L. u. 14-16
1053 Budapest

L'HARMATTAN KINSHASA
185, avenue Nyangwe
Commune de Lingwala
Kinshasa, R.D. Congo
(00243) 998697603 ou (00243) 999229662

L'HARMATTAN CONGO
67, av. E. P. Lumumba
Bât. – Congo Pharmacie (Bib. Nat.)
BP2874 Brazzaville
harmattan.congo@yahoo.fr

L'HARMATTAN GUINÉE
Almamya Rue KA 028, en face
du restaurant Le Cèdre
OKB agency BP 3470 Conakry
(00224) 657 20 85 08 / 664 28 91 96
harmattanguinee@yahoo.fr

L'HARMATTAN MALI
Rue 73, Porte 536, Niamakoro,
Cité Unicef, Bamako
Tél. 00 (223) 20205724 / +(223) 76378082
poudiougopaul@yahoo.fr
pp.harmattan@gmail.com

L'HARMATTAN CAMEROUN
BP 11486
Face à la SNI, immeuble Don Bosco
Yaoundé
(00237) 99 76 61 66
harmattancam@yahoo.fr

L'HARMATTAN CÔTE D'IVOIRE
Résidence Karl / cité des arts
Abidjan-Cocody 03 BP 1588 Abidjan 03
(00225) 05 77 87 31
etien_nda@yahoo.fr

L'HARMATTAN BURKINA
Penou Achille Some
Ouagadougou
(+226) 70 26 88 27

L'HARMATTAN SÉNÉGAL
10 VDN en face Mermoz, après le pont de Fann
BP 45034 Dakar Fann
33 825 98 58 / 33 860 9858
senharmattan@gmail.com / senlibraire@gmail.com
www.harmattansenegal.com

L'HARMATTAN BÉNIN
ISOR-BENIN
01 BP 359 COTONOU-RP
Quartier Gbèdjromèdé,
Rue Agbélenco, Lot 1247 I
Tél : 00 229 21 32 53 79
christian_dablaka123@yahoo.fr

Achevé d'imprimer par Corlet Numérique - 14110 Condé-sur-Noireau
N° d'Imprimeur : 123586 - Dépôt légal : novembre 2015 - *Imprimé en France*

www.ingramcontent.com/pod-product-compliance
Lightning Source LLC
LaVergne TN
LVHW021138061026
849535LV00002B/285
* 9 7 8 2 3 4 3 0 6 9 9 4 4 *